KB057456

고전역사서를 쉽게 풀어쓴

총서

삼국사기

엮음 대한고전문화연구회

원저 김부식

三國史記

법문북스

1145년인종 23경에 김부식金富軾 등이 고려 인종의 명을 받아 편찬한 삼국시대의 정사이다. 기전체의 역사서로서 본기 28권 고구려 10권, 백제 6권, 신라 · 통일신라 12권, 지志 9권, 표 3권, 열전 10권으로 이루어져 있다.

1174년명종 4 고려 사신이 삼국사기를 송나라에 보냈다는 기록이 옥해에 실려 있는 것으로 보아 초간본이 이미 12세기 중엽 1149~1174에 간행되었음을 알 수 있으나, 이 판본은 현존하지 않는다.

2차 판각은 13세기 후기로 추정되며, 성암본誠庵本으로 알려진 이 책은 잔존본殘存本이기는 하나 현존하는 삼국사기 가운데 가장 오래된 것이다. 일본 궁내청宮內廳에도 소장되어 있다.

3차 판각은 1394년태조 3에 있었다. 이는 김거두金居斗가 쓴 발문에 의한 것으로 일실되었다. 4차 판각은 1512년중종 7에 있었는데, 이는 이계복李繼福의 발문으로 확인된다. 이 책은 흔히 중종임신본中宗壬申本, 정덕임신본正德壬申本 또는 정덕본으로 통칭되고 있다.

이 목판으로 간행된 것은 여러 종이 전해지고 있으나, 완질본으로는 이병익李炳翼과 옥산서원玉山書院에서 소장하고 있다. 1669년현종 10에 증수, 간행된 동경잡기 東京雜記에 따르면 이 목판은 이 당시 사용할 수 없었다고 한다.

조선시대 마지막으로 간행된 것은 현종실록자로 간행한 것으로, 내사기內賜記에 의하면 1760년영조 36경 간행된 것으로 추정되며, 러시아과학원 동방연구소 상트페테르부르그지부 도서관에 소장되어 있다.

그 밖에도 성종실록과 국조보감 등에 삼국의 역사가 전해지지 않는 일이 없도록 인출, 반포할 것을 주청하여 윤허를 받은 기록이 나타나나, 전본傳本이 없어 그 실시 여부는 알 수 없다.

삼국사기는 인종의 명에 따라 김부식의 주도하에 최산보崔山甫 · 이온문李溫文 · 허홍재許洪材 · 서안정徐安貞 · 박동계朴東桂 · 이황중李黃中 · 최우보崔祐甫 · 김영온金永溫 등 8인의 참고參考와 김충효金忠孝 · 정습명鄭襲明 2인의 관구管句 등 11인의 편사관에 의해서 편찬되었다.

이들 10인의 편찬 보조자들은 대개 김부식과 개인적으로 가까운 인물이었으며, 어느 정도 독자적으로 자료를 수집하고 정리했을 것으로 보인다. 이들은 거의가 내시內侍 · 간관諫官 : 諫議大夫 · 起居注 출신이었으므로 이들의 현실 비판 자세가 삼국사기 편찬에 반영되었으리라 생각된다.

이 책은 이들 편찬자가 독단적으로 서술한 것이 아니라, 고기古記 · 삼한고기 三韓古記 · 신라고사 新羅古史 · 구삼국사 舊三國史와 김대문金大問의 고승전 高僧傳 · 화랑세기 · 계림잡전 鷄林雜傳 및 최치원崔致遠의 제왕연대력 帝王年代曆 등의 국내 문헌과 삼국지 三國志 · 후한서 後漢書 · 진서 晉書 · 위서 魏書 · 송서 宋書 · 남북사 南北史 · 신당서 新唐書 · 구당서 舊唐書 및 자치통감 資治通鑑 등의 중국 문헌을 참고하여 재구성한 것이다.

이 때 책임 편찬자인 김부식은 진삼국사기표進三國史記表, 각 부분의 머리말 부분, 논찬論贊, 사료의 취사 선택, 편목의 작성, 인물의 평가 등을 직접 담당했던 것으로 보인다.

국사 편찬은 왕권 강화의 기념적 사업인 동시에, 당시의 정치 · 문화 수준을 반영하는 것이다. 따라서 삼국사기의 편찬도 이 책이 만들어진 12세기 전반의 정치상황 위에서 이해하여야 할 것이다.

이때는 이미 고려 건국 후 200여 년이 흘렀고, 고려의 문벌귀족문화가 절정기에 이르렀으며, 유교와 불교문화가 융합됨으로써 고려왕조가 안정을 구가하던 시기였다. 이러한 과정에서 자기 역사의 확인 작업으로 전 시대의 역사를 정리할 필요성이 대두되었다.

다음으로, 당시의 조정에서는 거란 격퇴 이후 국가적 자신감과 여진의 위협에 따른 강렬한 국가 의식이 고조되었음을 주목할 수 있다. 따라서 소실된 국사의 재편찬은 단순한 유교 정치이념의 구현만이 아니라 민족의식의 차원에서 요구되었다. 그러므로 삼국사기가 지나친 사대주의 입장이라는 인식은 지양되어야 할 것이다.

끝으로, 당시 고려사회는 문벌귀족 간의 갈등과 대립이 첨예화되고 있었다. 특히, 김부식 가문과 윤관尹瓘 집안의 대립, 김부식과 이자겸李資謙의 충돌 등 문벌가문 간의 격심한 갈등이 겹쳐 사회적 혼란과 정치적 비리가 쌓이고 있었다.

이러한 상황에서 분열과 갈등이 국가멸망의 원인임을 강조함으로써 현실을 비판하고 후세에 역사의 교훈을 주기 위하여 역사 편찬은 불가피하였다고 생각된다. 여기서 우리는 김부식의 『진삼국사기표』를 통하여 그 편찬 동기와 목적 및 방향을 엿볼 수 있다.

그 내용은 우리나라의 식자층들조차도 우리 역사를 모르고 있다는 사실을 개탄하면서, 첫째 중국 문헌들은 우리나라 역사를 지나치게 간략하게 기록하고 있으니 우리 것을 자세히 써야 한다는 것, 둘째 현존의 고기 내용이 빈약하기 때문에 다시 서술해야겠다는 것, 셋째 왕 · 신하 · 백성들의 잘잘못을 가려 행동규범을 드러냄으로써 후세에 교훈을 삼고자 한다는 것이다. 이 책의 내용은 본기 · 지 · 표 · 열전으로 구성되어 있다.

삼국사기
三國史記新羅本紀 第一卷

삼국사기신라본기권제1

수충 정난 정국 찬화 동덕 공신, 개부의동삼사, 검교 태사, 수태보, 문하시중, 판상서 이례부사, 집현전 태학사, 감수국사, 상주국, 치사 신 김부식이 임금의 명을 받들어 편찬합니다.

신라본기 제1
시조 혁거세 거서간, 남해 차차웅, 유리 이사금, 탈해 이사금, 파사 이사금, 지마 이사금, 일성 이사금.

시조 박혁거세 거서간

◉ 시조는 성이 박씨고, 이름이 혁거세이다. 그는 13세 때인 전한 효선제 오봉 원년 갑자 4월 병진정월 15일이라고도 함에 왕위에 올랐고 왕호를 거서간이라 했으며, 나라 이름을 서라벌이라고 했다.

그가 왕위에 오르기 전부터 조선 유민들이 산골에 분산되어 살면서 여섯 마을을 이루고 있었는데, 여섯 마을의 이름은 알천의 양산촌, 돌산의 고허촌, 취산의 진지촌또는 간진촌으로도 불림, 무산의 대수촌, 금산의 가리촌, 명활산의 고야촌이며, 이것이 진한에 6부가 되었다.

고허촌장 소벌공이 양산 기슭을 바라보니 나정 옆의 숲 사이로 말이 꿇어앉아 슬프게 울고 있었다. 소벌공이 즉시 가보니, 말은 온데간데없이 사라지고 다만 큰 알이 있었다. 이것을 쪼개자 그 속에서 어린아이가 나왔다. 그는 아이를 거두어 길렀는데 아이이 나이 10여세가 되자 지각이 들고 영리하며 조신하였다. 6부 사람들은 그의 탄생을 기이하게 여겨 받들다가, 이대에 이르러 임금으로 추대했다. 성을 박씨라

한 것은 큰 알이 마치 박과 같이 생겼다하여 붙여졌다. 거서간을 진한 사람들은 왕이라 하였다. 거서간은 귀인을 지칭하는 말이기도 하다

⊙ 4년 여름 4월 초하루 신축 날에 일식이 일어났다.

⊙ 5년 봄 정월에 용이 알영 우물에 나타나 오른쪽 옆구리로 여자아이를 생산했다. 이를 본 어떤 할머니가 신기하게 생각해 집으로 데려와 길렀다. 우물 이름으로 아이의 이름을 지었다. 그녀는 성장하면서 덕과 아름다운 미모를 갖추었는데, 박혁거세가 이를 듣고 왕비로 삼았다. 그녀는 행실이 어질고 내조가 훌륭하여 사람들은 이들을 성인이라 일컬었다.

⊙ 8년, 왜구가 군사를 이끌고 변경을 침범하려다가, 박혁거세에게 하늘이 내린 덕이 있다는 말을 듣고 회군했다.

⊙ 9년 봄 3월, 왕량 성좌에 혜성이 출몰했다.

⊙ 14년 여름 4월, 삼성 성좌에 혜성이 출몰했다.

⊙ 17년, 왕이 왕비 알영과 함께 6부를 시찰하면서, 백성에게 농사와 양잠을 하게 명하고, 농토를 넓게 사용하도록 명했다.

⊙ 19년 봄 정월에 변한이 박혁거세에게 항복하면서 나라를 바쳤다.

⊙ 21년, 박혁거세는 서울에 성을 쌓고 금성이라고 불렀고, 같은 해에 고구려의 시조 동명이 왕위에 등극했다.

⊙ 24년 여름 6월 그믐 임신일에 일식이 일어났다.

⊙ 26년 봄 정월, 금성에 궁실을 지었다.

⊙ 30년 여름 4월 그믐 기해 날에 일식이 있었다. 낙랑 군사가 침범하려다가, 국경 근처에 살고 있는 사람들이 밤에도 문을 잠그지 않고, 노적가리를 들에 가득 쌓아 놓고 있는 모습을 보고 서는 말했다.

"사람들이 도둑질을 하지 않는 것을 보니, 도덕이 있는 나라임에 틀림없구나. 우리 군대가 이런 사람들을 공격한다면 도적과 다름이 없으

니 부끄러운 일이 아닌가?"

라며 군사를 돌렸다.

⊙ 32년 가을 8월 그믐 을묘 날에 일식이 일어났다.

⊙ 38년 봄 2월에 박혁거세는 호공에게 명해 마한을 예방케 했는데, 마한의 왕이 예방 온 호공에게,

"진한과 변한은 우리 속국인데, 요 몇 해사이 감히 공물을 바치지 않았다. 이것이 대국을 섬기는 예절인가?"

라며 꾸짖었다. 그러자 호공이,

"우리나라에 두 분의 성인이 나타나면서 사회가 안정되었습니다. 또한 하늘의 운이 따라주면서 창고마다 곡식이 가득 찼고, 백성 또한 공경과 겸손함을 알게 되었습니다. 그런 까닭에 진한 유민들로부터 변한, 낙랑, 왜국이르기까지 우리를 두려워하여 따르지 않는 자가 없습니다. 그럼에도 불구하고 우리 임금께서는 겸손하시어 저로 하여금 귀국을 예방케 했으니, 이는 오히려 지나친 예절이라 했다. 그런데 대왕께서 크게 화를 내고 무력으로 위협하는 까닭이 무엇입니까?"

라고 했다. 왕은 노하여 그를 죽이려 하였으나 부하들의 반대로 명을 거두면서 그의 귀국을 허락하였다.

이보다 먼저 중국사람들 중에 진秦나라가 일으킨 난리로 고통을 받다가 마한 동쪽으로 피신해 진한 사람들과 함께 살았는데 이 시기에 이르러 점점 번성하였는데 마한이 이런 상황을 싫어하여 이와 같이 책망한 것이다.

호공은 집안과 성씨가 자세하게 전해지는 것이 없다. 그는 본디 왜인이었는데, 박을 허리에 차고 바다를 건너왔다고 하여 호공瓠公이라 불렀다.

⊙ 39년, 마한의 왕이 죽자 어떤 신하가 왕에게,

"과거 마한의 왕이 우리 사신을 모욕했습니다. 지금 그 왕이 죽은 기회를 틈타 공격한다면 충분히 승리할 수가 있습니다."

라고 했다. 이에 왕이,

"다른 사람의 재앙을 나의 행복으로 여기는 것은 어질지 못한 행위다."

라고 했다.

왕이 곧 마한으로 사신을 보내 조문하였다.

⊙ 40년, 백제 시조 온조가 왕위에 등극했다.

⊙ 43년 봄 2월 그믐 을유 날에 일식이 일어났다.

⊙ 53년, 동옥저의 사신이 서라벌로 찾아와 양질의 말 20필을 바치면서,

"우리 임금께서 남한에 성인이 나셨다는 말을 듣고 저를 이곳으로 보냈습니다."

라고 했다.

⊙ 54년 봄 2월 기유 날에 혜성이 성좌에서 보였다.

⊙ 56년 봄 정월 초하루 신축 날에 일식이 일어나 나라에 근심을 주었다.

⊙ 59년 가을 9월 그믐 무신 날에 일식이 일어나 나라에 근심을 주었다.

⊙ 60년 가을 9월에 두 마리의 용이 금성 우물에 출몰했는데, 용은 천둥 번개와 많은 비를 내렸고 성의 남문에 벼락이 떨어졌다.

⊙ 61년 봄 3월, 거서간이 죽어 담암사 북쪽에 있는 사릉에 장사지냈다.

남해 차차웅

◉ **박혁거세의 적자 남해 차차웅**차차웅을 자충이라고도 한다. 김대문이 말하였다. '자충은 방언으로 무당이란 의미다. 무당이 귀신을 섬기고 제사를 주관했으므로 사람들이 무당을 두려워하고 존경했는데, 이것에 근거하여 존경받는 어른을 자충이라 부르게 되었다.' **이 왕위에 등극했다. 그는 체격이 크고 성품이 침착했으며 지혜가 남달랐다. 차차웅의 어머니는 알영부인이고 왕비는 운제부인**아루부인이라고도 한다**이다. 그가 왕으로 등극한 다음 해를 원년으로 정하였다.**

○ 저자의 해설

임금이 왕위에 등극한 이듬해를 원년이라고 부르는 법칙은 『춘추』에 자세하게 기록되어 있다. 이는 선왕의 고치지 못할 법전이다.

『이훈』에,

"성탕이 죽으니 태갑 원년이다."

라고 기록되어 있고, 『정의』에는,

"성탕이 죽은 그 해가 곧 태갑 원년이다."

라고 기록되어 있다. 하지만 『맹자』에는,

"탕이 돌아갔으니, 태정은 미립하고 외병은 2년, 중임은 4년이다." 하였으나 아마도 「상서」에는 탈간이 있고 「정의」는 오설인 듯하다.

혹자가 말하기를,

"옛날에는 임금이 등극하면 혹은 달을 넘어 원년이라고 하고 혹은 해를 넘어 원년이라고도 하였는데."

달을 원년이라고 부른 것은,

"성탕이 죽으니 태갑 원년이라고 했다."

는 기록 때문며 『맹자』에,

"태정이 미립하고"

라는 것은 태정이 아직 왕위에 오르지 못한 채 죽었다는 것을 의미하는

것이고 또,

"외병 2년, 중임 4년."

이라는 것은 태정의 아들인 태갑의 두 형이 태어난 지 혹은 2년 또는 4년 만에 죽었으므로 태갑이 탕의 뒤를 '이어 왕위에 오른 까닭이라 할 것이다. 『사기』에서 중임과 외병을 2군으로 기록한 것은 잘못이다. 그러므로 전자는 선왕이 죽은 해로써 즉위 원년이라 부른 것이니 옳지 않으며, 후자는 상나라 백성의 예절이 맞는 것이라 할 수 있다.

⊙ 원년 가을 7월, 낙랑 군사가 쳐들어와 금성을 여러 겹으로 포위했다. 그러자 왕이 신하들에게,

"두 분 성인이 세상을 떠나고 내가 백성의 추대로 왕위에 오른 것이 잘못된 것이다. 지금 내 심정은 조심스럽고 위태롭기가 살얼음 위를 건너는 것 같다. 이웃나라가 우리나라에 쳐들어오는 것은 나에게 덕이 없기 때문이다. 장차 이 난을 어찌하면 좋겠는가?"

라고 했다. 그러자 신하들은,

"적들은 우리의 국상을 틈타 쳐들어왔습니다. 그런고로 하늘은 절대 그들을 돕지 않을 것이니 두려할 것이 없습니다."

라고 했다. 얼마 후 적들이 갑자기 퇴각해 돌아갔다.

⊙ 3년 봄 정월, 시조의 묘를 세웠으며 그해 겨울 10월 초하루 병진날에 일식이 일어났다.

⊙ 5년 봄 정월, 왕이 탈해가 어질다는 소문을 듣고, 자신의 장녀를 시집보냈다.

⊙ 7년 가을 7월, 왕이 사위 탈해를 대보로 임명하고 군사와 정치에 관한 정사를 돌보도록 했다.

⊙ 8년, 봄과 여름에 가뭄이 심하게 들었다.

⊙ 11년, 왜구가 군선 100여 척을 앞세워 해변의 민가를 약탈하자 6

부의 정병으로 방어했다. 이때 낙랑이 우리나라 내부에 약점이 있다고 판단해 금성을 공격해 와서 상황이 매우 급박했다. 그날 밤 유성이 적 진영으로 떨어지자, 적병이 두려워하면서 퇴각하다가 일부러 알천가에 주둔하면서 돌무더기 20개를 쌓아놓고 돌아갔다. 6부의 군사 1천 명이 적병을 추격하다가 토함산 동쪽에서부터 알천까지 쌓여있는 돌무더기를 보고 적병이 많은 것으로 알고 더 추격하지 않았다.

⊙ 13년 가을 7월 그믐 무자 날에 일식이 일어났다.

⊙ 15년, 서울에 가뭄이 들고 가을 7월에 메뚜기 떼가 갑자기 나타났다. 백성이 몹시 굶주리므로 왕이 창고의 곡식을 풀어서 구제했다.

⊙ 16년 봄 2월, 북명 사람이 밭을 갈다가 우연히 예왕의 도장을 발견해 왕에게 갖다 바쳤다.

⊙ 19년, 온 나라에 전염병이 만연해 많은 사람들이 죽었으며, 겨울 11월에 얼음이 얼지 않았다.

⊙ 20년 가을에 금성이 태미 성좌로 들어가 나라에 근심을 주었다.

⊙ 21년 가을 9월에 메뚜기 떼가 나타났다. 왕이 죽어 사릉원에 장사를 지냈다.

유리 이사금

⊙ 남해의 태자 유리 이사금이 왕위에 올랐는데, 어머니는 운제부인이고 왕비는 일지 갈문왕의 딸이다. 왕비의 성이 박 씨이고 허루왕의 딸이라고도 했다 처음 남해가 죽었을 때 유리가 마땅히 왕위에 올라야 했는데 유리는 대보 탈해가 덕망이 있다고 생각해 왕위를 그에게 넘겨주려고 했다. 탈해는,

"임금 자리는 보통 사람이 감당할 수 없습니다. 훌륭하고 지혜로운

사람은 이가 많다고 들었습니다."

라고 했다. 그의 말에 따라 신하들이 두 사람에게 떡을 깨물게 했는데, 그 결과 유리의 이 자국이 많았으므로 유리를 왕위에 오르게 하고 왕호를 이사금이라 하였다. 김대문은,

"이사금은 방언이다."

라고 하였다. '이사금' 은 '이의 자국' 이란 말이다. 남해가 임종 직전 아들 유리와 사위 탈해를 불러,

"내가 죽으면 너희 박씨와 석씨를 가진 사람 중 나이가 많은 사람이 왕위를 이으라."

라고 유언했다. 그렇지만 후에 김씨 성이 많았기 때문에 박, 석, 김씨 중에서 연장자를 선택해 왕위를 잇게 했다. 그런고로 왕을 이사금이라 불렀다.

◉ 2년 봄 2월 왕이 직접 시조묘에 제사를 지내고 많은 죄수들을 사면했다.

◉ 5년 겨울 11월에 왕이 나라를 순시하던 중 어떤 노파가 굶주림과 추위로 죽어가는 것을 보고,

"내가 세상을 바로 보지 못하는 몸으로 황이 되어 백성을 먹여 살릴 수 없고 노인과 어린이로 하여금 극한 상황에 이르게 하였으니 이것은 순전히 내 죄이다."

라고 말하고 입고 있던 옷을 벗어 덮어 주고 밥을 주어 먹게 하였다. 그리고 유사에세 명해 나라 안의 홀아비, 과부, 고아, 자식 없는 노인 등을 위문하게 하고 늙고 병 든 독거노인들을 부양하게 했다. 이런 소문을 이웃 나라에서 듣고 오는 자들이 많았다. 이해엔 백성의 생활이 글겁고 편안하여 처음으로 도솔가를 지었다. 이것이 노래 가사의 시작이었다.

⊙ 9년 봄, 왕이 6부의 이름을 고치고 성을 하사했다. 즉 양산부는 양부로 고치고 성은 이씨, 고허부는 사량부로 고치고 성은 최씨, 대수부는 점량부모량이라고도 한다로 고치고 성은 손씨, 간진부는 본피부로 고치고 성은 정씨, 가리부는 한기부로 고치고 성은 배씨, 명활부는 습비부로 고치고 성은 설씨로 정했다.

또 관직은 17등급을 두었는데, 일이 이벌찬, 이가 이척찬이찬, 삼 잡찬, 사 파진찬, 오 대아찬, 육 아찬, 칠 일길찬, 팔 사찬, 구 급벌찬, 십 대나마, 십일 나마, 십이 대사, 십삼 소사, 십사 길사, 십오 대오, 십육 소오, 십칠 조위이다.

왕은 6부를 두 편으로 나누어 두 왕녀로 하여금 각각 부내部內의 여자들거느려 무리를 나누어 편을 짜게 했다. 이들 두 편은 가을 7월16일부터 매일 새벽에서 밤 열 시까지 큰 부의 뜰에 모여 길쌈을 했다. 8월15일이 되면 그들은 길쌈의 양을 심사하여 길쌈을 적게 한 편이 많이 한 편에 하였는데 술과 음식을 대접했다. 이때 노래와 춤과 여러 가지 오락 을 하였는데, 이 행사를 가배라고 하였다. 이 행사에서 진 편의 한 여자가 대표로 일어나 춤을 추면서 탄식하는 소리로 '회소!' 라고 하였다. 이 소리가 너무나 슬프고도 우아해 훗날 사람들이 여기에 노랫말을 붙여, 이것이 회소곡이라 하였다.

⊙ 11년, 서울에 땅이 갈라지면서 샘이 솟았고, 여름 6월에는 홍수가 났다.

⊙ 13년, 가을 8월에 낙랑 군사들이 북쪽 변경을 쳐들어와 타산성을 빼앗아갔다.

⊙ 14년, 고구려왕 무휼이 낙랑을 공격하여 멸망시켰는데, 낙랑 백성 5천 명이 우리나라로 투항해 왕이 그들을 6부에 나누어 살게 했다.

⊙ 17년, 가을 9월에 화려현과 불내현 사람들이 작당하여 기병을 거

느리고 우리나라 북쪽 국경을 쳐들어왔다. 맥국의 우두머리가 병사들을 동원해 곡하 서쪽에서 공격하여 이들을 물리쳤는데, 이 소식을 들은 왕이 기뻐하면서 곧바로 맥국과 친교를 맺었다.

⊙ 19년, 가을 8월에 맥국의 우두머리가 사냥하여 새와 짐승을 잡아 왕에게 바쳤다.

⊙ 31년, 봄 2월엔 자미 성좌에 혜성이 출몰해 나라에 근심을 주었다.

⊙ 33년 여름 4월, 금성 우물에서 용이 나타났는데 얼마후에 소나기가 서북쪽에서 몰려왔고, 5월에 태풍이 불어 나무가 뽑혔다.

⊙ 34년, 가을 9월에 왕이 병세가 심해지자 신하들을 불러,

"탈해는 신분이 국척이고 지위가 재상에 올랐으며, 공을 여러 번 세웠다. 과인의 두 아들은 그의 재능을 따르지 못하므로 내가 죽으면 반드시 탈해에게 왕위에 계승시키도록 하라. 그대들은 나의 유언을 잊지 마라."

라고 했다.

왕이 겨울 10월에 죽으니 사릉원에 장사 지냈다.

탈해 이사금

⊙ 탈해 이사금토해라고도 한다이 62세의 나이로 왕위에 올랐다. 성은 석씨이고, 왕비는 아효부인이다. 탈해는 왜국에서 동부쪽으로 천리 밖에 있는 다파나국에서 태어났다. 다파나국 왕은 여국의 왕녀를 왕비로 삼았는데, 임신한 지 7년 만에 큰 알을 낳았다. 왕은,

"사람이 알을 낳은 것은 상서롭지 못한 일이다. 그래서 버리는 것이 마땅하다."

라고 했다. 왕비는 알을 하마 버리지 못하고 비단으로 알과 보물을 상

자에 넣어 바다로 띄워 보냈다. 상자는 처음 금관국 해변에 닿았다. 상자를 발견한 금관 사람들은 괴이하게 생각해 그대로 두었다. 상자는 다시 진한 아진포 어구에 닿았다. 이때가 시조 혁거세 39년이었다. 그때 해변에 사는 할머니가 상자를 줄로 끌어올려 매어놓고 상자를 열어 보니 한 어린아이가 있었고, 할머니는 그 아이를 집으로 데려와 길렀다. 아이가 어른이 되자 키가 9척이 되었고 기풍과 정신이 훌륭했으며, 지혜가 남보다 뛰어났다. 어떤 사람들이 할머니에게,

"성씨를 알 수 없으니 처음 상자가 떠내려 왔을 때, 까치 한 마리가 울면서 따라왔으니 까치 작鵲 자에서 새 조鳥를 떼어내 석昔 자로 성을 삼고, 상자를 풀고 나왔으니 벗을 탈脫과 풀 해解 자로 이름을 짓는 것이 좋겠습니다."

라고 했다.

탈해는 처음에는 고기잡이를 하여 어머니를 지극정성으로 봉양했는데 한 번도 게으름을 피운 적이 없었다. 그의 어머니는 탈해에게 항상,

"너는 평범한 사람이 아니다. 골격과 관상이 남다르니 마땅히 학문에 종사하여 공명을 세우도록 해라."

라고 했다. 이에 따라 탈해는 학문에 전념하였고 지리까지 터득하게 되었다. 그는 양산 아래에 있는 호공의 집을 보고 그 곳이 길지라 생각해 꾀를 써서 그 터를 얻어 어머니와 함께 살았다. 훗날 이 땅은 월성 터가 되었다. 남해왕 5년, 탈해가 어질다는 소문을 들은 왕은 자신의 딸을 그에게 시집보냈다. 또 7년에 그를 대보로 임명하여 정사를 돌보도록 했다.

유리가 죽음 직전에,

"과인은 아바마마로부터 '내가 죽으면 아들과 사위 중 나이가 가장 많고 현명한 사람이 왕위를 잇게 하라' 는 유언을 들었다. 그래서 내가

먼저 왕위에 올랐는데, 이제는 마땅히 왕위를 탈해에게 물려줘야 할것이다."

라고 유언했다.

◉ 2년, 봄 정월에 호공을 대보로 임명했고, 2월에 왕이 직접 시조묘로 가서 제사 지냈다.

◉ 3년, 봄 3월에 왕이 토함산에 올라갔는데, 왕의 머리 위에 우산 모양의 검은 구름이 피어났다가 한참 후에 사라졌다. 여름 5월에 왜국과 친교를 맺고 사신을 교환하였다. 6월에 천선 성좌에 혜성이 출몰해 나라에 근심을 주었다.

◉ 5년, 가을 8월에 마한 장수 맹소가 복암성을 바치고 항복해 왔다.

◉ 7년, 겨울 10월에 백제 왕이 영토를 개척하여 낭자곡성까지 넓히고 사신을 보내 왕을 만나기를 청했지만 왕은 가지 않았다.

◉ 8년 가을 8월, 백제가 군사를 이끌고 와산성으로 쳐들어왔고, 겨울 10월에 또다시 구양성을 공격하니 왕이 격노하여 기병 2천 명을 출동시켜 그들을 물리쳤다. 12월에 지진이 일어났고, 눈이 내리지 않았다.

◉ 9년 봄 3월 밤에 왕이 금성 서쪽 시림始林나무 쪽에서 닭울음 소리를 들었다. 새벽에 호공을 불러 어찌된 영문인지 알아보도록 명했다. 호공이 현장으로 가 보니, 그곳엔 금빛의 작은 상자 하나가 나뭇가지에 걸려 있었고, 흰 닭이 그 아래에서 울고 있었다. 호공이 돌아와 사실 그대로를 왕에게 아뢰었고, 왕은 신하들에게 상자를 가져와 열게 했다. 상자 안에는 자태와 용모가 뛰어난 어린 사내아이가 들어 있었는데, 왕이 기뻐하면서 신하들에게,

"이 아이는 하늘이 나에게 내려 준 선물이구나!"

라고 하고 거둬서 길렀다. 아이는 점점 성장하면서 총명하고 도량이

넓으며 지략이 뛰어났다. 이름을 알지라고 하고 금빛 상자에서 나왔다고 하여 성을 김씨라고 하였다, 시림을 계림鷄林이라 고치고 국호로 삼했다.

⊙ 10년, 백제가 와산성을 쳐들어와 점령하고, 2백 명의 백제 사람을 거주시키며 수비케 했지만, 얼마 후 우리가 이 땅을 재탈환했다.

⊙ 11년 봄 정월, 박씨의 친척들에게 국내의 주와 군을 다스리게 했는데, 그 직위를 각각 주주와 군주라고 불렀다. 2월에 순정을 이벌찬으로 임명해 정사를 돌보게 했다.

⊙ 14년에 백제가 침범하였다.

⊙ 17년에 왜구가 목출도에 쳐들어오자 왕이 각간 우오를 출전시켜 방어했으나 패하고 우오는 전사했다.

⊙ 18년, 가을 8월에 백제가 변경을 쳐들어와 약탈하자 왕이 군사를 출동시켜 물리치게 했다.

⊙ 19년, 나라에 큰 가뭄이 들어서 백성이 굶주리자 왕이 창고를 열어 그들을 구제했고, 겨울 10월에 백제가 서쪽 변경에 있는 와산성으로 쳐들어와 성을 점령했다.

⊙ 20년, 가을 9월에 왕은 군사를 출동시켜 백제를 공격해 와산성을 재탈환했는데, 이때 백제에서 건너와 살고 있던 2백여 명을 한 명도 남김없이 죽였다.

⊙ 21년, 가을 8월에 아찬 길문이 황상진 입구에서 가야 군사를 맞아 전투를 벌여 1천여 명을 죽였다. 이 전공으로 길문은 파진찬으로 진급했다.

⊙ 23년, 봄 2월에 혜성이 동쪽에 출몰했다가 또다시 북쪽에서 출몰했으며 20일 만에 사라졌는데, 나라에 근심을 주었다.

⊙ 24년, 여름 4월에 서울에 큰 태풍이 불어와 금성 동문이 무너졌

고, 가을 8월에 왕이 죽어 성 북쪽 양정 언덕에 장사를 지냈다.

파사 이사금

◉ 유리왕의 둘째 아들 파사 이사금이 왕위를 이었다. 유리의 아우인 나로 아들이라고도 한다 왕비는 갈문왕 허루의 딸인 김씨 사성부인이다. 처음 신하들은 탈해가 죽자 유리의 태자 일성을 왕으로 내세우려고 했다 그러자 신하들이,

"적자 일성이 왕위를 잇는 것이 마땅하나 인품과 총명함은 동생 파사만 못하다."

라고 하면서 파사에게 왕위를 잇게 했다. 파사는 절도가 있고 검소해 물자를 아끼는 생활을 했으며, 백성을 사랑했기 때문에 칭송받았다.

◉ 2년, 봄 2월에 왕이 직접 시조묘에 가서 제사를 지냈고, 3월에 주와 군을 순시하면서 창고를 열어 백성을 구제했으며, 또한 옥에 갇힌 죄수를 재조사해 두 가지 이상 사형 죄에 해당하는 죄인을 제외한 나머지 모두를 석방하게 하였다.

◉ 3년, 봄 정월에 왕은,

"지금 나라엔 창고가 비었고 병기가 무뎌졌다. 만약 홍수나 가뭄이나 변방에 변고가 발생했을 때 대처하는 방법들이 있는가? 그래서 농사와 양잠을 장려케 하고 군사를 훈련시켜 항상 상황에 미리 대비하도록 하여라."

라는 명을 내렸다.

◉ 5년 봄 2월 명선을 이찬, 윤량을 파진찬으로 임명했고, 여름 5월엔 고타의 군주가 푸른색 소를 왕에게 바쳤다. 더구나 남신현에서 한 개의 보리이삭에서 여러 가닥이 돋아나면서 풍년이 들어 여행자들은

일부러 식량을 소지할 필요가 없었다.

⊙ 6년, 봄 정월에 백제가 변경을 쳐들어왔고, 2월엔 길원을 아찬으로 임명했으며, 여름 4월에는 객성이 자미 성좌 안으로 들어가 나라에 근심을 주었다.

⊙ 8년, 가을 7월 왕은,

"내가 부족함이 많은데도 임금 자리에 올랐다. 우리나라는 서쪽엔 백제가, 남쪽으론 가야와 이웃하고 있다. 그렇지만 나는 백성을 편안하게 대해 주지 못하고, 내 위엄으론 외국을 제압하기에 역부족이다. 그래서 성과 보루를 수리해 외적의 침략에 대비하도록 하라."

는 명을 내렸다. 왕의 명대로 그달에 가소성과 마두성을 완성했다.

⊙ 11년 가을 7월, 10명의 사신을 선발해서 주주와 군주들을 조사했는데, 공무에 불성실하거나 농토를 황폐하게 만든 주주와 군주들은 직급을 강등시키거나 사직하도록 했다.

⊙ 14년 봄 정월, 윤량을 이찬, 계기를 파진찬으로 임명했고, 2월에 왕이 고소부리군에 행차하여 나이가 많은 백성을 만나 직접 위로하면서 곡식까지 나눠주었다.

겨울 10월, 서울에 지진이 있었다.

⊙ 15년 봄 2월, 가야 군이 마두성으로 쳐들어와 포위하자 왕은 아찬 길원에게 기병 1천을 내주어 출동시켜 격퇴시켰으며, 가을 8월 왕은 직접 알천에서 군대를 사열했다.

⊙ 17년 가을 7월, 남쪽에서 태풍이 불어와 금성 남쪽의 큰 나무가 뿌리째 뽑혔다. 9월 가야 군들이 남쪽 변경으로 쳐들어왔는데, 왕은 성주 장세를 출동시켜 방어토록 했지만, 전사하고 말았다. 이에 격분한 왕은 직접 정예병 5천을 거느리고 출전해 물리쳤는데, 노획한 물자가 산더미처럼 많았다.

⊙ 18년 봄 정월에 군사를 동원해 가야를 치려고 했을 때 이것을 눈치 챈 가야 임금이 사신을 보내와 사죄했기 때문에 출병을 거두었다.

⊙ 19년 여름 4월, 서울에 심한 가뭄이 들어 백성이 어려움을 겪었다.

⊙ 21년 가을 7월, 우박이 쏟아지면서 하늘을 날고 있던 새가 맞아서 죽었고, 같은 해 겨울 10월에는 서울에 지진이 발생해 민가가 파괴되고 사람들이 죽었다.

⊙ 22년, 봄 2월에 성을 쌓아 이름을 월성으로 지었으며, 가을 7월, 왕이 월성으로 주거지를 옮겼다.

⊙ 23년 가을 8월, '음집벌국'과 '실직곡국'이 국경문제로 다툼을 벌이다가 왕에게 찾아와 판결을 청했다. 그러나 왕은 이 문제가 그렇게 간단하지 않다는 것을 알고, 연륜이 쌓인 금관국 수로왕을 불러 해결토록 했다. 그러자 수로왕은 다투던 땅을 '음집벌국'에 주는 것이 옳다고 판단했다. 그의 명쾌한 판단에 감명받은 왕은 6부에게 명해 수로왕을 위한 연회를 베풀게 했다.

이때 5부의 우두머리에 직위가 높은 이찬들을 추대했지만, 한기부만 직위가 낮은 사람을 우두머리로 추대했다. 이에 화가 난 수로왕은 자신의 종 탐하리에게 명해 한기부 우두머리인 보제를 죽이고 돌아갔다. 이때 보제의 종이 음집벌주 타추간의 집으로 도망가 몸을 숨겼다. 그러자 왕은 신하들에게 명해 그 종을 데려오게 했지만, 타추가 내놓지 않았다. 이에 화가 난 왕은 군사를 이끌고 '음집벌국'을 공격하자 우두머리가 자신의 부하들과 함께 항복했다. 이런 여파로 실직과 압독 두 나라 왕이 스스로 항복했으며, 겨울 10월에 복숭아와 자두나무에 때 이른 꽃이 피었다.

⊙ 25년, 봄 정월에 하늘에서 수많은 별똥별들이 비처럼 쏟아져 왕은 근심했지만, 다행스럽게도 땅으로 떨어지지는 않았다. 그러나 가을 7

월 실직이 역모를 꾸미자 왕은 군사를 보내 평정했으며, 이 과정에서 살아남은 무리들은 모두 남쪽 변경으로 이주시켰다.

⊙ 26년, 봄 정월에 백제가 왕에게 사신을 보내 화해를 요청했으며, 2월 서울에 석 자 높이약 1m의 많은 눈이 내려 온 천지가 희게 물들었다.

⊙ 27년, 봄 정월에 왕이 직접 압독으로 행차해 가난한 백성을 구제하다가 3월에 되어서야 서울로 돌아왔고, 가을 8월 왕은 마두성주에게 가야를 정벌토록 명했다.

⊙ 29년, 여름 5월 대홍수로 백성이 굶주리고 있었기 때문에 왕은 10도로 사신을 보내어 창고에서 곡식을 풀어서 구제토록 명했다. 또한 비지국, 다벌국, 초팔국 등으로 군사들을 보내 정벌한 다음 합병시켰다.

⊙ 30년 가을 7월, 메뚜기 떼가 갑자기 몰아쳐 곡식이 해를 입자, 왕은 이를 막기 위해 산천을 찾아 제사를 지냈다. 그러자 메뚜기 떼가 사라지면서 풍년이 찾아왔다.

⊙ 32년 여름 4월,

성문이 저절로 무너졌으며, 5월부터 가을 7월까지 비가 내리지 않아 심한 가뭄이 지속되었다.

⊙ 33년, 겨울 10월에 왕이 죽었는데, 사릉원에 장사를 지냈다.

지마 이사금

⊙ 파사왕의 적자인 지마 이사금 지미라고도 한다이 왕위를 계승했다. 어머니는 사성부인이며, 왕비는 갈문왕 마제의 딸인 김씨 애례부인이다. 애례부인과의 인연은 파사왕이 태자와 함께 유찬 못가로 사냥 갔

을 때이다. 파사왕이 사냥을 마치고 한기부를 지날 때 이찬 허루가 음식을 대접했다. 분위기가 무르익을 때 허루 부인이 젊은 딸과 함께 춤을 췄다. 이에 질세라 이찬 마제 부인 역시 딸을 데리고 나왔다. 이때 태자가 그녀의 미모에 흠뻑 빠졌고, 이를 눈치 챈 허루는 기분이 좋지 않았다. 이때 파사왕은 허루에게,

"이곳 땅 이름이 대포부엌인데, 이곳에서 나를 위해 공이 좋은 음식과 술로 대접했소. 그래서 지위를 '주다酒多=많은 술'로 만들어 이찬 위에 둬야겠소."

라고 한 다음 마제의 딸을 태자의 배필로 점지했다. 주다라는 직위는 훗날 각간으로 개칭되었다.

⊙ 2년 봄 2월, 왕이 직접 시조묘로 가서 제사를 지냈고, 창영을 이찬에 임명해 정사를 돌보게 했다. 또 옥권을 파진찬, 신권을 일길찬, 순선을 급찬으로 임명했으며, 3월에는 백제가 사신을 보내와 예방했다.

⊙ 3년 봄 3월, 우박이 심하게 내려 보리의 싹이 상했고 여름 4월에는 홍수가 나면서 많은 피해를 입었다. 그래서 왕은 죄수들을 재심하여 사형수를 제외한 나머지를 모두 풀어 주었다.

⊙ 4년 봄 2월, 가야가 남쪽 변경으로 쳐들어와 약탈했으며, 이에 가을 7월 왕이 직접 가야공격에 나섰다. 그러나 가야 군사들은 왕산하에 군사들은 매복시켜 기다리고 있었다. 이것을 알지 못하는 왕은 보병과 기병을 거느리고 이곳을 지나가고 있을 때, 가야 복병들이 튀어나와 왕을 포위하고 말았다. 그렇지만 왕은 이에 굴하지 않고 군사를 진두지휘하면서 포위망을 뚫었다.

⊙ 5년 가을 8월, 가야에 장수를 출격시켜 공격하게 하면서, 왕은 정병 1만을 거느리고 뒤를 바쳤다. 그러자 가야는 성문을 굳게 닫고 수비했는데, 때마침 비가 장기간 내리는 바람에 어쩔 수 없이 퇴각했다.

◉ 9년 봄 2월, 하늘에서 큰 별이 월성 서쪽으로 떨어졌는데, 그 소리가 마치 우레와 같았으며 나라에 근심을 주었다. 3월이 되면서 서울에 전염병이 크게 퍼졌다.

◉ 10년, 봄 정월에 왕은 익종을 이찬으로, 흔련을 파진찬으로, 임권을 아찬으로 임명했고, 2월엔 대증산성을 완성했으며, 여름 4월에는 왜구가 동쪽 변경으로 쳐들어왔다.

◉ 11년, 여름 4월에 동쪽에서 강한 태풍이 불어와 나무가 꺾이고 기와가 날아갔지만 저녁때 태풍이 멈췄다. 이때 서울 사람들은 왜구가 쳐들어온다는 유언비어에 현혹되어 너도나도 할 것 없이 산골짜기로 피신했다. 그러자 왕은 이찬 익종 등에게 명해 유언비어에 속지 말라며 귀가하도록 조치했다. 가을 7월에는 메뚜기 떼가 갑자기 몰려와 곡식을 해쳐 흉년이 들면서 나라에 도둑이 득실거렸다.

◉ 12년, 봄 3월에 왜구와 강화를 맺었고, 여름 4월엔 때 아닌 서리가 내렸으며, 5월에는 금성 동쪽에 있는 민가가 갑자기 땅으로 꺼지면서 연못으로 변했는데, 그곳에 연밥이 돋아났다.

◉ 13년, 가을 9월 그믐 경신 날에 일식이 일어나 나라에 근심을 주었다.

◉ 14년 봄 정월, 말갈족이 북쪽 변경으로 쳐들어와 관리와 백성을 살상하고 약탈까지 자행했다. 또다시 가을 7월에 대령책으로 쳐들어와 남하하자 이에 왕은 백제에 구원병을 요청했다. 그러자 백제는 기꺼이 다섯 명의 장군을 보냈고, 이 소식을 말갈족이 듣고 퇴각했다.

◉ 16년, 가을 7월 초하루 갑술 날에 일식이 일어나 나라에 근심을 주었다.

◉ 17년, 가을 8월에 장성가스 상태의 빛나는 긴 꼬리를 끌고 해의 둘레를 긴 타원형 혹은 포물선을 그리며 운동하는 별이다. 여러 해를 두고 한 번씩

나타나며, 옛날엔 재해의 징조를 나타내는 별로 생각해 좋지 않게 생각했다이 온 하늘에 뻗쳤는데, 결국 겨울 10월에 동쪽지방에서 지진이 일어났고 11월에는 번개까지 심했다.

⊙ 18년, 이찬 창영이 죽자 파진찬 옥권을 이찬으로 임명해 정사를 돌보게 했다.

⊙ 20년, 여름 5월에 큰 비가 내리는 바람에 민가들이 물에 잠기는 소동이 일어났다.

⊙ 21년, 봄 2월에 궁궐 남문이 불에 전소되고 말았다.

⊙ 23년, 봄과 여름에 가뭄이 심했고, 가을 8월에는 왕이 죽었는데, 아쉽게도 뒤를 이을 아들이 없었다.

일성 이사금

⊙ 유리왕의 맏아들 일지 갈문왕의 아들이라고도 한다인 일성 이사금이 왕위를 이어받았으며 왕비는 지소례왕의 딸 박씨이다.

⊙ 원년 9월, 왕이 수많은 죄수들을 사면했다.

⊙ 2년, 봄 정월에 왕은 직접 시조묘로 가서 제사를 지냈다.

⊙ 3년, 봄 정월 웅선을 이찬에 임명하면서 내외병마사까지 겸직케 했으며, 근종이 일길찬으로 임명되었다.

⊙ 4년, 봄 2월에 말갈족이 국경을 쳐들어와 장령지방 다섯 곳의 책들을 불태웠다.

⊙ 5년, 봄 2월 금성에 정사당을 설치했고, 가을 7월에 알천 서쪽에서 군대를 사열했으며, 겨울 10월에는 왕이 북쪽으로 순행하여 태백산에 이르러 손수 제사를 지냈다.

⊙ 6년, 가을 7월 서리가 내리면서 콩들이 죽었고, 8월에 말갈이 장령

을 쳐들어와 약탈하고 주민을 잡아갔으며, 또다시 겨울 10월에 말갈이 쳐들어왔다가 천둥과 번개가 심하게 내려치자 저절로 퇴각했다.

⊙ 7년, 봄 2월 장령에 목책을 세워 말갈족의 공격을 방어했다.

⊙ 8년, 가을 9월 그믐 신해 날에 일식이 일어나 나라에 근심을 주었다.

⊙ 9년, 가을 7월에 왕이 여러 대신들을 불러 말갈족을 공격하자고 제의하자, 이찬 웅선이 왕에게 나아와,

"불가능한 일입니다."

라고 하자 곧바로 취소했다.

⊙ 10년, 봄 2월 궁실을 수리했고, 여름 6월 을축에 화성이 토성을 범했으며, 겨울 11월에는 번개가 쳐 나라에 근심을 주었다.

⊙ 11년, 봄 2월에 왕은,

"농사는 정치의 근본이고, 먹는다는 것은 백성에게 매우 소중한 것이다. 모든 주와 군은 제방을 수리하고 밭과 들을 개간해서 넓히도록 하라."

는 명을 내렸다. 이에 덧붙여,

"민간에서는 금, 은, 주옥을 사용하지 말라."

는 명도 내렸다.

⊙ 12년, 봄과 여름에 가뭄이 심했는데, 그중에서도 남쪽 지방에서의 가뭄이 가장 심했다. 그래서 백성이 굶주리고 있었기 때문에 식량을 남쪽 지방으로 운반해 구제했다.

⊙ 13년, 겨울 10월에 압독이 반란을 일으켜 왕이 군사를 동원해서 평정했으며 이 과정에서 살아남은 무리들을 남쪽 지방으로 모두 이주시켰다.

⊙ 14년, 가을 7월 왕이 신하들에게 명령해 장수가 될 만한 지략과

용맹을 갖춘 사람을 추천하도록 했다.

⊙ 15년, 박아도를 갈문왕으로 봉했다. 신라에서는 추봉한 왕 모두를 갈문왕으로 불렀는데, 의미는 확실하게 알 수가 없다

⊙ 16년, 봄 정월에 득훈을 사찬, 선충을 내마로 임명했다. 가을 8월 혜성이 천시성좌에 출몰했고, 겨울 11월에 번개가 심해 나라에 근심을 주었는데. 결국 서울에서 전염병이 만연했다.

⊙ 17년, 여름 4월부터 비가 한 방울도 내리지 않다가 가을 7월에 비가 내리기 시작했다.

⊙ 18년, 봄 2월 이찬 웅선이 죽자 대선을 이찬으로 임명해 내외병마사를 겸직케 했다. 3월에는 우박이 심하게 내려 나라에 근심을 주었다.

⊙ 20년, 겨울 10월 궁궐 대문에 화재가 일어났고, 혜성이 동쪽에서 출몰했다가 또다시 동북쪽에서 출몰하는 바람에 나라에 근심을 주었다.

⊙ 21년, 봄 2월 왕이 죽었다.

삼국사기
三國史記新羅本紀 第二卷

삼국사기권제2

수충 정난 정국 찬화 동덕 공신, 개부의동삼사, 검교 태사, 수태보, 문하시중, 판상서 이례부사, 집현전 태학사, 감수국사, 상주국, 치사 신 김부식이 임금의 명을 받들어 편찬합니다.

신라본기 제2
아달라 이사금, 벌휴 이사금, 나해 이사금, 조분 이사금, 첨해 이사금, 미추 이사금, 유례 이사금, 기림 이사금, 흘해 이사금.

아달라 이사금

⊙ 일성의 맏아들 아달라 이사금이 왕위를 계승했는데, 키가 일곱 자이면서 풍채가 수려하고 얼굴이 기이하게 생겼다. 어머니는 지소례왕의 딸 박씨이고, 왕비는 자마왕의 딸 박씨 내례부인이다.

⊙ 원년 3월, 왕은 계원을 이찬으로 임명해 군무와 정사를 돌보게 했다.

⊙ 2년, 봄 정월 왕이 시조묘에 직접 가서 제사를 지냈고 많은 죄수들을 사면했으며, 흥선을 일길찬으로 임명했다.

⊙ 3년, 여름 4월 서리가 내렸고, 계립령에 새로운 길을 개통했다.

⊙ 4년, 봄 2월 감물현과 마산현을 최초로 설치했고, 3월 왕이 직접 장령진으로 행차하여 그곳에 주둔하고 있는 병사들을 위로하면서 군사들에게 군복을 하사했다.

⊙ 5년, 봄 3월 죽령이 개통되었으며, 때마침 왜인이 예방을 해 왔다.

⊙ 7년, 여름 4월 심한 폭우로 알천이 범람해 집이 떠내려갔고, 금성 북문이 폭우로 무너지는 불상사가 일어났다.

⊙ 8년, 가을 7월 메뚜기 떼가 갑자기 출몰해 곡식을 해치고, 바닷고기가 육지로 올라와 떼죽음이 벌어졌다.

⊙ 9년, 왕이 사도성으로 직접 행차하여 주둔하고 있던 병사들을 만나 위로했다.

⊙ 11년, 봄 2월 서울에 용이 나타나 사람들이 놀랐다.

⊙ 12년, 겨울 10월 아찬 길선의 반역이 발각되고, 그는 처형이 두려워 백제로 도망치고 말았다. 이에 왕은 친서를 보내 그를 넘겨줄 것을 백제에 요청했지만, 아무런 응답을 듣지 못했다. 이에 왕은 화가 치밀어 군사를 동원해 백제를 공격했다. 그러나 백제는 성문을 굳게 닫고 방어만 했기 때문에 날이 지날수록 군량미가 바닥나 하는 수 없이 퇴각하고 말았다.

⊙ 13년, 봄 정월 초하루 신해 날에 일식이 일어나 나라에 근심을 주었다.

⊙ 14년, 가을 7월 백제가 서쪽에 있는 두 개의 성으로 쳐들어와 함락시키고 주민 1천 명을 포로로 잡아갔다. 그러자 8월에 일길찬 흥선에게 군사 2만을 내줘 백제를 공격하게 하면서 왕은 한수로에서 기병 8천을 이끌고 전장으로 갔다. 이에 백제는 크게 두려워한 나머지 포로로 잡아간 남녀 모두를 돌려주면서 화친을 청했다.

⊙ 15년, 여름 4월 이찬 계원이 죽고 그 대신 흥선을 이찬으로 임명했다.

⊙ 17년, 봄 2월 왕은 시조묘를 새롭게 중수했다. 하지만 가을 7월 서울에 지진이 일어났고, 서리와 우박이 쏟아져 곡식을 망쳤다. 또한 겨울 10월에 백제가 변경으로 쳐들어와 약탈을 자행했다.

⊙ 18년, 봄 나라 안에 곡식이 부족해 백성 대부분이 굶주림에 시달렸다.

⊙ 19년, 봄 정월 구도를 파진찬에, 구수혜를 일길찬에 임명했다. 2월에 왕이 시조묘로 직접 가서 제사를 지냈다. 하지만 서울에 전염병이 크게 돌면서 민심이 흉흉했다.

⊙ 20년, 여름 5월 왜국의 여왕 비미호가 사신을 보내 왕을 예방했다.

⊙ 21년, 봄 정월에 흙비가 내렸고 2월부터 가뭄이 들면서 우물과 샘물이 모두 말라 백성이 어려움을 겪었다.

⊙ 31년, 봄 3월 왕이 죽었다.

벌휴 이사금

⊙ 탈해왕의 아들 구추 각간의 아들 벌휴발휘라고도 한다 이사금이 왕위에 올랐다. 어머니는 지진내례 부인 김씨이다. 그가 왕위에 오른 것은 아달라에게 아들이 없었기 때문이다. 왕은 바람과 구름을 보고 점을 쳐서 그해의 홍수와 가뭄과 풍, 흉년을 미리 알았다. 또한 정직한 사람인지 사악한 사람인지를 구별할 줄 알았기 때문에 사람들은 성인이라고 했다.

⊙ 2년, 봄 정월 왕은 시조묘에 직접 가서 제사 지낸 다음 죄수들을 크게 사면했고 2월에 파진찬 구도와 일길찬 구수혜가 좌

우 군주로 임명되어 소문국을 정벌했는데, 군주라는 명칭이 이때부터 시작되었다.

⊙ 3년, 봄 정월 왕이 주와 군을 순행하면서 민정을 시찰했고 여름 5월 그믐 임신 날에 일식이 일어나 나라에 근심을 주었으며 가을 7월에는 남신현에서 상서로운 벼를 왕에게 진상했다.

⊙ 4년, 봄 3월 주와 군에 명을 내려 농사철에 토목공사를 못하도록 했고 겨울 10월에는 북부 지방에 많은 눈이 내려 한 장 깊이로 쌓였다.

⊙ 5년, 봄 2월 백제가 모산성을 쳐들어왔는데, 파진찬 구도에게 군사를 내줘 방어하게 했다.

⊙ 6년, 가을 7월 구도가 백제와 구양에서 치열하게 싸워 승리를 거뒀는데, 이 전투에서 5백여 명을 살상했다.

⊙ 7년, 가을 8월 백제가 서쪽 국경 원산향을 쳐들어와 점령하고 또다시 진격해 부곡성을 포위했다. 그때 구도가 정예 기병 5백 명을 거느리고 맹렬하게 공격하자, 백제 군사들은 거짓으로 도망쳤다. 이것을 모르고 구도는 와산까지 추격했다가 백제에게 패배하고 말았다. 그러자 왕은 구도에게 잘못을 물어 부곡성주로 강등시키고, 그 대신 설지를 좌군주로 임명했다.

⊙ 8년, 가을 9월 치우기가 각성 성좌와 항성 성좌에 나타나 나라에 근심을 주었다.

⊙ 9년, 봄 정월 국량을 아찬에, 술명을 일길찬으로 임명했고, 3월 서울에 눈이 많이 내려서 석 자까지 쌓였다. 더구나 여름 5월에는 홍수가 나면서 산이 10여 군데 무너지는 산사태가 일어났다.

⊙ 10년, 봄 정월 초하루 갑인 날에 일식이 일어나 나라에 근심

을 안겨 주었고, 3월 한기부 여인이 아들 넷과 딸 하나를 낳는 이변이 일어났으며, 6월 왜인 천여 명이 큰 기근을 이겨내지 못해 식량을 구하러 왔다.

⊙ 11년, 여름 6월 그믐 을사 날에 일식이 일어나 나라에 근심을 주었다.

⊙ 13년, 봄 2월 궁실을 중수했는데, 3월에 가뭄이 들었고 여름 4월에는 대궐 남쪽에 서 있는 큰 나무와 금성 동문에 벼락이 떨어졌는데, 왕이 죽었다.

나해 이사금

⊙ 벌휴왕 손자인 나해 이사금이 왕위에 올랐는데, 어머니는 내례부인이고 왕비는 조분왕의 누이 석씨이다. 왕은 용모와 풍채가 좋았고 재주까지 뛰어났다. 전 임금의 태자 골정과 둘째 아들 이매가 먼저 죽고 장손이 어렸기 때문에 이매의 아들 나해 이사금을 왕으로 추대했던 것이다. 이해에 봄 정월부터 4월까지 비가 전혀 내리지 않다가 왕이 즉위하던 날 큰 비가 내려 백성이 기뻐하면서 경축했다.

⊙ 2년, 봄 정월 왕이 직접 시조묘에 가서 참배했다.

⊙ 3년, 여름 4월 시조묘 앞에 쓰러져 있던 버드나무가 저절로 일어섰고, 5월 서쪽 지방에 홍수가 났는데, 왕은 수재를 당한 주와 현에 1년 치의 세금을 면제해 주었으며, 가을 7월에 사신을 보내 위문하기도 했다.

⊙ 4년, 가을 7월에 백제가 국경으로 쳐들어왔다.

⊙ 5년, 가을 7월 금성이 낮에 나타났고 서리가 내려 풀이 죽

었으며, 9월 초하루 경오 날에 일식이 일어나 나라에 근심을 안겨 주었다. 그래서 왕은 알천에서 대규모로 군대를 사열했다.

⊙ 6년, 봄 2월 가야국이 화친을 청해왔고, 3월 초하루 정묘 날에 일식이 일어나 나라에 근심을 주었다. 결국 큰 가뭄이 들면서 왕은 서울과 지방의 죄수들을 재조사해서 죄질이 가벼운 자를 석방시켰다.

⊙ 8년, 겨울 10월 말갈족이 국경으로 쳐들어왔는데, 이때 복숭아와 자두나무에 꽃이 피고, 백성에게 전염병이 크게 만연했다.

⊙ 10년, 봄 2월 진충을 일벌찬에 임명해 국정을 돌보게 했고, 가을 7월에 서리와 우박이 내려 곡식이 죽었으며, 금성이 달을 범해 나라에 근심을 주었다. 8월 여우가 금성과 시조묘의 뜰에서 울어 왕이 크게 걱정했다.

⊙ 12년, 봄 정월 왕의 아들 이음 나음이라고도 한다을 이벌찬에 임명하면서 내외병마사를 겸직하게 했다.

⊙ 13년, 봄 2월 왕은 서쪽의 군과 읍을 순찰하고 열흘 만에 돌아왔고, 여름 4월에 왜인이 변경을 쳐들어왔기 때문에 이벌찬 이음에게 군사를 내줘 방어하게 했다.

⊙ 14년, 가을 7월 바닷가에 위치한 여덟 나라가 함께 공모하여 가라를 침범했을 때 가라의 왕자가 구원을 요청했다. 그러자 왕은 태자 우로와 일벌찬 이음에게 6부의 군사를 내줘 구원하라고 명했는데, 그들은 여덟 나라의 장군을 모두 죽이고 포로 6천 명까지 데리고 왔다.

⊙ 15년, 봄과 여름에 가뭄이 심하게 들자 왕은 사신을 군읍으로 파견해 죄수들을 재조사해서 두 종류의 사형수를 제외한 나

머지 죄수들을 모두 석방시켰다.

◉ 16년, 봄 정월에 훤견을 이찬에, 윤종을 일길찬에 임명했다.

◉ 17년, 봄 3월에 가야가 왕자를 인질로 보내왔고, 여름 5월에 큰 비가 내리는 바람에 민가들이 떠내려갔다.

◉ 19년, 봄 3월 태풍이 불어와 나무가 꺾였고, 가을 7월에 백제가 서쪽 지방 요거성을 쳐들어와 성주 설부를 죽였다. 이에 왕은 이벌찬 이음에게 정병 6천을 내줘 백제의 사현성을 공격하게 해서 격파시켰다. 겨울 12월에 천둥이 하늘을 울렸다.

◉ 23년, 가을 7월 무기고의 병기가 웬일인지 저절로 밖으로 나왔으며, 백제가 장산성을 쳐들어와 포위했기 때문에 왕이 직접 군사를 동원해 격퇴시켰다.

◉ 25년, 봄 3월 이벌찬 이음이 죽자 충훤을 이벌찬에 임명하여 병마사를 겸직시켰다. 가을 7월 양산 서쪽에서 대규모로 군대를 사열했다.

◉ 27년, 여름 4월 우박이 내려서 콩과 보리의 피해가 심했고, 남신현에서는 사람이 죽었다가 한 달 뒤에 되살아났다. 겨울 10월 백제 군사들이 우두주에 쳐들어오자 이벌찬 충훤이 군사를 이끌고 그들을 막으려 했다. 하지만 웅곡에서 크게 패하고 혼자 말을 타고 돌아오자 왕은 그에게 잘못을 물어 진주로 강등시켰다. 그 대신 연진을 이벌찬으로 임명하여 병마사를 겸직하게 했다.

◉ 29년, 가을 7월 이벌찬 연진이 백제와 전투를 벌였는데, 봉산 아래서 백제군을 격파하고 1천여 명을 죽였다. 그해 8월에 봉산성을 완성했다.

◉ 31년, 봄에 가뭄이 심했다가 가을 7월에 비로소 비가 내렸

으며, 왕은 굶주린 백성을 위해 창고를 열어 구제했다. 겨울 10월에 서울과 지방 죄수를 재조사해 죄질이 가벼운 사람들은 석방시켰다.

◉ 32년 봄 2월, 왕이 서남쪽 군읍을 순행하다가 3월이 되어서야 돌아왔으며, 파진찬 강훤을 이찬으로 임명했다.

◉ 34년 여름 4월, 뱀이 남쪽 창고에서 사흘 동안 울었고, 가을 9월에 지진이 일어났으며, 겨울 10월 눈이 다섯 자나 쌓일 정도로 많이 내렸다.

◉ 35년, 봄 3월 왕이 죽었다.

조분 이사금

◉ 벌휴 이사금의 손자이며 갈문왕 골정홀쟁이라고도 한다의 아들 석조분 이사금제분이라고도 한다이 왕위를 이었다. 어머니는 갈문왕 구도의 딸 김씨 옥모부인이고 왕비는 나해왕의 딸 아이혜부인이다. 임금이 죽기 전 유언으로 사위 조분에게 왕위를 물려주겠다고 유언했다. 왕은 키가 크고 훌륭한 외모와 함께 명석한 판단으로 백성이 존경했다.

◉ 원년, 연충을 이찬에 임명하고 군무와 국정을 돌보게 했으며, 가을 7월 왕이 시조묘에 직접 가서 참배했다.

◉ 2년, 가을 7월 이찬 우로를 대장군으로 임명해 감문국 토벌에 성공했으며, 그 땅을 군으로 만들었다.

◉ 3년, 여름 4월 왜인이 갑자기 쳐들어와 금성을 포위해서 왕이 직접 나가서 싸웠는데, 적이 흩어져 도주할 때 정예기병으로 추격하여 1천여 명을 죽였다.

⦿ 4년, 여름 4월 태풍이 불어와 기와가 날아갔고, 5월 왜병이 동쪽 변경을 쳐들어와 약탈했다. 이찬 우로가 가을 7월에 왜인과 사도에서 싸웠는데, 바람을 이용해 배에 불을 질러 전소시켰고, 적들은 모두 물귀신이 되었다.

⦿ 6년, 봄 정월 왕은 동쪽으로 순행하여 백성을 위문하고 구제했다.

⦿ 7년, 봄 2월 골벌국왕 아음부가 무리와 함께 항복해왔는데, 왕은 그들에게 집과 밭을 내줘 편안히 살게 하면서 그곳을 군으로 만들었다.

⦿ 8년, 가을 8월에 메뚜기 떼가 갑자기 출몰해 곡식을 해쳤다.

⦿ 11년, 백제가 서쪽 변경으로 쳐들어왔다.

⦿ 13년, 가을 나라에 풍년이 들었으며, 고타군에서는 상서로운 벼이삭을 왕에게 진상했다.

⦿ 15년, 봄 정월 이찬 우로를 서불한으로 임명하여 병마사를 겸직하게 했다.

⦿ 16년, 겨울 10월에 고구려가 북쪽 변경을 쳐들어왔을 때 우로가 군사들을 동원해 공격했지만, 이기지 못하자 마두책으로 퇴각해서 수비했다. 그날 밤 날씨가 몹시 추워지자 우로가 군사들을 위로하면서 직접 장작불을 피워 따뜻하게 해주었다. 그러자 군사들은 그에게 감격했다.

⦿ 17년, 겨울 10월 동남방 하늘에 흰 기운이 한 필의 명주를 펴놓은 것처럼 길게 뻗쳤고, 11월 서울에 지진이 일어났다.

⦿ 18년, 여름 5월에 왕이 죽었다.

첨해 이사금

⊙ 조분왕의 종복 아우 첨해 이사금이 왕위를 이었다.

⊙ 원년 가을 7월에 왕은 직접 시조묘에 가서 참배했으며, 그의 아버지 골정을 세신 갈문왕으로 봉했다.

○ 저자의 견해

한나라 선제가 즉위했을 때, 유사가

"대를 잇는 자는 자신에게 대를 물려준 그의 아들입니다. 그렇기 때문에 자신의 친부모를 낮춰 제사를 지내지 않습니다. 이것은 황제의 조상을 높인다는 의미이기도 합니다. 그래서 황제는 생부를 친(親)으로 부르고, 시호를 도(悼)라 하며, 생모를 도후(悼后)라고 불러 제후나 왕의 지위와 같게 해야 합니다."

라고 상주했다.

이것은 한마디로 경전의 뜻과 합치되는데, 이것이 만세의 법도가 돼야 할 것이다. 그래서 후한의 광무제와 송나라 영종은 이것을 표본으로 시행했다. 이런 까닭에 신라에서는 왕의 친족신분으로서 왕통을 이은 임금이 자신의 생부를 왕으로 추봉하지 않은 일이 없었다. 또한 자신의 장인까지 왕으로 봉한 경우도 있었다.

⊙ 2년, 봄 정월 이찬 장훤을 서불한으로 임명해 정사에 참여하게 했으며, 2월에는 고구려로 사신을 보내서 화친을 맺었다.

⊙ 3년, 여름 4월 왜인이 서불한 우로를 죽였고, 가을 7월 남당 도당이라고도 한다을 대궐 남쪽에 지었으며, 양부를 이찬으로 임명했다.

⊙ 5년, 봄 정월 처음으로 남당에서 정사를 처리했다. 한기부 사람 부도는 집이 가난했지만, 아첨하지 않았고 글씨와 산수에

능해서 명성이 자자했다. 그래서 왕은 그를 아찬으로 임명해 물건을 보관하는 창고 일을 시켰다.

⊙ 7년, 여름 4월 대궐 동쪽 연못에서 용이 나타나면서 금성 남쪽에 쓰러졌던 버드나무가 저절로 일어섰다. 5월부터 7월까지 비가 내리지 않았기 때문에 왕은 조묘와 명산을 찾아가 제사 지내고 기원했다. 그래서 비가 내렸지만, 흉년이 들면서 도둑이 득실거렸다.

⊙ 9년, 가을 9월 백제가 쳐들어오자 일벌찬 익종이 괴곡 서쪽에서 그들과 맞서 싸우다가 전사했고, 겨울 10월 백제가 또다시 봉산성으로 쳐들어왔지만 성을 점령하지 못했다.

⊙ 10년, 봄 3월 동쪽 바다에 큰 물고기 세 마리가 나왔는데, 길이가 무려 세 발이고 폭이 한 길 두 자였다. 겨울 10월 그믐에 일식이 일어나 나라에 근심을 주었다.

⊙ 13년, 가을 7월 가뭄이 들면서 메뚜기 떼가 갑자기 생겼으며, 흉년으로 도둑들이 득실거렸다.

⊙ 14년, 여름에 큰 장맛비가 내리면서 산 40여 군데에서 산사태가 일어났고, 가을 7월에 혜성이 동쪽에서 나타났다가 25일 만에 사라져 나라에 근심을 안겨 주었다.

⊙ 15년, 봄 2월 달벌성이 완성되었고, 내마 극종을 성주로 임명했다. 3월 백제가 사신을 보내 화친을 요청했지만 왕은 이를 허락하지 않았다. 겨울 12월 28일 왕이 갑자기 병이 들어서 죽었다.

미추 이사금

⊙ 김씨 성의 미추 이사금미조라고도 한다이 왕위를 이었다. 그의 어머니는 갈문왕 이칠의 딸 박씨이고 왕비는 보분왕의 딸 석씨 광명부인이다. 미추의 조상인 알지는 계림에서 태어났는데, 탈해왕이 데려와 궁중에서 길렀고, 성장한 뒤에 대보로 임명한 것이다. 결혼한 알지는 세한을 낳고, 세한은 아도를 낳고, 아도는 수류를 낳고, 수류는 욱보를 낳고, 욱보는 구도를 낳았다. 구도는 미추의 아버지이다. 첨해가 아들이 없었기 때문에 백성은 미추를 왕으로 추대했던 것이다. 이것이 계기가 되면서 최초로 김씨가 나라를 다스리게 된 것이다.

⊙ 원년 봄 3월, 대궐 동쪽 못에 용이 출몰했고, 가을 7월 금성 서문에 불이 나면서 인가 삼백여 호가 불에 소실되었다.

⊙ 2년, 봄 정월 이찬 양부를 서불한으로 임명해 내외병마사를 겸직하게 했고, 2월 왕이 조묘에 직접 찾아가 제사를 지냈다. 또한 왕은 죄수들을 크게 사면했고 죽은 아버지 구도를 갈문왕으로 봉했다.

⊙ 3년, 봄 2월 왕이 동쪽 지방을 순행하다가 바다에서 제사를 지냈고, 3월 왕이 황산에 행차해서 노인과 가난한 사람들을 위로하고 구제했다.

⊙ 5년, 가을 8월 백제가 봉산성으로 쳐들어왔을 때 성주 직선이 장사 2백 명을 거느리고 출격해서 무찔렀다. 그러자 왕은 직선을 일길찬으로 임명하고, 병졸들에게 후한 상을 내렸다.

⊙ 7년, 봄과 여름에 비가 내리지 않아 가물었는데, 이에 왕은 신하들을 남당으로 불러 직접 정사와 형벌의 시시비비를 따졌다. 그리고 사신 다섯 명을 각지에 순회 파견하여 백성이 무엇

으로 고통 받고 있는지를 조사하게 했다.

⊙ 11년, 봄 2월 왕은 농사에 해가 되거나 도움이 되지 않는 일은 없애라 명했다. 하지만 가을 7월에 서리와 우박이 내려 곡식이 피해를 입었고, 겨울 11월에는 백제가 변경을 쳐들어왔다.

⊙ 15년, 봄 2월 왕에게 신하들이 궁궐을 다시 짓자고 청했지만, 왕은 백성에게 노동을 시키는 일이라며 듣지 않았다.

⊙ 17년, 여름 4월 태풍이 몰아쳐 나무가 뽑혀 나갔다. 겨울 10월 백제 군사들이 쳐들어와 괴곡성을 포위하자, 왕은 파진찬 정원에게 군사를 내줘 그들을 무찌르게 했다.

⊙ 19년, 여름 4월 가뭄이 들자 왕은 죄수들을 재심사했다.

⊙ 20년, 봄 정월 홍권을 이찬에, 양질을 일길찬에, 광겸을 사찬으로 임명했고, 2월 시조묘에 왕이 직접 가서 참배했으며, 가을 9월 양산 서쪽에서 대규모로 군사를 사열했다.

⊙ 22년, 가을 9월 백제가 변경을 쳐들어왔으며, 겨울 10월에는 괴곡성을 포위하자 왕은 일길찬 양질에게 군사를 내줘 무찌르게 했다.

⊙ 23년, 봄 2월 왕이 서쪽 지방의 여러 성을 순행하면서 백성들을 위로했으며, 겨울 10월 왕이 죽었다. 왕은 대릉에 장사를 지냈다.

유례 이사금

⊙ 조분왕의 맏아들 유례 이사금고기古記에는 제3대, 제14대의 두 왕의 이름을 똑같이 유리 혹은 유례라고 했는데, 어느 것이 정확한 것인지 알 수가 없다이 왕위를 이었다. 어머니는 갈문왕 나음의

딸 박씨이다. 과거 박씨가 밤길을 걷다가 별빛이 입으로 들어간 뒤로 임신이 되었으며, 유례를 낳던 날 저녁엔 향기가 방에 가득 찼다고 한다.

⊙ 2년, 봄 정월 왕이 직접 시조묘로 찾아가 참배했으며, 2월 이찬 홍권을 서불한으로 임명해 중요한 정무를 돌보게 했다.

⊙ 3년, 봄 정월 백제가 화친을 요청했으며, 3월부터 비가 오지 않고 가뭄이 들었다.

⊙ 4년, 여름 4월 왜인이 일례부를 쳐들어와 불을 지르고 우리나라 백성 1천 명을 잡아갔다.

⊙ 6년, 여름 5월 왜병이 쳐들어온다는 소문을 듣고 왕은 선박과 병기를 수리하게 했다.

⊙ 7년, 여름 5월 홍수가 일어나면서 월성이 순식간에 무너지고 말았다.

⊙ 8년, 봄 정월 충직하고 지혜가 남다른 말구를 이벌찬에 임명했으며, 왕은 종종 그에게 찾아가 정사의 논의했다.

⊙ 9년, 여름 6월 왜병이 사도성으로 쳐들어와 점령하자, 왕은 일길찬 대곡에게 군사를 내줘 구하도록 명했다. 하지만 가을 7월에 날씨가 가물어지면서 메뚜기 떼가 갑자기 출몰했다.

⊙ 10년, 봄 2월 사도성을 개축한 다음 사벌주의 호민 80여 호를 옮겨 이주시켜 살게 했다.

⊙ 11년, 여름 왜병이 장봉성으로 쳐들어왔지만 승리하지 못했으며, 가을 7월 다사군에서는 상서로운 벼이삭을 왕에게 진상했다.

⊙ 12년, 봄 왕은,

"왜인이 자주 성읍으로 쳐들어와 백성이 불안에 떨고 있다. 그래서 백제와 함께 바다를 건너 왜국을 공격하고자 하는데 어떠냐?"

라고 물었다. 그러자 서불한 홍권이,

"우리는 수전에 약하기 때문에 모험으로 원정을 하는 것은 위험천만입니다. 또한 백제는 사술이 많기 때문에 믿을 수가 없습니다."

라고 대답했다. 이에 왕이,

"맞구나."

라고 했다.

⊙ 14년, 봄 정월 지량을 이찬에, 장흔을 일길찬에, 순선을 사찬에 임명했다. 이때 이서고국이 금성을 쳐들어와 군사를 대규모로 동원해서 방어했다. 하지만 물리칠 수가 없어 고전하고 있을 때, 갑자기 수를 헤아릴 수 없을 정도의 이상한 병사들이 나타났다. 이상한 병사들은 한결같이 댓잎을 귀에 꽂았으며, 적군을 쳐부수고 난 뒤에는 어디로 사라졌는지 알 수가 없었다. 얼마 후 사람들이 수만 개의 댓잎이 죽장릉에 쌓여 있는 것을 봤다고 했는데, 이에 백성은,

"돌아가신 왕이 천군을 보내와 전쟁을 도왔다."

라고 했다.

⊙ 15년, 봄 2월 서울에 안개가 짙어 앞이 보이지 않다가 닷새만에 개었다. 겨울 12월에 왕이 죽었다.

기림 이사금

조분 이사금의 손자이며 아버지가 걸숙 이찬인걸숙은 조분의

손자라고도 한다 기림기립이라고도 한다 이사금이 왕위를 이었다. 그는 성격이 관후하여 사람들이 칭송했다.

⊙ 2년, 봄 정월 장흔을 이찬으로 임명하면서 내외병마사를 겸하게 했으며, 2월 시조묘에 직접 가서 제사를 지냈다.

⊙ 3년, 봄 정월 왜국과 외교관계를 맺었고, 2월 왕이 비열홀에 순행해 연장자와 가난한 자를 직접 위로하고 어려운 정도에 따라 곡식을 내렸다. 3월 우두주에 도착해 태백산에 제사를 지냈으며, 이때 낙랑과 대방이 항복해왔다.

⊙ 5년, 봄과 여름에 심한 가뭄이 찾아왔다.

⊙ 7년, 가을 8월 지진이 일어나 샘물이 땅 위로 솟아올랐다. 9월 또다시 서울에 지진이 일어나 민가가 무너지고 많은 사람들이 죽었다.

⊙ 10년, 국호를 다시 신라로 환원했다.

⊙ 13년, 여름 5월 왕의 병이 위급해지자 중앙과 지방의 죄수들을 석방했지만, 그러나 6월 왕이 죽었다.

흘해 이사금

나해왕의 손자이고 아버지가 우로 각간이며, 어머니가 조분왕의 딸 명원부인으로 아들 흘해 이사금이 왕위를 이었다. 우로는 임금을 섬길 때 공로를 세워서 여러 번 서불한이 되었다. 우로는 아들 흘해가 용모가 준수하고 강직하며 두뇌가 명철해 정사처리가 뛰어나다는 말을 제후들에게 하면서,

"이 아이는 우리 집안을 흥하게 할 것이다."

라고 했다. 이때 기림이 죽었는데 아들이 없었다. 이에 신하들

은,

"흘해가 어리지만 어른과 같은 덕을 지녔다."

라며 왕으로 추대했다.

⊙ 2년, 봄 정월 급리를 아찬으로 임명해 정사와 내외병마사를 겸직하게 했고, 2월 왕이 시조묘에 직접 찾아가 제사를 지냈다.

⊙ 3년, 봄 3월 왜국 왕이 자기 아들의 혼처를 요청하자, 왕은 아찬 급리의 딸을 보냈다.

⊙ 4년, 가을 7월 가뭄과 함께 갑자기 메뚜기 떼가 나타나면서 백성이 굶주리자 왕은 그들을 구제하도록 명했다.

⊙ 5년, 봄 정월 아찬 급리를 이찬으로 임명했고, 2월 궁궐을 중수할 때 비가 오지 않아 중단했다.

⊙ 8년, 봄과 여름에 가뭄이 들자 왕이 직접 죄수를 재심사하여 석방시켰다.

⊙ 9년, 봄 2월 왕은,

"지난해의 가뭄으로 농사가 잘되지 못했다. 올해는 땅이 기름지고 생기가 돌아 농사가 시작되었다. 이에 백성의 노역을 모두 중단하라."

는 명을 내렸다.

⊙ 21년, 둑의 길이가 1천8백 보나 되는 벽골지에 처음으로 물을 채웠다.

⊙ 28년, 봄 2월 사신을 백제로 보내 예방했고, 3월에 우박과 여름 4월에 서리까지 내렸다.

⊙ 35년, 봄 2월 왜국이 청혼했는데, 이미 딸이 출가했다며 거절했다. 여름 4월 태풍이 불어와 대궐 남쪽에 있는 큰 나무가 송두리째 뽑혔다.

⊙ 36년, 봄 정월 강세를 이벌찬에 임명했으며, 2월 왜왕이 절교하자는 편지를 보내왔다.

⊙ 37년, 왜병이 갑자기 풍도로 쳐들어와 변경의 민가를 약탈하고, 금성까지 포위해 공격했다. 왕은 군사를 보내 전투를 벌이려 했다. 그러나 이벌찬 강세가 말했다.

"적병이 멀리서 왔으니 그 예봉을 당할 수 없습니다. 공격 시간을 늦추어 그들이 피로하기를 기다리는 것이 나을 듯합니다."

왕이 그렇다고 생각하여 성문을 닫고 나가지 않았다. 적들은 식량이 떨어지자 퇴각하려 했다. 이때 왕이 강세로 하여금 강한 기병을 이끌고 추격하게 하여 그들을 격퇴했다.

⊙ 39년, 대궐 안에 우물이 솟아 넘치는 일이 일어났다.

⊙ 41년, 봄 3월 황새가 월성 모퉁이에 둥지를 틀었는데, 여름 4월에 10일 동안 큰 비가 내려서 평지에 서너 자씩 물이 고여 관가와 민가가 물에 잠기고, 산이 열세 곳이나 무너졌다.

⊙ 47년, 여름 4월 왕이 죽었다.

삼국사기
三國史記 新羅本紀 第三卷

삼국사기권제3

신라본기 제3
내물 이사금, 실성 이사금, 눌지 마립간, 자비 마립간, 소지 마립간.

내물 이사금

⊙ 성이 김씨에 구도 갈문왕의 손자이고 아버지는 말구 각간이며, 어머니는 김씨 휴례부인의 아들 내물나밀이라고도 한다 이사금이 왕위를 이었다. 왕비는 미추왕 딸 김씨이다. 흘해가 죽고 아들이 없었어 내물이 뒤를 이었다.말구는 미추 이사금의 동생이다

○ 저자의 견해

부인을 맞을 때 동성을 피하는 것은 동성과 타성을 구별하기 위한 것이다. 이런 이유로 진사패와 정자산은 노공이 오나라 왕실에서 아내를 얻고, 진후가 성이 같은 네 명의 첩을 가진 것을 부정했다. 그러나 신라는 같은 성씨끼리 혼인했고 사촌, 고종, 이종 누이들까지도 아내로 삼았다. 그래서 중국 예법을 기준으로 따지면 매우 잘못된 일이다. 오랑캐들이 어미나 자식을 간음하는 것은 이것보다 더 심한 것이다.

⊙ 2년, 봄 왕이 특사를 시켜 홀아비, 과부, 고아, 자식 없는 노인들을 위로하고, 그들에게 곡식 3곡씩을 하사했다. 특별 효성이 지극하고 우애가 깊은 자들에겐 직위를 한 급씩 높여 주었다.

⊙ 3년, 봄 2월 왕이 시조묘에 직접 가서 제사를 지내자 보랏빛 구름이 묘당 위에 감돌고 신기한 새가 시조묘의 뜰에 앉았다.

⊙ 7년, 여름 4월 시조묘 뜰에 있는 나뭇가지가 맞붙어 하나가 되었다.

⊙ 9년, 여름 4월 왜병의 대규모 부대가 쳐들어오자 왕은 대적할 수 없다고 판단해, 풀로 허수아비 수천 개를 만들어 옷을 입히고, 병기를 들려 토함산 아래에 세워 놓았다. 이와 함께 용사 1천 명을 부현 동쪽 벌판에 매복시켜 놓았다. 이윽고 왜병이 진격해오자 매복해 있던 복병들이 일제히 공격하였다. 이때 왜병이 대패하여 도주했는데, 신라 군사들이 추격해 전멸시켰다.

⊙ 11년, 봄 3월 백제인이 찾아와 예방했고, 여름 4월 큰 홍수가 일어나면서, 산 열세 곳이 무너졌다.

⊙ 13년, 봄 백제가 사신을 보내 좋은 말 두필을 왕에게 바쳤다.

⊙ 17년, 봄과 여름에 큰 가뭄이 찾아와 흉년이 들면서 백성이 굶주리거나 유랑자가 많았다. 그래서 왕은 특사를 보내 창고를 풀어 구제토록 명했다.

⊙ 18년, 백제 독산성주가 백성 3백 명과 함께 투항해오자 왕은 이들을 6부에 나누어 살게 했다. 그러자 백제왕은,

"두 나라가 화친을 맺었는데, 대왕은 우리나라에서 도망간 백성을 받아들였소. 이것은 화친에 어긋나는 것이오. 청컨대 그들을 돌려보내주시오."

라는 친서를 보내왔다. 이에 왕은,

"백성이란 항시 같은 마음을 갖는 것이 아니라오. 왕이 백성에게 어떻게 하느냐에 따라 달라지는 것이오. 대왕의 행동을 자책

하지 않고 어찌 백제왕은 나를 책망하는 것인가?"

라고 답하자 백제는 두말도 하지 못했다. 여름 5월에는 서울에 비가 왔는데, 빗속에 물고기가 섞여서 함께 떨어졌다.

⊙ 21년, 가을 7월 부사군에서 뿔이 하나가 달린 사슴을 잡아서 진상했는데, 대풍년이 왔다.

⊙ 24년, 여름 4월 양산에서 뱁새가 황새를 낳기도 했다.

⊙ 26년, 봄과 여름에 가뭄이 들면서 흉년이 들었고, 이에 백성이 몹시 굶주렸다. 위두를 부진에 보내 토산물을 바쳤는데, 부견이 위두에게,

"그대의 말에 행동의 옛날과 다르다고 한 것은 무슨 이유인가?"

라고 물었다. 이에 위두가,

"이것은 중국과 같은 현상으로 시대가 변하면 명칭과 호칭이 바뀌는 것입니다. 지금 우리가 사용하고 있는 말이 어찌 예전과 같겠습니까?"

라고 했다.

⊙ 33년, 여름 4월과 6월 서울에 지진이 연속적으로 일어났으며, 겨울이지만 기온이 따뜻해 물이 얼지 않았다.

⊙ 34년, 봄 정월 서울에 전염병이 크게 만연했고, 2월엔 흙비가 내렸으며, 가을 7월에는 메뚜기 떼가 갑자기 나타났다. 더구나 곡식의 열매가 잘 익지 않았다.

⊙ 37년, 봄 정월 강성한 고구려가 사신을 보내오자 왕은 이찬 대서지의 아들 실성을 인질로 보냈다.

⊙ 38년, 여름 5월 왜인이 쳐들어와 금성을 포위했는데, 닷새가 되도록 포위망을 풀지 않자 장병들은 왕에게 나아가 싸우기

를 청했다. 그러자 왕이,

"적들은 배를 버리고 육지로 깊이 들어와 죽음을 각오하고 있기 때문에 당할 수가 없다."

라면서 성문을 닫았다. 그러자 왜인들은 별 소득 없이 물러갔다. 이때 왕은 용감한 기병 2백 명을 출격시켜 퇴로를 차단했고, 보병 1천 명을 출격시켜 독산까지 추격하는 등 협공으로 대파시켰다.

⊙ 40년, 가을 8월 말갈족이 북쪽 변경을 쳐들어오자 군사를 보내 실직 평야에서 대파시켰다.

⊙ 42년, 가을 7월 북쪽 변방 하슬라에 가뭄과 함께 메뚜기 떼가 나타났다. 이에 흉년이 들면서 백성이 굶주리자 그 지방의 죄수를 특사하고 1년 동안의 세금을 면제해 주었다.

⊙ 44년, 가을 7월 날아다니는 메뚜기 떼가 갑자기 모든 들판을 뒤덮었다.

⊙ 45년, 가을 8월 혜성이 동쪽에 나타나 나라에 근심을 주었다. 또 겨울 10월에 왕이 타고 다니던 말이 무릎을 꿇고 구슬프게 울었다.

⊙ 46년, 봄과 여름에 가뭄이 들었고, 가을 7월 고구려에 인질로 간 실성이 돌아왔다.

⊙ 47년, 봄 2월 왕이 죽었다.

실성 이사금

⊙ 알지의 후손이고 대서지 이찬의 아들인 실성 이사금이 왕위를 이었다. 어머니 이리부인伊를 企라고도 한다은 석등보 아간의

딸이고 왕비는 미추왕의 딸이다. 실성은 키가 7척 5촌이고, 총명해서 미래를 예견하는 재능이 있었다. 내물이 죽었지만 아들이 어렸기 때문에 백성이 실성을 임금으로 추대했다.

⊙ 원년, 3월 왜국과 우호관계를 맺고, 내물왕의 아들 미사흔을 인질로 보냈다.

⊙ 2년, 봄 정월 미사품을 서불한으로 임명해 군사와 정치를 돌보게 했고, 가을 7월 백제가 변경을 쳐들어왔다.

⊙ 3년, 봄 2월 왕이 직접 시조묘에 찾아가 참배했다.

⊙ 4년, 여름 4월 왜병이 명활성을 쳐들어와 공격했지만, 별 소득이 없어 퇴각하자 왕이 직접 기병을 거느리고 독산 남쪽에서 요격해 그들을 격파하면서 3백여 명을 죽였다.

⊙ 5년, 가을 7월 서쪽 지방에 메뚜기 떼가 출몰해 곡식을 해쳤고, 겨울 10월 서울에 지진이 일어났으며, 11월에도 얼음이 얼지 않았다.

⊙ 6년, 봄 3월 왜인이 동쪽 변경에 쳐들어왔고, 여름 6월에 또 다시 남쪽 변경으로 쳐들어와 주민 1백 명을 잡아갔다.

⊙ 7년, 봄 2월 왕은 왜인이 대마도에서 우리나라를 공격하기 위해 전쟁준비를 한다는 말을 듣고, 먼저 정병을 뽑아 대마도를 공격하고자 했다. 서불한 미사품이,

"소신은 '병기란 흉물이고, 전쟁은 위험한 것' 이라 들었습니다. 파도가 심한 바다를 건너 공격한다는 것은 더더욱 위험한 일일 것입니다. 그래서 험난한 지형에 요새를 설치해 적이 쳐들어올 때 막고, 우리가 유리할 때 적을 사로잡는 것이 좋을 듯합니다. 이것은 '남을 끌어당겨야지 끌려 다니지 말라' 는 책략입니다."

라고 말하자 왕이 그의 의견을 따랐다.

⊙ 11년, 내물왕의 아들 복호를 고구려에 인질로 보냈다.

⊙ 12년, 가을 8월 낭산 위의 구름이 마치 누각처럼 보였으며, 향기가 오랫동안 퍼졌다. 그러자 왕은 신선이 내려와 놀고 있는 복스러운 땅이라고 생각해 이후로 이곳에서 벌목을 금지했으며, 평양주 대교를 새로 건설했다.

⊙ 14년, 가을 7월 왕이 혈성벌에서 대규모로 군대를 사열한 다음 금성의 남문으로 행차해서 활쏘기를 구경했으며, 8월엔 왜인과 풍도에서 맞서 싸워서 승리했다.

⊙ 15년, 봄 3월 동해변에서 머리에 뿔이 달리고 수레만큼 큰 물고기를 잡았으며, 여름 5월에는 토함산이 갑자기 무너지면서 갑자기 샘물이 세 길 높이로 솟았다.

⊙ 16년, 여름 5월 왕이 죽었다.

눌지 마립간

⊙ 내물왕의 아들 눌지 마립간김대문은 '마립의 방언이 말뚝인데, 말뚝은 함조를 의미한다. 즉, 왕 말뚝이 있고 신하 말뚝이 아래로 나열된다. 이것을 본떠서 왕의 명칭으로 정했다' 라고 했다이 왕위를 이었다. 어머니는 미추왕의 딸 보반부인내례길포라고도 한다이고, 왕비는 실성왕의 딸이다. 실성을 내물왕 37년에 고구려로 인질로 보냈는데, 그가 돌아와 왕이 된 뒤 내물이 자신을 인질로 보낸 것을 원망했다. 그는 원한을 풀기 위해 은밀히 사람을 보내 고구려에서 알고 지내던 살인청부업자를 불러와,

"눌지가 보이면 무조건 죽이라."

고 했다. 마침내 눌지를 살인청부업자와 마주치게 했다. 그러나 살인청부업자는 눌지의 외모가 쾌활하고 정신이 맑으며 군자의 기풍을 있다는 것을 알아차렸다. 그는,

"당신의 국왕이 나에게 그대를 죽이라고 했소. 하지만 그대를 본 이상 차마 죽일 수가 없소."

라며 돌아갔다. 이에 눌지가 왕을 시해한 후 스스로 왕위에 올랐다.

⊙ 2년, 봄 정월 왕이 시조묘에 직접 찾아가 참배했을 때 복호가 고구려에서 내마 제상과 함께 돌아왔고, 가을에 왕의 아우 미사흔이 왜국에서 도망쳐 귀국했다.

⊙ 3년, 여름 4월 우곡에서 갑자기 물이 하늘로 솟아올랐다.

⊙ 4년, 봄과 여름에 가뭄이 심했고, 가을 7월에 서리까지 내려 곡식이 죽고 백성이 굶주리면서 자손을 팔기도 했다. 그래서 왕은 죄수를 재심해 석방시켰다.

⊙ 7년, 여름 4월 왕이 남당에서 노인들에게 직접 음식을 먹여주고, 곡식과 비단을 등급에 따라 내렸다.

⊙ 8년, 봄 2월 왕은 고구려에 사신을 파견해서 수교했다.

⊙ 13년, 둑의 길이가 2,170보가 되는 시제矢堤를 새로 축성했다.

⊙ 15년, 여름 4월 왜병이 동쪽 변경으로 쳐들어와 명활성을 포위했지만 성과 없이 퇴각했다. 그러나 가을 7월, 서리와 우박이 내리면서 곡식들이 죽었다.

⊙ 16년 봄에는 곡식이 귀해 사람들은 소나무 껍질로 끼니를 연명했다.

⊙ 17년, 여름 5월 미사흔이 죽자 서불한으로 추존했고, 가을

7월 백제가 화친을 요청해 오자 허락했다.

⊙ 18년, 봄 2월 백제왕은 좋은 말 두 필을 선물로 보내왔고, 가을 9월 백제왕은 또다시 흰 매를 보내왔으며, 겨울 10월에는 왕이 그 답례로 황금과 명주를 보냈다.

⊙ 19년, 봄 정월 태풍이 불어와 나무들이 뽑혀 나갔고, 2월 역대의 능원을 보수했으며, 여름 4월에는 왕이 시조묘를 찾아가 제사를 지냈다.

⊙ 20년, 여름 4월 갑자기 우박이 내렸기 때문에 죄수를 재심했다.

⊙ 22년, 여름 4월 우두군의 산골에서 갑자기 물이 불어나면서 50여 호가 유실되었고, 서울에서는 태풍과 함께 우박이 내렸다. 이때 백성에게 우차 만드는 방법을 가르쳤다.

⊙ 24년, 왜인이 남쪽 변경으로 쳐들어와 가축을 약탈해 갔고, 여름 6월에 동쪽 변경으로 또다시 쳐들어왔다.

⊙ 25년, 봄 2월 사물 현에서 꼬리가 긴 흰색 꿩을 진상했는데, 왕은 답례로 그 현의 관리에게 곡식을 내렸다.

⊙ 28년, 여름 4월 왜병이 쳐들어와 금성을 10일 동안 포위했다가 식량이 떨어져 돌아갔다. 이때 왕이 군사를 동원해 추격하려고 하자 신하들은,

"병가의 말에 '궁한 도적을 쫓지 말라' 고 했습니다."

라고 했다. 하지만 왕은 이를 무시하고 수천여 명의 기병을 이끌고 추격해 독산동쪽에서 접전했다. 이때 왜군에게 패해 죽은 기병들이 절반이 되고 왕은 말을 버리고 산으로 도망쳤다. 왜병들이 왕을 잡기 위해 여러 겹으로 산을 포위하는 순간, 갑자기 어두운 안개가 덮여 앞을 볼 수가 없었다. 이 상황에 놀란 왜병

들은 퇴각했다.

⊙ 34년, 가을 7월 고구려의 장수가 실직벌에서 사냥을 하고 있었는데, 하슬라 성주 삼직이 군사를 보내 죽였다. 이에 고구려왕이 분노해서 사신을 보내,

"내가 대왕과 함께 우호관계를 맺어 기뻐했는데, 군사를 보내 변경의 장수를 죽인 것은 무슨 이유인가?"

라면서 곧바로 군대를 동원하여 우리나라의 서쪽 변경으로 쳐들어왔다. 이때 왕이 낮은 자세로 사과하자 그들이 되돌아갔다.

⊙ 36년, 가을 7월 대산군에서 상서로운 벼이삭을 왕에게 진상했다.

⊙ 37년, 봄과 여름에 가뭄이 들었고, 가을 7월에 이리 떼가 시림으로 들어와 사람들이 놀랐다.

⊙ 38년, 가을 7월 서리와 우박이 내리는 바람에 곡식이 죽었고, 8월에는 고구려가 북쪽 변경으로 쳐들어왔다.

⊙ 39년, 겨울 10월 고구려가 백제를 공격하자 왕은 군사를 보내 백제를 구원했다.

⊙ 41년, 봄 2월 태풍으로 나무가 뽑혔고, 여름 4월에 서리가 내려 보리가 피해를 입었다.

⊙ 42년, 봄 2월 지진이 일어나 금성 남문이 무너졌고, 가을 8월에 왕이 죽었다.

자비 마립간

⊙ 눌지왕 맏아들인 자비 마립간이 왕위를 계승했으며, 그의 어머니는 실성왕의 딸 김씨이다.

⊙ 2년, 봄 2월 왕이 시조 묘에 가서 참배했다. 여름 4월 왜인이 병선 100여 척을 이끌고 동쪽 변경으로 쳐들어와 월성까지 포위했는데, 화살과 돌이 사방에서 비 오듯 했다. 그렇지만 왕성이 함락되지 않자 적은 퇴각했다. 이때 왕은 군사를 출격시켜 적을 격파하고, 도주하는 적을 바다 어구까지 추격했는데, 물에 빠져 죽은 적병이 절반이나 되었다.

⊙ 4년, 봄 2월 왕이 서불한 미사흔의 딸을 왕비로 맞았고, 여름 4월에 금성 우물에서 용이 출몰했다.

⊙ 5년, 여름 5월에 왜인이 활개성으로 쳐들어와 백성 1천 명을 잡아갔다.

⊙ 6년, 봄 2월 왜인이 삽량성으로 쳐들어왔지만 이기지 못하자 퇴각했는데, 이때 왕은 벌지와 덕지에게 명하여 군사들을 매복시켰다가 공격해서 대승을 거두었다. 왕은 왜인이 종종 국경으로 쳐들어왔기 때문에 변경 두 곳에 성을 쌓게 했다. 가을 7월에 군사를 사열했다.

⊙ 8년, 여름 4월 홍수가 나면서 17곳에서 산사태가 났고, 5월 사벌군에 메뚜기 떼가 갑자기 출몰했다.

⊙ 10년, 봄 유사에게 전함을 수리하라고 명했고, 가을 9월 하늘에 붉은 빛이 돌았으며, 큰 별이 북쪽에서 동남쪽으로 갔다.

⊙ 11년, 봄 고구려가 말갈족과 함께 북쪽 변경의 실직성으로 쳐들어왔고, 가을 9월에 15세 이상의 하슬라 사람을 징발해서 니하니하를 니천이라고도 한다에 성을 쌓게 했다.

⊙ 12년, 봄 정월 서울의 방과 리의 이름을 정했고, 여름 4월 서쪽 지방의 홍수로 민가가 유실되었으며, 가을 7월 왕이 수해를 당한 주와 군을 순행하면서 위로했다.

⊙ 13년, 삼년산성이것은 공사를 시작한 지 삼 년 만에 끝났다고 붙여진 이름이다을 쌓았다.

⊙ 14년, 봄 2월 모로성을 완성했고, 3월 서울에는 땅이 갈라졌는데, 그 틈이 2장이고 혼탁한 물이 하늘로 솟았으며, 겨울 10월엔 전염병이 만연했다.

⊙ 16년, 봄 정월 아찬 벌지와 급찬 덕지를 좌우 장군으로 임명했고, 가을 7월 명활성을 보수했다.

⊙ 17년, 일모, 사시, 광석, 답달, 구례, 좌라 등에 성을 쌓았고, 가을 7월 고구려왕 거련이 손수 군사를 동원해 백제를 공격했는데, 백제왕 경이 아들 문주를 보내와 구원을 청했다. 그 즉시 왕은 군사를 보냈지만, 이들이 도착하기 전에 백제는 이미 함락되었고 경 또한 죽었다.

⊙ 18년, 봄 정월 왕이 명활성으로 이사해 그곳에서 거주했다.

⊙ 19년, 여름 6월 왜인이 동쪽 변경으로 쳐들어오자 왕은 장군 덕지에게 명해 그들을 공격하도록 했는데, 덕지는 왜인 2백여 명을 죽이거나 사로잡았다.

⊙ 20년, 여름 5월 왜인이 다섯 길로 쳐들어왔지만, 아무런 성과가 없자 되돌아갔다.

⊙ 21년, 봄 2월 밤에 붉은 빛이 비단을 펼친 것처럼 땅에서 하늘까지 비쳤고, 겨울 10월 서울에서 지진이 일어났다.

⊙ 22년, 봄 2월 3일 왕이 죽었다.

소지 마립간

⊙ 자비왕의 맏아들 소지비처라고도 한다 마립간이 왕위를 이었

다. 어머니는 서불한 미사흔의 딸 김씨이고, 왕비는 내숙 이벌찬의 딸 선혜부인이다. 소지는 어릴 때부터 효성이 지극했고, 점잖고 상대방을 공경했기 때문에 사람들이 모두 존경했다.

⊙ 원년, 죄수들에게 대사령을 내림과 동시에 모든 관리들을 한 직급씩 진급시켰다.

⊙ 2년, 봄 2월 시조묘에 가서 제사를 지냈고, 여름 5월 서울에 가뭄이 찾아왔기 때문에 겨울 10월에 백성이 굶주려 창고의 곡식으로 구제했다. 11월 말갈족이 북쪽 변경으로 쳐들어왔다.

⊙ 3년, 봄 2월 왕이 비열성으로 행차해 군사들을 위로하면서 군복을 내렸고, 3월 고구려와 말갈족이 북쪽 변경으로 쳐들어와 호명 등 일곱 성을 점령한 다음 미질부로 진군했다. 우리 군사들이 백제와 가야 구원병들과 함께 방어하자 적들이 패해서 퇴각했는데, 이때 니하 서쪽까지 추격해서 1천여 명의 목을 베었다.

⊙ 4년, 봄 2월 태풍이 불어서 나무가 뽑혔고, 금성 남문에는 화재가 일어났다. 하지만 여름 4월이 되어 오랜 시간 비가 내렸으며, 왕은 중앙과 지방 유사들에게 죄수를 재심하도록 명했다. 그러나 5월에 왜인이 변경으로 쳐들어왔다.

⊙ 5년, 여름 4월과 가을 7월에 큰 홍수가 났는데, 왕은 겨울 10월 일선 지방으로 가서 이재민을 위로하고, 곡식을 피해 정도에 따라 나눠주었다. 11월 천둥이 심했으며, 서울에는 전염병이 만연했다.

⊙ 6년, 봄 정월 오함을 이벌찬에 임명했고, 3월이 되자 토성이 달을 범하면서 우박이 내려 나라에 근심을 주었다. 이에 가을 7월이 되면서 고구려가 북쪽 변경으로 쳐들어와 우리 군사와 백

제군사가 연합으로 모산성 아래서 공격하여 대파시켰다.

◉ 7년, 봄 2월 구벌성을 완성했고, 여름 4월 왕이 시조묘로 직접 가서 제사를 지냈는데, 묘지기 20호를 더 두었고, 5월엔 백제가 왕을 예방했다.

◉ 8년, 봄 정월 이찬 실죽을 장군으로 임명한 다음 일선 지방 장정 3천 명을 징발해서 삼년성과 굴산성을 개축했다. 2월 내숙을 이벌찬으로 임명해 국정을 돌보게 했고, 여름 4월 왜인이 변경으로 쳐들어왔다. 가을 8월 낭산 남쪽에서 군사를 크게 사열했다.

◉ 9년, 봄 2월 내을에 신궁을 설치했는데, 내을은 시조가 처음 탄생한 장소이다. 3월에 처음으로 사방에 우역郵驛을 설치하고, 소관 관청에게 관도官道를 수리하게 했다. 가을 7월에 월성을 수리했으며, 겨울 10월에 되자 천둥이 쳤다.

◉ 10년, 봄 정월 왕이 월성으로 주거를 옮겼고, 2월 왕이 일선군으로 행차하여 홀아비, 과부, 고아, 독거노인들을 위로하고, 어려운 정도에 따라 곡식을 내렸다. 3월, 왕이 일선에서 돌아오는 도중에 주와 군의 죄수들 중 두 종류의 사형수를 제외한 나머지 죄수들을 석방시켰다. 여름 6월,동양 지방에서 여섯 개의 눈이 달린 거북을 바쳤는데, 거북의 배에 글자가 있었다. 가을 7월에는 도나성이 완성되었다.

◉ 11년, 봄 정월, 유랑하는 백성을 모두 농촌으로 돌려보냈고, 가을 9월엔 고구려가 북쪽 변경으로 쳐들어와 과현까지 진격했으며, 겨울 10월에는 호산성까지 점령했다.

◉ 12년, 봄 2월, 비라성을 튼튼하게 다시 쌓았고, 3월 추라정에 용이 나타났으며, 처음으로 서울에 시장을 열게 해 각 지방

물자들을 유통하게 했다.

⊙ 14년, 봄과 여름에 심한 가뭄이 들자 왕이 자신의 탓이라며 자신이 먹는 음식을 줄이게 했다.

⊙ 15년, 봄 3월 백제왕 모대가 혼인을 청하자 왕은 이벌찬 비지의 딸을 보냈다. 가을 7월 임해 장령의 두 진鎭을 설치해 왜적을 방비했다.

⊙ 16년, 여름 4월 홍수가 났고, 가을 7월에 장군 실죽 등이 살수벌에서 고구려와 싸웠지만, 이기지 못해 퇴각하여 견아성을 지켰다. 그러자 고구려 군이 포위했는데, 백제왕 모대가 군사 3천 명을 출동시켜 포위망을 뚫고 구원했다.

⊙ 17년, 봄 정월 왕이 신궁에 직접 가서 제사를 지냈고, 가을 8월 고구려가 백제 치양성을 포위하자 백제가 구원을 요청했는데, 즉시 왕은 장군 덕지에게 명해 구원하게 했다. 그 결과 고구려 군은 궤멸했고, 이에 백제왕이 사례했다.

⊙ 18년, 봄 2월 가야국이 꼬리의 길이가 다섯 자인 흰 꿩을 바쳤고, 3월 궁실을 중수했다. 하지만 여름 5월에 큰 비가 내려 알천의 물이 불어 2백여 호가 유실되었으며, 가을 7월 고구려가 우산성으로 쳐들어왔지만, 장군 실죽이 출동해 니하에서 격파시켰다. 8월에 왕은 남쪽 교외로 나가 농사를 시찰했다.

⊙ 19년, 여름 4월, 왜군이 변경으로 쳐들어왔고, 가을 7월 가뭄이 들면서 메뚜기 떼가 출몰했다. 또한 왕은 모든 관리들에게 지방관 자격이 될 수 있는 자를 한 사람씩 천거하도록 명했다. 8월, 고구려가 우산성으로 쳐들어와 점령했다.

⊙ 22년, 봄 3월, 왜군이 장봉진을 쳐들어와 점령했고, 여름 4월, 태풍이 불어 나무가 뽑혔으며, 용이 금성 우물에 나타나면

서 서울 사방이 누런 안개로 덮였다. 가을 9월, 왕은 날이군으로 행차했다. 그곳엔 파로라는 사람이 살고 있었고, 그에게는 열여섯 살 난 벽화라는 딸이 있었는데, 미인이었다. 파로가 그녀에게 비단옷을 입혀 가마에 태우고 채색 비단을 덮은 다음 왕에게 바쳤다. 왕은 음식이라고 생각해 뚜껑을 열었는데, 그곳엔 어린소녀가 있었다. 왕은 놀랍고 비정상적인 일이라며 물리쳤다. 대궐로 돌아온 왕은 그녀에 대한 생각을 지울 수가 없어서 두세 차례 평복 차림으로 그 집을 찾아가 관계를 맺었다. 어느 날 고타군을 지나다가 어떤 노파의 집에 묵게 되었는데, 왕이 노파에게,

"백성이 왕을 어떤 사람으로 생각하는가?"

라고 묻자 노파가,

"많은 사람들은 성인이라고 하지만 나는 그렇지 않습니다. 내가 듣기론 왕이 날이군에 사는 여자와 관계하기 위해 평복을 입고 다닌다고 합니다. 다시 말해 용의 겉모습이 고기와 같다면 어부의 손에 잡히지 않겠습니까? 지금의 왕은 만승의 위치에 있음에도 불구하고 신중하지 못합니다. 어찌 이런 자를 성인으로 부르겠습니까?"

라고 답했다. 왕은 너무나 부끄러워 곧바로 남몰래 그녀를 별실로 맞이해 아들을 낳았다. 그러나 왕은 겨울 11월에 죽었다.

삼국사기
三國史記 新羅本紀 第四卷

삼국사기 권 제4

수충 정난 정국 찬화 동덕 공신, 개부의동삼사, 검교 태사, 수태보, 문하시중, 판상서 이례부사, 집현전 태학사, 감수국사, 상주국, 치사신 김부식이 임금의 명을 받들어 편찬합니다.

신라본기 제4
지증 마립간, 법흥왕, 진흥왕, 진지왕, 진평왕.

지증 마립간

⊙ 내물왕의 증손이고 습보 갈문왕의 아들이며 소지왕의 재종아우인 지증 마립간이 64세로 왕위를 이었다. 그의 성은 김씨이고 이름은 지대로이며지도로 또는 지철로라고도 한다 어머니는 눌지왕의 딸 조생부인 김씨이고, 왕비는 등흔 이찬의 딸 박씨 연제부인이다. 왕은 체격이 크고 담력이 뛰어났다. 전 임금이 죽고 아들이 없어서 그가 왕위를 이었던 것이다.

○ 저자의 견해

신라왕 가운데 거서간 칭호가 하나, 차차웅 칭호가 하나, 이사금 칭호가 열여섯, 마립간 칭호가 넷이다. 신라 말년 명유 최치원이 쓴 『제왕연대력』에는 이들 모두를 왕으로 불렀고, 거서간으로는 부르지 않았다. 그 용어가 촌스럽다고 생각했는지 모를 일이다. 『좌전』과 『한서』는 중국 역사서로 이 책에서는 오히려 초나라 용어인 '곡오도'와 흉노 용어인 '탱리고도'라는 말을 그대로 보존했다. 그렇기 때문에 신라의 사적을 기록하기 위해서는 방언을 그대로 기록해두는 것도 옳다고 여긴다.

◉ 3년, 봄 3월에 왕은 순장을 금지하라는 명령을 내렸는데, 지금까지 왕이 죽으면 남녀 각각 5명씩 순장했었다. 왕이 직접 신궁으로 가서 제사를 지냈다. 3월 주주와 군주에게 명령해 농사를 권장토록 했으며, 처음으로 밭갈이에 소를 이용했다.

◉ 4년, 겨울 10월, 여러 신하들이 왕에게,

"시조가 창건한 이래 나라 이름을 정하지 못하고 사라나 사로나 신라 등으로 불렀습니다. 그래서 신들은 '신新'은 덕업이 나날이 새로워진다는 뜻이고, '라羅'는 사방을 모두 덮는다는 뜻이기 때문에 이것으로 나라 이름을 정했으면 합니다. 또 예로부터 나라의 군주를 '제帝'나 '왕'으로 칭했는데, 시조가 창건한 이래 22대가 되도록 방언으로 왕호를 삼았습니다. 그래서 여러 신하들의 뜻으로 '신라 국왕'이라는 칭호를 정해서 올립니다."

라고 하자 왕은 흔쾌히 따랐다.

◉ 5년, 여름 4월, 상복법喪服法을 제정해 반포, 시행했고, 가을 9월에는 일할 사람들을 징발해 파리, 미실, 진덕, 골화 등 12곳에 성을 완성했다.

◉ 6년, 봄 2월, 왕이 직접 주와 군과 현을 정했고, 실직주를 설치해 이사부를 군주로 임명했는데, 군주라는 칭호가 여기에서 시작되었다. 겨울 11월, 처음으로 소관 부서에 명해서 얼음을 저장케 하고, 선박이용을 제도화시켰다.

◉ 7년, 봄과 여름에 가뭄이 심해지면서 백성이 굶주리자 창고를 풀어 구제했다.

◉ 10년, 봄 정월, 서울에 동시장을 설치했고, 3월에는 나무 울타리와 함정을 만들어 맹수의 피해가 없도록 명했으며, 가을 7월, 서리가 내리면서 콩이 모두 죽고 말았다.

◉ 11년, 여름 5월, 지진이 일어나 민가가 쓰러지고 사람이 많이 죽었으며, 겨울 10월에 천둥이 요란했다.

◉ 13년, 여름 6월, 우산국이 귀순하면서 매년 토산물을 공물로 바치기로 했다. 우산국은 명주의 정동쪽 바다에 있는 섬으로 울릉도라고도 했다. 그 섬은 사방 1백 리인데, 처음 그들은 험한 지세를 믿고 항복하지 않았었다. 이찬 이사부가 하슬라주의 군주로 있을 때, 우산국 사람들은 우둔하고 사나워 힘으로 누르기보다 계략으로 다뤄야 한다고 말했다. 그런 다음 이사부는 나무로 허수아비 사자를 만들어 병선에 나누어 싣고 우산국 해안에 도착했다. 곧바로 거짓말로,

"너희가 항복하지 않는다면 사자를 풀어 너희를 먹게 하겠다."

고 했다. 그러자 우산국 백성은 두려워하면서 곧바로 항복한다.

◉ 15년, 봄 정월, 아시촌에 소경을 설치하고, 가을 7월이 되어 6부와 남쪽 지방 주민들을 이주시켰는데, 도시의 면모가 차츰 갖춰졌다. 왕이 죽자 시호를 지증이라고 했는데, 신라 시호법이 여기서 비롯되었다.

법흥왕

◉ 지증왕의 맏아들 법흥왕이 왕위를 계승했는데, 이름이 원종 '책부원귀' 에는 성이 '모' 이고, 이름이 '태' 로 되어 있다이다. 어머니는

연제부인이고 왕비는 보도부인 박씨이다. 왕은 키가 7척이며 성품이 좋아 사람 사귀기를 좋아했다.

⊙ 3년, 봄 정월, 왕이 직접 신궁을 찾아 제사를 지냈고, 양산 우물에서 용이 출몰했다.

⊙ 4년, 여름 4월, 처음으로 병부를 설치했다.

⊙ 5년, 봄 2월, 주산성을 완성했다.

⊙ 7년, 봄 정월, 법령을 반포하고 처음으로 관리들의 관복을 제정했는데, 붉은 빛과 자줏빛으로 등급을 표시했다.

⊙ 8년, 사신을 양나라에 보내 토산물을 바쳤다.

⊙ 9년, 봄 3월, 가야 국왕이 혼인을 청해 이찬 비조부의 누이를 보냈다.

⊙ 11년, 가을 9월, 왕은 남쪽 국경을 순행하면서 국토를 개척했는데, 가야 왕이 와서 회견했다.

⊙ 12년, 봄 2월, 대아찬 이등을 사벌주 군주로 임명했다.

⊙ 15년, 최초로 불법이 시행되었는데, 처음 눌지왕 때 중 묵호자가 고구려로부터 일선군에 왔었다. 그러자 모례가 집 안에 굴을 파서 방을 만들어 모셨다. 이때 양나라에서 사신을 보내면서 의복과 향을 선물했지만, 임금이나 신하들은 향의 이름과 용도를 몰랐다. 그래서 관리에게 향을 주면서 여러 곳에 물어보게 했다. 그때 묵호자가 향을 보고,

"이것을 태우면 향기가 피어나면서 정성이 신성한 곳으로 다다르게 됩니다. 다시 말해 신성이란 세 가지 보물을 말하는데, 첫째는 불타요, 둘째는 달마요, 세째는 승가입니다. 이것을 태우며 원하는 바를 기원하면 반드시 영험이 있을 것입니다."

라고 했다. 때마침 왕의 딸이 병으로 위독했는데, 왕은 묵호자

에게 향을 태우며 서원하게 하자 병이 치료가 되었다. 그러자 왕은 묵호자에게 예물을 후하게 주었다. 집으로 돌아온 묵호자는 모례에게 예물을 주면서,

"지금 갈 곳이 있어서 떠나야겠다."

라고 말했다. 그 뒤로 그가 어디로 갔는지 알 수가 없었다. 비처왕 때가 되어 아도阿道를 我道로 쓰기도 한다화상이란 사람이 시자 세 사람과 함께 모례의 집으로 왔는데, 모습이 묵호자와 비슷했다. 그는 몇 년 동안 이곳에서 살다가 아무런 병도 없이 죽고 말았다. 그의 시자 세 사람은 떠나지 않고 그곳에서 불경과 계율을 강독했는데, 가끔 불법을 신봉하는 사람들이 생겼다. 이때에 비로소 왕 역시 불교를 흥하게 하려고 마음먹었다. 그러나 여러 신하들의 반대로 왕은 난처한 상황에 처했다. 그때 근신 이차돈이처도라고도 한다 왕에게,

"청컨대 저의 목을 베어 여러 사람들의 견해를 하나로 모으십시오."

라고 하자 왕은,

"본디 불도를 흥하게 만들려고 하는데, 무고한 사람의 목숨을 거둔다는 것은 옳지 않다."

고 했다. 이차돈은,

"만약 불도가 시행된다면 소신이 죽어도 유감이 없습니다."

라고 했다. 왕은 여러 신하들을 불러 의견을 물었지만, 한결같이 반대했다. 이에 이차돈은,

"지금 여러 신하들의 말은 옳지 않습니다. 불교의 심오한 경지를 들어보면 믿지 않을 수가 없을 것입니다."

라고 했다. 왕은,

"여러 사람들의 의견이 강경하여 꺾지 못하겠고, 너는 혼자 다른 견해를 보이므로 두 편을 모두를 따를 수가 없구나."

라면서 형리에게 이차돈의 목을 베게 했다. 이차돈은 죽음 직전에,

"나는 불법을 위해 형벌을 받는데, 만약 부처의 영험이 있으면 목이 떨어지고 나서 반드시 기이한 일이 있을 것이다."

라고 했다. 형리가 이차돈의 목을 베는 순간 베인 자리에는 붉은 피가 아닌 젖빛 같은 흰 피가 솟았다. 이 광경을 목격한 사람들은 두 번 다시 불사를 비방하거나 헐뜯지 못했다.이 기록은 김대문의 '계림잡전'에 있는 것으로 한내마 김용행이 지은 아도화상비의 기록과는 현격하게 다르다

⊙ 16년, 왕은 살생을 금지하는 명을 내렸다.

⊙ 18년, 봄 3월, 유사에게 명하여 제방을 수리했고, 여름 4월, 이찬 철부를 상대등으로 임명하여 국사를 총괄하게 했다. 상대등의 직책은 이때부터 시작되었는데, 재상과 같은 계급이다.

⊙ 19년, 금관국주 김구해가 왕비와, 세 아들인 맏이 노종, 둘째 무덕, 막내 무력과 함께 금관국 보물을 가지고 항복해 왔다. 왕은 예에 맞게 대우하여 상등 직위를 주고, 금관국을 그의 식읍으로 주었으며, 아들 무력은 벼슬이 각간까지 올랐다.

⊙ 21년, 상대등 철부가 죽었다.

⊙ 23년, 처음으로 연호를 건원 원년으로 정했다.

⊙ 25년, 봄 정월, 외관들이 가족과 함께 부임해도 좋다는 명을 내렸다.

⊙ 27년, 가을 7월, 왕이 죽었는데, 시호를 법흥이라 했고 애공사 북쪽 봉우리에 모셨다.

진흥왕

◉ 법흥왕의 아우인 갈문왕 입종의 아들 진흥왕이 7살에 왕위를 계승했다. 그의 이름은 삼맥종심맥부라고도 한다이고 어머니는 법흥왕의 딸 김씨 부인이며, 왕비는 사도부인 박씨이다. 왕이 어렸기 때문에 왕태후 김씨 부인이 섭정했다.

◉ 원년, 8월, 대사령으로 문무관들에게 작위 한 급씩을 진급시켰고, 겨울 10월, 지진이 일어났으며, 복숭아나무와 자두나무에 꽃이 피어 나라에 근심을 주었다.

◉ 2년, 봄 3월, 눈이 한자나 쌓일 정도로 많이 내렸으며, 이사부를 병부령으로 임명해 중앙과 지방 군대에 업무를 맡겼다. 이때 백제가 화친을 청하자 왕은 허락했다.

◉ 5년, 봄 2월에 흥륜사가 준공되었고 3월, 출가하여 불교를 믿는 것을 허락했다.

◉ 6년, 가을 7월, 이찬 이사부가 왕에게,

"나라의 역사는 임금과 신하들의 선악을 기록해 좋고 나쁜 것을 후손들에게 보여주는 것입니다. 이것을 책으로 편찬해 놓지 않는다면 후손들이 무엇을 배우겠습니까?"

라고 했다. 그러자 왕이 옳다고 생각해 대아찬 거칠부 등에게 명해서 선비들을 널리 모아 역사를 편찬케 했다.

◉ 9년, 봄 2월, 고구려가 예穢와 함께 백제의 독산성으로 쳐들어오자 백제가 구원을 청했다. 이에 왕은 장군 주령에게 정병 3천을 내주면서 공격하게 했는데, 주령은 포로를 많이 잡아왔고 죽인 적군도 많았다.

◉ 10년 봄, 양나라가 사신과 유학승 각덕 편에 부처 사리를 보내오자, 왕은 백관들에게 명해 흥륜사 앞길에서 맞이하게 했다.

◉ 11년 봄, 정월 백제가 고구려 도살성으로 쳐들어와 점령했고 3월, 또다시 고구려가 백제 금현성으로 쳐들어와 점령했다. 이때 왕은 두 나라가 힘이 빠진 틈을 기회로 삼아 이찬 이사부에게 공격 명을 내려서 두 성을 모두 빼앗은 다음 증축했다. 이와 함께 군사 1천 명을 그곳에 주둔시켜 지키게 했다.

◉ 12년 봄, 정월 연호를 개국으로 바꾸었고 3월, 왕이 낭성에 묵으면서 가야금 명장으로 소문난 우륵과 그의 제자 이문을 하림궁으로 초청해 음악을 연주케 했다. 이때 이들은 새로운 노래를 만들어 연주했다. 이보다 앞서 가야국 가실왕은 12달을 음률로 상징하는 12현금을 만들고, 우륵에게 알맞는 곡을 짓게 했었다. 하지만 가야국의 정국이 혼란스러워지면서 우륵은 악기를 가지고 신라로 귀순해 왔다. 이런 연유로 악기의 이름을 가야금으로 불렀던 것이다. 왕은 거칠부 등에게 명해 고구려를 공격하여 10곳의 군을 점령했다.

◉ 13년, 왕이 계고, 법지, 만덕 등에게 명해 우륵을 스승으로 삼아 음악을 배우도록 했다. 우륵은 계고에게는 가야금, 법지에게는 노래를, 만덕에게는 춤을 전수했다. 전수가 모두 끝나자 왕은 그들에게 연주케 하면서,

"지난해 낭성에서 듣던 소리와 같구나."

라며 후한 상을 내렸다.

◉ 14년, 봄 2월, 왕은 월성 동쪽에 새로운 궁궐을 축성하도록 해당 관청에 명하자, 그 터에서 갑자기 황룡이 출몰했다. 보고를 받은 왕은 이를 기이하게 생각해 궁궐 대신 절을 짓고 이름을 황룡사로 부르게 했다. 가을 7월, 백제 동북 변경을 점령해 신주를 설치한 다음 아찬 무력을 군주로 임명했다. 겨울 10월에

왕은 백제 왕녀를 맞이해 소비로 들였다.

⊙ 15년, 가을 7월, 명활성을 수축하자, 백제왕 명농이 가량과 함께 군사를 이끌고 관산성을 공격했다. 이에 군주 각간인 우덕과 이찬 탐지 등이 맞서 싸웠지만 전세가 불리해졌다. 그러자 신주의 군주 김무력이 주병과 함께 교전했는데, 이때 비장인 삼년산군의 고간 도도가 백제왕을 죽였다. 그러자 모든 군사들이 상승세로 돌아서면서 대승을 거뒀다. 이 전쟁에서 좌평 네 사람과 장병 2만 9천6백 명을 죽였고, 백제군은 말 한 필도 살아서 돌아가지 못했다.

⊙ 16년, 봄 정월, 비사벌에 완산주를 신설했고, 겨울 10월, 왕은 북한산을 순행해 국경을 정한 다음, 11월에 북한산에서 돌아와 교서를 내렸다. 교서의 내용은 함께 순행했던 주와 군에 1년 동안 세금을 면제해 주고, 해당 지방 죄수 중 두 종류의 사형수를 제외한 모두를 석방시켰다.

⊙ 17년, 가을 7월, 비열홀주를 설치하고, 사찬 성종을 군주로 임명했다.

⊙ 18년, 국원을 소경小京으로 삼고 사벌주를 폐지하고 그 대신 감문주를 설치했다. 사찬 기종을 군주로 임명했으며, 신주를 폐지하고 북한산주를 새로 설치했다.

⊙ 19년, 봄 2월, 귀족 자제들과 6부 호민들을 국원으로 이주시켜 충실케 했다. 그러자 내마 신득이 포와 노를 만들어 바친 것을 성 위에 설치했다.

⊙ 23년, 가을 7월, 백제가 국경 주민들을 약탈해 왕은 곧바로 군사를 보내 1천여 명을 죽였다. 9월 가야가 모반하자 왕은 이사부에게 토벌케 했고, 이보다 먼저 사다함에게 이사부를 도우

라고 했다. 이에 사다함은 기병 5천과 함께 전단문으로 쳐들어가 흰 기를 세우자, 성의 모든 사람들이 두려워했다. 이사부가 군사를 이끌고 가야에 도착하는 순간 모두 항복했다. 이번 토벌에서 사다함의 공로가 으뜸이었기 때문에 왕이 밭과 포로 2백명을 하사했다. 사다함은 세 번이나 거절했지만, 왕이 강하게 권해 포로를 받았다. 그렇지만 사다함은 하사받은 포로들을 양민으로 풀어 주고, 밭은 군사들에게 주자 백성이 훌륭하게 여겼다.

⊙ 25년, 북제에 사신을 보내 조공했다.

⊙ 26년, 봄 2월,북제 무성황제가 조서를 내려 왕을 '이왕위사특절동이교위낙랑군공 신라왕' 으로 봉했다. 가을 8월, 아찬 춘부로에게 국원을 지키게 했고 9월, 완산주를 폐지하고 대야주를 설치했다. 진나라에서 사신 유사와 중 명관을 보내 예방하고, 불경 1천7백여 권도 보냈다.

⊙ 27년, 봄 2월, 지원사와 실제사가 준공되었고, 왕자 동륜을 왕태자로 봉했으며, 진나라로 토산물을 챙겨 사신과 함께 보냈다. 이때 황룡사가 완공되었다.

⊙ 28년, 봄 3월, 진나라로 토산물을 챙겨 사신과 함께 보냈다.

⊙ 29년, 연호를 대창으로 고쳤고, 여름 6월, 진나라로 토산물을 챙겨 사신과 함께 보냈다. 겨울 10월, 북한산주를 폐지하고 남천주를 설치했으며, 또 비열홀주를 폐지하고 달홀주를 설치했다.

⊙ 31년, 여름 6월, 진나라로 토산물을 챙겨 사신과 함께 보냈다.

⊙ 32년, 진나라로 토산물을 챙겨 사신과 함께 보냈다.

⊙ 33년, 봄 정월, 연호를 홍제로 고쳤으며 3월, 왕태자 동륜이 죽었다. 조공을 챙겨 사신을 북제에 보냈다. 겨울 10월 20일, 전사한 군사를 위해 지방 절에서 팔관 연회를 시작해 7일 만에 마쳤다.

⊙ 35년, 봄 3월, 황룡사 장륙상의 주조가 끝났는데, 구리 중량이 3만 5천7근이었고, 도금한 금의 중량이 1만 1백9십8푼이나 되었다.

⊙ 36년, 봄과 여름에 가뭄이 들자 황룡사 장륙상이 눈물을 흘렸는데, 눈물은 발꿈치까지 흘러내렸다.

⊙ 37년 봄, 최초로 원화제도를 두었지만, 처음엔 임금과 신하들은 인재를 알아볼 수가 없다며 걱정했다. 그래서 친구 여럿을 어울리게 하여 그들의 행동을 살핀 후에 뽑아서 임용하기로 했다. 이런 과정을 통해 남모와 준정을 선발하고, 그들을 중심으로 3백여 명의 무리를 모았다. 하지만 두 여자가 서로 미모를 놓고 질투하다가, 마침내 준정이 남모를 자신의 집으로 유인해 술을 먹였다. 준정은 취한 남모를 강물에 던져서 살해했다. 이것이 발각되면서 준정은 사형에 처해졌고 무리들은 해산시켰다. 이후 미남형의 남자를 선발해 곱게 단장시켜 화랑으로 부르게 하면서 떠받들게 하자, 무리들이 구름처럼 모였다. 화랑들은 도의와 노래와 음악을 즐기면서 산수를 찾아 유람했다. 이런 과정을 통해 인재를 선발해 조정으로 추천했다. 김대문의 『화랑세기』에서,

"어진 재상과 충성스러운 신하들이 화랑에서 나왔고, 훌륭한 장수와 용감한 병사도 화랑에서 나왔다."

라고 했다.

최치원의 난랑비 서문에,

"유불선의 세 가지 교를 포괄해 중생을 교화하는 것이다. 다시 말해 집에서는 효도하고 집 밖에서는, 나라에 충성하는 것은 공자의 뜻이고, 불신의 가르침을 실천하는 것은 노자의 뜻이고, 악행을 하지 않고, 선행을 실천하는 것은 석가의 교화다."

라고 기록되어 있다. 당나라 영고징의 「신라국기」엔,

"귀인의 자제 중 훌륭한 자를 선발해 곱게 꾸며서 화랑이라고 부르며 백성이 떠받들어 섬겼다."

라고 기록되어 있다. 안홍 법사가 수나라에서 불교를 공부하고, 서역 중 비마라 등 두 명의 중과 함께 신라로 돌아와 「능가승만경」과 부처 사리를 바쳤다.

가을 8월, 왕이 죽자 시호를 진흥으로 추존한 뒤 애공사 북쪽 봉우리에 장사를 지냈다. 왕은 독실하게 불교를 신봉했으며, 말년에는 삭발과 가사를 입고 스스로 법운이라는 법명을 지어 불렀다. 왕비 역시 중이 되어 영흥사에서 살았는데, 그녀가 죽자 백성이 예를 갖춰 장사를 지냈다.

진지왕

⊙ 진흥왕의 둘째 아들 사륜금륜이라고도 한다 진지왕이 왕위에 올랐다. 어머니는 사도부인이고, 왕비는 지도부인이다. 태자가 일찍 죽어 진지가 왕위를 물려받았던 것이다.

⊙ 원년, 이찬 거칠부를 상대등으로 임명해 국사를 돌보게 했다.

⊙ 2년, 봄 2월,왕이 직접 신궁에 찾아가 제사를 지낸 다음 대

사령을 내렸다. 겨울 10월에 백제가 서쪽 변경의 주군으로 쳐들어오자 이찬 세종에게 군사를 내줘 출동시켰다. 세종은 일선 북쪽에서 백제군을 격파하고, 3천7백 명을 목 베었으며, 내리서성을 완성했다.

⊙ 3년, 가을 7월, 진나라에 사신과 함께 토산물을 보냈으며, 백제 알야산성을 점령했다.

⊙ 4년, 봄 2월, 백제가 웅현성과 송술성을 쌓아 산산성, 마지현성, 내리서성의 통로를 차단했고, 가을 7월 17일 왕이 죽었는데, 시호를 진지로 추존하고 영경사 북쪽에 장사를 지냈다.

진평왕

⊙ 진흥왕 동륜의 아들 진평왕이 왕위를 이었다. 그의 이름은 백정이고, 어머니는 갈문왕 입종의 딸 김씨 만호만내라고도 한다 부인이며, 왕비는 갈문왕 복승의 딸 마야부인 김씨이다. 왕은 태어나면서부터 얼굴이 기이하게 생겼지만 체격은 장대했고 지식이 풍부했다.

⊙ 원년 8월, 이찬 노리부를 상대등에 임명하면서 왕 어머니의 동생 백반을 진정 갈문왕으로, 국반을 진안 갈문왕으로 봉했다.

⊙ 2년, 봄 2월, 왕이 신궁에 직접 가서 제사를 지냈으며, 이찬 후직을 병부령으로 임명했다.

⊙ 3년, 봄 정월, 처음으로 위화부를 설치했는데, 이것은 지금의 이부吏部와 동일한 것이다.

⊙ 5년, 봄 정월, 처음으로 선부서를 신설하면서 대감과 제감 각 한 명을 임명했다.

⊙ 6년, 봄 2월, 연호를 건복으로 개정했고, 3월 조부령 한 명을 임명해 납세와 부역을 관장하게 했으며, 승부령 한 명을 임명해 수레에 관한 일을 맡겼다.

⊙ 7년, 봄 3월, 가뭄으로 왕이 정전을 피하고, 평상보다 음식을 줄였으며, 죄수를 직접 재심사했다. 가을 7월, 고승 지명이 불법을 구하러 진나라로 향했다.

⊙ 8년, 봄 정월, 예부령 2명을 임명했고, 여름 5월, 뇌성벼락이 치고 유성이 비 오듯 떨어졌다.

⊙ 9년, 가을 7월, 대세와 구칠이 배를 타고 바다로 떠났다. 대세는 내물왕 7대손이고 이찬 동대의 아들이었다. 그는 젊을 때부터 외지로 나가려고 했는데, 중 담수와 사귀면서

"신라 같은 작은 나라에 일생을 마치는 것은, 연못 고기가 숲의 거대함을 모르고, 새장의 새가 바다의 넓음을 모르는 것과 같은 것이다. 언젠가 뗏목으로 바다를 건너 오, 월나라로 가 스승을 찾거나, 명산에서 도를 닦을 것이다. 만약 속세를 떠나 신선이 되는 법을 배울 수 있다면, 바람을 타고 허공을 날아다닐 것이다. 이것은 천하의 신기한 놀음이고 장관일 것이다. 그대는 나를 따르겠는가?"

라고 하자 담수는 답하지 않았다. 그러자 대세는 담수 대신 새로운 친구 구칠을 만났다. 그는 곧바로 구칠과 함께 남산 절을 유람했는데, 갑자기 비바람이 불면서 정원의 연못에 나뭇잎이 떨어져 떠다니는 것을 본 대세가 구칠에게,

"나는 그대와 서방을 유람할 생각이다. 그래서 우리가 나뭇잎 하나를 배로 생각해 띄워서 누구 것이 먼저 가는지를 보자."

라고 했다. 얼마 후 대세의 잎사귀가 앞서자 웃으며,

"내가 먼저 간다!"

라고 했다. 이에 구칠은 화를 내며,

"나도 사나이인데, 어찌 갈 수 없겠느냐!"

라고 했다. 그제야 대세는 함께 행동할 만한 인물이란 것을 알고 은근히,

"그것이 바로 내 소원이다!"

라고 했다. 그래서 그들은 친구가 되어 배를 타고 남해를 떠났던 것이다.

⊙ 10년, 겨울 12월, 상대등 노리부가 죽어 이찬 수을부를 상대등으로 임명했다.

⊙ 11년, 봄 3월, 원광법사가 진나라로 가서 불법을 공부했고, 가을 7월에 서쪽지방에 홍수가 나면서 유실된 인가가 3만 3백6십 호, 사망자가 2백여 명이나 되었다. 이에 왕은 곧바로 사자를 현장으로 급파해 곡식으로 구제했다.

⊙ 13년, 봄 2월, 영객부령 두 명을 임명했고 가을 7월, 둘레가 2천8백5십4보나 되는 남산성을 완성했다.

⊙ 15년, 가을 7월, 둘레가 3천 보나 되는 명활성을 개축했는데, 서형산성 둘레가 2천 보였다.

⊙ 16년, 수나라 황제가 조서를 내려 왕을 '상개부 낙랑군공 신라왕'에 배수했다.

⊙ 18년, 봄 3월, 고승 담육이 수나라로 불법을 공부하러 갔고, 수나라에 사신을 보내 토산물을 바쳤다. 겨울 10월 영흥사에 불이나 3백50호가 소실되어 왕이 직접 이들을 구제했다.

⊙ 19년, 삼랑사가 낙성되었다.

⊙ 22년, 고승 원광이 조빙사 내마 제문과 대사 횡천과 함께

돌아왔다.

⊙ 24년, 대내마 상군을 사신으로 수나라에 보내 토산물을 바쳤으며, 가을 8월, 백제가 아막성으로 쳐들어왔다. 이때 왕은 장병들을 내세워 그들을 대파했지만, 귀산과 추항이 전사했다. 9월 고승 지명이 수나라에 사신으로 갔던 상군과 함께 돌아왔다. 그러자 왕은 지명공의 계행을 존경해 대덕으로 삼았던 것이다.

⊙ 25년, 가을 8월, 고구려가 북한산성을 침범하자 왕이 직접 군사 1만과 함께 출격해 물리쳤다.

⊙ 26년, 가을 7월, 대내마 만세와 혜문 등을 수나라에 사절로 보내어 조회했고, 남천주를 폐지하고 북한산주를 설치했다.

⊙ 27년, 봄 3월, 고승 담육이 수나라에 사절로 갔던 혜문과 함께 돌아왔고, 가을 8월, 군사를 보내 백제를 공격했다.

⊙ 30년, 왕은 고구려의 잦은 침범을 걱정해 수나라에 군사를 청해서 치고자 했다. 그래서 왕은 원광이게 수나라 군사를 청하는 글을 쓰게 했다. 그러자 원광은,

"자신이 살기 위해 상대를 멸한다는 것은 불도의 도리가 아닙니다. 하지만 제가 대왕의 땅에서 살고, 대왕의 물과 곡식을 먹으니, 어찌 명령을 어기겠습니까?"

라면서 글을 썼다. 2월, 고구려가 북쪽 변경으로 쳐들어와 백성 8천 명을 사로잡아 갔고, 4월에는 고구려가 우명산성까지 점령했다.

⊙ 31년, 봄 정월, 모지악 땅 아래서 불이 났는데, 불탄 자리의 넓이가 4보, 길이가 8보, 깊이가 5척이나 되었으며, 10월 15일이 되어서야 꺼졌다.

⊙ 33년, 왕이 수나라에다가 군사를 요청하는 글을 보냈는데,

수양제가 흔쾌히 승낙했다. 이 사실은 「고구려기」에 기록되어 있다. 겨울 10월에 백제군사가 가잠성을 백 일 동안 포위해 현령 찬덕이 굳게 수비했지만, 힘이 빠져 전사하면서 성이 함락되었다.

⊙ 35년, 봄에 가뭄이 들었고, 여름 4월엔 때아닌 서리가 내렸다. 가을 7월에 수나라 사신 왕세의가 황룡사에서 백고좌를 열고, 원광법사를 초청해 불경을 설법하게 했다.

⊙ 36년, 봄 2월, 사벌주를 폐지하고 일선주를 설치했는데, 일길찬 일부를 군주로 임명했다. 또 영흥사의 흙 불상이 저절로 부서졌는데, 얼마 후 진흥왕 왕비였던 비구니가 죽었다.

⊙ 37년, 봄 2월, 왕은 큰 연회를 사흘 동안 베풀었으며, 겨울 10월에 지진이 일어났다.

⊙ 38년, 겨울 10월, 백제가 모산성으로 쳐들어왔다.

⊙ 40년, 북한산주 군주 변품이 가잠성을 재탈환하기 위해 백제와 싸웠고, 찬덕의 아들 해론 또한 종군해 적과 싸웠지만 전사하고 말았다.

⊙ 43년, 가을 7월, 왕이 당나라로 사신을 보내 토산물을 조공하자, 당고조가 직접 사신을 맞았고, 뒤이어 통직 산기상시 유문소를 사절로 파견해 조서, 그림, 병풍, 비단 3백 단을 보냈다.

⊙ 44년, 봄 정월, 왕이 황룡사로 갔고, 2월 이찬 용수를 내성의 사신으로 임명했다. 왕은 즉위 7년에 대궁, 양궁, 사량궁 등에 사신을 두었는데, 이때 내성에 사신 한 명을 임명해 3궁을 함께 관장토록 했다.

⊙ 45년, 봄 정월, 병부대감 두 명을 임명했고, 겨울 10월, 당나라에 사신을 보내 조공했는데, 이때 백제가 늑노현으로 쳐들

어왔다.

⊙ 46년, 봄 정월에는 시위부 대감 6명과 상사서 대정 1명과 대도서 대정 1명으로 정해 임명했다. 3월, 당고조가 사신을 보내와 왕을 '주국낙랑군공 신라왕'으로 책봉했고, 겨울 10월, 백제 군사가 쳐들어와 신라의 속함, 앵잠, 기잠, 봉잠, 기현, 혈책 등 여섯 성을 포위했는데, 이때 3성이 함락되거나 항복하고 말았다. 더구나 급찬 눌최가 봉잠, 앵잠, 기현 3성의 군사와 힘을 합쳐 성을 지켰지만 결국 전사했다.

⊙ 47년, 겨울 11월, 당나라에 사신을 보내 조공하면서 고구려가 길을 막아 왕래가 힘들고 자주 침범한다는 것을 보고했다.

⊙ 48년, 가을 7월, 당나라에 사신을 보내 조공했는데, 당고조가 주자사를 보내 고구려와 화친을 권했다. 8월, 백제가 주재성으로 쳐들어와 성주 동소가 항전했지만 전사했다. 이에 고허성을 완성했다.

⊙ 49년, 봄 3월, 닷새 동안 태풍이 불면서 흙비가 내렸고, 여름 6월 당나라에 사신을 보내 조공했다. 가을 7월, 백제장군 사걸이 서쪽 변경의 2성을 점령하여 남녀 3백여 명을 잡아갔다. 8월에 서리가 내려 곡식들이 모두 죽었지만 겨울 11월, 당나라에 사신을 보내 조공했다.

⊙ 50년, 봄 2월, 백제가 가잠성을 포위하자 화가 난 왕은 군사를 보내 물리쳤다. 하지만 여름에 큰 가뭄이 들자, 왕은 시장을 옮기고 용을 그려서 기우제를 지냈다. 하지만 가을과 겨울에 백성이 굶주림을 이기지 못해 자식을 팔기도 했다.

⊙ 51년, 가을 8월, 왕은 대장군 용춘, 서현과 부장군 김유신에게 명해 고구려 낭비성을 공격하게 했다. 하지만 고구려인들은

성 밖에 진을 치고 있었는데, 기세가 높았다. 이런 광경을 목격한 신라군은 지레 겁을 먹고 용기를 잃었다. 그러자 김유신은,

"'옷깃을 잡고 흔들면 옷이 펴지고, 그물의 꼭지를 쳐들면 그물이 펴진다.' 고 했다. 내가 그물 꼭지와 옷깃이 되겠다. 나를 따르라!"

라며 말에 올라 칼을 빼들고 적진으로 돌진했다. 그가 세 번을 적진 속에 들어갔다가 나올 때마다 적장의 목을 베거나 깃대를 빼앗아 왔다. 그의 용맹스러움에 군사들은 용기를 얻어 북과 함성으로 진격해서 5천여 명을 목 베어 죽였고, 결국 낭비성을 점령했다. 9월, 왕은 당나라에 사신을 보내 조공했다.

⊙ 52년, 큰 대궐 뜰의 땅이 저절로 갈라져 사람들을 놀라게 했다.

⊙ 53년, 봄 2월, 흰 개 한 마리가 대궐 담장 위에 올라갔고, 여름 5월, 이찬 칠숙과 아찬 석품이 반역을 꾸몄다. 이를 알아챈 왕은 칠숙을 추포해 동쪽 시장에서 참수하고, 구족을 멸했다. 아찬 석품은 백제 국경까지 도망갔다가 처자식 때문에 낮에는 숨고 밤이면 걸어서 총산으로 돌아왔다. 그곳에서 나무꾼을 만나 옷을 바꿔 입고 나무를 지고 몰래 집으로 찾아왔다가 체포되어 처형당했다. 가을 7월, 왕은 당나라에 사신을 보내 미녀 두 명을 바치자, 황제가 옳지 않다며,

"저 임읍에서 바친 앵무새도 추운 고통을 말하면서 고향으로 돌아가길 바란다. 하물며 가족과 이별한 두 여자의 처지야 말할 것도 없다!"

라면서 돌려보냈다. 얼마 후 흰 무지개가 대궐 우물로 들어갔고 토성이 달을 범해 나라에 근심이 더했다.

⊙ 54년, 봄 정월, 왕이 죽자 시호를 진평으로 정하고 한지에 장사 지냈다. 당태종은 조서를 내려 좌광록대보 벼슬을 추증하고, 비단 2백 필을 부조했다.「고기」에는 '정관 6년 임진 봄 정월에 죽었다' 고 되어 있고,「신당서」와「자리통감」에는 '정관 5년 신묘에 신라왕 진평이 죽었다' 고 되어 있어 잘못된 것으로 생각된다

삼국사기
三國史記新羅本紀 第五卷

삼국사기권제5

수충 정난 정국 찬화 동덕 공신, 개부의동삼사, 검교 태사, 수태보, 문하시중, 판상서 이례부사, 집현전 태학사, 감수국사, 상주국, 치사 신 김부식이 임금의 명을 받들어 편찬합니다.

신라본기 제5
선덕왕, 진덕왕, 태종왕.

선덕왕

◉ 진평왕의 맏딸 덕만 선덕왕이 왕위를 이었는데, 어머니는 마야부인 김씨이다. 덕만은 성품이 유순하고 어질면서 영리했다. 진평왕이 죽자 아들이 없었기 때문에 왕위에 오르게 되었는데, 성조황고라는 칭호를 받았다. 진평왕 때 당나라에서 가져온 모란꽃 그림과 꽃씨를 얻어 덕만에게 보였다. 그러자 덕만은,

"꽃이 비록 곱기는 하지만 향기가 없다."

라고 했다. 왕은 웃으며,

"네가 어떻게 그것을 아는 것이냐?"

라고 묻자 덕만은,

"꽃을 그렸지만 나비가 없어서 알았습니다. 여자가 국색을 갖추면 남자가 따르고, 꽃에 향기가 있으면 벌과 나비가 따릅니다."

라고 대답했다. 씨앗을 심어 꽃을 피웠지만 덕만이 말한 것과 같았다.

⊙ 원년 2월, 대신 을제에게 국정을 총괄시켰고, 여름 5월에 가뭄이 들었지만 6월이 되면서 비가 내렸다. 겨울 10월, 홀아비, 과부, 고아, 독거노인들에게 곡식으로 구제했다. 12월, 당나라에 사신을 보내 조공했다.

⊙ 2년, 봄 정월, 왕이 직접 신궁을 찾아 제사 지내고 대사령을 내렸으며, 모든 주와 군의 1년 세금을 면제시켰다. 2월, 서울에 지진이 일어났고, 가을 7월, 당나라에 사신을 보내 조공했다. 8월, 백제가 서쪽 변경으로 쳐들어왔다.

⊙ 3년, 봄 정월, 연호를 인평으로 고쳤으며, 분황사가 드디어 낙성되었다. 3월, 밤알 정도 크기의 우박이 쏟아졌다.

⊙ 4년, 당나라에 사신을 보내 황제의 신임표를 가지고 왔는데, 왕을 '주국 낙랑군공 신라왕'으로 책봉해 아버지의 봉작을 그대로 잇게 했으며, 영묘사가 낙성되었다. 겨울 10월에 이찬 수품과 용수용춘이라고도 한다에게 주와 현을 순행시켜 백성을 위로했다.

⊙ 5년, 봄 정월, 이찬 수품을 상대등으로 임명했고, 3월, 왕이 아팠는데 약과 기도에도 별효과가 없었다. 그래서 황룡사에서 백고좌를 열어 인왕경을 강의하고, 중 1백 명에게 도첩을 허락했다. 여름 5월, 개구리 떼가 대궐 서쪽 옥문지에 출몰했고, 이에 왕은,

"개구리의 성난 눈은 마치 병사의 모습이도다. 옛날 서남쪽 변경에 옥문곡이란 지명이 있다는 소리를 들었다. 적들이 그 골짜기에 숨은 것으로 생각된다."

라고 했다. 그리고 곧바로 장군 알천과 필탄에게 명해서 수색하게 했다. 과연 백제장군 우소가 독산성을 습격하려고 군사 5백 명과 함께 숨어 있었다. 알천이 이들을 모두 죽였고, 자장법사가 불법 공부를 위해 당나라로 갔다.

⊙ 6년, 봄 정월, 이찬 사진을 서불한으로, 가을 7월, 알천을 대장군으로 임명했다.

⊙ 7년, 봄 3월, 칠중성 남쪽 큰 돌이 저절로 움직여 35보 거리로 이동했고, 가을 9월에는 노랑 꽃비가 내렸다. 겨울 10월에 고구려가 북쪽 칠중성을 침범하자 백성이 산골짜기로 피신했다. 왕이 대장군 알천에게 명해 백성을 안심시켜 되돌아오게 했다. 11월, 알천이 고구려 군사와 칠중성 밖에서 싸워 이겼는데, 사로잡은 포로가 매우 많았다.

⊙ 8년, 봄 2월, 하슬라주를 북소경으로 만들어 사찬 진주에게 수비하게 했다. 가을 7월에 동해가 붉게 변하고 더워지면서 고기들이 죽었다.

⊙ 9년, 여름 5월, 왕은 자식들을 당나라 국학에 입학시켜 달라고 청했다. 이때 당태종은 유명한 학자들을 학관으로 임명하여 국자감에서 강론케 했으며, 학생들 가운데 『예기』나 『춘추좌씨전』 중 한 가지 이상 능통하면 관직을 주었다. 또한 학사 1천2백간을 증축하고 학생을 3천2백60명으로 증원했다. 이에 따라 사방의 학자들이 서울로 모였는데, 이때 고구려, 백제, 고창, 토번 등도 자식들을 이곳으로 보냈다.

⊙ 11년, 봄 정월, 당나라에 사신을 보내 토산물을 바치게 했다. 가을 7월에 백제왕 의자가 군사를 동원해 서쪽 지방 40여 성을 빼앗아갔고, 8월에는 고구려와 공모하여 당항성을 점령해

당나라로 가는 길을 막았다. 이에 왕은 당나라 태종에게 사정을 알렸다. 또 백제장군 윤충이 대야성을 점령했는데, 이 싸움에서 도독 이찬 품석과 사지 죽죽, 용석 등이 전사했다. 그러자 왕은 겨울에 백제를 공격해 대야성의 패배를 보복하려고 했다. 이에 이찬 김춘추를 고구려로 보내 군사 지원을 청했다.

당시 대야성을 빼앗겼을 때 도독 품석의 아내이자 춘추의 딸이 죽었다. 이 소식에 김춘추는 하루 종일 기둥에 기대어 눈도 깜빡이지 않았는데, 사람이 지나가도 못 알아봤다. 그러길 얼마 후 '아! 백제를 반드시 멸망시키겠다!' 라고 중얼거린 뒤 왕에게

"제가 고구려로 가서 군사 요청을 받아 반드시 백제에 대한 원한을 갚겠습니다."

라고 했다. 고구려왕 고장은 본래 김춘추의 명성을 듣고 있었는데, 먼저 군사로 하여금 자신의 호위를 엄하게 한 뒤 김춘추를 만났다. 춘추가,

"지금 백제가 무도하게 우리 땅을 침범했습니다. 이에 우리 임금이 귀국 군사를 얻어 보복을 하고자 합니다."

라고 하자 고구려왕이,

"죽령은 본래 우리 땅이다. 만약 죽령 서북 땅을 돌려주면 군사를 파견하겠다."

라고 했다. 그러자 김춘추는,

"제가 임금의 명으로 군사를 빌리고자 왔는데, 대왕께서는 이웃의 환난보다 사신을 위협해 땅을 되돌려주기를 원하니, 저에겐 죽음밖에 없습니다."

라고 했다.

고구려왕은 김춘추의 말이 건방지다며 별관에 가두었고, 이에

김춘추는 비밀리에 본국 왕에게 보고했다. 그러자 왕은 대장군 김유신에게 결사대 1만 명을 거느리고 고구려로 출격하도록 명했다. 이윽고 김유신이 군사들과 함께 고구려 남쪽으로 들어가자, 고구려왕은 김춘추를 돌려보냈다. 이 공으로 김유신은 압량주 군주로 임명되었다.

◉ 12년, 봄 정월, 당나라에 사신을 보내 토산물을 바쳤고, 3월, 당나라에 들어가 불경을 공부하던 고승 자장이 돌아왔다. 가을 9월, 왕은 당나라에 사신을 보내

"고구려와 백제가 폐국으로 쳐들어와 수십 개의 성을 공격했습니다. 또 두 나라가 연합해 우리나라를 빼앗고자 9월에 군사를 크게 동원하려고 합니다. 이렇게 되면 사직을 유지할 수가 없게 됩니다. 대국에 우리의 운명을 맡기니, 일부 군대라도 파견해 구원해 주길 바랍니다."

라는 편지를 보냈다.

편지를 본 황제가 사신에게,

"두 나라 침략에 안쓰럽구나. 그래서 내가 세 나라에 사신을 보내 화친토록 했던 것이다. 그렇지만 고구려와 백제는 사신이 돌아서는 순간 약속을 어겨 너희 나라를 빼앗아 나누어 갖겠다는 것이다. 사직을 보전할 수 있는 특별한 대책은 무엇인가?"

라고 했다.

그러자 사신이

"우리 임금께서는 아무런 대책이 없기 때문에 대국에게 나라를 보전해 주길 원하는 것입니다."

라고 했다. 그러자 황제가,

"우리가 변방 군사를 조금 내고, 거란, 말갈과 함께 요동을 치

면, 그들의 포위가 풀릴 것이다. 이러면 1년 동안은 포위상태가 완화될 것이다. 하지만 그들이 이후부터 군사를 계속 보내지 않는다는 것을 알게 되면, 더 위험할 수가 있다. 이것이 첫째 계책이다. 또한 신라에 우리나라의 붉은 옷과 붉은 기 수천 벌을 주고, 고구려와 백제가 쳐들어오면 이것을 세워라. 그러면 저들은 우리나라 군대로 여겨 틀림없이 도주할 것이다. 이것이 두 번째 계책이다. 그리고 백제는 바다라는 요새를 믿고 병기를 내버려 둔 채 남녀가 난잡하게 놀고 있다. 내가 수십, 수백 척의 배에 무장한 군사를 싣고 소리 없이 바다를 건너 습격하는 것이다. 신라는 여자를 임금으로 삼았기 때문에 이웃나라에서 경멸하고, 또한 주인이 없어 도적이 들끓고 있다. 그래서 내 친척 중 한 명을 신라의 임금을 삼겠다. 그렇지만 그 혼자 임금을 할 수 없기 때문에 군사를 파견해 보호하다가 안정이 되면 너희에게 돌려주겠다. 이것이 세 번째 계책이다. 이중에서 어느 계책을 택할 것인지 잘 생각하여라."

라고 했다. 이에 사신은,

"예."

라고 할 뿐 대답을 못했다. 황제는 용렬해서 군사를 요청하고 급한 상황을 호소할 만한 인재가 못 된다고 개탄했다.

◉ 13년, 봄 정월, 당나라에 사신을 보내 토산물을 바쳤는데, 태종은 사농승 상리현장에게 조서를 고구려에 보내 이렇게 말했다.

"신라는 운명을 우리에게 맡기고, 조공을 하고 있다. 그래서 너희 나라와 백제는 반드시 군사를 거두어들여야 한다. 만약 신라를 공격하면 내년 반드시 너희 나라를 칠 것이다."

이에 연개소문은 현장에게 이렇게 말했다.

"고구려와 신라가 나빠진 것은 오래전의 일이다. 과거 수나라가 쳐들어왔을 때, 신라는 우리의 땅 5백여 리를 빼앗고, 성읍을 모두 점령했다. 그 땅과 성을 돌려주지 않으면 전쟁은 불가피한 것이다."

이 말을 들은 현장은,

"지나간 일에 대해 어찌 따질 수 있는가?"

라고 했지만, 연개소문은 따르지 않았다. 가을 9월, 왕이 김유신을 대장군으로 임명해 백제를 치게 했는데, 크게 승리하여 일곱 성을 빼앗았다.

◉ 14년, 봄 정월, 당나라에 사신을 보내 토산물을 바쳤다. 김유신은 백제에서 돌아와 대기했지만, 왕을 만나지 못했다. 그런 와중에 백제의 대규모 군사들이 또다시 변경을 침범했다. 이에 왕은 김유신에게 출정을 명했고, 김유신은 곧바로 전장으로 출격해 백제군 2천 명의 목을 베는 등 승리했다. 그는 3월에 신라로 돌아와 곧장 왕에게 복명하고 있을 때, 백제가 또다시 쳐들어온다는 급보를 받았다. 왕은 김유신에게,

"나라의 존망이 공에게 달렸소. 심신이 지쳤지만 어서 대책을 도모하시오!"

라고 했다. 왕의 명으로 김유신은 집으로 가지도 못하고 밤낮 군사를 훈련시켰다. 어느 날 백제군을 치기 위해 서쪽으로 행군하던 중 자신의 집 앞을 지나가게 되었다. 이때 집안 식구들은 김유신을 보며 눈물을 흘렸지만, 돌아보지도 않은 채 전장으로 나아갔다. 3월, 황룡사에 탑을 세웠는데, 이것은 자장의 청이었다. 여름 5월에 당나라 태종이 직접 고구려를 공격하자, 신라는

군사 3만을 동원해서 도왔다. 이때 백제는 신라를 습격해 서쪽 일곱 성을 점령했다. 겨울 11월에는 이찬 비담을 상대등으로 임명했다.

⊙ 16년, 봄 정월, 비담과 염종 등이 군사를 동원해 반역을 도모했지만 실패했고, 8월, 왕이 죽자 시호를 선덕으로 정하고 남산에 장사 지냈다.『당서』에는 '정관 21년에 죽었다' 고 되어 있고,『통감』에는 '25년에 죽었다' 고 되어 있는데, 이것이 맞다면 통감이 잘못된 것이다

○ 저자의 견해

이런 말을 들었다. 옛날 여와씨가 있었는데, 그녀는 천자가 아니라 복희를 도와 9주를 다스렸다. 여치와 무조의 경우엔 어린 임금이라 조정에서 정사를 보았다. 하지만 역사서에서 임금으로 쓰지 못하고 고황후 여씨, 측천황후 무씨로만 기록했다. 하늘의 이치는 양이 강하고 음이 부드럽고 사람의 원리로는 남자는 귀하고 여자는 천하다. 무엇 때문에 늙은 할미가 국가 정사를 처리토록 하겠는가? 하지만 신라는 여자를 왕위에 앉혔다. 이것은 어지러운 세상에나 있을 법한데, 신라가 망하지 않은 게 다행이다.『서경』에는 '암탉이 새벽에 운다.' 고 했고,『주역』엔 '암돼지가 깡충거린다.' 라고 했는데, 어찌 조심하지 않을 수 있으랴?

진덕왕

⊙ 진평왕 동복 아우 갈문왕 국반국분이라고도 한다의 딸 진덕왕이 왕위를 이었다. 그녀의 이름은 승만이고, 어머니는 월명부인 박씨이다. 승만은 미모가 뛰어났고 키가 7척이었으며, 팔을 늘이면 무릎을 넘었을 정도로 길었다.

⊙ 원년, 봄 정월 17일, 비담을 참수했으며, 그와 연루되어 죽

은 자가 30명이나 되었다. 2월에 이찬 알천을 상대등으로, 대아찬 수승을 우두주 군주로 임명했다. 당태종이 전왕을 광록대부로 추증했고, 진평왕을 '낙랑군왕'으로 책봉했다. 가을 7월, 당나라에 은공에 사례했으며, 연호를 태화라고 정했다. 8월, 혜성이 남쪽에 나타났고, 별무리가 북쪽으로 흘러가 나라에 근심을 안겨 주었다. 겨울 10월, 백제군이 무산성, 감물성, 동잠성을 포위하자 왕은 김유신에게 보병과 기병 1만을 내줘 막도록 했다. 하지만 힘에 밀리면서 김유신의 부하 비녕자와 그의 아들 거진이 전사했다. 이에 용기를 되찾은 군사들의 공격으로 3천여 명의 머리를 베었다. 11월에 왕이 직접 신궁에 찾아가 제사를 지냈다.

⊙ 2년, 봄 정월 당나라에 사신을 보내 조공했다. 3월, 백제장군 의직이 서쪽을 쳐들어와 요거 등 10여 성을 점령했다. 왕은 압독주 도독 김유신에게 해결하도록 명했는데, 이에 김유신은 군사들과 함께 작전을 세워 공격하자 의직이 저항했다. 그러자 김유신은 군사를 세 갈래로 나눠 협공하였고, 그들은 도망갔다. 김유신은 도망가는 백제군을 추격해 전멸시켰다. 이에 왕은 군사들의 공훈에 따라 상을 주었다.

겨울, 감질허를 당나라 조회에 보내자 당태종은,

"신라는 신하의 나라인데 왜 우리와 다른 연호를 사용하는가?"

라고 묻자 질허는,

"일찍이 대국 조정에서 정삭을 반포하지 않아서 선조 법흥왕 때부터 나름대로의 연호를 사용했습니다. 대국 조정의 명령이 있었다면, 감히 다른 연호를 사용했겠습니까?"

라고 하자 태종이 이해했다. 이찬 김춘추와 그의 아들 문왕을 당나라에 보냈다. 태종은 김춘추의 풍모가 늠름한 것을 보고 후하게 대우했다. 김춘추는 국학에서 석전과 강론에 참관할 것을 청했고 태종이 허락했다. 이곳에서 당황제가 지은 온탕과 진사비의 비문을 비롯해 새로 지은 『진서』까지 받았다. 어느 날 태종은 춘추를 연회석에 불러 황금과 비단을 주면서,

"소원이 있으면 말하라!"

라고 했다. 이에 김춘추가 무릎을 꿇고,

"신의 나라가 구석에 있지만, 대국을 섬긴 것도 오래되었습니다. 그렇지만 백제가 강성하고 교활해 침략이 잦았습니다. 지난해는 대군을 동원해 수십 개의 성을 점령하고, 대국과의 통로를 막았습니다. 폐하께서 흉악한 무리들을 제거하지 않는다면, 신라 백성은 포로가 될 것입니다."

라고 했다. 그러자 당태종은 동감해 군사 파견을 허락했다. 또 김춘추는 관리들의 휘장과 복식을 당나라를 따르겠다고까지 했다. 이에 태종은 진귀한 의복을 김춘추와 수행원들에게 내렸다. 태종은 김춘추를 특진에, 문왕을 좌무위장군으로 제수했다. 김춘추가 귀국할 때 태종은 3품 이상의 관리들과 함께 연회를 베풀어 주었다. 춘추는 당태종에게,

"제 자식이 일곱인데, 문왕이 성상의 곁을 지키는 숙위가 되기를 청합니다!"

라고 했다. 당태종은 문왕과 대감에게 숙위로 임명했다. 김춘추가 신라로 귀국하던 중 바다에서 고구려 순라병을 만나자, 춘추 시종 온군해가 큰 모자와 대의를 입고 배 위에 앉았다. 순라병은 그를 김춘추로 알고 그대로 죽였으며, 김춘추는 작은 배를

이용해 신라로 귀국했다. 이에 왕이 슬퍼하면서 온군해를 대아찬으로 추존하고, 그의 자손들에게 후한 상을 내렸다.

⊙ 3년, 봄 정월에 처음으로 중국 의관을 착용했고, 가을 8월, 백제장군 은상이 석토 등의 일곱 성을 점령했다. 왕은 대장군 김유신과 장군 진춘, 죽지, 천존 등에게 이들을 막으라고 지시했다. 이들은 열흘이 지나도록 싸웠지만, 백제군을 이길 수가 없어 도살성 밑에 진을 쳤다. 이때 김유신은 군사들에게,

"오늘 반드시 백제가 정탐하러 올 것이다. 너희들는 무조건 모른 체하고, 절대로 누구인지를 묻지 마라!"

라고 일렀다. 이어서 김유신은,

"내일 구원병이 오는 대로 결전하겠다."

라고 말하도록 했다. 첩자가 이 말을 듣고 은상에게 보고하자, 그는 구원병이 온다고 생각에 두려운 마음을 떨쳐버릴 수가 없었다. 이런 사이에 김유신은 군사를 출동시켜 적을 크게 멸하고, 백 명을 죽이거나 사로잡았다. 또 군졸 8천9백80명의 머리를 베고 군마 만 필을 노획했으며, 노획한 병기 종류는 셀 수 없을 정도로 많았다.

⊙ 4년, 여름 4월, 진골로서 현직에 있는 사람은 상아홀을 들게 했고, 6월 당나라에 백제를 이긴 사실을 보고했다. 왕은 비단에 5언시 태평송을 적어, 김춘추의 아들 법민에게 명해 당나라 황제에게 바치게 했다. 태평송은,

위대한 당나라 왕업을 열었으니
높고 높은 황제의 앞길 번창하여라.
전쟁을 끝내 천하를 평정하고,

학문을 닦아 백 대에 이어지리라.

하늘의 뜻을 받드니 은혜의 비 내리고
땅의 만물 다스려 빛나는 이치 얻었네.
어질음 깊고 깊어 일월과 어울리고,
시운도 따라오니 언제나 태평하네.

큰 깃발 작은 깃발 저리도 빛나며,
징소리 북소리 어찌 저리 쟁쟁한가?
외방의 오랑캐 황제 명령 거역하면,
하늘의 재앙으로 멸망하리라.

시골이나 도시에나 풍속이 순박하고,
멀리서 가까이서 좋은 일 다투어 일어나네.
빛나고 밝은 조화 사계절과 어울리고,
해와 달과 오성이 만방을 도는구나.

산신의 뜻으로 재상이 보필하고,
황제는 충신 인재를 믿으시니,
삼황과 오제의 덕이 하나가 되어
우리 당나라를 밝게 비추리로다.

고종은 이 글을 보고 법민에게 대부경을 제수해 귀국시켰고, 이해에 처음으로 중국 연호인 영휘를 사용했다.

○ 저자의 견해

하, 은, 주 삼대에 정삭을 고치고, 후대에서 연호를 사용한 것은 모두 통일을 이룬 왕조가 백성의 이목을 위해서다. 이런 이유는 동일한 시기에 함께 천하를 두고 양립하는 경우나, 간웅들이 기회를 이용해 천하를 노리는 경우가 아니면, 주변의 소국으로서 함부로 연호를 사용할 수가 없다. 신라는 줄곧 중국을 섬겼음에도 법흥왕이 우리만의 연호를 사용한 것은 이해할 수가 없다. 그 뒤에도 잘못을 답습한 것이 여러 해가 되었는데, 태종의 견책에도 불구하고 고치지 않다가 이때에 사용했다.

◉ 5년, 봄 정월, 초하루에 왕이 조원전에서 백관들에세 신년하례를 받았는데, 이때부터 신년 하례 의식이 시작되었다. 2월 품주를 집사부로 고치고, 파진찬 죽지를 집사중시로 임명해 기밀을 다루게 했다. 파진찬 김인문을 당나라에 보내 조공하고, 숙위로 머물게 했다.

◉ 6년, 봄 정월에 파진찬 천효를 좌리 방부령으로 임명해 당나라 사신으로 보내 조공케 했다. 3월 서울에 큰 눈이 내렸고 왕궁의 남문이 저절로 무너지는 사건이 발생했다.

◉ 7년, 겨울 11월, 당나라에 사신을 보내 금총포를 바쳤다.

◉ 8년, 봄 3월, 왕이 죽자 시호를 진덕으로 정하고 사량부에 장사를 지냈다. 이에 당고종은 영광문에서 추도식을 올렸다. 또 대상승 장문수를 사절로 임명해 황제의 신임표를 가지고 조문케 했다. 그리고 개부의동삼사로 추존하고 비단 3백 필을 부의로 주었다. 시조 혁거세로부터 진덕왕까지 성골로 불렀고, 무열왕부터 마지막 왕까지 진골로 불렀다. 당나라 영호징의 『신라기』에,

"신라는 왕족을 제1골이라 부르고, 나머지 귀족을 제2골이라

고 불렀다."

라고 적혀 있다.

태종 무열왕

⊙ 태종 무열왕이 왕위를 이었는데, 이름이 춘추이고 진지왕의 아들 이찬 용춘용수라고도 한다의 아들이다.『당서』엔 진덕왕의 아우라고 되어 있지만 잘못된 것이다 어머니는 진평왕의 딸 천명부인이고, 왕비는 각찬 서현의 딸 문명부인이다. 왕은 어려서부터 정치에 뜻을 두었는데, 진덕왕을 섬겨 이찬 직위에 올랐고, 당나라 황제가 특진을 제수했다. 진덕왕이 죽자 신하들이 이찬 알천에게 섭정을 청했다. 그러나 알천은 사양하면서,

"나는 늙었고 내세울 덕행도 없다. 덕망이 두터운 사람은 춘추 공뿐이다."

라고 했다. 김춘추는 세 번이나 사양하다가 왕위에 올랐다.

⊙ 원년 여름 4월, 죽은 왕의 부친을 문흥대왕, 어머니를 문정태후로 추존했고 죄수들을 사면했다. 5월, 이방부령 양수에게 명해 이방부 법령 60여 조를 정리, 보완했다. 당나라에서 예절을 갖추어 왕을 '개부의동삼사 신라왕'으로 책봉했으며, 왕은 당나라에 감사의 뜻을 표했다.

⊙ 2년, 봄 정월, 이찬 금강을 상대등으로, 파진찬 문충을 중시로 임명했다. 고구려가 백제 및 말갈과 연합해서 북쪽 국경을 침범해 33개소의 성을 점령했다. 왕은 당나라에 구원을 청했는데, 3월이 되어서야 당나라가 영주도독 정명진과 좌우위 중랑장 소정방을 파견해 고구려를 공격했다. 맏아들 법민을 태자로, 서

자 문왕을 이찬, 노차를 해찬, 인태를 각찬, 지경과 개원을 각각 이찬으로 임명했다. 겨울 10월, 우수주에서 흰 사슴을 바쳤고, 굴불군에서 머리가 하나, 몸통이 둘, 발이 여덟 개 달린 흰 돼지를 진상했다. 이때 왕의 딸 지조가 대각찬 김유신에게 시집갔다.

⊙ 3년, 김인문이 당나라에서 돌아오자, 군주로 임명해 장산성의 축조공사를 맡겼다. 가을 7월, 왕의 아들 우무위와 장군 문왕을 당나라 조회에 참석시켰다.

⊙ 4년, 가을 7월, 일선군에 큰 홍수가 났는데, 3백여 명이 죽었다. 또 동쪽 토함산 땅에서 불이 났는데, 3년 후에 꺼졌다. 그리고 흥륜사 대문이 저절로 무너졌고, 북쪽의 바위가 무너져 쌀로 변했는데, 그 쌀은 창고의 묵은쌀과 똑같았다.

⊙ 5년, 봄 정월, 중시 문충의 벼슬을 이찬으로, 문왕을 중시로 임명했다. 3월, 왕은 하슬라가 말갈과 붙어 있기 때문에 백성들이 불안해 할 것으로 생각했다. 이에 경을 폐지해 주로 만들면서 도독을 두어 수비케 했으며, 실직을 북진으로 바꾸었다.

⊙ 6년, 여름 4월, 백제가 자주 침범하자 왕은 백제를 공격하기 위해 당나라에 군사를 요청했고, 가을 8월, 아찬 진주를 병부령에 임명했다. 9월, 하슬라주에서 흰 새를 진상했고, 공주 기군강에서 길이가 1백 자인 물고기가 육지에서 죽었는데, 이것을 먹고 죽은 사람이 있었다. 겨울 10월, 왕은 당나라에 파병 요청에 대한 회신이 없어 걱정하고 있던 중 갑자기 어떤 사람이 나타났다. 그는 선대의 신하 장춘과 파랑처럼 보였으며, 그는,

"저의 몸이 백골이지만, 나라에 보답하기 위해 어제 당나라로 갔는데, 당황제가 대장군 소정방에게 내년 5월 군사를 이끌고

백제를 치라는 명령을 내린 사실을 알아냈습니다. 대왕의 걱정을 덜기 위해 미리 말씀드립니다.”

라고 한 다음 연기처럼 사라졌다. 기이하게 생각한 왕은 두 집안 자손들에게 후한 상을 내리고, 해당 관청에게 명해 한산주에다가 장의사를 지어 명복을 빌도록 했다.

⊙ 7년, 봄 정월, 상대등 금강이 죽고 이찬 김유신이 상대등으로 임명되었다. 3월, 당고종이 좌무위 대장군 소정방을 신구도행군대총관으로, 김인문을 부대총관으로 삼고, 좌효위 장군 유백영 등 수륙군 13만 명을 동원해 백제를 치게 했다. 이와 함께 신라왕을 우이도행군총관으로 삼아 장병을 이끌고 지원하도록 했다.

여름 5월 26일, 왕은 김유신, 진주, 천존 등과 군사를 이끌고 서울을 출발해서 6월 18일 남천정에 도착했다. 소정방은 병선을 이끌고 내주를 출발해 수로를 따라 동쪽으로 진격했다. 21일, 왕은 태자 법민에게 병선 1백 척과 함께 덕물도로 가서 소정방을 맞게 했다. 소정방이 법민에게,

“나는 7월 10일 백제 남쪽에 도착해 대왕의 군사와 함류해서 의자의 성을 치려고 한다.”

고 했다. 이에 법민은,

“우리 대왕께서는 대군이 오기를 기다리고 계십니다. 대장군이 도착했다는 소식을 들으면, 아마 열,일도 제쳐 놓고 달려올 것입니다.”

라고 대답했다. 그러자 소정방은 법민을 돌려보내 신라의 병마를 징발케 했다. 군대의 규모가 크다는 말에 왕은 흐뭇한 표정으로 태자와 대장군 김유신, 장군 품일, 흠춘 등에게 정병 5만을

내줬고, 왕 자신은 금돌성에서 기다리고 있었다.

가을 7월 9일, 김유신의 군대가 황산벌로 진군했고, 이보다 앞서 백제장군 계백은 중요한 지형 세 곳에 진영을 설치하고 있었다. 김유신은 이들과 네 번 싸웠지만, 승산이 없었고 병사들은 지쳤다. 이때 장군 흠순이 아들 반굴에게,

"신하는 충성이 제일이고, 자식은 효도가 최고다. 이럴 때 목숨을 바친다면 충성과 효도를 다하는 것이 아니겠느냐."

라고 하자, 반굴이,

"아버님의 말씀 무엇인지 알겠습니다."

라는 말과 함께 적진으로 돌진하여 싸우다가 전사했다. 그러자 좌장군 품일 역시 아들 관장관창이라고도 한다을 말 앞에 세워놓고 장수들에게 말했다.

"내 아들은 열여섯이지만 기백은 누구보다 용감하다. 관장아, 오늘 전투에서 삼군의 모범이 될 수 있겠느냐?"

관장은 대답과 동시에 말을 탄 채 창을 비껴들고 적진으로 향했다. 그러나 적군에게 생포되어 계백 앞으로 끌려갔다. 계백이 관장의 갑옷을 벗기자 아직 앳된 소년이었기에 죽이지 못하고,

"신라와 대적할 수 없겠구나. 소년이 이 정도인데, 장정들은 얼마나 용감하겠는가!"

라면서 죽이지 않고 돌려보냈다. 돌아온 관장이 아버지에게,

"제가 장수의 목을 베지 못하고 깃발을 뽑아 오지 못한 것은 죽음이 두려워서가 아닙니다."

라고 했다.

관장은 곧바로 손으로 우물물을 떠 입을 축이고, 또다시 적진으로 돌진해서 싸웠다. 그러자 계백은 관장을 또다시 붙잡아 참

수해 말안장에 매서 돌려보냈다. 품일이 아들의 머리를 쳐들면서,

"아들이 살아 있는 것 같구나. 나라를 위한 목숨이라 다행이로다!"

라고 했다. 이에 삼군 군사들은 용기를 얻어 죽음을 불사하고 진격했다. 결국 백제는 대패했고 계백 역시 전사했으며, 좌평 충상, 상영 등 20여 명이 포로로 잡혔다. 이날 소정방은 부총관 김인문과 함께 기벌포에 도착해 백제군과 맞서 크게 승리했다. 김유신 등이 당나라 진영에 도착했다, 그러나 소정방은 이들이 늦었다는 이유로 군문에서 신라 독군 김문영을 참수하려고 했다.

그러자 김유신은 군사들 앞에서,

"대장군은 황산전투를 보지도 않고, 늦게 온 것만 따지려는 거요? 죄 없이 죽을 수 없으니 먼저 당나라와 결전한 후에 백제를 치겠소."

라면서 군문에서 도끼를 들었다. 김유신의 노기가 서린 머리털이 섰고 허리의 보검이 칼집에서 저절로 튀어나왔다. 그러자 고정방의 우장 동보량은,

"신라군의 마음이 반드시 변할 것이다."

라고 했으며, 소정방은 더는 김문영의 죄를 묻지 않았다.

얼마 후 백제 왕자가 좌평 각가에게 글을 쓰게 해 당나라 장군에게 철군할 것을 청했다. 12일, 당과 신라군사가 의자의 도성을 포위하려고 소부리벌로 진격했다. 이때 소정방이 진격하지 않자, 김유신이 달래어 네 방향에서 일제히 진격했다. 그러자 백제 왕자가 또다시 상좌평을 시켜 음식과 많은 선물을 보냈지

만 소정방은 받지 않았다. 이에 백제 왕의 서자 궁이 좌평 여섯 사람과 함께 용서를 빌었지만 받아들여지지 않았다. 13일, 의자왕은 좌우 측근들과 함께 야반도주해 웅진성을 지켰다. 하지만 의자왕의 아들 융은 대좌평 천복과 함께 항복했다. 그러자 법민은 융을 말 앞에 꿇어앉히고,

"너의 아버지가 내 누이를 죽여 옥중에 파묻었다. 나는 이것을 20년 동안 가슴에 묻어 두었다. 이제 네놈 목숨이 내 손에 있구나!"

라고 했다.

18일, 의자는 태자와 웅진방 영군 등과 항복했는데, 이 소식을 접한 왕은 29일에 금돌성에서 소부리성으로 도착해 제감 천복에게 명해 당나라에 전공을 보고했다. 8월 2일, 장군과 병사들을 위로했는데, 왕은 소정방을 비롯해 장수들과 대청에 앉고, 의자와 아들 융을 마루 아래에 앉혀 술을 따르게 했다. 이날 모척을 수포해 참수했는데, 모척은 신라 사람이었지만, 백제로 도망가 대야성의 금일과 신라의 성을 점령하는 데 공모했었다. 26일, 임존의 대책大柵을 공격했지만 승리하지 못한 대신 소책을 공격해 괴멸시켰다.

9월 3일, 낭장 유인원이 군사 1만과 함께 사비성에 남았는데, 왕자 인태와 사찬 일원과 급찬 길나가 군사 7천 명을 동원해 도왔다. 소정방은 백제 왕과 왕족, 신하 93명과 백성 1만 2천 명을 배에 태워 당나라로 귀국했다. 이때 김인문이 사찬 유돈, 대내마 중지와 함께 갔다.

23일, 백제 잔당들이 항복한 사람들을 약탈할 때 유수 유인원이 당나라와 신라 사람들을 출동시켜 격퇴시켰다. 그러나 그들

은 사비 남령군으로 올라가 네댓 군데에 목책을 세워 주둔하면서 성읍을 약탈했다. 또한 백제 20여 성이 신라를 배반하고 그들을 도왔다.

10월 9일, 왕은 태자와 군사들을 이끌고 이례성을 공격했고, 18일, 성을 점령한 다음 관리를 임명해 수비를 맡기자, 백제 20여 성이 모두 항복했다. 30일에는 사비 남령군의 목책을 공격해 1천5백 명을 죽였다. 11월 1일, 고구려가 칠중성을 쳐들어왔는데, 이때 군주 필부가 전사했다. 5일, 왕은 계탄을 건너 왕흥사 잠성을 공격했는데, 7일, 만에 승리했으며 이 전투에서 7백 명을 죽였다. 22일, 왕이 백제에서 돌아와 전공을 논하면서 관직을 주었다.

⊙ 8년, 봄 2월, 백제 잔당이 사비성으로 쳐들어오자 왕은 이찬 품일을 대당장군으로 삼아, 잡찬 문왕과 대아찬 양도와 아찬 충상으로 하여금 돕게 했다. 또 잡찬 문충을 상주 장군으로 삼아, 아찬 진왕으로 하여금 돕게 했으며, 아찬 의복을 하주 장군, 무훌 욱천 등을 남천 대감, 문품을 서당 장군, 의광을 낭당 장군으로 임명해 사비성을 구원하게 했다. 3월 5일, 중도에서 품일은 군사를 나누어 먼저 두량윤 '윤'을 '이'라고도 한다성 남쪽으로 가 진지의 터를 보라고 명했다. 이때 백제 사람들은 우리 진영이 정리되지 않은 것을 보고 갑자기 급습해 와 패주했다. 12일, 대군이 고사비성 밖에 있다가 두량윤성을 공격했지만, 한 달 엿새가 되도록 승리하지 못했다. 여름, 4월 19일에 군사를 철수하면서 대당과 서당을 먼저 보내고, 하주의 군사를 뒤따라오게 했다. 군사들이 빈골양에 도착했을 때 백제 군사와 마주쳐 싸웠지만 패배했다. 사망자는 적었지만 병기와 군수품을 많이 잃었다.

5월 9일11일이라는 설도 있다, 고구려 장군 뇌음신이 말갈장군 생해와 군사를 합쳐 술천성을 공격했지만 실패했다. 그러자 방향을 틀어서 북한산성을 공격했는데, 그들은 포차를 설치해 돌을 날렸다. 성주 대사 동타천은 성 밖에 마름쇠를 던져 놓아 사람과 말이 다니지 못하게 했고, 안양사 창고를 헐어 재목을 가져와 망루를 만들었다. 그곳에 굵은 밧줄로 그물처럼 얽어서 말과 소가죽과 솜옷을 매고, 그 안에 노포를 설치한 다음 성안의 모든 사람들이 합심해 20여 일 동안 적과 대치했다. 하지만 식량이 바닥나고 힘이 모두 빠졌을 때, 하늘에서 큰 별이 적진에 떨어지면서 천둥이 치고 비가 내렸다. 이에 적들은 겁을 먹고 포위망을 풀고 스스로 퇴각했다. 왕은 동타천을 대내마로 발탁했고, 압독주를 대야로 옮기면서 아찬 종정을 도독으로 임명했다. 6월, 대관사 우물물이 핏빛으로 변하고, 금마군 땅에서 피가 5보 넓이로 흘렀는데, 결국 왕이 죽었다. 시호를 무열로 정하고, 영경사 북쪽에 장사를 지냈으며, 태종이라는 시호를 올렸다. 당 고종은 낙성문에서 추도식을 거행했다.

삼국사기
三國史記新羅本紀 第六卷

삼국사기권제6

신라본기 제6
문무왕 (상)

문무왕 (상)

⊙ 태종왕의 맏아들 문무왕이 왕위를 이었는데, 이름이 법민이다. 어머니는 소판 서현의 막내딸 문명왕후 김씨이고, 김유신의 누이였다. 어느 날 김유신의 맏누이가 서형산 꼭대기에 올라 앉아 오줌을 누었는데, 그 오줌이 흘러 나라 안에 두루 퍼지는 꿈을 꾸었다. 꿈을 깬 그녀는 동생에게 꿈 이야기를 하자 동생은

"언니 꿈을 사고 싶다."

라면서 꿈 값으로 비단 치마를 주었다. 며칠 뒤 김춘추가 김유신을 찾아와 함께 공을 찼는데, 김유신이 일부러 옷고름을 밟아 떨어뜨렸다. 김유신은,

"우리 집이 가까운데, 옷고름을 답시다."

라면서 집으로 데려왔다. 김유신은 조용히 맏누이 보희를 불러 옷을 꿰매도록 했지만, 동생 문희가 나와서 옷고름을 달아주었다. 문희에게 반한 김춘추가 청혼을 해와 마침내 결혼식을 올렸다. 그녀는 곧바로 임신해 남자아이를 낳았는데, 이름을 법민으로 지었다. 왕비는 파진찬 선품의 딸 자의왕후이다.

⊙ 원년 6월, 당나라에서 숙위하던 김인문과 유돈이 돌아와 왕

에게,

"황제가 소정방에게 35도의 수륙군을 이끌고 고구려를 치게 하였는데, 왕께도 군사를 파견해 응원하라고 했습니다. 비록 상중이라도 황제의 칙명을 어겨서는 곤란합니다."

라고 했다. 가을 7월 17일, 김유신을 대장군으로 삼아 김인문, 진주, 김흠돌 등을 대당장군, 천존, 죽지, 천품 등을 귀당총관, 품일, 충상, 의복 등을 상주 총관, 진흠, 중신, 자간 등을 하주 총관으로 임명했다.

8월, 대왕은 이들과 함께 시이곡에 도착했다. 이때 어떤 사람이,

"백제의 잔병이 옹산성에서 길을 막고 있기 때문에 전진은 곤란합니다."

라고 했다. 이에 대왕은 사람을 보내 타일렀지만 항복하지 않았다. 9월 19일, 대왕이 웅현정으로 진주해 모든 총관과 대감들을 모아 훈계했다.

25일, 옹산성을 포위했고, 27일, 큰 목책을 태우고, 수천 명을 죽이니 마침내 항복했다. 왕은 장군들과 군졸들의 전공을 치하했다. 이윽고 웅현성을 쌓았고, 상주 총관 품일이 일모산군 태수 대당과 사시산군 태수 철천 등과 함께 우술성을 공격했는데, 1천 명을 죽였다. 이때 백제의 달솔 조복과 은솔 파가가 항복했는데, 이들에게 벼슬을 주었다. 겨울 10월 29일, 대왕은 당황제의 사신이 왔다는 보고에 서울로 돌아왔다. 당나라 사신이 조의와 위로의 뜻을 표하고, 채색 비단 5백 필을 부조했다.

⊙ 2년 봄 정월, 당나라에서 왕을 '개부의동삼사 상주국 낙랑군왕 신라왕'으로 책봉했다. 이찬 문훈을 중시로 임명했다. 왕

은 김유신, 김인문, 양도 등 아홉 장군에게 명해 수레 2천여 채에 쌀 4천 석과 벼 2만 2천여 석을 평양으로 옮기라고 했다. 18일, 풍수촌에 다다랐는데, 길이 얼어 미끄럽고 험해서 수레가 굴러갈 수가 없었다. 이에 군량을 모두 소와 말에 별도로 실었다. 23일, 칠중하를 건너 산양에 도착했는데, 귀당제감 성천과 군사 술천이 이현에서 적병을 만나 죽였다.

2월 1일, 김유신은 장새에 도착했는데, 이곳에서 평양까지 3만 6천 보였다. 먼저 보기감 열기 등 15명을 당나라 군영에 보냈으며, 바람과 눈으로 날씨가 몹시 추워 사람과 말이 다수 동사했다. 6일, 양오에 도착한 김유신은 아찬 양도와 대감 인선 등으로 하여금 군량을 전달했고, 소정방에게는 은 5천7백 푼, 가는 베 30필, 머리털 30량, 우황 19량 등을 선물했다. 그러나 소정방은 군량을 얻자 곧바로 전투를 그만두고 돌아갔고, 이 말을 들은 김유신은 군사를 되돌려 과천을 건넜다. 이때 고구려 군사가 추격해왔지만 맞붙어 만여 명을 죽였다. 또 소형 아달혜 등을 사로잡고 많은 병기를 노획했다.

영묘사에 불이 났고, 탐라국주 좌평 도동음률 '률'을 '진'이라고도 한다이 항복해와 신라의 속국이 되었다. 3월, 대사령을 내렸고, 가을 7월, 이찬 김인문을 당나라에 보내 토산물을 바쳤다. 8월, 백제의 잔병이 내사지성에서 반란을 도모하자 흠순 외 19명의 장군을 보내 토벌했다. 대당총관 진주와 남천주 총관 진흠이 방탕해 국사를 돌보지 않자 그들과 일족을 처형했다. 남천주에서 흰 까치를 왕에게 바쳤다.

⊙ 3년 봄 정월, 남산신성에 긴 창고를 지었고, 부산성을 쌓았다. 2월, 흠순과 천존이 군사를 거느리고 백제의 거열성을 빼앗

고, 7백여 명을 죽였다. 또 거물성과 사평성을 공격해 항복을 받았고, 덕안성을 공격해 1천70명을 죽였다. 여름 4월, 당나라가 신라를 계림대도독부로 삼고, 왕을 계림주대도독으로 봉했다.

5월, 영묘사 문에 벼락이 떨어졌다. 백제의 옛 장군 복신과 중 도침이 예전 임금의 아들 부여풍을 왕으로 세워 유진 낭장 유인원이 지키는 웅진성에서 포위했다. 당 황제는 인궤에게 검교대방주자사로 임명해 전 도독 왕문도의 무리를 통솔하고 신라 군사와 함께 백제 진영으로 향했다. 이들은 싸울 때마다 승리하자, 복신 등은 인원의 포위를 풀고 퇴각해서 임존성을 지켰다. 얼마 후 복신이 도침을 죽이고 무리를 병합했으며, 그를 배반하고 도망쳤던 자들을 규합했다. 유인궤는 유인원과 군사를 합친 후, 쉬게 하면서 군대의 증원을 청했다. 당 황제는 우위위장군 손인사에게 40만 대군을 내줘 출병하게 했다. 그는 덕물도에 도착하자마자 웅진부성으로 진군했다. 왕은 김유신 등 28명30명이라고도 한다의 장군을 거느리고 이들과 합작으로 두릉'릉'을 '량'이라고도 한다윤성, 주류성 등을 공격해 항복시켰다. 부여풍은 도주하고 왕자 충승과 충지 등은 항복했지만, 지수신만은 혼자 항복하지 않았다. 겨울 10월 21일부터 공격했지만 승리하지 못했다. 11월 4일, 회군하여 설설을 후라고도 한다리정으로 왔다.

⊙ 4년, 봄 정월 김유신이 은퇴를 청했지만, 왕은 허락하지 않고 안석과 지팡이를 내렸다. 아찬 군관을 한산주 도독으로 임명했고, 부인들에게 중국의복을 입게 했다. 2월, 유사에게 명해 역대 왕릉을 지킬 백성 20호씩을 이주시켰다. 3월, 백제 잔병이 사비산성에서 반란을 일으키자 웅주 도독이 군사를 보내 평정

했다. 지진이 일어났고, 성천과 구일 등 28명을 웅진부성으로 보내 당나라 음악을 배우게 했다. 가을 7월, 왕이 장군 김인문, 품일, 군관, 문영 등에게 명해 일선주와 한산주 군사와 웅진부성 군사들과 함께 고구려 돌사성을 공격해 점령했다. 8월 14일, 지진이 일어나 민가가 무너졌는데, 남쪽 지방은 피해가 더 심했다.

⊙ 5년 봄 2월, 중시 문훈이 은퇴하면서 이찬 진복이 임명되었다. 이찬 문왕이 죽자 왕자의 예식으로 장사를 지냈다. 당 황제가 부주로 자주색 옷 한 벌과 허리띠 한 벌, 채색 능직비단 1백필, 생초 2백 필을 보내왔다. 가을 8월, 왕이 칙사 유인원, 웅진도독 부여융과 함께 웅진 취리산에서 화친을 맺었다. 이전에 백제 부여장이 고구려와 화친을 맺고 신라를 침범했다. 또 소정방이 백제를 평정하고 돌아가자 백제 잔병들이 반란을 일으켰다. 이에 왕은 진수사 유인원과 유인궤 등과 함께 수년간 이들을 정벌하여 평정해 나갔다. 그러자 당고종은 부여융을 신라로 오게 해서 잔병들을 무마하고 신라와 화친하도록 했다. 이때 흰 말을 잡아 맹세했는데, 먼저 하늘과 땅의 신, 강과 계곡의 신에게 제사를 지내고, 입에 피를 발랐다.

이때 작성한 서약문의 내용은 '지난날 백제의 전 임금이 역리와 순리를 분간하지 못하고, 이웃 나라와 좋게 지내거나 인척간도 좋지 못하면서 고구려와 결탁하고 왜국과 내통했다. 그리고 그들과 함께 포악한 행동으로 신라를 침략해 성읍을 약탈하고 괴롭혔다. 이에 천자는 여러 차례 사신을 보내 화친하도록 했다. 그러나 지리가 험하고 먼 거리를 믿고, 하늘의 법칙을 업신여겼기 때문에 황제가 대로하여 토벌을 결정했다. 이에 군사들의 깃발이 향하는 곳은 한 번의 전투로 평정되었다. 이런 일이 다시 일어나지 않도록 자손들에게 교훈으로 보여줘야 할 것이다. 유한 자를 받아들이고, 배신자를 치는 것은 선왕의 아름다운 법도이고, 망한 것을 재건하고, 끊어진 대를 잇게 하는 것은 성인들의 공통된 규범이다. '모든 일은 옛날 교훈에서 배워야 한다.'는 말이 전해지고 있다. 이에 전 백제의 대사가정경 부여융을 웅진 도독으로 삼아 조상의 제사를 모시게 하고, 그의 옛 고장을 보전케 할 것이다. 그래서 신라에 의지해 우방이 되어야 할 것이며, 묵은 감정을 버리고 서로 화친하여 모두 당의 조칙을 받들고, 영원히 복종해야 할 것이다. 이에 사신 우위위장군 노성현공 유인원을 보내 직접 권유하고 황제의 뜻을 선포한다. 만약 이를 어기거나 지키지 못하면 신명이 굽어볼 것이고, 재앙이 내려질 것이고, 대가 끊어질 것이고, 제사가 끊어져 남는 것이 전혀 없을 것이다. 그래서 금서철권을 만들어 종묘에 간직하고, 자손만대를 통해 어기거나 범하지 못하게 할 것이다.' 이다.

이것은 유인궤의 글로 입에 피를 바르는 절차를 마치고 제물은 제단 북쪽 땅에 묻었으며, 문서는 신라의 종묘에 보관했다.

◉ 6년 봄 2월, 서울에 지진이 일어났고 여름 4월, 영묘사에 화재가 났으며, 죄수들을 대사면했다. 왕은 백제를 평정했기 때문에 고구려를 멸하고자 당나라에 군사를 요청했다. 겨울 12월, 당나라는 이적을 요동 방면 행군대총관으로 삼고, 사열소상 백안륙과 학처준을 보좌관으로 해서 고구려를 공격했다. 이때 고구려 대신 연정토가 12성, 7백63호, 3천5백43명과 함께 투항했다.

◉ 7년 가을 7월, 사흘 동안 연회를 열었고, 당 황제가 지경과

개원을 장군으로 삼아 요동전투에 보내자, 왕은 지경을 파진찬, 개원을 대아찬으로 임명했다. 대나마 즙항세를 당나라에 보내 조공했다. 고종은 유인원과 김인태를 비열도로 가게 하고, 신라 군사를 징발해 다곡과 해곡을 경유해 평양으로 집결하도록 명했다. 가을 8월, 왕은 대각간 김유신 외 30명의 장군을 이끌고 서울을 출발했다. 9월, 한성정에 도착해 영공을 기다렸고, 겨울 10월 2일 영공이 평양성 북쪽 2백 리쯤에 도착했다. 11월 11일, 왕은 장새에 도착했는데 영공이 돌아갔다는 말을 듣고 귀국했다. 12월, 중시 문훈이 죽었고, 당나라 장군 유 인원이 고구려 정벌에 합류하라는 명을 전달하고, 왕에게 대장군 정절을 주었다.

⊙ 8년 봄에 아마가 항복했고 원기와 정토를 당나라로 보냈는데, 정토는 남고 원기만 돌아왔다. 이때부터 여자를 바치는 것을 칙명으로 금지했다. 3월, 파진찬 지경을 중시로 임명하였고, 비열주를 설치해 파진찬 용문을 총관으로 임명했다. 여름 4월 , 혜성이 천선 성좌에 나타나 나라에 근심을 주었다. 6월 12일, 유인궤가 황제의 명으로 김삼광과 함께 당항진에 도착했다. 왕이 각간 김인문으로 하여금 성대한 예우로 맞게 했다.

21일 대각간 김유신을 대당대총관, 각간 김인문, 흠순, 천존, 문충과 잡찬 진복, 파진찬 지경, 대아찬 양도, 개원, 김흠돌을 대당총관, 이찬 진순, 죽지를 경정총관, 이찬 품일, 잡찬 문훈, 대아찬 천품을 귀당총관, 이찬 인태를 비열도총관, 잡찬 군관, 대아찬 도유, 아찬 용장을 한성주 행군총관, 잡찬 숭신, 대아찬 문영, 아찬 복세를 비열성주 행군 총관, 파진찬 선광, 아찬 장순, 순장으로 하서주 행군총관, 파진찬 의복과 아찬 천광을 서당총관을 삼고, 아찬 일원과 흥원으로 계금당 총관으로 임명했다.

22일, 부성 유인원이 귀간 미흘을 보내 고구려 대곡성, 한성 등 2군 12성이 항복하거나 귀순한 것을 보고했다. 27일, 왕이 서울을 떠나 당나라 군영으로 갔다. 29일, 각 도의 총관들이 출발했다. 그러나 김유신은 풍병을 앓아 서울에 있게 했다. 김인문 등이 영공을 만나 영류산 아래영류산은 지금 서경 북쪽 20리에 있다로 진군했다.

가을 7월 16일, 왕은 한성주로 가서 모든 총관들에게 당나라 군대와 연합하도록 명했다. 문영 등이 사천벌에서 고구려 군사와 싸워 크게 이겼다. 9월 21일, 당나라 군대와 연합해 평양을 포위했다. 고구려 왕은 우선 천남산 등을 보내 영공을 만나 항복하기로 했다.

겨울 10월 22일, 김유신에게 태대각간, 김인문에게 대각간의 직위를 주고, 이찬 장군 등은 모두 각간으로, 소판 이하는 위품 한 직급씩을 진급시켰다.

25일, 왕은 귀국길에 욕돌역에 묵었는데, 국원 지방관인 대아찬 용장이 연회를 열어 접대했다. 11월 5일, 왕은 고구려 포로 7천 명을 이끌고 서울로 들어왔다. 6일, 왕은 문무 신하들과 함께 선조의 사당에 참배했다. 18일, 전쟁 중 전사자에게 폐백을 내렸는데, 소감 이상은 십 필, 종자에게는 20필씩을 하사했다. 12월 영묘사에 화재가 났다.

⊙ 9년 봄 정월에 신혜 법사를 정관 대서성에 임명했고, 당나라 중 법안이 자석을 구하라는 천자의 명령을 전달했다. 여름 5월, 천정, 비열홀, 각연 등 3군에 기근이 들어서 구제했다. 급찬

지진산 등을 당나라에 보내 자석 두 상자를 바치고, 각간 흠순과 파진찬 양도를 당나라로 보내 사죄했다. 겨울, 당나라 사신이 와서 쇠뇌 기술자 사찬 구진천을 데리고 갔다. 당 황제가 나무 쇠뇌를 만들게 하여 화살을 쏘자 30보밖에 나가지 않았다. 그래서 황제가,

"너희 나라에서 만든 쇠뇌는 1천 보를 나간다는데, 이게 어찌 된 일이냐?"

라고 물었다. 그러자,

"목재가 좋지 않아, 신라 목재를 사용해야 합니다."

라고 했다. 그러자 천자는 사신을 보내 목재를 요구했고, 곧바로 목재를 구해서 바쳤다.

◉ 10년 봄, 정월에 당고종이 흠순의 귀국을 허락하고, 양도는 억류했는데 원옥에서 죽었다. 3월, 사찬 설오유가 고구려의 태대형 고연무와 함께 각각 정병 1만을 거느리고 옥골에 도착했다. 말갈 군사가 먼저 개돈양에 와서 기다렸다. 여름 4월 4일, 말갈 군사와 싸워 크게 이겼다. 당나라 군사가 도착하자 신라 군사는 백성을 지켰다. 6월, 고구려 사람 대형 모잠이 고구려의 유민을 모았다. 그는 궁모성으로부터 패강 남쪽에 도착해 당나라 관리와 중 법안 등을 죽였다. 그들은 고구려 대신 연정토의 아들 안승을 임금으로 삼았다. 그런 다음 소형 다식을 보내,

"망한 나라를 일으키고, 끊어진 왕대를 잇는 것은 당연하 것이니, 대국이 허락해 주길 바랍니다. 우리의 선왕이 멸망했지만, 이제 고구려 귀족 안승을 임금으로 모시고, 신라에 영원히 충성할 것입니다."

라고 했다. 왕은 그들을 서쪽 금마저에서 살게 했다.

가을 7월, 왕은 백제 유민들이 배반하지 못하게 대아찬 유돈을 웅진 도독부으로 보내 화친을 청했다. 하지만 응하지 않고 도리어 사마칭에게 신라를 정탐하도록 했다. 왕은 신라를 해치려는 음모를 알고 사마칭 군사를 억류한 다음 군사를 보내 백제를 공격해 63개 성을 빼앗고, 그곳 사람들을 내지로 이주시켰다. 사찬 수미산을 보내 안승을 고구려 왕으로 책봉했다. 12월, 토성이 달에 들어가고, 서울에 지진이 일어났으며, 중시 지경이 퇴직했다. 왜국이 나라 이름을 일본으로 고쳤다. 한성주 총관 수세가 백제의 나라를 약취해, 그곳으로 가다가 발각되었다. 그러자 왕은 대아찬 진주로 하여금 목을 베게 했다.주석부분은 빠진 자가 많아 뜻을 알 수가 없다

삼국사기
三國史記新羅本紀 第七卷

삼국사기권제7

수충 정난 정국 찬화 동덕 공신, 개부의동삼사, 검교 태사, 수태보, 문하시중, 판상서 이례부사, 집현전 태학사, 감수국사, 상주국, 치사 신 김부식이 임금의 명을 받들어 편찬합니다.

신라본기 제7
문무왕 (하)

문무왕 (하)

⊙ 11년 봄, 정월, 이찬 예원을 중시로 임명하고 군사를 내줘 백제를 공격했다. 웅진 남쪽 전투에서 당주 부과가 전사했다. 말갈 군사가 설구성을 포위했지만, 별 전과가 없자 퇴각하려고 했다. 이때 신라 군사가 공격해 3백여 명을 죽였다. 이때 당나라 군사가 백제를 구원하러 온다는 말에 대아찬 진공과 아찬에게 명해 옹포를 방어하게 했다.

여름 4월, 흥륜사 남문에 벼락이 떨어졌다. 6월, 장군 죽지에게 군사를 내줘 백제 가림성의 벼를 짓밟게 했다. 그때 당나라 군사와 석성에서 싸웠는데 5천3백 명을 죽였고, 백제 장군 두 명과 당나라 과의果毅고급장교 여섯 명을 포로로 생포했다. 가을 7월 26일, 대당총관 설인귀가 임륜 법사를 시켜 신라 왕에게 편지를 보냈다.

내용은 다음과 같다.

"행군 총관 설인귀가 신라 왕에게 글을 보냅니다. 육로와 해로를 통해 본인은 황제의 명령으로 왔습니다. 삼가 듣건대 왕은 변경에 무력을 배치한다 하오니, 이것은 자유子由의 한마디 말을 버린 것이고, 후생侯生의 한번 약속을 저버린 것입니다. 이제 당나라와 신라 사이는 탄식뿐입니다. 선왕 개부는 통일을 도모해 온갖 성을 전전하면서, 서쪽으로는 백제의 침노를 걱정하고, 북쪽으로는 고구려 약탈을 경계했습니다. 사방 천 리 땅에서 전투가 벌어졌는데, 누에 치는 여인들은 뽕따는 시기를, 김매는 농부들은 밭갈이할 시기를 잃었습니다. 태종 문황제는 기품이 천하에 제일이었고, 반고의 아홉 번 변화나 거령巨靈의 손처럼 쓰러지는 자를 부축 해주고 약한 자를 구원하기에 하루도 쉬는 날이 없었습니다. 이렇게 은혜를 베풀어 고기와 물의 관계처럼 의지했으며, 쇠와 돌에 새긴 것보다 더 확실했습니다. 두 분은 찬란한 대궐과 번화한 수도에서 주연을 벌였고, 궁정 연회에서 대화를 나눴으며, 군사에 대해 의논했습니다. 그래서 대규모 군사를 동원하여 바다와 육지에서 전투를 치렀습니다. 얼마 후부터 황제는 무기를 놓으셨고 왕 역시 선왕의 뒤를 잇게 되었습니다. 신라를 위해 중국은 군사를 일으켰지만, 이익이 적고 쓸데없는 일이 많았습니다. 그렇지만 중단하지 않고 선왕의 신의를 지키기 위해 멈추지 못했던 것입니다. 지금은 강했던 적들은 이미 사라졌고, 원수들은 나라를 잃었으며, 병사와 말과 재물은 왕이 모두 차지하게 되었습니다. 이에 따라 왕은 정신과 육체를 낭비하지 말고, 안팎이 서로 도와 병기를 녹이고 허욕에 빠지지 말아야 할 것입니다. 이제 실정에 맞는 좋은 국책을 후손에게 편안하게 전한다면 역사는 칭찬할 것입니다. 이것이 아름다운 일이 아니겠습니까. 그런데 지금 왕은 평안한 국가 기반을 버리고, 원칙을 지키는 정책을 외면하면서 황제의 명과 부친의 말씀을 어기고 있습니다. 또한 천시天時를 무시하고, 이웃 나라와 우호관계를 파괴하면서 한구석의 작은 땅에서 군사를 징발해 매년 전쟁을 일으켜, 젊은 과부가 곡식을 나르고 어린아이에게 밭일을 시키고 있습니다. 이에 나라를 지키자니 의지할 곳이 없고, 나아가 싸우려고 해도 대항할 능력이 없게 된 것입니다. 이것은 얻은 것을 잃게 되고 있는 것을 없애는 것이며, 순리와 역리가 차례를 잃은 격입니다. 이것은 왕이 자신의 능력을 과대평가한 탓입니다. 그러나 지금 왕은 충성과 배반을 한 몸에 지녔기 때문에 편안할 수가 없습니다. 선왕과 당신이 하루아침에 확고한 터전을 마련하게 된 것은, 모두 황제가 염려해 주어기 때문입니다. 또한 고구려 안승은 나이가 어려서 패망 후 마을과 성읍의 주민이 반이나 줄어 자신의 거취를 감당할 수가 없습니다. 본인 설인귀는 북쪽 해안을 순시하면서도 예전에 받은 신라의 고통을 불쌍히 여겨 차마 병사를 풀지 않고 있습니다. 그런데 왕은 외부의 원조를 믿고 나와 대적하려고 하니, 이것은잘못된 것입니다. 또한 왕은 본인이 온 이유를 묻지 않았고, 술과 고기로 우리 군사를 먹이지도 않았습니다. 더구나 군사를 언덕 밑에 숨기고, 병사들을 숲 속으로 숨어 다니게 하면서, 풀이 무성한 언덕에서 숨을 몰아쉬게 했습니다. 이것은 자신을 해칠 군사를 양성하는 것이고, 서로 돕기를 원하지 않는 것입니다. 당나라 대군이 출동하기 전 유격대가 앞서 대열을 정비해 바다로 출동했는데, 물고기는 놀라고 새들은 모두 도망쳤습니다. 이러한 상황을 잘 생각해 망령된 행동을 멈춰야 합니다. 선량한 나라와 우호관계를 맺지 못하면 적국이 엿보게 됩니다. 우리가 공격하기 전 왕은 전쟁에 지친 병사들에게 평화의 노래를 부르게 한다면, 잘못된 일도 단번에 바로잡을 수 있습니다. 왕은 이유를 확실하게 밝히고 우리와 관계를 명백히 말씀하시오. 본인 설인귀는 황제의 행차를 수행했을 때, 직접 황제로부터 위임을 받았습니다. 그래서 보고문을 기록해 황제에게 상주할 것입니다."

이에 대한 대왕의 답장은 이렇다.

"선왕께서 정관 22년에 입조하여 태종 문황제의 조칙을 직접 받았는데, 조칙에는 '내가 고구려를 치는 것은 신라가 두 나라에 끼여 침해를 받아 편안한 날이 없음을 가엾게 여겼기 때문이다. 산천이나 토지도 내가 탐하는 것이 아니고, 재물이나 자녀도 이미 가지고 있다. 내가 두 나라를 평정하면, 평양 이남 백제 토지는 전부 신라에게 줘 만세토록 편안토록 하려고 한다' 며 계획을 지시하고 군사의 동원 기일까지 정해 주었다. 신라의 백성은 조칙을 듣고, 집집마다 동원되길 기다렸던 것이다. 그러나 대업이 마무리되기 전에 문제가 세상을 떠나는 바람에 지금 황제에게 선대 황제의 은혜가 이어져 많은 은덕을 입었다. 현경 5년에 황제는 선대 황제의 뜻이 이루어지지 못함을 유감으로 생각해 전일에 남겨둔 대업을 이루기 위해 대부대의 수군을 동원했다. 당시 무열왕은 늙어서 행군조차 어려웠지만, 예전의 은혜를 추모하는 생각으로 마지못해 국경까지 나왔으며, 나에게 군사를 이끌고 귀국 군대를 영접케 했다. 동서가 합작으로 수륙 양군이 진격해 수군이 겨우 강에 다다랐을 때 육군은 이미 대부대를 격파했다. 이에 두 나라 군사가 연합해 백제를 평정한 것이다. 평정 후 선왕은 소정방 대총관과 뒷일을 위해 당나라 군사 1만을 머물게 하고, 신라도 아우 인태에게 군사 7천을 내줘 함께 웅진을 지키게 했다. 당나라 군사가 돌아간 뒤에 적의 신하 복신이 강의 서쪽 지방에서 봉기해 백제의 유민을 모아 부성사비성을 포위 공격해서 거의 함락될 뻔했다. 6년에 복신의 도당이 점점 늘어나 강 동쪽 땅을 침탈했기 때문에 당나라 군사 1천 명이 공격했지만 오히려 역공을 당해 한 사람도 돌아오지 못했다. 따라서 웅진으로부터 구원병의 요청이 밤낮으로 이어졌는데, 당시 신라에는 전염병이 만연해 군마를 징발할 수가 없었다. 하지만 그들의 애타는 요청을 거절하기 어려워 군사를 파견해 주류성을 포위했다. 이때 적들은 신라 군사가 적은 것을 알고 성을 나와 공격했는데, 군마가 크게 피해를 입었고, 결국 승리하지 못한 채 말머리를 돌렸다. 그래서 여러 성들이 반란을 일으켰고 복신에게 복속되어 승기를 잡고 부성사비성을 포위했다. 이에 웅진으로 가는 길이 차단되어 소금과 된장이 떨어졌기 때문에 청년들을 모집해 다른 길로 소금을 보내 그들을 구원했다. 6월에 선왕이 돌아가시어 장례를 겨우 끝냈고, 상복을 미처 벗지 못한 상황에서 군사를 보낼 수가 없었는데, 황제가 칙서로 군사를 북방으로 보내라고 했다. 그때 함자도 총관 유덕민이 왔는데, 그들은 신라에게 평양으로 군량을 운반하라는 황제의 칙명을 가지고 왔다. 이때 웅진에서 사람을 보내와 부성사비성이 위태롭다는 것을 자세히 전했다. 이에 유 총관은 나와 동행해 먼저 웅산성을 공격해 점령하고 웅진에 성을 쌓고, 길을 개통시켰다. 12월이 되자 웅진의 군량이 바닥났지만, 우선 웅진으로 군량을 보내면 칙령을 어기는 문제가 있었고, 평양으로 군량을 보내면 웅진의 군량이 끊길 우려가 있었다. 그래서 노약자에게 웅진으로 군량을 운반하게 하고, 건장한 장병은 평양으로 보냈던 것이다. 용삭 2년 정월, 유총관이 신라 양하도 총관 김유신과 함께 평양으로 군량을 보냈다. 이때 궂은비가 한 달 이상 내리고, 또 눈보라가 쳐 몹시 추웠으므로 사람과 말이 동사에 걸려 장병과 군량을 전할 수가 없었다. 평양의 당나라 군사들은 귀국을 원했고, 신라군도 양식이 떨어져 돌아왔다. 돌아오다가 호로하에 도착했을 때 고구려 군사가 따라와 언덕에 진을 쳤다. 이에 신라 군사들은 적보다 먼저 강을 건넜고, 선발대가 그들과 교전해 격파했기 때문에 돌아올 수가 있었다. 1만 명의 당나라 군사가 4년 동안 신라의 식량을 먹고 신라의 의복을 입었으니, 유인원 이하 모든 병사들의 가죽과 뼈는 비록 중국 땅에서 났지만, 피와 살은 모두 신라의 것이다. 당나라의 은택이 비록 대단하다고 하지만, 신라가 바친 충성도 또한 가볍게 여겨서는 안 된다.

용삭 3년에 총관 손인사가 군사를 이끌고 와서 부성을 구원할 때, 신라의 병마도 참여해 행군이 주류성에 이르렀었다. 이때 왜국의 수군이 백제를 도와 왜선 일천 척이 백강에 머물러 있었고, 백제의 정예 기병들이 강가에서 배를 수비하고 있었다. 신라의 정예 기병들이 당나라 선봉으로 진지를 격파했는데, 이에 주류성은 사기를 잃고 항복한 것이다. 남쪽 지방이 평정되고 북방을 치자 임존성은 항복하지 않았다. 이에 두 군대가 협력해서 함께 공격했지만, 승리할 수가 없었다. 신라는 즉시 회군하려고 했지만 두 대부가 '칙령에 따라 백제를 평정한 후 함께 맹약을 하게 됐는데, 비록 임존성이 항복하지 않았더라도 맹약해야 한다.' 라고 했다. 신라는 칙령대로라면 '완전한 평정' 이후에 맹약의 회합을 가져야 하고, 임존이 평정되지 않았기 때문에 '완전한 평정' 이 이루어졌다고는 볼 수가 없다. 또한 신라는 간사한 백제의 향후의 행동 변화를 예측할 수 없어서 맹약을 해도, 후에 후회할 일을 걱정했기 때문에 맹약을 하지 않겠다고 황제에게 주청했다. 인덕 원년에 칙령을 내려 맹약하지 않았다고 질책해 나는 사신을 웅령으로 파견해 제단을 쌓고 함께 모여 맹약을 하게 했다. 그리고 맹약을 한 지역을 두 나라의 경계로 삼았다. 이것은 우리가 원한 것이 아니었지만, 칙령을 어겼다고 생각하지 않는다. 또다시 취리산에 제단을 쌓고 칙사 유인원과 피를 입에 머금고는 산하에 맹약했다. 맹약 내용은 경계를 확정하고 봉토를 쌓아 이것을 영원한 국토로 정해서 백성이 살면서 생업을 경영하도록 한다는 것이었다. 건봉 2년 대총관 영국공이 요동을 공격한다는 첩보를 듣고, 나는 한성주에 갔다. 그리고 그곳에서 군사를 파견해 국경에 집합하도록 명했다. 신라 군사가 독단적으로 행동하기 전 3회에 걸쳐 정탐을 보냈고, 배를 연달아 보내 당나라 군사의 상황을 알아보았었다. 정탐꾼들은 한결같이 '당나라 군사가 아직 평양에 도착하지 않았다.' 고 했다. 그래서 우리는 먼저 고구려 칠중성을 공격해 길을 터놓고, 당나라 군대를 기다리기로 결정했다. 성이 거의 함락될 때, 영공의 사자 강심이 '신라 군사가 성을 공격할 필요가 없기 때문에 평양으로 속히 군대를 파견해 병기와 군량을 공급하라는 대총관의 명령이 있었습니다.' 라고 했다. 명령에 따라 군대를 이끌고 수곡성에 당도했는데, 당나라 군사가 이미 회군했다는 말을 듣고는 곧바로 빠져나왔다.

건봉 3년, 대감 김보가에게 해로를 통해 영공의 명령을 받아오도록 했는데, 그는 신라 군사를 평양에 집합시키라는 명을 받아왔다. 5월에 유우상이 와 신라 군사를 이끌고 평양으로 갔고, 나 역시 한성주에서 군사를 검열했다. 이때 번군과 한군이 사수에 집결할 때 남건도 출병해 결전하고자 원했다. 이때 신라가 단독 선봉으로 먼저 큰 진을 격파한 다음부터 평양성의 기세가 죽었다. 그 후 영공이 신라 정예 기병 5백 명을 선발해 성문으로 들어가 평양을 격파하는 데 큰 공을 세웠다. 그러나 영공은 '신라가 전에 군사 동원 기일을 지키지 않았기 때문에 반드시 조치해야 한다.' 고 말한 것 때문에 신라 군사들은 두려운 마음이 생겼다. 또한 공을 세운 장군들의 명단을 당나라에 전달했지만 '신라에는 공을 새운 사람이 아무도 없다.' 는 말까지 나왔다. 신라는 이런 억울함에도 불구하고 끝까지 배반할 마음이 없었다. 총장 원년에 백제는 맹약한 곳의 경계 표시를 바꿔서 전지를 침탈했고, 우리의 노비들을 달래고 백성을 유혹해 내지로 이주시켜 숨겨 놓고는, 신라가 여러 번 찾았지만 끝까지 돌려보내지 않았다.

함형 원년 6월, 고구려가 모반해 당나라 관리를 모두 죽였는데, 이에 신라는 곧바로 군사를 출동시키려고 먼저 웅진에 '고구려가 반란을 일으켜 토벌해야 한다. 우리는 황제의 신하이기 때문에 함께 토벌하는 것이 마땅하다. 청컨대 관인을 이곳으로 파견해 함께 토벌을 계획해 보자.' 고 했다. 그래서 백제 사마 니군이 이곳으로 와 의논하던 중 말하길 ,

"군사를 동원한 뒤는 서로 의심할 수 있다. 따라서 응당 신라와 백제의 각 관인을 상호 인질로 교환하자."

고 했다. 이에 김유돈과 부성의 백제 주부 수미, 장귀 등을 부로 파견해, 인질 교환의 문제를 의논했던 것이다. 백제는 찬성하기는 했지만, 성안에 병마를 숨기고, 밤에 나와서 공격했다.

7월, 당나라에서 사신 김흠순이 돌아와 앞으로 경계를 확정할 것인데, 지도에 의해 백제의 옛 국토를 조사해 백제로 돌려줄 것이라고 했다. 종이에 잉크가 마르기도 전 3, 4년 사이에 주었다가 다시 빼앗으니 신라 백성이 실망하면서, '신라와 백제는 누대에 걸친 원수인데, 지금 백제는 스스로 국가를 세우고 있는 것이고, 백 년 이후에는 신라 자손들이 반드시 그들에게 멸망할 것이다. 작년 9월, 이것을 기록해 사신에게 상주하려고 명했지만, 바다에서 표류하는 바람에 실패했다. 그 후 바람이 차고 풍랑이 심해 결국 상주를 올리지 못했는데, 이에 백제는 거짓으로 신라가 반역한다고 상주했던 것이다. 신라는 당나라 고관의 심정적 후원을 잃고, 뒤로는 백제의 참소를 당해 항상 질책만 있었기 때문에 충성심을 보일 방법이 없었다. 황제는 이 같은 참소를 매일 들었기 때문에 변함없는 충성을 한 번도 볼 수가 없었다. 사자 임윤이 가지고 온 편지에 총관이 해외에서 왔기 때문에 도덕상 사신을 파견해 영접하고 고기와 술을 올려야할 했지만, 다른 곳에 멀리 떨어져 있어 예를 갖추거나 영접을 못 한 것이니, 너무 탓하지 말라. 총관의 편지에 전적으로 신라가 반역한 것처럼 취급되어 있지만, 이것은 본심이 아니기 때문에 걱정스럽고 놀라울 뿐이다. 사정이 이러해도 당나라는 사신을 파견해 근본적인 이유를 물은 바가 없다. 더구나 곧바로 우리 터전을 빼앗고자 수만의 군사를 동원했고, 병선은 강 어구에 줄을 이었으며, 웅진을 독촉해 신라를 공격하려 노리고 있다. 아아!

고구려와 백제가 평정되기 전에는 사냥개처럼 부려먹더니, 들짐승이 사라진 지금엔 신라를 삶아 먹으려고 한다. 잔악한 백제는 도리어 상을 받고, 당나라에 속은 신라는 죽음에 이르렀다. 영웅 기상을 받고 태어난 총관은 천벌을 주는데 있어서 죄 없는 자에게 죄를 씌우려고 하는 것인가? 황제가 대군을 출동시키기 전 그대는 먼저 그 이유를 물어봐야 했다.

그대 편지에 대한 답장을 계기로 신라가 배반하지 않았다는 사정을 설명한다. 청컨대 총관은 실상을 정리하고, 황제께 상주하라. 계림주대도독좌위대장군개부의동삼사상주국신라왕김법민이 말하노라."

소부리주를 설치하고 다음 아찬 진왕을 도독으로 임명하였다. 9월, 당나라 장군 고간이 번병 4만을 이끌고 평양에 도착해, 도랑을 파고 보루를 높이 쌓아 대방을 공격했다. 겨울 10월 6일, 당나라 수송선 70여 척을 공격해, 낭장 겸이대후와 군사 백여 명을 사로잡았다. 이 싸움에서 전과를 올린 급찬 당천의 공로가 컸으므로 사찬으로 진급했다.

⊙ 12년, 봄 정월, 백제 고성성을 공격해 승리했고, 2월에 백제 가림성을 공격했지만 이기지 못했다. 가을 7월, 당나라 장수 고간이 군사 1만, 이근행이 군사 3만을 이끌고 동시에 평양으로 쳐들어와 여덟 개의 군영을 짓고 주둔했다. 8월에 한시성과 마읍성을 공격해 점령했다. 또 군대를 진군시켜 백수성으로부터 5백여 보 떨어진 곳에 군영을 꾸몄다. 신라와 고구려 군사들이 격전을 벌여 수천 명을 죽였다. 고간이 퇴각할 때 이들을 추격해 석문에서 전투를 벌였다. 이 싸움에서 신라가 패하고, 대아찬 효천, 사찬 의문, 사찬 산세, 아찬 능신, 아찬 두선, 일길찬

안나함, 일길찬 양신 등이 전사했다.

9월, 혜성이 일곱 번 북방에 출몰해 나라에 근심을 안겨 주었다. 얼마 전 백제가 당나라에 가서 군사를 빌려와 신라를 침략했다. 왕은 시간이 촉박해 황제에게 알리지 않고 출병하여 토벌했다. 이것으로 당 조정에 죄를 지었기 때문에 급찬 원천, 내마 변산과 억류했던 병선낭장 겸이대후, 내주 사마 왕예, 본열주 장사 왕익, 웅주 도독부 사마 니군, 증산 사마 법총과 군사 1백 70명을 당나라에 보내어 사죄하는 표를 올렸다.

"저는 죽을죄를 짓고 말씀드립니다. 예전에 제가 위급할 때 먼 곳에서 와 구원해 주어 제가 멸망을 면했습니다. 그렇기 때문에 몸을 부수고 뼈를 갈아도 그 은혜에 보답하지 못합니다. 또 머리를 부수어 재와 먼지가 되어도 자비의 덕을 갚을 수가 없습니다. 그러나 원수인 백제는 우리 변경을 핍박하고, 황제에게 청병해서 신라를 무너뜨리면서 원수를 갚으려고 했습니다. 저는 파멸이 두려워 생존을 추구하려다가 도리어 역적으로 취급받게 되었습니다. 하지만 내가 저지른 의도를 숨긴 채 형벌을 당한다면, 살아서는 명을 거역한 신하가 될 것이고, 죽어서는 은혜를 배반한 귀신이 될까 걱정스러워 죽음을 무릅쓰고 아뢥니다. 저는 선대 이래로 조공하지 않은 적이 없지만, 근래에 백제로 말미암아 두 번 조공이 빠져 황제 조정에 의론을 일으켰습니다. 저의 전후 사정을 보살펴 주시길 바랍니다. 저는 부왕의 관과 상여를 옆에 두고 머리에 진흙이 마르지 않은 채 피눈물을 흘리면서 조정의 처분을 기다리겠습니다. 만약 용서를 내리는 은혜를 베푸신다면, 제가 죽어야 하는 날이 도리어 태어나는 날이 될 것입니다. 삼가 원천 등을 보내 글을 올려 사죄하며, 엎드려 칙명을 듣고자 합니다."

이와 함께 은 3만 3천5백 푼, 구리 3만 3천 푼, 바늘 4백 개, 우황 1백20푼, 금 1백2십 푼, 40승포 6필, 30승포 60필을 진상했다. 때마침 곡식까지 귀해서 백성이 굶주렸다.

◉ 13년, 봄 정월, 큰 별이 황룡사에 떨어지고, 재성에 지진이 일어났다. 강수를 사찬으로 임명하고, 해마다 벼 2백 석을 주기로 약속했다. 2월, 서형산성을 증축했고, 여름 6월에는 호랑이가 대궁 뜰에 들어왔는데, 잡혀 죽었다. 가을 7월 1일, 김유신이 죽었다. 이때 아찬 대토의 모반이 발각되어 사형을 받았고, 처자는 천인으로 강등되었다. 8월, 파진찬 천광을 중시로 임명했고 사열산성을 증축했다. 9월, 국원성, 북형산성, 소문성, 이산성, 수약주의 주양성, 달함군의 주잠성, 거열주의 만흥사산성, 삽량주의 골쟁현성을 쌓았다. 왕이 대아찬 철천 등에게 병선 1백 척과 함께 서해를 방어하게 했다. 당나라 군사가 말갈, 거란 군사와 함께 북쪽 변경을 침범했지만, 아홉 번 전투에서 승리하면서 2천 명을 죽였다. 겨울에 당나라 군사가 고구려 우잠성을 점령했고, 거란과 말갈 군사가 대양성과 동자성을 함락시켰다.

◉ 14년, 봄 정월, 당나라에 갔던 숙위 대내마 덕복전이 역술을 배우고 돌아왔는데, 사용해 오던 역법을 새 역법으로 고쳤다. 당나라에 반기를 든 고구려 백성을 받아들이고, 백제의 옛 땅을 점거해 관리에게 방어를 맡겼다. 이에 당나라 고종이 노해서 왕의 관작을 박탈하고, 당나라에 있던 왕의 아우 우효위 원외 대장군 임해군공 김인문을 신라 왕으로 삼아 귀국시켰다. 또한 좌서자 동중서문하 3품 유인궤를 계림 방면 대총관으로 삼고, 위위경 이필과 우령군 대장군 이근행을 부관으로 삼아 신라를 공

격해 왔다.

2월, 대궐에 못을 파고 산을 만들어 화초를 심었다. 가을 7월, 큰 태풍이 불어 황룡사 불전이 부서졌다. 8월, 서형산에서 군대를 사열했고, 9월, 의안 법사를 대서성으로 삼고, 안승을 보덕왕으로 봉했다.10년에 안승을 고구려 왕으로 봉했는데, 지금 두 번째로 봉했기 때문에 보덕이란 이름이 귀명 등과 함께 불교적 용어인지 혹은 지명인지 알 수 없다

◉ 15년, 봄 정월 모든 관청과 주와 군의 인장을 구리로 주조했고, 2월 유인궤가 신사군을 칠중성에서 격파했다. 인궤가 군사를 이끌고 귀국하니 황제가 조서를 내려 이근행을 안동진무대사로 삼아 일을 처리하게 했다. 왕은 당나라에 사신을 보내 조공하고 사죄하니 황제가 이를 용서하면서 관작을 회복시켜 주었다. 가을 9월, 설인귀가 숙위 학생 풍훈의 아버지 김진주가 본국에서 사형을 당했다는 빌미로 풍훈을 향도鄕導로 삼아 천성을 공격했다. 장군 문훈 등이 싸워 이기면서 1천4백 명을 죽였고, 병선 40척을 빼앗았다. 설인귀가 포위망을 뚫고 달아나니, 전마 1천 필을 노획했다.

29일, 이근행이 군사 20만을 거느리고 매초성에 주둔하자, 신라 군사가 격퇴시켰는데, 이 싸움에서 3만 3백80필의 전마와 병기를 노획했고, 사신을 당나라에 보내 토산물을 바쳤다. 말갈이 아달성에서 약탈할 때 성주 소나가 싸우다가 전사했다. 당나라 군사가 거란과 말갈 군사들과 함께 칠중성을 포위했지만 승리하지 못했고, 도리어 소수 유동이 전사했다. 신라 군사가 당나라 군사와 열여덟 번 전투에서 모두 승리해 6천47명을 죽였고 2백 필의 전마를 노획했다.

⊙ 16년, 봄 2월, 고승 의상이 부석사를 창건했고, 가을 7월, 혜성이 북하와 적수 두 별 사이에 출몰했는데, 길이가 6~7보가량 되었다. 당나라 군사가 도림성을 점령했는데, 현령 거시지가 전사했다. 겨울 11월, 사찬 시득이 설인귀와 소부리주 기벌포에서 싸우다가 패했지만, 다시 20번의 전투에서 승리하고 4천여 명을 죽였다. 재상 진순이 은퇴를 요청했지만 왕은 그 대신 안석과 지팡이를 하사했다.

⊙ 17년 봄 3월, 강무전 남문에서 왕이 활쏘기를 구경했고, 최초로 좌사록관을 설치했으며, 소부리주에서 흰 매를 진상했다.

⊙ 18년 봄 정월, 선부령을 두어 선박을 담당하게 했고 3월, 대아찬 춘장을 중시로 임명했다. 여름 4월에는 아찬 천훈을 무진주 도독으로 임명했고 5월, 북원에서 기이한 새를 바쳤는데, 깃털에 무늬가 있고 정강이에 털이 있었다.

⊙ 19년, 봄 정월, 중시 춘장이 병으로 사직하고 그 대신 서불한 천존을 임명했다. 2월에 탐라국을 시찰했고, 궁궐을 웅장하고 아름답게 수리했다. 여름 4월, 화성이 우림을 지키고 6월, 금성이 달에 들어가고, 유성이 삼대성을 범했다. 가을 8월, 금성이 달에 들어갔는데, 각간 천존이 죽었다.

⊙ 20년, 봄 2월, 이찬 김군관을 상대등으로 임명했고 3월, 보덕왕 안승에게 금 그릇과 잡색 비단 백 단을 내렸다. 그리고 왕의 누이를 아내로 삼게 하고잡찬 김의관의 딸이라는 주장도 있다, 교서를 내려 '인륜의 근본은 부부가 제일이고, 교화의 기초는 자손을 잇는 것이다. 왕은 아내가 없어 맞이할 생각이 많을 것이다. 이제 좋은 때 길한 날을 맞아 옛날의 예절로 내 생질로 배필을 삼게 할 것이다. 왕은 그녀와 함께 정의를 두터이 하고, 조상

의 제사를 받들면서 자손을 크게 융성토록 해 길이 지반을 풍부하게 하라!' 고 했다.

여름 5월에 고구려 왕은 대장군 연무를 시켜 왕에게 글을 올렸다.

"신 안승은 아뢰나이다. 왕의 생질을 작은 마을의 안주인으로 맞이 하기 위해 4월 15일에 도착했습니다. 기쁘고 두려운 생각이 교차해 몸 둘 바를 모르겠나이다. 신은 바탕이 용렬하고 행실과 재능이 없지만, 요행히 남다른 은혜를 입게 되어 이 은혜를 도저히 갚을 길이 없사온데, 거듭 은혜를 베푸시어 생질을 강가하시고 폐관으로 오게 하시니, 억년을 살아도 만나기 어려운 일을 하루아침에 얻었습니다. 신은 아직 왕의 지시를 받지 못해 바로 가서 뵙지 못하지만, 삼가 대장군 태대형 연무를 보내 글을 바쳐 아룁니다."

이때 가야군에 금관소경을 설치했다.

⊙ 21년 봄 정월 초하루, 날씨가 종일 밤처럼 캄캄했고, 사찬 무선이 정병 3천으로 비열홀을 지켰다. 여름 5월, 지진이 일어났고 유성이 삼대성을 범했다. 6월 천구성이 서남방에 떨어졌다. 가을 7월 1일, 왕이 죽자 시호를 문무로 정하고 유언에 따라 동해 어구 큰 바위 밑에 장사 지냈다. 속설에 왕이 용으로 변했다는 말이 있는데, 이에 따라 그 바위를 대왕석이라고 불렀다. 왕은 다음과 같이 유언했다.

"나는 어지러운 때에 태어난 운명으로 전쟁을 많이 겪었다. 서쪽을 치고 북쪽을 정벌해서 강토를 평정했다. 반란자는 토벌하고 화해를 원하는 자와 손을 잡아 원근을 안정시켰다. 위로는 선조의 유훈을 받들고 아래로는 부자의 원수를 갚았다. 전쟁 중에 죽은 자와 산 자를 위해 공평하게 상을 주었다. 병기를 녹여 농기구를 만들어 백성에게 천수를 다하도록 했다. 창고에 곡식이 쌓이고 감옥에는 풀밭이 우거졌기 때문에 선조들에게 부끄러울 것이 없다. 내가 풍상을 겪어 병이 생겨 죽음의 어두운 길로 되돌아가는데 무슨 여한이 있겠는가. 종묘 주인은 잠시라도 비어서는 안 되며, 태자는 나의 관 앞에서 왕위를 계승하라. 내가 죽고 열흘 후에 내 시체를 불교 법식으로 화장하라. 상복의 경중은 규정대로 하되, 장례는 검소해야 한다. 변경의 성, 요새, 주, 군의 과세 중 반드시 필요하지 않으면 모두 폐지하고, 법령과 격식에 잘못된 것이 있으면 바꾸어 포고해 백성이 그 뜻을 알게 하고 다음 왕은 이를 시행하도록 하라."

삼국사기
三國史記新羅本紀 第八卷

삼국사기권제8

신라본기 제8
신문왕, 효소왕, 성덕왕.

신문왕

⊙ 문무왕의 맏아들 신문왕이 왕위에 올랐는데, 이름은 정명이며명지의 자는 일초이다이다. 어머니는 자의'儀'를 '義'로 쓰기도 한다 왕후이고, 왕비는 소판 김흠돌의 딸 김씨이다. 문무왕 5년에 태자가 되었는데, 이때 왕위를 이었다. 당고종은 신라 왕으로 책봉하고, 선왕의 관작을 그대로 물려받았다.

⊙ 원년 8월, 서불한 진복을 상대등으로 임명했고, 8일, 소판 김흠돌, 파진찬 흥원, 대아찬 진공, 등이 반역을 꾀하다가 처형되었다. 13일, 보덕왕이 소형 수덕개를 보내 역적을 평정한 것을 치하했다. 16일, 교서를 내렸다.

"공이 있으면 상을 주는 것은 성인들의 법도이고, 죄가 있으면 벌을 주는 것 역시 선왕의 법도이다. 과인이 못나고 박덕한 몸으로 숭고한 왕업을 이었기에 상중에 반란을 일으킨다는 것을 생각도 못 했다. 반란 괴수 김흠돌, 흥원, 진공 등은 재능으로 작위에 오른 것이 아니며, 관직도 은전에 의해 오른 것이었다. 그들은 언행이 의롭지 못해 위세를 마음대로 휘둘러 관료들을 업신여겼고, 한없는 탐욕과 포학한 마음을 휘둘렀으며, 흉악한 자들을 모아 궁중 내시들과 결탁했다. 그들은 모여 거사 일을 정해서 반란을 일으키려고 했다. 그래서 군사를 모아 흉악한 무리들을 평정하니 이들은 산골로 도망하거나 대궐 뜰에 와서 항복했다. 잔당들은 모두 체포하여 처형했고, 향후 3, 4일 내에 괴수들을 소탕할 것이다. 이제 요망한 무리들이 숙청되어 걱정이 없어졌기 때문에 소집했던 병마를 속히 돌려보낼 것이다. 이것을 사방에 포고하여 백성에게 널리 알도록 하라!"

28일, 이찬 군관을 목 벤 다음 교서를 내렸다.

"임금을 섬기는 법도는 충성이고, 관직에 있으면 두 임금을 섬기지 않는다. 병부령 이찬 군관은 높은 지위에 올랐지만, 임금을 보좌하지 못했고 임금의 명령을 가볍게 여겼으며, 나라를 위한 마음이 없었다. 이에 역신 김흠돌 등과 어울려 그들이 반역할 것을 알고도 고발하지 않았다. 어찌 이런 자에게 재상의 직무를 맡겨 국가의 헌장을 흐리게 하겠는가? 반드시 범죄자와 동일하게 취급해서 경계를 삼게 하리라. 군관과 그의 맏아들 한 명을 자살하여 죽게하고 나라에 포고해서 모두가 알도록 하라."

겨울 10월, 시위감을 폐지하고 장군 6인을 새로 두었다.

⊙ 2년 봄 정월, 왕이 신궁에 찾아가 제사 지내고, 죄수를 크게 사면했으며, 여름 4월, 위화부령 2인을 임명해 관리 선발과 추천을 맡게 했다. 5월, 금성이 달을 범했고 6월, 국학을 세우고 경 1인을 두었다.

⊙ 3년 봄 2월, 순지를 중시로 임명했고, 일길찬 김흠운의 딸을 부인으로 맞기 위해 이찬 문영과 파진찬 삼광을 보내 기일을 정하고, 대아찬 지상을 보내 납채를 했다. 폐백이 열다섯 수레, 쌀, 술, 기름, 꿀, 간장, 된장, 포, 식혜가 1백35수레, 벼가 1백50

수레였다. 여름 4월, 평지에 한 자 이상 눈이 쌓였다. 5월 7일, 이찬 문영과 개원을 김흠운의 집으로 보내 그녀를 부인으로 책봉하고, 그날 묘시에 파진찬 대상, 손문과 아찬 좌야, 길숙 등으로 하여금 그들의 아내와 딸과 함께 양과 사량 두 부의 여자 각 30명씩을 데리고 가서 부인을 맞게 했다. 겨울 10월, 보덕왕 안승을 소판으로 삼고, 김씨 성을 내려서 서울에 있게 했다. 혜성이 오거 성좌에 나타나 나라에 근심을 주었다.

⊙ 4년 겨울 10월, 저녁부터 새벽까지 유성이 어지럽게 떨어졌다. 11월, 안승의 조카뻘 되는 장군 대문이 금마저에서 반역을 도모하다가 처형되었다. 왕은 잔적들을 토벌하라고 명했는데, 이 싸움에서 당주 핍실이 전사했다.

⊙ 5년 봄, 완산주를 설치하고 용원을 총관으로 삼았으며, 거열주를 나누어 청주를 두니 처음으로 구주가 되었다. 3월, 남원소경을 설치하고 아찬 원태를 사신으로 삼았다. 봉성사가 낙성되었고 여름 4월, 망덕사도 낙성되었다.

⊙ 6년 봄 정월 이찬 대장을 중시로 삼고, 예작부에 경 두 사람을 두었다. 2월에 석산, 마산, 고산, 사평의 네 현을 설치했고, 사비주를 군으로, 웅천군을 주로 만들었으며, 발라주를 군으로, 무진군을 주로 만들었다.

7년 봄 2월, 원자가 출생했는데, 날씨가 음침하고 어두웠으며 우레와 번개가 심하게 쳤다. 3월, 일선주를 폐지하고 다시 사벌주를 두었으며, 파진찬 관장을 총관으로 임명했다. 여름 4월, 음성서의 장을 경으로 전환시켰다. 대신을 시켜 종묘에 제사를 지냈다. 5월, 교서를 내려 문무 관료들에게 직급에 따라 밭을 하사했다. 가을에 사벌과 삽량에 성을 쌓았다.

⊙ 8년 봄 정월, 중시 대장이 죽고 이찬 원사가 중시로 올랐으며, 2월 선부에 경 한사람을 충원했다.

⊙ 9년 봄 정월, 왕은 서울과 지방 관리의 녹읍을 폐지했으며, 매년 직급에 따라 벼를 주는 상례 삼도록 했다. 가을 윤 9월 26일, 왕은 장산성에 갔고 서원경성을 쌓았으며, 달구벌로 서울을 옮기려고 했지만 실현되지 않았다.

⊙ 10년 봄 2월, 중시 원사가 병으로 사직하면서 아찬 선원을 중시로 임명했으며, 겨울 10월, 전야산군을 설치했다.

⊙ 11년 봄 3월 1일에 왕자 이홍을 태자로 봉했고, 13일 죄수들을 크게 사면했다. 이때 사화주에서 흰 참새를 상납했고, 남원성을 쌓았다.

⊙ 12년 봄, 대나무가 말랐고, 당나라 중종이 구두로,

"태종 문황제는 신성한 공덕이 천고에 뛰어나, 붕어하던 날 묘호를 태종이라고 했다. 그런데 선왕 김춘추에게도 동일한 묘호를 쓴 것은 잘못된 것이니, 칭호를 고쳐야 한다."

라고 했다. 이에 왕이 신하들과 의논한 후에,

"선왕 춘추의 시호가 우연히 성조의 묘호와 같게 되었는데, 칙령으로 고치라고 하니 따르지 않을 수가 없습니다. 그러나 선왕 춘추도 자못 어진 덕이 있었고, 생전에 어진 신하 김유신을 얻어 한마음으로 삼한을 통일했기 때문에 공업이 큽니다. 그가 죽던 때 온 나라 신민들의 추모하는 심정이 극진해서 추존한 묘호가 성조의 묘호에 저촉됨을 깨닫지 못했습니다. 이제 교칙을 들으니 송구스럽습니다."

라고 했다. 가을 7월, 왕이 죽자 시호를 신문이라 하고 낭산 동쪽에 장사 지냈다.

효소왕

⊙ 신문왕의 태자 효소왕이 왕위에 올랐다. 이름은 이홍'홍'을 '공'이라고도 한다이고, 어머니는 일길찬 김흠운'金欽運'을 '金欽雲'이라고 하기도 한다의 딸 신목왕후 김씨이다. 당의 측천무후가 사신을 보내 조문하고 제사를 지냈고, '신라왕보국대장군행좌표도위대장군계림주도독'으로 책봉했다. 좌우리방부를 좌우의방부로 고쳤는데, 이것은 리자가 왕의 이름자와 같았기 때문이다.

⊙ 원년 8월, 대아찬 원선을 중시로 임명했고, 고승 도증이 당에서 돌아와 천문도를 바쳤다.

⊙ 3년 봄 정월, 왕이 신궁을 찾아가 제사 지내고, 죄수를 크게 사면했다. 문영을 상대등으로 삼았고 김인문이 당나라에서 66세로 죽었다. 겨울에 송악과 우잠 두 성을 쌓았다.

⊙ 4년, 자월을 정월로 삼았고, 개원을 상대등으로 임명했다. 겨울 10월, 서울에 지진이 일어났고, 중시 원선이 연로해서 사직했으며, 서시와 남시를 설치했다.

⊙ 5년 봄 정월, 이찬 당원을 중시로 임명했고, 여름 4월, 서쪽 지방이 몹시 가물었다.

⊙ 6년 가을 7월, 완산주에서 상서로운 벼이삭을 바쳤는데, 각각 다른 밭고랑에서 난 벼 이삭이 하나로 합쳐진 것이었다. 9월 임해전에서 신하들을 위해 잔치를 열었다.

⊙ 7년 봄 정월, 이찬 체원을 우두주 총관으로 삼았고 2월, 서울에 지진과 태풍이 불었다. 3월, 일본국 사신이 왔기 때문에 왕이 숭례전에서 만났고, 가을 7월, 서울에 홍수가 일어났다.

⊙ 8년 봄 2월, 흰 기운이 하늘에 뻗쳤고, 동쪽에 혜성이 출몰했으며, 당나라에 토산물을 바쳤다. 가을 7월 동해의 물이 핏빛

으로 변했다가 5일 만에 원상태로 돌아왔다. 9월 동해의 물이 서로 부딪치는 소리가 서울까지 들렸고, 병기고에서 북과 나팔이 저절로 소리를 냈다.

⊙ 9년, 다시 인월로 정월을 삼았고, 여름 5월 이찬 경영이 모반하여 처형되었고, 중시 순원이 연좌되어 파면되었다. 6월 세성이 달에 들어가 근심을 주었다.

⊙ 10년 봄 2월, 혜성이 달에 들어가 근심을 주었고, 여름 5월 영암군 태수 일길찬 제일이 공익을 위배하고 사사로이 이익을 탐해서 곤장 1백을 때리고 섬으로 귀양 보냈다.

⊙ 11년 가을 7월에 왕이 죽었고, 시호를 효소라 정하고 망덕사 동쪽에 장사 지냈다.『구당서』에는 '장안 2년에 이홍이 죽었다' 라고 되어 있고, 여러 고기에도 '임인 7월 27일에 죽었다' 고 되어 있는데,『자치통감』에는 '대족 3년에 죽었다' 고 기록되어 있어, 통감이 잘못된 것이다

성덕왕

⊙ 신문왕의 둘째 아들이고 효소왕의 동복 동생 성덕왕이 왕위를 이었는데, 이름이 흥광이다. 본명은 융기였지만 당현종의 이름과 같아 선천 연간에 고쳤다.『당서』에는 김지성이라고 했다 효소왕이 죽었지만 아들이 없었기 때문에 왕위에 올랐다. 당나라 측천무후가 효소왕을 애도하기 위해 2일간 조회를 하지 않았고, 사신을 보내 조문하면서 왕을 '신라왕' 으로 책봉했으며, 장군도독이라는 형의 칭호를 이어받게 했다.

⊙ 원년 9월, 죄수를 크게 사면했고, 문무관에게 관작 한 급씩을 올려주고, 모든 주와 군의 1년간 조세를 면제했다. 겨울 10

월, 삽량주에서 상수리가 밤으로 변했다.

⊙ 2년 봄 정월, 왕이 신궁을 찾아가 제사를 지냈고, 당나라에 토산물을 바쳤다. 가을 7월, 영묘사에 화재가 났고, 서울에 홍수가 닥쳐 사람들이 죽었다. 일본국 사신이 왔는데, 모두 204명이었다.

⊙ 3년 봄 정월, 웅천주에서 금지金芝를 진상했고, 3월, 견당사 김사양이 돌아와서 『최승왕경』을 바쳤다. 여름 5월, 승부령 소판 김원태의 딸을 왕비로 맞았다.

⊙ 4년 봄 정월, 중시 원문이 죽고 아찬 신정을 중시로 임명했고, 3월, 당나라에 조공했다. 여름 5월에 가뭄이 찾아왔고, 가을 8월, 노인들에게 술과 밥을 대접했다. 9월, 살생을 금하는 교서를 내렸으며, 당나라에 토산물을 바쳤다. 겨울 10월, 동쪽 지방의 주와 군에 흉년이 들자 왕이 구제토록 했다.

⊙ 5년 봄 정월, 이찬 인품이 상대등이 되었고, 흉년이 들어서 구제했다. 3월, 뭇별이 서쪽으로 흘러갔고, 여름 4월, 당나라에 토산물을 바쳤다. 가을 8월, 중시 신정이 병으로 사직하고, 대아찬 문량이 중시가 되었다. 당나라에 토산물을 바쳤다. 겨울 10월에도 당나라에 토산물을 바쳤다. 12월, 죄수들을 크게 사면했다.

⊙ 6년 봄 정월 백성 중 굶어 죽는 사람들이 늘어나자, 한 사람에게 일일 조 3되를 7월까지 배급했다. 2월, 죄수를 크게 사면했고, 백성에게 5곡의 종자를 차등해서 나누어 주었다. 겨울 12월, 당나라에 토산물을 바쳤다.

⊙ 7년 봄 정월, 사벌주에서 서지를 진상했고, 2월 지진이 일어났다. 여름 4월, 토성이 달을 범하자 죄수들을 사면했다.

⊙ 8년 봄 3월, 청주에서 흰 매를 바쳤고, 여름 5월, 가뭄이 찾아왔다. 6월 당나라에 토산물을 바쳤고, 가을 8월에 죄수들을 사면했다.

⊙ 9년 봄 정월, 삼랑사 북쪽에 요성이 떨어졌고, 당나라에 토산물을 바쳤다. 지진이 일어나자 죄수들을 사면했다.

⊙ 10년 봄 3월, 큰 눈이 내렸고, 여름 5월에 가축 도살을 금지했다. 겨울 10월, 왕이 남쪽 지방의 주와 군을 순행했다. 11월, 왕이 백관잠을 지어 신하들에게 보였고, 12월, 당나라에 토산물을 바쳤다.

⊙ 11년 봄 2월, 당나라에 조공했고, 3월 이찬 위문을 중시로 삼았고, 당나라에서 사신 노원민을 보내와 칙명으로 왕의 이름을 고치라고 했다. 여름 4월, 왕이 온천으로 행차했고, 가을 8월, 김유신의 아내를 부인으로 봉하고 해마다 곡식 천 석을 주었다.

⊙ 12년 봄 2월, 전사서를 설치했고, 당나라에 조공하자 현종이 문루에 나와 사신을 접견했다. 겨울 10월, 당나라에 갔던 사신 김정종이 돌아올 때, 황제가 조서를 내려 왕을 '표기장군특진행좌위위대장군사지절대도독계림주제군사계림주자사상주국악랑군공신라왕' 으로 봉했다. 겨울 10월, 중시 위문이 연로하다며 은퇴를 요청하자 허락했다. 12월, 죄수들을 사면했고 개성을 완성했다.

⊙ 13년 봄 정월, 이찬 효정을 중시로 삼았고, 2월, 상문사를 통문 박사로 고쳐 표문 작성 업무를 맡게 했다. 윤 2월, 급찬 박유를 당나라로 보내 신년 하례를 했다. 여름에 가뭄이 찾아왔고, 질병에 시달리는 사람들이 많았다. 가을에 삽량주 산의 상

수리가 밤으로 변했다. 겨울 10월, 당현종이 내전에서 신라 사신에게 잔치를 베풀었다.

⊙ 14년 봄 3월, 김풍후를 당나라에 보내 조공했고, 여름 4월, 청주에서 흰 참새를 상납했다. 5월, 죄수들을 석방했고 6월, 큰 가뭄이 찾아오자 왕은 거사 이효를 불러 임천사 연못에서 기우제를 지내게 했다. 그러자 곧바로 비가 내려 열흘 동안 계속되었다. 가을 9월, 금성이 서자성을 가렸고, 겨울 10월, 유성이 자미성을 범해 근심을 주었다. 12월, 유성이 천창으로부터 태미성좌로 들어갔고, 죄수들을 방면했다.

⊙ 15년 봄 정월, 유성이 달을 범하자 달이 빛을 잃었고, 3월, 당나라에 토산물을 바쳤다. 왕이 성정엄정이라고도 한다왕후를 궁에서 내보내면서 비단 5백 필, 밭 2백 결, 벼 1만 석, 저택 한 구역을 사 주었다. 태풍이 불어와 기와가 날아갔고, 숭례전이 무너졌다. 여름 6월, 가뭄이 찾아와 다시 거사 이효에게 기도하게 하자, 곧 비가 왔고, 죄수들을 방면했다.

⊙ 16년 봄 2월, 의박사와 산박사 각 한명씩을 두었고, 3월, 새로 대궐을 지었다. 여름 4월, 지진이 일어났다. 6월, 태자 중경이 죽자 시호를 효상으로 정했다. 가을 9월 당나라에서 대감 수충이 돌아와 문선왕, 10철, 72제자의 화상을 바쳤는데, 이것을 태학에 안치했다.

⊙ 17년 봄 정월, 중시 효정이 은퇴하고, 파진찬 사공이 중시가 되었다. 2월, 왕이 서쪽 지방의 주와 군을 순행하여, 나이 많은 사람, 홀아비, 과부, 고아, 자식 없는 노인들을 직접 위로하고, 물품을 하사했다. 3월, 지진이 일어났다. 여름 6월, 황룡사 탑에 벼락이 쳤고, 처음으로 누각을 만들었다. 겨울 10월, 유성이 묘

성으로부터 규성으로 들어가자, 작은 별들이 따라갔고, 천구가 동북방에 떨어졌다. 한산주 도독 관내에 여러 성을 쌓았다.

⊙ 18년 봄 정월, 당나라에 신년 하례를 했고, 가을 9월, 금마군 미륵사에 벼락이 떨어졌다.

⊙ 19년 봄 정월, 지진이 일어났고 3월, 이찬 순원의 딸을 왕비로 삼았다. 여름 4월, 큰 비가 내려 산 열세 곳이 무너졌고 우박까지 내려 모를 해쳤다. 5월, 유사에게 해골을 묻게 했고, 완산주에서 흰 까치를 진상했다. 6월, 왕비를 왕후로 책봉했고, 가을 7월, 웅천주에서 흰 까치를 진상했고, 메뚜기 떼가 곡식을 해쳤다.

⊙ 20년 가을 7월, 하슬라도의 장정 2천 명을 징발하여 북쪽 국경에 장성을 쌓게 했다.

⊙ 21년 봄 정월, 중시 문림이 죽고 이찬 선종이 중시에 올랐다. 2월 서울에 지진이 일어났고, 가을 8월, 처음으로 백성에게 정전丁田을 주었다. 겨울 10월, 대내마 김인일을 당나라에 보내 신년 하례하고, 토산물을 바쳤다.

⊙ 22년 봄 3월, 왕은 당나라에 미인 두 명을 바쳤다. 한 명은 포정으로 아버지가 내마 천승이었고, 한 명은 정완으로 아버지가 대사 충훈이었다. 여름 4월, 사신을 당에 보내 과하마 한 필, 우황, 인삼, 다리, 조하주, 어아주, 조각한 매 방울, 해표 가죽, 금은 등을 바쳤다. 지진이 일어났다.

⊙ 23년 봄, 왕자 승경을 태자로 삼으면서 죄수들을 크게 방면했고, 웅천주에서 서지를 진상했다. 2월, 김무훈을 당나라에 보내 신년 하례했다. 겨울 12월, 토산물을 바쳤고, 소덕 왕비가 죽었다.

⊙ 24년 봄, 정월 흰 무지개가 나타났고 3월, 눈이 내렸다. 여름 4월에 우박이 내렸고, 중시 선종이 은퇴하고 이찬 윤충이 그 자리에 올랐다. 겨울 10월에 지진이 일어났다.

⊙ 25년 여름 4월, 김충신을 당나라에 보내 신년 하례했고 5월, 왕의 아우 김근질을 당나라에 보내 조공했다.

⊙ 26년 봄 정월 죄수들을 방면했고, 사신을 당나라에 보내 신년 하례했다. 여름 4월, 일길찬 위원을 대아찬, 급찬 대양을 사찬에 임명했고, 겨울 12월, 영창궁을 수리했다.

⊙ 27년 가을 7월, 왕의 아우 김사종을 당에 보내 토산물을 바치면서 자제들의 국학 입학을 요청했다.

⊙ 28년 봄 정월, 사신을 당나라에 보내 신년 하례를 했고, 가을 9월, 당나라에 조공했다.

⊙ 29년 봄 2월, 왕족 지만을 당나라에 보내 작은 말 다섯 필, 개 한 마리, 금 2천 냥, 머리 털 80냥, 해표 가죽 열 장을 바쳤다. 겨울 10월, 당나라에 보내 토산물을 바쳤는데, 현종은 직급에 따라 선물을 주었다.

⊙ 30년 봄 2월, 김지량을 당나라에 보내 신년 하례했다. 현종은 그에게 대복소경원외치 벼슬을 내리고, 비단 60필을 주면서 돌려보냈다. 여름 4월, 죄수들을 석방했고, 노인들에게 술과 음식을 내렸다. 일본국 병선 3백 척이 동쪽 변경을 습격해 왕은 장병을 출동시켜 격파했다. 가을 9월, 왕은 백관들을 적문에 모이게 해 함께 거노의 사격술을 관람했다.

⊙ 31년 겨울 12월, 각간 사공과 이찬 정종, 윤충, 사인을 장군으로 임명했다.

⊙ 32년 가을 7월, 발해의 말갈이 바다를 건너 등주를 침범했

다. 이에 당현종이 태복원외경 김사란을 귀국시키면서, 왕에게 개부의동삼사영해군사의 작위를 내리고, 김사란에게 군사를 내줘 말갈의 남부 지방을 공격하게 했다. 그때 큰 눈이 한길 넘게 내려 아무런 전공도 없이 귀환했다. 겨울 12월, 왕의 조카 지렴을 당나라에 보내 황제의 은혜에 사례했다.

⊙ 33년 봄 정월, 백관들이 북문으로 들어와 상주하거나 왕과 마주하라는 교서를 내렸다. 여름 4월, 대신 김단갈단을 당나라에 보내 신년 하례를 했다.

⊙ 34년 봄 정월, 화성이 달을 범했고, 김의충을 당나라에 보내 신년 하례를 했다. 2월, 부사 김영이 당나라에서 죽자, 광록소경 벼슬을 추증했다.

⊙ 35년 여름 6월, 사신을 당나라에 보내 신년 하례를 했다. 겨울 11월, 왕의 종제 대아찬 김상을 당나라에 사신으로 보냈지만 도중에서 죽었다. 황제가 슬퍼하면서 위위경 벼슬을 추증했다. 이찬, 윤충, 사인, 영술을 보내 평양주와 우두주의 지세를 조사했고, 개가 재성 고루에 올라가 사흘 동안 짖어댔다.

⊙ 36년 봄 2월, 사찬 김포질을 당나라에 보내 신년 하례를 하고 토산물을 바쳤고, 왕이 죽었다. 시호를 성덕으로 정하고 이거사 남쪽에 장사 지냈다.

삼국사기
三國史記新羅本紀 第九卷

삼국사기권제9

신라본기 제9

효성왕, 경덕왕, 혜공왕, 선덕왕.

효성왕

⊙ 성덕왕의 둘째 아들 효성왕이 왕위를 이었으며, 이름이 승경이다. 그의 어머니는 소덕왕후이며, 죄수들을 크게 방면했다. 3월 사정부의 승과 좌우 의방부의 승을 모두 좌로 고쳤다.

여름 5월, 지진이 일어났고, 가을 9월, 유성이 태미 성좌에 들어가 근심을 주었다. 겨울 10월, 당나라에 갔던 사찬 포질이 돌아왔고, 12월에 당나라에 토산물을 바쳤다.

⊙ 2년 봄 2월, 당현종은 성덕왕이 죽었다는 부고를 듣고 좌찬선 대부 형도를 홍려소경의 자격으로 파견해 조문케 하고, 태자태보의 관작을 추증했다. 또 새 왕을 '개부의동삼사신라왕' 으로 책봉했다. 당나라가 사신을 보내 조서를 내려 박씨를 왕비로 책봉했다. 3월, 김원현을 당나라에 보내 신년 하례를 했고, 여름 4월, 당나라 사신 형도가 노자 『도덕경』을 왕에게 바쳤다. 흰 무지개가 해를 관통했고, 소부리군의 강물이 핏빛으로 변했다.

⊙ 3년 봄 정월, 왕이 조부의 사당에 참배했고, 선천궁이 낙성되었다. 2월, 왕의 아우 헌영을 파진찬에 임명되었고 3월, 이찬 순원의 딸 혜명을 왕비로 맞았다. 여름 5월, 파진찬 헌영을 태

자로 봉했고 가을 9월, 완산주에서 흰 까치를 바쳤다. 또한 여우가 월성궁에서 울자 개가 물어서 죽였다.

⊙ 4년 봄 3월, 당나라에서 부인 김씨를 왕비로 책봉했고, 여름 5월, 토성이 헌원 성좌의 큰 별을 범해 근심을 주었다. 가을 7월, 붉은 옷을 입은 여자가 예교 밑에서 나와 조정의 정사를 비방하다가, 효신공의 대문을 지나간 후에 갑자기 사라졌다. 8월 파진찬 영종이 반역을 꾀하다가 처형되었다.

⊙ 5년 여름 4월, 대신 정종, 사인과 함께 쇠뇌 쏘는 군사들을 검열했다.

⊙ 6년 봄 2월, 동북쪽에서 지진이 일어났는데 그 소리가 천둥과 같았다. 여름 5월, 유성이 삼대성을 범해 근심을 주었고, 왕이 죽었다. 시호를 효성이라 정하고, 유언에 따라 법류사 남쪽에서 화장해 동해에 뿌렸다.

경덕왕

⊙ 효성왕의 동복 아우 경덕왕이 왕위를 이었는데, 이름이 헌영이다. 효성왕에게 아들이 없어 헌영을 태자로 삼아 잇게 했다. 왕비는 이찬 순정의 딸이다.

⊙ 원년 겨울 10월, 일본국 사신이 왔지만 받지 않았다.

2년 봄 3월, 주력공 집에서 소가 송아지 세 마리를 낳았고, 당 현종이 찬선대부 위요를 보내와 제사에 참여시키고, 왕을 신라왕으로 책봉하여 선왕의 관작을 잇게 했다. 여름 4월, 서불한 김의충의 딸을 왕비로 맞았고, 가을 8월 지진이 일어났다. 겨울 12월, 왕의 아우를 당나라에 보내 신년 하례를 했다.

⊙ 3년 봄 정월, 이찬 유정을 중시로 임명했고, 윤 2월, 당나라에 사신을 보내 신년 하례를 하면서 토산물을 바쳤다. 여름 4월, 왕이 신궁을 찾아가 제사를 지냈다. 겨울에 닷 말들이 그릇만 한 별이 중천에 나타났다가 열흘 만에 사라졌다.

⊙ 4년 봄 정월, 이찬 김사인을 상대등으로 임명했고, 여름 4월, 서울에 달걀 크기의 우박이 내렸다. 5월, 가뭄이 찾아왔고, 중시 유정이 퇴직하고 이찬 대정이 중시 자리를 이었다. 가을 7월, 동궁을 수리하고, 아울러 사정부와 소년감전과 예궁전을 설치했다.

⊙ 5년 봄 2월, 당나라에 사신을 보내 신년 하례를 하면서 토산물을 바쳤다. 여름 4월, 죄수들을 대사면하고, 백성들에게 큰 연회를 베풀었다.

⊙ 6년 봄 정월, 사신을 당나라에 보내 신년 하례를 하면서 토산물을 바쳤고 3월, 진평왕릉에 벼락이 떨어졌다. 가을에 가뭄이 찾아왔으며 겨울에는 눈이 오지 않았다. 백성이 굶주리고 전염병이 만연했기 때문에 백성을 안정시키고 위로했다.

⊙ 7년 봄 정월, 천구가 땅에 떨어졌고, 가을 8월, 태후가 새로 지은 영명궁으로 거처를 옮겼다. 처음으로 정찰 한 명을 두어 백관을 규찰해 바로잡았고, 처음으로 대곡성 외 14개의 군현을 설치했다.

⊙ 8년 봄 3월, 태풍이 불러와 나무가 뽑혔고 3월, 천문박사 한 명과 누각박사 여섯 명을 두었다.

⊙ 9년 봄 정월, 시중 대정이 사직하고, 이찬 조량이 뒤를 이었다. 2월, 어룡성에 봉어 두 명을 두었다.

⊙ 11년 봄 3월, 급찬 원신과 용방을 대아찬으로 삼았고, 가을

8월, 동궁아관을 두었다. 겨울 10월, 창부에 사 3명을 더 임명했다.

⊙ 12년 가을 8월, 일본국 사신이 왔지만, 오만방자해 왕이 만나 주지 않았다. 무진주에서 흰 꿩을 상납했다.

⊙ 13년 여름 4월, 서울에 달걀 크기의 우박이 내렸고 5월, 성덕왕의 비석을 세웠으며, 우두주에서 상서로운 지초를 바쳤다. 가을 7월, 왕이 관원에게 영흥사와 원연사를 수리하도록 했다. 8월 가뭄이 찾아왔고, 메뚜기 떼가 나타났다.

⊙ 14년 봄, 곡식이 부족해 백성이 굶주렸는데, 웅천주의 향덕이 가난해서 아버지를 봉양하기 힘들어 자신의 다리 살을 베어 아버지에게 먹였다. 그러자 왕은 그에게 선물을 후하게 주고, 정문을 세워 표창했다. 여름 4월, 사신을 당나라에 보내 신년 하례를 했다. 가을 7월, 죄수들을 석방하고, 늙고 병든 이, 홀아비, 과부, 고아, 자식 없는 노인들을 위로했다.

⊙ 15년 봄 2월, 상대등 김사인이 해마다 천재지변이 일어난 사실을 왕에게 상소하자 이를 받아들였다. 여름 4월, 큰 우박이 내렸고, 대영랑이 흰 여우를 바쳤다.

⊙ 16년 봄 정월, 상대등 김사인이 병으로 사직하고, 이찬 신충이 뒤를 이었다. 3월, 서울과 지방 관리들의 월급제를 폐지하고 녹읍을 주었다. 가을 7월, 영창궁을 중수했고 8월, 조부에 사史 2명을 더 두었다. 겨울 12월, 사벌주를 상주로 고치고, 1주 10군 30현을 소속시켰다. 삽량주를 양주로 고쳐 1주 1소경 12군 34현을 소속시켰다. 청주를 강주로 고쳐 1주 11군 27현을 소속시켰다. 한산주를 한주로 고쳐 1주 1소경 27군 46현을 소속시켰다. 수약주를 삭주로 고쳐 1주 1소경 11군 27현을 소속시켰다.

웅천주를 웅주로 고쳐 1주 1소경 13군 29현을 소속시켰다. 하서주를 명주로 고쳐 1주 9군 25현을 소속시켰다. 완산주를 전주로 고쳐 1주 1소경 10군 31현을 소속시켰다. 무진주를 무주로 고쳐 1주 14군 44현을 소속시켰다.

⊙ 17년 봄 정월, 시중 김기가 죽고 이찬 염상이 시중의 뒤를 이었다. 2월, 왕이 교서를 내려 내외의 관원을 막론하고 휴가를 만 60일 이상 얻으면 해직으로 처리했다. 여름 4월, 의술 관련자를 선발해 내공봉을 맡겼다. 가을 7월 23일, 왕자가 탄생했는데, 청둥과 번개가 심했고, 16곳의 절에 벼락이 떨어졌다. 8월, 당나라에 조공했다.

⊙ 18년 봄 정월, 병부와 창부의 경과 감을 시랑으로, 대사를 낭중으로, 집사부의 사지를 집사원외랑으로, 집사사를 집사랑으로 바꿨다. 조부, 예부, 승부, 선부, 영객부, 좌우의방부, 사정부, 위화부, 예작전, 태학감, 대도서, 영창궁 등의 대사를 주부로 바꿨으며, 상사서, 전사서, 음성서, 공장부, 채전 등의 대사를 주서로 이름을 바꿨다. 2월, 예부의 사지를 사례로, 조부의 사지를 사고로, 영객부의 사지를 사의로, 승부의 사지를 사목으로, 선부의 사지를 사주로, 예작부의 사지를 사례로, 병부의 노사지를 사병으로, 창부의 조사지를 사창으로 이름을 바꿨다. 3월, 혜성이 출몰했는데, 가을에 사라졌다.

⊙ 19년 봄 정월, 서울 동쪽에서 북치는 소리가 들렸는데, 이것을 귀신이 치는 북소리라고 했다. 2월, 대궐에 큰 연못을 파고, 대궐 남쪽 문천 위에 월정교, 춘양교를 놓았다. 여름 4월, 시중 염상이 퇴직하고, 이찬 김옹이 시중으로 임명되었다. 가을 7월, 왕자 건운을 왕태자로 책봉했다.

⊙ 20년 봄 정월, 초하룻날 무지개가 해를 관통했고 햇무리가 보였으며, 여름 4월, 혜성이 출몰했다.

⊙ 21년 여름 5월, 오곡, 휴암, 한성, 장새, 지성, 덕곡에 성을 쌓아 태수를 두었고, 가을 9월 당나라에 조공했다.

⊙ 22년 여름 4월, 당나라에 조공했고, 가을 7월, 서울에 태풍이 불어 기와가 날아가고 나무가 뽑혔다. 8월, 복숭아와 자두나무 꽃이 두 번째 피었고, 상대등 신충과 시중 김옹이 퇴직했다. 충신 대내마 이순이 어느 날 갑자기 산으로 들어갔는데, 여러 번 불렀지만 소식이 없었다. 그는 중이 되어 왕을 위해 단속사를 세워 살았다. 세월이 지난 후 왕이 풍악을 좋아한다는 소리에 왕을 찾아가 멈추게 했다.

⊙ 23년 봄 정월, 이찬 만종이 상대등으로 아찬 양상이 시중으로 임명되었다. 3월, 혜성이 동남쪽에 출몰했고, 용이 양산 밑에 나타났다가 금방 날아갔다. 겨울 12월 11일, 크고 작은 유성이 셀 수 없을 정도로 출몰했다.

⊙ 24년 여름 4월, 지진이 일어나자, 사신을 당나라에 보내 조공했다. 6월, 유성이 심성을 범했고, 왕이 죽었다. 시호를 경덕으로 정하고 모지사 서쪽 산에 장사 지냈다.『고기』에는 '영태 원년 을사에 죽었다' 라고 되어 있고,『구당서』와『지리통감』에는 '대력 2년에 신라왕 헌영이 죽었다' 로 기록되어 있는데, 잘못된 것으로 생각한다

혜공왕

⊙ 경덕왕의 적자 혜공왕이 왕위를 이었는데, 그의 이름은 건운이다. 어머니는 서불한 의충의 딸 만월부인 김씨로 왕이 8살

이었기 때문에 섭정했다.

⊙ 원년에 죄수들을 대방면하고, 왕이 태학에 행차해서 박사에게 상서를 들었다.

⊙ 2년 봄 정월, 두 개의 해가 나타나자, 죄수들을 대방면했다. 2월, 왕이 신궁에 가서 제사를 지냈고, 양리공 집에서 암소가 다리가 다섯 개가 달린 송아지를 낳았는데, 다리 하나는 위로 뻗었다. 강주에서 땅이 내려앉아 연못이 되었는데, 넓이가 50여척이고 물빛이 검푸르렀다. 겨울 10월, 하늘에서 북소리 같은 것이 들었다.

⊙ 3년 여름 6월, 지진이 일어났고, 가을 7월, 이찬 김은거를 당에 보내 토산물을 바치자, 황제가 자신전에 나와 접견했다. 별 세 개가 대궐에 떨어져 서로 부딪쳤는데, 빛이 불같이 솟았다가 흩어졌다. 9월, 김포현에서 벼 이삭이 모두 쌀로 변하는 현상이 일어났다.

⊙ 4년 봄, 혜성이 동북쪽에 출몰했고, 당나라 대종이 왕을 '개부의동삼사신라왕' 으로, 왕의 어머니 김씨를 대비로 책봉했다. 여름 5월, 사형수를 제외한 모든 죄수들을 방면했고, 6월, 서울에 벼락이 치면서 우박이 떨어져 초목이 피해를 입었다. 큰 별이 황룡사 남쪽에 떨어지면서 지진이 발생했는데, 그 소리가 벼락 떨어지는 소리와 같았고, 우물과 샘이 모두 증발했다. 이때 호랑이가 대궐에 들어와 사람들을 놀라게 했다. 가을 7월, 일길찬 대공이 그의 아우 아찬 대렴과 함께 반란을 일으켜 33일간 왕궁을 포위했다. 하지만 왕의 군사들이 평정하고, 9족을 멸했다. 9월, 당나라에 조공했다. 겨울 10월, 이찬 신유를 상대등으로, 이찬 김은거를 시중으로 임명했다.

⊙ 5년 봄 3월, 임해전에서 신하들에게 연회를 베풀었고, 여름 5월, 메뚜기 떼가 갑자기 생겼으며, 가뭄이 찾아왔다. 겨울 11월 ,치악현에서 쥐 8천여 마리가 평양 방향으로 이동했고, 눈은 오지 않았다.

⊙ 6년 봄 정월, 왕이 서원경에 행차하면서, 주와 현의 죄수들을 방면했다. 3월, 흙비가 내렸고 4월, 왕이 서원에서 돌아왔다. 5월 11일, 혜성이 오거성좌 북쪽에 출몰했다가 6월 12일에 없어졌다. 29일, 호랑이가 집사성에 들어와 죽였고 가을 8월 대아찬 김융이 반역을 꾀하다가 사형에 처해졌다. 겨울 11월, 서울에 지진이 일어났고, 12월, 시중 은거가 퇴직하면서 이찬 정문이 임명되었다.

⊙ 8년 봄 정월, 이찬 김표석을 당나라에 보내 신년 하례를 했다.

⊙ 9년 여름 4월, 사신을 당나라에 보내 신년 하례를 하고 금, 은, 우황, 어아주, 조하주 등의 토산물을 바쳤다. 6월, 사신을 당나라에 보내 사은을 표하자 대종이 사신을 접견했다.

⊙ 10년 여름 4월, 당나라에 조공했고, 가을 9월, 이찬 양상을 상대등으로 임명했다. 겨울 10월, 사신을 당나라에 보내 신년 하례를 했다.

⊙ 11년 봄 정월, 당나라에 조공했고 3월, 이찬 김순으로 시중을 삼았다. 여름 6월, 사신을 파견하여 당나라에 입조했다. 이찬 김은거가 반역을 음모하다가 처형되었다. 가을 8월, 이찬 염상이 시중 정문과 함께 반역 꾀하다가 처형당했다.

⊙ 12년 봄 정월, 왕은 백관들의 관직 이름을 이전으로 복구했고, 왕이 감은사로 가서 바다에 제사를 지냈다. 2월, 왕이 국학

에 가서 강의를 들었고, 3월, 창부에 사 8명을 더 임명했다. 가을 7월, 당나라에 토산물을 바쳤고, 가을 10월, 당나라에 조공했다.

⊙ 13년 봄 3월, 서울에 지진이 일어났고, 여름 4월, 지진이 다시 일어났다. 상대등 양상이 상소로 시국을 비판했고, 겨울 10월, 이찬 주원이 시중이 되었다.

⊙ 15년 봄 3월, 서울에 지진이 일어나면서 민가가 무너지고 사망자가 백여 명이 되었다. 금성이 달에 들어가자 백좌 법회를 열었다.

⊙ 16년 봄 정월, 누런 안개가 끼었고, 2월엔 흙비가 내렸다. 왕이 나이가 들면서 음악과 여색에 빠지면서 문란한 생활을 일삼았다. 이에 이찬 지정이 반란을 일으켜 대궐을 침범했다. 여름 4월, 상대등 김양상이 이찬 경신과 함께 지정을 죽였고 왕과 왕비는 군사들에게 살해되었다. 양상은 왕의 시호를 혜공왕으로 정했고, 대비 신보왕후는 이찬 유성의 딸이다. 다음 왕비는 이찬 김장의 딸이었지만, 역사서에는 두 왕비가 궁에 들어온 기록이 없다.

선덕왕

⊙ 아버지 해찬 효방의 아들이며 내물왕의 10대 손인 선덕왕이 왕위를 이었는데, 성은 김씨이고 이름은 양상이다. 어머니는 성덕왕의 딸인 사조부인 김씨이다. 왕비는 각간 양품의 딸 구족부인이다. 아찬 의공의 딸이라고도 한다 죄수들을 대방면하고, 아버지를 개성대왕으로 추봉했으며, 어머니 김씨를 정의태후로 추존

했다. 그리고 아내를 왕비로 삼았다.

⊙ 2년 봄 2월, 왕이 신궁을 찾아가 제사를 지냈고, 가을 7월 왕이 사신을 보내 패강 남쪽의 주와 군을 위로했다.

⊙ 3년 봄 윤 정월, 당나라에 조공했고, 2월, 왕이 한산주를 순행했고 주민들을 패강진으로 이주시켰다. 가을 7월, 시림벌에서 군사를 대규모로 사열했다.

⊙ 4년 봄 정월, 아찬 체신을 대곡진 군주로 임명했고, 2월 서울에 석자 높이의 눈이 내렸다.

⊙ 5년 여름 4월, 왕이 왕위를 스스로 물러나려고 하자 신하들은 세 번이나 표를 올려서 중지시켰다.

⊙ 6년 봄 정월, 당덕종이 왕을 '검교대위 계림주자사 영해군사신라왕'으로 책봉했다. 하지만 왕이 병으로 누웠고, 병이 위독해지면서 조서를 내렸다.

"과인은 재능이 없어서 왕위에 오를 마음이 없었는데, 추대를 피할 수 없어 할 수 없이 왕위에 올랐다. 왕위에 오르고 매년 일이 순조롭지 못하고, 백성이 곤궁해졌으니, 과인의 덕이 백성에게 부합되지 못하고, 정치가 하늘의 이르지 못했음이라. 과인은 항상 왕위를 물러나 궁궐 밖에서 살고자 하였으나, 신하들의 반대로 매번 뜻을 이루지 못했다. 갑자기 병이 나서 회복되기 어렵고, 죽고 사는 것은 천명이니 무엇을 원망하겠는가? 과인이 죽으면 불교의 법식대로 화장해서 유골을 동해에 뿌리도록 하라."

13일에 왕이 죽었고 시호를 선덕이라고 정했다.

삼국사기
三國史記新羅本紀 第十卷

삼국사기권제10

신라본기 제10

원성왕, 소성왕, 애장왕, 헌덕왕, 흥덕왕, 희강왕, 민애왕, 신무왕.

원성왕

⊙ 내물왕 12대 손인 원성왕이 왕위를 이었는데, 그의 이름은 경신이다. 어머니는 계오부인 박씨이고, 왕비는 신술 각간의 딸 김씨이다. 혜공왕 말년에 신하들이 반역하자 선덕이 상대등이 되어 측근의 악당들을 제거하고자 주장했다. 경신이 동조해서 반란을 평정하고, 선덕이 왕위에 오르면서 상대등으로 임명되었다. 후사가 없는 선덕이 죽자 신하들은 왕의 족질 주원을 왕으로 추대하려고 했다. 임금으로 추대된 주원은 서울에서 북쪽으로 20리나 떨어진 곳에 살았는데, 때마침 내린 큰 비로 알천의 물이 불어나 건널 수가 없었다. 대궐에서 어떤 사람이 "임금자리는 사람이 마음대로 할 수가 없다. 오늘 갑자기 폭우가 내린 것은 하늘이 주원을 왕으로 생각하지 않기 때문이다. 지금 상대등 경신은 전 임금의 아우인데, 덕망이 높고 임금의 자격을 가졌다."

고 했다. 그러자 신하들은 그에게 왕위를 잇게 했는데, 곧바로 비가 그쳤다.

2월, 왕의 고조부 대아찬 법선을 현성대왕, 증조부 이찬 의관을 신영대왕, 조부 이찬 위문을 흥평대왕, 아버지 일길찬 효양을 명덕대왕, 어머니 박씨를 소문태후로 추봉했으며, 아들 인겸을 왕태자로 삼았다. 문무 백관들의 작위를 한 급씩 올려주었고, 이찬 병부령 충렴을 상대등, 이찬 제공을 시중으로 임명했다. 얼마 후 제공이 퇴직하고 이찬 세강이 시중으로 임명되었다. 3월, 전 왕비 구족왕후를 외궁으로 내보내면서 벼 3만 4천석을 주었고, 패강진에서 붉은 까마귀를 진상했다.

⊙ 2년 여름 4월, 동쪽 지방에 우박이 내려 뽕과 보리에 피해를 입혔고, 김원전을 당에 보내 토산물을 바쳤다. 가을 7월, 가뭄이 찾아왔고, 9월, 서울에 기근이 들어서 곡식 3만 3천2백40석으로 백성을 구제했으며, 겨울 10월에도 곡식 3만 3천석을 풀었다. 대사 무오가 병법 15권과 화령도 2권을 바쳤기 때문에 굴압현령으로 임명했다.

⊙ 3년 봄 2월 서울에 지진이 일어났고, 왕이 신궁에 제사 지내고 죄수들을 방면했다. 여름 5월 금성이 낮에 나타났고, 가을 7월, 메뚜기 떼가 갑자기 나타나 곡식에 피해를 입혔으며, 8월 초하루 신사일에 일식이 일어났다.

⊙ 4년 봄, 독서삼품과를 설치해 벼슬을 주었다. 가을, 서쪽 지방에 가뭄이 찾아왔고, 메뚜기 떼가 출몰했으며, 도적들이 많았다.

⊙ 5년 봄 정월 초하루 갑진 날에 일식이 일어나면서 한산주 백성에게 기근이 들어 곡식을 풀어 구제했다. 가을 7월, 서리가 내려서 곡식에 피해를 입혔다. 9월, 자옥을 양근현 소수로 임명했는데, 집사사 모초가 반박했지만 시중의 말에 따랐다.

⊙ 6년 봄 정월, 종기를 시중에 임명했고, 전주를 비롯해 일곱

주 사람들을 징발해 벽골제를 증축했다. 웅천주에서 붉은 까마귀를 진상했고, 3월, 일길찬 백어를 북국 사신으로 보냈으며, 큰 가뭄이 찾아왔다. 여름 4월, 금성과 진성이 동정성좌에 모였고 5월, 한산, 웅천의 굶주린 백성들에게 곡식을 풀었다.

◉ 7년 봄 정월, 왕태자가 죽자 시호를 혜충으로 정했고, 이찬 제공이 반역으로 처형당했으며, 웅천주 대사 향성의 아내가 한꺼번에 아들 셋을 순산했다. 겨울 10월, 서울에 눈이 석 자가 내렸고 추위에 사람들이 동사했다. 11월, 서울에 지진이 일어났다.

◉ 8년 가을 7월, 당나라에 미인 김정란을 바쳤는데, 그녀 몸에서 향내가 났다. 8월, 왕자 의영을 태자로 봉했고, 상대등 충렴이 죽고 뒤를 이어 이찬 세강을 임명하였다. 시중 준옹이 병으로 사직하고 이찬 숭빈이 임명되었다. 겨울 11월 초하루 임자 날에 일식이 일어났다.

◉ 9년 가을 8월, 태풍이 불어 나무가 꺾이고 벼가 쓰러졌으며, 내마 김뇌가 흰 꿩을 진상했다.

◉ 10년 봄 2월, 지진이 일어났고, 태자 의영이 죽었는데 시호를 헌평이라고 정했다. 가을 7월, 봉은사를 창건했고, 한산주에서 흰 까마귀를 진상했다.

◉ 11년 봄 정월, 혜충 태자의 아들 준옹을 태자로 책봉하고, 여름 4월에 가뭄이 찾아오자 왕이 직접 죄수를 재심해서 형량을 낮췄다. 6월에 되어서 비가 내렸지만, 가을 8월에 서리가 내려 곡식에 피해를 입혔다.

◉ 12년 봄, 서울에 기근이 들면서 전염병이 만연하자 왕이 구제케 했다. 여름 4월, 시중 언승이 병부령으로, 이찬 지원이 시중으로 임명되었다.

⊙ 13년 가을 9월, 동쪽 지방에 메뚜기 떼가 갑자기 나타나 곡식에 피해를 입혔고, 홍수까지 발생해 산이 무너졌다.

⊙ 14년 봄 3월, 대궐 남쪽의 누교에 불이 났고, 망덕사 두 탑이 서로 부딪쳤다. 여름 6월, 가뭄이 찾아왔고, 굴자군 대사 석남오의 아내가 한꺼번에 아들 셋과 딸 하나를 생산했다. 겨울 12월 29일, 왕이 죽자 시호를 원성이라고 정하고, 유언에 따라 화장했다.『당서』에는 '정원 14년에 경신이 죽었다' 로 되어 있고,『통감』에는 '정원 16년에 경신이 죽었다' 라고 되어 있다. 본 사기를 기준으로 생각해보면『통감』이 틀렸다

소성왕

⊙ 원성왕의 태자 인겸의 아들 소성왕 '昭聖' 을 '昭成' 으로도 쓴다이 왕위를 이었는데 그의 이름은 준옹이다. 어머니는 김씨이고, 왕비는 대아찬 숙병의 딸 계화부인 김씨이다.

⊙ 원년 봄 3월, 청주의 거노현을 국학생 녹읍으로 정했고, 냉정현령 염철이 흰 사슴을 바쳤다. 여름 5월, 왕의 아버지 혜충태자를 혜충대왕으로 추봉했다. 또 우두주 도독이 사신을 보내

"소와 비슷한 짐승이 나타났습니다. 몸체는 길고 크면서 꼬리가 석 자쯤 되며, 털이 없고 코가 긴데, 현성천에서 오식양으로 갔습니다."

라고 했다.

가을 7월, 길이가 아홉 자인 인삼을 얻었는데, 귀한 것이라며 당나라에 바쳤다. 하지만 당나라 덕종은 인삼이 아니라며 사양했다. 8월, 어머니 김씨를 성목태후로 추봉했고, 한산주에서 흰

까마귀를 진상했다.

⊙ 2년 봄 정월, 왕비 김씨를 왕후로 봉하고, 충분을 시중으로 임명했다. 여름 4월, 태풍이 불어와 나무가 부러지고 기와가 날아갔으며 임해문과 인화문이 무너졌다. 6월, 왕자를 태자로 봉했고, 왕이 죽었는데 시호를 소성이라고 하였다.

애장왕

⊙ 소정왕의 태자 애장왕이 13세의 나이로 왕위에 올랐는데, 이름이 청명이다. 어머니는 계화부인 김씨이다. 왕이 어렸기 때문에 아찬 병부령 언승이 섭정했다. 가을 7월, 왕의 이름을 중희로 고쳤다.

⊙ 2년 봄 2월, 왕이 시조묘에 참배했고, 이때 태종대왕과 문무대왕의 묘를 별도로 세웠다. 시조대왕 및 왕의 고조부 명덕대왕, 증조부 원성대왕, 조부 혜충대왕, 아버지 소성대왕을 5묘로 정했다. 여름 5월, 초하루 임술 날에 반드시 일어나야 할 일식이 일어나지 않았다. 가을 9월, 화성이 달에 들어가고, 별이 비오듯 떨어졌다. 무진주에서 붉은 까마귀를 진상하고, 우두주에서는 흰 꿩을 진상했다. 겨울 10월, 날씨가 매우 추워 소나무와 대나무가 모두 죽었다. 탐라국에서 조공을 했다.

⊙ 3년 봄 정월, 왕이 신궁을 찾아가 제사를 지냈고, 여름 4월, 아찬 김주벽의 딸을 후궁으로 맞아들였다. 가을 7월, 지진이 일어났고, 8월, 가야산 해인사를 창건했으며, 삽량주에서 붉은 까마귀를 바쳤다. 겨울 12월, 균정에게 대아찬의 위를 주고, 거짓왕자로 만들어 왜국에 볼모로 보내려고 했지만 본인이 사양

했다.

⊙ 4년 여름 4월, 왕이 남쪽 교외로 나가 보리농사를 시찰했고, 가을 7월, 일본국과 우호관계를 맺었다. 겨울 10월, 지진이 일어났다.

⊙ 5년 봄 정월, 이찬 수승을 시중으로 임명했고, 여름 5월, 일본국이 사신을 보내 황금 3백 냥을 바쳤다. 가을 7월, 알천 강가에서 군대를 대규모로 사열했고, 삽량주에서 흰 까치를 바쳤다. 우두주 난산현에서 누워 있던 돌이 일어났고, 웅천주 소대현 부포의 물이 핏빛이 되었다. 9월에 망해사의 두 탑이 저절로 부딪쳤다.

⊙ 6년 봄 정월, 왕의 어머니 김씨를 태왕후로 봉하고, 왕비 박씨를 왕후로 봉했다. 당나라에는 덕종이 죽고 새 황제 순종이 병부낭중겸어사대부 원계방을 보내 부고를 전하고, 왕을 '개부의동삼사검교태위사지절대도독계림주제군사계림주자사겸지절충영해군사상주국신라왕'으로 책봉했다. 또 그의 어머니 숙씨를 대비로 책봉하고왕모의 부친인 숙명은 내물왕의 13대손이기 때문에 왕모의 성은 김씨이다. 그런데 아버지의 이름을 따라 숙씨라고 한 것은 잘못된 것이다, 아내 박씨를 왕비로 책봉했다. 가을 8월, 공식 20여 조를 반포했고, 겨울 11월, 지진이 일어났다.

⊙ 7년 봄 3월, 일본국 사신을 왕이 조원전에서 접견했고, 교서를 내려 절을 새로 짓는 것을 금지하고, 수리만 허락했다. 가을 8월, 당나라에 조공했다.

⊙ 8년 봄 정월, 이찬 김헌창'昌'을 '貞'이라고도 한다이 시중으로 임명되었고 2월, 왕이 숭례전에 앉아 음악을 감상했다. 가을 8월에는 큰 눈이 내렸다.

◉ 9년 봄 2월 왕은 일본국 사신을 후대했고, 김역기를 당나라에 보내 조공했다. 왕이 12도에 특사를 보내 모든 군과 읍의 경계를 확정했고, 가을 7월 초하루 신사 날에 일식이 일어났다.

◉ 10년 봄 정월, 달이 필성 성좌를 범했고, 여름 6월, 서형산성 소금 창고에서 소 우는 소리가 들렸으며, 벽사에서 두꺼비가 뱀을 잡아먹었다. 가을 7월, 대아찬 김육진을 당에 보내 토산물을 바쳤으며, 날씨가 매우 가물었다. 왕의 숙부 언승이 아우 이찬 제옹과 함께 군사를 이끌고 반란을 일으켜 왕을 죽였다. 이때 왕의 아우 체명이 왕을 지키려다가 함께 죽었다.

왕의 시호를 애장으로 추증하였다.

헌덕왕

◉ 소성왕의 동복 아우 헌덕왕이 왕위를 이었는데, 이름이 언승이다. 언승은 원성왕 6년 당나라에서 대아찬 작위를 받았고, 7년에 반역을 음모한 신하를 처형해 잡찬이 되었다가 10년에 시중이 되었다. 11년에는 이찬으로서 재상이 되었고, 12년에 병부령이 되었으며 애장왕 원년에 각간이 되었다. 2년에 어룡성 사신이 되었고, 얼마 후 상대등이 되었다가 즉위한 것이다. 왕비는 예영의 딸 귀승부인이다.

가을 8월, 죄수들을 방면했고, 이찬 김창남 등을 당나라에 보내 왕의 죽음을 알렸다. 당헌종은 직방원외랑섭어사중승 최정을 정사로, 인질로 가 있던 김사신을 부사로 파견했다. 이때 이들은 황제의 신임표를 지니고 조의를 표했으며, 새로운 왕을 '개부의동삼사검교태위지절대도독계림주제군사겸지절충영해군사상주국신라왕' 으로 책봉했고, 아내 정씨를 왕비로 책봉했다.

⊙ 2년 봄 정월, 파진찬 양종을 시중으로 삼았고, 이때 하서주에서 붉은 까마귀를 바쳤다. 2월, 왕이 신궁을 찾아가 제사 지내고, 국내 제방을 수리하게 하였다. 가을 7월, 유성이 자미 성좌에 들어갔고, 서원경에서 흰 꿩을 바쳤다. 겨울 10월, 왕자 김헌장을 당나라에 보냈다. 유성이 왕량 성좌에 들어갔다.

⊙ 3년 봄 정월, 시중 양종이 병으로 사직하고, 이찬 원흥이 뒤를 이었다. 2월, 이찬 웅원을 완산주 도독으로 임명했고, 여름 4월, 왕은 평의전에서 정사를 처리했다.

⊙ 4년 봄, 균정을 시중으로 임명했고, 이찬 충영이 70세가 되었기 때문에 안석과 지팡이를 내렸다. 가을 9월, 급찬 숭정을 북국에 사신으로 보냈다.

⊙ 5년 봄 정월, 이찬 헌창을 무진주 도독으로 임명했고, 2월, 시조묘를 찾아가 참배했으며, 현덕문에 화재가 일어났다.

⊙ 6년 봄 3월, 숭례전에서 신하들을 불러 연회를 베풀었다. 여름 5월, 서쪽 지방에 홍수가 일어나자 왕은 사자를 보내 수재민을 위로하고, 1년간의 조세와 공물을 면제시켰다. 가을 8월 서울에 바람이 불고 안개가 끼어 낮이 밤과 같았고, 이때 무진주 도독 헌창을 중앙으로 불러 시중으로 임명했다. 겨울 10월, 대사 검모의 아내가 한꺼번에 아들 셋을 출산했다.

⊙ 7년 봄 정월, 당에 사신을 보냈는데, 헌종이 접견하고 연회를 베풀어 주었다. 여름 5월에 때아닌 눈이 내렸고, 가을 8월 초하루 기해 날에 일식이 일어났으며, 서쪽 변방의 주와 군에 큰 기근이 들어 도적들이 들끓어 군사로 토벌했다. 큰 별이 익성 성좌와 진성 성좌 사이에 나타나 서쪽을 향했는데, 빛의 길이가

6척이었고, 폭은 두 치 정도 되었다.

⊙ 8년 봄 정월, 흉년으로 백성은 굶주림을 이기지 못해 먹을 것을 구하러 절동 지방으로 가는 사람이 170명이나 되었다. 한산주 당은현에서 길이 10척, 넓이 8척, 높이 3척 5촌의 큰 바위가 저절로 1백여 보를 움직였다. 여름 6월, 망덕사의 두 탑이 서로 부딪쳤다.

⊙ 9년 봄 정월, 이찬 김충공을 시중으로 임명했고, 여름 5월, 비가 오지 않아 산천에 기도했다. 가을 7월에 비가 내렸고, 겨울 10월, 굶어 죽는 사람이 늘어나자, 왕은 교서를 내려 구제하게 했고, 왕자 김장렴을 당나라에 보내 조공했다.

⊙ 10년 여름 6월, 초하루 계축 날에 일식이 일어났다.

⊙ 11년 봄 정월, 70세의 이찬 진원에게 안석과 지팡이를 하사했고, 이찬 헌정이 병으로 걷지 못하자, 70세가 안 되었지만 금 장식의 자단 지팡이를 내렸다. 2월, 상대등 김숭빈이 죽자 이찬 김수종이 뒤를 이었다. 3월, 도적들이 각처에서 일어나자 왕은 모든 주와 군의 도독을 태수에게 명해 체포하도록 했다. 가을 7월, 당나라 운주 절도사 이사도가 반란을 일으켰는데, 헌종이 토벌을 위해 양주절도사 조공을 보내 우리 병마의 출동을 요구했다. 왕은 순천군장군 김웅원에게 군사 3만을 내줘 그들을 돕게 했다.

⊙ 12년, 봄과 여름에 가물었고, 겨울엔 기근이 들었다. 11월 당나라에 조공하자 목종이 인덕전에서 사신을 접견했다.

⊙ 13년 봄, 굶주린 백성들이 자손을 팔아 연명했고 여름 4월, 시중 김충공이 죽자 이찬 영공이 뒤를 이었고, 청주 도독 헌창이 웅천주 도독으로 임명되었다. 가을 7월, 패강 남천의 두 개

의 돌이 서로 맞붙었고, 겨울 12월 29일, 큰 천둥이 있었다.

⊙ 14년 봄 정월, 왕의 동복아우 수종을 부군으로 삼아 월지궁에 들어오도록 했다. '수종'을 '수승'이라고도 한다 2월, 눈이 다섯 자나 내리면서 나무들이 모두 말랐다. 3월, 웅천주 도독 헌창은 아버지 주원이 왕이 되지 못했다는 이유로 반역을 꾀해 국호를 장안이라 하고, 연호를 경운 원년이라 정했다. 그리고 무진, 완산, 청주, 사벌 네 주의 도독과 국원경, 서원경, 금관경의 사신과 여러 군현의 수령들을 협박해 부하로 삼았다. 청주 도독 상영이 추화군으로 도주하고 한산주, 우두주, 삽량주, 패강진, 북원경 등의 여러 성은 헌창의 역모를 미리 알고 스스로 수비했다. 18일, 완산주 장사 최웅과 조아찬 정련의 아들 영충 등이 서울로 도주해 와서 변고를 알렸다. 왕은 최웅에게 급찬의 위와 속함군 태수의 벼슬을 주고, 영충에게는 급찬의 위를 주었다. 그리고 원장 8명을 파견해 서울의 8방을 지키게 한 다음 군사를 출동시켰다. 일길찬 장웅이 먼저 출발하고, 잡찬 위공과 파진찬 제릉이 뒤를 따라갔으며, 이찬 균정과 잡찬 웅원과 대아찬 우징 등이 삼군을 이끌고 출정했다. 각간 충공과 잡찬 윤응은 문화의 관문을 지켰다. 명기와 안락 두 화랑이 모두 종군을 요청했는데, 명기는 여러 무리들과 함께 황산으로 가고, 안락은 시미지진으로 갔다. 이때 헌창은 장수를 보내, 요충지를 미리 차지하고 관군을 기다렸다. 장웅이 적병을 도동현에서 격파했고, 위공과 제릉은 장웅의 군사와 연합해 삼년산성을 공격해서 승리하고, 속리산으로 진군하여 적병을 격파했다. 또한 균정 등은 성산에서 적과 싸워 이겼다. 이에 헌창은 패하면서 성으로 들어가 수비했는데, 이에 모든 군사들은 성을 공격한 지 열흘 만에 함

락되려고 하자, 헌창은 자결했다. 그러자 그의 친척이 머리와 몸을 베어 따로 묻었는데, 성이 점령되면서 옛 무덤에서 그의 몸을 찾아내어 다시 베고, 친족과 도당 239명을 죽였다.

이보다 앞서 청주 태수의 청사 남쪽 연못에 이상한 새가 있었다. 키가 다섯 자였고, 빛깔이 검으며, 머리는 다섯 살 정도 된 아이의 머리만 했다. 또 부리의 길이가 한 자 다섯 치였고, 눈은 사람의 눈과 비슷했으며, 위장은 닷 되 크기의 그릇 정도였는데, 사흘 만에 죽었다. 이것은 헌창이 패망할 징조였다. 각간 충공의 딸 정교를 태자비로 맞았고, 패강 산골짜기의 쓰러진 나무에서 새싹이 돋아났는데, 그 싹은 하룻밤에 높이가 열세 자, 둘레가 넉 자 일곱 치로 자랐다.

여름 4월 13일, 달빛이 핏빛 같았고, 가을 7월 12일, 해에 흑점이 생겨 남북을 가리켰다. 겨울 12월에는 주필을 당나라에 보내 조공했다.

◉ 15년 봄 정월 5일, 하늘에서 벌레가 서원경에 떨어졌고, 9일에는 흰 색, 검은 색, 붉은 색의 세 가지 벌레가 눈밭을 기어 다니다가 햇볕이 나자 없어졌다. 2월, 수성군과 당은현을 합쳤고,

여름 4월 12일, 유성이 천시 성좌에서 나와 제좌를 범했고, 천시 성좌 동북쪽의 원 성좌, 직녀 성좌, 왕량 성좌를 지나 각 도성에 이르러 셋으로 나뉘었는데, 북 치는 소리를 내면서 사라졌다. 가을 7월, 눈이 왔다.

◉ 17년 봄 정월, 헌창의 아들 범문이 고달산의 적수신 등 백여 명과 함께 모반했는데, 평양에 도읍을 세우기 위해 북한산주를 공격해 왔다. 그러자 도독 총명이 군사를 동원해 그를 잡아 처

형했다. 평양은 지금의 양주인데, 태조가 지은 장의사 재문에 '고려의 옛 땅이요, 평양 명산' 이라는 글귀가 있다 3월, 무진주 마미지현에 사는 여자가 아이를 낳았는데 머리가 둘, 몸이 둘, 팔이 넷이었다. 이 아이를 낳을 때, 천둥소리가 크게 울렸다고 한다. 여름 5월, 왕자 김흔을 당나라에 보냈다. 가을에 삽량주에서 흰 까마귀를 진상했고, 우두주 대양관군에 사는 내마 황지의 아내가 아들 둘과 딸 둘을 한 번에 낳았다.

⊙ 18년 가을 7월, 우잠 태수 백영에게 한산 북쪽의 여러 주와 군에서 1만 명을 징발해, 패강에 장성 300리를 쌓게 했다. 겨울 10월, 왕이 죽자 시호를 헌덕으로 정하고, 천림사 북쪽에 장사 지냈다. 『고기』에는 '재위 18년, 보력 2년 병오 4월에 죽었다' 로 되어 있고, 『신당서』에는 '장경 보력 연간에 신라왕 언승이 사망하였다' 고 되어 있다. 그러나 『자치통감』과 『구당서』에는 모두 '태화 5년에 죽었다' 고 기록되어 있는데, 잘못된 것으로 생각된다

흥덕왕

⊙ 헌덕왕의 동복 아우 흥덕왕이 왕위를 이었는데, 이름이 수종이었지만, 후에 경휘로 바꾸었다. 겨울 12월, 왕비 장화부인이 죽자 정목왕후로 추봉했다. 얼마 후 여러 신하들이 표문을 올려 새 왕비를 맞아들이기를 요청했다. 그러자 왕은,

"짝 잃은 새도 짝 잃은 슬픔이 있는데, 좋은 배필을 잃고 어찌 무정하게 즉시 부인을 얻겠는가?"

라고 했다.

왕은 끝내 요청을 거부하고, 시녀들조차도 멀리했다. 그때 심

부름꾼은 내시뿐이었다. 장화는 소성왕의 딸 김씨이다

⊙ 2년 봄 정월 왕이 직접 신궁에 가서 제사를 지냈다. 당문종은 헌덕왕의 부고를 받고, 조회를 폐지하고 태자좌유덕겸어사중승 원적을 지절사로 파견해 조의를 표하고 제사에 참여케 했다. 이어 새 왕을 '개부의동삼사검교태위사지절대도독계림주제군사겸지절충영해군사신라왕' 으로 책봉하고, 어머니 박씨를 대비로, 아내 박씨를 왕비로 책봉했다. 3월, 고구려의 중 구덕이 당나라에 갔다가 불경을 가지고 왔다. 여름 5월, 서리가 내렸고, 가을 8월, 금성이 낮에 나타나고, 서울에 큰 가뭄이 찾아왔다.

⊙ 3년 봄 정월, 대아찬 김우징이 시중으로 임명되었고, 2월 당나라에 조공했다. 3월, 눈이 석 자나 내렸고, 여름 4월, 청해대사 장궁복장보고이다. 당나라 서주에 건너가 군중소장이 되었다가 귀국했다. 그는 왕을 알현하고, 군사 1만 명을 이끌고 청해청해는 지금의 완도이다를 수비했다. 겨울 12월, 당나라에 조공하자 문종이 인덕전에서 접견했다. 또한 당나라에 갔다가 귀국한 사신 대렴이 차나무 종자를 들여왔는데, 왕은 그것을 지리산에 심게 했다. 차는 선덕왕 때부터 있었지만, 유행한 것은 이 때부터였다.

⊙ 4년 봄 2월, 당은군을 당성진으로 바꾸고, 사찬 극정을 파견해서 수비케 했다.

⊙ 5년 여름 4월, 왕의 건강이 나빠지자, 기도를 드리고 중 150명에게 도첩을 주었다. 겨울 12월 당나라에 조공했다.

⊙ 6년 봄 정월, 지진이 일어났고, 시중 우징이 퇴직하고, 이찬 윤분이 뒤를 이었다. 2월, 왕자 김능유와 중 9명을 당나라에 보

냈고, 가을 7월, 당나라에서 진봉사 능유 일행이 귀국하던 중 바다에 빠져 죽었다. 겨울 11월, 당나라에 조공했다.

⊙ 7년 봄과 여름에 가물어서 땅이 붉게 변했는데, 이에 왕은 정전에 나가지 않고 음식을 줄였으며, 중앙과 지방의 죄수들을 방면했다. 비는 가을 7월에 내렸고, 8월, 흉년이 들어 도적이 들끓었다. 그러자 겨울 10월, 왕은 사자를 파견해 백성을 위로했다.

⊙ 8년 봄, 나라에 큰 기근이 닥쳤고, 여름 4월, 왕이 시조묘에 가서 참배했다. 겨울 10월, 복숭아와 자두무에 두 번째 꽃이 피었고, 전염병으로 죽은 사람이 부지기수였다. 11월, 시중 윤분이 사직했다.

⊙ 9년 봄, 정월 우징을 다시 시중으로 임명했고, 가을 9월, 왕이 서형산으로 가서 대규모로 군대를 사열하면서 무평문에서 활쏘기를 관람했다. 겨울 10월, 왕이 남쪽 지방의 주와 군을 순시하면서 노인과 홀아비, 과부, 고아, 자식 없는 노인들을 위문하고, 정도에 따라 곡식과 베를 내렸다.

⊙ 10년 봄 2월, 아찬 김균정을 상대등으로 삼고, 이때 시중 우징은 자신의 아버지 균정이 재상이 되었다는 이유로 사직을 요청했기 때문에 대아찬 김명이 시중을 맡았다.

⊙ 11년 봄 정월 초하루 신축 날에 일식이 일어났고, 왕자 김의종을 당나라에 보내 사은하고, 숙위를 들게 했다. 여름 6월, 혜성이 동쪽에서 출몰했고, 가을 7월, 금성이 달을 범했다. 겨울 12월, 왕이 죽었고 시호를 흥덕이라고 하였다. 왕의 유언에 따라 장화왕비의 능에 합장했다.

희강왕

⊙ 원성대왕의 손자 이찬 헌정초노라고도 한다의 아들 희강왕이 왕위를 이었는데, 이름이 제융제옹이라고도 한다이다. 어머니는 포도부인이고 왕비는 갈문왕 충공의 딸 문목부인이다. 흥덕왕이 죽었을 때, 그의 종제 균정과 종제의 아들 제융 등이 임금이 되려고 했다. 그러자 시중 김명과 아찬 이홍 아찬 배훤백 등은 제융을 지지했고, 아찬 우징은 조카 예징 및 김양과 함께 그의 아버지 균정을 지지했다. 이들은 동시에 대궐로 들어가 서로 싸웠는데, 김양은 화살을 맞아 우징 등과 함께 도주했고, 균정은 죽었다. 이에 제융이 왕위를 이어받은 것이다.

⊙ 2년 봄 정월, 사형수 이외의 죄수들을 방면했고, 왕의 아버지를 익성대왕, 어머니 박씨를 순성태후로 추봉했다. 시중 김명을 상대등으로, 아찬 이홍을 시중으로 임명했다. 여름 4월, 당 문종은 숙위하던 왕자 김의종을 돌려보냈다. 아찬 우징은 자신의 아버지 균정이 피살되었다는 이유로 원망의 말을 하고 다녔는데, 이에 김명과 이홍 등이 좋지 않게 생각했다. 5월, 우징은 화가 미칠 것을 두려워해서, 처자와 함께 황산진 어구로 도주해 배를 타고 청해진 대사 궁복에게 의탁했다. 6월, 균정의 매부 아찬 예징이 아찬 양순과 함께 도주해 우징에게 투항했다.

⊙ 3년 봄 정월, 상대등 김명과 시중 이홍 등이 군사를 동원해 반역하고 왕의 측근들을 죽였다. 그러자 왕은 궁중에서 목을 매어 자결했는데, 시호를 희강이라 하고 소산에 장사 지냈다.

민애왕

⊙ 원성대왕의 증손이고 대아찬 충공의 아들 민애왕이 왕위를 이었는데, 성은 김씨이고, 이름은 명이다. 여러 관직을 거쳐 상대등이 되었는데, 시중 이홍과 함께 왕을 핍박해서 죽이고 스스로 왕이 되었다. 그는 아버지를 추존하여 선강대왕으로, 어머니 박씨 귀보부인을 선의태후라 하고, 아내 김씨를 윤용왕후라 했다. 이찬 김귀를 상대등, 아찬 헌숭을 시중으로 임명했다.

2월, 김양은 군사를 모집해 청해진으로 들어가 우징을 만났는데, 아찬 우징은 청해진에서 김명이 왕위를 찬탈했다는 소문을 듣고 청해진 대사 궁복에게,

"김명은 왕을 죽이고 스스로 왕이 되었고, 이홍은 임금과 아비를 함부로 살해했다. 그들과는 같은 하늘 아래에서 살 수 없다. 원컨대 장군의 군사를 빌려 임금과 아비의 원수를 갚고자 한다."

라고 했다. 그러자 궁복은,

"옛사람의 말에 '정의를 보고도 실천하지 않는 자는 용기 없는 자' 라고 했으니, 비록 용렬하지만 명령에 따르겠다."

라고 하면서 군사 5천을 자신의 친구 정년에게 주면서,

"자네가 아니면 이것을 평정하지 못할 것이다."

라고 했다.

겨울 12월, 김양이 평동장군이 되어 염장, 장변, 정년, 낙금, 장건영, 이순행과 함께 군사를 거느리고, 무주 철야현에 도착했다. 왕은 대감 김민주에게 군사를 내줘 싸우게 했지만, 김양이 낙금과 이순행에게 기병 3천을 내줘 모두를 섬멸시켰다.

⊙ 2년 봄 윤 정월, 김양의 군사가 19일에 달벌에 도착했다. 왕

은 김양의 군사가 도달했다는 소식을 듣고, 이찬 대흔과 대아찬 윤린, 의훈에게 군사를 내줘 대항하도록 했지만, 김양의 군사가 다시 한 번 싸워 대승했다. 이때 왕은 서쪽 교외의 큰 나무 밑에 있었는데, 측근들이 모두 흩어지고 혼자 남자 당황해하다가 월유택으로 도주했다. 하지만 군사들은 그를 찾아내 죽였고, 신하들이 예를 갖춰 장사를 지냈다. 시호를 민애라 했다.

신무왕

⊙ 원성대왕 손자인 상대등 균정의 아들이며, 희강왕의 종제인 신무왕이 왕위를 이었는데, 이름이 우징이다. 왕의 조부 이찬 예영효진이라고도 한다을 추존해 혜강대왕으로, 아버지를 성덕대왕으로, 어머니 박씨 진교부인을 헌목태후로, 아들 경응을 태자로 삼았다. 청해진 대사 궁복을 감의 군사로 삼는 동시에 식읍 2천 호를 주었다. 이홍은 화가 미칠 것을 두려워해 혼자 산림으로 도주했지만 왕이 기병을 보내 잡아 죽였다.

가을 7월, 당나라에 사신을 보냈는데, 그들이 당나라로 가는 중에 치청의 절도사에게 노비를 주었다. 이에 황제가 먼 지방 사람이라며 불쌍히 여겨 귀국시키게 했다. 왕이 병으로 누워 있던 중 꿈에 이홍이 왕의 등에 활을 쏘았다. 놀란 왕은 잠에서 깨어보니 등에 종기가 났는데, 23일에 왕이 죽었다. 시호를 신무라 하고 제형산 서북쪽에 장사 지냈다.

○ 저자의 견해

구양자는,

"노환공은 은공을 죽이고 스스로 왕이 되었고, 선공은 자적을 죽이고 스스로 왕이 되었고, 정여공은 세자 홀을 내쫓고는 스스로 왕이 되었고, 위공 손표는 임금 간을 쫓아내고 스스로 왕이 되었다. 공자가 『춘추』에 이런 사실을 하나도 빼지 않고 사실대로 전한 것은, 후인들에게 이것을 믿게 하기 위한 것이다. 위의 네 왕의 죄는 귀를 가려도 들릴 수밖에 없는 사실이기 때문에 사람들의 악행이 거의 없어질 만하다."

라고 주장했다.

신라의 언승은 애장왕을 죽이고 즉위했고, 김명은 희강왕을 죽이고 즉위했고, 우징은 민애왕을 죽이고 즉위했다. 지금 이 사실을 기록하는 것 또한 『춘추』의 의도와 같은 것이다.

삼국사기
三國史記新羅本紀 第十一卷

삼국사기권제11

신라본기 제11
문성왕, 헌안왕, 경문왕, 헌강왕, 정강왕, 진성왕.

문성왕

⊙ 신무왕의 태자 문성왕이 왕위를 이었는데, 이름이 경응이다. 어머니는 정계부인이다. 정종 태후라고도 한다 8월, 왕이 죄수들을 사면했으며, 왕은 "청해진 대사 궁복이 일찍이 군사를 거느리고 아버지 신무왕을 도와 선왕의 대적을 격멸했기 때문에 그의 공을 잊지 못한다."

라는 교서를 내리면서 궁복을 진해 장군으로 임명하고 장복을 내렸다.

⊙ 2년 봄 정월, 예징을 상대등, 의종을 시중, 양순을 이찬으로 임명했고, 여름 4월부터 6월까지 비가 오지 않았다. 결국 겨울에 기근이 들고 말았다.

⊙ 3년 봄, 서울에 전염병이 돌았고, 일길찬 홍필이 반역을 도모했다가 발각되자 섬으로 도주했지만, 그를 체포하지 못했다. 가을 7월, 당무종은 신라 왕을 '개부의동삼사검교태위사지절대도독계림주제군사겸지절충녕해제군사상주국신라왕'으로 책봉하고, 아내 박씨를 왕비로 책봉했다.

⊙ 4년 봄 3월, 이찬 위흔의 딸을 왕비로 맞아들였다.

⊙ 5년 봄 정월, 시중 의종이 병으로 사직하고, 이찬 양순이 뒤를 이었으며, 가을 7월, 호랑이 다섯 마리가 신궁 정원으로 들어왔다.

⊙ 6년 봄 2월 초하루 갑인 날에 일식이 일어났고, 금성이 토성을 범했다. 3월, 서울에 우박이 내렸고, 시중 양순이 퇴직하면서 대아찬 김여가 뒤를 이었다. 가을 8월, 혈구진을 설치해 아찬 계홍을 진두로 임명했다.

⊙ 7년 봄 3월, 왕은 청해진 대사 궁복의 딸을 둘째 왕비로 삼고자 했다. 하지만 신하들은,

"부부지간의 도는 사람이 지켜야할 본분입니다. 하나라는 도산을 얻어 흥성했고, 은나라는 신씨를 얻어 번창했습니다. 하지만 주나라는 포사로 말미암아 멸망하였고, 진나라는 여희로 말미암아 혼란했습니다. 나라의 존망이 달려 있는 일이니만큼 어찌 신중하지 않을 수 있겠습니까? 지금 궁복은 섬사람인데 그의 딸을 어떻게 왕실의 배필로 맞을 수 있습니까?"

라고 하자 왕은 이 말을 따랐다. 겨울 11월, 천둥이 쳤고 눈이 내리지 않았다. 12월 초하룻날, 해가 나란히 세 개가 나타났다.

⊙ 8년 봄, 청해진 궁복은 딸을 왕비로 삼지 않았다고 왕을 원망하면서 청해진에서 반란을 일으켰다. 하지만 조정에서는 이러지도 못하고 저러지도 못해 당황하고 있었다. 그때 무주 사람 염장이,

"조정에서 저의 청을 들어주신다면, 군사 한 명 없이 빈주먹으로 궁복의 목을 베어 오겠습니다."

라고 하자 왕은 이를 따랐다. 염장은 거짓으로 나라를 배반한 것처럼 꾸미고 청해진에 투항했다. 궁복은 아무런 의심 없이 그

를 귀한 손님으로 대접하면서 함께 술을 마셨다. 얼마 후 궁복이 술에 취하자 염장은 궁복의 칼을 빼앗아 목을 벤 후에 그의 무리를 불러 설명하자 그들은 엎드려 움직이지 못했다.

⊙ 9년 봄 2월, 평의전과 임해전을 중수했고, 여름 5월, 이찬 양순과 파진찬 흥종 등이 반란을 꾸몄다가 처형당했다. 가을 8월, 세자를 왕태자로 봉했고, 시중 김여가 사망하자, 이찬 위흔이 뒤를 이었다.

⊙ 10년, 봄과 여름에 가뭄이 들었고, 시중 위흔이 퇴직하면서 파진찬 김계명이 뒤를 이었다. 겨울 10월, 하늘에서 천둥과 같은 소리가 들려왔다.

⊙ 11년, 봄 정월, 상대등 예징이 사망하자, 이찬 의정이 뒤를 이었다. 가을 9월, 이찬 김식, 대흔 등이 반란을 꾸몄다가 죽었고, 대아찬 흔린이 연루되어 처벌되었다.

⊙ 12년 봄 정월, 토성이 달에 들어갔고, 서울에 흙비가 내렸으며, 태풍이 불어 나무가 뽑혔다. 그래서 사형수 이하의 죄수를 석방시켰다.

⊙ 13년 봄 2월, 청해진을 폐하고, 그곳 사람들을 벽골군으로 이주시켰으며, 여름 4월, 서리가 내렸다.

⊙ 14년 봄 2월, 파진찬 진량이 웅주 도독이 되었으며, 조부에 화재가 일어났다. 가을 7월, 명학루를 중수했고, 겨울 11월에 왕태자가 죽었다.

⊙ 15년 여름 6월에 홍수가 났고, 가을 8월, 서남 지방의 주와 군에 메뚜기 떼가 출몰했다.

⊙ 17년 봄 정월, 사신을 파견해 서남 지방의 백성을 위로했고, 겨울 12월, 진각성에 화재가 일어났으며, 토성이 달로 들어갔

다.

⊙ 19년 가을 9월, 왕이 병으로 드러누운 지 7일 만에 죽었는데, 시호를 문성이라 하고, 공작지에 장사 지냈다.

헌안왕

신무왕의 이복 아우 헌안왕이 왕위를 이었는데, 이름은 의정우정이라고도 한다이다. 그의 어머니는 선강왕의 딸 조명부인이며, 문성왕의 유언에 따라 즉위했다. 왕은 죄수들을 사면하고, 이찬 김안을 상대등으로 임명했다.

⊙ 2년 봄 정월, 왕은 신궁으로 가서 제사 지냈고, 여름 4월에 서리가 내렸다. 더구나 5월부터 가을 7월까지 비가 오지 않았고, 당성군 남쪽 강변에서 길이가 40보, 넓이가 6척인 큰 고기가 나왔다.

⊙ 3년 봄, 곡식이 귀해서 사람들이 굶주렸기 때문에 특사를 파견해 구제토록 했다. 여름 4월, 왕은 제방을 축수하고 농사짓기를 권장했다.

⊙ 4년 가을 9월, 왕은 임해전에 신하들을 불렀을 때, 왕족 응렴이 열다섯 살의 나이로 참석했다. 왕이 응렴의 생각을 알기 위해 갑자기,

"네가 오랜 기간 사방으로 견학했는데, 착한 사람을 본적이 있었더냐?"

라고 물었다. 그러자 그는,

"제가 일찍이 세 사람을 보았는데, 그들의 행동은 착했습니다."

라고 했다. 이에 왕은,
"어떤 점을 그러하더냐?"
라고 묻자 그는,
"한 사람은 높은 가문의 자제인데, 상대방과 교제하면서 자신을 내세우지 않고 남의 아래에 있었으며, 한 사람은 재물이 많아 사치스러운 의복을 입을 수 있는데도 항상 베옷을 입는 것으로 자족했으며, 한 사람은 세도와 영화를 누리고 있음에도, 한 번도 상대방에게 세도를 부리지 않았습니다."
라고 답했다. 왕은 잠자코 있다가 귓속말로 왕후에게,
"내가 사람을 많이 겪었지만, 응렴 같은 사람을 본적이 없었다."
라면서, 사위를 삼겠다는 생각으로 응렴에게,
"그대는 자중자애하라. 내가 딸이 있는데 사위를 삼겠다."
라면서 술을 가져오게 했다. 술을 마시면서 왕은,
"내게 딸 둘이 있는데, 형은 스무 살이고, 동생은 열아홉 살이다. 그대 마음이 가는 데로 결혼을 하여라!"
라고 했다. 이에 응렴은 사양할 수가 없어 일어나 절을 하면서 감사의 뜻을 표하고, 집으로 돌아와 부모에게 말했다. 그러자 부모는,
"왕의 큰딸은 동생보다 못생겼다고 하는데, 부득이 장가를 가겠다면 동생과 결혼하는 것이 좋겠다."
라고 했다. 하지만 응렴은 결정을 내리지 못하고 있다가 흥륜사 중에게 물었다. 그러자 중은,
"큰딸과 결혼하면 세 가지 이익이 있고, 동생과 결혼하면 반대로 세 가지 손해를 볼 것이다."

라고 했다. 하지만 응렴은 결정하지 못하고 왕을 찾아가,

"제가 감히 마음대로 결정을 못 하겠습니다. 이에 왕의 명령에 따르겠습니다."

라고 했다. 왕은 껄껄 웃으면서 맏딸을 시집보냈다.

⊙ 5년 봄 정월, 왕은 병으로 위독해지자 신하들을 불러,

"나에겐 뒤를 이을 후사가 없다. 예전에 선덕과 진덕이란 여왕이 있었다. 하지만 이것은 암탉이 새벽을 알리는 것과 같아서 이를 따를 수가 없다. 사위 응렴은 나이가 어리지만 성숙한 덕성을 갖추고 있다. 그대들이 임금으로 섬긴다면 반드시 훌륭한 후계자를 잃지 않을 것이고, 내가 죽은 후에도 나라에 해로운 일이 없을 것이다."

라고 유언했다. 29일에 왕이 죽자 시호를 헌안이라 하고, 공작지에 장사 지냈다.

경문왕

⊙ 희강왕의 아들인 아찬 계명의 아들 경문왕이 왕위를 이었는데, 이름이 응렴이다. 어머니는 광화광의라고도 한다부인이고 왕비는 영화부인 김씨이다.

⊙ 원년 3월, 왕이 무평문으로 나아가 죄수들을 대사면했다.

⊙ 2년 봄 정월, 이찬 김정을 상대등, 아찬 위진을 시중으로 임명했고, 2월, 왕이 신궁으로 가서 제사지냈다. 가을 7월, 당나라에 토산물을 바쳤고, 8월, 입당사인 아찬 부량 등의 일행이 강물에 빠져 죽었다.

⊙ 3년 봄 2월, 왕이 국학으로 가서 박사 이하 여러 사람들에게

경서의 뜻을 강론하게 해서 차등에 따라 선물을 주었고, 겨울 10월, 복숭아와 자두꽃이 피었다. 11월에 눈이 오지 않았고, 영화부인의 아우를 둘째 왕비로 맞았다. 시간이 지난 후 왕은 흥륜사 중에게,

"대사가 예전에 말했던 세 가지 이익이 무엇이오?"

라고 묻자 중은,

"언니와 결혼하면 당시 왕과 왕비의 뜻대로 되기 때문에 당연히 기뻐해 당신에 대한 사랑이 깊어지니 이것이 첫 번째 이익이고, 이것으로 말미암아 왕위를 잇게 되니 이것이 두 번째 이익이고, 결국 처음부터 원하던 둘째 딸을 취하게 되니, 이것이 세 번째 이익입니다."

라고 하자 왕이 크게 웃었다.

⊙ 4년 봄 2월, 왕은 감은사로 가서 바다에 제사를 지냈고, 여름 4월에 일본국 사신이 왔다.

⊙ 5년 여름 4월, 당의종이 사신을 보내 선왕에게 제사를 지내고, 동시에 비단 1천 필을 부의로 주고, 왕을 '개부의동삼사검교대위지절대도독계림주제군사상주국신라왕'으로 책봉했다.

⊙ 6년 봄 정월, 왕의 선친을 의공대왕, 어머니 박씨 광화부인을 광의왕태후, 부인 김씨를 문의 왕비로 봉하고, 왕자 정을 왕태자로 삼았다. 15일, 왕이 황룡사로 가서 연등행사를 보고, 그 자리에서 연회를 베풀었다. 겨울 10월, 이찬 윤흥이 아우 숙흥, 계흥과 함께 역모를 꾀하다가 발각되어 대산군으로 도주했다. 왕은 명령을 내려 그들을 붙잡아 참수하고 삼족을 멸했다.

⊙ 7년 봄 정월, 임해전을 중수했고, 여름 5월, 서울에 전염병이 만연했다. 가을 8월, 홍수가 나면서 곡식이 익지 않았다. 겨

울 10월, 사신들을 파견하여 백성을 위로했고, 12월, 객성이 금성을 범했다.

⊙ 8년 봄 정월, 이찬 김예, 김현 등이 반란을 도모하다가 발각되어 처형당했고, 여름 6월, 황룡사탑에 벼락이 떨어졌으며, 가을 8월에 조원전을 중수했다.

⊙ 9년 가을 7월, 왕자인 소판 김윤 등을 당나라로 보내 사은하고, 동시에 말 2필, 부금 1백 냥, 은 2백 냥, 우황 15냥, 인삼 1백 근, 대화어아금 10필, 소화어아금 10필, 조하금 20필, 마흔 새 흰 세모직 40필, 서른 새 모시 40필, 넉자 5치짜리 머리털 150 냥, 석자 다섯 치짜리 머리털 3백 냥, 금비녀, 오색 댕기, 반흉각 10개, 응금쇄선자병분삽홍도 20개, 신양응금쇄선자, 분삽오색도 30개, 응은쇄선자, 분삽홍도 20개, 신양응은쇄선자, 분삽오색도 30개, 요자금쇄선자, 분삽홍도 20개, 신양요자금쇄선자, 분삽오색도 30개, 요자은쇄선자, 분삽홍도 20개, 신양요자은쇄선자, 분삽오색도 30개, 금화응삽령자 2백 과, 금화요자령자 2백 과, 금루응미통 50 쌍, 금루요자미통 50 쌍, 은루응미통 50 쌍, 은루요자미통 50 쌍, 계응비힐피 1백 쌍, 계요자비힐피 1백 쌍, 슬슬전금침통 30 구, 금화은침통 30 구, 바늘 1천5백 개를 바쳤다. 또 학생 이동 등 세 사람에게 진봉 사신 김윤을 수행케 하여 당나라에 보내 글을 배우게 하고, 그들에게 책값으로 은 3백 냥을 내렸다.

⊙ 10년 봄 2월, 사찬 김인을 당나라에 보내 숙위를 하게 했고, 여름 4월, 서울에 지진이 일어났다. 5월에 왕비가 죽었고, 가을 7월 홍수가 났으며, 겨울에 눈이 내리지 않았다. 그리고 백성은 전염병에 많이 걸렸다.

◉ 11년 봄 정월 왕의 명령으로 황룡사탑을 개축했고, 2월, 월상루를 중수 했다.

◉ 12년 봄 2월, 왕이 신궁으로 가서 제사 지냈고, 여름 4월, 서울에 지진이 일어났으며, 가을 8월, 주와 군에 메뚜기 떼가 나타나 곡식이 피해를 입었다.

◉ 13년 봄, 백성이 굶주렸고 전염병까지 만연해 왕이 사신으로 하여금 백성을 구제토록 했다. 가을 9월, 황룡사탑이 낙성되었는데, 9층이고, 높이가 스물두 장이었다.

◉ 14년 봄 정월, 상대등 김정이 죽어, 시중 위진을 상대등, 인흥을 시중으로 임명했고, 여름 4월, 당희종이 사신을 보내와 황제의 말을 선포했다. 5월, 이찬 근종이 모반하여 대궐을 침범하자 군사를 출동시켜 격파했다. 근종은 무리들과 함께 밤에 성밖으로 도주하였는데 추격해서 체포하여 수레에 매어 찢어 죽였다. 가을 9월, 월정당을 중수했고, 최치원이 당나라에 과거에서 급제했다.

◉ 15년 봄 2월, 서울과 동쪽 지방에 지진이 일어났고, 혜성이 동쪽에 나타났다가 20일 만에 사라졌다. 여름 5월, 용이 왕궁의 우물에 나타났는데, 구름과 안개가 사방에서 모여들면서 날아갔다. 가을 7월 8일, 왕이 죽자 시호를 경문이라 했다.

헌강왕

◉ 경문왕의 아들 헌강왕이 왕위를 이었는데, 이름이 정이다. 그의 어머니는 문의왕후이고, 왕비는 의명부인이다.

◉ 2년 봄 2월, 황룡사의 중에게 음식을 대접하고 백고좌를 열

어 불경을 강론했다. 가을 7월, 당나라에 토산물을 바쳤다.

◉ 3년 봄 정월, 고려 태조대왕이 송악군에서 태어났다.

◉ 4년 여름 4월, 당 희종이 사신을 보내 왕을 '사지절개부의동삼사검교태위대도독계림주제군사신라왕'으로 책봉했다. 가을 7월, 당나라에 사신을 보내려다가 황소의 난이 일어났다는 소문을 듣고 중지했다. 8월, 일본국 사신이 오자 왕은 조원전에서 접견했다.

◉ 5년 봄 2월, 왕이 국학으로 행차해 박사 이하 사람들에게 강론을 시켰다. 3월, 왕은 동쪽의 주군을 순행하던 중, 어디서 왔는지 알 수 없는 사람 넷이 왕의 수레 앞에서 노래와 춤을 추었다. 그들의 모양은 무섭고 차림새가 괴이해, 사람들은 산과 바다에 사는 정령이라고 했다.『고기』에는 이 사건이 왕위에 오른 첫해에 일어난 것으로 기록되어 있다 여름 6월, 일길찬 신홍이 모반하다가 사형을 당했고, 겨울 10월, 왕이 준례문에 행차해 활 쏘는 것을 구경했다. 11월, 왕이 혈성벌로 나가 사냥을 했다.

◉ 6년 봄 2월, 금성이 달을 범했고, 가을 8월, 웅주에서 상서로운 벼이삭을 진상했다. 9월 9일, 왕이 신하들과 월상루에 올라가 사방을 보았는데, 서울에 민가가 즐비하고, 노래가 연이어 들렸다. 왕이 민공에게,

"지금 민간에서는 짚이 아닌 기와로 지붕을 덮고, 나무가 아닌 숯으로 밥을 짓는다는데 과연 그런가?"

라고 물었다. 이에 민공은,

"저도 일찍이 그렇다는 말을 들었습니다."

라고 대답했다. 이어서,

"왕께서 즉위하신 이후 음양이 조화를 이루고, 바람과 비가 순

조로워 해마다 풍년이 들었습니다. 그래서 백성은 먹을 것이 넉넉하고, 변경이 안정되면서 즐거워하니, 이것은 왕의 어진 덕 때문입니다."

라고 했다. 그러자 왕은 즐거워하며,

"이것은 모두 그대들의 도움 때문이지 어찌 나에게 덕이 있다 하는가?"

라고 했다.

⊙ 7년 봄 3월, 왕은 임해전에서 신하들에게 연회를 베풀었다.

⊙ 8년 여름 4월, 일본국 왕이 사신을 보내, 황금 3백 냥과 야명주 10개를 바쳤고, 겨울 12월, 고미현 여자가 한 번에 삼형제를 낳았다.

⊙ 9년 봄 2월, 왕이 삼랑사에 행차해 문신들에게 시 한 수씩을 짓게 했다.

⊙ 11년 봄 2월, 호랑이가 대궐에 들어왔고, 3월, 최치원이 신라로 돌아왔다. 겨울 10월, 임자 날에 금성이 낮에 나타났고, 당나라에 사신을 보내 황소의 난을 평정한 것을 축하했다.

⊙ 12년, 봄 북쪽 진에서,

"적국 사람들이 진으로 들어와 판자 쪽을 나무에 걸어 놓고 돌아갔습니다."

라고 상주하면서, 그것을 바쳤다. 판자 쪽에는,

"보로국과 흑수국 사람들이 모두 신라국과 화친하고자 한다."

는 글자가 쓰여 있었다. 여름 6월, 왕이 병으로 눕자 전국 죄수들을 석방했고, 황룡사에서 백고좌를 열어 불경을 강론했다. 가을 7월 5일 왕이 죽자 시호를 헌강이라 하고, 보리사 동남쪽에 장사 지냈다.

정강왕

⊙ 경문왕의 둘째 아들 정강왕이 왕위를 이었는데, 이름이 황이다. 8월, 이찬 준흥을 시중으로 임명했고, 서쪽 지방에 가뭄이 들어 농토가 황폐했다.

⊙ 2년 봄 정월, 황룡사에 백고좌를 열고 왕이 직접 강론을 들었다. 한주 이찬 김요가 모반하자 군사를 동원해 그를 처형했다. 여름 5월, 왕이 병들자 시중 준흥에게,

"나의 병이 위급하니 일어나지 못할 것이다. 뒤를 이을 자식은 없는데, 누이동생만은 천성이 영민하고 체격이 남자와 같다. 그래서 그대들이 선덕왕과 진덕왕을 본받아 왕위에 세워라."

라고 유언했다. 가을 7월 5일, 왕이 죽자 시호를 정강이라 정하고, 보리사 동남쪽에 장사 지냈다.

진성왕

⊙ 헌강왕의 누이동생 진성왕이 왕위를 이었는데, 이름이 만이다.

최치원 문집 제2권 사추증표에는,

"신하 탄은 말합니다 삼가 하명을 받들어 저의 죽은 아비 응을 태사로 추증하고, 죽은 형인 정을 태부로 추증했습니다."

라고 되어 있으며, 또한 납정절표에는,

"저의 맏형인 국왕 정이 지난 광계 3년 7월 5일에 갑자기 죽었으나, 저의 조카 요가 태어난 지 불과 1년도 되지 않았기 때문에 저의 둘째 형 황이 임시로 나라를 다스리다가, 1년을 넘기지 못하고 죽었습니다."

라고 했다. 여기에서 보면 경문왕의 이름이 응인데, 본기에는 응렴이라고 했

고, 진성왕의 이름이 탄인데, 본기에는 만이라 했다. 또 정강왕 황은 광계 3년에 죽었는데, 본기에는 2년에 죽은 것으로 되어 있어, 모두 어느 것이 맞는지 알 수가 없다 죄수들을 대사면하고, 모든 주와 군의 1년간의 조세를 면제했다. 황룡사에 백고좌를 열고 왕이 직접 가서 설법을 들었다. 겨울에 눈이 오지 않았다.

◉ 2년 봄 2월, 소양리에서 돌이 저절로 움직였다. 왕은 원래 각간 위홍과 간통했는데, 이때에 이르러 항상 궁중에서 일을 보게 했다. 그에게 명해 대구화상과 함께 향가를 수집하게 했는데, 이것을 삼대목이라고 한다. 위홍이 죽자 혜성대왕으로 시호를 추증했다. 이후 왕은 젊은 미남자 두세 명을 남몰래 불러 음란하게 지내면서 요직을 주어 나랏일 맡겼다. 이에 아첨하고 총애를 받는 자들이 날뛰었고, 뇌물이 만연했으며, 상벌 또한 공평하지 못해 기강이 문란했다. 이때 누군가 이름을 감추고 시정을 비방하는 글을 써 거리에 붙였다. 왕이 그를 체포하라 했으나 잡을 수 없었다. 이때 누군가 왕에게,

"필시 문인으로서 뜻을 펴지 못한 자의 소행인 것 같습니다. 아마 대야주에 숨어사는 거인인 것 같습니다."

라고 했다. 이에 왕은 거인을 체포하여 감옥에 가두고 처벌하려 했다. 이에 거인은 분하고 원망스러워, 감옥 벽에 이렇게 글을 남겼다.

우공이 통곡하니 3년이나 가물었고,
추연이 슬퍼하니 5월에도 서리 왔네.
지금 나의 깊은 시름, 옛일과 같건만
하늘은 말없이 푸를 뿐인가.

그날 저녁에 갑자기 구름과 안개가 덮이고 번개가 치며 우박이 내렸다. 왕은 두려워해 거인을 석방시켰다. 3월 초하루 무술 날에 일식이 일어났고, 왕이 병들자 죄수들을 조사하여 사형수 이하의 죄수를 석방했으며, 중 60명에게 도첩을 주었다. 그러자 왕의 병이 나았다. 여름 5월, 가뭄이 찾아왔다.

⊙ 3년 주와 군에서 납세를 하지 않아 국가 재정이 어려워지면서 왕은 사신을 파견해 독촉했다. 그러자 도처에서 도적이 들끓었는데, 이때 원종, 애노 등이 사벌주에서 반란을 일으켰다. 왕이 내마 영기에게 명해 그들을 체포하게 했다. 하지만 영기는 반도의 보루를 보고 무서워 진군하지 못했다. 촌주 우연이 나서서 싸우다가 전사했다. 왕은 영기를 참수하고, 10여 세인 우연의 아들에게 아버지의 뒤를 이어 촌주가 되게 했다.

⊙ 4년 봄 정월, 햇무리가 다섯 겹으로 나타났고, 15일, 왕이 황룡사에 가서 연등 행사를 구경했다.

⊙ 5년 겨울 10월, 북원의 도적 두목 양길이 부하 궁예에게 기병 백여 명을 내주고 북원 동쪽 부락과 명주 관내 주천 등 10여 군현을 습격하게 명했다.

⊙ 6년, 완산의 도적 견훤이 주에 웅거하여 후백제라고 자칭했고, 무주 동남쪽 군현들이 투항했다.

⊙ 7년, 병부 시랑 김처회를 당나라에 보내 정절을 바치게 했는데, 그는 바다에 익사하고 말았다.

⊙ 8년 봄 2월, 최치원이 시국에 관한 의견 십여 조목을 바쳤는데, 왕은 기쁘게 받아들이면서 그를 아찬으로 임명했다. 겨울 10월, 궁예가 북원에서 하슬라로 들어왔는데, 따르는 무리가 6백여 명이나 되었다. 이들에게 자신은 장군으로 부르게 했다.

⊙ 9년 가을 8월, 궁예가 저족, 성천을 탈취하고, 한주 관내 부약, 철원 등 10여 군현을 격파했다. 겨울 10월, 헌강왕의 서자 요를 태자로 삼았다. 헌강왕이 사냥 구경을 하다가, 길옆에서 어떤 아름다운 여인을 보고 첫눈에 반해 뒤 수레에 태우고, 행재소에 도착해 야합해서 태어난 아들이 요이다. 진성왕은 이 말을 듣고 궁으로 불러들여, 손으로 등을 어루만지면서,

"나의 형제자매의 골격은 다른 사람들과 다른데, 이 아이는 등에 두 뼈가 솟아 있어 정말 헌강왕의 아들이다."

라면서 관리에게 명하여 예를 갖춰 봉했다.

⊙ 10년, 도적들이 서남쪽에서 봉기했는데, 그들은 바지를 붉게 물들였기 때문에 사람들은 그들을 일러 '붉은 바지를 입은 도적' 이라고 했다.

⊙ 11년 여름 6월, 왕이 신하들에게,

"백성의 생활이 곤궁해지면서 도적들이 봉기하는데, 이것은 내가 덕이 없기 때문이다. 그래서 나는 어진 사람에게 왕위를 넘겨주기로 했다."

라면서 왕위를 태자 요에게 선양했다. 겨울 12월 을사에 왕이 북궁에서 죽자 시호를 진성이라 정하고 황산에 장사 지냈다.

삼국사기
三國史記 新羅本紀 第十二卷

삼국사기권제12

신라본기 제12

효공왕, 신덕왕, 경명왕, 경애왕, 경순왕.

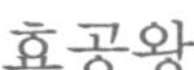

효공왕

⊙ 헌강왕의 서자 효공왕이 왕위를 이었는데, 이름이 요이다. 그의 어머니는 김씨였고 죄수들을 대사면했으며 문무백관의 작위를 한 급씩 진급시켰다.

⊙ 2년 봄 정월, 왕은 어머니 김씨를 의명 왕태후로 추존하고, 서불한 준흥을 상대등, 아찬 계강을 시중으로 임명했다. 가을 7월, 궁예가 패서도와 한산주 관내 30여 성을 점령하고, 마침내 송악군에 도읍을 정했다.

⊙ 3년 봄 3월, 이찬 예겸의 딸을 왕비로 맞았다. 가을 7월, 북원의 도적 두목 양길은 궁예가 배반할 생각을 가지고 있는 것을 싫어해 국원 등 10여 성주들과 함께 공격하기로 계획했다. 그리고 비뇌성 아래까지 진군했지만, 양길의 군사가 패해 도주했다.

⊙ 4년 겨울 10월, 국원, 청주, 괴양의 도적 두목 청길과 신훤 등이 궁예에게 투항했다.

⊙ 5년, 궁예가 스스로 왕이 되었다. 가을 8월, 후백제왕 견훤이 대야성을 공격했지만, 승리하지 못하고, 금성 남쪽으로 군사를 이동시키면서 부근의 부락을 약탈하고 돌아갔다.

⊙ 6년 봄 3월, 서리가 내렸고, 대아찬 효종을 시중으로 임명했다.

⊙ 7년, 궁예가 도읍을 옮기기 위해 철원과 부양에 와서 산수를 둘러보았다.

⊙ 8년, 궁예가 신라의 제도를 따랐고제정한 관직 칭호는 비록 신라 제도를 모방했지만, 신라의 제도와 다른 것도 많았다 국호를 마진, 연호를 무태 원년이라고 정했다. 패서도의 10여 주현 모두가 궁예에게 투항했다.

⊙ 9년 봄 2월, 별이 비 오듯 떨어졌고, 여름 4월에 서리가 내렸다. 가을 7월에 궁예가 철원으로 도읍을 옮겼고, 8월, 궁예가 군사를 동원해 신라의 변방 고을을 침략해 죽령 동북 지역까지 점령했다. 왕은 국토가 나날이 줄어든다는 말에 근심했지만, 방어할 능력이 없었기 때문에 모든 성주들에게 명해 함부로 싸우지 말고, 성을 굳게 지키도록 했다.

⊙ 10년 봄 정월, 파진찬 김성을 상대등으로 임명했고, 3월 이전에 당나라에서 과거에 급제한 김문울의 관직이 공부원외랑기왕부자의참군에 이르렀으며, 책명사가 되어 돌아왔다. 여름 4월부터 5월까지 비가 내리지 않아 가물었다.

⊙ 11년 봄과 여름에 비가 오지 않아 가물었고, 일선군 이남 10여 성을 모두 견훤에게 빼앗겼다.

⊙ 12년 봄 2월, 혜성이 동쪽에 출몰했고, 3월에 서리가 내렸으며, 여름 4월, 우박이 내렸다.

⊙ 13년 여름 6월, 궁예가 장수들과 함께 병선을 이끌고 와서 진도군의 항복을 받고, 또 고이도성을 격파하도록 명했다.

⊙ 14년, 견훤이 직접 보병과 기병 3천을 이끌고 나주성을 포

위해 열흘 동안 풀지 않았다. 궁예가 수군을 출동시켜 습격하자 견훤이 군사들을 퇴각시켰다.

◉ 15년 봄 정월 초하루 병술 날에 일식이 있었고, 왕은 첩에게 미혹되어 정사를 내팽개쳤다. 또한 대신 은영이 충간했지만 왕이 이를 듣지 않자 은영은 그 첩을 죽였다. 궁예가 국호를 태봉으로 고치고, 연호를 수덕만세라고 정했다.

◉ 16년 여름 4월, 왕이 죽자 시호를 효공이라 정하고, 사자사 북쪽에 장사 지냈다.

신덕왕

◉ 아달라왕의 먼 후손이고 아버지가 예겸乂兼 : 銳謙이라는 주장도 있다인 신덕왕이 왕위를 이었는데, 성이 박씨이며, 이름은 경휘이다. 정강대왕을 섬겨 대아찬이 되었었고, 어머니는 정화부인이며, 왕비는 헌강왕의 딸 김씨이다. 효공왕이 죽자 후사가 없어서 왕위에 올랐다.

◉ 원년 5월, 선친을 선성대왕으로 추존하고, 어머니를 정화태후, 왕비를 의성왕후라 하고, 아들 승영을 왕태자로 삼았다. 이찬 계강을 상대등으로 임명했다.

◉ 2년 여름 4월, 서리가 내렸고, 지진까지 일어났다.

◉ 3년 봄 3월, 서리가 내렸고, 궁예가 연호 수덕만세를 정개로 고쳤는데, 이해가 정개 원년이다.

◉ 4년 여름 6월, 참포의 물과 동해의 물이 맞부딪쳐 물결 높이가 20장가량 솟았다가, 3일이 지나서야 멈추었다.

◉ 5년 가을 8월, 견훤이 대야성을 공격했지만 승리하지 못했

고, 겨울 10월에 지진이 일어났는데, 천둥소리와 같았다.

⊙ 6년 봄 정월, 금성이 달을 범했고, 가을 7월, 왕이 죽자 시호를 신덕이라 정하고, 죽성에 장사지냈다.

경명왕

⊙ 신덕왕의 태자 경명왕이 왕위를 이었는데, 이름이 승영이며, 어머니가 의성왕후이다.

⊙ 원년 8월, 왕의 아우 이찬 위응을 상대등, 대아찬 유렴을 시중으로 각각 임명했다.

⊙ 2년 봄 2월, 일길찬 현승이 모반하다가 발각되어 처형되었고, 여름 6월, 궁예의 부하들이 갑자기 태조를 추대하자, 궁예가 도주하다가 부하들에게 죽었다. 태조가 즉위하여 연호를 새로 정하고, 이해를 원년으로 했다. 가을 7월, 상주의 도적 두목 아자개가 태조에게 항복했다.

⊙ 3년, 사천왕사 소상이 잡고 있던 활줄이 저절로 끊어지고, 벽화에 그려진 개에서 소리가 들렸는데, 마치 개가 짖는 것 같았다. 상대등 김성을 각찬, 시중 언옹을 사찬으로 임명했다. 태조가 송악군으로 도읍을 옮겼다.

⊙ 4년 봄 정월, 왕이 태조와 사신을 교환하고 수호 관계를 맺었고, 2월, 강주 장군 윤웅이 태조에게 항복했다. 겨울 10월, 후백제 견훤이 보병과 기병 1만을 이끌고, 대야성을 공격해 점령한 다음 진례로 진군했다. 그러자 왕은 아찬 김율을 태조에게 보내 구원을 요청했고, 태조가 장수에게 명해 군사를 출동시켜 구원하게 하니 견훤이 물러갔다.

⦿ 5년 봄 정월, 김율이 왕에게,

"지난해 고려에 사신으로 갔을 때, 고려왕이 저에게 '신라에는 세 가지 보물이 있는데, 그것은 장륙불상과 9층탑과 성대라고 들었다. 불상과 탑은 있는 것으로 아는데, 성대는 지금도 있는지 모르겠구나' 라고 물어 제가 대답을 못 했습니다."

라고 했다. 그러자 왕은 신하들에게,

"성대란 어떤 보물인가?"

라고 물었지만 누구도 알지 못했다. 이 때 90세가 넘는 황룡사에 중이,

"그 보배로운 허리띠는 진평대왕이 사용하던 것인데, 지금 남쪽 창고에 보관되어 있다는 말을 들었습니다."

라고 했다. 이에 왕은 창고를 열어 찾게 했지만 찾지 못했다. 날을 잡아 치성을 드리고 제사를 지낸 뒤에야 그것이 발견되었다. 그 띠는 금과 옥으로 장식되었으며, 매우 길어 보통 사람은 맬 수가 없었다.

○ 저자의 견해

옛날 명당에서 옥새를 쥐고, 아홉 개의 솥을 진열한 것이 마치 제왕들의 일인 것처럼 생각하겠지만, 한퇴지가 평론하기를,

"하늘과 백성의 마음을 한곳으로 모으고, 태평성세의 기초를 일으키는 것은 결코 세 가지 기물이 할 수 있는 일이 아니다."

라고 했다. 여기서 세 가지 기물이 소중하다고 한 것은 과장된 말일 것이다. 더구나 신라의 세 가지 보물은 사람이 만든 사치스런 물건일 뿐인데, 나라를 통치하는 데 필요한 것은 아니다.『맹자』에는 "제후의 보배가 세 가지인데, 곧 토지, 백성, 정치"라고 했으며, 『초서』에는

"초나라에는 보물이라고 여길 만한 것이 없고, 오직 선(善)을 보배로

삼는다."

로 기록되어 있다. 이 선은 국내에서 실천하면 충분히 한 나라를 선하게 할 것이고, 국외로 실천하면 충분히 천하에 은혜를 입힐 수 있는 것인데, 달리 무엇을 보배라고 말하는 것인가! 태조는 신라 사람들의 전설을 듣고 물었을 뿐, 그것을 숭상할 만한 것으로 생각하지 않았다.

2월, 말갈의 일부인 달고 무리가 북쪽 변경을 침략하자, 태조의 장수 견권이 삭주를 지키고 있다가 기병으로 대파했는데, 한 필의 말도 돌아가지 못했다. 여름 4월, 서울에 태풍이 불어 나무가 뽑혔고, 가을 8월, 메뚜기 떼와 가뭄이 동시에 찾아왔다.

⊙ 6년 봄 정월, 하지성 장군 원봉과 명주 장군 순식이 태조에게 투항했는데, 태조가 그들의 귀순을 기념해 원봉의 순주라 하였으며, 순식에게 왕씨 성을 내렸다. 또 진보성 장군 홍술도 태조에게 항복했다.

⊙ 7년 가을 7월, 왕은 태조에게 지성 장군 성달과 경산부 장군 양문을 항복케 했다. 왕은 창부 시랑 김낙과 녹사 참군 김유경을 후당에 입조시키고 토산물을 바쳤다.

⊙ 8년 봄 정월, 후당에 조공했고, 천주 절도사 왕봉규도 후당에 토산물을 바쳤다. 여름 6월, 왕이 조산대부 창부시랑 김악을 후당에 보내 조공하자, 조의대부시위위경의 관직을 주었다. 가을 8월, 왕이 죽자 시호를 경명으로 정하고, 황복사 북쪽에 장사를 지냈다. 태조가 사신을 보내 조문하고 제사에 참여하게 명했다.

경애왕

⊙ 경명왕의 동복 아우 경애왕이 왕위를 이었는데, 이름이 위

응이다.

⊙ 원년 9월, 태조에게 사신을 보내 예방했고, 겨울 10월, 왕이 신궁으로 찾아가 제사 지내고 죄수들을 대사면했다.

⊙ 2년 겨울 10월, 고울부 장군 능문이 태조에게 투항했지만, 태조는 타일러서 돌려보냈다. 이유는 그의 성이 신라 서울과 가까이 있었기 때문이다. 11월, 후백제 견훤이 조카 진호를 고려에 인질로 보내자, 왕은 사신을 태조에게 보내,

"견훤은 변덕스런 거짓말쟁입니다. 절대로 화친해서는 안 됩니다."

라고 했다. 태조 역시 같은 생각이었다.

⊙ 3년 여름 4월, 진호가 갑자기 죽자 견훤은 고려 사람들의 소행으로 생각해 군사를 이끌고 웅진까지 쳐들어왔다. 이때 태조는 성에 명을 내려 싸우지 말고 방비만 굳게 하라고 했다. 왕은 사신을 보내,

"견훤은 약속을 어기고 군사를 일으켰습니다. 하여 반드시 하늘이 돕지 않을 것입니다. 이때 대왕이 위풍을 보여준다면 견훤은 무너질 것입니다."

라고 했다. 그러자 태조는 사신에게,

"내가 견훤을 두려워해서가 아니라, 죄악이 넘쳐 스스로 자멸하기를 바랄 뿐입니다."

라고 했다.

⊙ 4년 봄 정월, 태조가 직접 백제를 공격했는데, 왕이 군사를 출동시켜 도왔고, 2월, 병부시랑 장분을 후당에 보내 조공했다. 3월, 황룡사탑이 흔들려 북쪽으로 기울었고, 태조가 직접 근암성을 점령했다. 이에 후당 명종은 권지강주사 왕봉규를 회화대

장군으로 임명했다. 여름 4월, 지강주사 왕봉규가 사자 임언을 후당에 보내 조공하자 명종이 중흥전에서 접견했다. 또한 강주 관하의 돌산을 비롯해 네 고을이 태조에게 귀순했다. 가을 9월, 견훤이 고울부에서 신라 군사를 공격하자 왕은 태조에게 구원을 요청했다. 태조는 정병 1만 명을 출동시켰지만 견훤은 구원병이 도착하기 전인 겨울 11월에 서울을 습격했다. 이때 왕은 왕비와 후궁과 친척들을 데리고 포석정에서 연회를 열고 있었다. 이때 적병들이 갑자기 쳐들어오자 당황했다. 왕은 왕비와 후궁으로 들어갔고, 친척과 공경대부와 사녀들은 사방으로 흩어져 숨었다. 적에게 붙잡힌 자들은 귀천을 분문하고 엎드려 노복이 되겠다고 빌었지만 화를 면치 못했다. 또한 견훤은 공공의 재물이나 사재를 모두 약탈하고, 대궐에 들어앉아 왕을 찾게 했다. 왕은 왕비와 첩과 함께 잡혀갔다. 견훤은 왕을 협박해 자살하게 하고, 왕비를 강간했으며, 그의 부하들을 시켜 비첩들을 강간하게 했다. 그리고 왕의 동생뻘 되는 사람에게 임시로 국사를 맡겼는데, 이가 바로 경순왕이다.

경순왕

⊙ 문성대왕의 후손이며, 이찬 효종의 아들인 경순왕이 왕위를 이었는데, 이름이 부이다. 어머니는 계아 태후이다. 왕은 전 왕의 시체를 서쪽 대청에 모셔 놓고 신하들과 통곡했다. 시호를 경애라 하고, 남산 해목령에 장사 지냈다. 태조가 사신을 보내 조문했다.

⊙ 원년 11월, 왕의 아버지를 신흥대왕, 어머니를 왕태후로 추

존했다. 12월, 견훤이 대목군에 침입해 논밭에 있던 노적가리에 불을 질렀다.

⊙ 2년 봄 정월, 고려 장수 김상이 초팔성의 도적 흥종과 싸우다가 전사했고, 여름 5월, 강주 장군 유문이 견훤에게 항복했다. 6월, 지진이 일어났고, 가을 8월, 견훤이 장군 관흔으로 하여금 양산에 성을 쌓게 했다. 그러자 태조가 명지성 장군 왕충에게 명해서 쫓아냈다. 견훤이 대야성 아래 주둔해 있으면서 군사들을 보내 대목군 벼를 베어갔다. 겨울 10월, 견훤이 무곡성을 점령했다.

⊙ 3년 여름 6월, 천축국 삼장마후라가 고려에 왔고, 가을 7월, 견훤이 의성부성을 공격하자 고려 장수 홍술이 싸우다가 전사했다. 순주장군 원봉이 견훤에게 항복하자, 태조가 노했다. 하지만 원봉의 전공을 생각해 용서하고, 그 대신 순주를 현으로 고쳤다. 겨울 10월, 견훤이 가은현을 포위했다가 그대로 돌아갔다.

⊙ 4년 봄 정월, 재암성 장군 선필이 고려에 투항하자 태조는 상보로 대우했다. 과거 태조가 신라와 우호 관계를 맺으려고 했을 때 선필이 안내해 주었으므로 구면이었다. 태조는 고창군 병산에서 견훤과 싸워 대승했다. 견훤을 따랐던 영안, 하곡, 직명, 송생 등 30여 군현이 태조에게 투항했다. 2월, 태조가 사신을 보내와 승전보를 전해 주었고, 왕은 보답으로 만날 것을 청했다. 가을 9월, 동해의 주와 군의 부락이 전부 태조에게 투항했다.

⊙ 5년 봄 2월, 태조가 기병 50여 명을 이끌고 서울 근방으로 와서 왕을 만나자고 했다. 왕은 백관들과 함께 교외에서 영접해

대궐로 들어와 마주하며 예우를 극진히 했다. 임해전에서 연회를 베풀었는데 술이 취한 왕이,

"내가 하늘의 버림을 받아 환란이 닥쳐오고 있다. 견훤이 불의를 자행하여 나라를 망치고 있으니 원통하고 분함을 어찌 말로 다하리오?"

라고 하면서 눈물을 흘렸다. 그러자 좌우 신하들까지 흐느끼지 않는 이가 없었고, 태조 또한 눈물을 흘리며 위로했다. 수십 일 동안 체류하다가 태조가 돌아가려고 할 때, 왕은 혈성까지 나와 송별하면서 종제 유렴을 볼모로 딸려 보냈다. 태조의 군사들은 규율이 엄해 위반하는 일이 없었으므로 서울에 살고 있는 남녀 모두가 기뻐하며,

"견훤은 범이나 이리 같았는데, 왕공은 부모를 만난 것과 같았다."

라고 했다. 가을 8월, 태조가 사신을 보내 왕에게 비단과 안장을 갖춘 말을 주고, 여러 관료와 장병들에게도 포백을 선물했다.

◉ 6년 봄 정월, 지진이 일어났고, 여름 4월 사신으로 집사 시랑 김불, 부사로 사빈경 이유를 후당에 보내 조공케 했다.

◉ 7년 후당 명종이 고려로 사신을 보내 책명을 주었다.

◉ 8년 가을 9월, 남극성이 나타났고, 운주 경내 30여 군현 모두가 태조에게 투항했다.

◉ 9년 겨울 10월, 모든 국토가 고려와 후백제에게 빼앗겨 국세가 약해지자 왕은 나라를 보존할 수 없다고 판단하고 신하들과 함께 태조에게 항복할 것을 의논했다. 하지만 신하들의 의견이 분분했다. 이때 왕자가,

"나라의 존멸은 하늘에 달려 있습니다. 하여 충신들과 함께 민심을 수습해 스스로 힘을 굳건히 하여 그 힘이 다할때까지 지켜야 합니다. 어찌해서 천년의 역사를 간직한 사직을 경솔하게 넘겨주려 하십니까?"

라고 했다. 그러자 왕은,

"국력이 약해지고 고립된 상태에서 나라를 보전할 수가 없다. 이러한 상황에서 무고한 백성을 죽게 내버려둔다는 것은 나로서는 감당할 수가 없다."

라고 했다. 왕은 곧바로 시랑 김봉휴에게 편지를 보내 태조에게 항복을 청했다. 그러자 왕자는 통곡하면서 왕에게 하직인사를 하고, 개골산으로 들어가 바위 아래에 집을 짓고 삼베옷을 입고 풀잎으로 연명하다가 일생을 마쳤다.

11월, 태조가 왕의 편지를 받고 대상 왕철 등을 보내 왕을 영접하도록 명했다. 왕이 백관과 함께 서울을 출발해 태조에게 가는데, 향나무 수레와 구슬로 장식된 말이 30여 리를 이었다. 왕이 도착하자 태조가 교외에 나와 영접하며 위로했고, 왕궁 동쪽에 기거하게 했으며, 맏딸 낙랑공주를 아내로 삼게 했다.

12월, 왕을 정승공으로 봉하고 지위를 태자보다 높게 했다. 녹봉은 1천 석을 주고, 시종하는 관원과 장수들을 모두 등용했다. 또한 신라를 경주로 고치고 이를 공의 식읍으로 삼았다.

신라가 항복해 왔을 때 태조가 기뻐하며 사자를 보내 왕에게,

"왕이 나에게 나라를 준 것은 위대한 선물입니다. 이에 저의 종실과 혼인해 영원히 집안 관계를 맺겠습니다."

라고 했다. 이에 왕은,

"나의 백부 잡간 억렴이 지대야군사로 있습니다. 그의 딸은 덕

행이 훌륭하고 용모가 뛰어납니다."

라고 답했다. 태조는 그 여자와 결혼해 아들을 낳았는데, 이가 바로 현종의 아버지로서 후에 안종으로 추봉된 인물이다. 경종 헌화대왕 때에 이르러 정승공의 딸을 왕비로 맞고, 정승공은 상보령으로 봉하였다. 공이 송나라 흥국 4년 무인에 죽자, 호를 경순효애라고도 한다이라 했다. 신라는 시조부터 이때까지를 3대로 구분하는데, 초대부터 진덕왕까지의 28왕을 상대라 하고, 무열왕부터 혜공왕까지의 8왕을 중대라 하고, 선덕왕부터 경순왕까지의 20왕을 하대라고 한다.

○ 저자의 견해

신라는 박씨와 석씨 모두가 알에서 태어났고 하거나, 김씨가 금궤 속에 있다가 하늘에서 하강했다거나 금 수레를 타고 왔다거나 하는데, 이것은 도저히 믿을 수가 없는 기록이다. 이런 것들은 세속에서 대대로 전해지면서 사실로 간주된 것이다. 정화 연간에 우리나라에서 상서 이자량을 송나라에 사신으로 보내 조공할 때, 저자(김부식)는 글 쓰는 임무를 맡아 함께 가게 되었다. 일행이 우신관에 도착했을 때, 마루 저편에서는 선녀의 화상을 벽에 걸려 있는 것을 발견했다. 이때 접대를 맡은 학사 왕보가,

"이것은 귀국의 신(神)인데 공들은 모르는 것인가?"

라고 하면서,

"옛날 어떤 제왕의 딸이 남편도 없이 잉태해 사람들에게 의심을 받게 되었다. 그러자 그녀는 곧바로 바다를 건너 진한으로 가 아들을 낳았다. 이 사람은 해동의 첫 임금이 되었고, 제왕의 딸은 땅의 신선이 되어 영원히 선도산에 살게 되었다. 이것이 그녀의 화상이다."

라고 설명했다. 나는 송나라 사신 왕양이 지은 『동신성모제문』에서 '어진 사람을 생산해 나라를 창건했다.' 라는 구절을 보고, 그제야 동방의 신이 곧 선도산의 신성임을 알게 되었다. 하지만 선녀의 아들이 언제 왕 노릇을

했는지는 확실하게 알 수가 없었고, 다만 이런 전설이 생긴 시초를 생각해 본 것이다.

신라 왕들은 자신에게 엄격했고, 남에게는 너그러웠고, 관직을 간략히 두었고, 일 처리를 간편하게 했고, 지성으로 중국을 섬겼고, 산과 바다 건너 예방하는 사신이 끊이지 않았다. 또한 자제들을 중국 조정에서 숙위하게 했고, 국학에 입학시켜 학문을 닦게 해 예의가 있는 나라로 만들었다. 또한 중국의 군사를 빌려 고구려와 백제를 평정했다.

그러나 신라는 불가의 법도를 받았지만, 폐해를 깨닫지 못해 마을에 탑과 절간이 늘고, 백성은 농사를 버리고 승려가 되었다. 이로 말미암아 군사와 농부가 줄어들면서 나라가 쇠퇴해져 마침내 멸망하고 말았다. 경순왕이 태조에게 귀순한 것은 오히려 백성에게는 잘된 일이었다. 옛날 전씨가 오와 월의 국토를 송나라에 바쳤는데, 이에 소자첨은 그를 충신이라고 하였다. 하지만 신라가 고려에 귀순한 것은 전씨보다 더 훌륭했다고 생각한다. 고려 태조는 비빈이 많았고, 자손들 또한 번창했지만, 현종은 신라 외손으로 왕위에 올랐다. 따라서 그를 계승한 자들 모두가 그의 자손이었기 때문에 신라는 항상 존재했다고 볼 수 있다.

삼국사기
三國史記高句麗本紀
第十三卷

삼국사기권제13

고구려본기 제1
시조 동명성왕, 유리왕.

시조 동명성왕

⦿ 시조 동명성왕은 고씨이고, 이름은 주몽추모 중해라고도 한다 이다. 주몽이 태어나기 전 부여왕 해부루가 늙어서도 후사가 없어 아들을 얻기 위해 산천에다가 기원했다. 어느 날, 그가 탄 말이 곤연에 도착했는데, 말이 그곳의 큰 돌을 보고 눈물을 흘렸다. 왕이 이상하게 생각해 부하에게 명해 돌을 굴려보니, 그 밑에는 금빛 개구리 '蛙' 는 '蝸' 라고도 한다 형상의 어린아이가 있었다. 왕은 기뻐서,

"오~, 하늘이 나에게 내려 주신 아들이구나!"

라면서 데려와 길렀고, 이름을 금와라 지었다. 금와가 장성하자 태자를 삼았는데, 훗날 국상 아란불이 말했다.

"어느 날 하느님이 내려와 '장차 내 자손이 이곳에 나라를 세우게 될 것이니, 너는 이곳을 피해라. 동쪽 바닷가에 가섭원이란 곳이 있다. 그곳은 땅이 기름져 오곡을 재배하기에 적당해 도읍을 정할 만하다' 고 했습니다."

그의 말에 왕은 그곳으로 도읍을 옮겨 동부여라고 했다. 그 도읍지에는 어디서 왔는지를 알 수가 없는 자칭 천제의 아들 해

모수라는 사람이 도읍을 정하고 있었다.

해부루가 죽고 금와가 왕위를 이었을 때 금와가 태백산 남쪽 우발수에서 어떤 여자를 만나 내력을 물었다. 그녀는,

“나는 하백의 딸이고, 이름은 유화입니다. 여러 동생들을 데리고 왔다가, 어떤 남자가 자신이 천제 아들 해모수라면서 나를 웅심산 아래 압록강 가의 집으로 유인해 사욕을 채운 뒤 지금까지 돌아오지 않았습니다. 그래서 부모님은 내가 몰래 남자와 관계한 것을 꾸짖고, 이곳 우발수에서 귀양살이를 하고 있는 것입니다.”

라고 했다. 금와가 이상한 생각이 들어서 그녀를 방에 가두었다. 그런데 그녀를 향해 햇빛이 비쳤는데, 그녀가 몸을 움직이면 햇빛이 따라가면서 비쳤다. 얼마 후 그녀에게 태기가 있어 다섯 되들이 크기의 큰 알을 낳았다. 이에 왕은 알을 개와 돼지에게 주었지만 먹지 않았고, 길에 버렸지만 소와 말이 피하고 밟지 않았다. 하는 수 없이 들에 버렸지만 도리어 새가 날개로 덮어 주었다. 왕은 알을 가져오게 해 쪼개려고 했지만 깨지지 않아, 어쩔 수 없이 유화에게 되돌려 주었다. 유화는 알을 감싸 따뜻한 곳에 두었는데, 어느 날 껍질을 깨고 사내아이가 나왔다. 사내아이는 골격과 외모가 뛰어났고, 7세 때 스스로 활과 화살을 만들어 쏘았는데, 백발백중이었다. 부여 속담에 활을 잘쏘는 사람을 ‘주몽’이라 하였는데 이로써 이름을 ‘주몽’이라 지었다 한다.

금와는 일곱 명의 아들을 두었는데, 그들은 주몽과 함께 놀았는데 재주가 주몽에 처졌다. 그러자 맏아들 대소가 왕에게,

“주몽은 사람이 낳지 않았습니다. 더구나 용맹하기 때문에 지

금 죽이지 않으면 후환이 두렵습니다. 속히 그를 없애버리기를 청합니다."

라고 했지만, 왕은 듣지 않고 주몽에게 말을 기르게 했다. 그러자 주몽은 말 중에서 빨리 달리는 말을 골라내어, 그 말의 먹이를 줄여 여위게 하고, 아둔한 말을 살찌게 했다. 어느 날 왕은 마구간에 왔다가 살찐 말은 자신이 타고, 여윈 말은 주몽에게 주었다. 또 어느 날 들에서 사냥을 하는데, 주몽이 활을 잘 쏜다고 해서 화살을 적게 주었다. 하지만 주몽이 잡은 짐승은 다른 사람보다 훨씬 더 많았다. 왕자들과 여러 신하들은 임금 몰래 주몽을 죽이려 했는데, 이를 알아챈 유화가 아들 주몽을 불러서,

"사람들이 너를 죽이려 하니 여기서 죽는 것보다 차라리 멀리 도망가 큰일을 도모하는 것이 좋겠다."

라고 했다. 이에 주몽은 곧바로 오이, 마리, 협보 세 사람과 친구가 되어, 엄호수에 도착했다. 하지만 강을 건너려고 했지만 다리가 없었고, 더구나 추격해 오는 군사들에게 추포될까 걱정이 되었다. 그러자 주몽은 강을 향해,

"나는 천제의 아들이고, 하백의 외손이다. 도망가는 길인데, 뒤쫓는 자들이 다가오고 있으니, 어찌해야 되겠는가?"

라고 했다. 그때 강물 속에서 물고기와 자라 떼가 물 위로 떠올라 다리를 만들었고, 이에 주몽은 강을 무사히 건넜다. 그들이 강을 건너는 순간 물고기와 자라는 순식간에 사라졌고, 추격하던 군사들은 강을 건너지 못했다. 주몽은 모둔곡『위서』에는 '보술수에 이르렀다' 고 되어 있다에 도착하면서 세 사람을 만났다. 한 사람은 삼베옷을 입었고, 한 사람은 장삼을 입었고, 한 사람은 수초로 만든 옷을 입고 있었다. 주몽은 그들에게,

"그대들은 누구이며, 성과 이름이 무엇이오?"

라고 물었다. 그러자 삼베옷을 입은 사람은

"내 이름은 재사이다."

라고 했고, 장삼을 입은 사람은,

"내 이름은 무골이다."

라고 했고, 수초로 만든 옷을 입은 사람은,

"내 이름은 묵거이다."

라고 했지만 성은 밝히지 않았다. 주몽은 재사에겐 극씨, 무골에겐 중실씨, 묵거에겐 소실씨라는 성을 지어 주었다. 그런 다음 그들에게,

"내가 장차 하늘의 명을 받아 나라를 만들려고 한다. 때마침 세 분을 만났으니, 이것은 하늘이 내려 준 사람이 아니고 무엇이겠는가?"

라고 했다. 주몽은 그들 각자 재능에 맡는 임무를 주고, 그들과 함께 졸본천『위서』에는 '흘승골성에 이르렀다' 고 되어 있다에 이르렀다. 그곳은 토지가 비옥하고 산하가 준험했는데, 이들은 이곳을 도읍지로 정했다. 하지만 궁실을 짓지 못해 비류수 가에 초막으로 대신했으며, 국호를 고구려로 정하면서 고를 성씨로 삼았다.주몽이 졸본부여에 이르렀을 때, 그곳 왕은 아들이 없었다. 주몽이 비상한 인물임을 알고, 자신의 딸을 시집보내 사위로 삼았다. 얼마 후 왕이 죽자 주몽이 왕위를 이었다는 설도 있다 이때 주몽 나이가 22세였는데, 한나라 효원제 건소 2년, 신라 시조 혁거세 21년 갑신년이었다. 사방으로 고구려의 도읍지가 소문나면서 이곳으로 이주하는 사람들이 많았다. 이곳은 말갈부락과 가까이 있었는데, 주몽은 그들의 침범을 막기 위해 공격해 물리쳐버렸다. 그 뒤로 말갈은

이들을 두려워해 침범하지 못했다. 어느 날 왕은 비류수에 채소가 떠내려오는 것을 보고, 상류에 사람이 살고 있다는 것을 알았다. 일부러 왕은 사냥을 핑계로 비류국에 이르렀다. 비류국 임금 송양이 주몽에게,

"과인은 바닷가 한 구석에 혼자 살았기 때문에 군자를 본 적이 없었다. 오늘 우연히 만난 것 또한 다행스런 일이다. 하지만 그대가 어디로부터 왔는지 모르겠다."

라고 하자 주몽은,

"나는 천제의 아들인데, 모처에 와서 도읍을 정했다."

라고 답했다. 이에 송양은,

"우리 집안은 누대에 걸쳐서 왕을 했고, 땅이 비좁기 때문에 두 임금을 세울 수가 없다. 그대는 금방 도읍을 정한 것 같은데, 나의 속국이 되는 것이 좋겠다."

라고 했다. 그러자 주몽은 분노해 논쟁을 벌이다가 활쏘기로 재주를 비교했는데, 송양이 이길 수가 없었다.

⊙ 2년 여름 6월, 송양은 항복했고 그곳을 다물도로 개칭해서 그를 군주로 봉했다. '다물'은 고구려 말로 옛 땅을 회복한 것을 말한다.

⊙ 3년 봄 3월, 황룡이 골령에 나타났고, 가을 7월, 상서로운 구름이 골령 남쪽에 나타났는데, 빛이 푸르고 붉었다.

⊙ 4년 여름 4월, 구름과 안개가 사방에서 일어났는데, 7일 동안 사람들이 색깔을 구별하지 못했다. 가을 7월에 성곽과 궁실을 건축했다.

⊙ 6년 가을 8월, 이상한 새가 대궐로 날아왔고, 겨울 10월, 왕은 오이와 부분노에게 명해 태백산 동남방에 있는 해인국을 공

격케 해서 점령하고 성읍을 만들었다.

⊙ 10년 가을 9월, 난새가 왕대에 모였고, 겨울 11월, 왕은 부위염에게 명해 북옥저를 격멸하고, 그곳에 성읍으로 만들었다.

⊙ 14년 가을 8월, 왕의 어머니 유화가 동부여에서 죽자, 왕 금와가 그녀를 태후의 예로 장례 지내고 신묘를 세웠다. 겨울 10월, 사신을 부여로 보내 토산물을 주면서 은덕에 보답했다.

⊙ 19년 여름 4월, 왕의 아들 유리가 부여로부터 그의 어머니와 함께 도망쳐오자, 왕이 기뻐하며 태자로 삼았다. 가을 9월, 왕은 40세의 나이로 죽었는데, 용산에 장사지내고, 호를 동명성왕이라 했다.

유리왕

⊙ 주몽의 맏아들 유리명왕이 왕위를 이었는데, 이름이 유리유류라고도 했다이다. 그의 어머니는 예씨인데, 과거 주몽이 부여에 있을 때, 그녀와 결혼했다. 그때 그녀에게 태기가 있었고, 주몽이 부여를 떠난 뒤 유리를 낳았다. 유리가 어렸을 때, 거리에서 놀다가 참새를 쏜다는 것이 그만 물 긷는 부인의 물동이를 맞춰 깨뜨렸다. 그러자 화가 난 그 부인은,

"아비 없는 아이는 항상 이렇다."

라고 했다. 유리가 부끄러워 집으로 돌아와 어머니에게,

"우리 아버지는 누구며 지금은 어디에 계십니까?"

라고 물었다. 이에 어머니는,

"너의 아버지는 비상한 분으로 부여에서 용납하지 않으므로 남쪽 지방으로 도망쳐 나라를 세워 왕이 되었다. 아버지가 떠날

때 나에게 '만약 아들이 태어나면, 내 유물이 칠각형 돌 위에 있는 소나무 밑에 숨겨져 있다고 하시오. 만일 이것을 찾아온다면 내 아들이오' 라고 하셨다."

유리가 어머니 예씨의 말에 따라 산골로 들어가 그것을 찾았지만 실패하고 돌아왔다. 어느 날 유리가 마루에 앉아 있었는데, 기둥과 주춧돌 사이에서 소리가 들려 가 보니, 주춧돌이 칠각형이었다. 그는 곧바로 기둥 밑을 뒤져 부러진 칼 조각을 찾아냈다. 유리는 이것을 가지고 옥지, 구추, 도조 등의 세 사람과 함께 졸본으로 가서, 부왕에게 부러진 칼을 바쳤다. 왕은 자신이 보관했던 부러진 칼 조각과 맞추어 보니, 하나의 칼이었다. 왕은 환하게 웃으며 유리를 태자로 삼았고, 왕위를 계승하게 된 것이다.

⊙ 2년 가을 7월, 다물후 송양의 딸을 왕비로 맞았고, 9월, 서쪽 지방으로 사냥을 나가 흰 노루를 잡았다. 겨울 10월, 이상한 새들이 대궐에 모였는데, 이때 백제의 시조 온조가 왕위에 올랐다.

⊙ 3년 가을 7월, 골천에 이궁을 지었고, 겨울 10월, 왕비 송씨가 죽었다. 왕은 두 여자에게 장가를 들어 후취를 삼았는데, 한 사람은 화희로 골천 사람의 딸이고, 다른 한 사람은 치희로 한나라 사람의 딸이었다. 두 여자는 서로 주몽에 대한 사랑싸움으로 화목하지 못했다. 그래서 왕은 양곡에 동궁과 서궁을 지어 따로 살게 만들었다. 그런 후에 왕은 기산으로 사냥을 갔는데, 7일 동안 돌아오지 않았다. 이때 두 여인은 다투었는데, 화희가 치희에게,

"네가 한인의 집에 살던 비첩 출신으로 어찌 무례함이 이처럼

심한가?"

라고 하자, 치희는 부끄럽고 분함을 참지 못해 집으로 도망쳤다. 왕은 이 소식을 듣고 치희를 쫓아갔지만, 치희는 끝내 돌아오지 않았다. 어느 날 왕이 나무 밑에서 휴식을 취하던 중 꾀꼬리가 모여드는 것을 보고 '꾀꼬리도 이리저리, 암수가 서로 의지하며 노는데, 외로운 나는, 누구와 함께 돌아가리.' 라는 노래를 지어 불렀다.

◉ 11년 여름 4월, 왕이 여러 신하에게,

"선비가 자신의 땅 지세가 험함을 믿고 우리와 화친하지 않으며, 정세가 유리해지면 약탈하고, 불리하면 들어가 수비를 하는데, 나라에 걱정거리로다. 만약 이들을 제거한다면 장차 큰 상을 내리겠다."

라고 하자, 부분노가,

"선비는 지세가 험준합니다. 사람들 또한 용감하고 우직해 힘으로 제압하기가 어렵습니다. 그래서 꾀로써 그들을 굴복시켜야 합니다."

라고 답했다. 이에 왕은,

"어떤 방법이 좋겠는가?"

라며 물었다. 부분노가,

"간첩을 파견해 거짓말로 '우리나라는 작고, 군대가 약하기 때문에 겁이 많아 감히 움직이지 못한다.' 라고 하면, 선비가 반드시 우리를 가볍게 생각해 수비를 허술하게 할 것입니다. 그 틈을 타 군사들을 이끌고 샛길로 들어가 산림 속에 매복시켜 놓겠습니다. 이때 왕께서 군사 약간을 적의 성 남쪽으로 출동시킨다면, 틀림없이 추격하기 위해 성을 비울 것입니다. 그때 저는 군사들을 이끌고 성으로 들어가고, 왕께서는 기병을 거느리고 그들을 양쪽에서 협공하면 반드시 승리할 것입니다."

라고 했다. 왕은 그의 의견을 따랐는데, 과연 그의 말대로 되었으며, 결국 선비는 항복해 속국이 되었다. 왕이 부분노의 공로로 식읍을 주었지만 사양하며,

"이것은 왕의 덕이 훌륭했기 때문입니다. 저에게는 아무런 공이 없습니다."

라고 했다. 그러자 왕은 황금 30근과 좋은 말 열 필을 내렸다.

⊙ 13년 봄 정월, 화성이 심성 성좌에 머물렀다.

⊙ 14년 봄 정월, 부여왕 대소가 사신을 보내와 인질 교환을 요청했다. 왕은 부여의 강대함에 두려워 태자 도절을 인질로 보내려고 했다. 하지만 도절이 거절하자 대소가 화를 냈다. 이에 겨울 11월, 대소가 군사 5만을 이끌고 침범했지만, 큰 눈이 내리고 날씨가 추워 동사자가 발생하자 되돌아갔다.

⊙ 19년 가을 8월, 교제에 쓸 돼지가 달아나자 왕은 탁리와 사비에게 잡아오게 했다. 그들은 돼지를 쫓다가 장옥 늪에서 발견하고는 칼로 다리 힘줄을 잘랐다. 이 소리에 왕이 노해서,

"하늘에 제사 지낼 제물에 상처를 낼 수 있단 말인가?"

라며 이들을 구덩이 속에 던져 죽였다. 9월, 왕이 병들자 무당이,

"탁리와 사비의 귀신이 화근이 되었다."

고 했다. 그러자 왕은 그를 시켜 귀신에게 사죄하게 했고, 왕의 병은 곧바로 나았다.

⊙ 20년 봄 정월, 태자 도절이 죽었다.

⊙ 21년 봄 3월, 교제에 쓸 돼지가 달아나자 왕은 장생 설지에

게 뒤쫓게 했다. 그는 국내 위나암에 도착해 돼지를 붙잡았는데, 우선 국내 사람 집에서 기르게 했다. 설지가 돌아와 왕에게,

"제가 돼지를 쫓아 국내 위나암에 갔습니다. 그런데 그곳은 자연이 준험하고, 토양이 오곡을 재배하기에 적합하며, 산짐승과 물고기 등이 많았습니다. 왕께서 그곳으로 도읍을 옮긴다면 백성의 복리를 보장하고 아울러 전쟁에 대한 걱정을 할 필요가 없습니다."

라고 했다. 여름 4월, 왕은 위중림에서 사냥을 했고, 가을 8월, 지진이 일어났다. 9월, 왕이 국내로 가서 지세를 돌아보고 오다가 사물 못에 이르렀다. 이때 어떤 남자가 연못 가운데 돌 위에 앉아있는 것을 보았다. 그가 왕에게,

"왕의 신하가 되겠습니다."

라고 했다. 그러자 왕이 흔쾌히 받아들였고, 그에게 사물이란 이름과 위씨의 성을 하사했다.

⊙ 22년 겨울 10월, 왕이 국내로 도읍을 옮기고 위나암성을 쌓았다. 12월, 왕은 질산 북쪽에 사냥을 가서 닷새 동안이나 돌아오지 않았다. 그러자 대보 협보가,

"왕께서 도읍지를 옮겨 백성이 안정을 찾지 못했습니다. 하여 사회의 안정과 정치와 백성의 구휼 사업을 돌봐야 하는데, 이것을 버리고 사냥을 떠나 오랫동안 돌아오지 않는 것은 잘못된 일입니다. 만약 이런 잘못을 고치지 않는다면 선왕의 업적을 지킬 수가 없을 것입니다."

라고 했다. 이 말에 왕은 크게 노해서 협보의 관직을 파면해 관가의 장원을 관리하게 했다. 그러자 협보가 화가 치밀어 나라를 떠나 남한으로 갔다.

◉ 23년 봄 2월, 왕의 아들 해명을 태자를 삼고 국내의 죄수들을 대사면했다.

◉ 24년 가을 9월, 왕이 기산의 들에서 사냥하던 중 양쪽 겨드랑이에 날개가 있는 사람을 만났다. 그를 조정에 등용해 우씨 성을 주고 자신의 딸을 시집보냈다.

◉ 27년 봄 정월, 왕태자 해명이 옛 도읍지에 있었는데, 그는 힘이 장사고 용감했다. 그런 소문을 들은 황룡국 왕이 사신을 보내 센 활을 선사했다. 해명은 사신 앞에서 활을 당겨 꺾으면서,

"내가 힘이 센 것이 아니라 활이 강하지 않다."

라고 했다. 이에 황룡왕이 부끄러워했는데, 왕이 이 말을 듣고 노해서 황룡왕에게,

"해명은 효성이 없으니 청컨데 나를 위해 죽여라!"

라고 했다. 3월, 황룡왕이 태자와 만나기를 요청하고, 태자가 가려고 할 때 어떤 사람이 만류하면서,

"오늘 이웃 나라에서 이유 없이 만나자는 것은 의도가 의심스럽다."

고 하자, 태자가,

"하늘이 나를 죽인다면 어쩔 수 없지만, 황룡왕이 나를 어찌하겠는가?"

라면서 만나러 갔다. 황룡왕은 그를 죽이려고 했지만, 만나는 순간 해치지 못하고 그 대신 예를 갖춰 돌려보냈다.

◉ 28년 봄 3월, 왕은 해명에게 사람을 보내,

"도읍을 옮긴 것은 백성을 안정시켜 국가의 위업을 다지려는

것이다. 그런데 너는 나를 따르지 않고 힘센 것을 내세워 이웃 나라와 원한을 맺었다. 이것이 어찌 자식된 도리라고 하겠느냐?"

라면서 태자에게 칼을 주어 자결케 했다. 이에 태자가 자결하려고 하자 어떤 사람이,

"대왕의 맏아들은 이미 죽었기 때문에 태자께서는 후계자가 됩니다. 지금 왕의 사자가 한 번 와서 말한다고 자결한다면 왕의 지시가 진실인지 아닌지를 어떻게 알겠습니까?"

라고 말렸다. 그러자 태자가,

"전번에 황룡왕이 강한 활을 보냈을 때, 나는 우리나라를 업신여길 것을 걱정해 일부러 활을 잡아당겨 꺾었다. 그런데 뜻밖에도 부왕에게 견책을 당하게 되었다. 부왕이 나를 불효하다고 생각해 자결케 하는데, 어찌 부왕의 명령을 거역할 수 있겠느냐?"

라고 했다. 곧바로 태자는 여진 동원으로 가서 창을 땅에 꽂아 놓고, 말을 달려 그 창에 찔려 자결했다. 이때 태자의 나이가 21세였다. 태자가 죽은 땅을 창원이라고 했다.

○ 저자의 견해

효자는 어버이를 섬길 때는 당연히 어버이의 곁을 떠나지 않는 것이다. 이것은 마치 문왕이 세자 시절에 행동하듯 해야만 한다. 해명은 옛 도읍에 살면서 용맹을 좋아한다고 소문이 났기 때문에 당연하게 죄를 지은 것이다. 다르게 전해 오는 말로,

"아들을 사랑하거든 옳게 가르치고, 사악한 길로 빠지지 않게 하라!"

라고 들었다. 왕이 처음부터 한 번도 가르치지 않다가 죄를 짓게 된 다음에 지나치게 미워해 죽인 것은 아버지답지 못하고, 자식은 자식답지 못했다.

가을 8월, 부여왕 대소의 사신이 와서 왕을 꾸짖으며,

“우리 선왕은 그대 선왕 동명왕과 서로 의좋게 지냈다. 그런데 우리 신하들을 이곳으로 유인하는 것은 백성을 모두 모아 나라를 세우려는 것이 아닌가. 나라는 대국과 소국이, 사람에게는 어른과 아이가 있다. 따라서 소국이 대국을 섬기는 것은 당연한 이치이다. 앞으로 예절과 순리로 부여를 섬긴다면 하늘이 도와 나라를 영원히 보존할 것이다. 하지만 섬기지 않는다면 사직을 보존하려고 해도 힘들 것이다.”

라고 했다. 그러자 왕은 아직까지 역사가 짧아 모든 것이 약하므로 치욕을 참고 후일의 도모하자고 말했다. 이에 신하들과 함께 의논해 부여왕에게,

“과인은 바다 한구석에 홀로 살았기 때문에 예의를 모른다. 이제 와서 대왕의 교시를 보니, 명령을 따르지 않을 수 없다.”

고 했다. 이때 나이가 어린 왕자 무휼은 부왕이 부여에 회답한다는 말을 듣고 직접 부여 사신에게,

“우리 선조는 신령의 자손으로 현명하고 재주가 많았다. 그런데 대왕이 질투하고 모함하여 부왕에게 참소하여 말을 기르게 하는 일을 주어 욕을 보였기에 불안한 나머지 탈출했다. 지금 대왕은 과거의 잘못을 돌아보지 않고, 군사만 믿고 우리나라를 멸시하고 있는 것이다. 사신은 너희 대왕에게 ‘이곳에 알을 쌓아 놓았는데, 만약 대왕이 그 알을 무너뜨리지 않는다면 내가 대왕을 섬기고, 그렇지 않으면 섬기지 않겠다.’ 고 보고하라.”

라고 했다. 사신의 말을 들은 부여 왕은 신하들에게 그 의미를 물었는데. 그때 어떤 노파가,

“쌓아 놓은 알은 위태로운 것입니다. 그 알을 무너뜨리지 않으면 편안할 것입니다.”

라고 답했다. 노파의 말은 곧 왕은 자신에게 위기가 닥쳐왔음을 알아채지 못하고, 도리어 다른 사람이 와서 굴복하기를 강요하고 있다. 즉 자충수로 위기를 만들지 말고 차라리 평화를 택해서 자신의 나라를 잘 다스리는 것만 못하다는 뜻이다.

⊙ 29년 여름 6월, 모천에서 검은 개구리와 붉은 개구리가 떼를 지어 싸웠는데, 검은 개구리가 패하면서 죽었다. 이것을 보고 사람들은,

"검은 것은 북방 색깔이니, 북부여가 망할 징조다."

라고 말했다. 가을 7월, 두곡에 이궁을 지었다.

⊙ 31년, 한나라의 왕망이 고구려군사를 동원해 오랑캐를 치고자 했지만, 군사들이 거부하자 강제로 협박하여 보내려 했다. 그러자 모두 변방으로 도망해 법을 위반하고 약탈을 자행했는데, 요서 대윤 전담이 이들을 추격하다가 죽었다. 이것을 한나라의 주와 군에서는 고구려에게 잘못을 돌렸다. 엄우가 왕망에게,

"맥貊 사람들이 법을 위반하고 있어, 마땅히 주군들에게 그들을 위무토록 하는 것이 좋을 것이다. 지금 그들에게 큰 죄를 묻게 되면, 도리어 반란을 일으킬 것이다. 부여의 족속 중 그들을 추종하는 자가 있기 때문에 우리가 오랑캐를 제압하지 못하고 있는 시점에서 부여와 예맥이 일어나면 큰 근심거리다."

라고 했다. 왕망은 이 말을 듣지 않고 엄우에게 공격 명령을 내리자, 엄우가 고구려장수 연비를 꾀어내 목을 베어 한나라 서울로 보냈다.『한서』와 『남북사』에는 모두 "구려후 추(騶)를 꾀어 목을 베었다."라고 기록되어 있다

왕망이 기뻐하며 고구려 왕을 하구려후下句麗侯로 개칭하고, 천

하에 포고해 알렸다. 이로부터 한나라 변경을 침범하는 일이 매우 심해졌다.

◉ 32년 겨울 11월, 부여가 침범해 왔는데, 왕이 아들 무휼에게 군사를 내줘 방어하게 했다. 무휼은 병력이 적어 불리함을 걱정하여 기묘한 계책으로 직접 군사를 거느리고 산골짜기에 매복했다. 부여 군사가 학반령 아래에 왔을 때 매복했던 군사를 출동시켜 공격하자, 부여 군사들은 크게 패했다.

◉ 33년 봄 정월, 왕자 무휼을 태자를 삼고 군사와 국정을 맡겼고, 가을 8월, 왕이 오이와 마리에게 명해 군사 2만 명으로 서쪽 양맥을 공격해 멸망시키고, 진군하여 한나라의 고구려현을 습격, 탈취토록 했다. 현은 현토군에 속한다

◉ 37년 여름 4월, 왕자 여진이 물에 빠져 죽자, 왕은 슬퍼하면서 시체를 찾게 했지만 결국 찾지 못했다. 그 후 비류 사람 제수가 시체를 찾았다고 알려 왔다. 이에 예식을 갖춰 왕골령에 장사지내고, 제수에게 금 10근과 밭 10경을 주었다. 가을 7월, 왕이 두곡에 행차했고, 겨울 10월, 왕은 두곡 이궁에서 죽었다. 두곡 동원에 장사 지내고, 호를 유리명왕이라 하였다.

삼국사기
三國史記 高句麗本紀
第十四卷

삼국사기권제14

고구려본기 제2
대무신왕, 민중왕, 모본왕.

대무신왕

⊙ 유리왕의 셋째 아들 대무신왕이 왕위를 이었는데, 대해주류왕이라고도 한다 이름이 무휼이다. 유리왕 재위 33년 갑술에 무휼을 태자로 삼았는데, 11세였다. 어머니는 다물국왕 송양의 딸 송씨이다.

⊙ 2년 봄 정월, 서울에 지진이 일어나자 죄수들을 대사면했고, 백제의 백성 1천여 호가 귀순했다.

⊙ 3년 봄 3월, 동명왕의 사당을 세웠고, 가을 9월, 왕이 골구천에서 사냥하다가 신마를 얻었는데, 이름을 거루라고 했다. 겨울 10월, 부여왕 대소가 붉은 까마귀를 보내왔는데, 까마귀의 머리가 하나이고 몸이 두 개였다. 이것을 바친 이유는 고구려가 부여에 합병될 것이라는 말에 따랐던 것이다. 하지만 후에 붉은 까마귀가 상서로운 것이라는 말에 대소가 후회했다.

⊙ 4년 겨울 12월, 왕은 군사를 동원해 부여를 공격하러 가던 중에 비류수 옆에 머무르며 물가를 바라보니, 마치 여인이 솥을 들고 유희를 하는 것 같았다. 가까이 가 보니 여인은 없고 솥만 있었다. 왕은 그 솥에 밥을 짓게 했는데, 불을 때기도 전에 솥이

저절로 뜨거워지면서 밥이 지어지니 군사들을 배불리 먹일 수 있었다. 이때 갑자기 건장한 남자가 나타나,

"이 솥은 우리 집 물건입니다. 제 누이가 잃었는데 왕께서 찾았으니 제가 이 솥을 지고 왕을 따라가겠습니다. 허락해 주십시오."

라고 했다. 그러자 왕은 그에게 부정負鼎씨라는 성을 하사했다. 왕이 이물림에 도착했는데, 밤에 쇳소리가 들려왔다. 날이 밝을 무렵 사람을 시켜 그곳을 찾게 하였는데, 그러던 중에 금으로 만든 옥새와 병기 등을 얻었다. 왕이 하늘이 준 선물로 여겨 받고 길을 떠나려고 할 때 9척 가량의 키에 얼굴이 희고 눈에서 광채가 빛나는 남자가 찾아왔다. 그는 왕에게 절을 하고,

"저는 북명 사람 괴유입니다. 대왕께서 부여를 친다고 하니 제가 함께 가서 부여 왕의 머리를 베도록 허락해 주십시오."

라고 하자 왕은 허락했다. 또한 어떤 사람이 찾아와,

"저는 적곡사람 마로인데, 긴 창을 들고 길을 인도하게 해 주십시오."

라고 하자 허락했다.

⊙ 5년 봄 2월, 왕이 부여국 남쪽으로 진군했는데, 그곳은 진흙수렁이 많았기 때문에 평지를 선택해 병영을 만들었다. 그리고 말안장을 풀고 병사들을 쉬게 하면서 두려운 모습을 보이지 않게 했다. 이때 부여 왕도 전국에서 군사를 동원하여 출전했는데, 그는 고구려가 대비하지 않는 틈을 노려 기습하려고 했다. 하지만 말을 급히 몰아 진군하다가 진흙수렁에 빠져 진퇴양난이 되었다. 이때 왕은 괴유를 출동시켰는데, 괴유가 칼을 뽑아 들고 고함을 지르며 공격했다. 이에 부여의 1만여 군졸들이 놀

라 넘어지고 쓰러졌다. 이 순간 괴유가 곧바로 돌진해 부여 왕을 붙잡아 목을 베었다. 왕을 잃은 부여 군사들은 기세가 꺾이기는 했지만, 굴복하지 않고 고구려 군사를 포위했다. 군량이 바닥나고 군사들이 굶주리자 왕은 하늘에 영험을 빌었다. 그러자 갑자기 안개가 7일 동안 끼어 한 치 앞도 볼 수 없었다. 이때를 놓치지 않고 풀로 허수아비를 만들어 병영 안팎에 세워 병사처럼 보이도록 위장했다. 그리고 밤에 샛길로 몰래 행군했다. 이런 와중에 신마와 큰 솥을 잃어버렸다. 이물림에 이르러 군사들이 허기를 이기지 못하자 들짐승을 잡아 먹였다. 왕은 본국으로 돌아와 신하들을 불러 음지飮至의 예식을 거행하면서,

"내가 경솔하게 부여를 공격했다. 비록 왕을 죽였지만 나라를 멸망시키지는 못했고, 우리는 군사와 물자를 많이 잃었다."

라고 했다.

3월, 신마 거루가 부여의 말 백 필을 데리고 학반령 아래 차회곡까지 왔다. 여름 4월, 부여 왕 대소의 아우가 갈사수 가에서 나라를 세우고 스스로 왕이 되었다. 그는 부여 왕 금와의 막내아들로 역사서에는 이름이 없다. 처음 대소왕이 살해되자 나라가 망할 것을 알고, 자기를 따르는 사람 백여 명과 함께 압록곡에 이르렀다. 이때 사냥 온 해두왕을 죽이고 그의 백성을 빼앗았는데, 이때에 처음으로 도읍을 정했던 것이다. 이 사람이 바로 갈사왕이다.

가을 7월, 부여 왕 종제가 백성 만여 명과 함께 귀순해 왔다. 왕은 그를 왕으로 봉해 연나부에 머물게 했다. 그의 등에 낙絡무늬가 있어 성씨를 낙絡으로 정했다.

겨울 10월, 괴유가 죽자 그의 공을 높이 받들어 북병산 남쪽에

장사 지냈다. 그의 병이 위독했을 때 왕이 직접 문병했다.

⊙ 8년 봄 2월, 을두지를 우보로 삼아 군사와 국정을 맡겼다.

⊙ 9년 겨울 10월, 왕이 직접 개마국을 공격해 왕을 죽이고 백성을 위로했다. 12월, 구다국 왕이 개마가 멸망되었다는 소식을 듣고 항복했는데, 이때부터 고구려의 영토가 점점 넓어졌다.

⊙ 10년 봄 정월, 을두지를 좌보로 삼고, 송옥구를 우보로 삼았다.

⊙ 11년 가을 7월, 한의 요동태수가 공격해 오자, 왕은 신하들과 계책으로 그들을 물러가게 했다.

⊙ 13년 가을 7월, 매구곡 사람 상수가 아우 위수와 사촌 우도 등과 함께 귀순했다.

⊙ 14년 겨울 11월, 천둥이 쳤지만 눈은 오지 않았다.

⊙ 15년 봄 3월, 대신 구도, 일구, 분구 세 사람을 서인으로 강등시켰다. 이 세 사람은 비류의 부장으로 있을 때, 탐욕스럽고 야비해 남의 처첩과 우마와 재물을 함부로 빼앗고 자신의 욕망대로 행동했기 때문이다.

여름 4월, 왕자 호동이 옥저를 유람하고 있었는데, 그때 낙랑 왕 최리가 그를 만나,

"얼굴을 보니 보통 사람과는 다르구나. 혹시 북국 신왕의 아들이 아니오?"

라고 물었다. 낙랑 왕 최리는 그와 함께 궁으로 돌아가 자신의 딸을 아내로 삼게 하였다. 얼마 후 호동이 본국으로 돌아와 남몰래 아내에게 사람을 보내,

"당신이 무기고에 들어가, 북과 나팔을 부순다면, 내가 예를 갖춰 너를 맞을 것이고, 그렇게 않으면 맞아들이지 않겠다."

라고 했다. 옛날부터 낙랑에는 적군이 쳐들어오면 저절로 울리는 북과 나팔이 있었다. 그래서 그녀에게 부수라고 한 것이다. 호동의 말에 따라 최리의 딸은 칼로 북을 찢고 나팔의 입을 베어 버린 후, 호동에게 알렸다. 그러자 호동은 왕에게 권하여 낙랑을 습격했다. 이때 최리는 북과 나팔이 울지 않아 방비를 하지 않았다. 더구나 고구려 군사들이 성 밑까지 도착했을 때 북과 나팔이 부숴진 것을 알았다. 그는 화가 치밀어 딸을 죽이고 항복했다. 낙랑을 없애기 위해 청혼하고, 그의 딸을 데려와 며느리를 삼고, 본국에 다시 돌려보내 병기를 부수게 했다는 설도 있다

겨울 11월, 왕자 호동이 자살했는데, 그는 왕의 둘째 왕비 갈사왕의 손녀 소생이다. 어렸을 때 호동은 얼굴이 미려해 왕의 귀여움을 독차지했다. 호동이 자살하기 전 첫째 왕비는 호동이 태자가 될 것을 염려해 왕에게,

"호동은 나를 무례하게 대하고, 간통하려 한다."

라고 참소했다. 그러자 왕은,

"호동이 다른 사람의 소생이라고 시기하는 것이냐?"

라고 했다. 그러자 첫째 왕비는 화가 자기에게 미칠 것을 두려워해 울면서,

"청컨대 대왕께서 관찰해 주시오. 만약 이런 일이 없다면 내가 죄를 받겠습니다."

라고 했다. 이에 대왕은 호동을 의심하게 되어 죄를 물으려 했다. 그러자 사람들이 호동에게,

"왜 해명하지 않고 가만히 있는가?"

라고 하자, 호동은,

"내가 해명해 밝혀진다면, 어머니의 죄악을 드러내는 것이고,

그렇게 되면 왕에게 근심을 주는 것인데, 이를 어찌 효라고 할 수 있겠는가?"

라며 곧바로 칼로 자결했다.

○ 저자의 견해

왕은 참소하는 말을 믿고, 죄 없는 아들을 죽였다. 그래서 왕의 어질지 못함은 두말할 것도 없다. 하지만 호동도 죄가 없는 것은 아니다. 왜냐하면 자식이 아버지에게 책망을 들었을 때는 적절히 처신해 아버지가 불의에 빠지지 않도록 해야 했다. 호동은 이를 모르고 죽지 않을 일로 죽었으니 한마디로 작은 성실을 위해 대의를 버린 것이다. 이것은 옛날의 공자 신생에 비유할 만하다.

12월, 왕자 해우를 태자로 삼았고, 한나라에 조공하자 광무제가 왕호를 회복시켰는데, 이때가 건무 8년이었다.

⊙ 20년 왕이 낙랑을 습격해서 멸망시켰다.

⊙ 24년 봄 3월, 서울에 우박이 내렸고, 가을 7월에 서리가 내려 곡식에 피해를 주었다. 8월, 매화가 피었다.

⊙ 27년 가을 9월, 한나라 광무제가 바다를 건너와 낙랑을 치고, 점령해 군현을 만들었다. 하여 살수 이북이 한나라에 속하게 된 것이다. 겨울 10월, 왕이 죽자 대수촌 언덕에 장사 지내고, 호를 대무신왕이라 하였다.

민중왕

⊙ 민중왕이 뒤를 이었는데, 이름이 해색주이고 대무신왕의 아우이다. 대무신왕이 죽자 뒤를 이을 태자가 어렸기 때문에 백성

이 해색주를 왕으로 추대했던 것이다. 겨울 11월, 죄수들을 대사면했다.

⊙ 2년 봄 3월, 신하들에게 연회를 베풀었고, 여름 5월, 동쪽 지방에 홍수가 나면서 백성이 굶주려 구제했다.

⊙ 3년 가을 7월, 왕이 동쪽지방으로 사냥을 갔다가 흰 노루를 잡았고, 겨울 11월, 혜성이 남쪽에 출몰했다가 20일 만에 사라졌다. 12월, 서울에 눈이 오지 않았다.

⊙ 4년 여름 4월, 왕은 민중원에서 사냥을 했고, 가을 7월에 또 다시 사냥을 갔다가 석굴을 발견해 말하기를,

"내가 죽으면 반드시 이곳에 장사 지내고, 별도로 능묘를 만들지 마라."

고 했다. 9월, 동해 사람 고주리가 고래의 눈을 진상했는데, 밤에도 빛이 났다. 겨울 10월, 잠우락부의 대가 대승 등 1만여 호가 낙랑으로 가서 한나라에 투항했다.『후한서』에는 '대가 대승 등 1만여 명' 으로 기록되어 있다

⊙ 5년, 왕이 죽자, 왕의 유언대로 석굴에 장사 지냈고, 호를 민중왕이라 했다.

모본왕

⊙ 대무신왕의 맏아들 모본왕이 왕위를 이었는데, 이름이 해우 해애루라고도 한다이다. 그는 포악하고 어질지 못해 나랏일을 돌보지 않아 백성으로부터 원망이 컸다.

⊙ 원년 가을 8월, 홍수가 나면서 20여 개 소의 산이 무너졌고, 겨울 10월, 왕자 익을 왕태자로 삼았다.

⊙ 2년 봄, 장수를 보내 한의 북평, 어양, 상곡, 태원을 습격했지만, 요동태수 채동이 은혜와 신의로써 대접했기 때문에 화친했다. 3월, 태풍이 불어와 나무가 뽑혔고, 여름 4월에는 서리와 우박까지 내렸다. 가을 8월, 사신을 파견해 나라 안의 굶주리는 백성을 구제했다.

⊙ 4년, 왕은 날이 갈수록 포악해져, 앉을 때는 사람을 깔았고, 누울 때는 사람을 베고 누웠다. 이때 사람이 조금만 움직이면 가차 없이 죽였다. 또한 신하 중에 간하는 자가 있으면 활을 쏘아 죽였다.

⊙ 6년 겨울 11월, 두노가 임금을 죽였는데, 두노는 모본 사람으로 왕의 근신이었다. 어느날 자신이 해를 당할까 걱정하여 통곡하자 어떤 사람이,

"대장부가 어찌 울고 있는가? 옛말에 '나를 사랑하면 임금이고, 나를 학대하면 원수다' 라고 했다. 지금 왕은 포악한 짓으로 사람을 죽이기 때문에 백성의 원수다. 그대는 왕을 처치하라!"

라고 했다. 두노가 칼을 품고 왕 앞으로 가자 왕은 그를 앉게 했는데, 이때 칼을 빼어 왕을 죽였다. 모본 언덕에 장사 지내고, 호를 모본왕이라 했다.

삼국사기
三國史記高句麗本紀
第十五卷

삼국사기권제15

고구려본기 제3

태조대왕, 차대왕.

태조대왕

태조대왕국조왕이라고도 한다의 이름은 궁이고 아명은 어수이다. 그는 유리왕의 아들 고추가 재사의 아들이고, 어머니 태후는 부여 사람이다. 모본왕이 죽었지만 태자가 불초해 나라를 맡길 수 없었기 때문에 백성이 궁을 왕으로 추대했다. 그러나 이때 나이가 7세였기 때문에 태후가 수렴청정했다.

⊙ 3년 봄 2월, 요서에 10개 성을 쌓아 한나라의 침략을 대비했고, 가을 8월, 남쪽 지방에 메뚜기 떼가 출몰해 곡식이 피해를 입었다.

⊙ 4년 가을 7월, 동옥저를 공격해 땅을 점령하고 성읍을 만들어 국경을 개척했는데, 동으로는 동해, 남으로는 살수까지 이르렀다.

⊙ 7년 여름 4월, 왕이 고안연에서 낚시를 하다가 날개가 붉은 백어를 낚았고, 가을 7월, 서울에 홍수가 나면서 가옥이 물에 잠겨 유실되었다.

⊙ 10년 가을 8월, 동쪽 지방으로 사냥을 가서 흰 사슴을 잡았고, 남쪽 지방에 날아다니는 메뚜기 떼가 출몰해 곡식에 피해를

입혔다.

⊙ 16년 가을 8월, 갈사왕의 손자 도두가 내항하여 우태로 삼았고, 겨울 10월 천둥이 쳤다.

⊙ 20년 봄 2월, 관나부 패자 달가를 보내 조나를 공격해 왕을 사로잡았고, 여름 4월, 서울에 가뭄이 찾아왔다.

⊙ 22년 겨울 10월, 왕은 환나부 패자 설유를 보내 주나를 공격해 왕자 을음을 사로잡아 고추가를 삼았다.

⊙ 25년 겨울 10월, 부여의 사신이 뿔이 셋 달린 사슴과 꼬리가 긴 토끼를 진상하자, 왕은 이를 상서로운 것으로 여겨 죄수들을 대사면했다. 11월, 서울에 눈이 3자나 왔다.

⊙ 46년 봄 3월, 왕이 동쪽 책성으로 가던 중 책성 서쪽 계산에서 흰 사슴을 잡았다. 겨울 10월에 왕이 책성에서 돌아왔다.

⊙ 50년 가을 8월, 사신을 보내 책성의 백성들을 위로했다.

⊙ 53년 봄 정월 부여 사신이 길이가 1장 2척이고 털빛이 환한 꼬리가 없는 호랑이를 바쳤다. 왕이 한나라 요동에 장수를 보내 여섯 개 현을 약탈하게 하자 요동태수 경기가 대항했다. 이에 왕의 군사가 크게 패했다. 가을 9월, 경기가 맥인을 격파시켰다.

⊙ 55년 가을 9월, 왕이 질산 남쪽으로 사냥 갔다가 자줏빛 노루를 잡았고, 겨울 10월, 동해곡 수령이 붉은 표범을 진상했는데, 꼬리가 아홉 자나 되었다.

⊙ 56년 봄, 가뭄이 찾아왔고 여름이 되면서 땅이 붉게 변했다. 백성이 굶주려 있었기 때문에 왕이 사신을 파견해 구제케 했다.

⊙ 57년 봄 정월, 한나라에 사신을 보내 안제의 성년식을 축하했다.

⊙ 59년, 한나라에 토산물을 바치고, 현토에 소속되기를 요구

했다.『통감』에는 '이해 3월 고구려 왕 궁이 예맥과 함께 현토를 침범했다' 고 되어 있는데, 한편으론 속하기를 원하고, 다른 한편으론 침범한 것인지도 알 수 없다. 어느 한쪽은 잘못된 것이 분명하다

⊙ 62년 봄 3월, 일식이 일어났고, 가을 8월, 왕이 남해를 순행했다. 겨울 10월에 왕이 남해에서 돌아왔다.

⊙ 64년 봄 3월, 일식이 일어났고, 겨울 12월, 눈이 다섯 자나 쌓였다.

⊙ 66년 봄 2월, 지진이 일어났고, 여름 6월, 왕이 예맥과 함께 한나라 현토를 습격해 화려성을 공격했다. 가을 7월, 메뚜기 떼가 나타났고 우박까지 내려 곡식들이 피해를 입었다. 8월, 해당 관청에 명을 내려 선량한 사람, 효성스런 사람, 온순한 사람 등을 천거하게 하고, 홀아비, 과부, 고아, 자식 없는 노인과 늙어서 자기 힘으로 살 수 없는 자들을 조사해 입을 것과 먹을 것을 하사했다.

⊙ 69년 봄, 한나라 유주자사 풍환, 현토태수 요광, 요동태수 채풍 등이 침입해 예맥의 우두머리를 죽이고 병기와 마필과 재물을 약탈했다. 이에 왕은 아우 수성에게 군사 2천을 내줘 풍환, 요광 등과 싸우게 했다. 수성은 꾀를 내어 한나라 군영에 사자를 보내 거짓으로 항복하겠다고 했다. 풍환이 이 말을 믿자 수성은 곧바로 험한 곳을 골라 대군을 막고, 한편으론 비밀리에 군사 3천 명을 보내 현토, 요동을 공격해 성곽에 불을 지르고 2천여 명을 죽이거나 사로잡았다.

여름 4월, 왕은 선비의 군사 8천 명과 함께 요대현을 공격했는데, 요동태수 채풍이 신창에서 싸우다가 전사했다. 공조연 용단과 병마연 공손포는 자신의 몸으로 채풍을 엄호하다가, 함께 진

영에서 죽었다. 이때 죽은 자가 모두 백여 명이나 되었다.

겨울 10월 왕은 부여로 행차해 태후 묘에 제사를 지내고, 어려운 백성을 위로했다. 숙신의 사신이 자줏빛 여우 갖옷과 흰 매와 흰 말을 진상했다. 11월, 왕이 부여에서 돌아와 아우 수성에게 군사와 국정을 총괄적으로 맡아보게 했다. 12월, 왕은 마한과 예맥의 기병 1만여 명을 이끌고 현토성을 포위했다. 이때 부여 왕은 아들 위구태에게 군사 2만 명을 내줘 한나라 군사와 함께 대항케 했다. 우리 군사들이 대패했다.

⊙ 70년, 왕이 마한, 예맥과 함께 요동을 공격하자 부여 왕이 군사를 파견해 한나라를 구원하고, 고구려 군사를 격파시켰다. 마한은 백제 온조왕 27년에 멸망했는데, 지금 고구려 왕과 함께 군사 행동을 했다고 하니, 멸망했다가 다시 일어난 것인지 알 수 없다

⊙ 71년 겨울 10월, 패자 목도루를 좌보로 삼고, 고복장을 우보로 삼아, 수성과 함께 정사에 참여케 했다.

⊙ 72년 가을 9월, 그믐 경신 날에 일식이 일어났고, 겨울 10월, 한나라에 조공했다. 11월 서울에 지진이 일어났다.

⊙ 80년 가을 7월, 수성이 왜산에서 사냥을 하면서 연회를 베풀었다. 이때 관나부 우태 미유와 환나부 우태 어지류와 비류나 조의 양신 등이 몰래 수성에게,

"초기 모본왕이 죽었을 때, 태자가 불초해 신하들이 왕자 재사를 왕으로 세우려고 했지만, 재사가 늙었다며 아들에게 양보했다. 이것은 형이 늙으면 아우에게 계승케 한다는 것이었다. 지금 왕은 늙었지만 양위할 뜻이 없으니 대책을 세워라."

고 했다. 그러자 수성이,

"맏아들이 왕위를 계승하는 것은 당연하다. 지금 왕이 비록 연

로하지만 맏아들이 있는데, 어찌 왕위를 넘볼 수가 있단 말인가?"

라고 했다. 이에 미유가,

"옛날에도 아우가 현명하면 형의 뒤를 이었다. 이것을 의심하지 마라."

라고 부추겼다. 이때 좌보패자 목도루는 수성이 왕이 되고자 하는 마음을 알고, 병을 핑계로 벼슬에서 물러났다.

◉ 86년 봄 3월, 수성이 질산 남쪽으로 사냥을 갔다가 7일 동안 돌아오지 않고, 즐기기만 했는데 행동이 무질서했다. 가을 7월, 수성이 기구에 사냥을 갔다가 5일 만에 돌아오자 아우 백고가,

"화복은 저절로 들어오는 것이 아니라 사람이 불러들이는 것이다. 지금 형은 왕의 아우로서 백관의 우두머리가 되었고, 지위도 높으며 공로 또한 많다. 따라서 마땅히 충의를 마음에 두고 스스로를 억제하면서 위로는 왕의 덕과 같도록 노력하고, 아래로는 민심을 얻어야 한다. 이렇게 해야만 부귀가 형을 떠나지 않고 화란을 막을 수 있다. 지금 이러하지 않고 향락에 빠져 근심이 없으니 위태롭기 그지없다."

라고 간언했다. 이에 수성은,

"사람이라면 누구나 부귀와 환락을 원하지 않겠느냐. 하지만 이것을 얻는 자는 만 명에 한 사람도 없다. 지금 내가 향락을 즐길 수 있는 위치에 있는데, 내 마음대로 하지 못한다면 무슨 소용이 있겠느냐?"

하고 백고의 말을 무시했다.

◉ 90년 가을 9월, 환도에 지진이 일어났고, 왕이 밤에 꿈을 꾸

었는데, 표범이 호랑이 꼬리를 물어서 끊는 꿈이었다. 잠에서 깬 왕은 사람들에게 해몽을 묻자, 어떤 사람이,

"호랑이는 모든 짐승 중에 어른이고, 표범은 호랑이의 종류지만 작은 짐승이다. 아마도 왕의 친족 가운데 대왕의 대를 끊으려고 음모를 꾸미는 사람이 있을 것이다."

라고 말했다. 왕이 기분이 찜찜해 우보 고복장에게,

"꿈 해몽을 들으니 기분이 좋지 않다. 너라면 어떻게 하면 좋겠는가?"

라고 물었다. 고복장은,

"좋지 못한 일을 하면 좋은 것도 나빠지고, 좋은 일을 하면 나쁜 재앙도 복으로 바뀝니다. 지금 대왕께서는 나랏일을 집안일처럼 걱정하고, 백성을 자식처럼 돌보고 있으니, 만약 사소한 이변이 생겨도 걱정이 되겠습니까?"

라고 했다.

⊙ 94년 가을 7월, 수성이 왜산 아래서 사냥하면서 신하들에게,

"대왕은 늙었지만 죽지 않고, 나도 나이가 많아져 더는 기다릴 수가 없구나. 그대들은 나를 위해 계책을 내놓길 바란다."

라고 했다. 그러자 신하들은 모두,

"명령에 따르겠습니다."

라고 했다. 이때 누군가가,

"조금 전 스스로 상서롭지 못한 말을 했는데, 근신들은 이것을 말리지 않고 명령에 따르겠다고 했다. 이것은 간사하고 아첨하는 것이다. 내가 직언하려고 하는데, 당신의 뜻을 잘 모르겠다."

라고 했다. 이에 수성은,

"그대가 직언을 한다면 나에게 약이 되는데, 무엇을 의심하는

가?"

라고 답했다. 그가 말하길,

"대왕이 현명해 안팎으로 반역하겠다는 사람이 없다. 비록 당신에게 공로가 있다고 하지만, 간사스럽고 아첨하는 자들과 함께 현명한 임금을 폐위시키려고 한다면, 이것은 한 오라기의 실로 1만 균의 물건을 끌어당기는 것과 무엇이 다르겠는가? 아무리 어리석다 해도 불가능하다는 것을 알 것이다. 만약 당신이 생각을 바꿔 충효와 공손함으로 대왕을 섬긴다면, 대왕께서는 당신의 어진 마음을 헤아려 반드시 당신에게 양위할 마음을 가질 것이다. 그렇게 하지 않으면 틀림없이 화가 돌아올 것이다."

라고 했다. 이 말에 수성은 기분이 좋지 않았고, 신하들이 그의 정직함을 질투해,

"대왕의 나이가 많아 국가가 위태로울까 염려되어, 후일에 대비해 계책을 도모하려 한 것인데 그런데 망령된 말을 하다니, 이것이 누설될까 후환이 염려된다. 하여 그를 죽여 입을 닫게 하는 것이 좋겠다."

라고 참소하자 수성이 그대로 했다.

가을 8월, 왕은 장수를 보내 한나라 요동 서쪽 안평현을 습격해 대방의 수령을 죽이고 낙랑태수의 처자를 빼앗아 돌아왔다. 겨울 10월, 우보 고복장이 왕에게,

"수성이 반란을 도모합니다. 청컨대 먼저 그를 처형하소서."

라고 했다. 그러자 왕은,

"내가 이미 늙었고, 수성은 나라에 공이 있으니, 내가 그에게 왕위를 물려주려 한다. 그대는 염려하지 않아도 된다."

라고 하자, 복장은,

"수성은 잔인하고 어질지 못합니다. 그런데 오늘 대왕에게 왕위를 물려받는다면, 내일은 대왕의 자손을 해칠 것이 분명합니다. 대왕께서는 오직 어질지 못한 아우에게 은혜를 베푸는 것만 생각하고, 죄 없는 자손들에게 미칠 후환을 알지 못하니, 바라옵건대 대왕께서는 깊이 살피소서."

라고 간언했다. 12월, 왕이 수성에게 왕위를 물려주고 별궁으로 물러났다. 이를 태조대왕이다.

차대왕

◉ 차대왕의 이름은 수성이고 대조왕의 동복 아우로 용감하고 위엄은 있었지만, 인자한 마음은 부족했다. 태조대왕의 뒤를 이어 왕위에 올랐는데, 나이가 76세였다.

◉ 2년 봄 2월, 관나패자 미유를 좌보로 임명했고, 3월, 우보 고복장을 죽였다. 복장은 죽을 때 "비통하구나. 난 선왕의 근신으로 반역을 꾸미는 자들을 보고 어찌 말하지 않을 수 있겠는가? 전 왕이 내 말을 듣지 않아 이렇게 되었구나. 이제 새 임금은 새 정치와 교화를 백성에게 보여야 하는데, 자신에게 바른말을 한 충신을 도리어 죽이려고 한다. 내가 이런 무도한 시대에 살아서 무엇하리오. 하루라도 빨이 죽는 것이 낫겠다."

라고 한탄했다. 고복장의 말에 사람들은 분노하고 애석하게 생각했다. 가을 7월, 좌보 목도루가 병을 구실로 퇴직하고 환나부 우태 어지류를 좌보로 임명하면서 대주부로 작위를 올렸다. 겨울 10월, 비류나부 양신을 중외대부로 임명해, 우태로 작위를 올렸다. 이들은 모두 왕의 옛 친구들이었다. 11월에 지진이 일어났다.

⊙ 3년 여름 4월, 왕은 태조대왕의 맏아들 막근을 죽였는데, 그의 아우 막덕 역시 화가 미칠까 걱정하다가 목매어 자결했다.

○ 저자의 견해

옛날 송나라 선공은 아들 여이 대신 아우 목공을 왕으로 세웠다. 이것은 하찮은 작은 인정으로 국가 대계를 어지럽힌 것인데, 그 결과 여러 세대에 걸쳐 환란이 끊이지 않았다. 이에 『춘추』에서는 '정도(正道)에 있는 것을 크게 여기라' 고 했다. 태조왕은 정의를 알지 못해 왕위를 정에 이끌려 어질지 못한 아우에게 넘겨 화란이 일어나, 충신 한 명과 자신의 두 아들이 죽었다.

가을 7월, 왕이 평유원에서 사냥하던 중 흰 여우가 따라오면서 울자, 왕은 여우를 쏘았지만 화살이 빗나갔다. 왕이 사무에게 묻자,

"여우는 본디 요망스럽고, 상서롭지 못합니다. 더구나 털 빛깔이 흰색이라 더더욱 괴이합니다. 그러나 하늘이 간절한 뜻을 말로 전할 수 없기 때문에 요괴한 것을 보여준 것입니다. 이것은 임금에게 두려움과 반성을 깨닫게 하여 스스로 새롭게 하라는 것입니다. 임금이 덕을 닦는다면, 화를 복으로 바꿀 수가 있는 뜻입니다."

라고 했다. 그러자 왕은,

"흉하면 흉하다, 길하면 길하다고 할 것이지, 요망스럽다고 말해 놓고 복이 된다 하니 거짓말이 아니더냐?"

라며 그를 단칼에 죽였다.

⊙ 4년, 여름 4월 그믐 정묘 날에 일식이 일어났고, 5월, 오성

이 동방에 모이자 천기를 맡은 관원은 왕이 노할까 두려워 거짓으로,

"이것은 임금의 덕이고 나라의 복입니다."

라고 하자 왕은 기뻐했다. 겨울 12월에 얼음이 얼지 않았다.

⊙ 8년 여름 6월, 서리가 내렸고 겨울 12월에는 천둥과 지진이 일어났으며, 그믐날 객성이 달을 침범했다.

⊙ 13년 봄 2월, 혜성이 북두에 출몰했고, 여름 5월, 그믐 갑술날에 일식이 일어났다.

⊙ 20년 봄 정월, 그믐에 일식이 일어났고 3월, 태조대왕이 119세로 별궁에서 죽었다. 연나조의 명림답부가 백성의 고통을 불쌍히 여겨 왕을 죽였다. 호를 차대왕이라 했다.

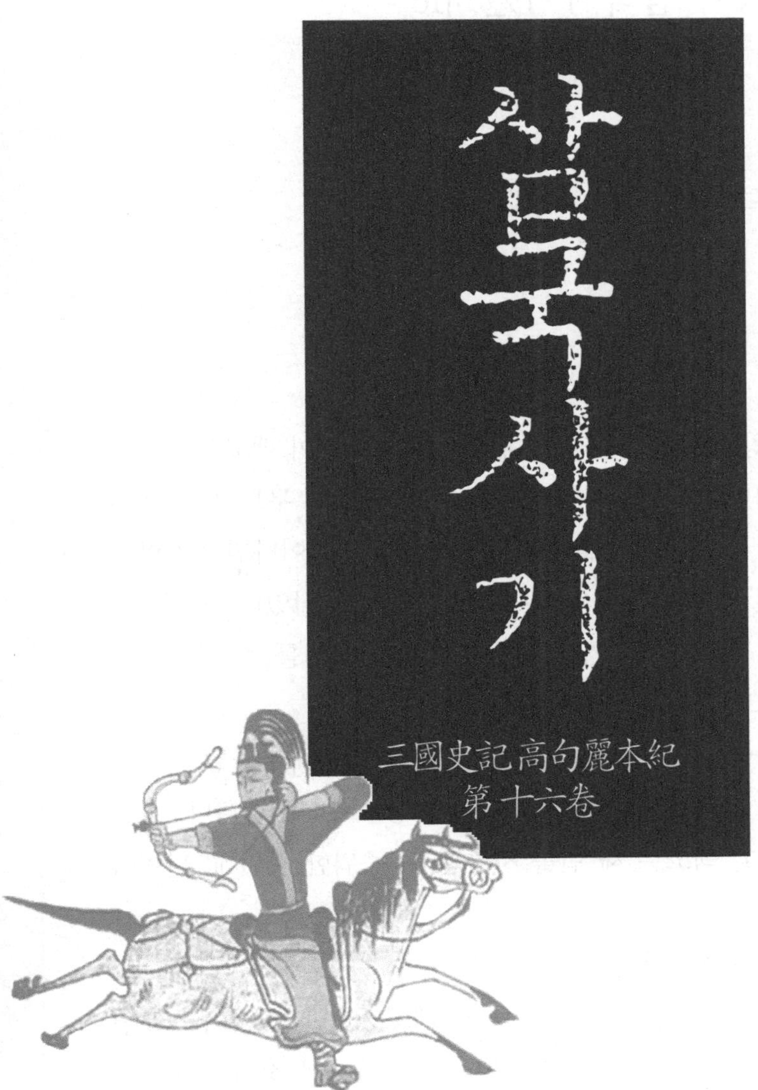
삼국사기
三國史記 高句麗本紀
第 十六卷

삼국사기 권 제16

고구려본기 제4

신대왕, 고국천왕, 산상왕

신대왕

⊙ 신대왕은 태조대왕의 막내아우이고, 이름이 백고 '固'를 '句'라고도 한다이다. 지혜가 있고 성품이 온화하다. 무도한 선왕 차대왕이 임금 자리에 있을 때, 백고는 환란이 일어나면 자신에게 해가 미칠 것을 염려해 산골짜기로 피신해서 살았다. 차대왕이 살해되자 좌보 어지류가 대신들과 의논해 백고를 추대했다. 백고가 궁으로 돌아오자 어지류가 옥새를 바치며,

"선왕이 불행하게 죽었는데, 아들이 있지만 나라를 맡길 수가 없습니다. 그래서 인심이 어진 당신을 왕으로 모셨습니다."

라고 했다. 백고는 세 번을 사양한 뒤 즉위한 것인데, 나이가 77세였다.

⊙ 2년 봄 정월, 왕은,

"내가 어쩔 수 없이 왕의 근친으로 태어났지만, 천성적으로 임금의 덕성을 갖추지 못했다. 앞서 형제 사이에 정권을 물려준 것은 왕위를 직계자손에게 전하는 법을 어긴 것이었다. 이로써 나는 화가 두려워 마음이 편치 못했다. 그래서 먼 곳으로 떠나 은둔했던 것이다. 선왕의 흉보에 슬픈 마음을 가눌 수가 없었

다. 오늘 백성과 대신들이 나를 추대할 줄을 꿈에도 생각하지 못했다. 의당 은혜를 멀리 펴고 대중과 더불어 '나를' 새롭게 해야 할 것이니 전국의 죄수들을 대사면하라!"

라고 했다. 이에 백성은 대사령을 듣고, 기뻐하면서

"새 임금의 은덕이 크다!"

라고 했다.

◉ 3년 가을 9월, 왕은 졸본에 가서 시조묘에 제사 지냈고, 겨울 10월에 졸본에서 돌아왔다.

◉ 4년, 한나라 현토군 태수 경림이 침입해 고구려 군사 수백 명을 죽이자, 왕은 항복하고 현토에 속하겠다고 했다.

◉ 5년, 왕은 대가 우거와 주부 연인에게 군사를 내줘 현토 태수 공손도를 도와 부산의 적을 치게 했다.

◉ 8년 겨울 11월, 한나라에서 대병을 일으켜 고구려로 향하자 왕은 군신들에게 공격과 수비에 대해 물었다. 그러자 신하들은,

"한나라는 군사들의 숫자만 믿고 우리를 경시하고 있습니다. 우리가 맞서 싸우지 않으면, 우리를 겁쟁이로 여기고 자주 침입할 것입니다. 하지만 우리나라는 산이 험준하고 길이 좁기 때문에 한명이 문을 지키면 만 명을 막아낼 수 있습니다. 군사를 출동시켜 방어 하십시오."

라고 했다.

이때 답부가,

"출동하시면 안 됩니다. 한나라는 나라가 크면서 백성도 많습니다. 지금 그들이 쳐들어오고 있으니 당할 수가 없습니다. 아울러 병력이 많은 쪽은 싸우는 것이 유리하고, 병력이 적은 쪽은 막는 것이 유리합니다. 더구나 한나라는 천리나 되는 먼 곳

에서 군량을 수송하기 때문에 장기간 버틸 수가 없습니다. 따라서 성 밖에 도랑을 깊이 파고 보루를 높이 쌓고, 성 밖 들판에 곡식 한 톨, 사람 그림자조차 없이 비워 놓고 기다려야 할 것입니다. 그러면 저들은 반드시 열흘이나 한 달을 넘기지 못하고, 굶주림과 피곤으로 철군할 것입니다. 이 순간을 놓치지 않고 우리의 강한 군사가 밀어붙인다면 뜻대로 될 것입니다."

라고 했다.

왕이 답부의 말대로 따랐는데, 과연 그들이 철군하기 시작했다. 이때 답부가 수천 명의 기병을 동원해 좌원에서 전투를 벌이니 한나라 군사가 대패하였다. 이에 왕은 답부에게 좌원과 질산을 식읍으로 하사했다.

⊙ 12년 봄 정월, 군신들이 태자를 정할 것을 요청했고, 3월에 왕자 남무를 왕태자로 삼았다.

⊙ 14년 겨울 10월, 그믐 병자 날에 일식이 일어났다.

⊙ 15년 가을 9월, 국상 답부가 113세에 죽자, 왕은 직접 애도를 표하면서 7일간 조회를 중단했다. 그리고 질산에 장례를 지내고 20여 호의 묘지기를 두었다. 겨울 12월, 왕이 죽자 고국곡에 장례를 지내고, 호를 신대왕이라 했다.

고국천왕

⊙ 고국천왕국양의 이름은 남무이이모이고 신대왕 백고의 둘째 아들이다. 백고가 죽자 백성이 맏아들 발기가 어질지 못하다며 동생 이이모를 왕으로 삼았다. 발기는 형임에도 불구하고 왕위를 잇지 못한 것을 한탄하여, 소노가와 함께 각각 민호 3만여

명을 데리고 요동태수 공손강에게 항복한 다음 비류수 가에서 살았다. 왕은 키가 9척이고, 풍채가 늠름하며 힘이 장사였다. 일 처리에 있어서도 관용과 예리함을 동시에 겸비했다.

⊙ 2년 봄 2월, 제나부 우소의 딸 우씨를 왕후로 삼았고, 가을 9월, 졸본으로 가서 시조 사당에 제사 지냈다.

⊙ 4년 봄 3월, 갑인 날 밤에 붉은 기운이 태미 성좌를 관통했는데, 마치 뱀과 같은 형상이다. 가을 7월 혜성이 태미 성좌에 출몰했다.

⊙ 6년, 한나라 요동태수가 군사를 일으켜 고구려를 공격하자 왕자 계수를 보내 대항하게 했지만 승리하지 못했다. 그러자 왕이 직접 정예 기병과 함께 출동해 좌원에서 싸워 이겼다. 이때 적의 머리가 산처럼 쌓였다.

⊙ 8년 여름 4월, 을묘에 형혹성이 심성 성좌에 머물렀고, 5월 그믐 임진 날에 일식이 일어났다.

⊙ 12년 가을 9월, 서울에 눈이 여섯 자가 내렸고, 중외대부 패자 어비류와 평자 좌가려는 왕후의 친척으로 권력을 잡고 있었다. 그 자제들이 그 세도를 믿고 교만하고 사치하였으며 다른 사람의 딸을 겁탈하거나 남의 토지와 주택을 빼앗았다. 이에 백성이 원망하고 분개했다. 이 사실을 보고 받은 왕은 이들 처형하려고 했다. 그러자 좌가려 등이 네 연나와 함께 모반을 꾸몄다.

⊙ 13년 여름 4월, 좌가려의 역적들은 서울을 침공했고, 이에 왕은 병마를 징발해 그들을 진압했다. 겨울 10월, 왕은 안류에게,

"만일 그대의 충고가 없었다면, 내가 을파소와 함께 나라를 다

스리지 못했을 것이다. 이 모든 것은 그대의 공로이다"

라면서 대사자로 임명했다.

○ 저자의 견해

옛날 명철한 임금들은 현명한 자를 등용할 때 조건을 따지지 않았고, 또한 등용한 후에는 의심하지 않았다. 은나라 고종은 부열에게, 촉나라 유비는 공명에게, 진나라 부견은 왕맹에게 그러하였으니, 정치가 개선되고 교화가 이루어져 나라를 보전할 수 있었다.

⊙ 16년 가을 7월, 서리가 내려 곡식이 죽었고, 이에 백성이 굶주려 구제했다. 겨울 10월, 왕이 질산 남쪽에서 사냥 중에 길에서 우는 자를 보고 그 이유를 묻자,

"제가 가난하여 품팔이로 어머님을 봉양하였는데 금년에 흉년이 들어 품팔이할 곳이 없어 도저히 곡식을 얻을 길이 없기에울고 있습니다."

라고 했다. 그러자 왕은,

"아아! 내가 백성의 부모로서 이런 지경에 이르게 했으니, 모두 내 탓이다!"

라면서 옷과 음식을 주었다. 이어서 서울과 지방의 관청에 명해 홀아비, 과부, 고아, 독거노인들을 탐문하여 구제케 했다. 또한 매년 봄 3월부터 가을 7월까지 관곡을 풀어 곡식을 빌려주었다가 겨울 10월에 상환하게 하는 법을 만들었다.

⊙ 19년, 한나라 헌제 건안 2년에 중국에서 큰 난리가 일어나 귀순하는 한나라 백성이 많았다. 여름 5월에 왕이 죽자 고국천 언덕에 장사 지냈고, 호를 고국천왕이라 했다.

산상왕

⊙ 산상왕의 이름은 연우또는 위궁이고 고국천왕의 아우이다. 고국천왕은 아들이 없었기 때문에 연우가 뒤를 이었다. 고국천왕이 죽었을 때 왕후 우씨는 왕이 죽은 사실을 비밀로 하고, 밤에 왕의 아우 발기의 집에 가서,

"왕의 후사가 없다. 그래서 당신이 뒤를 이어라."

고 했다. 하지만 발기는 왕이 죽은 것을 알지 못한 채,

"모든 것은 하늘에 달려 있으니 경솔하게 논할 수가 없다. 더구나 부인이 밤에 출입하는 것이 예절에 어긋난다."

라고 했다. 이에 왕후는 부끄러워 하며 연우의 집으로 갔다. 그러자 연우는 의관을 입고, 문에 나와 왕후를 맞아들인 다음 자리에 앉히고 잔치를 열었다. 이에 왕후가,

"대왕이 죽었다. 그런데 후사가 없으니 발기가 아우로서 뒤를 이어야겠지만, 그는 내가 딴 마음을 먹었다고 생각했는지 무례하고 오만하였다. 그래서 아주버니에게 온 것이다."

라고 했다.

이때 연우는 왕후를 극진히 모시기 위해 직접 고기를 베어 주다가 손가락을 다쳤다. 그러자 왕후는 허리띠를 풀어 그의 다친 손가락을 감싸 주었다. 얼마 후 왕후는 환궁할 때 연우에게,

"밤이 깊어 무슨 일이 생길까 염려되니 아주버니가 나를 대궐까지 데려다 달라."

라고 했다. 연우가 두말없이 왕후의 손을 잡고 대궐로 들어갔다. 이튿날 날이 새기가 무섭게 왕후는 선왕의 유언이라고 거짓말한 다음 군신들을 내세워 연우를 왕으로 추대하게 했다. 이에 발기가 크게 노해서 군사로 왕궁을 포위하면서,

"형이 죽으면 마땅히 아우가 왕위를 계승하는 것이 당연한데, 네가 어째서 왕위를 찬탈했느냐! 빨리 나오지 않으면 처자들까지 모두 죽이겠다."

라고 외쳤다.

그렇지만 연우는 3일 동안 문을 닫고 나오지 않았고, 백성은 발기를 따르지 않았다. 이에 발기는 어렵다는 것을 알고 처자들과 함께 요동으로 도주해 요동태수 공손도를 만나,

"나는 고구려 왕 남무의 동복 아우이다. 남무가 죽었는데, 내 아우 연우가 형수 우씨와 공모해서 왕위를 빼앗았다. 하여 나는 상국으로 귀순하려고 왔다. 더구나 군사 3만 명을 빌려 주면 연우를 쳐서 고구려의 분란을 평정하겠다."

라고 했다.

공손도가 군사를 빌려 주자 발기가 진격했는데, 연우가 아우 계수에게 명해 요동에서 오는 군사를 막자 한나라 군사는 크게 패했다. 그때 발기가 계수에게,

"네가 늙은 형을 죽이겠는가?"

라고 하자 계수는 그를 죽이지 못하고 연우의 행동은 잘못이 있지만, 형은 분한 생각으로 나라를 멸망시키려는 것은 어째서인가? 죽은 후에 선조들을 어떻게 대하려고 하는가?"

라고 했다. 그러자 발기는 부끄러워 배천으로 도주했다가 목을 찔러 자결했다. 계수가 슬피 울고 발기의 시체를 거두어 돌아왔다. 왕은 슬퍼하면서도 한편으로는 기뻐했다. 이때 계수가,

"제가 한마디 말을 하고 죽기를 청합니다. 왕후가 선왕의 유언으로 대왕을 즉위하게 했지만, 대왕은 예로써 사양하지 않았습니다. 이것으로 형제간의 의리는 없어졌습니다. 저는 대왕의 미

덕을 이루고자, 발기의 시체를 거두었는데, 이것이 대왕의 노여움을 살 줄이야 누가 알았겠습니까? 대왕께서 어진 마음을 베풀어 발기의 죄악을 잊어버리고, 형에 대한 상례로써 장례를 지낸다면, 누가 대왕을 욕하겠습니까?"

라고 했다. 그때서야 왕은 따뜻한 표정으로 위로했다.

가을 9월, 발기의 상례를 지내고, 왕례로써 배령에 장사 지냈으며, 왕은 왕비 우씨 덕분에 왕위를 잇게 되었기 때문에 형수 우씨를 왕후로 삼았다.

⊙ 2년 봄 2월, 환도성을 쌓았고, 여름 4월, 전국의 사형수 이하의 죄수들을 풀어줬다.

⊙ 3년 가을 9월, 왕이 질산 남쪽에서 사냥했다.

⊙ 7년 봄 3월, 왕은 아들을 얻기 위해 산천에 기도했는데, 15일 밤 꿈에 하늘이 왕에게,

"내가 너의 소후에게 아들을 주겠다."

라고 했다. 잠을 깬 왕은 대신들에게,

"꿈에 하늘이 이렇게 말했는데, 소후가 없구나."

라고 하자 을파소가,

"천명은 알 수 없기 때문에 기다리면 됩니다."

라고 했다. 가을 8월, 국상 을파소가 죽자 고우루를 국상으로 임명했다.

⊙ 12년 겨울 11월, 교제에 올릴 돼지가 달아나자 관리들이 주통촌까지 쫓아갔지만 잡지 못했다. 이때 나이가 20세 정도의 미인이 쉽게 돼지를 잡아 주었다. 이 말을 들은 왕은 이상히 여겨 그녀를 만나기 위해 밤에 평복을 입고 집으로 찾아갔다. 그 여자는 왕이 왔다는 소리에 감히 거절하지 못했다. 왕은 방으로

들어가 그 여자와 동침하려고 했다. 그러자 여자가,

"대왕의 명이라 피할 수는 없습니 다만, 그 대신 아이가 태어나면 버리지 말아주십시오."

라고 말하자 왕이 쾌히 승낙했다.

◉ 13년 봄 3월, 왕후는 왕이 주통촌 여자와 동침했다는 사실을 알고, 여자를 몰래 죽이려고 군사를 보냈지만, 여자는 이 소문을 듣고 남장하여 도피했다. 하지만 군사들이 여자를 추격해 죽이려고 하자, 여자가,

"나를 죽이려는 것은 왕명이냐, 왕후의 명이냐? 내 뱃속에 아이는 왕의 혈육이다. 나를 죽이는 것은 좋지만, 왕자까지 죽일 셈이냐?"

라고 물었다.

이에 군사들이 여자를 죽이지 못하고 돌아와 보고하자 왕후가 노해 더욱 죽이려고 했지만 끝내 성공하지 못했다. 왕은 이 말을 듣고 곧 다시 여자의 집으로 가서,

"네가 지금 임신한 것이 누구의 자식이냐?"

라고 묻자 여자가,

"평생을 형제와도 잠자리를 하지 않았는데, 어인 말씀이십니까? 지금 뱃속의 아이는 대왕의 혈육입니다."

라고 말했다. 가을 9월, 주통촌 여자가 아들을 낳았고, 이에 왕은 기뻐하면서,

"이는 하느님이 내려 주신 후계자이구나."

라고 했다. 교제에 잡을 돼지로 맺어진 인연이라며 아이의 이름을 교체라고 지었고, 아이의 어미를 소후로 삼았다. 처음 소후의 어머니가 그녀를 임신했을 때 무당이 점을 쳐 황후가 태어

날 것을 예언했고, 그래서 이름을 후녀라고 이름 하였다. 겨울 10월, 왕은 환도성으로 도읍을 옮겼다.

⊙ 17년 봄 정월, 교체를 왕태자로 삼았다.

⊙ 21년 가을 8월, 한나라 평주사람 하요가 백성 1천여 호와 함께 귀순했다. 10월, 우레와 지진이 일어났고, 혜성이 동북방에 출몰했다.

⊙ 23년 봄 그믐 임자 날에 일식이 일어났다.

⊙ 24년 여름 4월, 이상한 새들이 대궐로 모여들었다.

⊙ 28년, 왕의 손자 연불이 태어났다.

⊙ 31년 여름 5월, 왕이 죽자 산상릉에 장례 지내고, 호를 산상왕이라 했다.

삼국사기
三國史記 高句麗本紀
第十七卷

삼국사기권제17

고구려본기 제5

동천왕, 중천왕, 서천왕, 봉상왕, 미천왕.

동천왕

⊙ 동천왕동양의 이름이 우위거이고 아명은 교체이며 산상왕의 아들이다. 어머니는 주통촌 사람으로 산상왕의 소후가 되었지만, 사기에는 가족과 성에 대한 기록이 없다. 왕은 산상왕 17년에 태자가 되었다. 왕후가 왕을 시험하기 위해 유람하러 나가기 직전 사람을 시켜 왕이 타는 말의 갈기를 잘랐다. 이를 본 왕은,

"말이 갈기가 없어 불쌍하구나."

라고 했다. 또한 왕후는 시종을 시켜 밥상을 올릴 때 일부러 왕의 옷에 국을 엎지르게 했다. 하지만 왕은 성내지 않았다.

⊙ 2년 봄 2월, 왕이 졸본으로 가서 시조 사당에 제사 지내고, 죄수들을 대사면했다. 3월, 우씨를 왕태후로 봉했다.

⊙ 4년 가을 7월, 국상 고우루가 죽자 우태 명림 어수를 국상으로 삼았다.

⊙ 8년, 위나라에서 사신을 보내와 화친을 맺었고 가을 9월, 태후 우씨가 죽었는데, 태후가 죽을 때,

"내가 행실이 바르지 않았다. 이제 무슨 면목으로 지하에서 국양왕의 얼굴을 보겠는가? 내가 죽으면 산상왕릉 옆에 묻어라."

라고 유언했다.

태후의 유언대로 장사 지내자 무당이,

"국양왕이 나에게 내려와 '어제 우씨가 산상왕에게 가는 것을 보고는 분해서 우씨와 싸웠다. 낯이 아무리 두꺼워도 백성을 볼 수가 없구나. 네가 이를 알려 내 무덤을 가리는 시설을 설치하라고 말씀하셨습니다."

라고 했다. 그래서 국양왕의 능 앞에 일곱 겹으로 소나무를 심었다.

⊙ 10년 봄 2월, 오나라의 왕 손권이 사신 호위를 보내 화친을 청했다. 그러자 왕은 사신을 억류했다가 가을 7월에 목을 베어 위나라에 보냈다.

⊙ 11년, 위나라에 사신을 보내 위의 연호가 개정된 것을 축하했는데, 이때가 경초 원년이었다.

⊙ 12년, 위나라 태부 사마선왕이 군사를 동원해 공손연을 토벌했고, 왕은 주부대가에게 군사 1천 명을 내줘 돕게 했다.

⊙ 16년, 왕이 장수를 보내 요동 서안평을 격파했다.

⊙ 17년 봄 정월, 왕자 연불을 왕태자로 삼고, 죄수들을 사면했다.

⊙ 19년 봄 삼월, 동해 사람이 미녀를 바쳤는데, 왕은 후궁으로 맞이했다. 겨울 10월, 군사를 출동시켜 신라 북쪽을 침공했다.

⊙ 20년 가을 8월, 위나라가 유주자사 관구검에게 1만 명을 내줘 현토를 침공하게 했다. 이에 왕은 보병과 기병 2만 명을 동원해 비류수에서 전투를 벌여 물리쳤다. 겨울 10월, 관구검이 환도성을 공격해 함락시키고 백성들을 죽였으며, 장군 왕기로 하여금 왕을 추격케 했다. 그러자 왕은 남옥저로 도주하다가 죽령

에 도착했는데, 군사들은 거의 없어지고, 오직 동부의 밀우만 있었다. 이때가 밀우가,

"지금 적병이 가까운 거리까지 추적하고 있습니다. 제가 결사적으로 적군을 방어하면, 왕께서는 피할 수가 있을 것입니다."

라고 했다.

그는 결사대를 만들어 전력을 다해 싸웠고, 이틈에 왕은 사잇길로 가다가 흩어진 군사들을 모아 호위토록 했다. 이때 왕은 군사들에게,

"만약 밀우를 찾아온다면 후한 상을 주겠다."

라고 했다.

이때 하부 유옥구가,

"제가 가겠습니다!"

라면서 전장으로 갔는데, 쓰러져 있던 밀우를 등에 업고 왔다. 왕은 자신의 다리 위에 밀우를 눕혔는데, 한참 뒤에 살아났다. 왕은 다시 샛길로 남옥저에 도착했다. 하지만 위나라 군사는 추격을 멈추지 않았다. 이에 왕이 당황해 하자 동부사람 유유가,

"이렇게 앉아서 죽을 수 없습니다. 저에게 계책이 있는데, 제가 위나라 군사들에게 음식을 가지고 가서 위로하다가, 적장을 죽이겠습니다. 이 계책이 맞아 떨어지면 왕께서 적을 공격하십시오. 그러면 능히 이길 수 있을 것입니다."

라고 했다.

곧바로 유유는 위나라 군중에 들어가 거짓 항복하면서,

"우리 임금이 대국에 죄를 짓고 바닷가로 도망쳤는데, 이제 의지할 곳이 없어 귀국의 진영에 항복해 귀국에게 죽음을 맡기려 합니다. 그래서 나를 미리 보내 음식으로 군사들을 대접하게 했

습니다.”

라고 했다.

위나라 장수가 그의 항복을 받으려고 가까이 갔는데, 이때 유유가 식기에 숨겨 둔 칼을 뽑아 위나라 장수의 가슴을 찌르고 함께 죽었다. 그러자 위나라 군사는 혼란에 빠졌고. 이틈에 왕은 군사를 세 길로 나누어 급습했다. 위나라 군사들은 맞서 싸우다 낙랑에서 퇴각했다. 왕은 귀국하여 밀우에게는 거곡과 청목곡을, 옥구에게는 압록과 두눌하원을 주어 식읍으로 삼게 했다. 전쟁 때 위나라 장수가 숙신 남쪽 경계의 돌에 전공을 새겨 기념하고, 또한 환도산에 이르러 불내성에 기념비를 새기고 돌아갔다.

전쟁이 발발하기 전 신하 득래가 왕이 중국을 침략하고 배반하는 것을 중단하자며 수차례 간했다. 하지만 왕이 말을 따르지 않으므로 득래는 탄식하며,

“머지않아 땅은 쑥대밭이 될 것이다.”

라면서, 단식하다가 굶어서 죽었다. 위나라 장수 관구검은 군사들에게 그의 무덤을 헐지도 말고 무덤의 나무도 베지 못하도록 했다. 그리고 그의 처자들을 찾아서 풀어 주었다.

⊙ 22년 봄 2월, 신라가 사신을 보내와 화친을 맺었고 가을 9월, 왕이 죽었고 시원에 장례를 지냈으며 호를 동천왕이라 했다. 이때 근신 중 자살하여 순장되기를 원하는 자도 많았지만, 새 왕은 예가 아니라며 허락하지 않았다. 하지만 장례 일에 왕의 무덤에서 자결한 자가 매우 많았는데, 백성이 섶을 베어 시체를 덮어 주었기 때문에 시원이라 했다.

중천왕

⊙ 중천왕의 이름이 연불이고, 동천왕의 아들이다. 동천왕 17년에 왕태자가 되었으며, 22년 가을 9월에 왕위에 올랐다. 겨울 10월, 연씨를 왕후로 삼았고, 11월 왕의 아우 예물, 사구 등이 반역을 일으키다가 죽었다.

⊙ 3년 봄 2월, 왕이 국상 명림어수에게 군사에 관한 사무를 맡도록 명했다.

⊙ 4년,여름 4월, 왕은 관나부인을 가죽주머니에 넣어 서해에 던지게 명했다. 관나부인은 미인이고 머리털이 9척이나 되었으며, 왕은 그녀를 사랑해 소후를 삼으려 했다. 그러자 왕후 연씨는 왕의 사랑을 독차지할 것을 걱정해 왕에게,

"제가 듣기로 서쪽 위나라에서는 긴 머리털을 천금에 산다고 합니다. 옛날에 선대 임금은 중국에 예물을 보내지 않아 병란을 당해 쫓겨 다녔고, 나라를 잃을 뻔했습니다. 그러니 이제 왕께서는 위나라에 사신을 보내 머리털이 긴 미인을 진상하면, 흔쾌히 받아들여 침범하는 일이 없을 것입니다."

라고 했다.

하지만 왕은 그녀의 의도를 알고 대답하지 않았다. 관나부인은 자기에게 해가 미칠 것을 생각해 왕에게,

"왕후가 항상 나에게 '시골 계집이 어찌 여기에 있느냐? 스스로 돌아가지 않으면 후회할 것이다' 라고 합니다. 대왕이 없을 때 왕후가 나를 해치려 든다면 어찌하오리까?."

라고 참소했다.

그 후 왕이 기구에서 사냥을 마치고 돌아오자, 관나부인이 가죽 주머니를 들고나와 왕을 맞이해 울면서,

"왕후가 이 가죽 주머니에 담아 바다에 버리려 합니다. 대왕께

서 저의 목숨을 돌보아 집으로 돌아가게 해준다면, 어찌 더 대왕을 옆에서 모시길 바라겠습니까?"

라고 했다. 왕은 거짓말임을 알고 화를 내며 관나부인에게,

"정녕, 바다에 들어가기를 원하느냐?"

라고 하면서 바다에 던지게 했다.

⊙ 7년 여름 4월, 국상 명림어수가 죽자, 비류 패자 음우를 국상으로 임명했고, 가을 7월, 지진이 일어났다.

⊙ 8년, 왕자 약로를 왕태자로 삼았고 사면령을 내렸다.

⊙ 9년 겨울 11월, 연나부의 명림홀도를 공주와 혼인시켜 부마도위를 삼았다. 12월, 눈이 내리지 않았으며 전염병이 만연했다.

⊙ 12년 겨울 12월, 왕은 두눌곡에서 사냥을 했는데, 이때 위나라 장수 울지해이름이 장릉의 이름에 저촉되었다가 군사를 이끌고 침입했다. 그러자 왕은 정예 기병 5천 명을 출격시켜 양맥골짜기에서 이겼는데, 8천여 명의 머리를 베었다.

⊙ 13년 가을 9월, 왕은 졸본으로 가서 시조 사당에 제사 지냈다.

⊙ 15년 가을 7월, 왕은 기구에서 사냥하던 중 흰 노루를 잡았고, 겨울 11월, 우레와 지진이 일어났다.

⊙ 23년 겨울 10월, 왕이 죽었고, 중천 언덕에 장례를 지냈으며, 호를 중천왕이라 했다.

서천왕

⊙ 서천왕서양의 이름이 약로약우이고 중천왕의 둘째 아들이다. 성격이 총명하고 어질어 백성이 존경했다. 중천왕 8년에 태자가

되었다.

⊙ 2년 봄 정월, 서부 대사자 우수의 딸을 왕후로 삼았고, 가을 7월, 국상 음우가 죽자 9월에 음우의 아들 상루를 국상으로 삼았다. 겨울 12월, 지진이 일어났다.

⊙ 3년 여름 4월, 서리가 내려 보리에 피해를 입혔고, 6월에는 큰 가뭄이 찾아왔다.

⊙ 4년 가을 7월 초하루 정유 날에 일식이 일어났고, 백성이 굶주려 구제했다.

⊙ 7년 여름 4월, 왕은 신성어떤 사람은 '신성은 동북 지방에 있는 큰 진(鎭)' 이라고 했다에서 사냥 중 흰 사슴을 잡았고, 가을 8월, 왕이 신성에서 돌아왔으며, 9월에 이상한 새들이 대궐에 모여들었다.

⊙ 11년 겨울 10월, 숙신이 침입해 변방의 백성을 죽이자 왕은 신하들에게,

"내가 미덕 함에도 왕위를 이었는데, 내 탓으로 백성이 고생하고 위엄이 먼 곳까지 미치지 못해 인근의 적들이 우리 땅을 침범하는구나. 하여 지략 있는 신하와 용감한 장수로 찾아서 외적을 물리치려고 한다. 하루 빨리 인재들을 천거하라."

고 했다. 그러자 신하들은,

"왕의 아우 달가는 용맹스럽고 지략이 있습니다."

라고 했다.

왕은 달가를 보내 숙신을 치게 했는데, 뛰어난 계략으로 적을 기습해 단로성을 빼앗고, 추장을 죽였다. 또한 주민 6백여 호를 부여 남쪽 오천으로 이주시키고, 6~7개의 부락을 점령해 부용으로 삼았다. 이에 왕은 전공으로 달가를 안국군으로 삼고, 서

울과 지방의 군사에 관한 일을 맡겼다.

◉ 17년 봄 2월, 왕의 아우 일우과 소발이 모반해 병을 핑계로 온탕으로 간 다음 역적 무리들과 방종하게 놀면서 유언비어를 퍼뜨렸다. 왕이 국상을 시켜주겠다는 거짓말로 꾀어 그들을 불렀다. 이에 속은 왕의 아우들이 도착하는 순간 죽였다.

◉ 19년 여름 4월, 왕이 신성에 갔는데, 해곡태수가 밤에도 광채가 나는 고래 눈을 바쳤다. 가을 8월, 왕은 동쪽 지방에서 사냥하던 중 흰 사슴을 잡았고, 9월, 지진이 일어났다. 겨울 11월, 왕이 신성에서 돌아왔다.

◉ 23년, 왕이 죽었고 서천 언덕에 장례를 지냈으며, 호를 서천왕이라 했다.

봉상왕

◉ 봉상왕치갈의 이름이 상부삽시루이고, 서천왕의 태자이다. 그는 어려서부터 교만하고 방탕하며, 의심과 시기가 많았다.

◉ 원년 봄 3월, 왕이 안국군 달가를 죽였는데. 그 이유는 달가가 아버지의 항렬에 있고 큰 공적이 있어 백성이 존경하므로 의심해서 죽인 것이다. 이에 백성은 눈물을 흘렸다. 가을 9월, 지진이 일어났다.

◉ 2년 가을 8월, 모용외가 침노하자 왕은 신성으로 피하려고 곡림에 이르렀을 때, 모용외가 왕이 궁을 나간 것을 알아채고 추격해 왔다. 그들이 따라붙었을 때 왕이 두려워했고, 이때 신성태수 북부 소형 고노자가 기병 5백 명과 함께 왕을 맞으러 갔다가 적군과 만나 전투를 벌였다. 이에 모용외의 군사가 패배해

퇴각하자 왕은 고노자를 대형으로 진급시키고, 곡림을 식읍으로 주었다. 9월, 왕은 아우 돌고가 모반하려는 의도가 있다 하여 자결케 했다. 이때 돌고의 아들 을불은 시골로 도피했다.

⊙ 3년 가을 9월, 국상 상루가 죽자 남부대사자 창조리를 국상으로 임명하고, 작위를 대주부로 높였다.

⊙ 5년 가을 8월, 모용외가 또다시 침입해 고국원에 이르러 서천왕의 무덤을 파게 했다. 무덤을 파던 중 사람이 갑자기 죽고 광중에서 음악 소리가 들렸다. 그러자 귀신이 있다며 겁을 먹고 퇴각했다. 왕은 신하들에게,

"모용씨는 군대가 강력해 우리 강토를 여러 차례 침범했다. 대책을 강구하라."

라고 했다. 그러자 국상 창조리가,

"북부대형 고노자는 어질고 용감한 자입니다. 적을 방어하고, 백성을 편안하게 하려면 고노자가 필요합니다."

라고 했다. 왕은 고노자를 신성태수로 임명했는데, 고노자는 선정을 베풀어 명성이 높았다. 이후 모용외는 침범하지 못했다.

⊙ 7년 가을 9월, 서리와 우박이 내려 곡식에 피해를 입혔고 백성이 굶주렸다. 겨울 10월, 왕은 사치하고 화려하게 궁실을 증축했는데, 이로써 또 백성이 굶주렸다. 많은 신하들이 공사를 중단하자고 간했지만, 왕은 듣지 않았다. 11월, 왕은 을불을 찾아서 죽이려고 했지만 성공하지 못했다.

⊙ 8년 가을 9월, 귀신이 봉산에서 울었고 객성이 달을 범했으며, 겨울 12월, 우레와 지진이 일어났다.

⊙ 9년 봄 정월, 지진이 일어났고, 2월부터 가을 7월까지 비가 내리지 않아 흉년이 들어서 백성이 서로를 잡아먹었다. 8월, 왕

은 15세 이상의 남녀를 징발해 궁실을 수리하게 했다. 이때 백성은 부역의 고통으부터 피해 사방으로 유랑했다. 창조리가 왕에게 부역을 중단할 것을 간했다. 그러자 왕이 노하여,

“임금은 백성이 위로 받드는 자리이다. 따라서 궁실이 웅장하고 화려하지 않으면 위중함을 보일 수가 없다. 지금 국상은 나를 비방해 백성의 칭송을 듣고자 하는구나. 국상은 백성을 위해 죽으려고 하는가? 오늘부터 말하지 말라.”

라고 했다.

조리는 왕이 잘못을 고치려 하지 않음에 자신에게 해가 미칠 것을 두려워해 군신들과 함께 왕을 폐위시키고 을불을 왕으로 세웠다. 이때 왕은 목매어 죽었고, 두 아들 역시 함께 죽었다. 봉산 언덕에 장례지내고, 호를 봉상 왕이라 했다.

미천왕

⊙ 미천왕호양왕의 이름이 을불우불이고, 서천왕의 아들 고추가 돌고의 아들이다. 봉상왕은 아우 돌고가 모반할 생각을 가졌다며 죽였다. 그의 아들 을불은 화를 피하기 위해 도망했었다. 처음에는 수실촌 음모의 집에서 머슴살이를 했는데, 음모는 을불에게 힘든 일을 시켰다. 음모는 을불이 어떤 사람인지 알지 못하고 힘든 일을 시켰다. 집 옆 연못에서 개구리가 울면, 시끄럽다며 을불에게 밤마다 돌을 던지게 했고, 낮에는 나무를 해오라고 독촉하는 등 쉴 틈을 주지 않았다. 을불은 고생을 견디지 못하고 일 년 만에 그만두고 동촌 사람 재모와 소금 장사를 했다. 배를 타고 압록에서 소금을 가지고 와서 강의 동쪽 사수촌의 어

떤 사람 집에 머물렀다. 그때 그 집에 살고 있는 노파가 소금을 요구해 한 말을 주었다. 하지만 노파가 더 많이 달라고 하자 을불은 주지 않았다.

앙심을 품은 노파가 몰래 자신의 신발을 소금 속에 묻었다. 을불은 이것을 모르고 소금을 지고 길을 떠났는데, 노파가 쫓아와 신발을 찾고는 을불을 도둑으로 몰아 압록 성주에게 고발했다. 성주는 신발값으로 소금을 빼앗아 노파에게 주고, 을불에게 매를 때린 후 석방했다.

이런저런 고생으로 사람들은 그가 왕손임을 알아보지 못했다. 이때 국상 창조리가 왕을 폐하고자 계획을 짠 후 북부 조불과 동부 소우 등을 파견해 을불을 찾게 했다.

그들이 비류하 물가에 도착했을 때, 얼굴이 초췌한 사나이가 배에 있었는데, 행동이 보통 사람과 달랐다. 이에 소우는 을불로 생각해 그에게 다가가 절을 하면서,

"국왕이 무도해 국상이 군신들과 함께 왕을 폐하려고 합니다. 왕손께서는 백성을 사랑하기 때문에 조상의 유업을 이을 수 있다고 저희를 보내 맞으라고 했습니다."

라고 했다. 그러자 을불은 의심하여,

"나는 평민이며 왕손이 아닙니다."

라고 했다. 그때 소우가,

"지금 왕은 오래전에 인심을 잃었습니다. 이에 여러 신하들은 왕손을 간절하게 바라고 있습니다. 의심하지 마시오."

라고 했다.

그들이 을불을 받들어 돌아오자 조리가 기뻐하면서 조맥 남쪽 인가에 머물게 하고, 다른 사람들에게는 비밀로 했다. 가을 9

월, 왕이 후산 북쪽에서 사냥을 갈 때 국상 조리가 따라가 여러 사람들에게,

"나와 마음이 같은 자는 나를 따라 하라."

고 했다.

그는 갈대 잎을 모자에 꽂았는데. 이때 다른 사람들도 갈대 잎을 모자에 꽂았다.

조리는 여러 사람들이 자신을 따른다는 것을 알고는 그들과 함께 왕을 폐해 별실에 가두고 군사에게 지키게 했다. 그런 다음 왕손을 맞아 옥새를 올려 왕위에 오르게 했다.

겨울 10월, 누런 안개가 사방에 끼었고, 11월 바람이 서북에서 불어와 6일 동안 모래를 날렸고 돌을 굴렸다. 12월에 혜성이 동쪽에서 출몰했다.

⊙ 3년 가을 9월, 왕은 군사 3만을 이끌고 현토군을 공격해 8천 명을 사로잡아 평양으로 이주시켰다.

⊙ 12년 가을 8월, 요동 서안평을 공격해 빼앗았다.

⊙ 14년 겨울 10월, 낙랑군을 침공해 남녀 2천여 명을 사로잡았다.

⊙ 15년 봄 정월, 왕자 사유를 태자로 삼았고, 가을 9월, 남쪽 대방군을 침공했다.

⊙ 16년 봄 2월, 현토성을 격파했는데, 적의 사상자가 매우 많았으며, 가을 8월, 혜성이 동북방에서 출몰했다.

⊙ 20년 겨울 12월, 진나라 평주자사 최비가 망명해 왔는데, 지난날 최비는 비밀리에 고구려의 단씨, 우문씨를 회유해 모용외를 공격케 하였다.

⊙ 21년 겨울 12월, 요동을 침공했고, 모용인이 항전했지만 고

구려에 패했다.

⊙ 31년, 후조의 석륵에게 싸리나무 화살을 선물했다.

⊙ 32년 봄 2월, 왕이 죽었고, 미천 언덕에 장례를 지냈으며 호를 미천왕이라 했다.

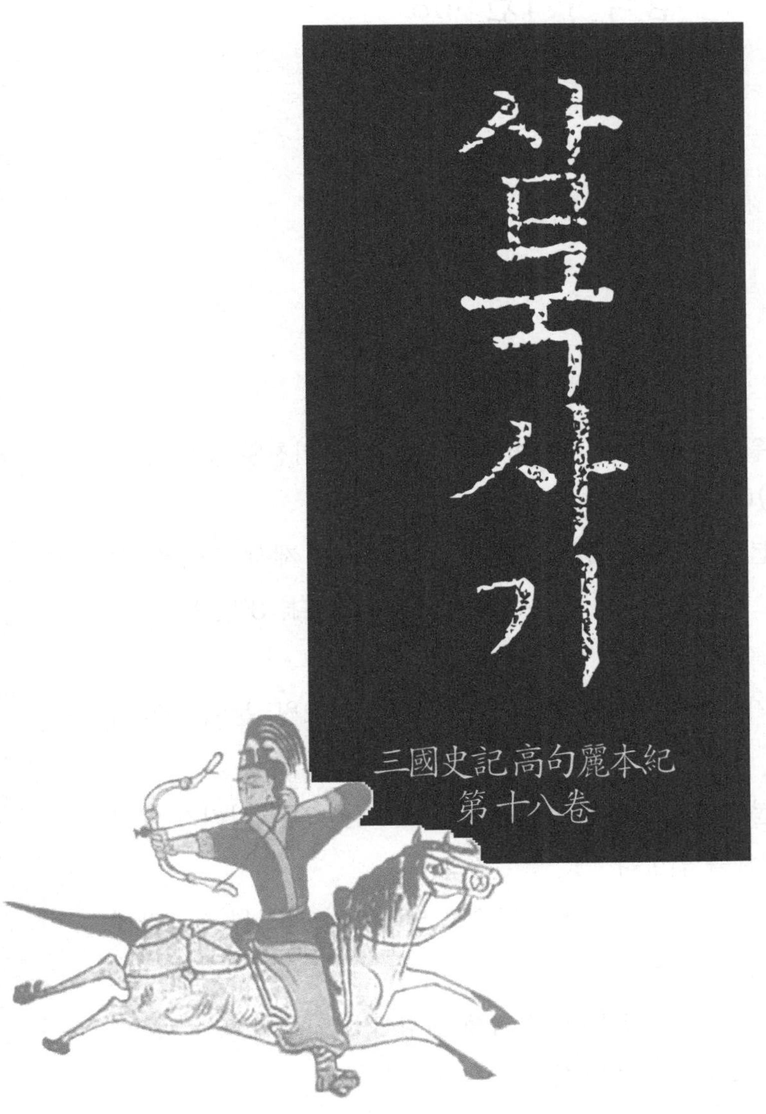
삼국사기
三國史記 高句麗本紀
第十八卷

삼국사기권제18

고구려 본기 제6
고국원왕, 소수림왕, 고국양왕, 광개토왕, 장수왕.

고국원왕

⊙ 고국원왕국강상왕의 이름이 사유쇠釗이고, 미천왕 15년에 태자가 되었다.

⊙ 2년 봄 2월, 왕이 졸본으로 가 시조 사당에 제사 지내고, 백성을 위로했으며, 늙고 병든 사람들은 구제했다. 3월, 왕이 졸본에서 돌아왔다.

⊙ 4년 가을 8월, 평양성을 증축했고, 겨울 12월, 눈이 내리지 않았다.

⊙ 5년 봄 정월, 북쪽에 신성을 쌓았고, 가을 7월, 서리가 내려 곡식에 피해를 입혔다.

⊙ 6년 봄 3월, 큰 별이 서북방으로 날아가자 사신을 진나라에 보내 토산물을 바쳤다.

⊙ 9년, 연나라 임금 황이 침입해 신성까지 이르렀고, 이때 왕이 동맹을 요청하자 돌아갔다.

⊙ 10년, 왕이 연나라 임금 황에게 세자를 보내 예방케 했다.

⊙ 12년 봄 2월, 환도성을 보수하고 국내성을 쌓았으며, 가을 8월 왕이 환도성으로 옮겼다. 겨울 10월, 연나라 임금 황이 용

성으로 도읍을 옮겼다. 11월, 연나라 임금 황이 직접 강병 4만을 이끌고 남쪽 길로 진군했다. 모용한과 모용패를 선봉으로 삼고, 별도로 장사 왕우 등에게 군사 1만 5천을 주어 북쪽 길로 진군하게 했다. 이에 왕은 아우 무에게 정예부대 5만을 이끌고 북쪽 길을 방어하게 하고, 자신은 약한 군사를 거느리고 남쪽 길을 방어했다. 이때 모용한 등이 먼저 와서 전투를 벌였고, 연이어 황의 대군이 도착해 대패했다. 좌장사 한수가 고구려 장수 아불화도가를 죽이면서 승기를 잡고 환도성으로 쳐들어왔다. 그러자 왕은 단기로 단웅곡으로 도주했고, 연나라 장군 모여니가 따라와 왕모 주씨와 왕비를 잡아서 돌아갔다. 이때 연나라 장군 왕우는 북쪽 길에서 고구려 군사와 싸우다가 전사했다. 이에 황은 더는 이상 추격하지 않고 사람을 시켜 왕을 불렀지만 가지 않았다. 황이 돌아가려고 할 때 한수가,

"고구려 땅은 우리가 남아서 지킬 수 없습니다. 지금은 그들의 임금이 도주하고 백성이 흩어져 산골짜기에 숨어 있으나 우리가 철수하면 반드시 다시 모여 군사를 수습할 것입니다. 이것은 우리에게 근심거리가 될 것입니다. 하여 고구려 왕의 아버지의 시체와 생모를 사로잡아 돌아갔다가, 고구려왕이 스스로 찾아와 사죄할 때를 기다려 돌려주면 은혜와 신의를 보여 주는 것이니 상책입니다."

라고 했다.

그러자 황은 미천왕의 무덤을 파서 시체를 싣고, 대궐 창고의 역대 보물을 탈취하고, 남녀 5만여 명을 사로잡고, 궁실을 불태우고, 환도성을 헐어버리고 철수했다.

⊙ 13년 봄 2월, 왕은 아우를 연나라에 보내 자신을 신하로 칭

하면서 예방케 하고, 1천 건의 진기한 물건을 바쳤다. 연나라 임금 황은 왕의 아버지 시체를 돌려보내고, 왕모는 볼모로 삼았다. 가을 7월, 왕은 평양 동황성으로 옮겼는데, 동황성은 지금의 서경 동쪽 목멱산에 있다. 진나라에 조공했다. 겨울 11월, 눈이 다섯 자나 쌓였다.

⊙ 15년 겨울 10월, 연나라 임금 황이 모용각을 시켜 침공케 해 남소를 함락시킨 후 수비군을 두고 돌아갔다.

⊙ 19년, 왕이 이전의 동이호군 송황을 연나라에 돌려보냈고 연나라 임금 준이 그의 죄를 용서하고, 이름을 활이라고 고쳐 중위로 등용했다.

⊙ 25년 봄 정월, 왕자 구부를 왕태자로 삼았고, 겨울 12월, 왕이 연나라에 볼모와 공물을 바치고, 왕모를 요청했다. 연나라 임금 준이 이를 허락하고, 전중장군 도감에게 왕모 주씨를 호송하여 귀국케 했다. 왕에게 정동대장군영주자사의 작호를 주고, 낙랑공으로 봉했는데, 옛말과 동일하게 되었다.

⊙ 39년 가을 9월, 왕은 군사 2만을 보내 백제를 공격했지만 치양전투에서 패배했다.

⊙ 40년, 진나라 왕맹이 연나라를 격파하자 연나라 태부 모용평이 고구려로 쫓겨 왔는데, 왕이 그를 붙잡아 진나라에 돌려보냈다.

⊙ 41년 겨울 10월, 백제 왕이 군사 3만 명을 이끌고 평양성을 공격했는데, 왕이 군사를 이끌고 방어하다가 화살에 맞았고, 23일에 죽었다. 고국 언덕에 장사 지냈다. 백제 개로왕이 위나라에 보낸 표문에 '쇠(釗)의 머리를 베었다' 고 한 것은 지나친 것이다

소수림왕

⊙ 소수림왕소해주류왕의 이름이 구부이고, 고국원왕의 아들이며 고국원왕 25년에 태자가 되었다.

⊙ 2년 여름 6월, 진나라 왕 부견이 사신과 중 순도를 파견해 불상과 경문을 보냈다. 왕은 답례로 토산물을 바쳤고 태학을 세워 자제들을 교육했다.

⊙ 3년, 처음으로 법령을 반포했다.

⊙ 4년, 중 아도가 고구려로 왔다.

⊙ 5년 봄 2월, 처음으로 초문사를 창건해 순도에게 절을 주관케 했다. 또 이불란사를 창건해 아도에게 절을 주관하게 했는데, 이것이 해동 불법의 시초다. 가을 7월, 백제의 수곡성을 공격했다.

⊙ 6년 겨울 11월,백제의 북쪽을 침공했다.

⊙ 7년 겨울 10월, 눈이 오지 않았다. 우레가 있었고, 민간에 전염병이 만연했다. 백제가 군사 3만을 이끌고 평양성을 침공했다. 11월, 백제를 쳤고, 진나라 왕 부견에게 조공했다.

⊙ 8년, 가뭄이 들어 백성이 굶주렸다. 가을 9월, 거란이 북쪽을 침범해 8개 부락을 함락시켰다.

⊙ 13년 가을 9월, 혜성이 서북쪽에서 출몰했다.

⊙ 14년 겨울 11월, 왕이 죽어 소수림에 장례를 지냈으며, 호를 소수림왕이라 했다.

고국양왕

⊙ 고국양왕의 이름은 이연어지지이고 소수림왕의 아우이다. 소

수림왕에게 아들이 없어 왕위에 올랐다.

⊙ 2년 여름 6월, 왕이 군사 4만을 이끌고 요동을 습격했는데, 연나라 임금 수가 대방 왕좌에게 용성을 수비케 했다. 좌는 우리 군사가 요동을 습격했다는 소식을 듣고 사마 학경으로 하여금 구원하게 하였다. 그러나 우리 군사가 이들을 물리치고 요동과 현토를 쳐부쉈으며 남녀 1만 명을 생포해 돌아왔다. 겨울 11월, 연나라 모용농이 침입해 요동과 현토를 회복했다. 12월에 지진이 일어났다.

⊙ 3년 봄 정월, 왕자 담덕을 태자로 삼았고, 가을 8월, 왕이 남쪽 백제를 쳤다. 겨울 10월, 복숭아와 자두 꽃이 피었고, 소가 발이 여덟 개, 꼬리가 두 개인 말을 낳았다.

⊙ 5년 여름 4월, 크게 가물었고, 가을 8월, 메뚜기 떼가 갑자기 출몰했다.

⊙ 6년 봄, 기근이 들면서 사람들이 서로 잡아먹기에 구제했다. 가을 9월, 백제가 침입해 남쪽 변경을 약탈하고 돌아갔다.

⊙ 7년 가을 9월, 백제가 달솔 진가모를 출동시켜 도압성을 쳐부수고, 주민 2백 명을 잡아갔다.

⊙ 9년 봄, 신라와 우호를 약속했고, 신라 왕은 조카 실성을 볼모로 보내왔다. 3월, 불교를 숭배해 복을 받게 하라는 교서를 내렸다. 관리들에게 사직단을 세우고 종묘를 수리케 했다. 여름 5월, 왕이 죽어 고국양에 장례를 지내고, 호를 고국양왕이라 했다.

광개토왕

⊙ 광개토왕의 이름은 담덕이고 고국양왕의 아들이며 고국양

왕 3년에 태자가 되었다. 가을 7월, 남쪽 백제를 공격해 10개의 성을 점령했고, 9월, 북쪽으로 거란을 공격해 남녀 5백 명을 생포하고, 본국에서 거란으로 도망갔던 백성 1만 명을 데리고 돌아왔다. 겨울 10월, 백제의 관미성을 공격해 점령했다. 그 성은 사면이 절벽이고, 바다로 감싸여 있었는데 20일 만에 점령했다.

⊙ 2년 가을 8월, 백제가 남쪽을 침략하자, 장수에게 명령해 방어하게 했고 평양에 아홉 개의 절을 창건했다.

⊙ 3년 가을 7월, 백제가 침략했는데, 왕은 정예기병 5천을 이끌고 그들을 쳤다. 8월, 남쪽에 일곱 개의 성을 쌓아 백제의 침범에 대비했다.

⊙ 4년 가을 8월, 왕은 패수에서 백제와 싸워 대패시키고, 8천여 명을 생포하거나 죽였다.

⊙ 9년 봄 정월, 왕이 연나라에 조공했고, 2월, 연나라 임금 성이 우리 왕의 예절이 건방지다며 직접 군사 3만을 이끌고 공격해 왔다. 그들은 모용희를 선봉으로 삼아 신성, 남소를 함락시키고, 7백여 리의 땅을 점령해 그들 백성 5천여 호를 이주시켰다.

⊙ 11년, 왕은 군사를 보내 연나라의 수비군을 공격하자 평주자사 모용귀가 성을 버리고 도망갔다.

⊙ 13년 겨울 11월, 연나라를 공격했다.

⊙ 14년 봄 정월, 연나라 임금 희가 요동성을 공격했지만, 승리하지 못하고 물러갔다.

⊙ 15년 가을 7월, 메뚜기 떼가 나타났고 가뭄이 찾아왔다. 겨울 12월, 연나라 임금 희가 거란을 공격하기 위해 경북에 도착했다. 그러나 거란의 군사가 많은 것에 겁을 먹고 돌아가다가

무거운 군수품을 버리고, 경병으로 고구려를 공격했다. 연나라는 3천여 리를 행군했기 때문에 군사와 말이 모두 피로하였고 또한 동사자가 많았으며 목저성을 공격하다가 승리하지 못하고 돌아갔다.

⊙ 16년 봄 2월, 궁궐을 증축했다.

⊙ 17년 봄 3월, 북연에 사신을 보내 같은 종족으로서의 정의를 나눴고, 북연의 임금 운이 시어사 이발을 보내 답례했다. 운의 조부 고화는 고구려의 방계로 자칭 고양씨의 후손이라 하여 해 '고'를 성씨로 삼았다. 모용보가 태자가 되었을 때, 운이 무예가 뛰어나다고 해서 동궁으로 모셨는데, 모용보가 운을 아들로 삼아 모용씨라는 성을 하사했다.

⊙ 18년 여름 4월, 왕자 거연을 태자로 삼았고, 가을 7월, 동쪽 지방의 독산 등 여섯 개 성을 쌓고, 평양의 백성을 이주시켰다. 8월, 왕이 남쪽 지방을 순행했다.

⊙ 22년 겨울 10월, 왕이 죽어 호를 광개토왕이라 했다.

장수왕

⊙ 장수왕의 이름은 거연 '連'을 '璉'으로 쓰기도 한다이고 광개토왕의 맏아들이다. 광개토왕 18년에 태자가 되었다.

⊙ 원년, 장사 고익을 진나라에 보내 표문을 올리고, 붉고 흰 말을 바쳤는데, 이때 진나라 안제가 왕을 고구려왕 낙안군공으로 봉했다.

⊙ 2년 가을 8월, 이상한 새들이 왕궁으로 날아들었고 겨울 10월, 왕이 사천벌에서 사냥을 하던 중 흰 노루를 잡았다. 12월,

서울에 눈이 다섯 자나 쌓였다.

◉ 7년 여름 5월, 동쪽 지방에 홍수가 났는데, 왕이 사람을 보내 백성들을 위로했다.

◉ 12년 봄 2월, 신라에서 사신을 보내와 예방했고, 왕이 그를 예우했다. 가을 9월, 큰 풍년이 들어, 왕은 궁중에서 신하들과 연회를 베풀었다.

◉ 13년, 위나라에 조공했다.

◉ 15년, 평양으로 도읍을 옮겼다.

◉ 23년 여름 6월, 왕은 위나라에 조공하면서 역대 황제 이름을 알려줄 것을 청하였다. 위나라 세조가 이를 가상히 여겨 제실의 계보와 이름을 기록해 보냈다. 원외산기시랑 이오를 보내 왕을 도독요해제군사 정동장군 영호동이중랑장 요동군개국공 고구려왕으로 책봉했다. 가을에 왕은 위나라에 사은했다. 위나라가 연나라를 자주 공격했기 때문에 연나라 형세가 위급해졌다. 연나라 임금 풍홍은,

"만약 사태가 위급하면 고구려에 잠시 의탁해 훗날을 도모하겠다."

라며 비밀리에 상서 양이를 고구려로 보내 받아 주기를 요청했다.

◉ 24년, 연나라 임금이 위나라에 조공하고, 사자를 보내주기를 요청했다. 그러나 위나라는 이를 받아들이지 않고, 군사를 동원해 연나라를 공격하려 하면서, 고구려에 사신을 보내 이 사실을 알렸다. 여름 4월, 위나라가 연나라의 백낭성을 공격해 승리했다. 왕은 장수 갈로와 맹광에게 군사 수만 명을 이끌고 연나라 사신 양이를 따라 화룡으로 가 연나라 임금을 맞도록 했

다. 갈로와 맹광은 연나라 성에 들어가 군사들에게 헌옷을 벗게 하고, 연나라 무기고에 있는 정장을 내주어 입게 했으며, 대규모로 성을 약탈했다. 5월, 연나라 임금이 용성에 남아 있는 백성을 고구려로 이주시키고 궁전에 불을 질렀는데, 불길은 열흘 동안 꺼지지 않았다. 백성의 행렬이 80여 리에 이어졌는데, 위나라 임금이 이것을 듣고, 산기상시 봉발을 고구려에 보내 연나라 임금을 압송하라고 했다. 왕은 위나라에 사신을 보내 표문을 바치면서, 연나라 임금 풍홍과 함께 위나라 임금의 교화를 받들겠다고 했다. 위나라 임금은 고구려 왕이 자신의 소칙을 어겼다 하여 고구려를 공격할 것을 의논하고 농우 지방의 기병을 출동시키려 하였으나 유혈, 낙평, 비 등이 간하여 중지되었다.

⊙ 25년 봄 2월, 위나라에 조공했다.

⊙ 26년 봄 3월, 처음 연나라 임금 풍홍이 요동에 당도했을 때, 왕은 사신을 보내,

"용성왕 풍군이 이곳까지 왔으니, 군사와 말이 피곤하겠습니다."

라고 했다. 풍홍은 부끄러우면서도 분노해 법도를 들먹이며 왕을 꾸짖었다. 왕은 풍홍을 평곽에 있게 하다가, 얼마 후 북풍으로 옮기게 했다. 풍홍은 원래부터 고구려를 업신여겨 정치와 법제도와 상벌을 연나라와 같게 하려고 했다. 그러자 왕은 그의 시종을 빼앗고, 태자 왕인을 볼모로 삼았다. 풍홍이 이것을 원망해 송나라에 사신을 보내 자신을 맞아줄 것을 청했다. 송태조는 그를 맞이했고, 우리에게 그를 치송하라고 했다. 왕은 풍홍이 남쪽으로 가는 것을 바라지 않았기 때문에, 장수 손수, 고구에게 북풍에서 풍홍과 그의 자손 10여 명을 죽이도록 명했다.

송의 사신 왕백구 등은 풍홍이 지휘하던 군사 7천여 명을 이끌고, 고구려 장수 손수와 고구를 습격해 고구를 죽이고 손수를 생포했다. 왕은 왕백구 등이 고구를 죽였다며 그를 잡아 사신 편에 송나라로 보냈다. 그러자 송태조는 고구려의 뜻을 지키기 위해 왕백구를 옥에 가뒀다가 얼마 후에 석방했다.

⊙ 27년 겨울 11월, 위나라에 조공했고, 12월도 위나라에 조공했다.

⊙ 28년, 신라가 변방 장수를 습격해 죽였는데, 왕이 노해서 군사를 출동시키려고 했지만, 신라 왕이 사신을 보내와 사죄했기 때문에 중단했다.

⊙ 42년 가을 7월, 신라 북쪽 변경을 침공했다.

⊙ 43년, 송나라에 조공했다.

⊙ 50년 봄 3월, 위나라에 조공했다.

⊙ 51년, 송나라 세조 효무 황제가 왕을 거기대장군개부의동삼사로 책봉했다.

⊙ 53년 봄 2월, 위나라에 조공했다.

⊙ 54년 봄 3월, 위나라에 조공했다. 이때 위나라 문명태후가 현조의 6궁이 미비하다 하면서 우리 왕에게 딸을 바치라고 했다. 그러자 왕은 딸이 이미 출가하였으며 아우의 딸을 대신 바치기를 청했다. 이에 위나라는 안락왕 진과 상서 이부를 국경으로 파견해 폐백을 보내왔다. 이때 어떤 사람이 왕에게,

"과거 위나라가 연나라와 혼인한 다음 얼마 되지 않아 연나라를 쳤습니다. 이것은 사신들이 지리를 조사해 갔기 때문입니다. 이것을 교훈으로 삼아 적당한 방법으로 거절해야 합니다."

라고 말했다. 이 말에 왕은 곧 위나라에 편지를 보내 아우의 딸

이 죽었다고 했다. 이에 위나라는 거짓이라고 의심해 대리산기상시 정준을 보내 엄중히 질책하면서,

"딸이 정말 죽었다면, 종실의 다른 여자를 선택하라."

고 했다. 이에 왕은,

"천자가 나의 전일의 잘못을 용서한다면 따르겠다."

고 했는데, 때마침 현조가 죽었기 때문에 중단되었다.

◉ 55년 봄 2월, 위나라에 조공했다.

◉ 56년 봄 2월, 왕은 말갈 군사 1만을 이끌고 신라 실직주 성을 공격해 빼앗았으며, 여름 4월, 위나라에 조공했다.

◉ 57년 봄 2월, 위나라에 조공했고, 가을 8월, 백제군사가 남쪽 변경에 침입했다.

◉ 58년 봄 2월, 위나라에 조공했다.

◉ 59년 가을 9월, 민노각 등이 위나라로 도망가 항복했다. 위나라는 그들에게 토지와 주택을 주었는데, 이때가 위 고조 연흥 원년이었다.

◉ 60년 봄 2월, 위나라에 조공했고, 가을 7월에도 조공했는데, 이후부터 공물의 수량이 배로 늘었고, 위나라에서 보답으로 주는 물량도 늘어났다.

◉ 61년 봄 2월, 위나라에 조공했고, 가을 8월에도 조공했다.

◉ 62년 봄 2월, 위나라에 조공했고, 가을 7월에도 조공했으며, 이와 함께 송나라에도 조공했다.

◉ 63년, 봄 2월 위나라에 조공했고, 가을 8월에도 조공했다. 9월, 왕은 군사 3만을 이끌고 백제를 침공해 백제왕의 도읍지 한성을 점령하여 백제 왕 부여경을 죽이고 남녀 8천 명을 생포해 돌아왔다.

⊙ 64년 봄 2월, 위나라에 조공했고, 가을 7월과 9월에도 조공했다.

⊙ 65년 봄 2월, 위나라에 조공했고, 가을 9월에도 조공했다.

⊙ 66년, 송나라에 조공했고, 백제의 연신이 투항해 왔다.

⊙ 67년 봄 3월, 위나라에 조공했고, 가을 9월에도 조공했다.

⊙ 68년 여름 4월, 남제 태조 소도성이 왕을 표기대장군으로 책봉했다. 왕은 남제에 사신 여노를 보내 조빙하게 하였는데, 위나라 광주 사람이 바다에서 여노를 붙잡아 위나라 대궐로 송치했다. 이에 위나라 고조가 왕에게,

"소도성은 자기 임금을 죽이고 강남에서 왕으로 자칭하고 있다. 나는 멸망한 나라를 옛터에서 다시 일으켜 끊어진 대를 유씨에게 잇게 하려 한다. 그런데 그대는 어찌 우리의 국경을 넘어 외국과 교섭하고 찬탈한 도덕과 내통하고 있는가? 나는 한가지 과오 때문에 그대의 옛 정성을 덮을 수 없어 여노를 돌려보내니 나의 관대함에 감동하여 스스로의 과오를 반성하고 법도를 지켜라. 그리고 백성을 편안하게 하고 그대의 동정을 보고하라."

라며 책망했다.

⊙ 69년, 남제에 조공했다.

⊙ 72년 겨울 10월, 위나라에 조공했는데, 이때 위나라는 고구려가 강성하다고 생각해 제나라 사신을 첫 번째, 고구려 사신을 두 번째로 두었다.

⊙ 73년 여름 5월, 위나라에 조공했고, 겨울 10월에도 조공했다.

⊙ 74년 여름 4월, 위나라에 조공했다.

⊙ 75년 여름 5월, 위나라에 조공했다.

⊙ 76년 봄 2월, 위나라에 조공했고, 여름 4월과 가을 윤 8월에도 조공했다.

⊙ 77년 봄 2월, 위나라에 조공했고, 여름 6월에도 위나라에 조공했다. 가을 9월, 군사를 보내 신라의 북쪽을 침공해 호산성을 점령했다. 겨울 10월, 위나라에 조공했다.

⊙ 78년, 가을 7월과 9월, 위나라에 조공했다.

⊙ 79년, 여름 5월과 가을 9월, 위나라에 조공했고, 겨울 12,월 왕이 98세로 죽어 호를 장수왕이라 했다. 위나라 효문황제는 흰색 위모관를 쓰고, 베로 만든 심의를 입고, 동쪽 교외에서 애도의 의식을 거행했다. 그리고 알자복야 이안상을 보내와 왕을 거기대장군태부요동군개국공고구려왕으로 추증하고, 시호를 강이라 하였다.

삼국사기
三國史記 高句麗本紀
第十九卷

삼국사기권제19

고구려본기 제7

문자명왕, 안장왕, 안원왕, 양원왕, 평원왕.

문자명왕

⊙ 문자명왕명치호왕의 이름은 나운이고 장수왕의 손자이다. 아버지는 장수왕의 아들 고추대가 조다였다. 조다가 일찍 죽어 장수왕이 나운을 장손으로 삼았다.

⊙ 원년 봄 3월, 위나라 효문황제가 왕을 사지절 도독요해제군사 정동장군 영호동이중랑장 요동군개국공 고구려왕으로 삼고, 왕에게 의관, 복물, 수레 깃발 등의 장식물을 내렸다. 또 왕에게 세자를 보내 입조 했으나 왕은 세자가 병이 들어 대신 한 다음 종숙 승간을 보내 위나라 황제를 예방케 했다. 여름 6월, 가을 8월, 겨울 10월, 위나라에 조공했다.

⊙ 2년 겨울 10월, 지진이 일어났다.

⊙ 3년 봄 정월, 위나라에 조공했고, 2월, 부여 왕이 처자와 함께 찾아와 나라를 바치고 항복했다. 가을 7월, 우리 군사가 신라 군사와 살수 벌판에서 싸웠는데, 신라 군사가 패하면서 견아성으로 들어가 수비했다. 우리 군사가 성을 포위하자 백제에서 군사 3천 명을 보내면서 우리 군사가 퇴각했다. 제나라 임금이 왕을 사지절산기상시도독영평이주정동대장군낙랑공으로 봉했

다. 위나라에 조공했고, 겨울 10월에 복숭아와 자두 꽃이 피었다.

⊙ 4년 봄 2월, 위나라에 조공했으며, 큰 가뭄이 찾아왔다. 여름 5월, 위나라에 또다시 조공했고, 가을 7월, 왕이 남쪽 지방으로 순행해 바다에서 망제를 지내고 돌아왔다. 8월, 왕이 백제의 치양성을 포위했는데, 백제가 신라에 구원을 청했다. 그러자 신라 왕이 장군 덕지에게 백제를 구원케 하여 우리 군사가 퇴각했다.

⊙ 5년, 제나라 임금이 왕을 거기장군으로 승진시켰고, 왕이 조공했다. 가을 7월 왕은 신라 우산성을 공격했는데, 신라 군사가 니하에서 반격해 패배했다.

⊙ 6년 가을 8월, 왕은 신라 우산성을 공격해 함락시켰다.

⊙ 7년 봄 정월, 왕은 아들 흥안을 태자로 삼았고, 가을 7월, 금강사를 창건했다. 8월, 위나라에 조공했다.

⊙ 8년, 백제 백성이 기근을 참지 못해 2천 명이 투항해 왔다.

⊙ 9년 가을 8월, 위나라에 조공했다.

⊙ 10년 봄 정월과 겨울 12월, 위나라에 조공했다.

⊙ 11년 가을 8월, 메뚜기 떼가 나타났고, 겨울 10월, 지진이 일어나 가옥이 쓰러지고 사망자도 있었다. 이때 양나라 고조가 즉위했다. 여름 4월, 양나라 고조가 왕을 거기 대장군으로 승진시켰다. 겨울 11월, 백제가 국경을 침범했고, 12월, 위나라에 조공했다.

⊙ 12년 겨울 11월, 백제가 달솔 우영에게 군사 5천 명을 내줘 수곡성을 침공케 했다.

⊙ 13년 여름 4월, 위나라에 조공하자 위나라 세종은 고구려

사신 예실불을 동당에서 접견했다.

⊙ 15년 가을 8월, 왕이 용산 남쪽으로 사냥을 갔다가 5일 만에 돌아왔다. 9월, 위나라에 조공했고. 겨울 11월, 왕이 백제를 공격했지만, 큰 눈이 내리고 날씨가 추워 동상에 걸린 군사들이 많아 퇴각했다.

⊙ 16년 겨울 10월, 위나라에 조공했다. 왕이 장수 고로를 파견해 말갈과 함께 백제 한성을 치려기 위해 횡악 아래에 주둔했다. 하지만 백제가 군사를 출동시켜 싸우다가 퇴각했다.

⊙ 17년, 양나라 고조가,

"고구려왕 낙랑군공 아무개는 정성으로 조공 약속을 분명히 지켰으므로 무군 '軍'을 '東'으로도 쓴다 대장군 개부의동삼사로 삼는다."

라는 칙서를 내렸다. 여름 5월과 겨울 12월, 위나라에 조공했다.

⊙ 18년 여름 5월, 위나라에 조공했다.

⊙ 19년 여름 윤 6월과 겨울 11월, 위나라에 조공했다.

⊙ 21년 봄 3월, 양나라에 조공했고, 여름 5월, 위나라에 조공했다. 가을 9월, 백제를 침공해 가불, 원산성을 함락시키고, 남녀 1천여 명을 사로잡았다.

⊙ 22년 봄 정월과 여름 5월, 겨울 12월, 위나라에 조공했다.

⊙ 23년 겨울 11월, 위나라에 조공했다.

⊙ 24년 겨울 10월, 위나라에 조공했다.

⊙ 25년 여름 4월, 양나라에 조공했다.

⊙ 26년 여름 4월, 위나라에 조공했다.

⊙ 27년 봄 2월, 위나라에 조공했고, 3월, 태풍이 불어 나무가

뽑혔으며, 왕궁의 남문이 무너졌다. 여름 4월과 5월, 위나라에 조공했다.

⊙ 28년, 왕이 죽어 호를 문자명왕이라 했다. 위나라 영태후가 동당에서 애도의 의식을 거행하고, 사신을 보내 왕에게 거기대장군으로 추증했다. 이때 위나라 숙종이 10세의 어린 나이이므로 태후가 섭정했다.

안장왕

⊙ 안장왕의 이름이 흥안이고, 문자명왕의 맏아들이며 문자명왕 재위 7년에 태자가 되었다.

⊙ 2년 봄 정월, 양나라에 조공했고, 2월, 양나라 고조가 왕을 영동장군도독영평이주제군사고구려왕으로 봉하고, 사신 강주성을 보내 의관, 칼, 패물 등을 전했다. 위나라 군사가 바다에서 양나라 사신을 붙잡아 낙양으로 보냈다. 위나라에서 왕을 안동장군령호동이교위요동군개국공고구려왕으로 책봉했다. 가을 9월, 양나라에 조공했다.

⊙ 3년, 여름 4월, 왕은 졸본으로 가 시조 사당에 제사 지냈고 5월, 왕이 졸본에서 돌아오다가 주, 읍의 가난한 사람들에게 곡식 한 섬씩을 하사했다.

⊙ 5년, 봄에 가뭄이 찾아왔고, 가을 8월, 백제를 침공했다. 겨울 10월, 기근이 들어 왕은 창고를 열어 백성을 구제했고, 11월, 사신에게 위나라를 예방케 하고, 좋은 말 열 필을 진상했다.

⊙ 8년 봄 3월, 양나라에 조공했다.

⊙ 9년 겨울 11월, 양나라에 공했다.

◉ 11년 봄 3월, 왕이 황성 동쪽에서 사냥을 했고, 겨울 10월, 왕이 백제와 오곡에서 싸워 승리했는데, 2천여 명을 죽였다.

◉ 13년 여름 5월, 왕이 죽어 호를 안장왕이라 했다. 이때가 양나라 중대통 3년이고, 위나라 보태 원년이다. 『양서』에는 '안장왕이 재위 8년, 보통 7년에 죽었다'로 기록되어 있으나 이는 잘못된 것이다

안원왕

◉ 안원왕의 이름은 보연이고, 안장왕의 아우이다. 안장왕이 재위 13년에 죽었는데, 아들이 없어서 보연이 왕위에 올랐다. 이때 양나라 고조가 조서를 내려 전왕의 작위를 계승하게 했다.

◉ 2년 봄 3월, 위나라 황제가 왕을 사지절산기상시영호동이교위요동군개국공고구려왕으로 책봉하고, 의관과 거기 등의 장식품을 하사했다. 여름 4월, 양나라에 조공했고, 6월, 위나라에 조공했다. 겨울 11월, 양나라에 조공했다.

◉ 3년 봄 정월, 왕은 아들 평성을 태자로 삼았으며, 2월, 위나라에 조공했다.

◉ 4년, 동위에서 왕에게 표기대장군의 작위를 더해 주고, 다른 관직은 종전과 같게 했다. 위나라에 조공했다.

◉ 5년 봄 2월, 양나라에 조공했고, 여름 5월, 남쪽 지방에 홍수가 나면서 가옥이 유실되었으며, 사망자가 2백여 명이나 되었다. 겨울 10월, 지진이 일어났고, 12월, 천둥이 쳤으며, 전염병이 크게 만연했다.

◉ 6년, 봄과 여름에 큰 가뭄이 찾아오자 사신을 파견해 백성을 구제했다. 가을 8월, 메뚜기 떼가 출몰했고, 동위에 조공했

다.

⊙ 7년 봄 3월, 백성에게 기근이 들어 왕이 순행하면서 위로하고 구제했다. 겨울 12월, 동위에 조공했다.

⊙ 9년 여름 5월, 동위에 조공했다.

⊙ 10년 가을 9월, 백제가 우산성을 포위해 왕이 정예 기병 5천 명으로 물리쳤다. 겨울 10월, 복숭아와 자두 꽃이 피었고, 12월, 동위에 조공했다.

⊙ 11년 봄 3월, 양나라에 조공했다.

⊙ 12년 봄 3월, 태풍이 불어 나무가 뽑히고 기왓장이 날아갔고, 여름 4월, 우박이 내렸다. 겨울 12월, 동위에 조공했다.

⊙ 13년 겨울 11월, 동위에 조공했다.

⊙ 14년 겨울 11월, 동위에 조공했다.

⊙ 15년 봄 3월, 왕이 죽어 호를 안원왕이라 했다. 이때가 양나라 대동 11년 동위 무정 3년이다. 『양서』에 '안원왕이 대청 2년에 죽어, 그의 아들을 영동장군 고구려왕 낙랑공으로 삼았다' 라는 기록이 있으나 잘못된 것이다

양원왕

⊙ 양원왕양강상호왕의 이름은 평성이고, 안원왕의 맏아들이며, 안원왕 재위 3년에 태자가 되었다. 겨울 12월, 동위에 조공했다.

⊙ 2년 봄 2월, 서울에 가지가 맞붙은 배나무가 생겨났고, 여름 4월, 우박이 내렸다. 겨울 11월, 동위에 조공했다.

⊙ 3년 가을 7월, 백암성을 개축했으며 신성을 수리했다. 동위에 조공했다.

⊙ 4년 봄 정월, 예의 군사 6천 명을 동원해 백제 독산성을 공격했다. 이때 신라장군 주진이 백제를 도와 퇴각했다. 가을 9월 환도에서 상서로운 벼이삭을 진상했고, 동위에 조공했다.

⊙ 5년, 동위에 조공했다.

⊙ 6년 봄 정월, 백제가 도살성을 함락시켰고, 3월, 백제의 금현성을 공격했다. 신라는 이 기회를 틈타 두 성을 빼앗았다. 여름 6월, 북제에 조공했고, 가을 9월, 북제가 왕을 사지절시중표기대장군 영호동이교위 요동군개국공 고구려왕으로 봉했다.

⊙ 7년 여름 5월, 북제에 조공했고, 가을 9월, 돌궐이 신성을 포위했지만 승산이 없자, 군대를 돌려 백암성을 공격했다. 왕은 장군 고흘에게 군사 1만을 내줘 그들을 물리쳤는데, 1천여 명을 죽였다. 이때 신라도 침공해 열 개의 성을 빼앗았다.

⊙ 8년, 장안성을 쌓았다.

⊙ 10년 겨울, 백제 웅천성을 공격했지만 승리하지 못했고, 12월 그믐날 일식이 일어났으며, 물이 얼지 않았다.

⊙ 11년 겨울 10월, 호랑이가 도성 안에 들어와 산채로 잡았고, 11월 낮에 금성이 나타나, 북제에 조공했다.

⊙ 13년 여름 4월, 왕은 아들 양성을 태자로 삼았고, 신하들을 위해 내전에서 연회를 열었다. 겨울 10월, 환도성의 간주리가 모반해서 처형했다.

⊙ 15년 봄 3월, 왕이 죽어 호를 양원왕이라 했다.

평원왕

⊙ 평원왕평강상호왕의 이름은 양성『수당서』에는 '湯'으로 되어 있다

이고, 양원왕의 맏아들이다. 양원왕 재위 13년에 태자가 되었다.

⊙ 2년 봄 2월, 북제의 폐제가 왕을 사지절 영동이교위 요동군공 고구려왕으로 봉했고, 왕은 졸본에 가서 시조 사당에 제사를 지냈다. 3월, 왕이 졸본에서 돌아오던 중 주, 군의 사형수를 제외한 사면했다.

⊙ 3년 여름 4월, 이상한 새들이 대궐로 모여들었고, 6월, 홍수가 났으며, 겨울 11월, 진나라에 조공했다.

⊙ 4년 봄 2월, 진나라 문제가 조서를 보내 왕에게 영동장군이라는 관작을 주었다.

⊙ 5년 여름, 큰 가뭄이 찾아와 왕은 음식을 줄이고, 산천에 기도했다.

⊙ 6년, 북제에 조공했다.

⊙ 7년 봄 정월, 왕자 원을 태자로 삼았고, 북제에 조공했다.

⊙ 8년 겨울 12월, 진나라에 조공했다.

⊙ 12년 겨울 11월, 진나라에 조공했다.

⊙ 13년 봄 2월, 진나라에 조공했고, 가을 7월, 왕이 패하 벌판에서 사냥하다 50일 만에 돌아왔다. 8월, 궁실을 중수하는 도중 메뚜기 떼가 생겼으며, 날씨가 가물자 공사를 중단했다.

⊙ 15년, 북제에 조공했다.

⊙ 16년 봄 정월, 진나라에 조공했다.

⊙ 19년, 주나라에 조공하자 주나라 고조는 왕을 개부의동삼사 대장군 요동군개국공 고구려왕으로 임명했다.

⊙ 23년, 봄 2월 그믐날 유성이 비처럼 떨어졌고, 가을 7월, 서리와 우박이 내려 곡식에 피해를 입혔다. 겨울 10월, 백성이 굶

주려 왕이 순행하면서 위로하고 구제했다. 12월, 수나라에 조공하자 수나라 고조가 왕에게 대장군요동군공이라는 관작을 주었다.

⊙ 24년, 봄 정월과 겨울 11월, 수나라에 조공했다.

⊙ 25년 봄 ,수나라에 조공했고, 2월, 왕은 부역을 줄이고, 군읍에 사신을 파견해 농사와 양잠을 권장했다. 여름 4월과 겨울, 수나라에 조공했다.

⊙ 26년 봄, 수나라에 조공하자 여름 4월, 수나라 문제가 사신을 대흥전에 불러 연회를 베풀었다.

⊙ 27년 겨울 12월, 진나라에 조공했다.

⊙ 28년, 장안성으로 도읍지를 옮겼다.

⊙ 32년, 진나라가 멸망했다는 보고를 받고 왕이 두려워했다. 이에 왕은 군사를 훈련시키고, 군량미를 비축해 국방을 강화하는 대책을 세웠다. 수나라 고조는,

"스스로 번방이라 하면서 성의와 예절이 부족하다."

고 책망했다. 왕은 표문을 올려 사의를 표하려고 했으나 실행하지 못하고, 재위 32년 겨울 10월에 죽었다. 호를 평원왕으로 했다. 이때 수나라 문제 개황 10년이다. 『수서』와 『통감』의 '고조가 개황 17년에 조서를 주었다' 는 기록은 잘못된 것이다

삼국사기
三國史記 高句麗本紀
第二十卷

삼국사기권제20

고구려본기 제8

영양왕, 건무왕(영류왕).

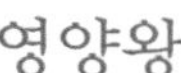

영양왕

◉ 영양왕평양의 이름은 원대원이고, 평원왕의 맏아들이며, 평원왕 재위 7년에 태자가 되었다. 수나라 문제가 사신을 보내 왕을 상개부의동삼사로 임명하고, 전왕의 요동군공의 관직을 계승케 했으며 옷 한 벌을 하사했다.

◉ 2년 봄 정월, 수나라에 표문을 올려 사은하고 선물을 바쳐 왕으로 봉해줄 것을 청했으며, 문제가 이를 허락했다. 3월, 왕을 고구려 왕으로 책봉하고, 수레와 복식을 하사했으며, 여름 5월, 왕은 사은했다.

◉ 3년 봄 정월, 수나라에 조공했다.

◉ 8년 여름 5월, 수나라에 조공했다.

◉ 9년, 왕이 말갈 군사 1만여 명을 이끌고 요서를 침공했지만, 영주 총관 위충이 우리 군사를 물리쳤다. 이에 수나라 문제가 크게 노하여, 한왕 양과 왕세적 등을 원수로 임명해, 수륙군 30만을 거느리고 고구려를 공격했다. 여름 6월, 문제가 조서를 내려 왕의 관작을 삭탈했다. 한왕 양의 군대가 유관에 도착했을 때, 장마로 군량미 수송이 원활하지 못했다. 군중에 식량이 떨

어졌고 전염병까지 만연했다. 주나후는 동래에서 바다를 건너 평양성으로 오던 중 풍파를 만나 선박이 모두 침몰되었다. 가을 9월, 돌아갔지만, 대부분이 죽었다. 그러자 왕은 두려워해 사신을 보내 사죄하고 표문을 올렸다.

⊙ 11년 봄 정월, 수나라에 조공했고, 왕은 태학박사 이문진에게 옛 사기를 요약해 『신집新集』 다섯 권을 만들게 했다. 건국 초기에 최초로 문자를 사용했을 때, 어떤 자가 사적을 기록한 1백 권의 책을 『유기』라 했는데, 이때에 정리하고 수정했다.

⊙ 14년, 왕이 장군 고승을 보내 신라 북한산성을 공격하자 신라 왕이 직접 군사를 거느리고 한수를 건너왔다. 그때 북한산성의 신라군이 북을 치고 함성을 지르자 신라 왕이 이끄는 군사가 호응했다. 고승은 신라의 군사가 많다고 생각해 물러났다.

⊙ 18년, 초기 수나라 양제가 계민의 막부에 행차했을 때, 고구려 사신이 때마침 계민에게 가 있었다. 계민이 고구려의 사신을 숨길 수가 없어서 함께 양제를 배알했다. 이때 황문시랑 배구가 양제에게,

"고구려는 원래 기자에게 봉했던 땅이고, 한나라와 진나라가 군현으로 만들었습니다. 그러나 지금은 신하의 나라로 행동하지 않기 때문에 선제께서 항상 정벌하려고 했습니다. 하여 양량을 출동시켰지만, 공을 세우지 못했습니다. 이제 폐하의 시대가 돌아온 만큼 예절의 땅이 오랑캐 소굴로 변하게 해서는 안 됩니다. 오늘 고구려 사신은 계민이 나라를 바쳐 왕화에 복종하는 것을 직접 보았습니다. 그가 우리를 두려워하는 기회를 이용해 고구려가 조공하도록 위협하는 것이 좋겠습니다."

라고 했다.

그러자 양제는 고구려 사신에게 자기의 뜻을 전하도록 우홍에게,

"계민은 성심으로 중국을 받들었기에 내가 직접 계민의 막부에 온 것이고, 명년에는 응당 탁군으로 가겠다. 너는 돌아가 왕에게 이르기를 빠른 시간 내에 입조하되 스스로 의심하거나 두려워하지 마라. 그러면 내가 너의 왕을 계민처럼 보호할 것이다. 만약 입조하지 않으면, 계민을 거느리고 너의 땅을 토벌하겠다 하여라."

라고 했다. 이 말을 들은 왕은 번방으로서의 예절을 다하지 않았기 때문에 양제가 토벌하러 올 것을 걱정했다. 계민은 돌궐의 가한, 다시 말해 추장이다.

여름 5월, 왕은 백제 송산성을 공격했지만 항복받지 못하고, 군사를 석두성으로 이동시켜 습격해, 남녀 3천 명을 포로로 잡아 돌아왔다.

⊙ 19년 봄 2월, 장수에게 신라 북쪽 국경을 습격하도록 명해 8천 명을 포로로 잡아왔고, 여름 4월, 신라 우명산성을 빼앗았다.

⊙ 22년 봄 2월, 수나라 양제가 고구려를 공격하게 했고, 여름 4월, 양제의 행차가 탁군의 임삭궁에 도착하자, 사방 군사들이 탁군으로 모여들었다.

⊙ 23년 봄 정월 임오 날에 양제가,

"고구려의 미물들은 불손하게도 발해와 갈석 사이에서 요와 예의 땅을 잠식했다. 한나라와 위나라의 거듭된 토벌로 그 소굴이 잠시 허물어졌지만, 세월이 지나면서 그 족속들이 다시 모여들었다. 요동, 현토, 낙랑 등의 강토가 모두 오랑캐 땅이 되었

고, 죄악이 가득했다. 그들이 도덕을 손상시켰고, 감춰진 흉악한 행동과 품고 있는 간사함은 이미 정도를 넘었다. 조칙으로 내리는 엄명을 왕이 한번도 직접 받지 않았으며, 입조하는 의식에도 직접 오지 않았다. 지난날 문제의 정벌 때 천망에서 빠져나갔고 이전에 사로잡았을 때 죽이지 않고 놓아주었으며, 항복했을 때도 죽이지 않았다. 그러나 이런 은혜를 생각지 않고 도리어 거란의 무리들과 합세해 바다에서 우리 수비병들을 살해했고 요서까지 침략했다. 또 동방의 모든 나라들은 조공하고, 해변 지역의 모든 나라들도 신년이 되면 축하사절을 중국에 보내는데 하지만 고구려는 도리어 조공하는 물품을 탈취하고, 다른 나라 사절의 내왕을 가로막고 있다. 그들은 죄 없는 자를 학대하며 성실한 자를 해치고 있다. 고구려는 법령이 가혹하고 부세가 과중하며, 권력 있는 신하들과 세도 있는 벌족들이 나라의 권력을 좌지우지하고 있다. 해마다 재변과 흉년이 거듭되어 백성이 굶주리고, 계속되는 전쟁과 부역에 힘을 소비하니, 지친 백성이 계곡에 넘치고 있다. 이런 백성의 근심과 고통을 누가 해결해 줄 것인가? 고구려 전 지역이 슬픔과 공포에 잠겨 있다. 그래서 백성은 생명을 보존하기를 원하고, 노인과 어린이들까지 정치의 혹독함을 개탄하고 있다. 이에 나는 백성을 위로하고 죄 있는 자를 색출해 두 번 다시 오지 않아도 되는 세상을 만들 것이다. 그래서 나는 육사六師를 데리고, 구벌九伐을 밝혀 위급한 자를 구하고, 하늘에 순종해서 역적을 몰아내 선조의 뜻을 받들 것이다. 이제 병기와 갑마를 정돈하고 부대를 경계한 후에 행군할 것인즉, 몇 번이고 훈시해 필승을 꾀한 다음에 전투에 임할 것이다. 좌 12군은 누방, 장잠, 명해, 개마, 건안, 남소, 요동, 현토, 부여, 조선, 옥저, 낙랑으로 진군하게 하고, 우 12군은 점선, 함자, 혼미, 임둔, 후성, 제해, 답돈, 숙신, 갈석, 동이, 대방, 양평으로 진군하게 하며, 진군로를 서로 연락해서 전부 평양으로 집합하게 하라."

라는 조서를 내렸다.

양제는 직접 지휘관을 임명해 각 군에 상장, 아장 각 1명과 기병 40대를 두었다. 1대는 1백 명이고 10대가 1단이다. 보병은 80대였는데, 4단으로 나눠 단마다 각각 편장 1명을 두었다. 또 단의 갑옷과 투구의 끈과 깃발의 빛깔을 다르게 했다. 매일 1군씩 파송하였는데, 상호 거리를 40리씩으로 했다. 이렇게 40일 만에 출발이 끝났다. 한 대열의 뒤와 다음 대열의 앞이 서로 연결되고, 북과 나팔 소리가 들렸고, 깃발은 9백 60리나 뻗쳐 있었다. 황제의 진영은 12위, 3대, 5성, 9시가 있는데, 내외, 전후, 좌우의 6군을 나눠 배속시켜 출발했다. 이 대열 역시 80리나 뻗쳤고, 지금까지 이런 대규모의 군사 출동은 없었다.

2월, 양제가 군사를 이끌고 요수에 도착하였고, 모든 군사가 강 앞에서 진영을 꾸렸다. 우리 군사들은 강을 사이에 두고 방어했기 때문에 수나라 군사가 건너오지 못했다. 양제는 공부상서 우문개에게 요수 서쪽 언덕에 세 개의 부교를 설치하도록 했다. 그것이 완성되면 부교를 끌어 동쪽 언덕으로 이으려고 했다. 하지만 부교가 1장이 짧아 언덕까지 닿지를 못했고, 이때 우리 군사들이 대규모로 공격했다. 날쌔고 용맹한 수나라 군사들이 물로 뛰어들어 접전했지만, 결국 언덕으로 오르지 못해 전사자가 많았다. 맥철장이 언덕으로 뛰어올랐다가 전사웅, 맹차 등과 함께 전사했기 때문에 수나라 군사는 부교를 서쪽 언덕으로

끌고 갔다. 양제가 다시 소부감 하조에게 부교를 길게 늘이도록 했는데, 이틀 만에 만들어졌다. 그러자 모든 부대가 부교를 건너와 동쪽 언덕에서 큰 싸움이 벌어져 우리 군사들이 대패하면서 1만 명의 사망자가 발생했다. 승기를 잡은 수나라 부대가 진격해 요동성을 포위했다. 양제가 요동에 도착해 조서를 내려 전국의 죄수를 사면하고, 형부상서 위문승에게 명해 요수 왼쪽 지방 백성을 위로했으며, 그들에게 10년간의 부역을 면제시키고, 군현을 설치해 통치하게 만들었다.

여름 5월, 수나라 장수들이 동쪽으로 올 때 양제는,

"모든 군사들의 동태를 반드시 보고하고, 내 지시를 기다려다."

라고 주의를 내렸다. 이때 요동에 있는 우리 군사는 자주 싸우는 것이 불리하다고 생각해 성을 굳게 지키고 있었다. 그러자 양제는 요동성을 치게 하고, 만약 고구려가 항복한다면 그들을 받아들인다며 군사들에게 함부로 행동을 하지 말라고 명했다. 요동성이 함락될 위기에 닥치면, 성안의 사람들은 번번이 항복하겠다고 했다. 그러나 수나라 장수들은 양제의 명령으로 제때에 공격하지 못하고, 먼저 양제에게 보고를 띄웠다. 하여 양제의 회신이 올 때가 되면 성은 방비가 갖춰져 수시로 항거했다. 이런 상황이 두세 번 계속되었지만, 양제는 알아채지를 못했으며 성은 오랫동안 항복하지 않았다.

6월 기미 날에 양제가 요동성 남쪽으로 가서 성곽과 연못의 형세를 관할하고는 장수들을 불러,

"그대들은 집안의 배경을 믿고 나를 어리석은 사람으로 만들려고 하는 것인가? 처음부터 그대들이 내가 이곳에 오는 것을

반대한 것도 자신들의 단점이 탄로날까 두려워한 것이구나. 내가 여기에 온 것은 그대들의 행동에 따라 참수하려는 것인데, 그대들은 자신의 목숨이 아까워 힘을 쏟지 않고 있다. 내가 그대들을 죽일 수 없다고 생각하는가?"

라며 꾸짖었다. 양제의 말에 장수들은 무서워 떨었고, 양제는 성의 서쪽에서 몇 리 떨어다. 곳에 머물러 있으면서 육합성을 엿보고 있었지만, 우리의 모든 성은 결코 항복하지 않았다.

한편 좌익위 대장군 내호아가 수백 리에 달하는 강, 회의 수군을 이끌고 패수로부터 들어왔는데, 평양과의 거리는 60리 였다. 이때 우리 군사와 맞섰는데 결국 대패했고, 이에 승기를 잡은 내호아는 성으로 진격하려고 했다. 그러나 부총관 주법상이 다른 군사들이 도착하기를 기다렸다가 진격하자며 만류했다. 이 말을 듣지 않고 내호아는 정예병 수만 명을 선발해 성 밑까지 진격했다. 이럴 때를 대비해 우리 장수는 외성의 빈 절간에 군사를 매복시켜 놓고, 군사를 출동시켜 내호아와 싸우다가 패하는 척하면서 성안으로 도망쳤다. 내호아가 성안으로 들어와 백성을 사로잡고 재물을 약탈하다가 군사들의 대오를 정비하지 못했다. 이때 매복한 우리 군사들이 출격해 내호아 군사를 대패시켰고, 내호아는 간신히 목숨을 부지한 채 도망쳤으며, 살아서 돌아간 군사는 수천 명뿐이었다. 우리 군사들이 선창까지 추격했지만, 수나라 장수 주법상이 진을 정비하고 있었기 때문에 퇴각했다. 내호아는 군사들과 함께 바닷가로 돌아가 주둔했는데, 두 번 다시는 다른 군사들과 접촉하지 못했다.

좌익위 대장군 우문술은 부여로, 우익위 대장군 우중문은 낙랑으로, 좌효위 대장군 형원항은 요동으로, 우익위 대장군 설세

웅은 옥저로, 우둔위 장군 신세웅은 현토로, 우어위 장군 장근은 양평으로, 우무후 장군 조효재는 갈석으로, 탁군태수 검교좌무위 장군 최홍승은 수성으로, 검교우어위 호분낭장 위문승은 증지로 이동해 압록강 서쪽에 모두 집결했다. 우문술은 군사들에게 백 일 분의 식량을 주고서,

"도중에서 곡식을 버리면 참수하겠다."

라고 했지만, 모두가 장막 밑에 구덩이를 파고 묻었다. 그래서 중간쯤 행군했을 때, 군량이 떨어졌다.

이때 왕은 대신 을지문덕을 수나라 군영으로 보내 거짓 항복을 하게 했는데, 실은 그들의 실력 유무를 알아보기 위한 계책이었다. 이전에 우중문은 양제에게 '만일 고려왕이나 을지문덕이 온다면 반드시 사로잡아라.'는 밀지를 받았고, 이에 우중문은 진영으로 찾아온 을지문덕을 잡으려고 했다. 그러나 상서우승 유사룡이 위무사로 있었는데 강력히 반대했다. 이에 우중문은 을지문덕을 돌려보냈는데, 얼마 후 후회하면서 사람을 보내 거짓으로 을지문덕에게 말했다.

"다시 하고 싶은 말이 있으면 또다시 와도 좋다."

고 했지만 을지문덕은 들은 척도 하지 않고 압록강을 건넜다. 을지문덕을 놓친 우중문과 우문술은 내심 불안했다. 우문술이 군량이 떨어졌다며 돌아가려고 하자, 우중문이 그에게 정예부대로 을지문덕을 추격하면 성공할 수 있다고 했다. 이에 우문술이 강하게 반대했다. 그러자 우중문이 노하여 말하기를,

"장군은 십만 대군을 거느리고도 군사가 적은 고구려를 쳐부수지 못하고, 무슨 낯으로 황제를 대하겠는가? 일찍부터 나는 장군이 이번의 정벌에서 공을 세울 수 없다는 것을 짐작했다.

그 이유는 옛 명장들이 공적을 이룬 것은, 군사에 관한 일이 한 사람에 의해서 결정되었기 때문인데 우리는 저마다 각기 다른 마음을 가지고 있으니 적을 이길 수가 없는 것이다."

라고 했다.

당시 양제는 우중문의 계교와 전략이 훌륭하다고 생각해 모든 부대의 지휘를 자문하게 했기 때문에 이렇게 말한 것이다. 이런 까닭으로 우문술과 다른 장수들은 할 수 없이 우중문의 말대로 압록강을 건너 을지문덕을 추격했다. 하지만 을지문덕은 우문술의 군사가 굶주려 있다는 것을 알았기 때문에 싸울 때마다 도주해 피로를 쌓이게 했다. 우문술은 하루에 일곱 번 싸워 일곱 번을 모두 승리했는데, 이에 따라 자신감을 가지게 되었다. 또한 여러 장수들의 의견에 밀려서 억지로 동쪽으로 진군해 살수를 건넜다. 그들은 평양성과 30리 거리에 있는 산을 의지하고 진을 쳤다. 이때 을지문덕은 사람을 보내 거짓으로 항복하면서 우문술에게,

"만약 군사들과 함께 돌아간다면, 왕을 모시고 황제가 있는 곳으로 가 예방하겠다."

고 했다. 우문술은 군사들이 피로해 싸울 수 없음을 이미 알고 있었고, 평양성 또한 험하고 견고해 빠른 시간에 함락시킬 수 없다고 생각하여 거짓 항복을 믿고 퇴각했다. 이때 우문술은 방진을 치면서 행군했는데, 그때를 놓치지 않고 우리 군사가 사면으로 공격했다. 그러자 우문술은 한편으로 싸우면서 한편으로 행군을 했다.

가을 7월, 우문술의 군사가 살수를 반쯤 건넜을 때, 우리 군사가 후방에서 후속 부대를 공격했는데, 적장 우둔위장군 신세웅

이 전사했다. 장군이 죽자 여러 부대가 동시에 무너지기 시작했다. 수나라 장군 천수사람 왕인공이 후군이 되어 우리 군사를 막아 물리쳤다. 내호아는 우문술이 패했다는 보고를 받고 역시 퇴각했다. 이들 중 오직 위문승의 군대만 온전했다. 처음 요동에 도착했을 때 30만 5천 명이었는데, 요동성으로 돌아갔을 때는 2천7백 명뿐이었고 수많은 병장기가 버려졌다. 양제가 크게 노하여 우문술을 쇠사슬로 묶어 계묘 날에 퇴각했다.

처음에 백제 왕 장이 수나라에 고구려를 치자고 청하였을 때 양제는 백제에게 고구려의 동정을 엿보게 했다. 이때 백제왕 장은 비밀리에 고구려와 정보를 주고받고 있었다. 수나라 군사가 출발할 때, 백제 왕 장은 신하 국지모를 수나라로 보내 양국 군사가 만날 기일을 알려달라고 청했다. 그러자 양제는 기뻐하면서 상서 기부랑 석률을 백제로 파견해 양국 군사가 만날 기일을 미리 알려 주었다. 수나라 군사가 요수를 건너올 때 백제 역시 국경에서 군사를 정비하면서 협조한다는 것을 보여으나 실제로는 양 쪽을 동시에 지지했던 것이다.

⊙ 24년 봄 정월, 수나라 양제가 전국 군사들을 탁군으로 소집하고, 백성을 모집해 효과를 만들었으며, 요동의 옛 성을 수리해 군량미를 저장했다. 2월, 양제가,

"고구려 같은 하찮은 나라가 부모의 나라를 무시하고 있다. 지금 우리의 국력이 바닷물을 퍼내고 산을 옮길 수 있을 정도인데, 이런 하찮은 것들이 뭐가 문제가 되겠는가?"

라고 하면서 또다시 고구려 정벌을 논했다. 이때 좌광록대부 곽영이,

"오랑캐로서 예절을 지키지 못한 것은 신하로서의 일입니다.

천근 의 큰 활은 생쥐 잡이에 사용하지 않는 법인데 어찌 천자의 자리를 더럽히면서까지 작은 도적과 대적하려는 하십니까?"

라고 했지만 양제는 무시했다.

여름 4월, 양제는 요수를 건너 우문술과 양의신에게 평양을 공격케 하고, 왕인공은 부여를 경유해서 신성으로 진군하게 했다. 이에 우리 군사 수만 명이 이들과 싸웠지만, 인공의 강병 1천여 명에게 패하고 말았다. 그래서 우리 군사들은 성으로 들어가 굳게 지켰다. 양제는 모든 장수에게 명해 요동을 공격케 하면서, 명을 기다리지 말고 사태에 따라 적절하게 조치하도록 하였다. 그들은 비루동, 운제, 지도를 이용해 사면을 밤낮으로 공격했지만, 우리 군사들의 적절한 대응으로 20여 일이 지나도록 성을 함락시키지 못했다. 이 싸움에서 양편 모두 전사자가 많았다. 수나라는 길이가 열댓 길이의 사다리를 세웠다. 이때 효과 심광이 사다리 끝에 올라가 성을 내려다보며 우리 군사와 단병으로 접전해 10여 명을 죽였다. 우리 군사들이 그는 땅에 닿기도 전에 사다리의 줄을 잡고 다시 올라갔다. 이를 본 양제는 그에게 조산대부의 벼슬을 내렸다. 요동성이 함락되지 않자, 양제는 1백여 만 개의 포대에 흙을 채워 어양대도를 만들었는데 넓이가 30보에, 성과 높이가 같도록 했다. 그는 군사들이 그곳에 올라가 성안을 공격 할 수 있도록 작전을 새웠던 것이다. 또한 높이가 성보다 높은 팔륜누거를 재작해 새로 만든 큰 뚝 길에 세운 다음, 성안을 내려다보면서 활을 쏘게 하는 작전도 구상했다. 이에 우리 군사들은 위축되었다. 그러나 때마침 수나라에서 양현감이 반역했다는 보고가 오자 양제는 크게 두려워했다. 더구나 고관의 자제들이 현감의 편에 섰다는 말에 걱정이 되었다.

이때 수나라 병부시랑 곡사정이 현감과 친했기 때문에 자신에게 화가 미칠까 두려워 우리에게 도망쳐왔다. 양제는 여러 장수들을 불러 군사를 퇴각하도록 명령했다. 군사들이 퇴각하면서 수많은 군수자재와 병기를 그대로 두었다. 또한 군사들의 마음까지 흉흉해져 부대가 재정비되지 못해 이리저리 흩어졌다. 이런 사실을 우리 군사들이 알았지만, 성 밖으로 나가지는 못하고 그저 북을 치며 떠들고 있다가 이튿날 오시부터 조금씩 밖으로 나왔다. 하지만 이때도 수나라 군사가 우리를 속이는 것으로 생각했다. 이틀이 지난 후에 그들이 퇴각했다는 것을 알아차리고는 수천 명의 군사를 출동시켜 추적했다. 하지만 수나라 군사 수가 많다는 것을 두려워해 8~9십 리 거리를 유지하며 따라갔다. 요수에 도착해 양제의 친병이 모두 건너갔다는 것을 알고, 그들의 후군을 공격했다.

◉ 25년 봄 2월, 양제가 백관들에게 또다시 고구려를 공격하는 문제를 논하게 했지만, 수일 동안 말하는 사람이 없었다. 그러자 양제는 조서를 내려 전국에 군사를 소집해 한쪽으로 일시에 진격하게 명했다. 가을 7월, 양제가 회원진으로 행차했는데, 이때 수나라는 이미 혼란 상태에 있었기 때문에 소집한 군사들은 기일을 어기고 집결하지 않았으며, 우리나라도 역시 곤폐하였다. 수나라 장군 내호아가 비사성에 이르러 우리 군사가 맞서 싸웠지만 패하자, 승기를 잡은 내호아가 곧바로 평양으로 진격하려고 했다. 왕이 두려워해 항복을 청하고, 곡사정을 돌려보냈다. 양제가 기뻐하면서 내호아를 소환했다. 8월, 양제가 회원진에서 군사를 거두었고, 겨울 10월, 양제가 서경에 돌아가 우리의 사신과 곡사정에 대한 일을 태묘에 고했다. 또 우리 왕에게

수나라 조정에 들어와 예방하라고 명했지만 왕이 끝내 거부했다. 이에 양제는 장수들에게 대비할 것을 명해, 재공격할 것을 꾀했으나, 결국 실행하지 못했다.

⊙ 29년 가을 9월, 왕이 죽어 호를 영양왕이라 했다.

건무왕(영류왕)

⊙ 영류왕의 이름이 건무무를 성이라고도 한다이고, 영양왕의 이복 아우이다.

⊙ 2년 봄 2월, 당나라에 조공했고, 여름 4월, 왕이 졸본으로 가서 시조사당에 제사를 지냈다. 5월, 졸본에서 돌아왔다.

⊙ 4년 가을 7월, 당나라에 조공했다.

⊙ 5년 당나라에 조공하자, 고조가 수나라 말기에 많은 군사들이 고구려에 붙잡혀 있는 것에 대해 왕에게,

"내가 공손히 천명으로 천하를 다스리고 있기에 해와 달이 비치는 곳이면 모두가 편안할 것이다. 왕은 요동의 동쪽 지역을 통치하면서, 변방으로써 중국을 받들고 오랫 동안 조공의 직무를 수행해 정성을 보였기 때문에 나는 가상히 여긴다. 지금은 천지사방이 편안하고 사해가 무사하며, 서로 화목하고 우호의 정을 길이 굳건히 한다면, 이것은 성대하고 아름다운 것이 아니겠는가? 하지만 수나라 말년에 벌어진 전쟁으로 어디나 유랑민이 있을 것이다. 이제 두 나라가 화친을 맺어서 정의가 동일하게 되었으므로, 이곳에 있는 고구려인들을 모두 조사해 즉시 돌려보내기로 하였으니 왕 역시 그곳에 있는 우리 사람을 돌려보내 백성을 편하게 하는 방책에 힘을 쏟아 인자하고 너그러운 도

를 서로 펼쳐나가자!"

라는 조서를 내렸다. 이에 따라 중국인들을 전부 찾아서 돌려 보냈는데, 그 수가 무려 1만여 명이나 되었다.

◉ 6년 겨울 12월, 당나라에 조공했다.

◉ 7년 봄 2월, 왕은 당나라에 책력을 반포해 줄 것을 청했고, 당나라는 형부상서 심숙안으로 하여금 왕을 상주국요동군공고구려왕으로 책봉했다. 도사에게 명해 고구려에 가서 천존의 화상과 도교를 『노자』를 강의하게 했는데, 왕과 백성이 강의를 들었다. 겨울 12월, 당나라에 조공했다.

◉ 8년, 왕이 당나라에 불교와 노자의 교리를 전파를 청하자 황제가 허락했다.

◉ 9년, 신라와 백제가 당나라에,

"고구려가 길을 막아서 예방을 방해하고, 자주 침략을 한다."

라고 했다. 당나라 황제가 산기시랑 주자사를 시켜 세 나라가 화친하기를 권했다. 왕은 당나라에 사죄하고, 신라와 백제 등과 화친하겠다고 했다.

◉ 11년 가을 9월, 당나라에 사신을 급파해 태종이 돌궐의 힐리가한을 사로잡은 것을 축하하면서 봉역도를 올렸다.

◉ 12년 가을 8월, 신라장군 김유신이 동쪽 변경을 침범해 낭비성을 함락시켰고, 9월, 당나라에 조공했다.

◉ 14년 당나라에서 광주사마 장손사를 급파해 수나라 군사들의 해골이 묻힌 곳에 제사 지내고, 세웠던 경관을 헐었다. 봄 2월, 왕은 백성을 동원해 장성을 쌓았는데, 길이가 동북쪽은 부여성에서 시작해 동남쪽으로 바다까지 모두 1천여 리가 되었다. 증축 기간은 16년 걸렸다.

◉ 21년 겨울 10월, 신라 북쪽의 칠중성을 침공하자, 신라 장군 알천이 칠중성 밖으로 나와 우리와 싸워 승리했다.

◉ 23년 봄 2월, 당나라에 세자 환권을 급파해 조공하자, 태종이 특별히 후하게 대접했다. 또 왕이 당나라 국학에 자제들을 입학시켜줄 것을 청했다. 가을 9월, 햇빛이 없어졌다가 사흘 후에 밝아지는 현상이 나타났다.

◉ 24년, 당나라 임금이 고구려 태자의 예방에 대한 답례로, 직방낭중 진대덕을 보냈다. 대덕은 고구려로 들어올 때 도착하는 성읍의 수비군들에게 비단을 주면서,

"나는 산수 구경을 좋아하는데, 좋은 곳이 있다면 보고 싶구나."

라고 했다. 그러자 수비군들은 그의 속셈을 모르고 친절히 안내해 나라 곳곳을 알게 되었다. 그는 수나라 말기에 전쟁에 참여했다가 귀국하지 못한 이들을 만나 친척들의 안부를 전해 주었다. 왕은 호위병과 함께 당나라 사신을 접견했다. 대덕은 또한 이번 기회에 고구려의 국력을 살폈는데, 이 역시 알지를 못했다. 대덕이 본국으로 돌아가 황제에게,

"고구려는 고창이 멸망했다는 소리에 두려워하면서, 우리 사신들을 후하게 대접했습니다."

라고 했다. 그러자 황제는,

"본디 고구려는 중국 4군에 속해 있었다. 내가 요동을 공격하면 반드시 모든 군사를 요동으로 출격시킬 것이다. 이때 수군을 평양으로 출동시켜서 수륙군이 합세한다면 쉽게 점령할 수가 있을 것이다. 하지만 산동의 주현이 전쟁의 상처가 아직 회복되지 않았기 때문에 걱정이다."

라고 했다.

⊙ 25년 봄 정월, 당나라에 조공했고, 왕이 서부대인 연개소문에게 명해 장성을 쌓는 것을 감독하도록 했다. 겨울 10월에 개소문이 왕을 죽였다. 11월 당나라 태종은 왕이 죽었다는 보고를 듣고, 애도의 의식을 거행했으며, 명령을 내려 물건 300단段을 주고 사신을 보내 위문하게 했다.

삼국사기
三國史記高句麗本紀
第二一卷

삼국사기권제21

고구려본기 제9
보장왕(상)

보장왕(상)

⊙ 왕의 이름은 장보장이고 건무왕의 아우인 대양왕의 아들인데, 나라를 잃었기 때문에 시호가 없다. 건무왕 재위 25년에 개소문이 왕을 죽이고, 장으로 하여금 왕위를 계승시켰다. 신라가 백제를 치기 위해 김춘추를 사신으로 보내 지원병을 청했지만, 들어주지 않았다.

⊙ 2년 봄 정월, 왕은 자신의 아버지를 왕으로 봉했고, 당나라에 조공했다. 3월, 개소문이 왕에게,

"유교, 불교, 도교 등의 삼교는, 솥의 다리와 같기 때문에 어느 하나라도 없으면 안 됩니다. 하지만 지금 유교와 불교는 흥하고 있지만, 도교가 성하지 못해 천하의 도술을 갖추었다고 할 수가 없습니다. 이에 당나라에 사신을 보내 도교를 구해 백성에게 전파하소서."

라고 했다.

이에 왕은 당나라에 이것을 알리자, 태종은 도사 숙달을 비롯해 여덟 명을 보내면서 노자 도덕경을 주었다. 윤 6월, 당나라 태종이,

"개소문은 임금을 죽이고 권력을 휘두르고 있는데, 이것은 잘못된 일이다. 지금 병력을 동원해 고구려를 빼앗을 수는 없은나 백성을 힘들게 하고 싶지 않으니, 묘책으로 거란과 말갈에게 공격하게 하면 어떻겠는가?"

라고 물었다. 그러자 장손무기가,

"개소문은 자신의 죄를 알고, 우리가 토죄할 것이 두려워 성을 굳게 지키고 있습니다. 지금 폐하께서 참는다면 그는 방심하게 될 것이고, 반드시 교만해져 죄가 더욱 커질 것입니다. 이런 다음에 토벌해도 충분할 것입니다."

라고 답했다.

당태종은 좋다고 대답한 뒤 지절사를 고구려로 보내 예를 갖춰서 왕을 책봉하는 조칙을 내려 상주국 요동군공고구려왕으로 봉했다. 가을 9월 신라가 당나라에 사신을 보내,

"백제가 우리의 40여 성을 점령하고, 다시 고구려와 연합해 조공하는 길을 막으려고 한다."

한다며 구원병을 청했다. 15일 밤이 밝았지만 달이 보이지 않았고, 많은 별들이 서쪽으로 흘러갔다.

◉ 3년 봄 정월, 당나라에 조공하자 황제는 사농승 상리 현장을 보내 왕에게

"신라는 인질을 보냈고 조공도 계속한다. 그렇기 때문에 백제는 군사를 철수시켜야 한다. 이후 또다시 신라를 공격한다면, 내년에는 그대의 나라를 공격할 것이다."

라는 조서를 내렸다. 조서를 가진 현장이 국경으로 들어왔을 때, 개소문은 이미 신라를 공격해 두 성을 빼앗았다. 그러자 왕은 사자를 보내 개소문을 소환했다. 현장은 개소문에게 신라를

침공하지 말 것을 권유하자, 그는,

"신라는 우리와 원한으로 사이가 벌어진 지 이미 오래이다. 지난날 수나라가 침입했을 때, 신라는 그 기회를 틈타 우리 땅 5백 리를 점령해 성읍을 모두 차지했다. 그들 스스로 우리의 땅을 돌려주지 않는다면 싸움은 계속될 것이다."

라고 했다. 이에 현장은,

"지난 일을 어찌 따지는가? 지금 요동의 여러 성은 본래 중국의 군현이었다. 그렇지만 중국은 이를 따지지 않고 있는데, 어째서 고구려만 그렇게 생각하는 것인가?"라고 반문했다.

하지만 막리지는 그의 말을 무시했고, 현장은 귀국해서 모든 상황을 태종에게 보고하면서 토벌을 제의했다.

가을 7월, 당나라 태종은 홍주, 요주, 강주의 3주에 명령해 배 4백 척에 군량을 싣도록 명했다. 또한 영주도독 장검 등을 파견해 유주, 영주의 군사와, 거란, 해, 말갈 등을 이끌고 요동을 공격케 해서 형세를 살피도록 했다. 대리경 위정을 궤수사로 임명해 하북의 주들이 그의 지휘에 따르게 했으며, 명령 없이도 상황에 맞게 적절하게 대처토록 명했다. 또한 소경 소예에게는 하남 여러 주의 양곡을 운반해서 해로로 들어가게 명했다.

9월 막리지가 당나라에 백금을 바치자 저수량이,

"막리지가 임금을 시해한 죄는 동방의 모든 오랑캐들도 용납치 않습니다. 지금 그를 토벌하면서 금을 받는다는 것은 곡정과도 같습니다. 사양하셔야 합니다."

라고 했다.

황제가 이에 따랐다. 고구려 사신이,

"막리지가 관리 50명을 궁중 숙위로 보내려고 합니다."

라고 말했다. 그러자 황제가 노하여,

"너희는 고구려의 건무를 섬겨 관작을 받았다. 그런데 막리지가 임금을 죽여도 복수하지 않고 이제는 그를 감싸주어 대국을 속이려하니 것이다. 이보다 더 큰 죄가 있다고 생각하는가!"

라면서 사신들을 모두 형관에게 넘겼다.

겨울 10월, 평양에 붉은 색의 눈이 내렸다. 당나라 황제가 군사를 이끌고 고구려를 공격하기 위해 장안의 노인들을 초청해,

"요동은 옛날 중국의 국토이고, 더구나 막리지가 자신의 임금을 죽였기 때문에 내가 손수 그들을 다스리려고 한다. 그대들에게 약속하는데, 나를 따르는 자손들은 내가 잘 위로할 것이니 그대들은 근심하지 마라."

고 하면서, 옷감과 곡식을 하사했다. 하여 신하들은 황제가 고구려 원정에 직접 가는 것을 반대했다. 그러자 황제는,

"나도 난 잘 알고 있다. 근본을 버리고 끝으로, 높은 곳을 버리고 낮은 곳으로, 가까운 곳을 버리고 먼 곳으로 향하는 행위는 상서롭지 못한 것이다. 고구려를 공격하는 것이 바로 이러한 것임을 잘 안다. 그러나 개소문이 임금을 죽였고, 대신들을 제멋대로 도륙하고 있다. 이에 백성은 나를 기다리고 있는 것이다. 의논만 하는 자들은 돌아보고 살 피지 않을 뿐이다."

라고 했다.

11월, 황제가 출격해 낙양에 도착하자 전 의주자사 정천숙은 이미 관직에서 떠나 있었다. 황제는 과거 수양제를 따라 고구려 정벌에 참가한 경험이 있다는 것을 알고 그를 불러 상황을 물었다. 그는,

"요동은 길이 멀어 군량 수송에 많은 문제가 있고, 동이사람들

은 성을 잘 지키기 때문에 조기에 항복을 받는 것은 어렵습니다."

라고 말했다. 그러자 황제가,

"지금은 수나라와 비교해서는 안 된다. 그대는 내 의견을 따르라."

라고 했다.

당태종 이세민은 형부상서 장량을 평양도행군대총관으로 임명해 강, 회, 영, 협의 군사 4만 명과 장안, 낙양에서 모집한 군사 3천 명, 전함 5백 척으로 바다를 건너 평양으로 진군하도록 작전을 짰다. 또 태자첨사좌위솔 이세적을 요동도행군대총관으로 임명해 보병과 기병 6만 명과 난주, 하주에서 항복한 오랑캐들을 이끌고 요동으로 진군하도록 했다. 두 부대는 유주에 대대적으로 집합했다. 황제가 출격에 앞서 전투기자재들을 직접 살피고 그 중 편리한 것을 선택했다. 그리고 친필로 천하에

"고구려 개소문이 임금을 죽이고 백성을 학대므로 난 인정상 참을 수가 없다. 그래서 요동과 갈석에서 죄를 묻고자 한다. 군사들은 행군 도중 군영이나 숙소에서는 백성에게 민폐를 끼치지 마라."

는 조서를 내렸다.

⊙ 4년 봄 정월, 이세적의 군대가 유주에 도착했고, 3월, 황제가 정주에 도착해 시신들에게,

"요동은 본래 중국의 영토로 수나라가 네 번이나 출동했지만 되찾지 못했다. 내가 고구려를 정벌하는 목적은 중국을 위해서는 전사한 자제들의 원수를 갚으려는 것이고, 고구려를 위해서는 죽은 임금의 원수를 갚으려는 것이다."

라고 했다.

여름 4월, 이세적이 요수를 건너 현토에 도착하자 고구려 성읍은 성문을 굳게 닫고 수비태세에 들어갔다. 이때 부대총관 강하왕 도종은 군사 수천 명을 이끌고 신성에 도착했고, 절충도위 조삼량 역시 기병 10여 명과 함께 성문을 위압했지만, 성안 사람들은 꼼짝도 하지 않았다.

영주도독 장검이 오랑캐 군사를 이끌고 요수를 건너 건안성으로 쳐들어와 우리 군사를 격파하고 수천 명을 죽였다. 이세적과 강하왕 도종이 개모성을 점령하면서 1만 명을 생포하고 양곡 10만 석을 탈취한 후 개모성을 개주로 개칭했다. 장량은 수군을 이끌고 사면이 절벽인 비사성을 습격했다. 이때 정명진이 군사를 데리고 밤에 도착했고 부총관 왕대도가 먼저 성에 올랐다.

5월, 성이 함락되면서 남녀 8천 명이 죽었고, 이세적이 요동성 아래까지 진격했다. 황제는 요의 늪지대에 도착했지만, 2백여 리의 늪지대를 통과할 수가 없었다. 그래서 장작대장 염입덕이 흙을 퍼부어 다리를 만들어 무사히 늪지대 동쪽을 통과했다. 왕이 신성과 국내성의 보병과 기병 4만 명을 동원해 요동 구원에 나섰다. 이에 강하왕 도종은 기병 4천으로 대항하려고 했지만, 군사들은 병력의 차이가 현격하다 하여 도랑을 깊이 파고 보루를 높이 쌓으며 황제가 올 때까지 기다리자고 했다. 그러자 도종은,

"고구려는 군사가 많음을 믿고 우리를 얕잡아 보고 있다. 하지만 그들은 멀리서 왔기 때문에 이미 피곤해져 있어 공격하면 이길 것이다. 그들을 물리쳐 길을 닦아놓고 황제를 기다리는 것이 마땅할 것이다."

라고 했다.

그러자 도위 마문거가,

"강한 적을 만나야 장사의 능력이 나타납니다."

라면서 곧바로 말을 달려 공격했다. 그가 출격하는 곳마다 우리 군사들이 맥없이 쓰러졌고, 이에 당나라 군사들은 마음의 안정을 찾았다. 그러나 본격적인 전투가 시작되면서 행군총관 장군예가 퇴주하고 당나라 군사가 패배했다. 도종은 흩어진 군사를 수습해서 높은 곳에 올라갔다. 그곳에서 고구려 군대의 진영이 혼란스러운 것을 확인하고, 기병 수천 명과 함께 돌격해왔다. 그때 이세적이 군사를 데리고 협공했는데, 우리 군사가 크게 패하고 사망자가 1천여 명이나 되었다.

황제는 요수를 건넌 후 다리를 철거해 군사들의 마음을 굳게 만들고 마수산에 진을 쳤다. 황제는 강하왕 도종에게 상을 내리고, 마문거를 중랑장으로 삼았으며, 장군예의 목을 베었다. 황제는 손수 수백 명의 기병과 함께 요동성 밑으로 가서 군사들이 흙으로 참호를 쌓는 것을 보았다. 황제는 역시 직접 제일 무거운 것을 자기 말에 실었고, 시종들 또한 흙을 운반해 성 밑에 쌓았다.

이세적은 밤낮없이 12일간 요동성을 공격했고, 황제가 정예부대를 이끌고 이세적에게 와서 성을 수백 겹으로 포위하였다. 성 안에는 주몽의 사당이 있었고, 이곳에는 쇠사슬 갑옷과 날카로운 창이 있었다. 망령되게도 과거 연나라 시대에 하늘에서 내려준 것이라고 했다. 성의 포위 태세가 긴박해지자, 무당은 미인을 부신으로 분장시켜 놓고,

"주몽이 기뻐하니 반드시 성은 보전된다."

라고 했다. 이세적이 세워 놓은 포차에 큰 돌을 얹어 3백 보 이상 날렸는데, 돌을 맞은 곳은 모두 허물어졌다. 이때 백제가 황색 칠의 쇠 갑옷을 바치고, 검은 쇠로 만든 무늬 갑옷을 군사들에게 입혀 종군했다. 이세민과 이세적이 만나자 갑옷의 광채가 햇빛에 빛났다. 남풍이 세게 불자 황제가 민첩한 군사를 시켜 성의 서남루를 불사르게 했고, 곧바로 장병들을 지휘하여 성에 오르게 했다. 이에 우리 군사들은 사력을 다했지만 승리하지 못했고, 사망자가 1만여 명이나 되었다. 당나라는 군사 1만여 명과 남녀 주민 4만 명을 생포하고, 양곡 50만 석을 탈취했으며, 요동성을 요주로 개칭했다. 이세적은 백암성 서남쪽을 공격하고, 황제는 서북쪽으로 갔다. 백암성 성주 손대음이 비밀리에 항복을 청하고, 성에 나와 칼과 도끼를 던지는 것으로 신호를 삼겠다며,

"항복하기를 원하지만 성안에는 따르지 않는 자들이 많다."

라고 했다. 그러자 황제는 당나라 깃발을 사자에게 주면서,

"반드시 항복하겠다면 이 깃발을 성 위에 세우라."

고 했다. 대음이 깃발을 세우자 성안 사람들은 당나라 군사가 성에 올랐다고 생각해 모두 항복했다.

황제가 요동에서 승리했을 때 백암성이 항복을 요청했다가 얼마 뒤에는 후회했다. 황제는 그들의 변심에 화가 치밀어 군사들에게,

"성을 빼앗는 사람에게 사람과 물건들을 모두 상으로 주겠다."

라고 명했다. 이세적은 황제가 백암성의 항복을 받으려는 것을 알아채고, 갑병 수십 명을 데리고 ,

"사졸들이 목숨을 아끼지 않고 싸우는 것은, 노획물을 얻기 위

함입니다. 지금 성이 거의 함락되어 가는 찰나에 항복을 받아 사졸들의 마음을 저버리려 하십니까?"

라고 하자 황제가 사과하면서,

"장군의 말이 백번 옳다. 그러나 군사를 풀어 목을 베고, 그들의 처자를 사로잡는 것은 내가 용납할 수가 없다. 장군의 부하로서 공로가 있다면 창고의 물건을 상으로 내릴 것이다."

라고 했다.

이세적은 물러나와 성안 남녀 1만여 명을 잡아 물가에 장막을 치고 항복을 받았다. 그리고 먹을 것을 주고, 80세 노인에게는 비단을 내렸다. 이보다 먼저 요동성 장사가 부하에게 피살되는 사건이 일어났다. 그때 성의 성사가 죽은 장사의 처자들과 함께 백암성으로 도망해 왔다. 황제는 그의 의리를 가상히 생각해 비단 다섯 필을 하사하고, 장사의 상여를 만들어 평양으로 보냈다. 황제는 백암성을 암주로 개칭하고 손대음을 자사로 임명했다. 당초 막리지는 가시성에 군사 7백 명을 파견해 개모성을 수비케 했는데, 이세적이 그들을 모두 생포했다. 그들은 당나라 군사에 합류해 공을 세우기를 권했다. 황제는 그들에게 곡식을 주면서 돌려보냈다. 개모성을 개주로 개칭했다.

황제가 안시성에 도착해 성을 공격했는데, 북부욕살 고연수와 남부욕살 고혜진이 우리 군사와 말갈군 15만을 이끌고 안시성을 구원했다. 황제가 근신들에게,

"지금 연수에게 전략이 있다면, 다음의 세 가지다. 상책은 손수 군사를 이끌고 안시성과 연결되는 보루를 쌓아 높은 산의 험한 지세를 이용해 성안의 곡식을 먹으면서 말갈군을 풀어 우리의 마소를 약탈하는 것이다. 이렇게 되면 우리가 공격해도 빨리

항복받을 수 없으며, 돌아가려 해도 늪지가 장애가 되어 우리 군사들이 곤경에 처하게 된다. 중책은 성안의 군사를 이끌고 야간도주하는 것이다. 하책은 자기의 지혜와 재능을 잊고 우리와 대적하는 것이다. 그는 분명히 하책을 택할 것이다. 그때 그들을 사로잡으면 되는 것이다."

라고 했다.

이때, 성안에서는 경험이 풍부한 대노 고정의가 연수에게,

"진왕은 안으로는 여러 영웅들을 제거하고, 밖으로는 오랑캐들을 굴복시켜 황제가 되었다. 이것은 천명을 받은 인재라고 할 수 있다. 지금 그가 전국의 군사를 이끌고 왔기 때문에 대적하면 패할 수밖에 없다. 내 계책은 군사를 정비하되 싸우지 않고, 지구전으로 기습 병을 보내 그들의 군량 수송로를 막는 것이다. 이에 군량이 떨어지면 싸우지 못하고 돌아가려고 해도 갈 길이 없다. 이때가 승리할 수 있는 시기이다."

라고 말했다.

하지만 연수는 이 말을 무시하고 군사를 이끌고 안시성 밖 40리까지 진군했다. 황제는 연수가 진군해 오지 않을 것을 염려하여 대장군 아사나 두이에게 명하여 돌궐 기병 1천 명을 이끌고 유인하게 했다. 첫 교전에서 당나라 군사가 패주하는 척하자, 이에 속은 연수는 '쉽구나' 라고 하며 앞으로 진격했다. 그는 안시성 동남방 8리 되는 곳에 이르러 산을 뒤로 한 채 진을 쳤다. 황제가 장수에게 계책을 묻자 장손무기가,

"'적을 알면 백전백승이다' 라는 말이 있습니다. 제가 용맹스런 군사들을 차출해 공격하겠습니다. 오늘도 폐하께서 직접 지휘해주시기 바랍니다."

라고 말했다.

황제는 곧 무기와 함께 고지에 올라가 산천의 형세를 관찰했다. 이때 우리 군사는 말갈군과 연합해 진을 치고 있었는데, 진의 길이가 무려 40리에 달했다. 이에 황제가 두려워하자 강하왕 도종이,

"고구려는 전력으로 천자 군대를 막고 있으니 분명 평양 수비에 약점이 있을 것입니다. 저에게 정예군 5천 명을 주시면 그들의 근본을 뽑겠습니다. 그렇게 하면 피 한 방울 흘리지 않고도 수십만 군사를 항복시킬 수가 있습니다."

라고 청했다.

황제는 이를 무시하고 사신을 보내 연수에게 거짓으로,

"나는 신하가 임금을 시해한 죄를 물으러 온 것이다. 우리가 전투하는 것은 내 본심이 아니다. 너희 나라에 들어와 마초와 양식이 모자라 몇 개 성을 빼앗기는 했으나, 앞으로 너희 나라가 신하의 예절을 지킨다면 성을 반드시 돌려주겠다."

라고 했다.

연수는 황제에게 속아 수비태세를 강화하지 않았다. 이에 황제가 문무관을 불러 계책을 의논했다. 이세적에게 보병과 기병 1만 5천 명을 내줘 서쪽 고개에 진을 치게 하고, 장손 무기와 우진달에게 정예군 1만 1천 명을 내줘 기습 병을 조직했다. 이날 밤 유성이 연수의 병영으로 떨어졌다. 아침 연수는 이세적의 군사가 적은 것을 보고 공격하려고 했다. 황제는 무기의 부대에서 먼지가 일자 북을 치고 나팔을 불며 깃발을 들게 하고 진군하였다. 이에 연수는 두려워하며 군사를 나누어 방어하려고 했지만, 이미 진영은 혼란에 빠졌다. 그때 마침 천둥과 번개가 쳤고, 당

나라 설인귀가 기이한 복장을 하고, 고함을 치면서 우리 진영으로 깊숙이 들어왔다. 그가 출몰하는 곳마다 군사들이 쓰러졌고, 당나라 대군이 이틈에 공격해왔다. 황제는 멀리서 설인귀를 바라보다가 유격장군으로 임명했다. 연수 등은 남은 군사를 이끌고 산에 의지한 채 수비를 강화했다. 황제가 우리 군사를 포위하고, 장손 무기에게 교량을 전부를 철거해 우리 군사의 귀로를 차단케 명했다. 연수와 혜진은 군사 3만 6천8백 명을 데리고 항복을 청하면서, 목숨을 살려달라고 빌었다. 황제가 백암성을 공격해 승리했을 때 이세적에게,

"내가 듣기로 안시성은 형세가 험하고 군사가 강하며, 성주가 용맹스러워 막리지의 난에도 성을 지키고 항복하지 않아 막리지가 공격했지만, 굴복시키지 못해 성을 그에게 주었다고 한다. 그러나 건안성은 병력이 약하고 군량미가 적기 때문에 불시에 공격하면 반드시 이길 것이다. 이에 먼저 건안성을 공격하라. 건안성이 항복한다면 안시성은 이미 우리의 손안에 있는 것이나 다름이 없다."

라고 했다. 이 말에 이세적은,

"건안성은 남쪽에, 안시성은 북쪽에 있습니다. 그런데 우리 군량은 모두 요동에 있습니다. 만약 안시성를 지나 건안성을 공격했다가 고구려 군사들이 우리의 군량 수송로를 차단하면 문제가 됩니다. 그래서 안시성을 먼저 공격해야 합니다. 안시성이 항복한다면 건안성을 쉽게 점령할 수가 있습니다."

라고 청하자 황제가,

"내가 그대를 장군으로 삼았으니, 그대의 계책을 따르겠다."

라고 했다.

이세적이 안시성을 공격하자, 안시성 사람들은 황제의 깃발과 일산을 바라보고, 성에 올라 북을 두드리고 소리를 지르니 황제가 분노했다. 당나라 군사들은 오랫동안 성을 공격했지만, 안시성은 꿈쩍도 하지 않았다. 이때 고연수와 고혜진이 황제에게,

"저희는 이미 대국에 몸을 의지했으니, 정성을 바치는 것은 당연한 일입니다. 안시성 사람들은 자신들의 가족들을 위해 스스로 싸우고 있어서 함락시키기 쉽지 않습니다. 저희는 고구려의 10여만 명의 병력을 가지고 있었음에도 불구하고, 황제의 깃발을 보고 사기가 꺾였습니다. 오골성의 욕살은 늙어서 수비가 부실합니다. 군사를 돌려 그곳을 공격한다면 승리할 것입니다. 그런 다음에 그곳의 자재와 군량을 거두어 전진한다면 틀림없이 평양성이 함락될 것입니다."

라고 했다. 이에 다른 신하들도,

"장량의 군사가 사성에 있는데, 그를 부르면 이틀이면 올 것입니다. 고구려가 두려워하고 있을 때 장량의 군사와 힘을 합쳐 오골성을 함락시키고, 압록강을 건너서 곧바로 평양을 공격하면 승리할 수 있습니다."

라고 했다.

황제가 이 의견에 따르려고 했을 때 장손 무기가 홀로 나서서,

"천자의 원정은 보통 정벌과는 전혀 다른 것이다. 그렇기 때문에 모험으로 요행을 바라서는 안 된다. 지금 건안성과 신성에는 아직까지 10만 대군이 있다. 만약 우리가 오골성을 공격한다면 반드시 고구려 군사들이 우리의 뒤를 추격하게 될 것이다. 그러므로 먼저 안시성을 빼앗고 건안성을 취한 다음에 군사들을 진군시켜야 한다."

라고 하자 황제는 말에 앞서 세운 계획을 중단했다. 모든 장수들이 안시성을 급히 공격하였다. 이세민이 성안에서 들려오는 닭과 돼지의 소리에 세적에게,

"성을 포위한지 이미 오래되었고, 어찌된 일인지 성안에는 밥 짓는 연기가 나날로 줄고 있다. 그런데 지금 닭과 돼지 소리가 요란한 것은 틀림없이 군사들을 잘 먹여 야습하려는 수작이다. 군사들을 단속해서 항상 대비토록 하라."

라고 명했다.

이날 밤, 우리 군사 수백 명이 성에서 줄을 타고 내려왔다는 보고를 받은 황제는 직접 성 밑으로 와서 재빨리 공격했다. 이때 우리 군사 중 전사자가 수십 명이나 되었으며, 나머지는 도주했다.

강하왕 도종은 성의 동남쪽에 토산을 쌓아 성으로 접근했지만, 성안에서는 이것보다 더 높게 성을 쌓아 굳게 방어했다. 군사들은 규칙적으로 하루에 6~7회 정도 교전했으며, 당나라 군사의 충거와 포석으로 누대와 성 위의 작은 담들이 허물어졌지만, 그때마다 목책을 세워 부서진 곳을 수리했다. 전투 중 도종이 발을 다쳤는데, 황제가 직접 침을 놓아 주었다. 당나라는 군사 50만을 동원해 60일 동안 밤낮을 쉬지 않고 토산을 완성시켰다.

토산의 꼭대기가 성보다 두어 길이나 높아 성안을 내려다볼 수가 있었다. 도종은 과의 부복애에게 명해 산정에 주둔하면서 적의 동태를 살피게 했다. 이때 산이 허물어지면서 성을 덮쳐 성의 일부가 무너지면서 위기가 닥쳤다. 그러나 복애는 하필 이럴 때 사사로운 이유로 이곳에 없었다. 우리 군사 수백 명이 허물어진 곳으로 진격해 토산을 탈취하고 참호를 파고 수비했다.

황제가 화가 치밀어 복애의 목을 베어 조리를 돌리고 장수들에게 명해 성을 총공격하라고 했다. 그렇지만 사흘이 지나도 이길 수가 없자 도종은 맨발로 황제의 깃발 아래로 가 죄를 청했다. 그러자 황제는,

"너는 죽어도 마땅한 놈이지만, 나는 한나라 무제가 왕회를 죽인 것을 진목공이 맹명을 등용한 것만 못하다고 생각한다. 너는 개모성과 요동을 점령한 공로가 있어서 특별히 용서하겠다."

라고 했다.

황제는 요동지방에 추위가 빨리 찾아오기 때문에 풀이 마르고 물이 얼 것으로 생각해, 군사와 말을 오래 머무르게 할 수가 없었다. 더구나 군량이 떨어질 것으로 판단해 철수를 명했다. 먼저 따라 요주, 개주의 주민을 선발해서 요수를 건너게 하고, 안시성 밑에서 군사를 동원해 시위하고 돌아갔다. 성안의 모든 사람들은 자취를 감추고 보이지 않았다.

성주는 성에 올라가 절을 하며 작별하자, 황제는 성을 굳게 지킨 것을 가상히 여겨 겹실로 짠 비단 1백 필을 주면서 격려했다. 황제는 세적과 도종에게 명해 보병과 기병 4만을 후군에 배치했다. 그들이 요동에 도착해 요수를 건너려 하였으나, 습지의 진흙 때문에 수레와 말이 앞으로 나아갈 수가 없었다. 그러자 황제는 무기에게 명을 내려 1만 명의 군사에게 풀을 베어 진흙길을 메우게 했다. 또한 물이 깊은 곳에는 수레를 다리로 삼아 건너게 했다.

겨울 10월, 황제가 포구에 도착해 말을 멈추고 진흙길 메우는 작업을 독려했으며, 모든 군사가 발착수를 건넜다. 바람과 눈이 휘몰아치면서 동사자들이 많이 생겼다. 황제는 길가에 불을 피

워놓고 군사를 쉬게 했다. 현토, 횡산, 개모, 마미, 요동, 백암, 비사, 협곡, 은산, 후황 등 10개의 성을 철폐하고, 요주, 개주, 암주 3개 주에서 7만 명의 주민을 중국으로 이주시켰다. 고연수는 항복한 뒤로부터 분개하다가 화병으로 죽고 고혜진은 장안에 도착했다.

이로써 신성, 건안성, 주필산의 세 차례 싸움으로 우리 군사와 당나라 군사들 모두 전사자들이 많았고, 마필도 많이 죽었다. 황제는 승리하지 못한 것을 깊이 후회하면서,

"만약 위징이 내 곁에 있었다면, 나에게 이번 원정을 못하게 했을 것이다."

라고 했다.

○ 저자의 견해

당 태종은 어질고 명철한 황제로 난을 평정함에 있어 탕과 무왕과 비교되고, 이치의 통달은 성왕, 강왕과 비슷했다. 또한 병법에서 기막힌 전술이 무궁하여 그가 가는 곳마다 대적할 적수가 없었다. 그런데 동방 정벌에서는 안시성에서 무너졌다. 이것으로 볼 때 그 성의 성주는 비상한 호걸이다. 하지만 안타깝게도 사기에는 그의 이름을 전하지 않고 있다. 이것은 양자가 이른바 '제, 노의 대신은 역사에 이름을 남기지 않는다.' 라는 것과 같은 것으로 매우 애석한 일이다.

⊙ 5년 봄 2월, 태종이 서울로 돌아가 이정에게,

"내가 천하의 군사로 작은 오랑캐에게 곤욕을 당한 이유가 무엇이라 생각하는가?"라고 물었다. 그러자 이정은

"도종이 그 이유를 풀어줄 것입니다."

라고 했다. 도종은 주필산에 있을 때, 평양성이 비어 있다고 말

했고, 그때 점령하자고 했던 말들을 상세하게 아뢰었다. 황제가 한탄하며,

"그때 내가 정신이 혼미해져 생각이 나지 않았다."

라고 했다. 여름 5월, 왕과 막리지 개금이 당나라에 사신을 보내 사죄하면서 미인 두 명을 바쳤다. 황제가 이들을 돌려보내며 사신에게

"어여쁜 사람은 소중하다. 그들이 친척과 헤어져 애태우는 것이 불쌍하니 물리치겠다."

라고 했다.

동명왕 어머니 소상이 사흘 간 피를 토하면서 울었다. 먼저 당 태종이 퇴각할 때 개소문에게 활과 의복을 주었는데 개소문은 이를 받고도 사례하지 않았으며 교만하기 짝이 없었고, 비록 당나라에 표문을 올렸지만 모두가 거짓이고 황당한 내용이었다. 더구나 당나라 사신에게 방자했으며, 변경의 기회를 늘 엿보고 있었다. 당나라는 여러 번 칙령을 내려 신라를 공격하지 말라고 했지만, 이를 듣지 않고 침공을 하므로 태종은 조서를 내려 그의 조공을 받지 않고 고구려를 칠 것을 논의했던 것이다.

삼국사기
三國史記高句麗本紀
第二二卷

삼국사기권제22

고구려본기 제10
보장왕(하)

보장왕(하)

◉ 6년, 당나라 태종이 또다시 원정을 하려고 조정에서 논의를 했다. 가을 7월 우진달, 이해안이 고구려 국경에 들어와 1백여 차례 싸웠는데, 석성을 격파하고, 적리성까지 진격했다. 이에 우리 군사 1만여 명이 나가 싸웠지만, 이해안이 공격해 패배했고, 전사자가 3천 명이나 되었다. 겨울 12월, 왕은 둘째 아들에게 막리지 임무를 맡겨 당나라에 들어가 사죄하게 했고, 황제가 받아들였다.

◉ 7년 봄 정월, 당나라에 조공했지만, 태종은 장병 3만여 명과 누선, 전함으로 내주로부터 바다를 건너 공격했다. 여름 4월, 오호진 장수 고신감이 바다를 건너와 우리 군사를 공격해 승리했다. 그날 밤 우리 군사 1만여 명이 신감의 배를 습격하다가 복병에게 당했다. 태종은 고구려가 피폐했다고 판단해 다음해에 30만 대군을 출동시켜 멸망시킬 것을 논의했다. 이때 누군가가,

"대군이 동방으로 원정하려면 1년의 군량미를 갖춰야 합니다. 그리고 이것을 군마로 실을 수가 없기 때문에 선박으로 운반하

는 것이 좋을 듯 합니다. 수나라 말기에 검남 지방만은 도적의 침입이 없었고, 지난번 요동 정벌 때도 검남은 참여하지 않았습니다. 그러니 그곳의 부유한 백성들에게 선박을 만들게 해야 합니다."

라고 했다. 태종이 그의 말에 따랐다.

가을 7월, 서울 여자가 아이를 낳았는데, 몸뚱이는 하나고 머리가 둘이었다. 태종이 좌령 좌우부 장사 강위를 검남도에 파견해 선박을 만들게 했다.

9월, 노루가 떼를 지어 강을 건너 서쪽으로, 이리 역시 떼를 지어 사흘 동안 서쪽으로 이동했다. 태종은 장군 설만철에게 고구려를 공격하게 했다. 그들은 압록강으로 들어와 박작성 남쪽 40리에 진을 꾸렸다. 박작성주 소부손이 보병과 기병 1만여 명을 거느리고 막았다. 만철이 우위장군 배행방에게 보병과 모든 군사를 동원해 공격케 하면서 우리 군사가 무너졌다. 배행방 등은 곧바로 진격해 성을 포위했다. 하지만 박작성은 산을 이용한 요새였고, 압록강으로 튼튼하게 막혀 있어 함락시키지 못했다. 우리 장수 고문이 오골성, 안지성 등의 군사 3만여 명을 이끌고 두 진으로 나누어 구원했다. 그러나 만철이 군사를 나누어 대응해 패했다. 태종이 내주자사 이도유에게 군량과 기계를 오호도에 비축하라고 명했다. 장차 고구려 대정벌을 위한 것이었다.

⊙ 8년 여름 4월, 당나라 태종이 죽자 조칙을 내려 요동정벌을 중지하게 했다.

○ 저자의 견해

처음 태종이 요동 원정을 계획할 때, 이를 말리는 사람은 여러 사람이었

다. 또 안시성에서 군사를 철수한 뒤 성공하지 못한 것을 깊이 후회하면서
"만약 위징이 있었다면, 나에게 이번 원정을 못하게 했을 것이다."

라고 했다. 그가 또다시 고구려를 치려고 할 때 사공 방현령이 병중에서 표문을 올렸는데,

"노자는 '만족함을 알면 욕을 당하지 않고, 멈출 줄 알면 위태롭지 않다'고 했습니다. 폐하의 명성과 공덕은 만족할 만하고, 국토를 확장시키는 일 역시 멈출만한 정도입니다. 폐하께서는 항상 한 명의 중죄인을 처형할 때도 필히 세 번이나 심사하고 다섯 번이나 변명의 기회를 주었습니다. 또한 검소한 식사와 풍류를 중지함은 사람의 생명을 소중하게 다루기 위한 것입니다. 그런데 이제 무죄한 사졸들을 동원해 칼날에 참혹히 죽게 만드는 것은 왜 불쌍하게 여기지 않습니까? 지난날 고구려가 신하의 예의를 어긴 것에 대해 벌주는 것이 마땅하고, 우리 땅을 침략했다면 제거하는 것이 옳습니다. 또 후일 중국의 걱정거리가 된다면 당연히 없애버리는 것이 옳습니다. 하지만 지금 이와 같은 세 가지 조건이 하나도 들어맞지 않는데, 공연히 선대의 치욕을 씻고, 신라의 복수를 위해서 라니, 이는 얻는 것은 작고 잃는 것은 큰 것입니다. 이에 폐하께서는 고구려가 스스로 새롭게 태어나도록 허락해서, 창파에 띄운 선박을 거두고, 징발해온 군사들을 돌려보내시는 것이 마땅합니다. 이렇게 한다면 중국에는 경사가 찾아오고, 오랑캐들은 우리를 믿을 것이며, 더불어 먼 곳은 조용하고 가까운 곳은 매우 평안할 것입니다."

라고 했다.

죽음을 앞둔 양공의 간곡한 말을 무시한 황제는 동방을 폐허로 만드는 것을 자기만족으로 생각하다가 죽어서 멈추게 되었다. 사론에서,

"큰 것을 즐기고, 공명을 좋아해 먼 곳으로 군사를 내몰았다."

하였는데 이를 두고 한 말이 아닐까? 유공권의 소설에,

"주필산 전쟁에서 고구려가 말갈과 군사를 연합했는데, 그 길이가 40여리나 뻗쳤다. 태종이 이를 보고 두려워하는 기색이 역력했다"

라고 했으며, 또,

"황제의 6군이 고구려 군사에게 제압되어 꼼짝하지 못했다. 영공 휘하의

검은 깃발이 포위되었다는 척후병의 보고에 황제가 크게 두려워했다."
라고 했다. 황제가 이처럼 겁을 내었는데, 『신구당서』와 사마광의 『통감』에 이것을 기록하지 않은 것은, 나라의 체면 때문이었으리라.

⊙ 9년 여름 6월, 반룡사 보덕 화상은 나라에서 도교를 숭상하고 불교를 믿지 않으므로 남쪽의 완산 고대산으로 이주했다. 가을 7월, 서리와 우박으로 곡식에 피해가 있었고, 이에 백성이 굶주렸다.

⊙ 11년 봄 정월, 당나라에 조공했다.

⊙ 13년 여름 4월, 어떤 사람이 마령에서 신령스런 사람을 보았는데, 그는,

"너의 임금과 신하들이 너무 사치스러워 패망할 날이 얼마 남지 않았다."

라고 했다. 겨울 10월, 왕이 장수 안고에게 말갈 군과 함께 거란을 공격케 했다. 송막도독 이굴가가 대항해 신성에서 우리 군사를 대패시켰다.

⊙ 14년 봄 정월, 백제, 말갈과 함께 신라 북쪽 변경을 침공해 33개의 성을 점령하자, 신라 왕 김춘추가 당나라에 구원을 요청했다. 2월 당나라 고종이 영주도독 정명진과 좌위중랑장 소정방을 보내 공격했다. 여름 5월, 명진이 요수를 건너오자, 우리 군사는 상대 군사가 적은 것을 보고, 나아가 귀단수를 건너서 전투를 벌였다. 명진등이 크게 이겨, 우리 군사 1천여 명을 죽이거나 잡아갔다.

⊙ 15년 여름 5월, 서울에 쇳가루가 비처럼 떨어졌고, 겨울 12월, 당나라에 사신을 보내 황태자의 책봉을 축하했다.

◉ 17년 여름 6월, 당나라 영주도독 겸동이 도호 정명진과 우령군중랑장 설인귀가 군사를 이끌고 고구려를 공격했지만 이기지 못했다.

◉ 18년 가을 9월, 호랑이 아홉 마리가 한꺼번에 성안으로 들어와 사람을 잡아먹었지만, 호랑이를 잡지 못했다. 겨울 11월, 당나라 우령군중랑장 설인귀가 우리 장수 온사문과 횡산에서 싸워서 이겼다.

◉ 19년 가을 7월, 평양 강물이 3일 동안 핏빛이었고, 겨울 11월 ,당나라에서 좌효위대장군 설필하력을 패강도행군대총관, 좌무위대장군 소정방을 요동도행군대총관, 좌효위장군 유백영을 평양도행군대총관, 포주자사 정명진을 누방도총관으로 임명해 각각 다른 길로 진격 해 우리를 공격했다.

◉ 20년 봄 정월, 당나라가 하남, 하북, 회남 등의 67개 주에서 군사를 징발해 4만 4천여 명을 평양과 누방 군영으로 배치시켰고, 또 홍려경 소사업을 부여도행군총관으로 임명해 회흘 등 제부의 군사를 이끌고 평양으로 진군했다.

여름 4월, 임아상을 패강도행군총관, 설필 하력을 요동도행군총관, 소정방을 평양도행군총관으로 임명해, 소사업을 비롯해 모든 오랑캐 군사 35만을 이끌고 수륙으로 나누어 진군했다. 이때 황제가 직접 대군을 통솔하려고 하자 울주자사 이군구가,

"고구려는 소국인데, 왜 중국의 모든 국력을 기울입니까? 만약 고구려가 망한다면 우리가 군사를 출동시켜 구해줘야 합니다. 이때 군사를 적게 출동시키면 체면이 구겨지고, 많이 출동시키면 백성이 불안해할 것입니다. 이는 전국 사람들을 전쟁으로 내몰아 피곤하게 하는 길입니다. 토벌하는 것이 토벌하지 않

는 것보다 못하며, 멸망시키는 것이 멸망시키지 않는 것보다 못합니다."

라고 했다. 이때 무후도 나서서 말리므로 황제가 중지했다.

여름 5월, 왕은 장군 뇌음신에게 말갈 군을 거느리고 신라 북한산성을 포위해 열흘이 되도록 풀지 않았다. 신라의 군량 수송이 차단되면서 성안은 위험과 공포에 시달렸다. 이때 갑자기 큰 별이 우리 진영으로 떨어지면서 천둥이 치고 비가 오고 벼락이 쳤다. 이에 뇌음신은 놀라서 퇴각했다.

가을 8월, 소정방이 패강에서 우리 군사를 격파해 마읍산을 탈취하면서 평양성을 포위했다. 9월, 개소문은 아들 남생에게 정병 수만 명을 내주어 압록강을 수비시켰다. 그러자 당나라의 모든 부대가 감히 건너지 못했다. 설필 하력이 압록강에 도착했을 때 강에 얼음이 얼어 있었다. 그는 군사들에게 얼음 위로 강을 건너게 공격해 우리 군사가 패주했다. 하력이 수십 리를 추격하여 우리 군사 3만 명을 죽였다. 남은 군사는 모두 항복했고, 남생만 겨우 달아났다. 이때 당나라에서 군사를 철수하라는 조서가 내려져 퇴각했다.

⊙ 21년 봄 정월, 좌효위장군 백주자사 옥저도총관 방효태가 개소문과 사수 언덕에서 싸우다가 전멸했다. 효태 역시 그의 아들 13명과 함께 죽었다. 소정방은 평양을 포위했는데, 때마침 폭설이 내리는 바람에 포위를 풀고 퇴각했다.

⊙ 25년, 왕은 태자 복남『신당서』에는 남복이라 했다을 당나라에 파견해 황제가 지내는 태산 봉선에 참가케 했다. 개소문이 죽자 맏아들 남생이 막리지가 되었다. 처음 정사를 맡아 여러 성을 순행하면서, 두 아우 남건과 남산에게 조정 일을 처리하게 했

다. 하지만 어떤 사람이 두 아우에게,

"남생은 두 아우를 의심해, 당신들을 죽이려고 합니다. 그래서 먼저 도모하는 것이 유리합니다."

라고 했다.

두 아우가 처음엔 믿지 않았다. 또 다른 사람이 남생을 찾아가,

"두 아우가, 형이 돌아오면 자기들의 권세를 빼앗길 것을 두려워 하여 형을 조정에 들어오지 못하게 하려고 합니다."

라고 했다. 그래서 남생은 심복을 평양으로 보내 두 아우의 동정을 살피게 했다. 두 아우가 이것을 알고 남생의 심복을 사로잡고, 왕명으로 남생을 소환했다. 그러자 남생은 감히 돌아오지 못하였다. 남건은 스스로 막리지가 되어 군사를 출동시켜 남생을 토벌했다. 남생은 국내성으로 도주해 그곳에 머물면서 아들 헌성을 당나라에 보내 구원을 청했다.

6월, 고종은 좌효위대장군 설필 하력에게 군사를 데리고 나가 맞이하게 했고, 남생은 당나라로 도주했다. 가을 8월, 왕이 남건을 막리지로 삼아 내외의 군사에 대한 직무를 맡겼다. 9월, 고종이 남생에게 요동도독겸 평양도안무대사로 특진시키고 현토군공으로 책봉했다. 겨울 12월, 고종이 이적을 요동도행군대총관겸 안무대사로 임명하고 사열소상 백안육과 학처준에게 보좌하게 했으며, 방동선과 설필 하력을 요동도행군부대총관겸 안무대사로 삼고, 기타 수륙군 부대의 총관들과 전량사인 두의적, 독고경운, 곽대봉 등은 이적을 따르게 했다.

⊙ 26년 가을 9월, 이적이 신성을 함락시키고, 설필 하력에게 수비를 맡겼다. 이적이 처음에 요수를 건널 때 모든 장수들에게,

"신성은 고구려 서쪽 변경의 요충지로 이곳을 먼저 얻지 않으

면 다른 성을 쉽게 함락시킬 수가 없다."

라고 했다.

⊙ 27년 봄 정월, 당나라 고종은 우상 유인궤를 요동도부대총관으로 삼고, 학처준과 김인문에게 보좌케 했다. 2월, 이적이 고구려 부여성을 점령했다. 가을 9월, 이적이 평양을 점령한 뒤 2백여 리에 있는 욕이성까지 함락시켰다. 설필 하력이 먼저 군사를 이끌고 평양성 밖에 도착했고, 이적의 군사가 합류하면서 한 달이 넘게 평양성을 포위했다. 그러자 보장왕 장이 남산을 시켜 수령 98명과 함께 이적에 항복하게 했다. 이적은 이들을 예를 갖춰 접대했다. 그러나 남건은 성문을 닫고 수비하면서 군사를 출동시켜 싸웠지만 그때마다 패했다. 남건은 승려 신성에게 군사의 일을 맡겼는데, 신성은 비밀리에 소장오사, 요묘와 함께 이적에게 사람을 보내 내응했다. 5일 뒤에 신성의 성문을 열리자 이적은 군사를 풀어 성 위에 올라가 북을 치면서 함성을 지르고 불을 지르게 했다. 남건은 자결했지만, 죽지 않고 당나라 군사가 왕과 남건 등을 붙잡았다.

겨울 10월, 이적이 귀국하려고 할 때 고종은 고구려 왕을 소릉에 인사시킨 다음 군용을 갖춰 개선가를 부르며 서울로 들어와 다시 태묘에 인사시키도록 명했다. 12월, 고종이 함원전에서 포로를 전해 받았다. 고구려 왕은 정치를 자신이 하지 않았다고 해서 죄를 용서받고 사평태상백원외동정으로 삼았다. 남산을 사재소경, 승려 신성을 은청광록대부, 남생을 우위 대장군으로 삼았다. 남건은 검주로 유배시켰다. 고구려 지역의 5부, 1백76성, 69만여 호를 나누어 9도독부, 42주, 1백 현으로 만들고 평양에 안동도호부를 설치해 통치했다. 고구려 장수들 중 공로가 있는 자들을 선발해 도독, 자사, 현령으로 삼아, 중국인들과 함께 정치에 참여시켰다. 우위위대장군 설인귀를 검교안동도호를 삼아, 군사 2만 명과 함께 이 지역을 다스리게 했다. 이때가 고종 총장 원년 무진년이었다.

⊙ 2년 기사 2월, 왕의 서자 안승이 4천여 호와 함께 신라에 투항했고, 여름 4월, 고종이 3만 8천3백 호를 강, 회의 남쪽과 산남, 경서 등지의 모든 주의 빈 지역으로 이주시켰다. 함형 원년 경오 여름 4월, 검모잠이 나라를 다시 일으키기 위해 당나라를 배반하고, 왕의 외손 안순『신라본기』에 승으로 되어 있다을 임금으로 세웠다. 당나라 고종은 대장군 고간을 동주도행군총관으로 임명해 토벌케 했는데, 안순은 검모잠을 죽이고 신라로 도주했다.

⊙ 2년 신미 가을 7월, 고간이 안시성에서 우리의 남은 군사를 격파했다.

⊙ 3년 임신 12월, 고간이 우리의 남은 군사와 백빙산에서 싸워 승리했는데, 이때 신라에서 군사를 보내 구원했다. 그렇지만 고간이 다시 승리하면서 2천 명을 죽이거나 사로잡아 갔다.

⊙ 4년 계유 여름 윤 5월, 연산도총관대장군 이근행이 호로하에서 우리 군사를 격파하고 수천 명을 사로잡았다. 이때 남은 군사들은 신라로 도주했다.

⊙ 의봉 2년 정축 봄 2월, 항복한 보장왕을 요동주 도독으로 삼고 조선왕으로 봉했다. 그리고 요동으로 돌려보내 백성을 안정시키게 했으며, 안동도호부를 신성으로 옮겨 통할하게 했다. 왕은 요동에 도착한 후 당나라에 대항하고자 비밀리에 말갈과 내통했다.

⊙ 개요 원년, 왕이 앙주로 소환되었다가 영순 초에 죽었다. 고

종은 위위경을 추증하고, 조서를 내려 영구를 서울로 옮겨 힐리의 무덤 왼편에 장사지냈으며, 묘 앞에 비를 세웠다. 이로써 고씨 왕통의 대가 끊어졌다.

⊙ 수공 2년, 항복한 왕의 손자 보원을 조선 군왕으로 삼았다가, 성력 초에 좌응양위대장군으로 승진시키고, 다시 충성국왕으로 봉해 안동구부를 주어 통치케 했지만 부임을 거부했다. 이듬해 항복한 왕의 아들 덕무를 안동도독으로 삼았는데, 조금씩 나라의 기틀이 세워지고, 원화 13년에 당나라에 악공을 바쳤다.

○ 저자의 견해

현토와 낙랑은 원래부터 조선의 국토로 기자가 봉해졌던 곳이다. 기자는 백성에게 예의, 농사, 누에치기, 베 짜는 법을 가르치고, 8조의 금법을 만들었다. 이에 따라 이곳 백성은 도둑질하지 않고, 대문을 닫지 않고, 부녀들이 정조와 신의를 지켜 음란하지 않고, 음식을 먹을 때 그릇을 사용했다. 이곳 백성은 서, 남, 북방의 오랑캐와는 달리 천성이 순했다. 공자는 자기의 도가 중국에서 행해지지 않음을 슬퍼해 배를 띄워 이곳에서 살고자 했다. 이는 그럴만한 이유가 있었다. 주역의 괘가 효이(爻二)를 다예(多譽), 효사(爻四)를 다구(多懼)라고 한 것은 군위(君位)에 가깝기 때문이다.

고구려는 진, 한 이후 중국의 동북방 한쪽에 끼어 있었고, 북쪽 인근 지역들은 천자가 통치했다. 고구려는 다구(多懼)지역에 있었다고 할 수 있다. 그러나 고구려는 겸양하지 않고, 천자의 영역을 침범하여 원수를 맺었고 군현으로 들어가 살기도 했으므로 전쟁이 계속되면서 평안한 해가 없었다. 고구려가 평양으로 도읍지를 옮긴 시기는 수, 당이 중국 통일을 이루었던 시기다. 이때 고구려는 불손하게 중국의 조서와 명령을 거역하고, 천자의 사신을 토방에 가두기도 했다. 고구려는 이와 같이 고집스럽고 겁이 없었다. 하여 여러 번 죄를 묻는 정벌을 부추긴 것이다. 비록 어떤 시기엔 기묘한 계책으로 대군을 무찌른 경우도 있었지만, 결국 왕이 항복하면서 나라가 망했다.

고구려의 역사를 되짚어 보면 임금과 신하가 화평하고 백성이 화목했을 시기엔 대국이 공격해도 감히 고구려를 멸망시키지 못했다. 그러나 나라가 혼란스럽고, 군주가 백성을 돌보지 않아 원성이 높아지면 스스로 붕괴되어 다시 일어나지 못했다. 이에 맹자는,

"전쟁의 승리에 있어서 시기와 지형의 유리함이 인심의 화목함만 못하다."

라고 했다. 또한 좌씨는,

"국가는 복으로 흥하고 화로 멸망하는데, 나라가 흥하기 위해서는 군주가 자신의 몸에 있는 상처를 대하듯 백성을 보살펴야만 한다. 이것이 복이다. 나라가 망하려면 백성을 흙먼지처럼 여기기 때문에 이것이 곧 화인 것이다."

라고 했다. 다시 말해 나라를 맡은 군주가 포악한 관리들을 등용해 백성을 구박케 하고, 권문세가들의 가혹한 수탈로 인심을 잃게 되면 아무리 훌륭한 정치가 있어도, 나라를 망하지 않게 노력해도, 이미 때가 늦은 것이다.

삼국사기
三國史記 百濟本紀 第二三卷

삼국사기백제본기권제23

백제본기 제1

시조 온조왕, 다루왕, 기루왕, 개루왕, 초고왕.

백제 시조 온조왕

⊙ 백제의 시조 온조왕은 아버지가 추모주몽이다. 주몽이북부여에서 도망쳐서 졸본 부여에 도착했다. 이때 부여 왕은 아들이 없는 대신 세 명의 딸만 있었다. 주몽을 본 부여왕은 그가 비상한 사람임을 알아채고 둘째 딸을 시집보냈다. 그 후 얼마 되지 않아 부여 왕이 죽고 주몽이 뒤를 이었다. 주몽이 두 명의 아들을 낳았는데, 맏아들은 비류, 둘째 아들은 온조라 하였다. '주몽이 졸본에서 월군 여자를 취해서 두 아들을 낳았다' 고도 한다 그런데 주몽이 북부여에 있을 때 결혼한 예씨가 낳은 아들이 이곳으로 와서 태자가 되었다. 그러자 비류와 온조는 태자에게 받아들여지지 않을 것을 염려해 오간, 마려 등의 열 명의 신하와 함께 남쪽 지방으로 떠났다. 백성 중에 그들을 따르는 자가 많았는데, 그들은 한산에 도착해 부아악으로 올라가 거주할 곳을 찾았다. 이때 비류가 바닷가를 원하자 열 명의 신하들은,

"이곳 하남 땅은 북쪽으로 한수가 있고, 동쪽으로 높은 산이 있고, 남쪽으로 비옥한 들판이 있고, 서쪽으로는 큰 바다가 막혀 있어 천험의 지리입니다. 이는 얻기 어려운 형세로 마땅히 이곳에 도읍을 정하는 것이 좋을 듯싶습니다."

라고 했다.

하지만 비류는 신하들의 말을 무시하고 백성을 반으로 나눠 미추홀에서 터를 잡았다. 온조는 하남 위례성에 도읍을 정해 열 명의 신하들을 보좌진으로 삼아 국호를 십제라 하였다. 이때가 전한 성제 홍가 3년이었다. 미추홀에 자리를 잡은 비류는 토지가 습하고, 물에 소금기가 있어 살 수가 없다며 위례로 돌아왔다. 비류는 온조의 도읍이 안정되고 백성이 태평하자 후회하면서 죽었다. 비류의 신하와 백성이 위례로 돌아왔다. 온조는 백성들이 즐겁게 따라왔다고 해서 국호를 백제라 개칭했다. 또한 조상이 고구려와 함께 부여에서 함께 나왔다 하여 성씨를 '부여'로 정했다. 시조 비류왕의 아버지는 우태로 북부여왕 해부루의 서손이었다. 어머니는 소서노인데, 졸본 사람 연타취발의 딸이다. 그녀는 우태에게 시집와 두 아들을 낳았는데, 첫째는 비류, 둘째는 온조였다. 그녀는 우태가 죽자 졸본에서 혼자 살았다. 그 후 주몽이 부여에서 용납하지 않자, 전한 건소 2년 봄 2월 남쪽으로 도망쳐 졸본에 도착해 도읍을 정하고, 국호를 고구려라 했다. 그리고 소서노와 결혼해 왕비로 삼았다. 주몽이 나라의 기초를 개척하며 왕업을 이룸에 소서노의 내조가 컸다. 이에 주몽은 소서노를 사랑했고, 그의 아들 비류와 온조를 친자식처럼 대우했다. 하지만 주몽은 부여에서 낳았던 예씨의 아들 유류가 오자 그를 태자로 삼아, 자신의 뒤를 잇게 했다. 그러자 비류가 아우 온조에게,

"처음 대왕께서 부여에서 피신해 이곳으로 왔을 때, 어머니가 가산을 내줘 나라의 기초를 세웠으므로 어머니의 공로가 많다. 그러나 대왕이 죽자 나라는 유류에게 돌아갔고, 우리는 쓸모없는 사람이 되었다. 차라리 어머니를 모시고 남쪽으로 내려가 별도로 도읍을 세우자."

라고 했다. 비류는 아우 온조와 무리를 데리고 패수와 대수를 건너 미추홀에서 살았다. 한편, 『북사』와 『수서』에는 '동명의 후손 중 어질고 신의가 있는 구태가 있었다. 그가 처음 대방의 옛 땅에 나라를 세웠는데, 한나라 요동태수 공손도가 자신의 딸을 구태에게 시집보냈고, 마침내 동이의 강국이 되었다.' 라는 기록이

있어 어느 것이 맞는지를 알 수가 없다

⊙ 원년 여름 5월, 동명왕의 사당을 세웠다.

⊙ 2년 봄, 정월 왕이 군신들에게

"말갈이 우리 국경과 인접해 있는데, 그들은 용맹스럽지만 거짓말을 잘한다. 그러니 우리는 병기를 닦고 식량을 비축해 그들을 방어할 계획을 세워야 한다."

고 했다. 3월, 왕은 재종숙부 을음이 지혜와 담력이 있다고 판단해 우보로 임명하고, 군사와 관계되는 임무를 맡겼다.

⊙ 3년 가을 9월, 말갈이 북쪽 국경을 침범하자, 왕이 재빨리 정예군으로 공격해 대파시켰다. 겨울 10월, 천둥이 쳤고 복숭아와 자두 꽃이 피었다.

⊙ 4년, 봄과 여름에 가뭄이 찾아들어 흉년이었고, 전염병까지 만연했다. 가을 8월, 낙랑과 우호관계를 맺었다.

⊙ 5년 겨울 10월, 왕이 북쪽변경을 순행하던 중 신기한 사슴을 잡았다.

⊙ 6년 가을 7월, 그믐 신미 날에 일식이 일어났다.

8년 봄 2월, 말갈 군 3천 명이 침입해 위례성을 포위했지만, 왕은 성문을 굳게 닫고 대적하지 않았다. 열흘이 지나면서 적의 군량이 떨어져 퇴각하자, 왕이 정예군을 출동시켜 대부현까지 추격해 단번에 이기고, 적병 500여 명을 죽이거나 사로잡았다. 가을 7월, 마수성을 쌓고 병산에 목책을 세웠다. 낙랑태수가 사람을 보내,

"지난날 우호관계를 맺어 집안처럼 여기고 있는데, 지금 우리영역에 접근해 성을 쌓고 목책을 세우는 저의가 혹시 우리 땅을 차지하려는 계획이 아닌가? 우호관계를 유지하려면, 성을 허물고 목책

을 제거해 의심을 풀도록 하라! 만약 철거하지 않는다면 전쟁을 불사하겠다!"

라고 했다.

그러자 왕이,

"요새를 설치해 나라를 방어하는 것은 당연한 것이다. 어찌 화친과 우호관계에 변함이 있겠는가. 그러니 그대가 의심할 일이 전혀 아니다. 만약 그대가 강한 것을 믿고 군사를 출동시킨다면, 우리 또한 대응할 것이다."

라고 응수했다. 이것으로 낙랑과 백제는 우호관계가 끊어졌다.

⊙ 10년 가을 9월, 왕이 사냥하던 중 신기한 사슴을 잡아 마한으로 보냈다. 겨울 10월, 말갈이 북부 국경을 침략하자, 왕이 200명의 군사를 보내 곤미천에서 싸웠지만, 패하고 청목산을 의지해 수비를 했다. 그러자 왕이 직접 100명의 정예기병을 이끌고 봉현으로 나와 구원했다.

⊙ 11년 여름 4월, 낙랑이 말갈을 시켜 병산의 목책을 습격하게 해서 파괴하고 100여 명을 죽이거나 사로잡았다. 가을 7월, 독산과 구천에 목책을 설치해 낙랑으로 가는 길을 막았다.

⊙ 13년 봄 2월, 서울에서 늙은 할미가 남자로 변했고, 다섯 마리 호랑이가 성 안으로 들어왔다. 왕의 어머니가 61세의 나이로 죽었다. 여름 5월, 왕이 신하들에게,

동쪽에는 낙랑이, 북쪽에는 말갈이 있다. 그래서 그들이 변경을 침공해 하루도 편안한 날이 없다. 더구나 요즘에 괴상한 징조가 자주 나타나고 어머니가 세상을 떠나는 등 나라의 형세가 매우 불안하구나. 하여 반드시 도읍을 옮겨야겠는데, 어제 순행하던 중 한수의 남쪽에 기름진 토양이 있었다. 그곳으로 도읍을 옮겨 오래도록

평안할 계획을 세워야 겠다." 하였다. 가을 7월, 한산 아래에 목책을 세우고 위례성의 백성을 이주시켰다. 8월, 마한에 도읍을 옮긴다는 것을 알리면서, 마침내 국토의 영역을 확정했다. 북으로는 패하에 이르고, 남으로는 웅천이 경계이고, 서로는 큰 바다에 닿고, 동으로는 주양에 이르렀다. 9월, 성과 대궐을 수축했다.

⊙ 14년 봄 정월, 도읍지를 옮겼고, 2월, 왕이 부락을 순회하면서 백성에게 농사를 장려했다. 가을 7월, 한강 서북방에 성을 쌓아 한성주민 일부를 이주시켰다.

⊙ 15년 봄 정월, 새로 궁실을 지었는데, 궁실은 검소하고 누추하지 않았으며, 그다지 화려하거나 사치스럽지 않았다.

⊙ 17년 봄, 낙랑이 침입해 위례성을 불태웠고, 여름 4월, 사당을 세우고 왕의 어머니에게 제사 지냈다.

⊙ 18년 겨울 10월, 말갈이 습격해 오자, 왕이 군사를 이끌고 칠중하에서 그들과 싸웠다. 이때 추장 소모를 생포해 마한에 보내고, 나머지는 생매장시켰다. 11월 왕은 낙랑의 우두산성을 습격하기 위해 구곡까지 갔다가, 눈이 많이 내려 되돌아왔다.

⊙ 20년 봄 2월, 왕은 큰 제단을 설치하고 천지신명에게 제사를 지내자, 이상한 새 다섯 마리가 그 위를 날아갔다.

⊙ 22년 가을 8월, 석두, 고목의 성을 쌓았고, 9월, 왕이 1천 명의 기병을 이끌고 부현 동쪽지방으로 사냥을 갔다가 말갈의 도적을 만나 물리쳤다. 이때 잡은 포로들을 군사들에게 나누어 주었다.

⊙ 24년 가을 7월, 왕이 웅천 목책을 세우자 마한 왕이 사신을 보내,

"왕이 처음 강을 건너와 주거할 곳이 없다 하여 나는 동북방의

100리 땅을 그대에게 내줘 살게 했다. 이것은 내가 왕을 후하게 대접한 것이다. 따라서 이에 대한 보답을 생각해야 함에 마땅할진대, 지금 나라가 안정되고 백성이 모여들면서 대적할 자가 없다고 판단해 성과 연못을 크게 만들고 우리의 영토를 침범하니, 이것을 어찌 의리라고 하겠는가?"

라고 책망했다. 이에 왕이 부끄러워하면서 목책을 허물었다.

◉ 25년 봄 2월, 왕궁의 우물이 끝없이 넘쳤고, 한성의 민가에서는 말이 머리가 하나 몸이 둘인 소를 낳았다. 점쟁이가,

"우물이 끝없이 넘친 것은 대왕이 융성할 징조이고, 하나의 머리에 몸이 둘인 소가 태어난 것은, 이웃 나라를 합병할 징조입니다."

라고 하자 왕이 기뻐했다. 이것을 계기로 왕이 진한과 마한을 합병하기로 생각했던 것이다.

◉ 26년 가을 7월, 왕이,

"마한이 약해지면서 임금과 신하가 각기 다른 생각을 하고 있다. 그런고로 국세가 오래가지 못한다. 만약 다른 나라가 합병한다면 우리는 순망치한이 되어 후회해도 소용없을 것이다. 그래서 남보다 먼저 빼앗는 것이 상책이다."

라고 했다. 겨울 10월, 왕이 사냥을 핑계로 군사를 이끌고 마한을 기습했고, 마침내 마한을 합병했다. 오직 원산과 금현성만은 굳게 수비하고 항복하지 않았다.

◉ 27년 여름 4월, 원산과 금현성이 항복했는데, 왕이 그곳 백성을 한산북쪽으로 이주시켰다. 마한이 멸망하고 말았다. 가을 7월 대두산성을 쌓았다.

◉ 28년, 봄 2월 왕의 맏아들 다루를 태자로 삼아, 서울과 지방의 군사 일을 맡겼다. 여름 4월, 서리가 내려 보리에 피해가 있었고, 31년 봄 정월, 국내의 민가들을 나누어 남북부를 만들었다. 여름 4

월, 우박이 내렸고, 5월과 6월에 지진이 일어났다.

◉ 33년, 봄과 여름에 큰 가뭄이 찾아와 백성이 굶주려 서로를 잡아먹었고, 도적이 많이 생겨 왕이 이들을 위로하고 안정시켰다. 가을 8월, 동부와 서부의 2부를 더 설치했다.

◉ 34년 겨울 10월, 마한의 옛 장수 주근이 우곡성을 거점으로 반란을 일으키자, 왕이 직접 5천 명의 군사를 이끌고 토벌했는데, 주근이 목매어 자결하므로 그 시체의 허리를 자르고 처자들을 몰살시켰다.

◉ 36년 가을 7월, 탕정성을 쌓고, 대두성 주민의 일부를 이주시켰다. 8월, 원산, 금현성을 수리하고, 고사부리성을 쌓았다.

◉ 37년 봄 3월, 달걀 크기의 우박이 내려 새가 맞아 죽었다. 여름 4월부터 가물다가 6월에 단비가 내렸다. 한수의 동북 부락에 흉년이 들어 고구려로 도망간 자가 무려 1천여 호에 달하였고 패수와 대수 사이에는 사람이 없었다.

◉ 38년 봄 2월, 왕이 동으로 주양, 북으로 패하까지 순행했다가 50일 만에 돌아왔다. 3월, 왕이 사람을 파견해 농업과 잠업을 권장하고, 백성을 괴롭히는 과한 부역을 모두 없앴다. 겨울 10월, 왕이 큰 제단을 쌓고 천지신명에게 제사를 지냈다.

◉ 40년 가을 9월, 말갈이 술천성을 침공했고, 겨울 11월, 또다시 말갈이 부현성을 습격해 백여 명을 죽이고 약탈했다. 이에 왕은 2백 명의 정예기병을 보내 막았다.

◉ 41년 봄 정월, 우보 을음이 죽자 북부의 해루를 우보로 임명했는데, 70세가 넘었다. 2월, 한수 동북의 모든 부락에서 15세 이상 되는 장정을 징발해 위례성을 수리했다.

◉ 43년 가을 8월, 왕이 5일 동안 아산벌에서 사냥했고, 9월, 1

백여 마리의 기러기가 왕궁에 모였다. 점쟁이가,

"기러기는 백성의 상징입니다. 장차 먼 곳에서 귀순해 오는 사람들이 있을 것입니다."

라고 했다. 겨울 10월, 남옥저의 구파해 등 20여 명이 부양으로 와서 귀순하자 왕이 이들을 받아들여 한산 서쪽에 살도록 했다.

⊙ 45년, 봄과 여름에 큰 가뭄이 찾아와 초목이 말랐고, 겨울 10월, 지진이 일어나 가옥이 기울어지거나 쓰러졌다.

⊙ 46년 봄 2월, 왕이 죽었다.

다루왕

⊙ 다루왕은 온조왕의 맏아들로 온조왕 재위 28년에 태자가 되었다.

⊙ 2년 봄 정월, 왕은 시조 동명왕의 사당을 배알했고, 2월, 남쪽 제단에서 천지신명에게 제사를 지냈다.

⊙ 3년 겨울 10월, 동부 흘우가 마수산 서쪽에서 말갈과 맞붙어 승리했다. 이에 왕이 기뻐하면서 말 열 필과 벼 5백 석을 상으로 내렸다.

⊙ 4년 가을 8월, 고목성 곤우가 말갈과 싸워 대승했는데, 2백여 명의 머리를 베었다. 9월, 왕이 횡악 아래에서 사냥하던 중 두 마리의 사슴을 연이어 적중시켰다.

⊙ 6년 봄 정월, 왕의 맏아들 기루를 태자로 삼고, 죄수들을 대사면했다. 2월, 남쪽 주군에 명해 처음으로 논에서 쌀농사를 짓도록 했다.

⊙ 7년 봄 2월, 우보 해루가 90세로 죽자 동부 흘우를 우보로 삼았다. 여름 4월, 동방에 붉은 기운이 나타났고, 가을 9월, 말갈이

마수성을 함락시키고 불을 질러 백성의 가옥을 태웠다. 겨울 10월, 그들이 또다시 병산책을 습격했다.

⊙ 10년 겨울 10월, 우보 흘우를 좌보로 삼고, 북부 진회를 우보로 삼았다. 11월, 지진이 일어났는데, 천둥소리와 같았다.

⊙ 11년 가을, 곡식이 익지 않아 백성에게 술을 빚지 말라고 명했다. 겨울 10월, 왕이 동서 양부를 순회하면서 백성들을 위로하고, 가난한 사람들에게 일인당 곡식 두 섬을 주었다.

⊙ 21년 봄 2월, 왕궁 뜰의 큰 홰나무가 말라 죽었고, 3월, 좌보 흘우가 죽자 왕이 슬프게 울었다.

⊙ 28년, 봄과 여름에 가뭄이 찾아와 죄수들을 재심사해 사형수들을 사면했다. 가을 8월 말갈이 북쪽 변경을 쳐들어왔다.

⊙ 29년 봄 2월, 왕은 동부에 명해 우곡성을 쌓아 말갈을 막게 했다.

⊙ 36년 겨울 10월, 왕이 낭자곡성까지 토지를 개척하고, 신라왕에게 만나기를 요청했지만 거절당했다.

⊙ 37년 왕이 신라 와산성을 공격했지만, 승리하지 못하자 군사를 이동시켜 구양성을 공격했다. 이에 신라가 기병 2천 명을 동원했지만 우리 군사가 물리쳤다.

⊙ 39년, 와산성을 공격해 빼앗고, 군사 2백 명을 주둔시켜 수비케 했다. 하지만 얼마 되지 않아 신라에게 쫓겨났다.

⊙ 43년, 신라를 침공했다.

⊙ 46년 여름 5월, 그믐 무오 날에 일식이 일어났다.

⊙ 47년 가을 8월, 신라를 침공했다.

⊙ 48년 겨울 10월, 와산성을 공격해서 함락시켰다.

⊙ 49년 가을 9월, 와산성을 신라가 재탈환했다.

⊙ 50년 가을 9월, 왕이 죽었다.

기루왕

⊙ 기루왕은 다루왕의 맏아들로 다루왕 재위 6년에 태자가 되었고다.

⊙ 9년 봄 정월, 신라의 변경을 침공했고, 여름 4월, 을사 날에 객성이 자미 성좌로 들어갔다.

⊙ 11년 가을 8월, 그믐 을미 날에 일식이 일어났다.

⊙ 13년 여름 6월, 지진이 일어나 땅이 갈라지고 가옥들이 무너졌으며, 사망자가 많았다.

⊙ 14년 봄 3월, 큰 가뭄이 찾아와 보리 싹이 돋지 않았고, 여름 6월, 태풍이 불어 나무를 쓰러뜨렸다.

⊙ 16년 여름 6월, 초하루 무술 날에 일식이 일어났다.

⊙ 17년 가을 8월, 횡악의 큰 바위 다섯 개가 한꺼번에 굴렀다.

⊙ 21년 여름 4월, 두 마리의 용이 한강에 나타났다.

⊙ 23년 가을 8월, 서리가 내려 콩들이 모두 죽었고, 겨울 10월에는 우박이 내렸다.

⊙ 27년, 왕이 한산에서 사냥하던 중 신기한 사슴을 잡았다.

⊙ 29년, 신라에 화친을 청했다.

⊙ 31년, 겨울인데도 얼음이 얼지 않았다.

⊙ 32년, 봄과 여름에 가뭄이 찾아와 흉년이 들어 백성은 서로를 잡아먹었다. 가을 7월, 말갈이 우곡으로 침입해 주민들을 약탈하고 돌아갔다.

⊙ 35년 봄 3월과 겨울 10월에 지진이 일어났다.

⊙ 37년, 신라에 사신을 보내 예방했다.

⊙ 40년 여름 4월, 서울 성문 위에 황새가 둥지를 틀었고, 6월, 열흘 동안 큰 비가 내려 한강물이 넘쳐 주민들의 가옥이 유실되었

다. 가을 7월, 관리에게 명해 수해를 당한 논밭을 복구시켰다.

⊙ 49년, 신라가 말갈에게 침략당하자 구원병을 요청했다. 이에 왕이 다섯 명의 장수를 보내 구원케 했다.

⊙ 52년 겨울 11월, 왕이 죽었다.

개루왕

⊙ 개루왕은 기루왕의 아들이다.

⊙ 4년 여름 4월, 왕은 한산에서 사냥했다.

⊙ 5년 봄 2월, 북한산성을 쌓았다.

⊙ 10년 가을 8월, 경자 날에 형혹성이 남두 성좌를 침범했다.

⊙ 28년 봄 정월, 그믐 병신 날에 일식이 일어났고, 겨울 10월, 신라의 아찬 길선이 반역을 도모하다가 발각되어 우리나라로 도망쳐왔다. 이에 신라 왕은 글을 보내 소환을 요청했지만, 그를 보내지 않았다. 그러자 신라 왕이 노해서 군사를 출동시켜 공격해 왔는데, 성문을 굳게 닫고 방어만 했다. 이에 신라 군사들은 군량이 떨어져 퇴각했다.

○ 저자의 견해

춘추시대에 거복이 노나라로 도망해 오자 계문자는,

"그 임금에세 예의 있음을 보면 그를 섬기기를 자기 부모를 섬기는 것과 가같이 하고 그 임금에게 예의 없음을 보면 매사 새나 참새를 쫓는 것과 같이 한다. 거복을 보고서도, 선행에 대해 헤아리지 않고 흉덕에 처해 있었으니 이런 원인으로 제거 되었다."

라고 했다.

길선 역시 간사한 역적인데, 백제 왕이 숨겨 주었으니, 이것은 도적을 비호해 탐오를 함께 하는 꼴이다. 이 일로 이웃 나라와의 화친을 잃고 백성을 전쟁의 고통에 시달리게 했으니 그의 어리석음이 심하였다.

⊙ 39년, 왕이 죽었다.

초고왕

⊙ 초고왕소고은 개루왕의 아들이다.

⊙ 2년 가을 7월, 군사를 몰래 출격시켜 신라 서쪽 변경의 두 성을 격파하고 남녀 1천 명을 사로잡아 돌아왔다. 8월, 신라 왕은 일길찬 흥선에게 군사 2만 명을 내줘 우리나라 동쪽의 여러 성을 침공하게 했다. 또한 신라 왕은 직접 정예기병 8천 명을 이끌고 한수까지 진격해 왔다. 왕은 신라군이 많았기 때문에 이전에 빼앗았던 성을 돌려주었다.

⊙ 5년 봄 3월, 그믐 병인 날에 일식이 일어났고, 겨울 10월, 신라의 변경을 침공했다.

⊙ 21년 겨울 10월, 구름도 없는데 천둥이 쳤고, 혜성이 서북쪽에 출몰했다가 20일 만에 사라졌다.

⊙ 22년 여름 5월, 서울의 우물과 한수가 다 말랐다.

⊙ 23년 봄 2월, 궁실을 중수했으며, 군사를 출동시켜 신라 모산성을 공격했다.

⊙ 24년 여름 4월, 초하루 병오 날에 일식이 일어났고, 가을 7월에 우리 군사가 신라와 구양에서 싸우다가 패배했는데, 죽은 자가 무려 5백여 명이나 되었다.

⊙ 25년 가을 8월, 신라 서쪽 국경의 원산향을 공격하고, 진격해서 부곡성을 포위했다. 신라 장수 구도가 기병 5백 명을 이끌고 저

항했다. 이에 우리 군사들은 퇴각하는 척하면서 도망쳤는데, 구도가 와산까지 추격해 오므로 이때 우리 군사들이 반격해 대승했다.

⊙ 26년 가을 9월, 치우기별이 각성과 항성 성좌에 출몰했다.

⊙ 34년 가을 7월, 지진이 일어났고, 신라 변경을 침공했다.

⊙ 39년 가을 7월, 군사를 출동시켜 신라 요차성을 공략해 성주 설부를 죽였다. 신라 왕 나해가 분개해 이벌찬 이음을 장수로 삼아 6부의 정예군을 이끌고 우리의 사현성을 공격했다. 겨울 10월, 혜성이 동정 성좌에 출몰했다.

⊙ 40년 가을 7월에 태백성이 달을 침범했다.

⊙ 43년 가을, 메뚜기 떼가 나타났고 가물어 곡식이 익지 않았다. 이에 도적이 많이 생겨 왕이 그들을 위로해 안정시켰다.

⊙ 44년 겨울 10월, 태풍이 불어와 나무가 뽑혔다.

⊙ 45년 봄 2월, 적현성과 사도성을 쌓고 동부의 민가를 이주시켰다. 겨울 10월, 말갈이 사도성을 공격하다가 이기지 못하자 성문에 불을 지르고 도망쳤다.

⊙ 46년 가을 8월, 남쪽 지역에 메뚜기 떼가 나타나 곡식을 해쳐 백성이 굶주렸다. 겨울 11월에 물이 얼지 않았다.

⊙ 47년 여름 6월, 그믐 경인 날에 일식이 일어났다.

⊙ 48년 가을 7월, 서부사람 회회가 흰 사슴을 잡아 진상하자, 왕이 상서로운 일이라면 곡식 1백 석을 주었다.

⊙ 49년 가을 9월, 북부의 진과에게 명해 군사 1천 명을 이끌고 말갈의 석문성을 습격해 빼앗았다. 겨울 10월, 말갈이 정예기병을 이끌고 침입해 우술천에 이르렀다. 왕이 죽었다.

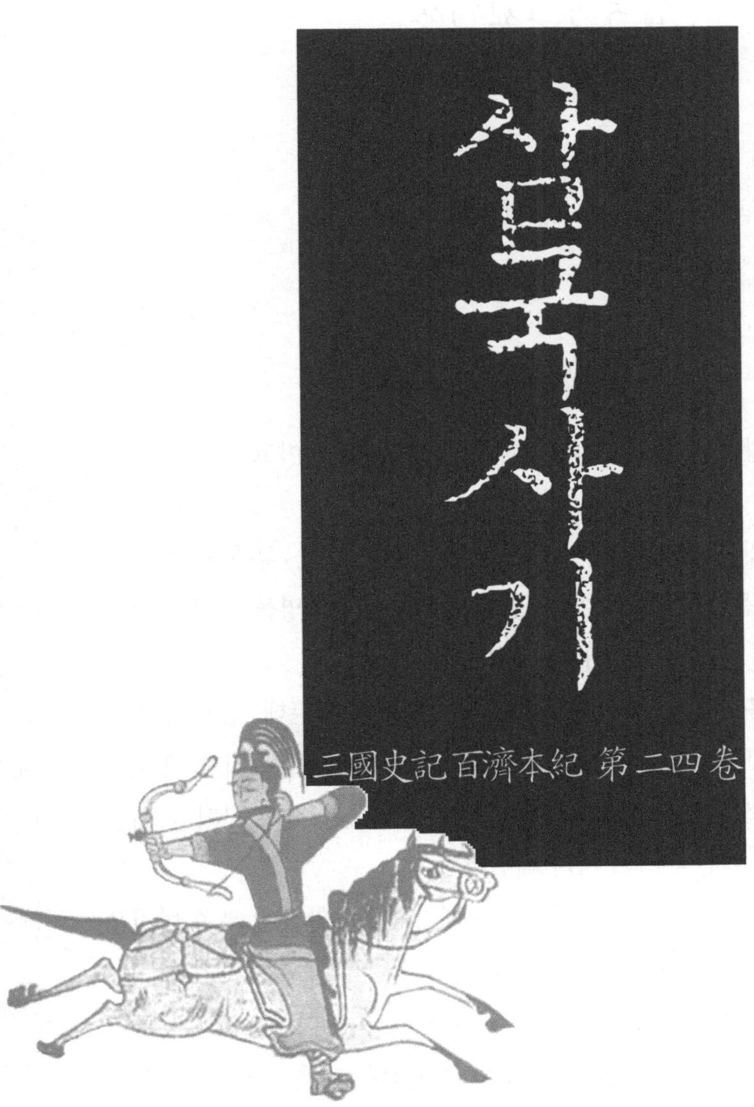
삼국사기
三國史記 百濟本紀 第二四卷

삼국사기권제24

백제본기 제2

구수왕, 사반왕, 고이왕, 책계왕, 분서왕, 비류왕, 설왕, 근초고왕, 근구수왕, 침류왕.

구수왕

⊙ 구수왕귀수은 초고왕의 맏아들로 신장이 7척이고 풍채가 특이했다.

⊙ 3년 가을 8월, 말갈이 적현성을 포위했지만, 성주가 굳게 수비하자 적은 퇴각했다. 이에 왕이 정예기병 8백 명을 이끌고 그들을 추격해 사도성 밖에서 격파했다.

⊙ 4년 봄 2월, 사도성 옆 두 곳에 목책을 세웠는데, 동서의 거리가 10리나 되었다. 적현성의 군사를 나누어 이곳을 수비케 했다.

⊙ 5년, 신라의 장산성을 포위하자, 신라왕이 직접 군사를 이끌고 공격했는데, 우리 군사가 패했다.

⊙ 7년 겨울 10월, 왕성 서문에 화재가 났고, 말갈이 북쪽 변경을 침략해 군사를 출동시켜 방어했다.

⊙ 8년 여름 5월, 동쪽지방에 홍수가 나서 40여 곳의 산이 무너졌고, 6월, 그믐 무진 날에 일식이 일어났다. 가을 8월, 한수 서쪽에서 대규모로 군사를 사열했다.

⊙ 9년 봄 2월, 관리에게 명해 제방을 수축하게 했고, 3월, 명을 내려 농사를 권장하였다. 여름 6월, 서울에 물고기가 비와 함께 떨

어졌고, 겨울 10월, 신라의 우두진으로 군사를 보내 민가를 약탈하였다. 신라 장수 충훤이 군사 5천 명을 이끌고 웅곡에서 우리 군사와 싸우다가 대패하면서 단신으로 도망갔다. 11월 그믐 경신 날에 일식이 일어났다.

⊙ 11년 가을 7월, 신라 일길찬 연진이 침입해 우리 군사가 봉산 아래에서 그들과 싸웠지만, 이기지 못했다. 겨울 10월, 태백성이 낮에 나타났다.

⊙ 14년 봄 3월, 우박이 내렸고, 여름 4월, 큰 가뭄이 들자 왕이 동명왕의 사당에서 제사를 지냈다. 그러자 곧바로 비가 내렸다.

⊙ 16년 겨울 10월, 왕이 한천에서 사냥했고, 11월, 전염병이 만연했으며, 말갈이 우곡까지 쳐들어와 사람과 재물을 약탈했다. 이에 왕이 정예군 3백 명을 출동시켜 방어케 했다. 하지만 적의 복병이 양쪽에서 협공하여 우리 군사가 대패했다.

⊙ 18년 여름 4월, 밤알 크기의 우박이 내렸는데, 새들이 죽기도 했다.

⊙ 21년, 왕이 죽었다.

사반왕

⊙ 구수왕이 재위 21년에 죽자 그의 맏아들 사반이 왕위를 이었다. 그러나 나이가 너무 어려 정사를 처리하지 못하였으므로 초고왕의 동복 아우 고이가 왕위에 올랐다.

고이왕

⊙ 고이왕은 개루왕의 둘째 아들이다. 고이왕이 죽자 그의 맏아

들 사반이 왕위를 이었지만, 나이가 어려 초고왕의 동복 아우 고이가 왕위에 올랐다.

⊙ 3년 겨울 10월, 왕이 서해 큰 섬에서의 사냥에서 직접 40마리의 사슴을 활로 맞혔다.

⊙ 5년 봄 정월, 악기를 사용해 천지신명에게 제사를 지냈고, 2월, 왕은 부산으로 사냥을 갔다가 50일 만에 돌아왔다. 여름 4월, 왕궁의 문기둥에 벼락이 떨어지자 황룡이 그 문에서 날아갔다.

⊙ 6년, 봄 정월부터 비가 없다가 여름 5월이 되어서 비가 내렸다.

⊙ 7년, 신라를 공격했고, 여름 4월, 진충을 좌장으로 임명해 내외의 군사 직무를 맡겼다. 가을 7월, 석천에서 대규모로 군대를 사열했다. 이때 냇가에서 오리 한 쌍이 날아가자 왕이 활로 명중시켰다.

⊙ 9년 봄 2월, 백성들에게 남쪽 소택지에 논을 개간토록 했고, 여름 4월 왕의 숙부인 질을 우보로 삼았다. 가을 7월에 왕이 서문 밖으로 나가 활쏘기를 구경했다.

⊙ 10년 봄 정월, 큰 제단을 쌓고 천지와 산천에 제사 지냈다.

⊙ 13년 여름, 크게 가물면서 보리가 모두 죽었고, 가을 8월, 위나라 유주자사 관구검이 낙랑태수 유무, 삭방태수 왕준과 함께 고구려를 공격했다. 이때 왕은 좌장 진충에게 명해 낙랑의 변방 주민들을 잡아오게 했다. 이에 유무가 분개했는데, 왕은 침공을 두려워 잡아온 사람들을 돌려보냈다.

⊙ 14년 봄 정월, 남쪽 제단에서 천지신명에게 제사를 지냈고, 2월 진충을 우보로 임명했다. 또 진물을 좌장으로 임명해 군사 일을 맡겼다.

⊙ 15년, 봄과 여름에 가뭄이 찾아왔고, 겨울, 백성이 굶주려 창고를 풀어 구제하면서, 1년간의 조세를 면제시켰다.

⊙ 16년, 봄 정월 갑오 날에 태백성이 달을 덮었다.

⊙ 22년 가을 9월, 군사를 출동시켜 신라군과 괴곡 서쪽에서 싸워서 승리했는데, 이때 신라 장수 익종을 죽였다. 겨울 10월, 신라 봉산성을 쳤지만 이기지 못했다.

⊙ 24년 봄 정월, 크게 가뭄이 찾아와 나무들이 모두 말랐다.

⊙ 25년 봄, 말갈의 추장 나갈이 좋은 말 열 필을 진상하자 왕이 사자를 우대해 돌려보냈다.

⊙ 26년 가을 9월, 푸르고 보랏빛이 나는 구름이 마치 누각처럼 왕궁 동쪽하늘에 떠올랐다.

⊙ 27년 봄 정월, 내신좌평을 신설해 왕명의 출납을 맡게 하고, 내두좌평을 신설해 물자와 창고를 맡게 하고, 내법좌평을 신설해 예법과 의식을 맡게 하고, 위사좌평을 신설해 숙위와 병사를 맡게 하고, 조정좌평을 신설해 형벌과 송사를 맡게 하고, 병관좌평을 신설해 지방군사에 대한 일을 맡겼다. 또한 달솔, 은솔, 덕솔, 한솔, 나솔, 장덕, 시덕, 고덕, 계덕, 대덕, 문독, 무독, 좌군, 진무, 극우 등을 두었다. 6개 좌평은 모두 1품, 달솔은 2품, 은솔은 3품, 덕솔은 4품, 한솔은 5품, 나솔은 6품, 장덕은 7품, 시덕은 8품, 고덕은 9품, 계덕은 10품, 대덕은 11품, 문독은 12품, 무독은 13품, 좌군은 14품, 진무는 15품, 극우는 16품이었다. 2월 6품 이상은 자주빛 옷을 입고 은 꽃으로 관을 장식했으며, 11품 이상은 붉은 옷을, 16품 이상은 푸른 옷을 입게 했다. 3월, 왕의 아우 우수를 내신좌평으로 임명했다.

⊙ 28년, 봄 정월 초하룻날 왕이 자줏빛으로 된 큰 소매가 달린

도포와 푸른 비단 바지에, 금 꽃으로 장식된 오라관에, 흰 가죽 띠를 두르고, 검은 가죽신을 신고, 남당에서 정사를 처리했다. 2월, 진가를 내두좌평, 우두를 내법좌평, 고수를 위사좌평, 곤노를 조정좌평, 유기를 병관좌평으로 임명했다. 3월, 신라에 화친을 요청했지만, 신라는 거절했다.

⊙ 29 년 봄 정월, 관리가 뇌물을 받거나 도적질하면 세 배를 배상케 하고 종신 금고형에 처하도록 명했다.

⊙ 33년 가을 8월, 신라 봉산성을 공격하자, 성주 직선이 장사 2백 명을 이끌고 반격해 우리 군사가 패했다.

⊙ 36년 가을 9월, 혜성이 자미궁 성좌에 출몰했다.

⊙ 39년 겨울 11월, 신라를 침공했다.

⊙ 45년 겨울 10월, 신라를 공격해 괴곡성을 포위했다.

⊙ 50년 가을 9월, 신라변경을 침공했다.

⊙ 53년 봄 정월, 신라에 화친을 요청했다. 겨울 11월, 왕이 죽었다.

책계왕

⊙ 책계왕청계은 고이왕의 아들로 체격이 크고 의지와 기품이 뛰어났다. 왕이 장정을 동원하여 위례성을 보수했다. 고구려가 대방을 치자 대방이 구원을 요청해 왔다. 왕이 대방 왕의 딸 보과를 부인으로 맞았기 때문에,

"대방은 장인과 사위 관계의 나라다. 그들의 요청을 들어 줘야한다."

며 군사를 출동시켜 구원했다. 그러자 고구려가 이를 원망했는데, 이에 왕이 고구려의 침공을 막기 위해 아차성과 사성을 수축해 방

비하게 했다.

⊙ 2년 봄 정월, 왕이 동명왕의 사당으로 찾아가 배알했다.

⊙ 13년 가을 9월, 한나라가 맥인들을 이끌고 침략하자, 왕이 직접 나가 방어하던 중 적병에게 죽었다.

분서왕

⊙ 분서왕은 책계왕의 맏아들로 어려서부터 총명했고 풍채가 걸출했다. 겨울 10월, 죄수들을 대사면했다.

⊙ 2년 봄 정월, 왕이 동명왕의 사당을 찾아가 배알했다.

⊙ 5년 여름 4월, 낮에 혜성이 출몰했다.

⊙ 7년 봄 2월, 낙랑 서현을 기습해 빼앗았고, 겨울 10월, 왕이 낙랑태수가 보낸 자객에게 죽었다.

비류왕

⊙ 비류왕은 구수왕의 둘째 아들로 성격이 인자하고 힘이 장사이며 활을 잘 쏘았다. 분서왕이 죽었을 때, 여러 명의 아들이 있었지만 모두 어려서 왕으로 세울 수 없었다. 그래서 신하와 백성들이 추대했다.

⊙ 5년, 봄 정월 초하루 병자 날에 일식이 일어났다.

⊙ 9년 봄 2월, 사신을 파견해 백성들의 어려움을 살피고, 홀아비, 과부, 고아, 독거노인들에게 곡식 나눠 주었다. 여름 4월, 왕이 동명왕의 사당에 배알했고, 해구를 병관좌평으로 임명했다.

⊙ 10년 봄 정월, 남쪽 교외에서 천지신명에게 제사를 지냈고, 이

때 왕이 직접 제물에 쓰일 고기를 잘랐다.

⊙ 13년 봄, 가뭄이 찾아왔고, 큰 별이 서쪽으로 흘러갔다. 여름 4월, 서울에서 우물이 넘치면서 흑룡이 나타났다.

⊙ 17년 가을 8월, 대궐 서쪽에 활 쏘는 누대를 쌓아 놓고, 매월 초하루와 보름날 활쏘기를 연습했다.

⊙ 18년 봄 정월, 왕의 이복동생 우복을 내신좌평으로 임명했고, 가을 7월, 태백성이 낮에 출몰했다. 또한 남쪽 지방에 메뚜기 떼가 나타나 곡식에 피해를 입혔다.

⊙ 22년 겨울 10월, 하늘에서 소리가 들렸는데, 마치 풍랑이 서로 부딪치는 것 같았다. 11월, 왕이 구원 북쪽으로 사냥을 가서 직접 사슴을 쏘았다.

⊙ 24년 가을 7월, 적오처럼 생긴 구름이 양쪽에서 해를 끼고 있었고, 9월 내신좌평 우복이 북한성을 거점으로 반란을 일으켰다. 왕은 군사를 출동시켜 토벌했다.

⊙ 28년, 봄과 여름에 큰 가뭄이 들면서 풀과 나무와 강물이 모두 말랐다. 이 가뭄은 가을 7월에 돼서야 비가 내리면서 해결되었다. 이로 인해 흉년이 들면서 사람들이 서로 잡아먹었다.

⊙ 30년 여름 5월, 별이 떨어져 대궐과 민가가 불에 탔다. 가을 7월, 대궐을 수리했고, 진의를 내신좌평으로 임명했다. 겨울 12월, 천둥이 요란하게 쳤다.

⊙ 32년, 겨울 10월 초하루 을미 날에 일식이 일어났다.

⊙ 33년 봄 정월, 신사에 혜성이 규성성좌에 출몰했다.

⊙ 34년 봄 2월, 신라에서 사신을 보내와 예방했다.

⊙ 41년 겨울 10월, 왕이 죽었다.

설왕

설왕은 분서왕의 맏아들로 천성이 강직하고 용맹스러웠으며, 말 위에서 활쏘기를 잘했다. 분서왕이 죽었을 때 설왕이 어려서 왕위에 오를 수 없었다. 비류왕이 재위 41년에 죽자 그가 즉위하였다.

⊙ 3년 가을 9월, 왕이 죽었다.

근초고왕

⊙ 근초고왕은 비류왕의 둘째 아들로 체격이 크고 용모가 기이했으며, 높은 식견을 가지고 있었다.

⊙ 2년 봄 정월, 천지신명에게 제사를 지냈고, 진정을 조정좌평으로 임명했다. 정은 왕후의 친척으로 성질이 포악하고 잔인했으며, 일의 처리에서도 까다롭고 잔소리가 많았다. 그는 권세를 믿고 제멋대로 행동해 백성들이 미워했다.

⊙ 21년 봄 3월, 신라에 사신을 보내 예방했다.

⊙ 23년 봄 3월, 초하루 정사 날에 일식이 일어났고, 사신을 시켜 신라에 좋은 말 두 필을 보냈다.

⊙ 24년 가을 9월, 고구려 왕 사유가 보병과 기병 2만 명을 이끌고 치양으로 와서 주둔하면서 민가를 약탈했다. 이에 왕이 태자에게 군사를 내줘 지름길로 치양에 도착해 불시에 습격하여 그들을 격파하고, 적병 5천여 명의 머리를 베었다. 겨울 11월, 한수 남쪽에서 대규모 군사를 사열했는데, 모두 황색 깃발을 사용했다.

⊙ 26년, 고구려가 군사를 동원해서 쳐들어왔다. 왕이 패하 강가에 복병을 배치해 기다렸다가 습격해 승리했다. 겨울, 왕이 태자와 함께 정예군 3만 명을 이끌고 고구려 평양성을 공격했다. 고구려

왕 사유가 항전하다가 화살에 맞아 죽자 왕이 군사를 이끌고 물러났다. 이때 도읍을 한산으로 옮겼다.

⊙ 27년 봄 정월, 진나라에 조공했고, 가을 7월, 지진이 일어났다.

⊙ 28년 봄 2월, 진나라에 조공했고, 가을 7월, 청목령에 성을 쌓았다. 독산성주가 주민 3백 명을 거느리고 신라로 도망쳤다.

⊙ 30년 가을 7월, 고구려가 북쪽 변방 수곡성을 공격해 함락시켰다. 왕이 장수를 보내 방어하게 했지만, 이기지 못했다. 왕이 군사를 크게 동원해 보복하려고 했지만, 흉년이 들어 중단했다. 겨울 11월, 왕이 죽었다. 『고기』에는 '백제는 개국 이후 문자로 사적을 기록한 적이 없다가, 이때부터 박사 고흥이 최초로 『서기』를 적었다.'고 기록되어 있다. 그러나 고흥이란 이름은 다른 서적에도 없어서 그가 어떠한 인물인지 알 수 없다.

근구수왕

⊙ 근구수왕휘수은 근초고왕의 아들로 태자 시절 고구려 국강왕 사유가 직접 와서 침범했을 때, 아버지 근초고왕이 태자에게 명해 방어하게 했다. 그는 반걸양에 도착해 전투를 시작하려고 했다. 고구려인 사기는 본래 백제 사람이었는데, 실수로 왕이 타는 말의 발굽에 상처를 냈다. 이에 벌을 받을까 두려워 고구려로 도망갔었다. 이때 그가 돌아와 태자에게,

"고구려 군사가 많지만 모두 가짜 군사로 수만 채운 것입니다. 그중에서 제일 강한 군사는 붉은 깃발을 든 부대입니다. 그 부대를 먼저 공략해 이기면 나머지는 치지 않아도 저절로 항복할 것입니다."

라고 했다. 태자가 그의 말에 따라 진격해 대승을 거두고 달아나는 군사를 추격해 수곡성 서북에 도착했다. 이때 장수 막고해가,

"도가의 말에 '만족할 줄을 알면 욕을 당하지 않고, 그칠 줄을 알면 위태롭지 않다' 고 했습니다. 지금 얻은 것도 많은데, 어찌 더 많은 것을 원하십니까?"

라고 했다. 태자가 그의 말을 듣고 추격을 중단했고, 그곳에 돌을 쌓아 표적을 만들었다. 그리고 그 위에 올라가 좌우를 돌아보며,

"오늘 이후 누가 이곳에 다시 올 수 있겠는가?"

라고 했다. 그곳에는 말발굽처럼 생긴 바윗돌 틈이 있는데, 사람들은 지금까지도 그것을 태자의 말굽 자국이라고 한다.

⊙ 2년, 왕의 외삼촌 진고도를 내신좌평으로 임명해 정사를 맡겼고, 겨울 11월, 고구려가 북쪽 변경으로 쳐들어왔다.

⊙ 3년 겨울 10월, 왕이 군사 3만 명을 이끌고 고구려의 평양성을 침공했으며, 11월, 고구려가 쳐들어왔다.

⊙ 5년 봄 3월, 진나라에 사신을 파견해 예방하려고 했지만, 바다에서 폭풍을 만나 진나라에 도착하지 못하고 되돌아왔다. 여름 4월, 흙비가 하루 종일 내렸다.

⊙ 6년, 전염병이 크게 만연했고, 여름 5월에는 땅바닥이 깊이가 다섯 길, 넓이가 세 길이나 되게 갈라졌다가 3일 만에 원래대로 돌아왔다.

⊙ 8년, 봄부터 6월까지 비가 내리지 않아 백성이 굶주리면서 자식을 팔기도 했는데, 왕이 나라의 곡식으로 값을 물어주었다.

⊙ 10년 봄 2월, 햇무리가 세 겹으로 둘러싸이고 대궐 뜰의 큰 나무가 저절로 뽑혔다. 여름 4월에 왕이 죽었다.

침류왕

⊙ 침류왕은 근구수왕의 맏아들이고, 어머니는 아이부인이다. 가

을 7월, 진나라에 조공했고, 9월, 인도의 승려 마라난타가 진나라에서 오자, 왕은 우대하고 공경했다. 백제에 불교가 이때부터 시작되었다.

◉ 2년 봄 2월, 한산에 절을 창건하고, 중 10명에게 도첩을 주었다. 겨울 11월에 왕이 죽었다.

삼국사기
三國史記 百濟本紀 第二五卷

삼국사기권제25

백제본기 제 3

진사왕, 아신왕, 전지왕, 구이신왕, 비유왕, 개로왕.

진사왕

⊙ 진사왕은 근구수왕의 둘째 아들이며, 침류왕의 아우인데, 사람됨이 용맹스럽고 총명하여 지략이 많았다. 침류왕이 죽었을 때 태자의 나이가 어리므로 숙부인 진사가 즉위하였다.

⊙ 2년 봄, 국내의 15세 이상 되는 사람들을 징발해 관문의 방어시설을 설치했다. 그 길이가 청목령에서부터 북으로는 팔곤성, 서로는 바다까지 닿았다. 가을 7월, 서리가 내리면서 곡식에 피해를 입혔다. 8월 고구려가 쳐들어왔다.

⊙ 3년 봄 정월, 진가모를 달솔로, 두지를 은솔로 임명했고, 가을 9월, 관미령에서 말갈과 싸웠지만 이기지 못했다.

⊙ 5년 가을 9월, 왕이 고구려의 남쪽 변경을 공격케 했다.

⊙ 6년 가을 7월, 혜성이 북하 성좌에 출몰했고, 9월, 왕이 달솔 진가모에게 고구려를 치게 해 도곤성을 함락시키고, 포로 2백 명을 잡았다. 이에 왕이 가모를 병관좌평으로 임명했다. 겨울 10월, 왕이 구원으로 사냥을 갔다가 7일 만에 돌아왔다.

⊙ 7년 봄 정월, 궁실을 중수했는데, 이때 연못을 파고 산을 만들어 진귀한 새를 기르고 기이한 화초를 가꾸었다. 여름 4월,

말갈이 북쪽 변경 적현성을 공격해 함락시켰고, 가을 7월, 왕이 서쪽 지방의 큰 섬으로 사냥을 가서 직접 사슴을 쏘아 명중시켰다. 8월, 왕은 횡악 서쪽 지역으로 사냥을 나갔다.

⊙ 8년 여름 5월, 초하루 정묘 날에 일식이 일어났고, 가을 7월, 고구려 왕 담덕이 4만의 군사를 동원하여 북쪽 변경을 쳐들어와 석현성 등 10여 성이 함락되었다. 왕은 담덕이 용병에 능하다는 말에 대항을 피했다. 한수 북쪽의 여러 부락까지 점령되었다. 겨울 10월, 고구려가 관미성을 함락시켰고, 왕이 구원으로 사냥을 가서 열흘이 지나도록 돌아오지 않았다. 11월, 왕이 구원의 행궁에서 죽었다.

아신왕

⊙ 아신왕아방은 침류왕의 맏아들로, 그가 한성의 별궁에서 태어났을 때 신비로운 광채가 밤을 밝혔다. 그가 성장하자 의지와 기풍이 호탕했고, 매사냥과 말타기를 좋아했다. 침류왕이 죽었을 때, 나이가 어려 숙부 진사가 왕위를 이었다가 재위 8년에 죽으면서 그가 즉위하였다.

⊙ 2년 봄 정월, 왕이 동명왕의 사당을 찾아가 배알하고, 남쪽 제단에서 천지신명에게 제사를 지냈다. 외삼촌 진무를 좌장으로 임명해 군사 일을 맡겼다.

가을 8월, 왕은 고구려에 빼앗긴 관미성을 되찾기 위해 진무에게 1만 명의 군사를 내줘 남쪽 변경을 치게 했다. 출격한 진무는 병졸보다 앞서서 날아오는 화살과 돌을 무릅쓰고 석현 등의 다섯 성을 되찾기 위해 관미성을 포위했다. 고구려 사람들은 성을 굳게 방어하였다. 진무는 군량의 수송로를 확보하지 못해 퇴각했다.

⊙ 3년 봄 2월, 왕은 맏아들 전지를 태자로 삼고, 죄수들을 대사면했다. 이복동생 홍을 내신좌평으로 임명했다. 가을 7월, 고구려와 수곡성 아래에서 싸웠지만 패했고, 낮에 태백성이 출몰했다.

⊙ 4년 봄 2월, 혜성이 서북쪽에 출몰했다가 20일 만에 사라졌고, 가을 8월, 왕이 좌장 진무에게 명해 고구려를 치게 했다. 고구려 왕 담덕이 직접 군사 7천 명을 이끌고 패수에 진을 치고 대항했다. 우리 군사가 크게 패했는데, 사망자가 8천 명이나 되었다. 겨울 11월, 왕이 패수전투의 패배를 설욕하기 위해 직접 군사 7천 명을 이끌고 한수를 건너 청목령에 진을 쳤다. 때마침 큰 눈이 내려 많은 동사자가 발생하자 왕이 한산성으로 군사들을 회군시켜 위로했다.

⊙ 6년 여름 5월, 왕은 왜국과 우호 관계를 맺고 태자 전지를 인질로 보냈다. 가을 7월, 한수 남쪽에서 대규모로 군대를 사열했다.

⊙ 7년 봄 2월, 진무를 병관좌평으로 임명하고 사두를 좌장으로 삼았으며, 3월, 쌍현성을 쌓았다. 가을 8월, 왕이 고구려를 공격하기 위해 군사를 출동시켜 한산 북쪽 목책에 도착했다. 그날 밤 큰 별이 떨어졌는데, 진영에서 소리가 들렸다. 이를 불안하게 생각한 왕이 공격을 중지했다. 9월, 서울에서 사람들을 모아 서대에서 활쏘기를 연습시켰다.

⊙ 8년 가을 8월, 왕이 고구려를 공격하기 위해 군사와 말을 대대적으로 징발했다. 백성이 고통스럽게 생각하여 수 많은 사

람들이 신라로 도망하였고, 호구가 줄었다.

⊙ 9년 봄 2월, 혜성이 규성과 누성성좌에 출몰했고, 여름 6월 초하루 경진 날에 일식이 일어났다.

⊙ 11년 여름, 큰 가뭄이 들면서 벼가 타들어갔는데, 왕이 직접 횡악에서 기우제를 지내자 곧바로 비가 내렸다. 5월, 왜국에 사신을 보내 큰 구슬을 요청했다.

⊙ 12년 봄 2월, 왜국에서 사신이 오자 왕이 환영하면서 후하게 대우했다. 가을 7월, 군사를 동원해 신라 변경을 침공했다.

⊙ 14년 봄 3월, 흰 기운이 왕궁 서쪽에서 일어났는데, 마치 비단을 펼친 것과 같았다. 가을 9월, 왕이 죽었다.

전지왕

⊙ 전지왕직지의 이름을 『양서』에서는 '영' 이라고 했다. 그는 아신왕의 맏아들로 아신왕 재위 3년에 때 태자가 되었고, 6년에 왜국으로 인질로 갔다. 14년에 아신왕이 죽자 왕의 둘째 동생 훈해가 정사를 대리하면서 태자의 귀국을 기다렸다. 그런데 왕의 막내 동생 첩례가 훈해를 죽이고 스스로 왕이 되었다. 이때 전지가 왜국에서 부고를 듣고 울면서 귀국을 요청하자 왜왕이 1백 명의 군사에게 그를 보호하게 해 귀국시켰다. 그가 국경에 도착했을 때 한성 사람 해충이,

"대왕이 죽자 왕의 동생 첩례가 형을 죽이고 스스로 왕위에 올랐습니다. 태자는 경솔하게 들어오지 마시오."

라고 했다. 전지가 바다 가운데 섬에서 대기하고 있었는데, 백성이 첩례를 죽이고 그를 왕으로 모셨다. 왕비는 팔수부인으로

아들 구이신을 낳았다.

⊙ 2년 봄 정월, 왕이 동명왕의 사당을 배알하고 남쪽 제단에서 천지신명에게 제사를 지내고 죄인들을 대사면시켰다. 2월, 진나라에 조공했고, 가을 9월, 해충을 달솔로 임명하고, 한성의 벼 1천 석을 주었다.

⊙ 3년 봄 2월, 이복동생 여신을 내신좌평으로, 해수를 내법좌평으로, 해구를 병관좌평으로 임명했는데, 모두가 왕의 친척들이었다.

⊙ 4년 봄 정월, 여신을 상좌평으로 임명해 군사와 정사를 맡겼는데, 상좌평의 직위가 이때부터 시작되었다. 지금의 재상과 동일한 것이었다.

⊙ 5년, 왜국이 사신을 파견해 야명주를 보내와 특별히 예우했다.

⊙ 11년, 여름 5월 갑신에 혜성이 출몰했다.

⊙ 12년, 동진의 안제가 왕을 사지절도독백제제군사진동장군백제왕으로 책봉했다.

⊙ 13년, 봄 정월 초하루 갑술 날에 일식이 일어났고, 여름 4월, 가뭄이 들면서 백성이 굶주렸다. 가을 7월, 동부와 북부에서 15세 이상 되는 사람들을 징발해 사구성을 쌓게 하고, 병관좌평 해구에게 감독하게 했다.

⊙ 14년 여름, 왜국에 사신을 보내 흰 포목 열 필을 보냈다.

⊙ 15년 봄 정월, 무술 날에 혜성이 태미성좌에 출몰했고, 겨울 11월 초하루 정해 날에 일식이 일어났다.

⊙ 16년 봄 3월, 왕이 죽었다.

구이신왕

⊙ 구이신왕은 전지왕의 맏아들이다.

⊙ 8년, 겨울 12월 왕이 죽었다.

비유왕

⊙ 비유왕은 구이신왕의 맏아들전지왕의 서자라고도 하는데, 어느 것이 맞는지 알 수 없다로 용모가 훌륭하고 언변이 좋아 사람들이 귀중히 생각했다.

⊙ 2년 봄 2월, 왕이 4부를 순행하면서 백성을 위로하고 가난한 자들에게 곡식을 주었다. 이때 왜국 사신이 수행자 50명을 데리고 왔다.

⊙ 3년 가을, 송나라에 조공했고, 겨울 10월, 상좌평 여신이 죽자 해수를 상좌평으로 임명했다. 11월 지진이 일어났고, 태풍이 불어 기와가 날아갔으며, 12월인데도 물이 얼지 않았다.

⊙ 4년 여름 4월, 송나라 문황제가 왕이 또다시 조공을 바치자 해서 사신을 보내 선대왕 영의 작호를 주었다.전지왕 12년, 동진의 책명은 사지절도독백제제군사진동장군백제왕이었다

⊙ 7년, 봄과 여름에 비가 내리지 않았고, 가을 7월 신라에 화친을 청했다.

⊙ 8년 봄 2월, 신라에 사신을 파견하면서 좋은 말 두 필을 함께 보냈다. 가을 9월, 다시 흰 매를 진상했고, 겨울 10월, 신라에서 좋은 금과 구슬을 답례로 보내왔다.

⊙ 14년 여름 4월, 초하루 무오 날에 일식이 일어났고, 겨울 10월 송나라에 조공했다.

⊙ 21년 여름 5월, 대궐 남쪽 연못에서 불길이 솟았는데, 마치 불꽃이 수레바퀴 같았고, 밤새도록 타다가 꺼졌다. 가을 7월, 가뭄이 들면서 곡식이 익지 않아 백성이 굶주림을 이기지 못해 신라로 들어간 자가 많았다.

⊙ 28년, 별이 비처럼 떨어지고 혜성이 서북쪽에 출몰했는데, 그 길이가 두 발 정도나 되었다. 가을 8월, 메뚜기 떼가 출몰해 곡식에 피해를 입혀 흉년이 들었다.

⊙ 29년 봄 3월, 왕이 한산에서 사냥했고, 가을 9월, 검은 용이 한강에 나타났는데, 순간 구름과 안개가 끼면서 어두워지자 하늘로 날아갔다. 왕이 죽었다.

개로왕

⊙ 개로왕근개루의 이름이 경사이고 비유왕의 맏아들이다.

⊙ 14년 겨울 10월, 초하루 계유 날에 일식이 일어났다.

⊙ 15년 가을 8월, 왕은 고구려의 남쪽 변경을 침공케 했고, 겨울 10월, 쌍현성을 수축하고, 청목령에 큰 목책을 설치했으며, 북한산성의 병졸들을 나누어 수비케 했다.

⊙ 18년, 위나라에 사신을 보내 예방하고 왕이

"내가 동쪽 끝에 나라를 세웠지만, 이리와 승냥이 같은 고구려가 길을 막고 있습니다. 비록 대대로 중국의 교화를 받았지만, 변방 신하의 도리를 다할 수가 없습니다. 삼가 본국의 관군장군부마도위불사후장사 여례와 용양장군대방태수사마 장무 등을 파견해 험한 파도에 목숨을 맡기면서 저의 정성을 만분의 일이라도 보내고자 합니다. 이들이 폐하의 거처에 도달해 저의 뜻을 전할 수만 있다면, 비록 아침에 듣고 저녁에 죽더라도 여한이 없을 것입니다."

라는 표문을 올렸다. 위나라 현조가 백제의 사신이 먼 곳에서 위험을 무릅쓰고 조공을 바쳤다며 융숭하게 예우했다. 소안으로 하여금 그들을 데리고 백제로 가게 했다.

이때 황제는,

"그대가 동쪽 한구석, 5복의 밖에 있으면서 산과 바다를 멀리 여기지 않고 위나라 조정에 정성을 바치니 내 그 지극한 뜻을 가상히 여겨 가슴속에 기억하겠다. 내가 만대에 누릴 위업을 계승해 사해에 군림하면서 모든 백성을 다스리니, 이제 나라는 깨끗이 통일되었고 8방에서 이 땅으로 들어오는 사람들이 헤아릴 수 없이 많다. 그대는 고구려와의 불화로 여러 번 침범을 당했지만, 정의에 입각해 어진 마음으로 방어할 수 있다면 원수에 대해 무슨 걱정이 있겠는가? 이전에 사신을 파견해 바다건너 국경 밖의 먼 나라를 위로하게 했으나 여러 해가 지나도록 돌아오지 않아 살았는지 죽었는지를 알 수가 없었다. 그대가 보낸 안장을 예전 것과 비교했는데, 중국의 산물이 아니었다. 의심되는 일을 사실로 단정하는 과오를 범할 수는 없으니 고구려를 침공할 계획은 별지에 상세히 밝힌다."

라는 조서를 내렸다.

별지에는,

"고구려는 국토의 지세가 험하다는 것을 믿고 그대의 국토를 침범했다. 이것은 선대 임금의 원한을 갚기 위해 백성을 편안케 하는 덕을 버린 것이다. 전쟁이 여러 해에 이어지면서 변경을 지킨다는 것은 어려운 것이다. 그리하여 사신은 신포서의 정성을 겸하게 되었고 나라는 초, 월처럼 위급하게 되었구나. 이제 정의를 펴고 약자를 구하기 위해 기회를 틈타 번개처럼 공격하면 될 것이다. 그러나 고구려는 선대부터 변방의 신하로 자처해 오랫동안 조공을 바쳐왔다. 그들 자체는 이전부터 잘못이 있었지만, 나에게는 명령을 위반한 죄를 범하지 않았다. 그대가 처음으로 사신을 보내와 그들을 곧 토벌하기를 청했지만, 사리를 검토해도 토벌의 이유가 충분치 않았다. 하여 지난해에 예를 평양에 파견해 고구려의 상황을 조사하려고 했다. 그러나 고구려의 말이 모두 사리에 맞아 우리 사신은 그들의 요청을 막을 수가 없었다. 그래서 그들이 말하는 바를 들어주고 예를 돌아오게 했다. 만약 고구려가 다시 명령을 어긴다면, 그들의 과오가 더욱 드러날 것이기 때문에 뒷날 아무리 변명해도 죄를 피할 없을 것이니 그렇게 된 후에는 군사를 동원해 그들을 토벌해 이치에 어긋나지 않을 것이다. 모든 오랑캐들은 대대로 바다 밖에 기거하면서 왕도가 창성하면 신하로서의 예절을 다하고, 은혜가 중단되면 자신의 영토를 지켜 왔다. 그대가 강약에 대한 형세를 말했고 지난 시대의 사실들을 열거했지만, 풍속이 다르고 사정이 변해 무엇을 주려고 해도 내 생각과 맞지 않는다. 우리의 너그러운 규범과 관대한 정책은 아직까지 남아 있고, 중국은 통일 평정되어 나라 안에 근심이 없다. 이에 따라 매번 동쪽 끝까지 위엄을 떨치고 국경 밖에 깃발을 휘날려 굶주리는 백성을 구원해 먼 지방까지 황제의 위풍을 보이고 싶었다. 그러나 고구려가 그때마다 진정을 말했기 때문에 미처 토벌을 도모하지 못했다. 지금 그들이 나의 조칙을 어긴다면, 그대의 계책이 나의 뜻과 맞기 때문에 큰 군사가 토벌의 길을 떠나는 것도 멀지 않았다.

그대는 사전에 군사들을 정돈해서 함께 군사를 일으킬 수 있도록 만반의 준비를 하고, 때에 맞춰 사신을 보내 그들의 실정을 즉시 알 수 있도록 해야할 것이다. 우리 군사가 출동할 때 그대가 선두가 된다면 승리한 후에 가장 큰 공로로 상을 받을 것이니 좋은 일이다. 그대가 바친 포백과 해산물은 모두 도착하지는 않았지만, 그대의 지극한 성의는 잘 알겠다. 이제 별지에 적힌 대로 내가 여러 가지 물품을 보내노라."

라고 했다.

또 고구려 왕 연에게 조서를 보내 소안 등을 백제로 보호하여 보내도록 하였다. 소안이 고구려에 도착하자 연은 과거에 여경과 원수진 일이 있다하여 그들을 동쪽으로 통과하지 못하게 막았다. 소안 등이 돌아가자 위나라에서 고구려 왕에게 조서를 내려 엄하게 꾸짖었다. 그 후 소안 등으로 하여금 동래를 출발해 바다를 건너가 여경에게 조서를 주어 정성과 절조를 표창하게 했다. 그러나 소안 등이 바닷가에 이르자 풍랑이 심해 표류하다가 백제에 도착하지 못하고 되돌아갔다. 왕은 고구려가 자주 변경을 침범한다며 위나라에 표문을 올려 군사를 청했지만, 위나라는 이를 무시했다. 왕이 이것을 원망하면서 조공을 중단했다.

◉ 21년 가을 9월, 고구려 왕 거련이 군사 3만 명을 이끌고 수도 한성을 포위했다. 왕은 능히 싸울 수가 없어 성문을 닫았다. 고구려는 군사를 네 방면으로 나눠 협공하고, 바람을 이용해 불을 질러 성문을 태웠다. 백성 중에는 두려워하며 성 밖으로 나가 항복하려는 자들도 있었다. 상황이 어렵게 되자 왕은 기병 수십 명을 데리고 성문을 나가 서쪽으로 도주하려 하였으나, 고구려 군사가 추격해 왕을 죽였다. 이보다 앞서 고구려 장수왕은

백제를 치기 위해 백제에서 첩자 노릇을 할 만한 사람을 찾았다. 이때 중 도림이,

“소승은 도는 알지 못하지만, 나라의 은혜에 보답코자 합니다. 대왕께서 저에게 일을 맡긴다면 욕되게 하지 않을 것입니다.”

라고 했다.

고구려 왕이 기뻐하며 비밀리에 그를 백제에 보냈고, 도림은 거짓으로 죄를 지어 도망치는 척하며 백제로 들어왔다. 당시 백제 왕 근개루는 장기와 바둑을 좋아했는데, 도림이 대궐 문에 도착해,

“제가 어려서부터 바둑을 배워 고수의 묘수를 알고 있습니다. 이것을 왕께 들려주고자 합니다.”

라고 했다. 왕은 그를 불러서 대국했는데, 과연 고수다. 왕이 그를 상객으로 대우하면서 늦게 만난 것을 한탄했다. 어느 날 도림이 왕을 모시고 앉아서,

“저는 타국 사람인데, 왕께서 저에게 많은 은혜를 베풀어 주셨습니다. 그러나 저는 한 가지 재주로만 보답했을 뿐, 아직까지 털끝만한 이익을 드린 적이 없으니, 이제 한 말씀 올리려고 합니다.”

라고 하자 왕이,

“말해 보아라. 만약 나라에 이롭다면 이것은 선생에게서 바라는 것이로다.”

라고 했다.

도림이 말했다.

“대왕의 나라는 사방이 산, 언덕, 강, 바다로 이뤄져 있는데, 이것은 하늘이 만든 요새입니다. 그런즉 사방 이웃 나라들이 엿

보지 못하고, 오직 받들어 섬기기를 원합니다. 그러므로 왕께서는 마땅히 숭고한 기세와 부유한 치적을 쌓아 놀라게 만들어야 하는데 성곽은 수축되지 않았고, 궁실은 아직까지 수리되지 않았으며, 선왕의 해골은 들판에 가매장되어 있습니다. 또한 백성의 가옥은 자주 강물의 범람으로 허물어지는데, 이것은 대왕이 취할 바가 아니라고 생각합니다."

왕이 말했다.

"내가 마땅이 그리하겠다."

이에 왕이 백성을 징발해 성을 쌓고 궁실, 누각, 사대를 지으니 웅장하고 화려했다. 또 욱리하에서 큰 돌을 캐다가 관을 만들어 아버지 해골을 넣어 장사 지내고, 사성 동쪽부터 숭산 북쪽까지 강둑을 쌓았다. 이에 백제는 창고가 비게 되었고 백성은 곤궁해져 나라가 위기를 맞았다. 이때 도림은 고구려로 도망쳐 왕에게 보고했다. 장수왕이 기뻐하며 백제를 치기 위해 장수들에게 군사를 나눠 주었다. 이 말을 들은 근개루가 아들 문주에게,

"내가 어리석어 간사한 사람의 말에 속아 이렇게 되었구나. 지금 백성은 쇠잔하고 군대가 약한데, 위급한 일이 생겨도 감히 누가 나를 돕겠는가? 나는 당연히 나라를 위해 죽어야겠지만, 너는 난리를 피했다가 왕통을 잇도록 하여라."

라고 했다.

곧바로 문주는 목협만치와 조미걸취목협, 조미는 모두 복성인데, 『수서』에는 목협을 두 개의 성으로 되어 있으니 어느 것이 맞는지 알 수 없다와 함께 남쪽으로 떠났다. 이때 고구려의 대로제우, 재증걸루, 고이만년재증, 고이는 모두 복성이다 등이 군사를 이끌고 북쪽 성을 공격한 지 7일 만에 함락시키고 이어 남쪽 성으로 군사를 이동

시켜 공격하자 성안이 위험에 빠지고 왕은 도피했다. 고구려 장수 걸루 등이 왕을 보고 말에서 내려 절을 하고 얼굴을 향해 세 번 침을 뱉고는 죄목을 따진 후에 아차성 밑으로 묶어 보내 죽였다. 걸루와 만년은 본래 백제 사람으로 죄를 짓고 고구려로 도망했었다.

○ 저자의 견해

초나라 소왕이 망할 때, 운공 신의 아우 회가 소왕을 죽이고 말하기를,

"평왕은 내 아버지를 죽였으니, 내가 그 아들을 죽였다. 이 또한 옳지 않은가?"

라고 하였다. 신은,

"임금이 신하를 죽였는데 누가 원수로 생각할 수 있겠는가? 임금의 명령은 곧 하늘같은 것인데, 하늘의 명령으로 죽었다면 장차 누구를 원수라고 말하겠는가?"

라고 했다. 걸루 등은 죄를 지어 나라에서 용납하지 않았는데, 도리어 적병을 인도해 자신의 임금을 묶어서 죽인 것은 심히 불의한 것이다. 그렇다면,

오자서가 초나라 서울 영으로 들어가, 평왕의 시체에 매질한 것은 무엇이라 할 것인가

양자 『법언』에는 이것을,

"덕에 기반을 둔 행동이 아니다."

라고 했다. 이른바 덕이란 인과 의가 있을 뿐이니, 오자서의 잔인함이 운공의 어진 행위만 못하다. 이렇게 편한다면 걸루 등 의롭지 못한 것은 명백하다.

삼국사기
三國史記 百濟本紀 第二六卷

삼국사기권제26

백제본기 제4

문주왕, 삼근왕, 동성왕, 무녕왕, 성왕.

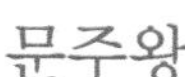

문주왕

⊙ 문주왕文周를 汶州로도 쓴다은 개로왕의 아들로, 비유왕이 죽고 개로가 왕위에 올랐을 때 문주가 그를 보좌하면서 직위가 상좌평까지 올라갔다. 개로 재위 21년에 고구려가 침입해 한성을 포위하자 개로는 성을 수비하면서 문주를 신라에 보내 구원을 요청하게 했다. 그는 구원병 1만 명을 얻어 함께 돌아왔다. 고구려 군사는 비록 물러갔지만, 성이 부서지고 왕이 전사하여 문주가 왕위에 올랐다. 겨울 10월, 웅진으로 도읍지를 옮겼다.

⊙ 2년 봄 2월, 대두산성을 수축하고 한강 이북의 민가를 이주시켰으며, 3월, 송나라에 사신을 보내려고 했지만, 고구려가 길을 막아 되돌아왔다. 여름 4월, 탐라국에서 토산물을 진상하자 왕이 사신을 은솔로 임명했고, 가을 8월, 해구를 병관좌평으로 임명했다.

⊙ 3년 봄 2월, 궁실을 중수했고, 여름 4월, 왕의 아우 곤지를 내신좌평으로 삼고, 맏아들 삼근을 태자로 책봉했다. 5월, 검은 용이 웅진에 나타났고, 가을 7월, 내신좌평 곤지가 죽었다.

⊙ 4년 가을 8월, 병관좌평 해구가 제멋대로 권력을 행사하고, 임금을 가볍게 여겼지만 왕은 그를 어찌하지를 못했다. 9월, 왕이

사냥을 나갔다가 외부에서 묵었는데, 해구가 도적에게 청부해서 왕을 죽였다.

삼근왕

⊙ 삼근왕임걸은 문주왕의 맏아들로 왕위를 이으니, 나이가 13세였다. 그래서 군사와 정사를 좌평 해구에게 맡겼다.

⊙ 2년 봄, 좌평 해구가 은솔연신과 함께 대두성에서 반란을 일으켰다. 왕이 좌평 진남에게 군사 2천을 내줘 토벌했지만, 이기지 못했다. 또다시 왕이 덕솔 진로에게 정예군사 5백 명을 내주어 해구를 공격해 죽였고, 연신은 고구려로 달아났다. 하여 그의 처자식들을 웅진시장에서 참수했다.

○ 저자의 견해

『춘추』의 논법을 보면 '임금을 죽인 자를 역적으로 죄를 묻지 않는다면, 신하다운 신하가 없다.' 라고 했다. 해구가 문주왕을 시해했지만, 그의 아들 삼근이 왕위를 계승하고도 그를 죽일 수가 없었고, 더구나 정사까지 그에게 맡겼다. 그래서 결국 대두성에서 반란을 일으키게 만들고 그 후에 비로소 대병을 출동시켜 제압했으니 소위 서리 올 때 경계하지 않다가 얼음을 얼리는 데 이르게 하는 것과 같으니 그 유쾌함이 점점 더해가는 것이다. 당나라 헌종이 시해되었을 때도 3대 후에 역적을 겨우 죽일 수 있었는데 하물며 바다 귀퉁이의 외진 땅 삼근과 같은 애숭이야 어찌 말거리가 되겠는가!

⊙ 3월 초하루 기유 날에 일식이 일어났다.

⊙ 3년, 봄과 여름에 큰 가뭄이 찾아왔고, 가을 9월, 대두성을 두곡으로 옮겼다. 겨울 11월, 왕이 죽었다.

동성왕

⊙ 동성왕의 이름은 모대마모이고, 문주왕의 아우 곤지의 아들이다. 담력이 컸고, 활을 쏘면 백발백중이었다.

⊙ 4년 봄 정월, 진로를 병관좌평으로 임명해 서울과 지방군사 일을 겸직하게 했다. 가을 9월, 말갈이 한산성을 함락시키고 3백여 호를 포로로 잡아 돌아갔고, 겨울 10월, 눈이 한 길 넘게 왔다.

⊙ 5년 봄, 왕이 사냥을 갔다가 한산성에 도착해 군사와 백성을 위로하고 10일 만에 돌아왔으며, 여름 4월, 웅진 북쪽에서 사냥 중 신기한 사슴을 잡았다.

⊙ 6년 봄 2월, 왕이 남제의 태조 소도성이 고구려 왕 거련을 표기대장군으로 책봉했다는 소식을 듣고, 남제에 표문을 올려 속국되기를 청하자 태조가 승낙했다. 가을 7월, 내법좌평 사약사를 남제에 보내 조공하려 했지만, 서해에서 고구려 군사와 만나 가지 못하였다.

⊙ 7년 여름 5월, 신라에 사신을 보내 예방했다.

⊙ 8년 봄 2월, 백가를 위사좌평으로 삼았고, 3월, 남제에 조공했다. 가을 7월, 궁실을 중수하고 우두성을 쌓았고, 겨울 10월, 대궐 남쪽에서 대규모 군대를 사열했다.

⊙ 10년, 위나라가 침공했는데, 우리 군사가 물리쳤다.

⊙ 11년 가을, 풍년이 크게 들었고, 남해 어촌사람이 두 이삭이 하나로 합쳐진 벼를 진상했다. 겨울 10월, 왕이 제단을 쌓아 천지신명에게 제사를 지냈고, 11월, 남당에서 군신들에게 연회를 베풀었다.

⊙ 12년 가을, 7월 15세 이상인 북부 사람들을 징발해 사현과 이산성을 쌓았다. 9월, 왕이 나라 서쪽 사비벌판에서 사냥했고, 연돌

을 달솔로 임명했다. 겨울 11월에 물이 얼지 않았다.

◉ 13년 여름 6월, 웅천물이 넘쳐 서울의 2백여 호가 유실되거나 물에 잠겼다. 가을 7월, 백성이 굶주림을 이기지 못해 신라로 도망간 사람들이 무려 6백여 호나 되었다.

◉ 14년 봄 3월, 눈이 내렸고, 여름 4월, 태풍이 불어 나무가 뽑혔다. 겨울 10월, 우명곡에서 사냥 중 왕이 직접 사슴을 쏘아 맞혔다.

◉ 15년 봄 3월, 왕은 신라에 혼인을 요청했는데, 이에 신라왕은 이찬 비지의 딸을 보냈다.

◉ 16년 가을 7월, 고구려와 신라가 살수 벌판에서 싸웠지만, 신라가 승리하지 못하고 견아성으로 퇴각해 방어했다. 고구려 군사들이 성을 포위했는데, 이때 왕이 군사 3천 명을 보내 구원했다.

◉ 17년 여름 5월 초하루 갑술 날에 일식이 일어났고, 가을 8월, 고구려가 치양성을 포위하자 왕이 신라에 구원을 요청했다. 신라왕이 장군 덕지에게 군사를 주고 구원하게 하니 고구려 군사가 물러갔다.

◉ 19년 여름 5월, 병관좌평 진로가 죽어 달솔 연돌을 병관좌평으로 삼았다. 여름 6월, 많은 비가 내려 백성의 가옥이 유실되거나 무너졌다.

◉ 20년, 웅진교를 가설했고, 가을 7월, 사정성을 쌓고 한솔 비타에게 수비를 맡겼다. 8월, 왕이 탐라가 공납과 조세를 바치지 않으므로 탐라를 직접 치려고 무진주에 도착했다. 탐라에서 이 소식을 듣고 사신을 보내 사죄해 중단했다.

◉ 21년 여름, 큰 가뭄이 찾아와 백성이 굶주려 서로를 잡아먹었고, 도적이 많이 생겼다. 이에 신하들은 창고를 풀어 구제하자고

청했지만 왕이 듣지 않았다. 그러자 한산 사람들 중 고구려로 도망간 사람이 무려 2천 명이나 되었다. 겨울 10월, 전염병이 크게 만연했다.

⊙ 22년 봄, 대궐 동쪽에 높이가 다섯 길이나 되는 임류각을 세웠고, 연못을 파 기이한 물고기와 짐승을 길렀다. 이에 충신들이 항의하는 글을 올렸지만 듣지 않았고 다시 간하는 자가 있을까 하여 왕은 그것이 귀찮아 대궐 문을 닫아버렸다.

○ 저자의 견해

명약은 입에는 쓰지만 병에는 좋고, 바른말은 귀에는 거슬리지만, 행실에는 이롭다 하였다. 과거 명철한 임금은 겸허한 언행으로 정사를 물었고, 얼굴빛을 부드럽게 해 충언을 들었다. 그러나 모대왕은 간하는 글이 올라 와도 무시하고, 문까지 걸어 잠가 충언을 거절했다. 장자는,

"잘못을 알고도 고치지 않고, 간하는 말을 듣고도 더욱 심한 것을 강퍅하다고 한다."

고 말했다. 이것은 모대왕을 두고 한 말인 것인가.

⊙ 여름 4월, 왕이 우두성에서 사냥하던 중 비와 우박이 내려 멈췄고, 5월, 가물었지만, 왕이 임류각으로 측근들을 불러 밤새도록 잔치를 열었다.

⊙ 23년 봄 정월, 서울서 노파가 여우로 둔갑해 사라졌고, 남산에서 호랑이 두 마리가 치열하게 싸웠지만 잡지를 못했다. 3월, 서리가 내려 보리에 피해를 입혔고, 여름 5월부터 가을까지 비가 한 오지 않았다. 7월, 탄현에 목책을 세워 신라 침입에 대비했고, 8월, 가림성을 쌓고 위사 좌평 백가에게 수비를 맡겼다. 겨울 10월, 왕이 사비 동쪽 벌판에서 사냥했고, 11월, 웅천 북쪽 벌판과 사비

서쪽 벌판에서 사냥했는데, 큰 눈이 내려 길을 막아 마포촌에서 묵었다.

처음 왕이 백가에게 가림성을 지키게 했을 때 백가는 가기를 원치 않아 병을 핑계삼았다. 왕이 이를 승낙하지 않았으므로 백가가 원한을 품고 있었다. 이때에 이르러 백가가 사람을 청부해 왕을 칼로 찔렀는데, 단숨에 죽지 않고 12월에 죽었다. 시호를 동성왕이라 정했다.

『책부원귀』에,

"남제 건원 2년, 백제 왕 모도가 사신을 보내 공납을 진상하므로 조서를 내려 '천명이 새롭고 은택이 먼 곳까지 미쳐 모도는 멀리 동방의 번신으로 있으면서, 직무를 다하고 있으므로 곧 사지절도독백제제군사진동대장군의 칭호를 주노라.' 했다. 또 영명 8년, 백제 왕 모대가 표문을 올리자 알자복사 손부를 보내 그의 죽은 할아버지 모드의 관작을 잇게 하고 백제왕으로 삼는다는 책명을 내리며 '오! 대대로 충성을 다하니 정성이 멀리까지 나타났다. 해로가 험난하나 법에 따라 왕위를 이으니 삼가라. 그 공경할 만한 왕업을 이어 받았으니 어찌 삼가지 않으리오.' 하고 행도독백제제장군진동대장군백제왕으로 삼는다.'"

고 하였다. 그러나 『삼한고기』에는 모도를 왕으로 삼은 기록이 없고 또한 모대를 개로왕의 손자로 여기나 개로왕의 둘째 아들 곤지의 아들인데, 그의 할아버지를 모도라고 하지 않으므로 『제서(齊書)』에 기록되어 있는 내용이 사실인지 의심하지 않을 수 없다

무녕왕

⊙ 무녕왕의 이름은 사마융이고 모대왕의 둘째 아들이며, 신장이 8척에 눈매가 그림처럼 인자하고 너그러워 백성이 존경했다. 봄 정월, 좌평 백가가 가림성에서 반란을 일으키자, 왕이 직접 군사를 이끌고 우두성에 도착해 한솔 해명에게 공격 명령을 내렸다. 백가

가 항복하자 왕이 그의 목을 쳐서 백강에 던졌다.

○ 저자의 견해

『춘추』에 "신하된 자는 반드시 역모를 꾸며서는 안 된다. 이런 마음을 가진 사람이 있으면 반드시 벨 것이다."고 기록되어 있다. 백가처럼 극악무도한 역적을 즉시 죽이지 않고, 지금에 와서 스스로 죄를 면하기 어렵다는 것을 알고 반역을 일으켜 처단한 것은 늦었다.

⊙ 겨울 11월, 달솔 우영에게 군사 5천 명을 내줘 고구려 수곡성을 습격케 했다.

⊙ 2년 봄, 백성이 굶주렸으며, 전염병까지 만연했다. 겨울 11월 고구려의 변경을 침공했다.

⊙ 3년 가을 9월, 말갈이 마수책을 소각하고 고목성으로 진격하자, 왕이 군사 5천 명으로 물리쳤다. 겨울에 물이 얼지 않았다.

⊙ 6년 봄, 전염병이 크게 만연했고, 3월부터 5월까지 비가 오지 않아서 시냇물과 연못이 말랐다. 백성이 굶주리고 있어 창고를 풀어 구제했다. 가을 7월, 말갈이 침입해 고목성을 격파하고 6백여 명을 죽이거나 잡아갔다.

⊙ 7년 여름 5월, 고목성 남쪽에다가 두 개 목책을 세우고, 장령성을 쌓아 말갈 침입에 대비했다. 겨울 10월, 고구려 장수 고로가 말갈과 한통속이 되어 한성을 치려고 횡악 아래에 도착해 진을 쳤다. 왕이 군사를 출동시켜 물리쳤다.

⊙ 10년 봄 정월, 명으로 제방을 튼튼히 하게 하고, 서울과 지방의 무직자들에게 농사를 권했다.

⊙ 12년 여름 4월, 양 나라에 조공했고, 가을 9월, 고구려가 가불

성을 빼앗고, 군사를 이동시켜 원산성을 격파해 백성은 죽이거나 재물을 약탈해 갔다. 왕이 기병 3천 명을 이끌고 위천 북쪽에서 싸웠다. 이때 고구려 병사들은 백제 군사의 수가 적자 가볍게 보면서 진을 치지 않았다. 이에 백제는 기발한 작전으로 대승을 거두었다.

◉ 16년 봄 3월, 초하루 무진 날에 일식이 일어났다.

◉ 21년 여름 5월, 홍수가 났고, 가을 8월, 메뚜기 떼가 나타나 곡식을 해치면서 흉년이 들어 백성이 굶주렸다. 이에 신라로 도망을 간 사람만 무려 9백 호나 되었다. 겨울 11월 양나라에 조공했다. 이에 앞서 고구려에게 여러 번 침략을 입어 국력이 쇠약해진 것이 몇 해가 되었다. 이때에 이르러,

"백제가 여러 번 고구려를 격파하여 처음 우호관계를 맺었고, 지금 강국으로 되었습니다."

라고 했다. 12월, 양고조가 왕에게 조책을 조서를 보내 말하기를,

"행도독백제제군사진동대장군백제왕 여륭은 멀리 와서 조공을 바쳤으므로 가상히 여기고 있다. 마땅히 옛 법에 따라 영명榮命을 내려 사지절도독백제제군사영동대장군으로 삼는다."고 하였다.

◉ 22년 가을 9월, 왕이 호산 벌판에서 사냥했고, 겨울 10월에 지진이 일어났다.

◉ 23년 봄 2월, 왕이 한성에서 좌평 인우와 달솔 사오에게 명해 15세 이상의 이북에 살고 있는 주, 군의 백성을 징발해 쌍현성을 쌓게 했다. 3월 왕이 한성에서 돌아왔고, 여름 5월, 죽었으며, 시호를 무령이라 했다.

성왕

◉ 성왕의 이름이 명농이고 무령왕의 아들인데, 지혜와 식견이

일 처리에 결단성이 있었다. 가을 8월, 고구려 군사가 패수에 도착하자 왕이 좌장 지충에게 보병과 기병 1만 명을 내줘 물리쳤다.

⊙ 2년, 양고조가 조서를 내려 왕을 지절도독백제제군사수동장군백제왕으로 책봉했다.

⊙ 3년 봄 2월, 신라와 서로 예방했다.

⊙ 4년 겨울 10월, 왕이 웅진성을 수축하고 사정책을 세웠다.

⊙ 7년 겨울 10월, 고구려 왕 흥안이 직접 출격해 북쪽 변경 혈성을 함락시켰다. 왕이 이좌평 연모에게 명해 보병과 기병 3만 명을 출격시켜 오곡 벌판에서 항전케 했지만, 승리하지 못하고 사망자가 2천여 명에 달했다.

⊙ 10년 가을 7월, 갑진 날에 별이 비처럼 쏟아졌다.

⊙ 12년 봄 3월, 양나라에 조공했고, 여름 4월 정묘 날에 형혹성이 남두성좌를 침범했다.

⊙ 16년 봄, 도읍을 사비 소부로 옮기고, 국호를 남부여로 개칭했다.

⊙ 18년 가을 9월, 왕이 장군 연회에게 명해 고구려의 우산성을 공격케 했지만, 이기지 못했다.

⊙ 19년, 왕이 양나라에 조공하면서 표문을 올려[모시毛詩] 박사와 열반涅槃 등을 풀이한 책과 기술자, 화가 등을 청하자 허락했다.

⊙ 25년, 봄 정월 초하루 기해 날에 일식이 일어났다.

⊙ 26년 봄 정월, 고구려 왕 평성이 예와 공모하여 한수 이북의 독산성으로 쳐들어왔다. 왕이 신라에 구원을 청했다. 신라 왕이장군 주진에게 갑병 3천 명을 주어 이끌게 했다. 주진이 밤낮으로 행군해 독산성에 이르러 고구려 군사와 싸워 대승했다.

⊙ 27년, 봄 정월 경신 날에 흰 무지개가 해를 가로질렀고, 겨울 10월 왕은 양나라 서울에서 일어난 반란을 알지 못한 채 조공을 했다. 사신이 그곳에 도착해서야 성과 대궐이 초토화된 것을 보고 울었다. 이를 본 행인들 역시 울지 않는 사람이 없었다. 이 사실을 보고 받은 후경이 크게 노하여 사신을 투옥시켰다. 얼마 뒤 후경의 난이 평정되고나서야 사신은 귀국했다.

⊙ 28년 봄 정월, 왕이 장군 달기에게 군사 1만 명을 내줘 고구려 도살성을 공격하게 해 함락시켰다. 3월, 고구려 군사가 금현성을 포위했다.

⊙ 31년 가을 7월, 신라가 동북 변경을 빼앗고 신주를 설치했으며, 겨울 10월, 왕의 딸이 신라로 시집갔다.

⊙ 32년 가을 7월, 왕이 직접 신라를 습격하기 위해 보병과 기병 50명을 이끌고 밤에 구천에 이르렀는데 신라의 복병이 나타나 맞서다가 왕이 난병들에게 죽었다. 시호를 성이라 했다.

삼국사기
三國史記 百濟本紀 第二七卷

삼국사기권제27

백제본기 제5

위덕왕, 혜왕, 법왕, 무왕.

위덕왕

⊙ 위덕왕은 이름이 창이고 성왕의 맏아들이다.

⊙ 원년, 겨울 10월에 고구려가 대규모 군사를 동원해 웅천성을 침공했지만 패하고 돌아갔다.

⊙ 6년, 여름 5월 초하루 병진 날에 일식이 일어났다.

⊙ 8년 가을 7월, 왕이 신라 변경을 침공했지만, 신라의 반격으로 패했다. 사망자가 1천여 명이나 되었다.

⊙ 14년 가을 9월, 진나라에 조공했다.

⊙ 17년, 고제 후주가 왕을 사지절시중거기대장군대방군공백제왕으로 배수했다.

⊙ 18년, 고제 후주가 또 왕을 사지절도독동청주제군사동청주자사로 삼았다.

⊙ 19년, 제나라에 조공했고, 가을 9월 초하루 경자 날에 일식이 일어났다.

⊙ 24년 가을 7월, 진나라에 조공했고, 겨울 10월, 신라서부 변경의 주와 군을 공격하자, 신라 이찬 세종이 군사를 이끌고 출격해, 우리가 패했다. 11월, 우문주에 조공했다.

⊙ 25년, 우문주에 조공했다.

⊙ 26년 겨울 10월, 혜성이 하늘로 뻗었다가 20일 만에 사라졌고, 이와 함께 지진이 일어났다.

⊙ 28년, 왕이 수나라에 조공했는데, 수나라 고조가 왕을 상개부의동삼사대방군공으로 삼았다.

⊙ 29년 봄 정월, 수나라에 조공했다.

⊙ 31년 겨울 11월, 진나라에 조공했다.

⊙ 33년, 진나라에 조공했다.

⊙ 36년, 수나라가 진나라를 평정했는데, 전함 한 척이 표류하여 탐모라국으로 왔다. 이 배가 돌아가는 길에 국경을 통과하게 되었는데, 왕이 물자를 풍성하게 실어서 귀국케 했다. 더불어 사신을 보내 진나라를 평정한 것을 축하했다. 수나라 고조가 이를 가상히 여겨 백제왕에게,

"백제 왕이 진나라를 평정했다는 것을 듣고 멀리서 표문을 바쳤다. 왕래가 무척 어려운 곳이니 만약 풍랑을 만나면 사람과 재물을 잃기가 쉽다. 백제왕의 순박하고 지극한 정성을 내가 깊이 알고 있다. 비록 멀리 떨어져 있어도 얼굴을 맞대고 이야기하는 것과 같으니 어째서 꼭 자주 사신을 보내어 서로 자세히 알릴 필요가 있겠는가? 이후부터는 해마다 조공하지 말고, 나 또한 사신을 보내지 않을 것이니. 왕은 그렇게 알라."

라는 조서를 내렸다.

⊙ 39년 가을 7월, 그믐 임신 날에 일식이 일어났다.

⊙ 41년 겨울 11월 계미 날에 혜성이 각성과 항성성좌에 출몰했다.

⊙ 45년 가을 9월, 왕이 장사 왕변나를 보내 수나라에 조공케

했다. 왕이 수나라가 요동 전쟁을 일으킨다는 소문을 듣고 사신 편에 표문을 올려 군사의 향도를 청했다. 황제가 조서를 내려 "지난날 고구려가 조공을 하지 않고 신하로서 예절을 갖추지 않았기 때문에 토벌하려고 하였는데 고원의 임금과 신하들이 두려워하며 잘못을 시인했기에 내가 이미 용서했으므로 그들을 칠 수 없다."하면서 사신을 후대해 돌려보냈다. 고구려가 이 일을 괘씸히 여겨 군사를 보내 국경을 침략했다. 겨울 12월, 왕이 죽자, 군신들은이 시호를 의논하여 위덕이라 했다.

혜왕

⊙ 혜왕의 이름은 계이고 명왕의 둘째 아들이다.

⊙ 2년, 왕이 죽자 시호를 혜라 했다.

법왕

⊙ 법왕의 이름은 선효순이고 혜왕의 맏아들이다.『수서』에는 선을 창왕의 아들이라고 했다 겨울 12월, 살생을 금지하고, 민가에서 기르는 매와 새매를 방사했으며, 고기를 잡거나 사냥하는 도구들을 모두 태우라는 명을 내렸다.

⊙ 2년 봄 정월, 왕흥사를 창립하고 중 30명에게 도첩을 주었다. 큰 가뭄이 찾아오자 왕이 칠악사로 가 기우제를 지냈다. 여름 5월, 왕이 죽자 시호를 법이라 정했다.

무왕

⊙ 무왕의 이름은 장이고 법왕의 아들인데, 풍채가 훌륭하고, 기질이 호탕하며 기상이 뛰어났다.

⊙ 3년 가을 8월, 왕이 신라의 아모산성모산성을 포위하자, 신라 진평왕이 정예기병 수천 명을 출격시켜 항전했는데, 우리 군사가 불리해서 퇴각했다. 신라가 소타, 외석, 천산, 옹잠 등의 성을 쌓고, 우리 변경에 침범했다. 왕이 노하여 좌평 해수에게 명해 보병과 기병 4만 명을 내줘 네 성을 공격케 했다. 신라장군 건품와 무은이 마주 싸웠다. 해수가 불리해지자 군사를 퇴각시켜 천산 서쪽 소택지에 복병을 숨겨 놓고 기다렸다. 무은은 승세를 타고 갑병 1천 명을 이끌고 소택지까지 추격해왔다. 이때 복병이 갑자기 습격하자 무은은 낙마하고 군사들은 우왕좌왕했다. 무은의 아들 귀산이 큰 소리로,

"옛날부터 스승의 말씀에 '군사는 적을 만나면 절대로 물러서지 마라' 고 했는데, 어째서 너희는 도망해 스승의 가르침을 버리려고 하는가!"

라고 했다.

귀산은 지산의 말을 아버지에게 주고 곧바로 소장 추항과 함께 창을 휘두르며 싸우다가 전사했다. 남은 군사들은 이에 분발해 우리 군사를 무찔렀고, 해수는 몸만 살아서 돌아왔다.

⊙ 6년 봄 2월, 각산성을 쌓았고, 가을 8월, 신라가 동쪽변경을 침범했다.

⊙ 7년 봄 3월, 서울에 흙비가 내리면서 낮에 밤처럼 어두웠고, 여름 4월, 큰 가뭄이 찾아와 기근이 들었다.

⊙ 8년 봄 3월, 왕이 한솔 연문진을 수나라로 파견해 조공했다. 또 좌평 왕효린을 보내 공물을 바치면서 고구려를 치자고 청했

다. 양제는 이를 허락하고 고구려의 동정을 살피라고 명했다. 여름 5월, 고구려가 송산성을 공격했지만 함락시키지 못하자, 군사를 돌려 석두성을 습격해 남녀 3천 명을 잡아갔다.

⊙ 9년 봄 3월, 수나라에 조공하자, 수나라 문림랑 배청이 왜국사신으로 가면서 우리나라의 남쪽 길을 통과했다.

⊙ 12년 봄 2월, 수나라에 조공했고, 수나라 양제가 고구려를 치려고 하자, 왕이 국지모를 수나라에 보내 행군 일정을 물었다. 양제가 기뻐하며 후한 상을 내리고 상서기부랑 석률을 보내 왕과 상의케 했다. 가을 8월, 적암성을 쌓았고, 겨울 10월, 신라의 잠성을 포위해 성주 찬덕을 죽이고 성을 빼앗았다.

⊙ 13년, 수나라 6군이 요수를 건너자 왕이 국경의 군비를 엄하게 하여 수나라에 협조한다고 했으나 사실은 다른 마음을 갖고 있었다. 여름 4월, 대궐 남문에 벼락이 떨어졌고, 5월, 홍수로 인가가 유실되었다.

⊙ 17년 겨울 10월, 달솔 백기에게 군사 8천 명을 내줘 신라 모산성을 공격케 했고, 11월, 서울에 지진이 일어났다.

⊙ 19년, 신라 장군 변품이 가잠성을 공격해 회복했는데, 이 전투에서 해론이 전사했다.

⊙ 22년 겨울 10월, 당나라에 과하마를 진상했다.

⊙ 24년 가을, 군사를 보내 신라의 늑노현을 침공했다.

⊙ 25년 봄 정월, 당나라에 조공하자, 고조가 정성을 가상히 여겨 왕을 대방군왕 공백제왕으로 책봉했다. 가을 7월, 당나라에 조공했고, 겨울 10월, 신라의 속함, 앵잠, 기잠, 봉잠, 기현, 용책 등을 6개의 성을 함락시켰다.

⊙ 26년 겨울 11월, 당나라에 조공했다.

⊙ 27년, 당나라에 명광개라는 갑옷을 진상하면서 고구려가 길을 차단해 상국 입조가 어렵다고 보고했다. 고조가 산기상시주자사에게 조서를 우리와 고구려로 보내 서로 원한을 풀라며 달랬다. 가을 8월, 신라의 왕재성을 공격해 성주 동소를 죽였고, 겨울 12월, 당나라에 조공했다.

⊙ 28년 가을 7월, 왕이 장군 사걸을 시켜 신라 서부 변경의 두 성을 함락시켰고, 남녀 3백여 명을 잡았다. 왕이 신라에 빼앗긴 땅을 회복하기 위해 군사를 웅진에 주둔시켰다. 신라 왕 진평이당나라에 위급한 사태를 보고했고, 왕이 이 사실을 듣고서 중지했다. 가을 8월, 왕이 조카 복신을 당나라에 파견해 조공하자, 태종이 백제와 신라가 서로 원수 관계가 되어 자주 침공한다면서,

"왕은 군주로서 동쪽 변방을 진무하고 있다. 먼 곳에서도 지극한 충성으로 조공을 쉬지 않고 바친 까닭에 왕을 높이 평가한다. 내가 대명을 이어받아 천하를 통치하게 되었는데, 배와 수레가 통하고 바람과 비가 미치는 곳마다 모두 천성을 따르며 편안하게 살기를 원한다. 신라 왕 김진평은 나의 신하이다. 어째서 이웃한 나라에 군사를 보내 토벌하기를 멈추지 않는가? 내가 왕의 조카 복신과 고구려와 신라 사신에게 서로 화친하도록 타이르고, 함께 화목하게 지내게 하였으니 왕은 전날의 원한을 잊고 내 뜻을 헤아려 이웃의 정을 두터이 하여 즉시 전쟁을 중지하라."

라는 조서를 보냈다. 이에 왕이 곧바로 표문을 올려 사죄했다. 비록 겉으로는 명령에 순종하겠다고 했지만, 실제로는 이전과 다름없는 원수지간이었다.

◉ 29년 봄 2월, 신라의 가잠성을 공격했지만, 승리하지 못했다.

◉ 30년 가을 9월, 당나라에 조공했다.

◉ 31년 봄 2월, 사비궁전을 중수했고 왕이 웅진성으로 갔다. 여름에 가뭄이 찾아와 사비궁전의 중수를 중지했다. 가을 7월, 왕이 웅진에서 돌아왔다.

◉ 32년 가을 9월, 당나라에 조공했다.

◉ 33년 봄 정월 맏아들 의자를 태자로 책봉했고, 2월 마천성을 개축했다. 가을 7월, 신라를 공격했지만 불리했다. 왕이 생초 벌판에 나가서 사냥했다. 겨울 12월, 당나라에 조공했다.

◉ 34년 가을 8월, 신라의 서곡성을 공격해 13일 만에 함락시켰다.

◉ 35년 봄 2월, 왕흥사를 강가에 세웠는데, 채색 장식이 웅장하고 화려했다. 왕은 자주 배를 타고 절로 들어가 향불을 피웠다. 3월, 대궐 남쪽에 못을 파고 20여 리 밖에서 물을 끌어들이고 사면 언덕에 버들을 심고 물 가운데 방장선산을 본떠 섬을 쌓았다.

◉ 37년 봄 2월, 당나라에 조공했고, 3월, 왕이 신하들과 함께 사비하 북쪽 포구에서 연회를 베풀었다. 포주의 양쪽 언덕에는 기암괴석이 있고, 암석 사이에는 진기한 화초가 있어 경치가 그림과 같았다. 이곳을 사람들은 대왕포라고 했다. 여름 5월, 왕이 장군 우소에게 갑병 5백 명을 내줘 신라 독산성을 공격케 했다. 우소가 옥문곡에 이르러 해가 저물기 시작하므로 군사들에게 안장을 풀고 쉬게 했는데, 갑자기 신라 장군 알천이 군사들과 함께 기습해 왔다 우소가 활을 쏘면서 대항했지만 화살이 떨

어져 잡히고 말았다. 6월, 가뭄이 찾아왔고, 가을 8월, 왕이 망해루에서 군신들을 불러 잔치를 열었다.

⊙ 38년 봄 2월과 3월, 서울에서 연달아 지진이 일어났고, 겨울 12월, 당나라에 철갑옷과 조각한 도끼를 진상했다. 태종이사신을 우대해 비단 도포와 채색 비단 3천 단을 내렸다.

⊙ 39년 봄 3월, 왕이 궁녀들과 함께 못에 배를 띄우고 놀았다.

⊙ 40년 겨울 10월, 또다시 당나라에 철갑옷과 조각한 도끼를 바쳤다.

⊙ 41년 봄 정월, 혜성이 서북쪽에 출몰했고, 2월, 자제들을 당나라에 보내 국학에 입학시켜 줄 것을 청했다.

⊙ 42년 봄 3월, 왕이 죽어 시호를 무라했고, 사신이 당나라로 가 소복을 입고 임금이 사망했음을 알리자,

황제는가 현무문에서 추도식을 거행하고 이렇게 조서를 내렸다.

"먼 나라를 사랑하는 방도는 총명寵命보다 좋은 것이 없고, 죽은 자를 표창하는 의리는 먼 곳이라고 막혀 있지 않다. 그러므로 주국대방군왕백제왕부여장은 산을 넘고 바다를 건너 멀리 정삭을 받고, 공물을 바치고 표문을 올리기를 게을리하지 않다가 갑자기 죽음을 당해 그를 깊이 추도한다. 마땅히 상례 이상으로 영전을 표해 광록대부로 추증한다."

그리고 후하게 부조하여 보냈다.

삼국사기
三國史記 百濟本紀 第二八卷

삼국사기 권제28

백제본기 제6

의자왕

의자왕

⊙ 의자왕은 무왕의 맏아들로 용맹하고 결단성이 있었다. 무왕 재위 33년에 태자가 되었는데, 효도와 우애를 으뜸으로 생각해서 해동증자라고 불렸다. 당나라 태종은 주국대방국왕백제왕으로 책봉했다. 가을 8월, 당나라에 토산물을 바쳤다.

⊙ 2년 봄 정월, 당나라에 조공했고, 2월, 왕이 주와 군을 순행하면서 백성을 위로하고 죄수들을 재심해서 사형수를 제외한 나머지를 사면했다. 가을 7월, 왕이 직접 군사를 이끌고 신라를 침공해 미후 등 40여 성을 빼앗았다. 8월, 장군 윤충에게 군사 1만 명을 내줘 신라 대야성을 공격했다. 이때 성주 품석이 처자와 함께 항복했지만, 윤충은 모두 죽이고 품석의 목을 베어 서울에 보냈다. 또한 남녀 1천여 명을 잡아 서쪽 지방으로 이주시켰으며, 군사를 남겨 성을 수비하게 했다. 왕이 전공을 세운 윤충에게 표창과 말 20필과 곡식 1천 석을 하사했다.

⊙ 3년 봄 정월, 당나라에 조공했고, 겨울 11월, 고구려와 화친을 맺었다. 화친의 목적은 신라의 당항성을 점령해 신라가 당나라로 조공하러 가는 길을 막겠다는 것이었다. 계획을 세운 왕이

군사를 출동시켜 신라를 공격했다. 신라 왕 덕만이 당나라에 구원을 요청했는데, 왕이 이 사실을 듣고 군사를 퇴각시켰다.

⊙ 4년 봄 정월, 당나라에 조공하자, 태종이 사농승 상리현장을 보내 두 나라를 타일렀다. 그러자 왕은 표문을 올려 사죄했다. 왕의 아들 융을 태자로 삼으면서, 죄수들을 대사면했다. 가을 9월 신라장군 김유신이 군사를 이끌고 침입해 일곱 성을 점령했다.

⊙ 5년 여름 5월, 왕은 태종이 손수 고구려를 공격하면서 신라에서 군사를 징발했다는 말을 듣고 이 틈을 노려 신라를 습격해 7개 성을 빼앗았다. 이에 신라에서 장군 김유신을 보내 침공했다.

⊙ 7년 겨울 10월, 장군 의직이 보병과 기병 3천 명을 이끌고 신라의 무산성 아래에 주둔하고 군사를 둘로 나눠 감물과 동잠성을 공격했다. 이때 신라장군 김유신이 직접 군사들을 이끌고 결사적으로 대적해 우리 군이 대패하면서 의직이 홀로 돌아왔다.

⊙ 8년 봄 3월, 의직이 신라 서부 변경의 요차성을 비롯해 10여 성을 습격해 점령했다. 여름 4월 옥문곡으로 진군하자 신라장군 김유신이 두 번 격돌해 모두 대승했다.

⊙ 9년 가을 8월, 왕이 좌장 은상에게 정예군사 7천 명을 내줘 신라의 석토성을 비롯해 일곱 성을 공격해 점령했다. 신라장수 김유신, 진춘, 천존, 죽지 등이 맞섰지만, 전세가 불리해지자 흩어진 군사들을 모아 도살성 아래 진을 치고 재차 싸웠다. 이에 군사가 패배했다. 겨울 11월, 천둥이 쳤고 물이 얼지 않았다.

⊙ 11년, 당나라에 조공했고 사신이 돌아올 때 고종이 조서를

보내 왕에게 타일렀다. 12년 봄 정월 당나라에 조공했다.

⦿ 13년 봄, 큰 기근이 찾아와 백성이 굶주렸고, 가을 8월, 왜국과 우호 관계를 맺었다.

⦿ 15년 봄 2월, 태자궁을 사치스럽고 화려하게 고쳤고, 또한 왕궁 남쪽에 망해정을 신축했다. 여름 5월, 붉은 말이 북악 오함사의 불당을 돌면서 울다가 며칠 후에 죽었고, 가을 7월, 마천성을 중수했다. 8월, 왕이 고구려, 말갈과 연합해 신라의 30여 성을 함락시켰다. 신라 왕 김춘추가 당나라에 사신을 보내 표문을 이렇게 올렸다.

"백제, 고구려, 말갈 등이 신라 북쪽 국경에 침입해 30여 성을 함락시켰다."

⦿ 16년 봄 3월, 왕이 궁녀들을 데리고 음란과 향락에 빠져 술 마시기를 멈추지 않았다. 좌평 성충정충이 말렸는데, 왕이 분노하여 그를 하옥시켰다. 이로 말미암아 왕에게 말하는 신하들이 없었다. 성충은 옥에서 굶어 죽었는데, 그가 왕에게,

"충신은 죽어도 임금을 잊지 않습니다. 그런 고로 한마디만 하고 죽겠습니다. 지금까지 형세의 변화를 관찰했는데, 전쟁이 반드시 일어날 것입니다. 전쟁에 이기려면 반드시 지형을 잘 선택해야 하는데 반드시 상류에서 적을 맞이해야 군사를 보전할 수 있습니다. 만약 다른 나라 군사들이 쳐들어오면 육로는 침현을 차단해야 하고, 수군은 기벌포 언덕으로 들어오는 것을 막아야 합니다. 또 험준한 곳의 지형을 택해 수비해야 막을 수가 있습니다."

라고는 글을 남겼다. 그러나 왕은 그의 유언을 무시했다.

⦿ 17년 봄 정월, 왕이 서자 41명을 좌평으로 임명하면서 식읍

을 내렸고, 여름 4월, 큰 가뭄이 찾아와 논밭이 붉은 땅이 되도록 타들어갔다.

◉ 19년 봄 2월, 여우 떼가 궁중에 들어왔는데, 이 중 흰 여우 한마리가 상좌평 책상에 올라앉았다. 여름 4월, 태자궁에서 암탉이 참새와 교미했다. 장수를 보내 신라의 독산, 동잠성을 침공했다. 5월, 서울 서남쪽 사비하에서 길이가 세 발이나 되는 큰 고기가 물 밖으로 나와서 죽었다. 가을 8월, 길이가 18척이나 되는 여자 시체가 생초진으로 떠내려 왔다. 9월, 대궐 뜰의 홰나무가 사람의 곡소리처럼 울었고, 밤에는 대궐 남쪽 길에서 귀신의 곡소리가 들려왔다.

◉ 20년 봄 2월, 서울의 우물이 모두 핏빛이 되었고, 서해에서는 작은 물고기들이 물 밖으로 나와서 죽었으며, 사비하의 물이 핏빛처럼 붉었다. 여름 4월, 두꺼비 수만 마리가 나무 꼭대기로 올라갔다. 서울 시민이 까닭없이 놀라 달아나니 누가 잡으러 오는 것 같았다. 그렇게 달아나다가 넘어져 죽은 자가 무려 1백여 명이나 되었고, 재물을 잃어버린 자는 이루 말할 수 없이 많았다. 5월, 태풍이 휘몰아 치고 천왕사와 도양사 탑을 비롯해 백석사 강당에도 벼락이 떨어졌다. 검은 구름이 동서로 나뉘어 마치 용이 싸우는 듯 보였다.

6월 왕흥사 중들이 배의 돛대처럼 생긴 것이 큰물을 따라 절간으로 들어오는 것을 보았다. 들 사슴처럼 생긴 개 한 마리가 서쪽에서 사비하 언덕으로 와 왕궁을 향해 짖다가 금방 어디론가 사라졌다. 서울의 모든 개들이 노상에 모여서 짖거나 울다가 흩어졌다. 귀신이 대궐로 들어와,

"백제가 망한다! 백제가 망한다!"

라고 외치다가 땅속으로 사라졌다. 왕이 귀신이 사라진 곳의 땅을 석 자 정도 파게 하였는데, 그곳에 거북이 한 마리가 있었다. 거북 등에는 '백제는 둥근달이고, 신라는 초승이다.' 라는 글이 쓰여 있었다. 왕이 무당에게 묻자, 무당이

"둥근달이라는 것은 가득 찼기 때문에 곧 기울어진다는 것이고, 초승달이라는 것은 아직 가득 차지 못했기 때문에 앞으로 점점 차게 된다는 것입니다."

라고 했다. 왕이 화가 치밀어 올라 무당을 죽였다. 어떤사람이,

"둥근달은 왕성하다는 뜻이고, 초승달은 미약하다는 뜻입니다. 다시말해 백제는 앞으로 왕성해지고 신라는 점점 쇠약해진다는 말입니다."

라고 말하니 왕이 기뻐했다.

당나라 고종은 좌위대장군 소정방을 신구도행군 대총관으로 삼고, 좌위장군 유백영, 우무위장군 풍사귀, 좌효위장군 방효공 등을 임명해 13만의 대군으로 우리를 공격했다. 또 신라 왕 김춘추를 우이도행군 총관으로 임명하여 신라 군사를 이끌고 당나라 군사와 연합했다. 소정방의 군사가 성산에서 바다를 건너 덕물도에 도착하자 신라 왕이 장군 김유신에게 정예군사 5만을 내줘 당나라 군사와 합세하였다.

왕이 군신들을 불러 공격과 수비 중 어느 것이 더 효과적인지를 묻자 좌평 의직이,

"당나라 군사는 먼 곳에서 바다를 건너왔습니다. 더구나 물에 익숙하지 못한 상황에서 배를 장기간 타고 왔기 때문에 피곤할 것입니다. 그러므로 그들의 피로가 회복되지 못했을 때 급습하면 이길 수 있을 것입니다. 신라 사람들 또한 당나라를 믿고 있

기 때문에 우리를 가볍게 생각할 것입니다. 만약 당나라가 불리해지는 상황을 본다면 틀림없이 두려워서 빨리 진격하지 못할 것입니다. 그러니 먼저 당나라와 결전해야 할 것입니다."

라고 했다.

이 말을 들은 달솔 상영은,

"옳지 않습니다. 당나라 군사들은 멀리서 왔기 때문에 속전속결을 원할 것이니 그들의 사기를 이겨낼 수가 없습니다. 하지만 신라 군사들은 과거에 여러 번 우리에게 패했으므로 우리 군사들의 사기를 두려워할 것입니다. 지금의 계책을 말하자면 당나라 군사들이 들어오는 길을 차단해서 피곤해지기를 기다리면서, 한편으론 일부 군사들을 출격시켜 신라 군사를 공격해 예봉을 꺾어 놓는 것입니다. 그런 다음에 형세를 잘 살펴 싸운다면 군사은 그대로 유지되면서 나라를 지킬 수가 있을 것입니다."

라고 했다. 왕이 이러지도 저러지도 못해 쩔쩔매고 있었다. 이때 좌평 흥수가 죄를 짓고 고마미지현에서 귀양살이를 하고 있었다. 왕은 그에게 사람을 보내,

"사태가 위급하게 되었다. 어찌하면 좋겠느냐?"

라고 물었다. 그러자 흥수가,

"당나라 군사는 숫자도 많지만, 군율이 매우 엄합니다. 지금 신라와 함께 우리의 앞뒤를 견제하고 있기 때문에 평범한 벌판이나 넓은 들에서 마주하고 진을 친다면 승패를 장담할 수가 없습니다. 백강기벌포과 탄현침현은 우리의 요충지로 한명의 군사가 만 명을 이길 수 있는 곳입니다. 마땅히 용감한 군사를 선발해 그곳을 지켜 당나라 군사들이 백강으로 들어오는 것을 막고, 또 신라 군사가 탄현을 통과하지 못하게 막으면서 대왕께서는

성문을 굳게 닫고 지키면서 그들의 물자와 군량이 떨어지고 군사들이 피곤해질 때를 기다렸다가 갑자기 공격한다면 반드시 승리할 것입니다."

라고 조언했다.

그러나 대신들은 그의 말을 의심해,

"흥수는 장기간 옥에 갇혔으면서 임금을 원망하고 나라를 사랑하지 않을 것이니 그 말을 믿을 수가 없습니다. 차라리 당나라 군사들을 백강으로 끌어들여 강의 흐름에 따라 배를 나란히 전진하지 못하게 하고 또 신라 군사들이 탄현에 올라 좁은 길을 따라 말을 나란히 몰 수 없게 하여 이때가 우리 군사들이 갑자기 공격한다면 이것은 마치 닭장에 든 닭이나 그물에 걸린 고기를 잡는 것과 같을 것입니다."

라고 했다.

왕이 옳다고 여겨 따랐다. 왕이 당나라와 신라 군사들이 이미 백강과 탄현을 지났다는 보고를 받고 장군 계백에게 결사대 5천 명을 거느리고 황산으로 달려가 신라 군사와 싸우게 했다. 계백은 네 번을 맞붙어 모두 승리했지만, 군사가 적고 힘이 부족해 끝내 패하고 계백이 전사했다. 이에 왕이 군사를 동원해 웅진 어귀를 막고 강가에 주둔시켰다. 소정방이 강 왼쪽 언덕으로 진격해 산 위에 진을 치니 그들과 싸워서 우리 군사가 대패하였다. 이때 당나라 군사는 조수를 이용해 배를 잇대어 정박시키고 북을 치며 시끄럽게 들어오고 소정방은 보병과 기병을 이끌고 진도성 30리 밖까지 진격했다. 우리 군사들이 출격해 싸웠지만 또다시 대패하면서 전사자가 1만여 명이나 되었다. 당나라 군사가 승세를 타고 성으로 진격하자, 왕이 패망을 피할 수

없음을 알고,

"내가 성충의 말을 듣지 않다가 이 꼴이 되어서 후회스럽구나."

라며 탄식했다.

이윽고 왕은 태자 효와 함께 북쪽 변경으로 피신했고, 소정방이 성을 포위했다. 그러자 왕의 둘째 아들 태가 자칭 왕이 되어 군사들과 함께 성을 지켰다. 태자 아들 문사가 왕의 아들 융에게,

"왕은 태자와 함께 도망갔고, 숙부는 제멋대로 왕 노릇을 하고 있는데, 만약 당나라 군사가 포위를 풀고 간다면 우리들의 안전을 누가 보장하겠소?"

라고 했다. 문사는 마침내 측근들과 함께 밧줄을 타고 성을 빠져나갔다. 백성이 모두 그를 따르니 태가 말리지 못하였다. 왕과 태자 효가, 여러 성과 함께 모두 항복했다. 소정방이 날랜 군사를 시켜 성에 올라가 당나라 깃발을 세우니 태자 효가 성문을 열고 나와 항복했다. 소정방은 왕과 태자 효, 왕자 태, 융, 연을 비롯해 대신과 군졸 88명과 주민 1만 2천8백7명을 잡아서 당나라로 호송했다.

백제는 원래 5부, 37군, 200성, 76만호였는데, 항복 이후부터 지역을 웅진, 마한, 동명, 금련, 덕안 등 5개로 나눠 도독부를 두었다. 주와 현들은 통합해 우두머리를 발탁해 도독, 자사, 현령을 삼아 관리했으며, 낭장 유인원에게 도성을 지키게 했다. 그리고 좌위낭장 왕문도를 웅진도독으로 임명해 유민들을 안정시켰다. 소정방이 포로들을 왕에게 바치자 왕은 그들을 꾸짖고 용서하여 주었다. 왕이 병으로 죽자 금자광록대부위위경으로 추증하고, 옛 신하들에게 문상을 허락했다. 황제가 조서를 내려

손호, 진숙보의 무덤 옆에 장사를 지내고, 비석을 세우도록 명했다. 왕자 융을 사가경으로 임명했고, 왕문도가 바다를 건너다가 죽자 유인궤로 그를 대신하도록 명했다.

무왕의 조카 복신은 과거 군사를 통솔하는 장수였는데, 이때 그는 중 도침과 함께 주류성에서 반란을 일으켜 전 임금의 아들로서 왜국에 인질로 가 있던 부여 풍을 불러와 왕으로 추대했다. 서북부의 흩어진 백성이 하나둘 모이면서 세력이 커졌다. 이에 힘을 입은 복신은 군사들과 함께 도성의 유인원을 포위했다. 이것을 보고 받은 당나라 황제는 유인궤를 검교대방주자사로 임명해, 왕문도의 군사를 이끌고, 지름길로는 신라 군사를 출동시켜 유인원을 구원케 했다.

이에 유인궤가 기뻐하면서,

"하늘이 장차 이 늙은이를 부귀하게 만들려고 하는구나."

라고 했다. 그는 당나라 책력과 묘휘를 요청해 가지고 떠나면서,

"내가 동쪽 오랑캐를 토벌하고 대당의 정삭을 해외에 반포하려고 한다."

라고 말했다.

유인궤가 군사를 엄히 통솔하고 이동하면서 싸우고 전진했는데, 이에 복신은 웅진강 어귀에 두 개의 목책을 세워 막았다. 유인궤가 신라 군사들과 연합해 공격니, 우리 군사들이 밀리면서 목책 안으로 들어와 강을 저지선으로 삼으려고 했다. 그러나 다리가 좁아 물에 빠지거나 전사한 군사가 무려 1만여 명이나 되었다. 복신은 어쩔 수 없이 도성의 포위를 풀고 퇴각해 임존성을 확보했다. 신라 군사들은 군량이 떨어져 퇴각했다. 이때가

당나라 용삭 원년 3월로, 도침은 자칭 영군장군, 복신은 자칭 상잠장군이 되어 여러 무리들을 모아서 세력을 키웠다. 그들은 유인궤에게 사람을 보내,

"내가 듣기론, 당나라가 신라와 밀약해서 백제 사람이면 노소를 막론하고 무조건 죽이고, 그 후에 우리나라를 신라에게 넘겨주기로 했다고 하니 앉아서 죽음을 기다리는 것보다 차라리 싸우다가 죽는 것이 떳떳하다고 생각하여 우리는 진지를 고수하고 있는 것이다."

라고 했다.

유인궤는 화와 복에 대해 설명하고 사람을 보내 타일렀다. 글로써 도침은 군사가 많은 것을 믿고 교만해져 인궤의 사자를 바깥 숙소에 재우면서,

"사자는 벼슬은 낮고, 나는 일국의 대장이기 때문에 마주 할 수 없다."

라며 비웃었다. 그리고 답장도 주지 않고 그냥 돌려보냈다. 유인궤는 군사의 수가 적었기 때문에 유인원의 군사와 연해 군사들을 쉬게 하면서 표문을 올려 신라와 함께 공격하기를 청했다. 신라 왕 김춘추는 당나라의 조서를 받고, 장수 김흠에게 유인궤를 구원하라고 명했다. 김흠이 고사에 도착했을 때, 복신이 요격하여 승리를 거두었다. 김흠이 갈령도에서 도망쳐 돌아갔는데, 이후 신라는 감히 출동하지 못했다. 얼마 후 복신은 도침을 죽이고 그의 군사를 통합했는데, 풍이 그를 제어하지 못하고 그저 제사만 주관했다.

복신은 유인원이 고립되어 구원받을 수 없다고 단정하고 그에게 사람을 보내,

"대사는 언제 서쪽으로 돌아가려고 하는가? 돌아간다면 내가 사람을 보내 전송해 주겠다."

라며 위로했다. 당 용삭 2년 7월에 유인원과 유인궤는 웅진 동쪽에서 복신의 남은 군사를 대파하고 지라성, 윤성, 대산, 사정 등의 목책을 함락시켰다. 이때 우리 군사를 죽이고 사로잡을 수가 많았으며 군사들을 나누어 지속적으로 주둔시키면서 수비케 했다.

복신은 진현성이 강가에 위치하면서 높고 험해서 요충지로 최적이라여겨 군사를 증파해 수비케 했다. 유인궤는가 야밤에 신라 군사를 이끌고 성에 접근해 기다리다가 새벽에 성안으로 들어가 8백 명을 죽였다. 이로써 신라에서 공급되는 군량 수송로가 뚫렸다. 그리고 당나라에 증원병을 요청하니, 황제가 조서를 내려 치주, 청주, 내주, 해주 등에서 군사 7천 명을 징발해 좌위위장군 손인사에게 이 군사를 이끌게 하여 보충케 했다.

이때 복신은 권력을 독차지하게 되면서 부여 풍과 서로 질투하고 시기하는 사이로 변했다. 복신은 병을 핑계로 굴속에 누워 풍이 문병 오기를 기다렸다가 죽이려고 했다. 풍이 이를 눈치채고 심복들을 데리고 복신을 급습하여 죽이고 고구려와 왜국에 군사 원조를 요청해 당나라 군사를 막았다. 그러나 손인사가 도중에서 이들을 맞아 싸워 물리쳤고, 유인원의 군사와 합세되면서 군사들의 사기가 높아졌다. 이에 장수들을 불러 작전 회의를 하던 중 한 장수가,

"가림성이 수륙의 요충이기 때문에 먼저 공격해야 합니다."

고 하자, 유인궤가,

"병법에 '강한 곳을 피하고, 약한 곳부터 공격해야 한다' 라고

했다. 가림성은 험하고 튼튼한 요새로 먼저 공격하면 군사들이 상하고, 또한 밖에서 기다리는 시간이 너무 길어질 것이다. 하지만 주류성은 백제의 소굴로 역적 도당들이 모여 있기 때문에, 이곳을 공격해 승리한다면 다른 성은 당연하게 항복해 올 것이다."

라고 했다.

이에 인사, 인원과 신라 왕 김법민은 육군을 이끌고 진격했고, 유인궤와 별수 두상과 부여 융은 수군과 군량을 실은 배에 타고 웅진강을 출발해 백강에 도착해 육군과 합세하여 주류성으로 갔다. 백강 어귀에서 왜국 군사와 만나 네 번을 싸워 모두 승리했고, 그들의 배 4백 척을 불살랐다. 이때 왕 부여 풍은 탈출했는데, 어디로 갔는지 아는 사람들이 아무도 없었다. 어떤 사람들이 그가 고구려로 달아났다고 했다. 당나라 군사들이 그의 보검을 노획했다. 왕자 부여 충승과 충지가 부여 풍의 군사와 왜국 군사를 데리고 항복했다. 임존성의 지수신만이 혼자 남아 버리며 항복하지 않았다.

처음 흑치상지가 도망해서 흩어진 군사들을 모았는데, 열흘 사이에 3만여 명이나 되었다. 소정방이 이들을 공격했지만, 흑치상지가 승리하면서 2백여 성을 빼앗았다. 흑치상지는 별부장 사타상여와 함께 험준한 곳에 머물면서 복신과 상응하다가 항복했다. 유인궤가 그들에게 진심을 보이면서 그들의 손으로 임존성을 빼앗아 자신에게 성의를 다하는 기회를 주고자 갑옷과 병기와 군량 등을 주었다. 인사가,

"그들에겐 숨겨진 야심이 있기 때문에 믿을 수가 없다. 만약 그들에게 무기와 곡식을 준다는 것은 도적질을 하라고 제공해

주는 꼴이 된다."

라고 했다. 유인궤가 말하기를,

"내가 상여와 상지를 봤는데, 그들에겐 충심과 지모가 있었다. 기회를 주면 공을 세울 것인데 왜 의심하는 것인가?"

라고 했다. 그들이 임존성을 빼앗자 지수신은 처자를 버리고 고구려로 도망갔고 잔당들도 평정되었다. 인사가 군사를 정돈해 돌아가자, 당나라에서는 유인궤에게 주둔하면서 수비케 했다.

전쟁으로 집집마다 조잔하고 시체가 산더미처럼 쌓여 있으므로 유인궤가 명령을 내려 묻게 하고, 호구를 등록했으며, 촌락을 정리하고 관리들을 임명했다. 이렇게 나라가 점차적으로 안정되면서 당나라의 사직을 세우고 정삭과 묘휘를 반포하니 백성이 기뻐하며 각자 집에서 안주하게 되었다. 당나라 임금은 부여 융을 웅진도독으로 임명해 귀국시켜 신라와 오래된 감정을 풀도록 했다.

인덕 2년, 융이 신라 왕과 웅진성에서 만나 흰 말을 잡아 맹세했다. 유인궤가 맹세의 글을 지어 금으로 새기고, 무쇠로 책을 만들어 신라 종묘 안에 두었다. 이 글은 『신라기』에 있다.

유인원이 귀국하자 융은 군사가 흩어질 것을 걱정해 당나라 서울로 되돌아갔다. 당 의봉 연간에 융을 웅진도독대방군왕으로 임명해 귀국시켜서 백성을 안정시키고, 곧바로 안동 도호부를 신성으로 옮겨 통할하게 했다. 이때 신라가 강성해지니 융이 감히 고향으로 돌아오지 못하고 고구려에 의탁하다가 죽었다. 무후가 그의 손자 경에게 왕위를 계승시키려고 했지만, 이미 신라, 발해, 말갈 등에 의해 분할 통치되고 있었다. 나라의 계통이 마침내 끊어졌다.

○ 저자의 견해

「신라 고사」에 보면 '하늘이 금궤를 내렸기 때문에 성을 김씨로 정했다.' 라고 했는데, 그 말을 도저히 믿을 수가 없다. 신이 역사를 편찬하면서, 옛말이 그대로 전해져 내려왔기 때문에 버릴 수가 없었다. 그러나 듣기로는

"신라 사람은 스스로 소호 금천씨의 후손이므로 김씨를 성으로 정했다.(이것은 신라 국자박사 설인선이 지은 김유신의 비문과 박거물과 요극일이 집필한 「삼랑사의 비문」에 나타나 있다.) 고구려 역시 고신씨의 후손이라며 고씨로 성으로 정했다."

고 한다.(『진서』의 기록에 있다.) 옛 사기를 보면 '백제와 고구려는 모두 부여에서 탄생되었다.' 고 했으며, 또 '진과 한의 난리 때 중국 사람이 해동으로 많이 도망쳐왔다.' 라고도 되어 있다. 그러므로 삼국의 조상들은 옛 성인의 후예로 어째서 오랫동안 나라를 향유할 수 있지 않았나 한다. 백제 말기에는 도리에 맞지 않는 행동이 많았고 대대로 신라와 원수지간이 되어 고구려와 화친을 맺어 신라를 침공했다. 또한 백제는 유리한 조건과 기회만 생기면 무조건 신라의 주요한 성과 거진을 끊임없이 빼앗았다. 한마디로 '어진 자를 가까이 하고 이웃과 잘 사귀는 것이 나라의 보배' 라는 말과는 거리가 멀었다. 이에 당나라는 두 번이나 조서를 내려 백제와 신라 사이의 원한을 풀어보려고 했지만, 이들 두 나라는 겉으론 순종하는 척하면서 속으로는 이것을 어겨 대국에 큰 죄를 지었다. 하여 그들의 패망은 당연한 것이라고 할 수 있다.

삼국사기
三國史記新羅本紀 第二九卷

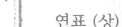

삼국사기권제29

연표 (상)

연표 (상)

⊙ 해동에 나라가 건국된 것은 매우 오래전의 일이다. 하지만 기자가 주나라에서 봉작을 받고, 위만이 한나라 초기에 제호를 스스로 정한 다음부터는 시대가 멀고 기록이 간략해 사실을 상세히 알 수가 없었다. 그렇지만 삼국이 생기면서 대치할 때부터 대대로 전해져 내려온 기록들이 매우 많았다. 신라는 56대 왕이 다스리면서 992년 동안 이어졌고, 고구려는 28대 왕이 다스리면서 705년 동안 이어졌고, 백제는 31대 왕이 다스리면서 678년 동안 이어졌다. 이에 따라 삼국의 연표를 작성하기로 했다. 당의 가언충이

"고구려는 한대부터 국가를 형성해 지금까지 900년이나 되었다."

라고 말한 것은 잘못된 것이다.

연표 상 생략

삼국사기

三國史記 新羅本紀 第三十卷

연표 중 생략

三國史記新羅本紀 第三一卷

연표 하 생략

삼국사기
三國史記 新羅本紀 第 三二卷

삼국사기권제32

잡지 제1

제사

제사

⊙ 신라의 종묘제도는 제2대 남해왕 3년 봄부터 최초로 시조 혁거세 사당을 세우고 사계절 제사를 지냈다. 제사의 주관은 친누이동생 아로에게 맡겼다. 제22대 지증왕 때부터 시조가 탄생한 나을에 신궁을 세워서 제사를 지냈다. 제36대 혜공왕 때에 이르러 5묘를 제정했는데, 이때 미추왕은 김씨의 시조로서, 태종대왕과 문무대왕은 백제와 고구려를 평정한 공덕으로서 대대로 제사 지내는 조상으로 삼았고, 아버지와 할아버지의 사당을 합해서 모두 5묘를 만들었다. 제37대 선덕왕이 사직단을 세웠다.

국내 명산대천에 제사를 지낼 때 천지신명에게는 지내지 않았는데, 아마도 『왕제』에,

"천자는 7묘이고, 제후는 5묘이니, 두 소昭 두 목穆과 태조의 사당을 합해서 5묘다."

라고 한 것과, 또 『왕제』에,

"천자는 천지신명과 천하 명산대천에 제사를 지내며, 제후는 사직과 자신의 지역에 있는 명산대천에 제사를 지낸다."

라고 했기 때문에 함부로 예에 벗어나지 않은 듯하다. 그러나 사직단, 사당높이, 사직단 주위의 담, 사당 문의 안팎 위치, 신위 순서의 높고 낮음, 제물 진설과 오르내리는 절차, 술잔, 제기, 제육, 축문 등의 예법은 추측하기 어려워 대략의 내용만을 기록했다.

⊙ 1년에 6번씩 5묘에 제사 지냈는데, 날짜는, 정월 2일과 5일, 5월 5일, 7월 상순, 8월 1일과 15일이었다. 12월 인寅날에는 신성북문에서 팔자에 제사를 지냈는데, 풍년이 들었을 때는 큰 소를, 흉년일 때는 작은 소를 제물로 잡았다.

입춘 후 해亥 날에는 명활성 남쪽 웅살곡에서 선농에 제사 지냈고, 입하 후 해亥 날에는 신성북문에서 중농에 제사 지냈고, 입추 후 해亥 날에는 산원에서 후농에 제사 지냈고, 입춘 후 축丑 날에는 견수곡 어구에서 풍백風伯에게 제사 지냈고, 입하 후 신申 날에는 탁저에서 우사雨師에 제사 지냈고, 입추 후 진辰날에는 본피유촌에서 영성靈星에게 제사 지냈다. 여러 예전들을 거슬러 올라가면 선농에만 제사지냈고, 중농과 후농에는 제사 지냈다는 기록이 없다

⊙ 3산 5악 이하 명산대천의 제사는 대사大祀, 중사中祀, 소사小祀로 구분했다.

⊙ 대사는 세 산을 지냈는데 첫째는 나력산습비부, 둘째는 골화산절, 셋째는 혈례산이었다.

⊙ 중간 제사는 오악五岳과 사진四鎮과 사해四海와 사독四瀆에 지내는 제사이다. 오악五岳은 동쪽 토함산대성군, 남쪽 지리산청주, 서쪽 계룡산웅천주, 북쪽 태백산나이군, 중앙의 부악공산을 말한다. 사진四鎮은 동쪽 온말근아곡정, 남쪽 해치야리실제, 추화군, 서쪽 가야압악마시산군, 북쪽 웅곡악비열홀군이다. 사해四海는 동

쪽 아등변근오형변, 퇴화군, 남쪽 형변거칠산군, 서쪽 미릉변시산군, 북쪽 비례산실직군을 말한다. 사독四瀆은 동쪽 토지하참포, 퇴화군, 남쪽 황산하삽량주, 서쪽 웅천하웅천주, 북쪽 한산하한산주이다. 이밖에 속리악삼년산군, 추심대가야군, 상조음거서서림군, 오서악결이군, 북형산성대성군, 청해진조음도에서도 중사를 지냈다.

⊙ 작은 제사는 상악고성군, 설악수성군, 화악근평군, 감악칠중성, 부아악북한산주, 월나악월나군, 무진악무진주, 서다산백해군 난지가현, 월형산나토군 사열이현, 도서성만노군, 동로악진례군 단천현, 죽지급벌산군, 웅지굴자군 웅지현, 악발발악, 우진야군, 우화생서량군 우대현, 삼기대성군, 훼황모량, 고허사량, 가아악삼년신군, 파지곡원악아지현, 비약악퇴화군, 가림성가림현. 다른 기록에는 영암산 우풍산은 있지만 가림성은 없다, 가량악청주, 서술모량에서 지냈다.

⊙ 네 성문의 제사는 첫째 대정문, 둘째 토산량문, 셋째 습비문, 넷째 왕후제문에서 지냈으며, 부정제는 양부에서 지냈다. 사천상제는 첫째 견수, 둘째 문열림, 셋째 청연, 넷째 박수에서 지냈다. 문열림에서는 일월제를 지냈고, 영묘사 남쪽에서는 오성제를 지냈고, 혜수에서는 기우제를 지냈다. 사대도제는 동쪽은 고리, 남쪽은 첨병수, 서쪽은 저수, 북쪽은 활병기에서 지냈다. 이밖에 구릉 귀신을 제압하는 제사와 나쁜 기운을 물리치는 제사도 지냈다.

⊙ 고구려와 백제의 제사 예법은 명확하지 않기 때문에 고기와 중국 역사에 실린 오래된 내용을 살펴서 기록했다.

⊙ 『후한서』에

"고구려는 귀신과 사직과 영성에 제사 지내기를 즐겼다. 10월에는 하늘에 제사 지내는 동맹이 있었다. 또 동쪽에 있는 큰 굴을 수신이라고 했는데, 이 역시 10월에 그 신을 맞이하는 제사를 지냈다."

라고 기록되어 있다.

◉ 『북사』에,

"고구려는 항상 10월에 하늘에 제사 지냈는데, 음사淫祠가 아주 많았다. 신묘는 두 곳이 있는데, 하나는 나무를 조각해 부인상으로 만든 부여신이고, 나머지는 시조라고 부르는 부여신의 아들 고등신이다. 두 곳에 관서를 설치해 지키게 했다. 부인상은 하백녀이고 고등신은 주몽을 의미한다."

라고 기록되어 있다.

◉ 『양서』에,

"고구려는 왕궁 왼편에 큰 집을 짓고 귀신에게 제사 지냈고, 겨울에는 영성과 사직에 제사를 지냈다."

라고 기록되어 있다.

◉ 『당서』에,

"고구려 풍속에는 음사淫祠가 많았으니, 영성과 해, 기자가한 등의 신에게 제사를 지내는 것이다. 나라의 왼쪽 지방에 큰 굴이 있는데 그것을 신수라 하여 매년 10월에 항상 왕이 직접 제사를 지냈다."

고 기록되어 있다.

◉ 『고기』에는,

"동명왕 14년 가을 8월에 왕의 어머니 유화가 동부여에서 죽었다. 동부여 왕인 금와가 태후의 예우로 장사지내고 신묘를 세웠다. 태조왕 69년 겨울 10월에 왕이 부여로 가서 태후사당에 제사 지냈고, 신대왕 4년 가을 9월에 왕이 졸본으로 가서 시조

사당에 제사 지냈다. 고국천왕 원년 가을 9월과 동천왕 2년 봄 2월과 중천왕 13년 가을 9월과 고국원왕 2년 봄 2월과 안장왕 3년 여름 4월과 평원왕 2년 봄 2월과 건무왕 2년 여름 4월에 모두 이와 같이 제사 지냈다. 고국양왕 9년 봄 3월에 국사를 세웠다."

라고 기록되어 있다. 또,

"고구려는 항상 3월 3일에 낙랑 언덕에 모여서 사냥하고 돼지와 사슴 등을 잡아서 하늘과 산천에 제사 지냈다."

라고 기록되어 있다.

⊙『책부원구』에는,

"백제는 사계절 가운데 매달 왕이 하늘과 5제 신에게 제사 지냈고, 서울에 시조 구태 사당을 세워서 해마다 4번 제사를 지냈다"라고 기록되어 있다.『해동고기』에 따르면 시조 동명왕으로 부르고, 시조 우태라하기도 한다. 『북사』와 『수서』에는 모두 "동명의 후예에 구태라는 사람이 있는데, 대방에서 나라를 세웠다."라고 기록되어 있다. 여기에서는 시조 구태라고 했다. 하지만 동명이 시조인 것은 사적에 명백하게 기록되어 있기 때문에 다른 주장은 신빙성이 없다.

⊙『고기』에는 "온조왕 20년 봄 2월에 단을 설치해 천지신명에게 제사 지냈고, 온조왕 38년 겨울 10월, 다루왕 2년 봄 2월, 고이왕 5년 봄 정월과 10년 봄 정월, 14년 봄 정월, 근초고왕 2년 봄 정월, 아신왕 2년 봄 정월, 전지왕 2년 봄 정월, 모대왕 11년 겨울 10월에 이와 같이 제사 지냈다. 다루왕 2년 봄 정월에 시조 동명왕 사당에 배알했고, 책계왕 2년 봄 정월, 분서왕 2년 봄 정월, 설왕 2년 여름 4월, 아신왕 2년 봄 정월, 전지왕 2년

봄 정월에 시조 동명왕 사당에 배알했다."라고 기록되어 있다.

음악

신라의 음악은 3가지 관악기와 3가지 현악기에 박판과 대고와 가무로 구성되었다. 춤에는 두 사람이 있는데, 방각복두를 쓰고, 자대수공란을 입고, 홍정도금과 요대를 띠고, 오피화를 신었다. 3가지 현악기는 첫째 현금, 둘째 가야금, 셋째는 비파를 말한다. 3가지 관악기는 첫째 대함, 둘째 중함, 셋째 소함을 말한다.

◉ 현금은 중국 악부의 금琴을 모방해서 만든 것으로 『금조』에,

"복희가 금을 만들어 수신, 수양하여 하늘이 내려준 천성을 회복했다."

라고 기록되어 있다. 또,

"금의 길이는 3자 6치 6푼으로 366일을 상징했고, 넓이가 6치로 육합을 상징했다. 판 위를 지池공평함을 뜻한다라 하고, 판 밑을 빈濱복종을 뜻한다이라 했다. 앞이 넓고 뒤가 좁은 것은 사람의 존비를 표시한 것이고, 위가 둥글고 아래가 모난 것은 하늘과 땅을 모방한 것이다. 5줄은 오행, 큰 줄은 임금, 10줄은 신하를 표현했는데, 문왕과 무왕이 여기에 두 줄을 첨가했다."

라고 기록되어 있다. 『풍속통』에는,

"금의 길이가 4자 5치인데, 이것은 사시와 오행을 모방한 것이고, 7줄은 칠성을 모방한 것이다."

라고 기록되어 있다.

◉ 현금의 제작은 신라 고기에,

"처음 진晉나라 사람이 칠현금을 고구려에 보냈다. 고구려 사람들은 악기인 줄 알았지만, 음률과 연주법을 알지 못했다. 하여 백성 중에서 음률을 연주할 수 있는 사람이 있으면 후하게 상을 내리겠다고 했다. 이때 둘째 재상인 왕산악이 칠현금의 형태를 기본으로 해서 다시 만들었다. 이와 함께 1백여 곡을 지어 연주했다. 이때 검은 학이 날아와 춤을 추었기 때문에 이것을 현학금玄鶴琴으로 부르게 되었고, 그로부터 현금으로 불렀다."

라고 기록되어 있다.

⊙ 신라사람 사찬공영의 아들 옥보고가 지리산 운상원에서 50년 동안 금을 연구하면서 30곡을 새로 지었다. 이것을 속명득에게 전했고, 속명득은 귀금 선생에게 전했다. 귀금 선생도 지리산으로 들어가 나오지 않았기 때문에 신라 왕은 금의 연주법이 사라질 것을 걱정해 이찬 윤흥에게 명해 수단과 방법을 가리지 말고 배워오도록 남원공사로 임명했다. 윤흥이 임지에 도착해 총명한 소년 안장과 청장을 선발해 지리산으로 보내 금의 연주법을 배워오도록 했다. 귀금 선생은 소년들에게 연주법을 가르쳐주었지만, 미묘한 부분은 숨겼다. 윤흥은 자기 처와 함께 가서 말하기를,

"임금이 나를 남원으로 보낸 것은 선생의 기술을 이으려고 하는 것이다. 그런데 3년이 되었지만, 선생은 일부러 숨기면서 알려 주지 않고 있으므로 내가 왕에게 복명할 수가 없구나."

라고 했다. 윤흥은 술병을, 처는 잔을 들어 무릎으로 기어서 예의와 정성을 다하니 귀금 선생은 자신이 숨겼던 표풍飄風을 비롯해 3곡을 알려 주었다. 안장이 이것을 아들 극상과 극종에게 전수하자 극종은 일곱 곡을 지었다. 극종의 제자들 중 금으

로 업을 삼은 자가 많았다. 제자들이 지은 음률에는 두 가지 조가 있었다. 먼저 평조平調이고, 그 다음은 우조羽調인데, 모두 187곡이나 되었다. 그 나머지 곡들은 유행했지만 기록할만한 것이 거의 없었고 기타의 곡들도 모두 흩어져 없어졌기 때문에 적을 수가 없었다.

◉ 옥보고가 지은 30곡은 상원곡 1, 중원곡 1, 하원곡 1, 남해곡 2, 의암곡 1, 노인곡 7, 죽암곡 2, 현합곡 1, 춘조곡 1, 추석곡 1, 오사식곡 1, 원앙곡 1, 원호곡 6, 비목곡 1, 입실상곡 1, 유곡청성곡 1, 강천성곡 1이었고, 극종이 지은 7곡은 전해지지 않고 있다.

가야금도 중국악부의 쟁箏을 모방해서 만든 것이다.

『풍속통』에는,

"쟁은 진秦나라 악기."

라고 했고, 『석명』에는,

"쟁은 줄을 높이 걸었기 때문에 소리가 쟁쟁하고, 병并 양梁 두 주의 쟁은 모양이 비파와 동일하다."

고 했다. 부현은,

"위가 둥근 것은 하늘을 뜻하고, 아래가 평평한 것은 땅을 뜻한 것이다. 또 가운데가 빈 것은 육합을 뜻한 것이고, 줄과 괘는 12달을 뜻한 것인데, 이것은 어질고 슬기로움을 표현한 기구이다."

라고 말했다. 완우는,

"쟁의 길이는 6자로 이것은 율의 수에 맞춘 것이고, 현이 12줄인 이것은 사시를 뜻한 것이다. 괘의 높이가 3치인 것은 삼재를 뜻한 것이다."

라고 말했다. 가야금이 비록 쟁의 제도와 조금 다르지만 거의 유사하다.

⊙ 『신라고기』에는,

"가야국 가실왕이 당나라 악기를 모방하여 만든 것인데, 가실왕은 스스로 '모든 나라의 방언은 각기 성음이 다른 것인데, 어째서 당나라 노래만 부를 수 있겠는가?'

라고 말하면서 성열현 사람 악사 우륵에게 명해 12곡을 창작케 했다. 그 후 나라가 혼란해지자 우륵이 악기를 들고 신라 진흥왕에게 귀순했다. 왕이 그를 국원에 정착시키고, 대나마 주지, 계고와 대사 만덕 등을 보내 그에게 수업 받게 했다. 세사람이 11곡을 배우고 나서 서로 말하기를 '이 음악은 번잡하고 음탕해 우아한 음악이 될 수 없다' 라며, 줄여서 다섯 곡으로 만들었다. 이 말에 우륵은 화를 냈지만, 5가지 음률을 듣고는 눈물을 흘리면서 감탄해 '즐겁고도 방탕하지 않고, 애절하면서도 슬프지 않아 과연 바르다고 할 만하구나. 너희는 왕에게 연주해라' 라고 말했다. 진흥왕이 이 곡을 듣고 크게 기뻐하자 간관들은 '가야에서 나라를 망친 음악을 취할 것이 없다' 라고 했다. 그러자 왕이, '가야왕이 음탕하고 난잡해서 자멸한 것인데, 어찌 음악에 죄가 있다고 하는가? 성인이 음악을 만드는 것은 사람의 정서에 따라 조절한 것이기 때문에 나라의 태평과 혼란은 음률 곡조와는 아무런 관계가 없다' 라고 말하고, 이것을 펼쳐 주된 음악으로 전했다."라고 기록되어 있다. 가야금은 두 조調가 있었는데, 첫째는 하림조河臨調고, 둘째는 눈죽조嫩竹調로 모두 185곡이었다.

⊙ 우륵이 지은 12곡은 1. 하가라도, 2. 상가라도, 3. 보기, 4.

달기, 5. 사물, 6. 물혜, 7. 하기물, 8. 사자기, 9. 거열, 10. 사팔혜, 11. 이사, 12. 상기물이었다. 니문이 지은 3곡은 1. 까마귀, 2. 쥐, 3. 메추라기 였었다.赦자의 뜻이 정확하지 않다

⊙ 비파는 『풍속통』에,

"근대 음악가들이 만든 것으로 시초를 알 수가 없다. 비파의 길이가 3자 5치가 의미하는 것은 하늘, 땅, 사람, 오행을 모방한 것이고, 네 줄은 사시를 뜻한 것이다."

라고 기록되어 있다. 『석명』에,

"비파는 원래 호족들이 말위에서 연주하던 것인데, 손을 앞으로 내미는 것을 비琵, 손을 끌어당기는 것을 파琶라고 해서 악기 이름을 정했다."

고 기록되어 있다. 향비파鄕琵琶는 당나라의 비파와 대체로 같지만 약간 다르다. 이것 역시 신라에서 시작되었지만 누가 만들었는지는 알 수가 없다. 이 음악은 3가지 조가 있는데, 1. 궁조, 2. 칠현조, 3. 봉황조으로 모두 212곡이다.

⊙ 삼죽 역시 당나라의 저箸를 모방한 것이다. 『풍속통』에

"저는 한나라 무제 때 구중이 만든 것이다."

라고 기록되어 있다. 그러나 송옥의 작품에 『적부』가 있는데, 송옥은 한나라 이전 사람이기 때문에 이 설은 맞지 않는 것 같다. 마융은,

"근대 쌍저는 강羌족에서 시작되었다. 또 적笛은 척滌의 뜻으로 간사하고 더러운 것을 씻어 버리고, 맑고 바른 데로 인도하자는 의미이다. 길이가 1자이고 47개의 구멍이 나 있다."

고 말했다. 향삼죽鄕三竹 역시 신라에서 시작되었지만, 누가 만들었는지 기록이 없다. 『고기』에,

"신문왕 때 동해서 갑자기 작은 산이 솟았는데, 모양이 거북의 머리와 닮았고 그 위에 한 포기 대나무가 있는데, 낮에는 갈라져 두 개로, 밤에는 합쳐져 하나로 되었다. 왕이 그 대나무를 쪼개어 저를 만들게 하고, 이름을 만파식萬波息이라고 불렀다."

라고 기록되어 있으나 이는 상식적으로 믿을 수가 없다. 삼죽저는 7조가 있는데, 1. 평조, 2. 황종조, 3. 이아조, 4. 월조, 5. 반섭조, 6. 출조, 7. 준조이다. 대함은 324곡이고, 중함은 245곡이며, 소함은 298곡으로 되어 있다.

⊙ 회악과 신열악은 유리왕, 돌아악은 탈해왕, 지아악은 파사왕, 사내시뇌악은 나해왕, 가무는 나밀왕, 우식악은 눌지왕 때 만들었다. 대악은 자비왕 때 백결 선생, 간인은 지대로왕 때 천상 욱개자가 만들었다. 미지악은 법흥왕 때, 도령가는 진흥왕 때 만들었다. 날현인은 진평왕 때 담수가 만들었고, 사내 기물악은 원랑도가 만들었다. 내지는 일상군, 백실은 압량군, 덕사내는 하서군, 석남사내도는 동벌군, 사중은 북외군의 음악이었다. 이들 음악은 모두 우리나라 사람들이 기쁘고 즐거웠을 때 만들어진 것이다. 그러나 곡조와 악기 수, 가무 형태는 후세에 전해지지 않고 있다. 다만 『고기』에,

"정명왕신문왕 9년에 왕이 신촌에서 큰 잔치를 베풀고 음악을 연주했는데, 가무笳舞에는 감監이 6명, 가척笳尺이 2명, 무척이 1명이고, 하신열무에는 감이 4명, 금琴척이 1명, 무척이 2명, 가척이 3명이고, 사내무에는 감이 3명, 금척이 1명, 무척이 2명, 가척이 2명이고, 한기무에는 감이 3명, 금척이 1명, 무척이 2명이고, 상신열무에는 감이 3명, 금척이 1명, 무척이 2명, 가척이 2명이고, 소경무에는 감이 3명, 금척이 1명, 무척이 1명, 가척이

3명이고, 미지무에는 감이 4명, 금척이 1명, 무척이 2명이었다. 애장왕 8년에 음악을 연주할 때 최초로 사내금을 연주했다. 무척 4명은 푸른 옷, 금척 1명은 붉은 옷, 가척 5명은 채색 옷을 입었으며, 이때 수놓은 부채를 들고 금을 새겨 넣은 띠를 둘렀다. 대금무 연주 때 무척은 붉은 옷, 금척은 푸른 옷을 입었다."

고 기록되어 있다. 이처럼 기록은 있지만 전해지지 않아 자세한 것을 기록할 수가 없다. 신라시대 악공은 모두 척尺으로 불렀다. 최치원의 시에 향악잡영 5수가 있어서 기록한다.

⊙ 금환金丸

몸을 돌리고 두 팔 내저어 금 구슬을 희롱하니
달 흐르고 별 떠올라 눈에 가득 차누나.
의좋은 친구있다 한들 어찌 이것보다 더 좋으랴?
넓은 세상 태평한 것 이제야 알겠구나.

⊙ 월전月顚

높은 어깨 움츠린 목, 머리털 높이 세우고
팔을 걷은 뭇 선비들 술잔 시비 한창이네.
노랫소리 듣고서 사람 모두 웃는데
밤에 세운 깃발이 새벽을 재촉하누나.

⊙ 대면大面

황금빛 얼굴 그 사람이
구슬 채찍 들고 귀신 부리네.
빠른 걸음 조용한 모습으로 운치 있게 춤추니
붉은 봉새가 요시대 봄철에 춤추는 것 같구나.

⊙ 속독束毒

엉킨 머리 쪽빛 얼굴, 사람 같지 않은데

떼를 지어 뜰에 나와 난새 춤을 추네.
북은 둥둥 울리고, 바람 솔솔 부는데
이리저리 뛰어놀아 끝이 없구나.

⊙ 산예
머나먼 길 걷고 걸어 사막을 지나오니
털가죽은 헤어지고 먼지가 쌓였는데
흔드는 머리, 흔드는 꼬리에 어진 모습 배었구나.
웅장한 그의 기상, 모든 짐승이 못 미치리.

⊙ 고구려의 음악은 『통전』에,

"악공들은 자색 비단 모자에 새 깃을 장식하고, 황색의 큰 소매 옷에 자색 비단 띠를 띠었으며, 통이 넓은 바지에 붉은 가죽신과 오색 물을 들인 끈으로 장식했다. 춤추는 자는 4명인데, 복상투를 뒤에 늘이고, 붉은 수건을 이마에 매고, 금 고리로 장식했다. 두 명은 황색 치마저고리에 적황색 바지를 입고, 두 명은 적황색 치마저고리에 바지를 입었는데, 소매가 매우 길었고 검은 가죽신을 신었으며, 두 명씩 나란히 서서 춤을 추었다. 악기는 탄쟁, 국쟁, 와공후, 수공후, 비파, 오현금, 의취저, 생笙, 횡저, 퉁소, 소필률 , 대필률, 도피필률, 요고, 재고, 첨고, 패 등 각기 하나를 사용했다. 당나라 무태후 때도 25곡이 있었지만, 지금은 한곡만 익힐 수가 있고, 의상마저 점점 낡고 없어져 원래 풍습을 상실했다."

고 기록되어 있다. 『책부원구』에,

"악기에 오현금, 쟁, 피리, 횡저, 퉁소, 북 등이 있고 갈대를 불어 곡조를 조화시켰다."

라고 기록되어 있다.

⊙ 백제의 음악은 『통전』에,

"백제 음악은 당나라 중종시대에 악공들이 죽고 흩어졌다. 개원 연간에 기왕범이 태상경이 되면서 비로소 백제 음악을 설치토록 건의했기 때문에 전해지지 않은 음곡이 많다. 춤추는 사람 2명은 자색의 큰소매 치마저고리와 장보관章甫冠에 가죽신을 신었다. 악기로 남아 있는 것은 쟁, 저, 도피필률, 공후이지만, 악기 종류는 중국과 같은 것이 많았다."

고 기록되어 있다. 『북사』에

"고, 각, 공후, 쟁, 간, 호, 저와 같은 악기가 있었다."

고 기록되어 있다.

삼국사기
三國史記色服 第三三卷

삼국사기 권 제33

잡지 제2.
옷, 색상, 탈것, 기물, 가옥

색복(色服)

⊙ 신라 초기의 의복 색채는 고찰이 불가능하며, 제23대 법흥왕 때 최초로 6부의 복색에 따라 신분을 표시했다. 동이의 풍속을 그대로 유지했다. 진덕왕 2년에 김춘추가 당나라에 가서 당의 의식을 따를 것을 요청했다. 당나라 태종현종의 잘못 표기이 이것을 허락함과 동시에 의대를 하사했다. 그가 신라로 돌아와 시행하면서 우리의 풍속이 중국 풍속으로 바뀌게 되었다. 문무왕 4년에 와서는 부인들의 의복제도를 고쳤는데, 이후부터 우리 의관이 중국과 동일하게 되었다.

우리 태조가 천명을 받은 후 모든 국가 법도가 신라의 옛것을 많이 따랐으니 지금 조정과 상류 남녀의 의복도 춘추가 당나라에서 받은 옛날 의복제도일 것이다. 내가 3번 중국에 사신으로 갔는데, 우리 일행의 의관이 송나라와 거의 비슷했다. 어느 날 조회에 들어가다가 너무 일찍 도착하여 자신전 정문에 있었는데, 어떤 합문원閤門員이 와서,

"누가 고려 사신이냐?"

고 물어,

"내가 고려 사신이다."

라고 말하자, 웃으면서 지나간 일이 있었다. 또 송나라 사신 유규, 오식 등이 사관에 묵을 때, 연회석상에서 우리 옷차림을 보고 어떤 기생에게 명해 섬돌 위로 불러올려 소매가 넓은 옷과 색실 띠와 긴치마를 가리키면서 감탄해 말하기를,

"이것이 모두 중국 3대 의복인데, 지금까지 여기에서 입고 있을 줄은 생각하지 못했다."

라고 했다. 이에 지금 부녀들의 예복 역시 당나라의 옛 제도임을 알 수 있다. 신라는 연대가 오래되었기 때문에 문헌과 사서들이 없어져 제도를 자세히 알 수 없다. 다만 그중에서 찾아볼 만한 것을 추려 기록한다.

⊙ 법흥왕 때 제령에는 태대각간에서 대아찬까지는 자색 옷을 입었고, 아찬에서 급찬까지는 붉은 옷에 상아홀을 들었으며, 대나마와 나마는 푸른 옷을, 대사에서 선저지까지는 황색 옷을 입었다.

⊙ 이찬과 잡찬은 비단 관, 파진찬과 대아찬과 금하는 진홍빛 관, 상당대나마와 적위대사는 실로 짠 갓끈을 매었다.

⊙ 흥덕왕 9년태화 8년에 교지를 내려,

"사람에게는 상하가 있고, 지위에도 높고 낮음이 있으니 명칭과 법식이 같지 않고 의복 역시 다르다. 풍속이 점점 경박해지고, 백성은 서로 사치와 호화를 일삼고, 진기한 외래품만 좋아해 순박한 우리의 것을 싫어하니 예절은 분수에 넘치는 폐단에 빠졌고, 풍속이 파괴되었다. 이에 옛 법전에 따라 명확하게 법령을 선포하니, 고의로 이것을 어길 때는 국법으로 처벌하겠다."

라고 했다.

◉ 진골 대등은, 복두는 임의로 하되 겉옷과 반소매 옷과 바지에는 모직이나 수놓은 비단 나직의 사용을 금하고, 허리띠는 연문 백옥의 사용을 금한다. 장화는 자색 가죽의 사용을 금하고, 장화 끈에는 은문 백옥의 사용을 금한다. 버선은 능직 이하를 임의로 사용하고, 신은 가죽, 실, 삼을 임의로 사용하고, 베는 26새 이하만 사용한다.

◉ 진골 여인은, 겉옷은 모직과 수놓은 비단 나직의 사용을 금하고, 내의, 반소매 옷, 바지, 버선, 신은 모두 모직과 수놓은 나직의 사용을 금한다. 목도리는 모직과 금, 은실로 수놓은 것과 공작 꼬리와 비취 털의 사용을 금하고, 빗에는 슬슬瑟瑟을 박은 것과 대모의 사용을 금한다. 비녀는 금실을 새겨 넣거나 구슬을 다는 것을 금하고, 모자는 슬슬을 박은 것을 금하며, 베는 28새 이하만 사용하되, 아홉 색깔 중에서 자황색 사용을 금한다.

◉ 6두품은, 복두는 가늘고 성긴 나직과 거친 견포를 사용하고, 겉옷에는 면주와 주포만 사용한다. 내의는 잔무늬 능직과 거친 견포만 사용하고, 바지는 거친 견직과 면주포만 사용한다. 띠는 검은 무소뿔과 놋쇠와 철과 구리로 장식하고, 버선은 거친 면주포만 사용한다. 장화는 검은 사슴 가죽으로 주름진 무늬를 입힌 것을 금하고, 자색 가죽의 사용도 금한다. 장화 끈은 검은 무소뿔과 놋쇠와 철과 구리를 사용한다. 신은 가죽과 삼만 사용하고, 베는 18새 이하만 사용한다.

◉ 6두품 여인은, 겉옷은 중소 무늬 능직과 거친 견직만 사용하고, 내의는 모직과 수놓은 비단과 야초 나직의 사용을 금한다. 반소매 옷은 모직과 수놓은 나직과 가늘고 성긴 나직의 사

용을 금하고, 바지는 모직과 수놓은 비단 나직과 가늘고 성긴 나직에 금박올린 것의 사용을 금한다. 목도리는 모직과 수놓은 비단 나직에 금, 은박 박은 것을 금하고, 배자와 잠방이와 짧은 옷에는 모직과 수놓은 비단 나직과 베실 나직과 야초 나직에 금, 은박 박은 것을 금한다. 겉치마는 모직과 수놓은 비단 나직과 가늘고 성긴 나직과 야초 나직과 금, 은박을 입힌 채색 비단의 사용을 금하고, 허리끈과 옷끈은 모직과 수놓은 것을 금한다. 속치마는 모직과 수놓은 비단 나직과 야초 나직을 금하고, 허리띠는 금, 은실과 공작 꼬리와 비취 털로 만든 술을 금한다. 버선목은 털 나직과 가늘고 성긴 나직을 금하고, 버선은 모직과 수놓은 비단 나직과 가늘고 성긴 나직과 야초 나직을 금한다. 신은 모직과 수놓은 비단 나직과 가늘고 성긴 나직을 금하고, 빗은 슬슬의 장식을 금하고, 비녀는 순금에 은을 새겨 넣거나 구슬을 다는 것을 금한다. 모자는 가늘고 성긴 나직과 엷은 견직을 사용하고, 베는 25새 이하만 사용한다. 색은 자황색과 자색과 자색 분과 금가루 빛과 붉은 빛의 사용을 금한다.

⊙ 5두품은, 복두에는 나직과 거친 견포를 사용하고, 겉옷은 베만 사용한다. 내의와 반소매 옷은 잔무늬 능직과 거친 견포만 사용한다. 바지는 면주포만 사용하고, 허리띠는 철로 장식한다. 버선에는 면주를 사용하고, 장화는 주름 무늬의 검은 사슴 가죽과 자색의 사용을 금한다. 장화 끈은 놋쇠와 철과 구리로 장식한다. 신은 가죽과 삼을 사용하고, 베는 15새 이하만 사용한다.

⊙ 5두품 여인은, 겉옷은 무늬가 없는 홑 천을 사용하고, 내의는 잔무늬 능직만을 사용하며, 반소매 옷은 모직과 수놓은 비단과 야초 나직과 가늘고 성긴 나직의 사용을 금한다. 바지는 모

직과 수놓은 비단 나직과 가늘고 성긴 나직과 야초 나직과 금박 박은 것을 금한다. 목도리는 능직과 견직 이하만 사용한다. 배자와 잠방이에는 모직과 수놓은 비단과 야초 나직과 베실 나직과 금, 은박 박은 채색 비단 사용을 금한다.

짧은 옷은 모직과 수놓은 비단과 야초 나직과 베실 나직과 가늘고 성긴 나직과 금, 은박 박은 작은 무늬의 비단 사용을 금한다. 겉치마는 모직과 수놓은 비단과 야초 나직과 가늘고 성긴 나직과 금, 은박 박은 무늬의 비단 사용을 금하고, 허리끈과 옷끈은 모직과 수놓은 비단 나직 사용을 금한다. 속치마에는 모직과 수놓은 비단과 야초 나직과 금, 은박 박은 무늬의 비단사용을 금한다. 허리띠는 금, 은실과 공작 꼬리와 비취 털로 만든 수술의 사용을 금지한다. 버선목은 모직과 수놓은 비단 나직과 가늘고 성긴 나직의 사용을 금한다. 버선은 모직과 수놓은 비단 나직과 가늘고 성긴 나직과 야초 나직의 사용을 금하고, 신은 가죽 이하만 사용하며, 빗은 대모 이하만 사용한다. 비녀는 백은 이하만 사용하고, 모자는 쓰지 않는다. 베는 20새 이하만 사용한다. 색은 자황색과 자색과 자색 분과 누른 가루와 진홍빛의 사용을 금한다.

⊙ 4두품은, 복두는 얇은 비단과 거친 견포만을 사용하고, 겉옷과 바지는 베만 사용한다. 내의와 반소매 옷은 거친 견직과 면주포만 사용하고, 허리띠는 철과 구리로 장식한다. 장화는 주름무늬의 검은 사슴 가죽과 자색 가죽의 사용을 금하며, 장화끈은 철과 구리로 장식하고, 신은 소가죽과 삼 이하만 사용하며, 베 역시 13새 이하만 사용한다.

⊙ 4두품 여인은, 겉옷은 면주 이하만 사용하고, 내의는 잔무

늬 능직 이하만 사용하며, 반소매 옷과 바지는 잔무늬 능직과 거친 견직 이하만 사용한다. 목도리와 짧은 옷은 견직 이하만 사용하고, 배자와 잠방이는 능직 이하만 사용하며, 겉치마는 거친 견직 이하만 사용한다. 허리끈은 치마와 같고 옷끈은 월라를 사용한다. 속치마는 입지 않으며 허리띠는 수놓은 것과 땋은 것과 야초 나직과 승천 나직과 월라의 사용을 금하고, 면주 이하만 사용한다. 버선목은 잔무늬 능직 이하만 사용한고, 버선은 잔무늬 능직과 거친 면주포만 사용하며, 신은 가죽 이하만 사용한다. 빗은 흰색의 뼈, 뿔, 나무 등을 사용하고, 비녀는 금실을 새겨 넣거나 구슬을 다는 것과 순금 사용을 금한다. 모자는 쓰지 않고 베는 18새를 사용한다. 색은 자황색과 자색과 자색 분과 황색 가루와 진홍색과 홍색과 멸자색 사용을 금한다.

◉ 평민은, 복두는 견포만 사용하고, 겉옷과 바지는 베만 사용한다. 내의는 견포만 사용하고, 허리띠는 구리와 철로 장식한다. 장화는 주름 무늬로 된 검은 사슴 가죽과 자색 가죽은 사용할 수 없다. 장화 끈은 철과 구리로 장식한다. 신발은 삼 이하만 사용하고, 베 역시 12새 이하만 사용한다.

◉ 평민 여인은, 겉옷은 면주포만 사용하고, 내의는 거친 견직과 면주포만 사용한다. 바지는 거친 면주 이하만 사용하고, 겉치마는 견직 이하만 사용한다. 옷끈은 능직 이하만 사용하고, 띠는 능직과 견직 이하만 사용한다. 버선목은 무늬가 없는 천만 사용하고, 버선은 거친 면주 이하만 사용한다. 빗은 흰색의 뼈와 뿔 이하만 사용하고, 비녀는 황동 이하만 사용한다. 베는 15새 이하만 사용하고, 색의 사용은 4두품 여자와 동일하다.

◉ 고구려와 백제 의복제도는 자세히 알 수 없어 중국의 역대

사서에 나타난 것만 기록한다.

◉『북사』에,

"고구려 사람들은 모두가 머리에 절풍을 썼는데 고깔 모양이다. 사인士人은 여기에 2개의 새 깃을 더 꽂았다. 귀한 사람의 모자를 소골이라고 했는데, 거의 자색 나직으로 만들고 금, 은으로 장식했다. 소매가 큰 웃옷과 통이 넓은 바지에 흰 가죽 띠를 띠고, 황색 가죽신을 신었으며, 부녀들은 치마저고리에 끝동을 달았다."

고 기록되어 있다.

◉『신당서』에,

"고구려 왕은 오색 무늬의 옷을 입고, 흰 나직으로 만든 관을 썼으며, 가죽 혁대에 금단추를 달았다. 대신은 푸른 나직의 모자, 그 밑의 신분은 진홍색 모자를 썼는데, 2개의 새 깃을 귀부분에 꽂고 다양한 금, 은 단추를 달았다. 웃옷은 통소매고, 바지는 통이 넓었으며, 흰 가죽 띠에 황색 가죽신을 신었다. 평민은 거친 옷을 입고 고깔을 썼으며, 여자는 머리에 장식으로 수건을 썼다."

고 기록되어 있다.

◉『책부원구』에,

"고구려는 공식 모임에서 금수와 금, 은으로 차림을 했다. 대가와 주부는 머리에 수건을 썼다. 그것은 관책과 같고 후면이 없다. 소가는 절풍을 썼는데, 고깔 모양이다."

라고 기록되어 있다.

◉『북사』에,

"백제 의복은 고구려와 거의 비슷했다. 조회의 배례와 제사 때는 관의 양쪽에 날개를 붙였는데, 군대행사는 다르다. 나솔 이하는 관에 은 꽃을 장식했고, 장덕은 자색 띠, 시덕은 검은 띠, 고덕은 적색 띠, 계덕은 푸른 띠, 대덕과 문독은 황색 띠, 무독에서 극우까지는 흰 띠였다."

라고 기록되어 있다.

⊙ 『수서』에,

"백제에서는 좌평에서 장덕까지는 자색 띠, 시덕은 검은 띠, 고덕은 적색 띠, 계덕은 푸른 띠, 대덕 이하는 황색 띠, 문독에서 극우까지는 흰 띠를 사용했다. 모자는 모두 같지만, 나솔 이상만 은 꽃으로 장식했다."

라고 기록되어 있다.

⊙ 『당서』에,

"백제의 왕은 소매가 큰 자색 도포와 푸른 비단 바지를 입었고, 검은 나직 모자에 금 꽃으로 장식하고, 흰 가죽 띠에 검은 가죽신을 신었다. 관원들은 진홍빛 옷에 은 꽃으로 모자를 장식했다. 평민들은 진홍빛과 자색 옷을 입지 못했다."

라고 기록되어 있다.

⊙ 『통전』에,

"백제는 의복제도에서 남자들은 고구려와 거의 비슷했고, 부녀의 옷은 도포와 같으면서 소매가 약간 크다."

라고 기록되어 있다.

거기車騎

⊙ 진골은, 수레 재목은 자단과 침향을 사용할 수 없고 대모도 붙일 수 없다. 또 금, 은, 옥 등의 장식도 할 수 없다. 요는 능직

과 견직 이하만 사용하고 두 겹을 넘어서는 안된다. 방석은 금꽃 비단과 두 가지 색상의 능직 이하만 사용하고, 가장자리는 비단 이하만 사용한다. 수레 앞뒤의 휘장은 잔무늬 능직과 엷은 비단과 거친 면주 이하만 사용하고, 색깔은 짙은 청색과 짙은 녹색과 자색과 자색 분으로 한다. 말머리 장식은 삼실을 사용하고, 색깔은 홍색과 진홍색, 청녹색과 짙은 녹색으로 정한다. 겉장식은 견포만 사용하고, 색상은 홍색과 진홍색과 청색과 당청색으로 정한다. 소의 굴레와 멍에끈은 거친 견포를 사용하고, 고리에는 금, 은, 황동 등의 사용을 금한다. 말방울 역시 금, 은, 황동 사용을 금한다.

⊙ 6두품은, 요는 거친 견직 이하를 사용하고, 방석도 거친 견포를 사용하는데, 가장자리를 꾸며서는 안 된다. 수레 앞뒤 휘장은 진골 이상의 귀인을 수행할 때는 치지 않고, 혼자 다닐 때만 대발이나 왕골 자리를 치도록 한다. 가장자리는 거친 견직 이하로 꾸미고, 말머리 장식은 베를 사용하면서, 색깔은 붉은빛과 푸른빛으로 정한다. 소 굴레와 멍에끈은 베를 사용하고, 고리는 놋쇠와 구리와 철을 사용한다.

⊙ 5두품은, 요는 전이나 베를 사용하고, 수레 앞 뒤 휘장은 대발과 왕골자리만 사용하되, 가장자리는 가죽과 베로 꾸민다. 굴레는 사용하지 않고, 멍에끈은 삼을 사용하고, 고리는 나무와 철만 사용할 수 있다.

⊙ 진골은, 안장은 자단과 침향의 사용을 금하고, 안장 언치는 모직과 수놓은 비단 나직의 사용을 금하고, 안장은 모직과 수놓은 나직을 금지한다. 말다래는 마유로 염색하고, 재갈과 등자는 금과 황동으로 도금하거나 구슬을 달지 할 수 없다. 말 가슴걸

이는 땋은 줄과 자색 줄의 사용하지 못하게 했다.

⊙ 진골 여인은, 안장에 보석 장식을 금지시켰다. 안장언치와 방석은 털 나직의 사용을 금지 했으며, 말등 장식물체척이라고도 한다은 모직과 수놓은 나직의 사용을 금지했다. 재갈과 등자는 도금하거나 구슬 다는 것을 금지했다. 말 가슴걸이는 금, 은실을 섞어 땋는 것을 금지했다.

⊙ 6두품은, 안장은 자단, 침향, 회양목, 괴목, 산뽕나무, 금, 은, 구슬의 사용을 금지한다. 안장 언치는 가죽을 사용하고, 안장 방석은 명주와 거친 베와 가죽을 사용하며, 말다래는 마유로 염색한다. 재갈과 등자는 금, 은, 황동, 도금, 도은, 구슬의 사용을 금지한다. 말의 가슴걸이는 가죽과 삼을 사용한다.

⊙ 6두품 여인은, 안장에 자단과 침향 사용과 도금 및 구슬 다는 것을 금한다. 안장 언치와 안장 방석은 모직과 수놓은 비단 나직과 가늘고, 성긴 나직의 사용을 금한다. 말 등의 장식물은 능직과 거친 견직을 사용한다. 재갈과 등자에 금, 은, 황동 등을 사용하거나 도금, 도은과 구슬을 다는 것을 금한다. 말다래는 가죽을 사용하고, 말 가슴걸이는 땋은 줄의 사용을 금한다.

⊙ 5두품은, 안장은 자단, 침향, 회양목, 괴목, 산뽕나무 등의 사용을 금하고, 금, 은 사용과 구슬 매는 것을 금한다. 안장 언치는 가죽을 사용하고, 말다래는 마유로 염색한다. 재갈과 등자는 금, 은, 황동 등의 사용을 금지하고, 금, 은으로 도금하거나 새겨 넣을 수 없다. 말 가슴걸이는 삼을 사용한다.

⊙ 5두품 여인은, 안장은 자단과 침향의 사용을 금하고, 금, 은, 옥 등의 장식도 금한다. 안장 언치와 안장 방석은 모직과 수놓은 비단과 능직과 나직과 호피의 사용을 금한다. 재갈과 등자

는 금, 은, 황동 등을 금하고, 금, 은의 장식도 금한다. 말다래는 가죽을 사용하고, 말 가슴걸이는 땋은 줄과 자색과 자색 분으로 아롱지게 만든 줄을 금한다.

⊙ 4두품에서 백성들까지는, 안장은 자단, 침향, 회양목, 괴목, 산뽕나무 등의 사용을 금지했고, 금, 은, 옥의 장식도 금한다. 안장언치는 마소 가죽을 사용하고, 안장 요는 가죽을 사용하고, 말다래는 버들과 대를 사용한다. 재갈은 철을 사용하고, 등자는 나무와 철을 사용한다. 말 가슴걸이는 힘줄 혹은 삼으로 꼰 끈을 사용한다.

⊙ 4두품의 여인에서 민간 여인까지는, 안장에 자단, 침향, 회양목, 괴목 등의 사용을 금하고, 금, 은, 옥의 장식도 금한다. 안장 언치와 안장 방석은 모직과 수놓은 비단 나직과 가늘고 성긴 나직과 능직과 호피 사용을 금한다. 재갈과 등자는 금, 은, 황동 등의 사용을 금하고, 금, 은의 장식도 금한다. 말다래는 가죽만 사용하고, 말 가슴걸이로는 땋은 줄과 자색과 자색 분으로 아롱지게 만든 끈의 사용을 금한다.

기용器用

⊙ 진골은 금, 은과 도금한 것의 사용을 금한다.

⊙ 6두과 5두품은, 금, 은과 도금의 사용을 금하고, 호피와 모직 보료와 모포를 사용할 수 없다.

⊙ 4두품에서 백성까지는, 금, 은, 황동과 붉은 바탕에 금, 은 돋움을 한 칠그릇의 사용을 금하고, 모직 보료와 모포와 호피와 중국담요의 사용을 금한다.

옥사玉舍

⊙ 진골은, 방의 길이와 폭은 24자를 넘지 못한다. 당기와를 덮지 못하고, 부연을 달지 못하고, 조각한 현어를 달지 못하고, 금, 은, 황동과 오채 색의 장식을 금지한다. 계단은 돌을 갈아서 놓지 못하고, 3중 돌층계를 놓지 못하고, 담에 들보와 상량 설치 및 석회 바르는 것을 금한다. 발의 가장자리는 비단과 모직으로 수를 놓지 못하고, 야초 나직의 사용을 금한다. 병풍에 수를 놓을 수가 없고, 상은 대모나 침향 장식을 금한다.

⊙ 6두품은, 방의 길이와 폭은 21자를 넘지 못한다, 당기와, 부연, 덧보, 도리받침과 현어의 설치를 금하며, 또 금, 은, 황동, 백랍 등과 오채 색의 장식도 금지했다. 중계와 이중 층계의 설치를 금하고, 섬돌은 갈아서 놓지 못한다. 담장의 높이는 8자를 넘지 못하고. 담장에 들보와 상량 설치를 금하고, 석회도 바를 수 없다. 발의 가장자리는 모직과 수놓은 능직 사용을 금하고 병풍에 수를 금한다. 상을 대모와 자단과 침향과 회양목의 장식을 금하고, 비단 깔개 사용을 금한다. 겹문과 사방문의 설치를 금하고, 마구간은 말 5필을 세워 둘 정도로 만들어야 한다.

⊙ 5두품은, 방의 길이와 폭은 18자를 넘지 못하고, 느릅나무 재목이나 당기와 사용은 금한다. 수두獸頭를 놓지 못하고, 부연과 덧보와 조각한 도리받침과 현어의 설치를 금하며, 금, 은, 황동, 구리, 백랍 등과 오채 색의 장식도 금한다. 섬돌을 갈아서 놓지 못하고, 담장의 높이가 7자를 넘지 못하며, 여기에 들보의 설치나 석회 바름을 금한다. 발 가장자리는 비단과 모직과 능직

과 견직과 거친 명주의 사용을 금한다. 대문과 사방 문을 내지 못하고, 마구간은 말 3필을 세워 둘 정도로 만든다.

⊙ 4두품에서 백성까지는, 방 길이와 폭이 15자를 넘지 못하고, 느릅나무 재목의 사용을 금한다. 무늬가 있는 천정의 설치를 금하고, 당기와의 사용을 금한다. 수두와 부연과 도리 받침과 현어의 설치를 금하고, 금, 은, 황동, 구리, 백랍 등의 장식을 금한다. 층계와 섬돌에 산돌을 쓰지 못하게 금한다. 담장의 높이는 6자를 넘지 못하고, 여기에 들보의 설치를 금하며, 석회 바름도 금한다. 대문과 사방문을 내지 못하고, 마구간은 말 2필을 세워 둘 정도로 만든다.

⊙ 이 밖에 진촌주는 5품과 같고, 차촌주는 4품과 같다.

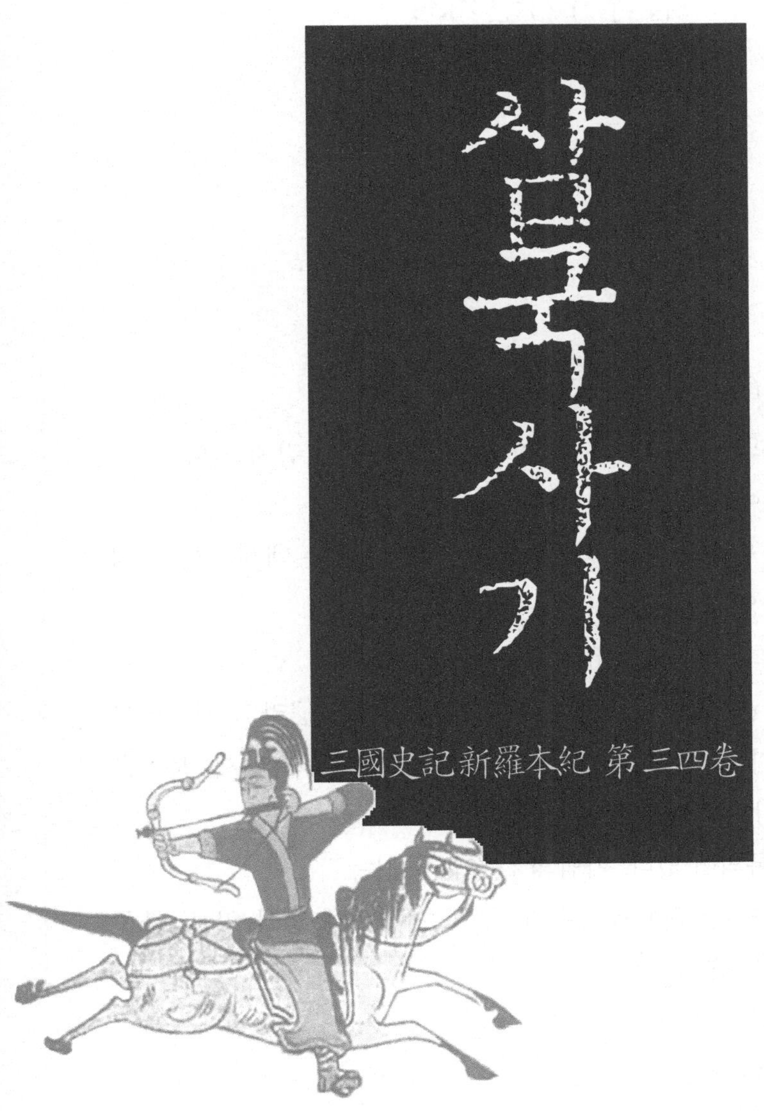
삼국사기
三國史記新羅本紀 第三四卷

삼국사기권제34

잡지 제3.
신라 지리 1

신라 지리 1

⊙ 신라의 국토 경계는 옛날 기록들의 내용이 같지 않다. 두우의 『통전』에는,

"선조는 원래 진한의 종족으로, 나라의 위치는 백제, 고구려의 동남쪽에 있고, 동쪽은 큰 바다에 닿아 있다."

라고 기록되어 있다. 유구의 『당서』에는,

"신라의 동남쪽이 모두 큰 바다에 닿아 있다."라고 기록되어 있고, 송기의 『신서』에는 "동남쪽은 일본, 서쪽은 백제, 북쪽은 고구려, 남쪽은 바다에 닿아 있다."

라고 기록되어 있다. 가탐의 『사이술』에는,

"진한은 마한 동쪽에 있는데, 동쪽은 바다에 닿아 있고, 북쪽은 예와 인접했다."

라고 기록되어 있다.

신라 최치원은,

"마한은 고구려, 변한은 백제, 진한은 신라이다."

라고 했는데, 이처럼 여러 설이 모두 유사하다 할 수 있다. 『신구당서』에는,

"변한의 후예들이 낙랑 지방에 있었다."
고 했고, 또 『신당서』에는,
"동쪽으로 장인과 대치하고 있었는데, 장인이라 함은 키가 3길이고, 톱날 이빨과 갈고리 손톱으로 사람을 잡아먹는 존재로 신라는 항상 활쏘는 군사 수천 명을 주둔시켜 수비했다."
라고 했다. 이것들은 전해지는 소문이지 실제 기록은 아니다.
『한지』에,
"낙랑군은 낙양 동북쪽으로 5천 리에 위치하고 있다."
고 기록되어 있으며, 이 부분의 주에,
"유주에 속해 있으므로 옛날 조선국이다."
라고 했다. 이것을 근거로 낙랑군은 계림과는 많이 떨어져 있었던 것 같다. 또한 전해지는 말로 동해 외딴 섬에 대인국이 있다고 하였는데 본 사람이 없으므로, 활쏘는 군사로 수비하게 했다는 것은 이치에 맞지 않는다.

상고해 보면 신라의 시조 혁거세는 전한 오봉 원년 갑자에 나라를 세웠다는데 왕도의 길이는 3천 75보, 넓이는 3천 18보이며, 35리 6부였다. 국호는 서야벌이라 하였는데, 사라 혹은 사로 혹은 신라라고 했다. 탈해왕 9년에 시림에서 닭 소리가 들리는 괴이한 일이 있어 계림으로 바꾸어 불렀다. 이것으로 국호를 삼았다가 기림왕 10년에 또다시 신라라고 했다. 처음 혁거세 21년에 궁성을 쌓았는데, 이름을 금성이라 하였고 파사왕 22년에 금성 동남쪽에 성을 쌓아 월성 혹은 재성으로 불렀는데, 둘레가 1천23보였다. 신월성 북쪽에 만월성이 있는데, 둘레가 1천8백38보였다. 또 신월성 동쪽에 명활성이 있는데, 둘레가 1천9백6보였다. 또 신월성 남쪽에 남산성이 있는데, 둘레가 2천8백4보였다. 시조부터 사람들은 금성에 살았고, 후세부터는 두 월성에서 많이 살았다. 처음 고구려 백제와는 국경이 들쑥날쑥했기에 종종 서로 화친하기도 했고, 때로는 서로 침략하기도 했지만 후일에는 당나라와 연합해 두 나라를 침공해 멸망시키고, 영토를 평정해 결국 9주를 설치했다.

본국 경계 내에 3주를 설치하여 왕성동 북쪽의 당은포 방면을 상주로, 왕성남쪽을 양주로, 서쪽을 강주라고 불렀다. 이전의 백제는 경내에 3주를 설치했는데, 백제의 옛 성 북쪽의 웅진어구를 웅주라고 정하고, 서남쪽을 전주, 남쪽을 무주라고 했다. 이전의 고구려는 남쪽 지역에 3주를 설치했는데, 서쪽으로부터 한주, 동쪽을 삭주, 그 다음 동쪽을 명주라고 했다. 9주에서 관할하던 군, 현은 모두 4백50개였다. 이때 신라 지역의 넓이와 길이가 이때 가장 컸다. 그러나 신라가 쇠약하게 되면서 정사가 거칠고 백성들이 흩어지면서 강토가 날로 줄어들었다. 마지막 임금 김부가 나라를 가지고 우리 태조에게 귀순해 신라를 경주로 정했다.

⊙ 상주는 첨해왕 때 사벌국을 빼앗아 주로 만든 지방인데, 법흥왕 11년, 양나라 보통 6년에 처음으로 군주를 배치해 상주라고 부르다가 진흥왕 18년에 주를 폐지했다. 신문왕 7년, 당나라 수공 3년에 다시 주를 설치하고 성을 쌓았는데, 둘레가 1천1백9보였고, 경덕왕 16년에 상주尙州로 개칭해 지금까지 부르고 있다.

주에 속한 현은 셋으로 청효현은 본래 석리화현을 경덕왕이 개칭한 것이다. 지금의 청리현이다. 다인현은 본래 달이현다이인네 경덕왕이 개칭하여 지금까지 그대로 불리고 있다. 화창현은 본래 지내미지현으로 경덕왕이 개칭했는데 지금은 위치가 확실하지 않다.

⊙ 예천군은 본래 수주군인데, 경덕왕이 개칭하여 지금은 보주로 불리고 있다. 이 군의 현은 모두 넷인데, 영안현은 본래 하지현으로 경덕왕이 개칭하여, 지금은 풍산현으로 불리고 있다. 안인현은 원래 난산현으로 경덕왕이 개칭하였는데, 지금은 위치가 분명치 않다. 가유현은 원래 근巾품현으로 경덕왕이 개칭하여, 지금은 산양현으로 불리고 있다. 은정현은 원래 적아현으로 경덕왕이 개칭하여, 지금의 은풍현으로 불리고 있다.

⊙ 고창군은 원래 고타야군으로 경덕왕이 개칭하여 지금의 안동부가 되었다. 이 군의 현은 셋으로, 직녕현은 원래 일직현이었는데 경덕왕이 개칭하였으나, 지금은 옛 이름으로 불리고 있다. 일계현은 원래 열혜현이혜을 경덕왕이 개칭한 것으로 지금은 위치가 확실하지 않다. 고구현은 원래 구화현고근을 경덕왕이 개칭한 것으로, 지금은 의성부에 소속되어 있다.

⊙ 문소군은 원래 소문국을 경덕왕이 개칭한 것으로, 지금의 의성부이다. 이 군의 현은 넷으로, 진보현은 원래 칠파화현을 경덕왕이 개칭한 것으로, 지금의 보성이다. 비옥현은 원래 아화옥현병옥을 경덕왕이 개칭하여, 지금까지 그대로 부른다. 안현현은 원래 아시혜현아을혜을 경덕왕이 개칭한 것으로, 지금의 안정현이다. 단밀현은 원래 무동미지현갈동미지을 경덕왕이 개칭한 것으로, 지금도 그대로 부른다.

⊙ 숭선군은 원래 일선군으로 진평왕 36년에 일선주로 고쳐 군주를 두었지만, 신문왕 7년에 주가 폐지되었다가 경덕왕이 일선군으로 개칭하여, 지금의 선주이다. 이 군의 현은 셋으로, 효령

현은 원래 모혜현을 경덕왕이 개칭하여, 지금도 그대로 부른다. 이동혜현은 지금 그 위치가 분명치 않다. 군위현은 원래 노동멱현여두멱을 경덕왕이 개칭하여, 지금도 그대로 부른다.

⊙ 개령군은 옛날의 감문소국으로 진흥왕 18년, 진나라 영정 원년에 군주를 두어 청주라 하였으나 진평왕 때 폐지되었다가, 문무왕 원년에 감문군을 설치하고, 경덕왕이 개령군으로 개칭하여, 지금도 그대로 부르고 있다. 이 군의 현은 넷으로, 어모현은 원래 금물현음달을 경덕왕이 개칭하여, 지금도 그대로 부른다. 금산현은 경덕왕이 주와 현의 명칭을 개칭하여, 지금까지 그대로 부른다. 지례현은 원래 지품천현을 경덕왕이 개칭하여, 지금도 그대로 부른다. 무풍현은 원래 무산현을 경덕왕이 개칭하여, 지금도 그대로 부른다.

⊙ 영동군은 원래 길동군을 경덕왕이 개칭한 것으로, 지금도 그대로 부른다. 이 군의 현은 둘로, 양산현은 원래 조비천현을 경덕왕이 개칭하여, 지금도 그대로 부른다. 황간현은 원래 소라현을 경덕왕이 개칭하여, 지금도 그대로 부른다.

⊙ 관성군은 원래 고시산군을 경덕왕이 개칭한 것으로, 지금도 그대로 부른다. 이 군의 현은 둘로 이산현은 원래 소리산현을 경덕왕이 개칭하여, 지금도 그대로 부른다. 현진현은 원래 아동호현을 경덕왕이 개칭한 것으로, 지금의 안읍현이다.

⊙ 삼년군은 원래 삼년산군을 경덕왕이 개칭한 것으로 지금의 보령군이다. 이 군의 현은 둘로, 청천현은 원래 살매현을 경덕왕이 개칭한 것으로, 지금도 그대로 부른다. 기산현은 원래 굴현을 경덕왕이 개칭한 것으로, 지금은 청산현으로 부르고 있다.

⊙ 고령군은 원래 고령가야국으로 신라가 빼앗으면서 고동람

군고릉현이 되었고, 경덕왕이 고령군으로 개칭했는데, 지금의 함령군이다. 이 군의 현은 셋으로, 가선현은 원래 가해현을 경덕왕이 개칭한 것인데, 지금의 가은현이다. 관산현은 원래 관현관문현을 경덕왕이 개칭한 것인데, 지금의 문경현이다. 호계현은 원래 호측현을 경덕왕이 개칭한 것인데, 지금도 그대로 부른다.

⊙ 화령현은 원래 답달비군답달을 경덕왕이 개칭한 것인데, 지금도 그대로 부른다. 이 군의 현은 하나로, 도안현은 원래 도량현을 경덕왕이 개칭한 것인데, 지금의 중모현이다.

⊙ 양주는 문무왕 5년, 인덕 2년에 상주와 하주 땅을 분할해 삽량주를 설치한 곳인데, 신문왕 7년에 둘레가 1천2백60보의 성을 쌓았다. 경덕왕이 양주로 개칭하여, 지금도 그대로 부르고 있다. 이 주의 현은 하나로, 헌양현은 원래 거지화현을 경덕왕이 개칭하여, 지금도 그대로 부른다.

⊙ 김해소경은 옛날 금관국가락국이나 가야이었다. 가락국 10대 왕인 구해왕이 양나라 중대통 4년, 신라 법흥왕 19년에 백성과 함께 항복해 금관국이 되었는데, 문무왕 20년, 영륭 원년에는 소경이라 하였다. 하지만 경덕왕이 김해경으로 개칭했는데, 지금의 금주이다.

⊙ 의안군은 원래 굴자군을 경덕왕이 개칭한 것으로, 지금도 그대로 부른다. 이 군의 현은 셋으로, 칠제현은 원래 칠토현을 경덕왕이 개칭한 것인데, 지금의 칠원현이다. 합포현은 원래 골포현을 경덕왕이 개칭하여, 지금도 그대로 부른다. 웅신현은 원래 웅지현을 경덕왕이 개칭하여, 지금도 그대로 부른다.

⊙ 밀성군은 원래 추화군을 경덕왕이 개칭한 것으로, 지금도 그대로 부른다. 이 군의 현은 다섯으로 상약현은 원래 서화현을

경덕왕이 개칭한 것인데, 지금의 영산현이다. 밀진현은 원래 추포현죽산을 경덕왕이 개칭한 것인데, 지금은 위치가 확실하지 않다. 오구산현은 원래 오야산현구도나 오례산을 경덕왕이 개칭한 것인데, 지금은 청도군으로 병합되었다. 형산현은 원래 경산현을 경덕왕이 개칭한 것인데, 지금은 청도군으로 병합되었다. 소산현은 원래 솔이산현을 경덕왕이 개칭한 것인데, 지금은 청도군으로 병합되었다.

⊙ 화왕군은 원래 비자화군비사벌으로 진흥왕 16년에 주를 설치해 하주라고 불렀다가, 26년에 주가 폐지되었다. 경덕왕이 이를 화왕군이라 개칭하였는데, 지금의 창녕군이다. 이 군의 현은 하나로, 현효현은 원래 추량화현삼량화을 경덕왕이 개칭한 것인데, 지금의 현풍현이다.

⊙ 수창군壽를 嘉로 쓰기도 한다은 원래 위화군을 경덕왕이 개칭한 것으로, 지금의 수성군이다. 이 군의 현은 넷으로 대구현은 원래 달구화현을 경덕왕이 개칭하여, 지금도 그대로 부른다. 팔리현은 원래 팔거리현북치장리나 인리을 경덕왕이 개칭한 것인데, 지금의 팔거현이다. 하빈현은 원래 다사지현답지을 경덕왕이 개칭한 것으로, 지금도 그대로 부른다. 화원현은 원래 설화현을 경덕왕이 개칭하여, 지금도 그대로 부른다.

⊙ 장산군은 지마왕 때 압량압독이란 작은 나라를 탈취해 군을 설치했는데, 경덕왕이 개창하였다. 이 장산군의 현은 셋으로, 해안현은 원래 치성화현미리을 경덕왕이 개칭한 것인데, 지금도 그대로 부른다. 여량현은 원래 마진량현마미량을 경덕왕이 개칭한 것인데, 지금의 구사부곡이다. 자인현은 원래 노사화현을 경덕왕이 개칭하여, 지금도 그대로 부른다.

⊙ 임고군은 원래 절야화군을 경덕왕이 개칭한 것인데, 지금의 영주이다. 이 군의 현은 다섯으로, 장진현은 지금의 죽장이부곡이고, 임천현은 조분왕 때 골화라는 작은 나라를 빼앗아 현을 설치했던 곳을 경덕왕이 개칭한 것인데, 지금은 영주로 병합되었다. 도동현은 원래 도동화현을 경덕왕이 개칭한 것인데, 지금은 영주로 병합되었다. 신령현은 원래 사정화현을 경덕왕이 개칭한 것인데, 지금도 그대로 부른다. 민백현은 원래 매열차현을 경덕왕이 개칭하여, 지금은 신령현으로 병합되었다.

⊙ 동래군은 원래 거칠산군을 경덕왕이 개칭하여, 지금도 그대로 부른다. 이 군의 현은 둘로, 동평현은 원래 대증현을 경덕왕이 개칭하여, 지금도 그대로 부른다. 기장현은 원래 갑화량곡현을 경덕왕이 개칭한 것인데, 지금도 그대로 부른다.

⊙ 동안군은 원래 생서량군을 경덕왕이 개칭한 것으로, 지금은 경주로 병합되었다. 이 군의 현은 하나로, 우풍현은 원래 우화현을 경덕왕이 개칭한 것으로, 지금은 울주로 병합되었다.

⊙ 임관군은 원래 모화군문화으로 성덕왕이 성을 쌓아 일본의 침략을 막았던 곳이다. 경덕왕이 임관군으로 개칭했는데, 지금은 경주로 병합되었다. 이 군의 현은 둘로, 동진현은 원래 율포현을 경덕왕이 개칭한 것인데, 지금은 울주로 병합되었다. 하곡현曲을 西로도 쓴다은 파사왕 때 굴아화촌을 빼앗아 현을 설치한 곳인데, 경덕왕이 임관군으로 개칭했다. 지금의 울주이다.

⊙ 의창군은 원래 퇴화군을 경덕왕이 개칭한 것으로, 지금의 흥해군이다. 이 군의 현은 여섯으로, 안강현은 원래 비화현을 경덕왕이 개칭하여, 지금도 그대로 부른다. 기립현은 원래 지답현을 경덕왕이 개칭한 것인데, 지금의 장기현이다. 신광현은 원

래 동잉음현을 경덕왕이 개칭하여, 지금도 그대로 부른다. 임정현은 원래 근오지현을 경덕왕이 개칭하여, 지금의 영일현이다. 기계현은 원래 모혜현을 경덕왕이 개칭하여, 지금도 그대로 부른다. 음집화현은 파사왕 때 음집벌국을 빼앗아 현을 만든 것인데, 지금은 안강현으로 병합되었다.

⊙ 대성군은 원래 구도성 경내의 솔이산성, 가산현경산성, 오도산성 등 세 성이었는데, 지금은 청도군으로 병합되었다. 약장현은 원래 악지현을 경덕왕이 개칭한 것인데, 지금은 경주로 병합되었다. 동기정은 원래 모지정을 경덕왕이 개칭한 것인데, 지금은 경주로 병합되었다.

⊙ 상성군은 원래 서형산군을 경덕왕이 개칭한 것인데, 지금은 경주에 병합되었다. 남기정은 원래 도품혜정을 경덕왕이 개칭한 것인데, 지금은 경주로 병합되었다. 중기정은 원래 근내정을 경덕왕이 개칭한 것인데, 지금은 경주로 병합되었다. 서기정은 원래 두량미지정을 경덕왕이 개칭한 것인데, 지금은 경주로 병합되었다. 북기정은 원래 우곡정을 경덕왕이 개칭한 것인데, 지금은 경주로 병합되었다. 막야정은 원래 관아량지정북아량을 경덕왕이 개칭한 것인데, 지금은 경주로 병합되었다.

⊙ 강주는 신문왕 5년, 당나라 수공 원년에 거타주를 분할해 청주를 설치했다가 경덕왕이 강주로 개칭한 것인데, 지금의 진주이다. 이 주의 현은 둘로, 가수현은 원래 가주화현을 경덕왕이 개칭하여, 지금도 그대로 부른다. 굴재현은 지금 그 위치가 확실하지가 않다.

⊙ 남해군은 신문왕이 처음 전야산군을 설치한 곳으로 바다에 있는 섬이다. 경덕왕이 개칭했는데, 지금도 그대로 부른다. 이

군의 현은 둘로, 난포현은 원래 내포현을 경덕왕이 개칭하여, 지금도 그대로 부른다. 평산현은 원래 평서산현서평을 경덕왕이 개칭한 것인데, 지금도 그대로 부른다.

◉ 하동군은 원래 한다사군을 경덕왕이 개칭한 것인데, 지금도 그대로 부른다. 이 군의 현은 셋으로, 성량현은 지금의 금량부곡이고, 악양현은 원래 소다사현을 경덕왕이 개칭하여, 지금도 그대로 부른다. 하읍현은 원래 포촌현으로 경덕왕이 개칭했으나, 지금은 그 위치가 확실하지 않다.

◉ 고성군은 원래 고자군을 경덕왕이 개칭하여, 지금도 그대로 부른다. 이 군의 현은 셋으로, 문화량현은 지금 확실하지 않고 사수현은 원래 사물현을 경덕왕이 개칭한 것으로, 지금의 사주이다. 상선현은 원래 일선현을 경덕왕이 개칭한 것으로, 지금의 영선현이다.

◉ 함안군은 법흥왕이 대군을 동원해 아시량국아나가야을 멸망시키고, 군으로 만들었던 곳을 경덕왕이 개칭한 것인데, 지금도 그대로 부른다. 이 군의 현은 둘로, 현무현은 원래 소삼현을 경덕왕이 개칭하였는데, 지금의 소삼부곡이다. 의령현은 원래 장함현을 경덕왕이 개칭하여, 지금도 그대로 부른다.

◉ 거제군은 문무왕이 처음으로 상군을 설치한 곳으로 바다에 있는 섬인데 경덕왕이 개칭하여 지금도 그대로 부른다. 이 군의 현은 셋으로, 아주현은 원래 거로현을 경덕왕이 개칭하여 지금도 그대로 부른다. 명진현은 원래 매진이현을 경덕왕이 개칭한 것으로 지금도 그대로 부른다. 남수현은 원래 송변현을 경덕왕이 개칭한 것인데, 지금은 옛 이름으로 부르고 있다.

◉ 궐성군은 원래 궐지군을 경덕왕이 개칭한 것인데, 지금의

강성현이다. 이 군의 현은 둘로, 단읍현은 원래 적촌현을 경덕왕이 개칭한 것인데, 지금의 단계현이다. 산음현은 원래 지품천현을 경덕왕이 개칭한 것으로 지금도 그대로 부른다.

⊙ 천령군은 원래 속함군을 경덕왕이 개칭한 것으로 지금의 함양군이다. 이 군의 현은 둘로, 운봉현은 원래 모산현아영성이나 아막성을 경덕왕이 개칭한 것으로 지금도 그대로 부른다. 이안현은 원래 마리현을 경덕왕이 개칭한 것으로 지금도 그대로 부른다.

⊙ 거창군은 원래 거열군거타을 경덕왕이 개칭한 것으로 지금도 그대로 부른다. 이 군의 현은 둘로, 여선현은 원래 남내현을 경덕왕이 개칭한 것으로 지금은 감음현으로 부른다. 함음현은 원래 가소현을 경덕왕이 개칭한 것으로 지금은 옛 이름으로 부르고 있다.

⊙ 고령군은 원래 대가야국으로 시조 이진아시왕내진주지부터 도설지왕까지 16대 520년간 유지되었으나, 진흥대왕이 침공해 멸망시켜 대가야군으로 만들었고 경덕왕이 고령군으로 개칭하고 지금까지 그대로 부른다. 이 군의 현은 둘로, 야로현은 원래 적화현을 경덕왕이 개칭한 것으로 지금도 그대로 부른다. 신복현은 원래 가시혜현을 경덕왕이 개칭한 것으로 지금은 위치가 확실하지 않다.

⊙ 강양군은 원래 대량주군耶로도 쓴다을 경덕왕이 개칭한 것으로 지금의 합주이다. 이 군의 현은 셋으로 삼기현은 원래 삼지현마장을 경덕왕이 개칭한 것으로 지금도 그대로 부른다. 팔계현은 원래 초팔혜현을 경덕왕이 개칭하여 지금은 초계현이다. 의상현은 원래 신이현주오촌나 천주현을 경덕왕이 개칭한 것으로

지금의 신번현이다.

⊙ 성산군은 원래 일리군이산군을 경덕왕이 개칭한 것으로 지금의 가리현이다. 이 군의 현은 넷으로, 수동현은 원래 사동화현으로 경덕왕이 개칭했지만, 지금은 위치가 확실하지 않다. 계자현은 원래 대목현을 경덕왕이 개칭한 것으로 지금의약목현이 신안현은 원래 본피현을 경덕왕이 개칭한 것으로 지금의 경산부이다. 도산현은 원래 적산현을 경덕왕이 개칭한 것으로 지금은 위치가 확실하지 않다.

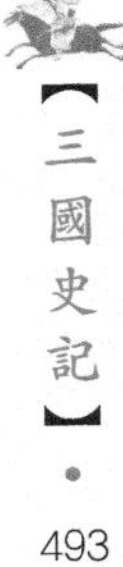

삼국사기
三國史記 新羅本紀 第三五卷

삼국사기권제35

잡지 제4
지리 2

지리 2

⊙ 한주는 원래 고구려의 한산군으로, 신라가 빼앗아 경덕왕이 한주로 개칭했으며, 지금의 광주이다. 이 주의 현은 둘로 황무현은 원래 고구려 남천현으로 신라가 병합했고, 진흥왕이 주로 만들어 군주를 두었으며, 경덕왕이 한주로 개칭했다. 지금의 이천현이다. 거서현은 원래 고구려의 구성현인데, 경덕왕이 개칭한 것으로 지금의 용구현이다.

⊙ 중원경은 원래 고구려 국원성으로, 신라가 평정해 진흥왕이 소경을 설치했고, 문무왕 때 둘레가 2천5백92보의 성을 쌓았다. 경덕왕이 중원경으로 개칭했으며, 지금의 충주이다.

⊙ 괴양군은 원래 고구려의 잉근내군으로, 경덕왕이 개칭하였는데 지금의 괴주이다.

⊙ 소천군은 원래 고구려의 술천군으로, 경덕왕이 개칭하였는데 지금의 천령군이다. 이 군의 현은 둘로 황효현은 원래 고구려의 골내근현으로 경덕왕이 개칭하였는데 지금의 황려현이다. 빈양현은 원래 고구려의 양근현으로 경덕왕이 개칭하였는데 지금은 옛 이름으로 회복했다.

◉ 흑양군황양군은 원래 고구려의 금물노군을 경덕왕이 개칭한 것으로 지금의 진주이다. 이 군의 현은 둘로, 도서현은 원래 고구려 도서현이지만 경덕왕이 개칭한 것으로 지금의 도안현이다. 음성현은 원래 고구려 잉홀현으로 경덕왕이 개칭하여 지금도 그대로 부른다.

◉ 개산군은 원래 고구려의 개차산군으로 경덕왕이 개칭하였고 지금의 죽주이다. 이 군의 현은 하나로, 음죽현은 원래 고구려의 노음죽현 경덕왕이 개칭하여 지금도 그대로 부른다.

◉ 백성군은 원래 고구려의 나혜홀으로 경덕왕이 개칭했고 지금의 안성군이다. 이 군의 현은 둘로 적성현은 원래 고구려의 사복홀으로 경덕왕이 개칭하였고 지금의 양성현이다. 사산현은 원래 고구려의 현으로 경덕왕도 그대로 따랐지만 지금은 직산현으로 부른다.

◉ 수성군은 원래 고구려의 매홀군을 경덕왕이 개칭한 것으로 지금의 수주이다.

◉ 당은군은 원래 고구려의 당성군을 경덕왕이 개칭한 것으로 지금은 옛 이름을 그대로 부른다. 이 군의 현은 둘로, 거성현은 원래 고구려의 상홀현을 경덕왕이 개칭한 것으로 지금의 용성현이다. 진위현은 원래 고구려의 부산현을 경덕왕이 개칭한 것으로 지금도 그대로 부른다.

◉ 율진군은 원래 고구려의 율목군을 경덕왕이 개칭한 것으로 지금의 과주이다. 이 군의 현은 셋으로, 곡양현은 원래 고구려의 잉벌노현을 경덕왕이 개칭한 것으로 지금의 금주이다. 공암현은 원래 고구려의 제차파의현을 경덕왕이 개칭한 것으로 지금도 그대로 사용하고 있다. 소성현은 원래 고구려의 매소홀현

을 경덕왕이 개칭한 것으로 지금의 인주이다. 경원매소나 미추

⊙ 장구군은 원래 고구려의 장항구현을 경덕왕이 개칭한 것으로 지금의 안산현이다.

⊙ 장제군은 원래 고구려의 주부토군을 경덕왕이 개칭한 것으로 지금의 수주이다. 이 군의 현은 넷으로, 수성현은 원래 고구려의 수이홀을 경덕왕이 개칭한 것으로 지금의 수안현이다. 김포현은 원래 고구려의 금포현을 경덕왕이 개칭한 것으로 지금도 그대로 부른다. 동성현은 원래 고구려의 동자홀현으로 경덕왕이 개칭하여 지금도 그대로 부른다. 분진현은 원래 고구려의 평유압현을 경덕왕이 개칭한 것으로 지금의 통진현이다.

⊙ 한양군은 원래 고구려의 북한산군평양을 진흥왕이 주로 만들어 군주를 두었다. 경덕왕 때 한양군으로 개칭한 것으로 지금 양주의 옛 터이다. 이 군의 현은 둘로, 황양현은 원래 고구려의 골의노현을 경덕왕이 개칭한 것으로 지금의 풍양현이다. 우왕현은 원래 고구려의 개백현을 경덕왕이 개칭한 것으로 지금의 행주이다.

⊙ 내소군은 원래 고구려의 매성현을 경덕왕이 개칭한 것으로 지금의 견주이다. 이 군의 현은 둘로, 중성현은 원래 고구려의 칠중현을 경덕왕이 개칭한 것으로 지금의 적성현이다. 파평현은 원래 고구려의 파해평리현을 경덕왕이 개칭한 것으로 지금도 그대로 부른다.

⊙ 교하군은 원래 고구려의 천정구현으로 경덕왕이 개칭하여 지금도 그대로 부른다. 이 군의 현은 둘로 봉성현은 원래 고구려의 술이홀현으로 경덕왕이 개칭하여 지금까지 그대로 부른다. 고봉현은 원래 고구려의 달을성현으로 경덕왕이 개칭하여

지금도 그대로 부른다.

⊙ 견성군은 원래 고구려의 마홀군을 경덕왕이 개칭한 것으로 지금의 포주이다. 이 군의 현은 둘로, 사천현은 원래 고구려의 내을매현으로 경덕왕이 개칭하여 지금도 그대로 부르고 있다. 동음현은 원래 고구려의 양골현으로 경덕왕이 개칭하여 지금도 그대로 부른다.

⊙ 철성군은 원래 고구려의 철원군을 경덕왕이 개칭한 것으로 지금의 동주이다. 이 군의 현은 둘로, 동량현은 원래 고구려의 승량현을 경덕왕이 개칭한 것으로 지금의 승령현이다. 공성현은 원래 고구려의 공목달현을 경덕왕이 개칭한 것으로 지금의 장주이다.

⊙ 부평군은 원래 고구려의 부여군을 경덕왕이 개칭한 것으로 지금의 금화현이다. 이 군의 현은 하나로, 광평현은 원래 고구려의 부양현으로 경덕왕이 개칭하였고 지금의 평강현이다.

⊙ 토산군은 원래 고구려의 오사함달현으로 경덕왕이 개칭하여 지금까지 그대로 부른다. 이 군의 현은 셋으로, 안협현은 원래 고구려의 아진압현을 경덕왕이 개칭한 것으로 지금까지 그대로 부른다. 삭읍현은 원래 고구려의 소읍두현을 경덕왕이 개칭한 것으로 지금의 삭녕현이다. 이천현은 원래 고구려의 이진매현으로 경덕왕이 개칭하여 지금도 그대로 부른다.

⊙ 우봉군은 원래 고구려의 우잠군을 경덕왕이 개칭한 것으로 지금까지 그대로 부른다. 이 군의 현은 셋으로 임강현은 원래 고구려의 장항현을 경덕왕이 개칭한 것으로 지금까지 그대로 부른다. 장단현은 원래 고구려의 장천성현으로 경덕왕이 개칭한 것으로 지금도 그대로 불리고 있다. 임단현은 원래 고구려의

마전천현으로 경덕왕이 개칭한 것으로 지금의 마전현이다.

⊙ 송악군은 원래 고구려의 부소갑인데 효소왕 3년에 성을 쌓았고, 경덕왕이 송악군으로 개칭했다. 고려 태조가 나라를 창건하면서 왕도의 기내 지역이 되었다. 이 군의 현은 둘로, 여비현은 원래 고구려의 약두치현을 경덕왕이 개칭한 것으로 지금의 송림현이다. 제4대 광종이 이곳에 불일사라는 절을 세우고 현의 소재지를 동북쪽으로 옮겼다. 강음현은 원래 고구려의 굴압현을 경덕왕이 개칭한 것으로 지금도 그대로 부른다.

⊙ 개성군은 원래 고구려의 동비홀을 경덕왕이 개칭한 것으로 지금의 개성부이다. 이 군의 현은 둘로, 덕수현은 원래 고구려의 덕물현을 경덕왕이 개칭한 것으로 지금도 그대로 부른다. 제11대 문종 때 이곳에 흥왕사란 절을 짓고, 현의 소재지를 남쪽으로 옮겼다. 임진현은 원래 고구려의 진림성을 경덕왕이 개칭한 것으로 지금 그대로 부른다.

⊙ 해구군은 원래 고구려의 혈구군으로 바다에 있었는데 경덕왕이 개칭한 것으로써 지금의 강화현이다. 이 군의 현은 셋으로 강음현은 원래 고구려의 동음나현을 경덕왕이 개칭한 것으로 혈구도에 있었는데, 지금의 하음현이다. 교동현은 원래 고구려의 고목근현으로 바다에 있는 섬으로 경덕왕이 개칭하여 지금 그대로 부른다. 수진현은 원래 고구려의 수지현을 경덕왕이 개칭한 것으로 지금의 진강현이다.

⊙ 영풍군은 원래 고구려의 대곡군을 경덕왕이 개칭한 것으로 지금의 평주이다. 이 군의 현은 둘로, 단계현은 원래 고구려의 수곡성현을 경덕왕이 개칭한 것으로 지금의 협계현이다. 진단현은 원래 고구려의 십곡성현을 경덕왕이 개칭한 것으로 지금

의 곡주이다.

⊙ 해고군은 원래 고구려의 동삼홀군을 경덕왕이 개칭한 것으로 지금의 염주이다. 이 군의 현은 하나로, 구택현은 원래 고구려의 도랍현을 경덕왕이 개칭한 것으로 지금의 백주이다.

⊙ 폭지군은 원래 고구려의 내미홀군을 경덕왕이 개칭한 것으로 지금의 해주이다.

⊙ 중반군은 원래 고구려의 식성군을 경덕왕이 개칭한 것으로 지금의 안주이다.

⊙ 서암군은 원래 고구려의 휴암군을 경덕왕이 개칭한 것으로 지금의 봉주이다.

⊙ 오관군은 원래 고구려의 오곡군을 경덕왕이 개칭한 것으로 지금의 동주이다. 이 군의 현은 하나로, 장색현은 원래 고구려의 현으로 경덕왕이 그대로 썼는데 지금의 수안군이다.

⊙ 취성군은 원래 고구려의 동홀을 헌덕왕이 개칭한 것으로 지금의 황주이다. 이 군의 현은 셋으로, 토산현은 원래 고구려의 식달로 헌덕왕이 개칭하여 지금도 그대로 부른다. 당악현은 원래 고구려 가화압을 헌덕왕이 현을 설치하고 개칭했는데 지금의 중화현으로 부른다. 송현현은 원래 고구려 부사파의현을 헌덕왕이 개칭한 것으로 지금은 중화현에 속해 있다.

⊙ 삭주는 가탐의 『고금군국지』에,

"고구려의 동남쪽, 예의 서쪽, 옛날 맥의 땅으로서 어림잡아 지금의 신라북쪽 삭주이다."

로 기록되어 있다.

선덕왕 6년, 당 정관 11년에 우수주로 만들어 군주를 두었고문무왕 13년, 당 함형 4년에 수약주를 설치했고도 함, 경덕왕이 삭주로 개칭한 것이 지금의 춘주이다. 이 주의 현은 셋으로, 녹효현은 원래 고구려의 벌력천현을 이었지만 경덕왕이 개칭한 것으로 지금의 홍천현이다. 황천현은 원래 고구려의 횡천현을 경덕왕이 개칭한 것으로 지금은 옛 이름으로 복원되었다. 지평현은 원래 고구려의 지현현을 경덕왕이 개칭한 것으로 지금도 그대로 부른다.

⊙ 북원경은 원래 고구려 평원군으로 문무왕이 북원소경을 설치했고, 신문왕 5년에 둘레가 1천31보인 성을 쌓았다. 경덕왕은 성의 이름을 지명으로 불렀는데, 지금의 원주이다.

⊙ 나제군은 원래 고구려의 나토군을 경덕왕이 개칭한 것으로 지금의 제주이다. 이 군의 현은 둘로, 청풍현은 원래 고구려의 사열이현을 경덕왕이 개칭한 것으로 지금도 그대로 부른다. 적산현은 원래 고구려의 현으로 경덕왕이 그대로 사용했는데 지금의 단산현이다.

⊙ 나령군은 원래 백제의 나이군으로 파사왕이 이를 빼앗았고, 경덕왕이 개칭한 것으로 지금의 강주이다. 이 군의 현은 둘로 선곡현은 원래 고구려의 매곡현을 경덕왕이 개칭한 것으로 지금은 위치가 확실하지 않다. 옥마현은 원래 고구려의 고사마현을 경덕왕이 개칭한 것으로 지금의 봉화현이다.

⊙ 급산군은 원래 고구려의 급벌산군을 경덕왕이 개칭한 것으로 지금의 흥주이다. 이 군의 현은 하나로, 인풍현은 원래 고구려의 이벌지현을 경덕왕이 개칭한 것으로 지금은 위치가 확실하지 않다.

⊙ 가평군은 원래 고구려의 근평군을 경덕왕이 개칭한 것으로 지금도 그대로 부른다. 이 군의 현은 하나로, 준수현은 원래 고

구려의 심천현을 경덕왕이 개칭한 것으로 지금의 조종현이다.

◉ 양록군은 원래 고구려의 양구군을 경덕왕이 개칭한 것으로 지금의 양구현이다. 이 군의 현은 셋으로, 희제현은 원래 고구려의 저족현을 경덕왕이 개칭한 것으로 지금의 인제현이다. 치도현은 원래 고구려의 옥기현을 경덕왕이 개칭한 것으로 지금의 서화현이다. 삼령현은 원래 고구려의 삼현현을 경덕왕이 개칭한 것으로 지금의 방산현이다.

◉ 낭천군은 원래 고구려의 성천군을 경덕왕이 개칭한 것으로 지금도 그대로 부른다.

◉ 대양군은 원래 고구려의 대양관군을 경덕왕이 개칭한 것으로 지금의 장양군이다. 이 군의 현은 둘로, 수천현은 원래 고구려의 수성천군을 경덕왕이 개칭한 것으로 지금의 화천현이다. 문등현은 원래 고구려의 문현현을 경덕왕이 개칭한 것으로 지금도 그대로 부른다.

◉ 익성군은 원래 고구려의 모성군을 경덕왕이 개칭한 것으로 지금의 금성군이다.

◉ 기성군은 원래 고구려의 동사홀군을 경덕왕이 개칭한 것으로 지금도 그대로 부른다. 이 군의 현은 하나로, 통구현은 원래 고구려의 수입현을 경덕왕이 개칭한 것으로 지금도 그대로 부른다.

◉ 연성군은 원래 고구려의 각련성을 경덕왕이 개칭한 것으로 지금의 교주이다. 이 군의 현은 셋으로, 단송현은 원래 고구려의 적목진을 경덕왕이 개칭한 것으로 지금의 남곡현이다. 일운현은 원래 고구려의 관술현을 경덕왕이 개칭한 것으로 지금은 위치가 확실하지 않다. 희령현은 원래 고구려의 저수현현을 경

덕왕이 개칭한 것으로 지금은 위치가 확실하지 않다.

⊙ 삭정군은 원래 고구려의 비열홀군으로 진흥왕 17년, 양나라 태평 원년에 비열주로 만들어 군주를 두었고, 효소왕 때 둘레가 1천1백80보의 성을 쌓았으며, 경덕왕이 삭정군으로 개칭하였는데, 지금의 등주이다. 이 군의 현은 다섯으로 서곡현은 원래 고구려의 경곡현을 경덕왕이 개칭한 것으로 지금도 그대로 부른다. 난산현은 원래 고구려의 석달현을 경덕왕이 개칭한 것으로 지금은 위치가 확실하지 않다. 상음현은 원래 고구려의 살한현을 경덕왕이 개칭한 것으로 지금도 그대로 부른다. 청산현은 원래 고구려의 가지달현을 경덕왕이 개칭한 것으로 지금의 문산현이다. 익계현은 원래 고구려의 익곡현을 경덕왕이 개칭한 것으로 지금도 그대로 부른다.

⊙ 정천군은 원래 고구려의 천정군으로 문무왕 21년에 이를 빼앗고 경덕왕이 개칭해 탄항 관문을 쌓았는데 지금의 용주이다. 이 군의 현은 셋으로, 산산현은 원래 고구려의 매시달현을 경덕왕이 개칭한 것으로 지금은 위치가 확실하지 않다. 송산현은 원래 고구려의 부사달현을 경덕왕이 개칭한 것으로 지금은 위치가 분명하지 않다. 유거현은 원래 고구려의 동허현을 경덕왕이 개칭한 것으로 지금은 위치가 확실하지 않다.

⊙ 명주는 원래 고구려의 하서량하슬라으로 후에 신라에 속했다. 가탐의 『고금군국지』에,

"지금 신라의 북부 경계의 명주에 위치한 대부분이 예의 옛 나라다."

라고 기록하고 있다.

이전의 역사서에서 부여를 예의 땅이라고 했는데 이것은 잘못

기록된 것 같다. 선덕왕 때 소경을 만들고 관리를 배치했으나 태종왕 5년, 당 현경 3년에 하슬라 땅이 말갈과 연결되어 있어 소경을 폐지해 주를 만들고 군주를 두어 지키게 했다가 경덕왕 16년에 명주로 개칭해 지금까지 그대로 부른다. 이 군의 현은 넷으로, 정선현은 원래 고구려의 잉매현을 경덕왕이 개칭한 것으로 지금도 그대로 부른다. 속제현은 원래 고구려의 속토현을 경덕왕이 개칭한 것으로 지금은 위치가 확실하지 않다. 지산현은 원래 고구려의 현으로 경덕왕이 그대로 따랐는데, 지금의 연곡현이다. 동산현은 원래 고구려의 혈산현을 경덕왕이 개칭한 것으로 지금도 그대로 부른다.

⊙ 곡성군은 원래 고구려의 굴화현을 경덕왕이 개칭한 것으로 지금의 임하군이다. 이 군의 현은 하나로, 연무현은 원래 고구려의 이화혜현을 경덕왕이 개칭한 것으로 지금의 안덕현이다.

⊙ 야성군은 원래 고구려의 야시홀군을 경덕왕이 개칭한 것으로 지금의 영덕군이다. 이 군의 현은 둘로, 진안현은 원래 고구려의 조람현을 경덕왕이 개칭한 것으로 지금의 보성부이다. 적선현은 원래 고구려의 청이현을 경덕왕이 개칭한 것으로 지금의 청부현이다.

⊙ 유린군은 원래 고구려의 우시군을 경덕왕이 개칭한 것으로 지금의 예주이다. 이 군의 현은 하나로, 해아현은 원래 고구려의 아혜현을 경덕왕이 개칭한 것으로 지금의 청하현이다.

⊙ 울진군은 원래 고구려의 우진야현을 경덕왕이 개칭한 것으로 지금도 그대로 부른다. 이 군의 현은 하나로, 해곡현해서은 원래 고구려의 파차현을 경덕왕이 개칭한 것으로 지금은 위치가 확실하지 않다.

⊙ 나성군은 원래 고구려의 내생군이었는데 경덕왕이 개칭한 것으로 지금의 영월군이다. 이 군의 현은 셋으로, 자춘현은 원래 고구려의 을아단현을 경덕왕이 개칭한 것으로 지금의 영춘현이다. 백오현은 원래 고구려의 욱오현을 경덕왕이 개칭한 것으로 지금의 평창현이다. 주천현은 원래 고구려의 주연현을 경덕왕이 개칭한 것으로 지금도 그대로 부른다.

⊙ 삼척군은 원래 실직국으로 파사왕 때 항복했는데 지증왕 6년, 양 천감 4년에 주로 만들고 이사부를 군주로 삼았는데, 경덕왕이 개칭하여 지금도 그대로 부른다. 이 군의 현은 넷으로, 죽령현은 원래 고구려의 죽현현을 경덕왕이 개칭한 것으로 지금은 위치가 확실하지 않다. 만경현만향은 원래 고구려의 만약현을 경덕왕이 개칭한 것으로 지금은 위치가 확실하지 않다. 우계현은 원래 고구려의 우곡현 이었지만 경덕왕이 개칭한 것으로 지금까지 그대로 부른다. 해리현은 원래 고구려의 파리현을 경덕왕이 개칭한 것으로 지금은 위치가 확실하지 않다.

⊙ 수성군은 원래 고구려의 수성군을 경덕왕이 개칭한 것으로 지금의 간성현이다. 이 군의 현은 둘로, 동산현은 원래 고구려의 승산현을 경덕왕이 개칭한 것으로 지금의 열산현이다. 익령현은 원래 고구려의 익현현을 경덕왕이 개칭한 것으로 지금도 그대로 부른다.

⊙ 고성군은 원래 고구려 달홀로 진흥왕 29년에 주로 만들어 군주를 두었고 경덕왕이 개칭한 것으로 지금도 그대로 부른다. 이 군의 현은 둘로, 환가현은 원래 고구려의 저수혈현을 경덕왕이 개칭한 것으로 지금도 그대로 부른다. 편험현은 원래 고구려의 평진현을 경덕왕이 개칭한 것으로 지금의 운암현이다.

⊙ 금양군은 원래 고구려의 휴양군이었던 것을 경덕왕이 개칭하여 지금도 그대로 부른다. 이 군에 속한 현은 다섯으로, 습계현은 원래 고구려의 습비곡현이었던 것을 경덕왕이 개칭한 것으로 지금의 흡곡현이다. 제상현은 원래 고구려의 토상현이었던 것을 경덕왕이 개칭한 것으로 지금의 벽산현이다. 임도현은 원래 고구려의 도림현이었던 것을 경덕왕이 개칭한 것으로 지금도 그대로 부른다. 파천현은 원래 고구려의 개연현이었던 것을 경덕왕이 개칭한 것으로 지금도 그대로 부른다. 학포현은 원래 고구려의 곡포현이었던 것을 경덕왕이 개칭한 것으로 지금도 그대로 부른다.

삼국사기
三國史記新羅本紀 第三六卷

삼국사기권제36

잡지 제5
신라 지리 3

신라 지리 3

⊙ 웅주는 원래 백제의 옛 서울이었으나, 당나라 고종이 소정방을 보내 평정해 웅진도독부를 두었고 이루 신라 문무왕이 그 지역을 빼앗아 웅천주로 고쳐 도독을 두었다가 경덕왕 16년에 웅주로 개칭했는데, 지금의 공주이다. 이 주의 현은 둘로, 아산현은 원래 백제의 열야산현 이었지만 경덕왕이 개칭한 것으로 지금도 그대로 부른다. 청음현은 원래 백제의 벌음지현을 경덕왕이 개칭한 것으로 지금의 신풍현이다.

⊙ 서원경은 신문왕 5년에 처음으로 서원소경을 설치했으며, 경덕왕이 서원경으로 개칭한 것으로, 지금의 청주이다.

⊙ 대록군은 원래 백제의 대목악군을 경덕왕이 개칭한 것으로 지금의 목주이다. 이 군의 현은 둘로, 순치현은 원래 백제의 감매현을 경덕왕이 개칭한 것으로 지금의 풍세현이다. 금지현은 원래 백제의 구지현 이었지만 경덕왕이 개칭한 것으로 지금의 전의현이다.

⊙ 가림군은 원래 백제의 가림군으로 경덕왕이 가嘉를 가加로 고쳐 지금도 그대로 부른다. 이 군의 현은 둘로, 마산현은 원래

백제 현으로 경덕왕이 주와 군의 명칭을 고쳤는데 지금도 모두 그대로 부른다. 한산현은 원래 백제의 대산현 이었지만 경덕왕이 개칭한 것으로 지금의 홍산현이다.

⊙ 서림군은 원래 백제의 설림군을 경덕왕이 개칭한 것으로 지금도 그대로 부른다. 이 군의 현은 둘로, 남포현은 원래 백제의 사포현을 경덕왕이 개칭한 것으로 지금도 그대로 부른다. 비인현은 원래 백제의 비중현을 경덕왕이 개칭한 것으로 지금도 그대로 부른다.

⊙ 이산군은 원래 백제의 마시산군을 경덕왕이 개칭한 것으로 지금도 그대로 부른다. 이 군의 현은 둘로, 목우현은 원래 백제의 우견현을 경덕왕이 개칭한 것으로 지금은 위치가 확실하지 않다. 금무현은 원래 백제의 금물현을 경덕왕이 개칭한 것으로 지금의 덕풍현이다.

⊙ 혜성군은 원래 백제의 혜군이었는데 경덕왕이 개칭한 것으로 지금도 그대로 부른다. 이 군의 현은 셋으로, 당진현은 원래 백제의 벌수지현을 경덕왕이 개칭한 것으로 지금도 그대로 부른다. 여읍현은 원래 백제의 여촌현을 경덕왕이 개칭한 것으로 지금의 여미현이다. 신평현은 원래 백제의 사평현을 경덕왕이 개칭한 것이다. 지금도 그대로 부른다.

⊙ 부여군은 원래 백제의 소부리군으로 당나라 소정방이 유신과 함께 평정했고 문무왕 12년에 총관을 두었으며, 경덕왕이 부여군으로 개칭하여 지금도 그대로 부른다. 이 군의 현은 둘로, 석산현은 원래 백제의 진악산현을 경덕왕이 개칭한 것으로 지금의 석성현이다. 열성현은 원래 백제의 열이현을 경덕왕이 개칭한 것으로 지금의 정산현이다.

◉ 임성군은 원래 백제의 임존성이었는데 경덕왕이 개칭한 것으로 지금의 대흥군이다. 이 군의 현은 둘로, 청정현은 원래 백제의 고량부리현을 경덕왕이 개칭한 것으로 지금의 청양현이다. 고산현은 원래 백제의 오산현을 경덕왕이 개칭한 것으로 지금의 예산현이다.

◉ 황산군은 원래 백제의 황등야산군 이었는데 경덕왕이 개칭한 것으로 지금의 연산현이다. 이 군의 현은 둘로, 진령현은 원래 백제의 진현현을 경덕왕이 개칭한 것으로 지금의 진잠현이다. 진동현은 원래 백제의 현을 경덕왕이 주군의 명칭을 개칭한 것으로 지금도 그대로 부른다.

◉ 비풍군은 원래 백제의 우술군을 경덕왕이 개칭한 것으로 지금의 회덕군이다. 이 군의 현은 둘로, 유성현은 원래 백제의 노사지현을 경덕왕이 개칭한 것으로 지금은 그대로 부른다. 적조현은 원래 백제의 소비포현을 경덕왕이 개칭한 것으로 지금의 덕진현이다.

◉ 결성군은 원래 백제의 결이군을 경덕왕이 개칭한 것으로 지금은 그대로 부른다. 이 군의 현은 둘로, 신읍현은 원래 백제의 신촌현 이었지만 경덕왕이 개칭한 것으로 지금의 보령현이다. 신량현은 원래 백제의 사시량현을 경덕왕이 개칭한 것으로 지금의 여양현이다.

◉ 연산군은 원래 백제의 일모산군을 경덕왕이 개칭한 것으로 지금을 그대로 부른다. 이 군의 현은 둘로, 연기현은 원래 백제의 두잉지현을 경덕왕이 개칭한 것으로 지금도 그대로 부른다. 매곡현은 원래 백제의 미곡현을 경덕왕이 개칭한 것으로 지금의 회인현이다.

⊙ 부성군은 원래 백제의 기군으로 경덕왕이 개칭하여 지금도 그대로 부른다. 이 군이 현은 둘로 소태현은 원래 백제의 성대혜현으로 경덕왕이 개칭하여 지금까지 그대로 부른다. 지육현은 원래 백제의 지륙현을 경덕왕이 개칭한 것으로 지금의 북곡현이다.

⊙ 탕정군은 원래 백제의 군으로 문무왕 11년, 당 함형 2년에 주로 만들어 총관을 두었고, 함형 12년에 주를 폐지해 군으로 만들었는데 경덕왕은이 명칭대로 두었다. 지금의 온수군이다. 이 군의 현은 둘로, 음봉현은 원래 백제의 아술현을 경덕왕이 개칭한 것으로 지금의 아주이다. 기량현은 원래 백제의 굴직현을 경덕왕이 개칭한 것으로 지금의 신창현이다.

⊙ 전주는 원래 백제의 완산인데 진흥왕 16년에 주로 만들었다가 26년에 주가 폐지되었고, 신문왕 5년에 다시 완산주를 설치했으며 경덕왕 16년에 전주로 개칭했는데, 지금도 그대로 부른다. 이 주의 현은 셋으로, 두성현은 원래 백제의 두이현을 경덕왕이 개칭한 것으로 지금의 이성현이다. 금구현은 원래 백제의 구지지산현을 경덕왕이 개칭한 것으로 지금도 그대로 부른다. 고산현은 원래 백제의 현으로 경덕왕이 주군의 명칭을 고친 것인데 지금까지 그대로 부른다.

⊙ 남원소경은 원래 백제의 고룡군으로 신라가 이를 병합했다. 신문왕 5년에 처음으로 소경을 설치했고 경덕왕 16년에 남원소경을 설치했다. 지금의 남원부이다.

⊙ 대산군은 원래 백제의 대시산군을 경덕왕이 개칭한 것으로 지금의 태산군이다. 이 군이 현은 셋인데, 정읍현은 원래 백제의 정촌을 경덕왕이 개칭한 것으로 지금까지 그대로 부른다. 빈

성현은 원래 백제의 빈굴현으로 지금의 인의현이다. 야서현은 원래 백제의 야서이현을 경덕왕이 개칭한 것으로 지금의 거야현이다.

⊙ 고부군은 원래 백제의 고묘부리군을 경덕왕이 개칭한 것으로 지금도 그대로 부른다. 이 군의 현은 셋으로, 부령현은 원래 백제의 개화현을 경덕왕이 개칭한 것으로 지금도 그대로 부른다. 희안현은 원래 백제의 흔량매현을 경덕왕이 개칭한 것으로 지금의 보안현이다. 상질현은 원래 백제의 상칠현을 경덕왕이 개칭한 것으로 지금도 그대로 부른다.

⊙ 진례군은 원래 백제의 진잉을군을 경덕왕이 개칭한 것으로 지금도 그대로 부른다. 이 군의 현은 셋인데 이성현은 원래 백제의 두시이현을 경덕왕이 개칭한 것으로 지금의 부리현이다. 청거현은 원래 백제 물거현을 경덕왕이 개칭한 것으로 지금까지 그대로 부른다. 단천현은 원래 백제의 적천현을 경덕왕이 개칭한 것으로 지금의 주계현이다.

⊙ 덕은군은 원래 백제의 덕근군을 경덕왕이 개칭한 것으로 지금의 덕은군이다. 이 군의 현은 셋으로, 시진현은 원래 백제의 가지나현을 경덕왕이 개칭한 것으로 지금도 그대로 부른다. 여량현은 원래 백제의 지량초현을 경덕왕이 개칭한 것으로 지금도 그대로 부른다. 운제현은 원래 백제의 지벌지현을 경덕왕이 개칭한 것으로 지금도 그대로 부른다.

⊙ 임피군은 원래 백제의 시산군을 경덕왕이 개칭한 것으로 지금도 그대로 부른다. 이 군의 현은 셋인데, 함열현은 원래 백제의 감물아현을 경덕왕이 개칭한 것으로 지금도 그대로 부른다. 옥구현은 원래 백제의 마서량현을 경덕왕이 개칭한 것으로 지

금도 그대로 부른다. 회미현은 원래 백제의 부부리현을 경덕왕이 개칭한 것으로 지금도 그대로 부른다.

⊙ 김제군은 원래 백제의 벽골현을 경덕왕이 개칭한 것을 경덕왕이 개칭한 것으로 지금도 그대로 부른다. 이 군의 현은 넷으로, 만경현은 원래 백제의 두내산현을 경덕왕이 개칭한 것으로 지금도 그대로 부른다. 평고현은 원래 백제 수동산현을 경덕왕이 개칭한 것으로 지금도 그대로 부른다. 이성현은 원래 백제의 내리아현을 경덕왕이 개칭한 것으로 지금도 그대로 부른다. 무읍현은 원래 백제의 무근촌현 이었지만 지금의 부윤현이다.

⊙ 순화군淳을 淳으로도 씀은 원래 원래 백제의 도실군을 경덕왕이 개칭한 것으로 지금의 순창현이다. 이 군의 현은 둘로, 적성현은 백제의 역평현을 경덕왕이 개칭한 것으로 지금도 그대로 부른다. 구고현은 원래 백제의 돌평현을 경덕왕이 개칭한 것으로 지금도 그대로 부른다.

⊙ 금마군은 원래 백제의 금마저군을 경덕왕이 개칭한 것으로 지금도 그대로 부른다. 이 군의 현은 셋으로, 옥야현은 원래 백제의 소력지현을 경덕왕이 개칭한 것으로 지금도 그대로 부른다. 야산현은 원래 백제의 알야산현을 경덕왕이 개칭한 것으로 지금의 낭산현이다. 우주현은 원래 백제의 우소저현을 경덕왕이 개칭한 것으로 지금의 우주이다.

⊙ 벽계군은 원래 백제의 백이군을 경덕왕이 개칭한 것으로 지금의 장계현이다. 이 군의 현은 둘로, 진안현은 원래 백제의 난진아현을 경덕왕이 개칭한 것으로 지금도 그대로 부른다. 고택현은 원래 백제의 우평현을 경덕왕이 개칭한 것으로 지금의 장수현이다.

◉ 임실군은 원래 백제의 군으로서 경덕왕이 주와 군의 명칭을 고쳐 지금도 그대로 부른다. 이 군의 현은 둘로, 마령현은 백제의 마돌현을 경덕왕이 개칭한 것으로 지금도 그대로 부른다. 청웅현은 원래 백제의 거사물현을 경덕왕이 개칭한 것으로 지금의 거령현이다.

◉ 무주는 원래 백제의 땅인데 신문왕 6년에 무진주로 만들었고 경덕왕이 무주로 개칭한 것으로 지금의 광주이다. 이 주의 현은 셋으로, 현웅현은 원래 백제의 미동부리현을 경덕왕이 개칭한 것으로 지금의 남평군이다. 용산현은 원래 백제의 복룡현을 경덕왕이 개칭한 것으로 지금은 옛 명칭으로 회복했다. 기양현은 원래 백제의 굴지현을 경덕왕이 개칭한 것으로 지금의 창평현이다.

◉ 분령현은 원래 백제의 분차군을 경덕왕이 개칭한 것으로 지금의 낙안군이다. 이 군의 현은 넷으로, 충렬현은 원래 백제의 조조례현을 경덕왕이 개칭한 것으로 지금의 남양현이다. 조양현은 원래 백제의 동로현을 경덕왕이 개칭한 것으로 지금도 그대로 부른다. 강원현은 원래 백제의 두힐현을 경덕왕이 개칭한 것으로 지금의 두원현이다. 백주현은 원래 백제의 비사현을 경덕왕이 개칭한 것으로 지금의 태강현이다.

◉ 보성군은 원래 백제의 복홀군을 경덕왕이 개칭한 것으로 지금도 그대로 부른다. 이 군의 현은 넷으로, 대로현은 원래 백제의 마사량현을 경덕왕이 개칭한 것으로 지금의 회령현이다. 계수현은 원래 백제의 계천현을 경덕왕이 개칭한 것으로 지금의 장택현이다. 오아현은 원래 백제의 오차현을 경덕왕이 개칭한 것으로 지금의 정안현이다. 마읍현은 원래 백제의 고마며지현

을 경덕왕이 개칭한 것으로 지금의 수령현이다.

⊙ 추성군은 원래 백제의 추자혜군이었지만 경덕왕이 개칭한 것으로 지금의 담양군이다. 이 군의 현은 둘로, 옥과현은 원래 백제의 과지현을 경덕왕이 개칭한 것으로 지금도 그대로 부른다. 율원현은 원래 백제의 율지현을 경덕왕이 개칭한 것으로 지금의 원률현이다.

⊙ 영암군은 원래 백제의 월나군을 경덕왕이 개칭한 것으로 지금도 그대로 부른다.

⊙ 반남군은 원래 백제의 반나부리현을 경덕왕이 개칭한 것으로 지금도 그대로 부른다. 이 군의 현은 둘로, 야로현은 원래 백제의 아로곡현을 경덕왕이 개칭한 것으로 지금의 안로현이다. 곤미현은 원래 백제의 고미현을 경덕왕이 개칭한 것으로 지금도 그대로 부른다.

⊙ 갑성군은 원래 백제의 고시이현을 경덕왕이 개칭한 것으로 지금의 장성군이다. 이 군의 현은 둘로, 진원현은 원래 백제의 구사진혜현을 경덕왕이 개칭한 것으로 지금도 그대로 부른다. 삼계현은 원래 백제의 소비혜현을 경덕왕이 개칭한 것으로 지금도 그대로 부른다.

⊙ 무령군은 원래 백제의 무시이군이었지만 경덕왕이 개칭한 것으로 지금의 영광군이다. 이 군의 현은 셋으로, 장사현은 원래 백제의 상로현을 경덕왕이 개칭한 것으로 지금도 그대로 부른다. 고창현은 원래 백제의 모량부리현을 경덕왕이 개칭한 것으로 지금도 그대로 부른다. 무송현은 원래 백제의 송미지현을 경덕왕이 개칭한 것으로 지금도 그대로 부른다.

⊙ 승평군은 원래 백제의 감평군을 경덕왕이 개칭한 것으로 지

금도 그대로 부른다. 이 군의 현은 셋으로, 해읍현은 원래 백제의 원촌현을 경덕왕이 개칭한 것으로 지금의 여수현이다. 희양현은 원래 백제의 마로현을 경덕왕이 개칭한 것으로 지금의 광양현이다. 여산현은 원래 백제의 돌산현을 경덕왕이 개칭한 것으로 지금은 옛 명칭으로 회복했다.

⊙ 곡성군은 원래 백제의 욕내군을 경덕왕이 개칭한 것으로 지금도 그대로 부른다. 이 군의 현은 셋으로 부유현은 백제의 둔지현을 경덕왕이 개칭한 것으로 지금도 그대로 부른다. 구례현은 원래 백제의 구차례현을 경덕왕이 개칭한 것으로 지금도 그대로 부른다. 동복현은 원래 백제의 두부지현을 경덕왕이 개칭한 것으로 지금도 그대로 부른다.

⊙ 능성군은 원래 백제의 이릉부리군을 경덕왕이 개칭한 것으로 지금도 그대로 부른다. 이 군의 현은 둘로, 부리현은 원래 백제의 파부리군을 경덕왕이 개칭한 것으로 지금의 복성현이다. 여미현은 원래 백제의 잉리아현을 경덕왕이 개칭한 것으로 지금의 화순현이다.

⊙ 금산군은 원래 백제의 발라군을 경덕왕이 개칭한 것으로 지금의 나주목이다. 이 군의 현은 셋으로, 회진현은 원래 백제의 두힐현을 경덕왕이 개칭한 것으로 지금도 그대로 부른다. 철야현은 원래 백제의 실어산현을 경덕왕이 개칭한 것으로 지금도 그대로 부른다. 여황현은 원래 백제의 수천현을 경덕왕이 개칭한 것으로 지금도 그대로 부른다.

⊙ 양무군은 원래 백제의 도무군을 경덕왕이 개칭한 것으로 지금의 도강군이다. 이 군의 현은 넷으로, 고안현은 원래 백제의 고서이현을 경덕왕이 개칭한 것으로 지금의 죽산현이다. 탐진

현은 원래 백제의 동음현을 경덕왕이 개칭한 것으로 지금도 그대로 부른다. 침명현은 원래 백제의 새금현을 경덕왕이 개칭한 것으로 지금의 해남현이다. 황원현은 원래 백제의 황술현을 경덕왕이 개칭한 것으로 지금도 그대로 부른다.

⊙ 무안군은 원래 백제의 물아혜군을 경덕왕이 개칭한 것으로 지금도 그대로 부른다. 이 군의 현은 넷으로, 함풍현은 원래 백제의 굴내현을 경덕왕이 개칭한 것으로 지금도 그대로 부른다. 다기현은 원래 백제의 다지현을 경덕왕이 개칭한 것으로 지금의 모평현이다. 해제현은 원래 백제의 도제현을 경덕왕이 개칭한 것으로 지금도 그대로 부른다. 진도현은 원래 백제의 인진도군을 경덕왕이 개칭한 것으로 지금도 그대로 부른다.

⊙ 노산군은 원래 백제의 도산현을 경덕왕이 개칭한 것으로 지금의 가흥현이다. 이 군의 현은 하나로, 첨탐현은 원래 백제의 매구리현을 경덕왕이 개칭한 것으로 지금의 임회현이다.

⊙ 압해군은 원래 백제의 아차산현을 경덕왕이 개칭한 것으로 지금도 그대로 부른다. 이 군의 현은 셋으로, 갈도현은 원래 백제의 아로현을 경덕왕이 개칭한 것으로 지금의 육창현이다. 염해현은 원래 백제의 고록지현을 경덕왕이 개칭한 것으로 지금의 임치현이다. 안파현은 원래 백제의 거지산현을 경덕왕이 개칭한 것으로 지금의 장산현이다.

삼국사기
三國史記新羅本紀 第三七卷

삼국사기권제37

잡지 제6
지리 4. 고구려, 백제

고구려

⊙『통전』에,

"주몽이 한나라 건소 2년에 북부여에서 동남방으로 나와 보술수를 건너 홀승골성에 이르러 국호를 고구려라 하고 성씨를 '고'라고 했다."

고 되어 있다.『고기』에는,

"주몽이 부여로부터 난을 피해 졸본에 이르렀다."

고 기록되어 있으니, 홀승골성과 졸본은 같은 지방인 것 같다.『한서지』에,

"요동군은 낙양과의 거리가 3천6백 리이고, 이에 속한 현으로 무려가 있었으니, 바로『주례』에 이른바 북진의 의무려산이고, 대요 때는 아래쪽에 의주를 설치했다. 현토군은 낙양과 동북으로 4천 리 떨어져 있었고, 이에 속한 현이 셋이다. 고구려가 그 중의 하나다."

라고 되어 있다. 즉 주몽이 도읍을 정한 흘승골과 졸본지방은 아마 한나라 현토군의 경내이고, 대요국 동경의 서쪽인 듯하며,『한서지』에서 이른바 현토군의 속현으로서의 고구려가 바로 이

고곳이 아닌가 한다. 옛날 대요가 멸망하기 전 요제가 연경에 있었으므로 우리 사신들이 동경을 지나 요수를 건너 하루이틀 사이에 의주에 당도해 연계로 향했으니 『한서지』의 기록이 옳음을 알 수 있다. 주몽이 흘승골성에 도읍을 정한 후부터 40년이 지나 유류왕 22년에 도읍을 국내성으로 옮겼다.

◉ 『한서』에는,

"낙랑군에 속해 있는 불이현이 있다."

고 기록되어 있고, 총장 2년에 영국공 이적이 칙명에 따라서 고구려의 모든 성에 도독부와 주현을 설치했다.

『목록』에는,

"압록강 이북에서 이미 항복한 성이 11개인데 그중 하나가 국내성이며, 평양에서 국내성까지는 17개의 역이 있었다."

고 기록되어 있으니, 이 성도 역시 북조北朝 경내에 있었던 것으로 다만, 어느 곳인지를 알 수가 없을 뿐이다. 국내성에 도읍한지 425년이 지난 장수왕 15년에 평양으로 서울을 옮겼다. 평양에서 156년이 지난 평원왕 28년에 장안성으로 서울을 옮겼으며, 장안성에서 83년이 지난 보장왕 27년에 멸망했다. 옛 사람의 기록에도 시조 주몽에서 보장왕까지의 연대가 분명하고 상세하다. 하지만 혹자는, "고국원왕 33년에 평양 동쪽 황성으로 옮겼는데, 그 성은 지금 서경의 동쪽 목멱산 가운데 있었다." 라고 하니, 어느 말이 옳은 지 알 수 없다 평양성은 지금의 서경인 듯하고 패수는 대동강으로, 어찌 이를 알 수 있을까?

『당서』에,

"평양성은 한나라의 낙랑군으로 산굽이를 따라 성을 둘러쌓았고 남으로 패수가 놓였다."

라고 기록되어 있다. 또『한지』에,

"등주에서 동북쪽 바닷길로 나서서 남쪽으로 해변을 끼고 패강 어귀에 있는 초도를 지나면 신라의 서북 지방에 도달할 수 있다."

라고 기록되어 있고, 또한 수나라 양제의 동방 정벌 조서에,

"창해 방면 군사는 선박이 천 리에 뻗쳤는데, 높직한 돛은 번개같이 달리고 커다란 전함들은 구름처럼 날아서 패강을 횡단해 멀리 평양에 도착했다."

라는 기록되어 있으니, 이것들을 종합적으로 분석해 보면 지금의 대동강이 패수인 것이 명백하고, 서경이 평양이라는 것도 알 수 있다.

『당서』에,

"평양성을 장안이라고도 불렀다."

라고 기록이 있고,『고기』에,

"평양으로부터 장안으로 옮겼다."

라는 기록이 있으니 이 두 성이 동일한 것인지 아니면 얼마나 떨어져 있었는지에 대해서는 알 수가 없다. 고구려는 처음 중국 북부지역에 있다가 점차적으로 동방 패수 옆으로 이동했다. 발해사람 무예가 말하기를,

"옛날 고구려의 전성시대에는 군사 30만으로 당과 대적했다."

라 하였으니 고구려의 지세가 유리하고 군사들이 강했다고 할 수 있다. 그러나 고구려 말기에 이르러 임금과 신하가 우매하고 포학해 각자의 도리를 다하지 못했다. 이에 당나라가 군사를 출동시키고, 신라가 도와 평정한 것이다. 그 지역 대부분이 발해와 말갈로 편입되었고, 신라에서도 남쪽 지방을 차지해 한주,

삭주, 명주 등 3주와 군현을 두어 9주를 설치했다.

⊙ 한산주, 국원성미을성 또는 탁장성, 남천현남매, 구성멸오, 잉근내군, 술천군성지매, 골내근현, 양근현거사참, 금물내군만노, 도서현도분, 잉홀, 개차산군, 노음죽현, 나혜홀, 며복홀, 사산현, 매홀수성, 당성군, 상홀차홀, 부산현송촌활달, 율목군동사힐, 잉벌노현, 재차파의현, 매소홀현미추홀, 장항구현고사야홀차, 주부토군, 수이홀, 금포현, 동자홀현구사파의, 평회압현별사파의이거나 淮를 唯로도 씀, 북한산군평양, 골의내현, 왕봉현개백, 한씨 미녀가 안장왕을 맞았던 곳이라 하여 왕봉으로 불렀다, 매성군마홀, 칠중현난은별, 파해호사현액봉, 천정구현어을매곶, 술이홀현혹은 수니홀, 달을성현한씨 미녀가 높은 산마루에서 봉화를 놓고 안장왕을 맞았던 곳이라고 해 후일에 고봉이라 불렀다, 비성군마홀, 내을매내이미, 철원군모을동비, 양골현, 승량현비물, 공목달웅섬산, 부여군, 어사내현부양, 오사함달, 아진압현궁악, 소읍두현, 이진매현, 우잠군우령 또는 수지의, 장항현고사야홀차, 장천성현야야나 야아, 마전천현이사파홀, 부소압, 약지두치현삭두 또는 의두, 굴어갑홍서, 동비홀, 덕물현, 진림성현오아홀, 혈구군갑비고차, 동음나현휴음, 고목근현달을참, 수지현신지, 대곡군다지홀, 수곡성현매단홀, 십곡현덕돈홀, 동음홀시염성, 도랍현치악성, 오곡군궁차운홀, 내미홀지성 또는 장지, 한성군한홀 또는 식성 또는 내홀, 휴류성조파나 휴암군 장새현혹은 고소어, 동홀우동어홀, 금달신달 또는 식달, 구을현굴천은 지금의 풍주이다.

궐구는 지금의 유주이다.

율구율천는 지금의 은률현이다.

장연은 지금도 그대로 부른다.

마경이는 지금의 청송현이다.

양악은 지금의 안악군이다.

판마곶은 지금의 가화현이다.

웅한이는 지금의 수녕현이다.

옹천은 지금의 옹진현이다.

부진이는 지금의 영강현이다.

곡도는 지금의 백령진이다.

승산은 지금의 신주이다.

가화압, 부사파의현구사현, 우수주수차약 또는 오근내, 벌력천현, 횡천현어사매, 지현현, 평원군북원, 나토군대제, 사열이현, 적산현, 근평현병평, 심천현복사매, 양구군요은홀차, 저족현오사형, 옥기현개차정, 삼현현밀파혜, 성천군야시매, 대양관군마근압, 매곡현, 고사마현, 급벌산군, 이벌지현자벌지, 수성천현수천, 문현현근시파혜, 모성군야차홀, 동사홀, 수입현매이현, 객련군가혜아, 적목현사비근을, 관술현, 저란현현오생파의 또는 저수 천성군비열홀, 경곡현수을탄, 청달현석달, 살한현, 가지달현, 어지탄익곡, 매시달, 천정군어을매, 부사달현, 동허현가지근, 나생군, 을아차현, 우오현욱오, 주연현, 하슬라주하서량 또는 하서, 내매현, 동토현, 지산현, 혈산현, 수성현가아홀, 승산현소물달, 익현현이문현, 달홀, 저수혈현오사합, 평진현현평진파의, 도림현조을포, 휴양군금뇌, 습비곡탄, 토상현, 기연현, 곡포현고의포, 죽현현나생어, 만약현면혜, 파리현, 우진야군, 파차현파풍, 야시홀군, 조람군재람, 청이현, 굴화현, 이화혜현, 우시군, 아혜현, 실직군사직, 우곡현.

이상은 고구려의 주, 군, 현 등으로 모두 164개소이다. 신라에서 개칭한 것과 지금의 명칭은 『신라지리지』에 실려있다.

백제

⊙『후한서』에,

“삼한은 대략 78개 나라였으며, 백제가 이 중의 하나였다.”

라고 기록이 있다.

『북사』에,

“백제는 동쪽으로는 신라에 닿았고, 서쪽과 남쪽은 모두 큰 바다와 닿았으며, 북쪽은 한강에 접했다. 수도는 거발성 또는 고마성이라며, 그밖에 다시 오방성이 있었다.”

고 기록되어 있다.

『통전』에,

“백제는 남쪽으로는 신라와 닿았고, 북쪽으로는 고구려에 이르며, 서쪽으로는 큰 바다를 경계로 하였다.”

고 기록되어 있다.

『구당서』에,

“백제는 부여와 다른 종족으로서 동북쪽으로는 신라가 있고, 서쪽으로는 바다를 건너 월주에 이르고, 남쪽으로는 바다를 건너면 왜에 이르며, 북쪽에 고구려가 있고, 나라 왕이 있는 곳에 동서의 두개 성이 있었다.”

고 기록되어 있다.

『신당서』에,

“백제의 서쪽 경계는 월주이고 남쪽은 왜인데, 모두 바다를 사이에 두고 있고 북쪽은 고구려다.”

라고 기록되어 있다. 고대의 기록에,

“동명왕의 셋째 아들 온조가 전한 홍가 3년 계묘에 졸본부여를 떠나 위례성에 도착해 도읍을 세우고 왕이 되었다. 이로부터 389년이 지난 13대 근초고왕에 이르러 고구려 남평양을 빼앗고 한성에 도읍을 정한 후 105년을 지냈다. 22대 문주왕에 이르러 도읍을 웅천으로 옮겨 63년을 지냈다. 26대 성왕 때 도읍을 소부리로 옮기고 다음 국호를 남부여라고 하고 31대 의자왕까지 122년을 지냈다. 당나라 현경 5년은 의자왕 20년으로, 이때 신라 유신이 당나라 소정방과 함께 백제를 평정했다. 옛날 백제는 5부에 37개 군, 2백 개 성, 76만 호를 나눠서 통솔했다. 평정 후 당나라는 그 지역에 웅진, 마한, 동명 등의 도독부를 설치하고, 그곳의 추장들을 도독부자사로 삼았다. 그러나 얼마 후 신라가 그곳을 모두 차지해 웅주, 전주, 무주 등의 3주와 여러 군현을 설치했다. 이로써 신라는 백제 땅과 고구려의 남쪽 지역을 비롯해 신라의 본토를 합해 모두 9주로 만들었다."

고 기록되어 있다.

⊙ 웅천주웅진, 열야산현, 벌음지현, 서원비성 또는 자곡, 대목악군, 기매현임천, 구지현, 가림군, 마산현, 대산현, 설림군, 사포현, 비중현, 마시산군, 우견현, 금물현, 구군, 벌수지현, 여촌현, 사평현, 소부리군사비, 진악산현, 열이현두릉윤성, 두곶성, 윤성, 임존성, 고량부리현, 오산현, 황등야산군, 진현현정현, 진동현, 우술군, 노사지현, 소비포현, 결이군, 신촌현, 사시량현, 일모산군, 두잉지현, 미곡현, 기군, 성대혜현, 지륙현, 탕정현, 아술현, 굴지현굴직, 완산비사벌 또는 비자화, 두이현왕무, 구지산현, 고산현, 남원고룡군, 대시산군, 정촌현, 빈굴현, 야서이현, 고사부리군, 개화현, 흔량매현, 상칠현, 진내군진잉을, 두시이현부시이, 물거현, 적천현, 덕근군, 가지나현가을내, 지량초현, 공벌공현, 시

산군절문, 감물아현, 마서량현, 부부리현, 벽골군, 두내산현, 수동산현, 내리아현, 무근현, 도실군, 역평현, 돌평현, 금마저군, 소력지현, 알야산현, 간소저현, 백해군백, 난진아현, 우평현, 임실군, 마돌현혹은 마진, 거사물현, 무진주노지, 미동부리현, 복룡현, 굴지현, 분차군부사, 조조례현, 동로현, 두힐현, 비사현, 복홀군, 마사량현, 계천현, 오차현, 고마미지현, 추자혜군, 과지현과혜, 율지현, 월나군, 반나부리현, 아로곡현, 고미현, 고시이현, 구사진혜현, 소비혜현, 무시이군, 상로현, 모량부리현, 송미지현, 삽평군무평, 원촌현, 마로현, 돌산현, 욕내군, 둔지현, 구차례현, 두부지현, 이릉부리군죽수부리 또는 인부리, 파부리군, 잉리아현해빈, 발라군, 두힐현, 실어산현, 수천현수입, 도무군, 고서이현, 동음현, 새금현착빈, 황술현, 물아혜군, 굴내현, 다지현, 도제현음해, 인진도군바다 섬, 도산현바다 섬이고 원산, 매구리현바다 섬, 아차산군, 갈초현하로 또는 곡야, 고록지현개요, 거지산현안릉, 나이군.

이상 백제의 주, 군, 현은 모두 147개소인데, 신라에서 개칭한 것과 지금의 명칭들은 『신라지리지』에 실려있다.

⊙ 위치가 확실하지 않고 이름만 남아있는 삼국시대 지명들

조준향, 신학촌, 상란촌, 대선궁, 봉정촌, 비룡촌, 사룡향, 접선향, 경인향, 호례향, 적선향, 수의향, 단금향, 해풍향, 북명향, 여금성, 접령향, 하청향, 강녕향, 함녕향, 순치향, 건절향, 구민향, 철산향, 금천향, 목인향, 영지향, 영안향, 무안향, 부평향, 곡성향, 밀운향, 의록향, 이인향, 상인향, 봉덕향, 귀덕향, 영풍향, 율공향, 용교향, 임천향, 해주성, 강릉향, 철구향, 강남향

하동향, 격란향, 노균성, 영수성, 보검성, 악양성, 만수성, 탁금성, 하곡성, 악남성, 추반성, 진금성, 간수성, 방해성, 만년향, 음인향, 통로향, 회신향, 강서향, 이상향, 포충향, 연가향, 천로향, 한녕성, 회창궁, 요선궁, 북해통, 염지통, 동해통, 해남통, 북요통, 말강성, 순기성, 봉천성, 방정성, 내원성, 내진성, 건문역, 곤문역, 감문역, 간문역, 태문역, 대호성, 대산군, 고미현, 북외군, 비뇌성, 표천현, 고이도, 천주, 냉정현, 위례성, 비지국, 남신현, 요거성, 사도성, 골화국, 마두책, 괴곡성, 장봉진, 독산성, 활개성, 모로성, 광석성, 좌라성, 호명성, 도야성, 호산성, 임해진, 장령진, 우산성, 급리미성, 실진성, 덕골성, 대림성, 벌음성, 주산성, 다벌국, 근암성, 점노성, 가잠성, 당항성, 석토성, 부산성, 아단성, 부라성, 이산성, 감물성, 동잠성, 골평성, 달함성, 서곡성, 물벌성, 소타성, 외석성, 천산성, 옹잠성, 독모성, 부곡성, 서단성, 미후성, 앵잠성, 기잠성, 기현성, 용책성, 와산성, 습수, 용마, 저악, 병산, 직붕, 달벌, 엽산, 목출도, 구양, 대구, 사현, 웅곡, 풍도, 부현, 낭산, 총산, 안북하, 박작성, 개마국, 구다국, 화려성, 조나국, 적봉진, 단려성, 가시성, 석성, 수구성, 비창성, 개모성, 사비성, 우산성, 도살성, 백암성, 건안성, 창암성, 욕이성, 송양국, 행인국, 횡산, 백수산, 가섭원, 동모하, 우발수, 엄호수, 비류수, 살수, 모둔곡, 골령, 용산, 골천, 양곡, 기산, 장옥택, 역산, 여진, 위중림, 오골, 사물택, 귀단수, 안지, 살하수, 모천, 마령, 학반령, 마읍산, 왕골령, 두곡, 골구천, 이물림, 거회곡, 갈사수, 연야부, 북명산, 민중원, 모본, 계산, 왜산, 잠지락, 평유원, 구산뢰, 좌원, 질산, 고국곡, 좌물촌, 고국원, 배령, 주통촌, 거곡, 청목곡, 두눌하, 시원, 기구, 중천, 해곡, 서천, 곡림, 오천, 수실촌, 사수촌, 봉산, 후산, 미천, 단웅곡, 마수산, 장성, 마미산, 은산, 후황, 영류산, 소수림, 독산, 무려라, 대부현, 마수성, 병산책, 보술수, 봉현, 독산책, 구천책, 주양성, 석두성, 고목성, 원산성, 금현성, 대두산성 우곡성, 횡악, 견아성, 적현성, 사도성, 덕안성, 한천, 부산, 석천, 구원, 팔압성, 관미성, 석현성, 쌍현성, 사구성, 두곡, 이산성, 우명곡, 사정성, 마포촌, 장령성, 가불성, 위천, 호산, 혈성, 독산성, 금현성, 각산성, 송산성, 적암성, 생초원, 마천성, 침현, 진도성, 고울부, 갈령, 지라성혹은 주류성, 대산책, 욱리아, 숭산, 장토야, 절영산, 청진, 유봉도, 대거, 견롱, 부서도, 봉택, 용구, 연성원, 부운도, 천마산, 해빈도, 학중도, 옥새, 연봉, 총림, 승천도, 승황도, 괄준산, 절군산, 구린도, 부도도, 토경산, 하정도, 유기산, 평원, 대택, 기린택, 섭경산, 금혈, 난지, 서극산, 포양구, 철가산, 도림, 석력산, 서린원, 녹원, 사원, 풍달군, 왈상군

⊙ 총장 2년 2월, 전 사공겸태자태사영국공 이적 등이 당나라 고종에게 상주하기를,

"고구려의 모든 성에 도독부와 주, 군을 설치하는 일은, 마땅히 남생과 함께 논의해 상주하라는 칙명을 받들었기에, 이상과 같은 문건을 올립니다."

라고 하자, 고종이 칙명을 내려,

"주청에 의해 주, 군은 모름지기 중국에 예속시켜야 하므로 요동도안무사겸우상 유인궤에게 위임하라."

고 했다. 그래서 그곳을 적당하게 나눠 모두 안동도호부로 예속시켰다.

⊙ 압록강 이북에서 항복하지 않은 11개 성은 다음과 같다.
원래 조리비서였던 북부여성주.
원래 무자홀이었던 절성.
원래 초파홀이었던 풍부성.
원래 구차홀혹은 돈성이었던 신성주.
원래 파시홀이었던 도성.
원래 비달홀이었던 대두산성.
원래 오열홀이었던 요동성주.
옥성주.
백석성.
다벌악주.
옛날 안시홀이었던 안시성.
⊙ 압록강 이북의 항복한 11개 성은 다음과 같다.
양암성.
목저성.
수구성.
남소성.
원래 감물이홀이었던 감물주성.
능전곡성.
원래 거시압이었던 심악성.
국내주
원래 초리파리홀이었던 설부루성.
원래 골시압성 자목성이었던 후악성.
자목성.
⊙ 압록강 이북의 도망한 7개 성은 다음과 같다.

원래 내물홀이었던 연성.

면악성.

원래 개시압홀이었던 아악성.

원래 감미홀이었던 취악성.

원래 적리홀이었던 적리성.

원래 소시홀이었던 목은성.

원래 가시달홀이었던 이산성.

⊙ 압록강 이북에서 정복한 3개 성은 다음과 같다.

원래 갑홀이었던 혈성.

원래 절홀이었던 은성.

원래 사홀이었던 사성.

⊙ 도독부의 13개 현은 다음과 같다.

우이현.

신구현.

원래 열이였던 윤성현.

원래 고량부리였던 인덕현.

원래 신촌이었던 산곤현.

원래 구시파지였던 안원현.

원래 비물이었던 빈문현.

원래 마사량이었던 귀화현.

매라현.

원래 고막부리였던 감개현.

원래 나서혜였던 나서현.

원래 덕근지였던 득안현.

원래 고마산이었던 용산현.

◉ 동명주의 4개 현은 다음과 같다.
원래 웅진촌이었던 웅진현.
원래 아로곡이었던 노신현.
원래 구지였던 구지현.
원래 벌음촌이었던 부림현.
◉ 지심주의 9개 현은 다음가 같다.
원래 금물이었던 이문현.
원래 지삼촌이었던 지심현.
원래 고산이었던 마진현.
원래 부수지였던 자래현.
원래 개리이였던 해례현.
원래 고마지였던 고로현.
원래 지류였던 평이현.
원래 사호살이었던 산호현.
원래 거사물이었던 융화현.
◉ 노산주의 6개 현은 다음과 같다.
원래 감물아였던 노산현.
원래 구지지산이었던 당산현.
원래 두시였던 순지현.
원래 지마마지였던 지모현.
원래 마지사였던 오잠현.
원래 원촌이었던 아착현.
◉ 원래 고사부리였던 고사주의 5개 현은 다음과 같다.
원래 고사부촌이었던 평왜현.
원래 대시산이었던 대산현.

원래 벽골이었던 벽성현.

원래 상두였던 좌찬현.

원래 두나지였던 순모현.

⊙ 원래 호시이성이었던 사반주의 4개 현은 다음과 같다.

원래 호시이촌이었던 모지현.

원래 모량부리였던 무할현.

원래 상로였던 좌로현.

원래 부지였던 다지현.

⊙ 원래 죽군성이었던 대방주의 6개 현은 다음과 같다.

원래 지류였던 지류현.

원래 굴나였던 군나현.

원래 추산이었던 도산현.

원래 반나부리였던 반나현.

원래 두힐이었던 죽군현.

원래 파로미였던 포현현.

⊙ 원래 파지성이었던 분차주의 4개 현은 다음과 같다.

원래 구사진혜였던 귀단현.

원래 매성평이었던 수원현.

원래 추자혜였던 고서현.

군지현.

⊙ 가탐의 『고금군국지』에.

"발해국의 남해, 압록, 부여, 책성 등의 4개 부府는 모두 고구려의 옛 땅이었고, 신라 천정군에서 책성부까지 모두 39개 역이 있었다."

라고 기록되어 있다.

삼국사기
三國史記新羅本紀 第三八卷

삼국사기권제38

잡지 제7
직관 (상)

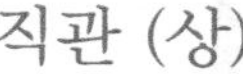

직관 (상)

⊙ 신라 관직의 호칭은 시대에 따라 바뀌었으므로 명칭이 동일하지 않다. 또한 당나라 명칭과 고려의 명칭이 섞여있다. 예를 들면 시중이나 낭중의 관직은 모두 당나라의 관직명으로 의미를 알 수 있다. 그러나 이벌찬이나 이찬과 같은 관직은 우리나라 말로 명칭을 붙여 뜻을 알 수가 없다. 처음 이런 관직을 제정했을 때는 반드시 관직에 따라 일정한 임무가 있고, 직위마다 일정한 인원이 있었을 것이며, 또 이것으로써 직책의 상하를 구분하고, 능력의 대소에 따라 임무가 주어졌을 것이다. 그러나 안타깝게도 세월이 흐르면서 문헌이 사라져 고증하거나 상세하게 밝힐 수 없었다. 신라의 2대 임금 남해왕이 나랏일을 대신에게 위임하면서 대보로 삼았고, 3대 임금 유리왕이 17등급의 작위를 둔 것은 알 수 있으나 그 이후는 관직명이 복잡하게 많아졌다. 이제 고증할 수 있는 부분을 모아 이 책에 기록한다.

⊙ 대보: 남해왕 7년에 탈해를 대보로 삼았다.

유리왕 9년에 다음과 같은 17등급을 두었다.

1, 이벌찬이벌간, 우벌찬, 각간, 각찬, 서발한, 서불한

2. 이척찬이찬.

3. 잡찬잡판이나 소판.

4. 파진찬해간이나 파미간.

5. 대아찬. 이로부터 위로 이벌찬까지는 오로지 진골만이 될 수 있었고, 다른 계통은 해당되지 않는다.

6. 아찬아척간이 또는 아찬, 여기에는 중아찬에서 사중아찬까지 있다.

7. 일길찬을길간.

8. 사찬살찬이나 사돌간.

9. 급벌찬급찬이나 급복간.

10. 대나마대나말, 여기에는 중나마에서 구중나마까지 구분되어 있다.

11. 나마나말, 여기에는 중나마에서 칠중나마까지 구분되어 있다.

12. 대사.

13. 사지.

14. 길사.

15. 대오.

16. 소오.

17. 조위.

⊙ 상대등.

법흥왕 18년에 처음으로 둔 관직이다.

⊙ 대각간.

태종왕 7년, 백제를 멸하고 공로를 평가할 때, 대장군 김유신을 대각간으로 임명해 이전 17등급 작위의 최고위 등급에 첨가했다. 그러므로 대각간은 고정적인 직위는 아니다.

⊙ 태대각간

문무왕 8년에 고구려를 멸하고 유수 김유신을 태대각간에 임명해 그의 원훈을 표창했다. 이것은 이전 17등급의 작위 및 대각간보다 상위에 두어 특별한 우대의 예를 표한 것이다.

⊙ 집사성

본래는 늠주라고 했는데, 진덕왕 5년에 집사부로 고쳤고, 흥덕왕 4년에 다시 집사성으로 개칭했다. 여기에는 1명의 중시가 있었다. 이 관청은 진덕왕 5년에 설치되어 경덕왕 6년에 시중으로 고쳤고, 관등은 대아찬에서 이찬까지다. 2명의 전대등은 진흥왕 26년에 두었다가 경덕왕 6년에 시랑으로 고쳤다. 관등은 나마에서 아찬까지다. 2명의 대사를 진평왕 11년에 두었고, 경덕왕 18년에 낭중으로 고쳤다. 관등은 사지에서 나마까지다. 2명의 사지를 신문왕 5년에 두었는데, 경덕왕 18년에 원외랑으로 고쳤다가 혜공왕 12년에 다시 사지로 개칭했다. 관등은 사지에서 대사까지다. 14명의 사는 문무왕 1년에 6명을 증원했고, 경덕왕 때 낭으로 개칭했다가 혜공왕 때 다시 사로 개칭했다. 관등은 선저지에서 대사까지다.

⊙ 병부

법흥왕 3년에 처음으로 1명의 영을 두었는데, 진흥왕 5년에 1명을 증원했으며, 태종왕 6년에 다시 1명을 증원했다. 관등은 대아찬에서 태대각간까지다. 영은 재상과 사신私臣을 겸할 수 있었다. 진평왕 45년에 처음으로 2명이 대감을 두었는데, 태종왕 15년에 1명을 증원했고, 경덕왕 때 시랑으로 고쳤다가 혜공왕 때 다시 대감으로 개칭했다. 관등은 찬에서 아찬까지다. 진평왕 11년에 2명의 제감을 두었는데, 태종왕 5년에 대사로 고쳤고, 경덕왕 때 낭중으로 고쳤다가 혜공왕 때 대사로 개칭했다. 관등은 사지에서 나마까지다. 문무왕 12년에 처음으로 1명의 노사지를 두었는데, 경덕왕 때 사병으로 고쳤다가, 혜공왕 때 다시 노사지로 개칭했다. 관등은 사지에서 대사까지다. 병부에는 12명의 사를 두었는데, 문무왕 11년에 2명을 증원했고, 12년에 다시 3명을 증원했다. 관등은 선저지에서 대사까지다. 문무왕 11년에 1명의 노당을 두었는데, 경덕왕 때 소사병으로 고쳤다가 혜공왕 때 다시 이전의 명칭으로 바꾸었다. 관등은 사와 동일하다.

⊙ 조부

진평왕 6년에 설치했는데, 경덕왕 때에 대부로 고쳤다가 혜공왕 때 다시 이전 명칭으로 바꾸었다. 진덕왕 5년 조부에 2명의 영을 두었는데, 관등은 금하에서 태대각간까지다. 2명의 경을 두었다가 문무왕 15년에 1명을 증원했다. 관등은 병부의 대감과 동일하다. 진덕왕 때 2명의 대사를 두었는데, 경덕왕 때 주부로 고쳤다가 혜공왕 때 다시 대사로 바꾸었다. 관등은 사지에서 나마까지다. 신문왕 5년에 1명의 사지를 두었는데, 경덕왕 때 사고로 고쳤다가 혜공왕 때 다시 사지로 바꾸었다. 관등은 사지에서 대사까지다. 8명의 사를 두었는데, 효소왕 4년에 2명을 증원했다. 관등은 병부의 사와 동일하다.

⊙ 경성주작전

이 관청은 경덕왕 때 수성부로 고쳤다가 혜공왕 때 옛날의 명칭으로 바꾸었다. 성덕왕 31년에 5명의 영을 두었는데, 관등은 대아찬에서 대각간까지다. 성덕왕 32년에 6명의 경을 두었는데, 관등은 집사성 시랑과 동일하다. 이곳에는 6명의 대사가 있었는데, 경덕왕 때 명칭을 주부로 했다가 혜공왕 때 대사라고 고쳤다. 관등은 사지에서 대나마까지다. 사지는 1명으로 경덕왕 때 명칭을 사공으로 고쳤다가 혜공왕 때 다시 사지라고 바꾸었다. 관등은 사지에서 대사까지다. 사는 8명인데 관등은 조부의 사와 동일하다.

◉ 사천왕사성전

경덕왕 때 감사천왕사부로 고쳤다가 혜공왕 때 이전 명칭으로 바꾸었다. 이곳에는 1명의 금하신을 두었는데, 경덕왕 때 명칭을 감령으로, 혜공왕 때 다시 금하신으로, 애장왕 때 영으로 고쳤다. 관등은 대아찬에서 각간까지다. 상당은 1명으로 경덕왕 때 명칭을 경으로, 혜공왕 때 다시 상당으로, 애장왕 때 다시 경으로 바꾸었다. 관등은 나마에서 아찬까지다. 적위는 1명으로 경덕왕 때 명칭을 감으로. 혜공왕 때 다시 적위라고 하였다. 청위는 2명으로 경덕왕 때 명칭을 주부로, 혜공왕 때 다시 청위로, 애장왕 때는 대사로 고쳤으며 1명을 감원했다. 관등은 사지에서 나마까지다. 사는 2명이다.

◉ 봉성사성전

경덕왕 때 명칭을 수영봉성사사원으로 고쳤다가 후에 종전의 명칭으로 고쳤다. 이곳에 1명의 금하신이 있었는데, 경덕왕 때 명칭을 검교사로, 혜공왕 때 다시 금하신으로, 애장왕 때 영으로 고쳤다. 상당은 1명으로 경덕왕 때 부사로 고쳤다가 후에 상당으로 고쳤다. 적위는 1명으로 경덕왕 때 명칭을 판관으로 고쳤다가 뒤에 다시 적위라고 했다. 청위는 1명으로 경덕왕 때 명칭을 녹사로 고쳤다가 뒤에 다시 청위라 했다. 사는 2명으로 경덕왕 때 명칭을 전으로 고쳤다가 뒤에 사라고 고쳤다.

⊙ 감은사성전

경덕왕 때 명칭을 수영감은사사원으로 고쳤다가 뒤에 종전의 명칭으로 회복시켰다. 이곳에 금하신 1명을 두었는데, 경덕왕 때 명칭을 검교사로, 혜공왕 때 다시 금하신으로, 애장왕 때 영으로 고쳤다. 상당은 1명을 두었는데, 경덕왕 때 부사로, 혜공왕 때 상당으로, 애장왕 때 경으로 고쳤다.경을 없애고 적위를 두었다고도 함 적위는 1명을 두었는데, 경덕왕 때 판관으로 고쳤다가 후에 적위로 고쳤다. 청위는 1명으로 경덕왕 때 녹사로 고쳤다가 뒤에 다시 청위로 바꾸었다. 사는 2명인데, 경덕왕 때 전으로 고쳤다가 후에 다시 사로 고쳤다.

⊙ 봉덕사성전

경덕왕 18년 때 명칭을 수영봉덕사사원으로 고쳤다가 뒤에 이전 명칭으로 고쳤다. 이곳에 금하신 1명을 두었는데, 경덕왕 때 그 명칭을 검교사, 혜공왕 때 금하신으로, 애장왕 때 다시 경으로 고쳤다. 상당은 1명을 두었는데, 경덕왕 때 명칭을 부사로, 혜공왕 때 상당으로, 애장왕 때 다시 경으로 고쳤다. 적위는 1명을 두었는데, 경덕왕 때 명칭을 판관으로, 혜공왕 때 다시 적위로 고쳤다. 청위는 2명으로 경덕왕 때 명칭을 녹사로, 혜공왕 때 다시 청위로 했다. 사는 6명인데 뒤에 4명을 감원했으며 경덕왕 때 명칭을 전으로, 혜공왕 때 사로 고쳤다.

⊙ 봉은사성전

혜공왕 때 처음으로 금하신 1명을 두었는데, 애장왕 때 영으로 고쳤다. 혜공왕 때 처음으로 부사 1명을 두었다가 얼마 후에 상당으로 개칭했고, 애장왕 때 경으로 고쳤다. 대사 2명, 사 2명을 두었다.

◉ 영묘사성전

경덕왕 18년에 수영영묘사사원으로 고쳤다가 뒤에 이전 명칭으로 고쳤다. 이곳에 상당 1명을 두었는데, 경덕왕 때 명칭을 판관으로 고쳤다가 후에 다시 상당으로 고쳤다. 청위는 1명인데, 경덕왕 때 녹사로 고쳤다가 후에 대사로 개칭했다. 사는 2명이다.

◉ 영흥사성전

신문왕 4년에는 처음으로 설치하여 경덕왕 18년에 명칭을 감영흥사관으로 개칭했다. 이곳에 대나마 1명을 두었는데, 경덕왕 때 명칭을 감으로 고쳤다. 사는 3명을 두었다.

◉ 창부

옛날에는 창부의 일을 늠주에게 겸임시켰는데, 진덕왕 5년에 이 기관을 나누었다. 이곳에 영 2명을 두었는데, 관등은 대아찬에서 대각간까지다. 진덕왕 5년에 경 2명을 두었고, 문무왕 15년에 1명을 증원했으며, 경덕왕 때 시랑으로, 혜공왕 때 다시 경으로 바꾸었다. 관등은 병부의 대감과 동일하다. 대사 2명을 진덕왕 때 두었는데, 경덕왕 때 명칭을 낭중으로, 혜공왕 때 대사로 고쳤다. 관등은 병부의 대사와 동일하다. 효소왕 8년에 조사지 1명을 두었는데, 경덕왕 때 명칭을 사창으로, 혜공왕 때 이전 명칭으로 회복시켰다. 관등은 노사지와 동일하다. 사 8명을 진덕왕 때 두었는데, 문무왕 11년에 3명, 12년에 7명, 효소왕 8년에 1명, 경덕왕 11년에 3명, 혜공왕 때 8명을 증원했다.

◉ 예부

진평왕 8년에 영 2명을 두었는데, 관등은 병부의 영과 동일하다. 진덕왕 2년5년이라고도 함에 경 2명을 두었는데, 문무왕 15년에 1명을 증원했다. 관등은 조부의 경과 동일하다. 진덕왕 5년에 대사 2명을 두었는데, 경덕왕 때 명칭을 주부로 고쳤다가 후에 대사로 고쳤다. 관등은 조부의 대사와 동일하다. 사지는 1명으로 경덕왕 때 사례로 고쳤다가 후에 사지라 고쳤다. 관등은 조부의 사지와 동일하다. 사는 8명으로 진덕왕 5년에 3명을 증원했다. 관등은 조부의 사와 동일하다.

⊙ 승부

경덕왕 때 사어부로 고쳤다가 혜공왕 때 이전 명칭으로 회복시켰다. 진평왕 6년에 영 2명을 두었는데, 관등은 대아찬에서 각간까지다. 경은 2명으로 문무왕 15년에 1명을 증원했다. 관등은 조부의 경과 동일하다. 대사가 2명인데, 경덕왕 때 주부로 고쳤다가 후에 대사로 고쳤다. 관등은 병부의 대사와 동일하다. 사지는 1명인데, 경덕왕 때 사목으로 고쳤다가 후에 사지로 고쳤다. 관등은 조부의 사지와 동일하다. 사는 9명으로 문무왕 11년에 3명을 증원했다. 관등은 조부의 사와 동일하다.

⊙ 사정부

태종왕 6년에 설치했는데, 경덕왕 때 명칭을 숙정대로, 혜공왕 때 이전 명칭으로 고쳤다. 이곳에는 영 1명을 두었는데, 관등은 대아찬에서 각간까지다. 진흥왕 5년에 경 2명을 두었는데, 문무왕 15년에 1명을 증원했다. 관등은 승부의 경과 동일하다. 좌 2명을 두었는데, 효성왕 원년에 대왕의 휘와 같다고 해서 모든 승을 좌로 개칭했다. 경덕왕 때 명칭을 평사로, 뒤에 다시 좌로 고쳤다. 관등은 나마에서 대나마까지다. 대사가 2명인데, 관등은 사지에서 나마까지다. 사는 10명으로 문무왕 11년에 5명을 증원했다.

◉ 예작부예작전

경덕왕 때 수례부로 고쳤다가 혜공왕 때 이전 명칭으로 고쳤다. 신문왕 6년에 영 1명을 두었는데, 관등은 대아찬에서 각간까지다. 신문왕 때 경 2명을 두었는데, 관등은 사정부의 경과 동일하다. 대사가 4명 이었는데 애장왕 6년에 2명을 감했고, 경덕왕 때 명칭을 주부로 고쳤다가 후에 대사로 고쳤다. 관등은 병부의 대사와 동일하다. 사지는 2명으로 경덕왕 때 사례로 고쳤다가 후에 다시 사지로 고쳤다. 관등은 노사지와 동일하다. 사는 8명을 두었다.

◉ 선부

예전에는 병부의 대감과 제감에게 선박에 관한 일을 담당하게 했지만, 문무왕 18년에 선부를 별도로 설치했다. 경덕왕 때 명칭을 이제부로 고쳤다가 혜공왕 때 이전 명칭으로 회복시켰다. 이곳에 영 1명을 두었는데, 관등은 대아찬에서 각간까지다. 문무왕 3년에 경 2명을 두었는데, 신문왕 8년에 1명을 증원했다. 관등은 조부의 경과 동일하다. 대사는 2명인데 경덕왕 때 명칭을 주부로, 혜공왕 때 다시 대사로 고쳤다. 관등은 조부의 대사와 동일하다. 사지는 1명인데 경덕왕 때 사주로 고쳤다가 혜공왕 때 다시 사지로 고쳤다. 관등은 조부의 사지와 동일하다. 사는 8명인데 신문왕 원년에 2명을 증원했고 애장왕 6년에 2명을 감했다.

◉ 영객부

원래 명칭은 왜전인데 진평왕 43년에 영객전으로 개칭했고,뒤에 다시 왜전을 별도로 두었음 경덕왕 때 사빈부로, 혜공왕 때 이전 명칭으로 회복시켰다. 진덕왕 5년에 영 2명을 두었는데, 관등은 대아찬에서 각간까지다. 경은 2명인데, 문무왕 15년에 1명을 증원했다. 관등은 조부의 경과 동일하다. 대사 2명을 두었는데, 경덕왕 때 명칭을 주부로, 혜공왕 때 다시 대사로 고쳤다. 관등은 조부의 대사와 동일하다. 사지 1명을 두었는데, 경덕왕 때 명칭을 사의로, 혜공왕 때 다시 사지로 고쳤다. 관등은 조부의 사지와 동일하다. 사는 8명을 두었다.

◉ 위화부

진평왕 3년에 처음으로 설치했는데 경덕왕 때 명칭을 사위부로 고쳤다가 혜공왕 때 이전 명칭으로 고쳤다. 신문왕 2년에 처음으로 금하신 2명을 두었는데, 5년에 1명을 증원했고 애장왕 6년에 영으로 개칭했다. 관등은 이찬에서 대각간까지다. 상당 2명을 신문왕 때 두었는데, 성덕왕 2년에 1명을 증원했고, 애장왕 때 경으로 개칭했다. 관등은 급찬에서 아찬까지다. 대사 2명은 경덕왕 때 주부로 고쳤다가 후에 다시 대사로 고쳤다. 관등은 조부의 대사와 동일하다. 사는 8명을 두었다.

◉ 좌이방부

진덕왕 5년에 설치했는데, 효소왕 원년에 대왕의 휘와 같다고 해서 의방부로 고쳤다. 이곳에 영 2명을 두었는데, 관등은 급찬에서 잡찬까지다. 진덕왕 때 경 2명을 두었는데, 문무왕 18년에 1명을 증원했다. 관등은 다른 경과 동일하다. 진덕왕 때 좌 2명을 두었는데, 경덕왕 때 명칭을 평사로, 혜공왕 때 다시 좌로 고쳤다. 관등은 사정부의 좌와 동일하다. 대사는 2명인데, 관등은 병부의 대사와 동일하다. 사는 15명이었는데 원성왕 13년에 5명을 감했다.

◉ 우이방부

문무왕 7년에 설치했는데, 이곳에는 영 2명, 경 2명, 좌 2명, 대사 2명, 사 10명을 두었다.

◉ 상사서

창부에 속했는데 경덕왕 때 명칭을 사훈감으로 고쳤다가 혜공왕 때 이전 명칭으로 회복시켰다. 진평왕 46년에 대정 1명을 두었는데, 경덕왕 때 명칭을 정으로 고쳤다가 후에 다시 대정으로 고쳤다. 관등은 급찬에서 아찬까지다. 좌가 1명으로 관등이 대나마에서 급찬까지다. 진덕왕 5년에 대사 2명을 두었는데, 경덕왕 때 명칭을 주서로 고쳤다가 혜공왕 때 다시 대사로 고쳤다. 관등은 사지에서 나마까지이다. 사는 6명이었는데 문무왕 20년에 2명을 증원했고, 애장왕 6년에 2명을 감했다.

◉ 대도서사전이 또는 내도감

예부에 속했으며, 진평왕 46년에 대정 1명을 두었는데, 경덕왕 때 명칭을 정으로 고쳤다가 후에 대정으로 바꾸었다. 관등은 급찬에서 아찬까지다.대정 밑에 대사 2명이 있었다고도 한다 주서가 2명인데 경덕왕 때 주사로 개칭했다. 관등은 사지에서 나마까지다. 사는 8명을 두었다.

◉ 전읍서

경덕왕 때 전경부로 고쳤다가 혜공왕 때 이전 명칭으로 바꾸었다. 이곳에는 경 2명원래 감 6명을 두어 6부를 각각 통솔하게 했는데, 원성왕 6년에 2명을 경으로 발탁했다을 두었다. 관등은 나마에서 사찬까지다. 감은 4명인데 관등은 나마에서 대나마까지다. 대사읍은 6명인데 관등은 사지에서 나마까지다. 중사읍은 6명인데 관등은 사지에서 대사까지다. 소사읍은 9명인데 관등은 노사지와 동일하다. 사는 16명, 목척은 70명이었다.

◉ 영창궁성전

문무왕 17년에 설치했는데, 경덕왕 때 상당 1명을 두었으며, 명칭을 경으로 고쳤다가 혜공왕 때 다시 상당으로 개칭, 애장왕 6년에 다시 경으로 고쳤다. 관등은 급찬에서 아찬까지다. 대사는 2명을 두었는데, 경덕왕 때 주부로 고쳤다가 혜공왕 때 다시 대사로 고쳤다. 관등은 사지에서 나마까지다. 사는 4명이었다.

◉ 국학

예부에 속했는데 신문왕 2년에 설치했고, 경덕왕 때 명칭을 태학감으로 고쳤다가 혜공왕 때 이전 명칭으로 회복시켰다. 경은 1명을 두었는데 경덕왕 때 명칭을 사업으로 고쳤다가 혜공왕 때 다시 경으로 고쳤다. 관등은 다른 경과 동일하다. 진덕왕 5년에 박사약간명으로 정원은 정하지 않았다.와 조교약간명으로 정원은 정하지 않았다.와 대사 2명을 두었는데, 경덕왕 때 명칭을 주부로 고쳤다가 혜공왕 때 다시 대사로 바꾸었다. 관등은 사지에서 나마까지다. 사가 2명으로 혜공왕 원년에 2명을 증원했다. 교수법은, 『주역』, 『상서』, 『모시』, 『예기』, 『춘추좌씨전』, 『문선』으로 구분해 과정을 삼았고, 박사와 조교 1명이 『예기』, 『주역』, 『논어』, 『효경』 등을 가르치거나 『춘추좌전』, 『모시』, 『논어』, 『효경』 등을 가르치거나, 혹은 『상서』, 『논어』, 『효경』, 『문선』 등을 가르쳤다. 모든 학생들의 독서에 있어서는 3품 출신은, 『춘추좌씨전』을 읽고, 『예기』, 『문선』의 뜻을 통달함과 동시에 『논어』, 『효경』에 밝은 사람은 상급, 『곡례』, 『논어』, 『효경』을 읽은 사람은 중급, 『곡례』, 『효경』만을 읽은 사람은 하급이 되었다. 5경, 3사, 제자백가서를 모두 통달하면 등급에 관계없이 발탁했다. 경우에 따라서 산학박사와 조교 1명에게 『철경』, 『삼개』, 『구장』, 『육장』 등을 가르치게 하였다. 대저 대사 이하의 관등에서 작위가 없는 자까지 나이가 15세에서 30세가 되면 무조건 학생이 되었다. 학업은 9년이 한도인데, 만약 재질이 하여 인재가 될 가능성이 없으면 퇴학시켰다. 재주와 도량에 가능성이 있지만, 성숙되지 못한 자는 9년을 한도로, 국학에 머물게 했고, 작위가 대나마나 나마에 이르면 국학에서 나간다.

◉ 음성서

예부에 속했는데 경덕왕 때 명칭을 대악감으로 고쳤다가 혜공왕 때 이전 명칭으로 회복시켰다. 장 2명을 두었는데, 신문왕 7년에 경으로 고쳤다가 경덕왕 때 다시 사악으로 고쳤고 혜공왕 때 다시 경으로 고쳤다. 관등은 다른 경과 동일하다. 진덕왕 5년에 대사 2명을 두었는데, 경덕왕 때 명칭을 주부로 고쳤다가 후에 다시 대사로 고쳤다. 관등은 사지에서 나마까지다. 사는 4명을 두었다.

◉ 대일임전

태종왕 4년에 설치했는데, 경덕왕 때 전경부에 통합시켰다. 대도사 6명을 두었으며, 경덕왕 때 명칭을 대전의로 고쳤다가 후에 이전 이름으로 회복시켰다. 관등은 사지에서 나마까지다. 소도사는 2명으로 경덕왕 때 명칭을 소전의로 고쳤다가 후에 이전 명칭으로 회복시켰다. 관등은 사지에서 대사까지다. 도사대사는 2명으로 경덕왕 때 명칭을 대전사로 고쳤다가 후에 이전 명칭으로 고쳤다. 관등은 사지에서 나마까지다. 도사사지는 4명으로 경덕왕 때 명칭을 중전사로 고쳤다가 후에 옛 명칭으로 회복시켰다. 관등은 사지에서 대사까지다. 도알사지는 8명으로 경덕왕 때 명칭을 전알로 고쳤다가 후에 이전 명칭으로 고쳤다. 관등은 사지에서 대사까지다. 도인사지는 1명으로 경덕왕 때 명칭을 전인으로 고쳤다가 후에 이전 명칭으로 고쳤다. 관등은 노사지와 동일했다. 당은 6명으로 경덕왕 때 명칭을 소전사로 고쳤다가 후에 이전 명칭으로 고쳤다. 관등은 조부의 사와 동일하다. 도사계지는 6명, 도알계지는 6명, 도인계지는 5명,도인당이나 소전인 비벌수는 10명이었다.

⊙ 공장부

경덕왕 때 전사서로 고쳤다가 후에 이전 명칭으로 고쳤다. 신문왕 2년에 감 1명을 두었는데, 관등은 대나마에서 급찬까지다. 주서 2명주사나 대사을 진덕왕 5년에 두었는데, 관등은 사지에서 나마까지다. 사는 4명을 두었다.

⊙ 채전

경덕왕 때 전채서로 고쳤다가 후에 이전 명칭으로 고쳤다. 신문왕 2년에 감 1명을 두었는데, 관등은 나마에서 대나마까지다. 진덕왕 5년에 주서 2명을 두었는데, 관등은 사지에서 나마까지다. 사는 3명4명이라고도 함을 두었다.

⊙ 좌사록관

문무왕 17년에 설치했고, 감은 1명인데 관등은 나마에서 대나마까지다. 주서는 2명주사인데 관등은 사지에서 나마까지다. 사는 4명을 두었다.

⊙ 우사록관

문무왕 21년에 설치했는데, 감 1명, 주서 2명, 사 4명을 두었다.

⊙ 전사서

예부에 속했고 성덕왕 12년에 설치했다. 감이 1명인데 관등은 나마에서 대나마까지다. 진덕왕 5년에 대사 2명을 두었는데, 관등은 사지에서 나마까지다. 사는 4명을 두었다.

⊙ 신궁

성덕왕 16년에 설치했으며, 경덕왕 때 명칭을 전설관으로 고쳤다가 후에 이전 명칭으로 고쳤다. 감이 1명인데 관등은 전사서의 감과 동일하다. 주서가 2명인데 관등은 전사서의 대사와 동일하다. 사는 3명을 두었다.

⊙ 동시전

지증왕 9년에 설치했으며, 감이 2명으로 관등은 나마에서 대나마까지다. 2명의 대사를 두었는데, 경덕왕 때 명칭을 주사로 고쳤다가 후에 다시 대사로 고쳤다. 관등은 사지에서 나마까지다. 2명의 서생을 두었는데 경덕왕 때 명칭을 사직으로 고쳤다가 후에 다시 서생으로 고쳤다. 관등은 조부의 사와 동일하다. 사는 4명을 두었다.

⊙ 서시전

효소왕 4년에 설치했으며, 감 2명, 대사 2명을 두었다. 경덕왕 때 명칭을 주사로 고쳤다가 후에 다시 대사로 고쳤다. 2명의 서생을 두었는데 경덕왕 때 명칭을 사직으로 고쳤다가 후에 다시 서생으로 고쳤다. 사는 4명을 두었다.

⊙ 남시전

효소왕 4년에 설치했는데, 감 2명, 대사 2명을 두었다. 경덕왕 때 주사로 고쳤다가 후에 다시 대사로 고쳤다. 2명의 서생을 두었는데 경덕왕 때 명칭을 사직으로 고쳤다가 후에 다시 서생으로 고쳤다. 사는 4명을 두었다.

◉ 사범서

예부에 속했으며, 대사주서 2명을 두었는데 경덕왕 때 명칭을 주사로 고쳤다가 후에 다시 대사로 고쳤다. 관등은 조부의 사지와 동일하다. 사는 4명을 두었다.

◉ 경도역

경덕왕 때 도정역으로 고쳤다가 후에 다시 이전 명칭으로 고쳤다. 대사 2명을 두었는데, 관등은 사지에서 나마까지다. 사 2명을 두었다.

◉ 누각전

성덕왕 17년에 설치했는데, 박사 6명, 사 1명을 두었다.

◉ 6부소감전6부감전

양부와 사량부에 감랑 각 1명, 대나마 각 1명, 대사 각 2명, 사지 각 1명을 두었다. 양부에 사 6명, 사량부에 사 5명을 두었다. 본피부에 감랑 1명, 감대사 1명, 사지 1명, 감당 5명, 사 1명을 두었다. 모량부에 감신 1명, 대사 1명, 사지 1명, 감당 5명, 사 1명을 두었다. 한기부와 습비부에 감신 각 1명, 대사 각 1명, 사지 각 1명, 감당 각 3명, 사 각 1명을 두었다.

◉ 식척전

대사 6명, 사 6명을 두었다.

◉ 직도전

대사 6명, 사지 8명, 사 26명을 두었다.

◉ 고관가전

당계지 4명, 구척 6명, 수주 6명, 화주 15명을 두었다.

삼국사기
三國史記新羅本紀 第三九卷

삼국사기권제39

잡지 제8
직관 (중)

직관 (중)

⊙ 내성: 경덕왕 18년에 명칭을 전중성으로 고쳤다가 후에 이전 명칭으로 고쳤다. 사신 1명을 두었는데 진평왕 7년에 세궁에 각각 사신을 두었다. 대궁은 화문 대아찬, 양궁은 수힐부 아찬, 사량궁은 노지 사찬이 맡았다. 44년에 한 사람이 세 궁을 동시에 관리했다. 관등은 금하에서 태대각간 중에서 적임자로 인정되면 임무를 맡겼으며, 임기 제한은 없다. 경덕왕 때 명칭을 전중령으로 고쳤다가 후에 다시 사신으로 고쳤다. 경 2명을 두었는데 관등은 나마에서 아찬까지다. 감 2명을 두었는데 관등은 나마에서 사찬까지다. 대사 1명, 사지 1명을 두었다.

⊙ 내사정전: 경덕왕 5년에 설치했으며, 18년에 명칭을 건평성으로 고쳤다가 후에 이전 명칭으로 고쳤다. 의결 1명, 정찰 2명, 사 4명을 두었다.

⊙ 전대사전: 전대사 1명, 전옹 1명, 사 4명을 두었다.

⊙ 상대사전: 상대사 1명, 상옹 1명을 두었다.

⊙ 흑개감: 경덕왕 때 명칭을 위무감으로 고쳤다가 후에 이전 명칭으로 고쳤다. 대사 1명, 사 4명을 두었다.

◉ 본피궁: 신문왕 원년에 설치했으며 우 1명, 사모 1명, 공옹 2명, 전옹 1명, 사 2명을 두었다.

◉ 인도전: 경덕왕 때 예성전으로 고쳤다가 후에 이전 명칭으로 고쳤다. 상인도 2명, 위인도 3명, 관인도 4명을 두었다.

◉ 촌도전: 문무왕 10년에 설치했으며, 간 1명, 궁옹 1명, 대척 1명, 사 2명을 두었다.

◉ 구역전: 간옹 1명, 궁옹 1명을 두었다.

◉ 평진음전: 경덕왕 때 명칭을 소궁으로 고쳤다가 후에 이전 명칭으로 고쳤다. 간옹 1명, 연옹 1명, 전옹 2명을 두었다.

◉ 연사전: 성덕왕 17년에 설치했으며 간옹 1명을 두었다.

◉ 상문사: 성덕왕 13년에 명칭을 통문박사로 개칭했고, 경덕왕 때 다시 한림으로 고쳤다. 뒤에 학사를 두었다.

◉ 소내학생: 성덕왕 20년에 설치했다.

◉ 천문박사: 뒤에 사천박사로 개칭했다.

◉ 의학: 효소왕 원년에 처음으로 설치해 학생들을 가르쳤다. 교과 과정은 『본초경』, 『갑을경』, 『소문경』, 『침경』, 『맥경』, 『명당경』, 『난경』 이었다. 박사 2명을 두었다.

◉ 공봉승사: (자료 없음)

◉ 율령전: 박사 6명을 두었다.

◉ 수궁전: 대사 2명, 사 2명을 두었다.

◉ 청연궁전: 경덕왕 때 조추정으로 고쳤다가 후에 이전 명칭으로 고쳤다. 대사 2명, 사 2명, 궁옹 1명을 두었다.

◉ 부천궁전: 대사 2명, 사 2명, 궁옹 1명을 두었다.

◉ 차열음궁전: 대사 2명, 사 4명, 궁옹 1명을 두었다.

◉ 좌산전: 대사 2명, 사 3명, 궁옹 1명을 두었다.

⊙ 병촌궁전: 경덕왕 때 현룡정으로 고쳤다가 후에 이전 명칭으로 고쳤다. 대사 2명, 사 2명, 궁옹 1명을 두었다.

⊙ 북토지궁전: 대사 2명, 사 2명을 두었다.

⊙ 홍현궁전(이하의 다섯 궁을 고나궁으로 통칭했다) : 대사 2명, 사 2명을 두었다.

⊙ 갈천궁전: 대사 2명, 사 2명을 두었다.

⊙ 선평궁전: 대사 2명, 사 2명을 두었다.

⊙ 이동궁전: 대사 2명, 사 2명을 두었다.

⊙ 평립궁전: 대사 2명, 사 2명을 두었다.

⊙ 명활전: 경휘왕 2년에 설치했으며, 대사 1명, 간옹 1명을 두었다.

⊙ 원곡양전: 흥덕왕 4년에 설치했으며, 대사 1명, 간옹 1명을 두었다.

⊙ 염곡전: 간옹 1명을 두었다.

⊙ 벽전: 간옹 1명, 하전 4명을 두었다.

⊙ 척원전: 간옹 1명, 하전 2명을 두었다.

⊙ 두화탄전: 간옹 1명을 두었다.

⊙ 소년감전: 경덕왕 때 조천성으로 고쳤다가 후에 이전 명칭으로 고쳤다. 대사 2명, 사 2명을 두었다.

⊙ 회궁전: 경덕왕 때 북사설로 고쳤다가 후에 이전 명칭으로 고쳤다. 궁옹 1명, 조사지 4명을 두었다.

⊙ 상신모전: 대사 1명, 사 2명을 두었다.

⊙ 하신모전: 대사 1명, 사 2명을 두었다.

⊙ 좌신모전: 대사 1명, 사 2명을 두었다.

⊙ 우신모전: 대사 1명, 사 2명을 두었다.

⊙ 조전: 대사 1명, 사 1명을 두었다.

⊙ 신원전: 대사 1명, 사 1명을 두었다.

⊙ 빙고전: 대사 1명, 사 1명을 두었다.

⊙ 백천목숙전: 대사 1명, 사 1명을 두었다.

⊙ 한지목숙전: 대사 1명, 사 1명을 두었다.

⊙ 문천목숙전: 대사 1명, 사 1명을 두었다.

⊙ 본피목숙전: 대사 1명, 사 1명을 두었다.

⊙ 능색전: 대사 1명, 사 1명을 두었다.

⊙ 예궁전: 경덕왕 때 진각성으로 고쳤다가 후에 이전 명칭으로 고쳤다. 치성 10명, 궁옹 1명, 조사지 4명, 종사지 2명을 두었다.

⊙ 조하방: 모 23명을 두었다.

⊙ 염궁: 모 11명을 두었다.

⊙ 소전: 모 6명을 두었다.

⊙ 홍전: 모 6명을 두었다.

⊙ 소방전: 모 6명을 두었다.

⊙ 찬염전: 모 6명을 두었다.

⊙ 표전: 모 10명을 두었다.

⊙ 왜전: 이하 14개 부서의 인원수는 빠져 있다.

⊙ 금전: 경덕왕 때 명칭을 직금방으로 고쳤다가 후에 이전 명칭으로 고쳤다.

⊙ 철유전: 경덕왕 때 명칭을 축야방으로 고쳤다가 후에 이전 명칭으로 고쳤다.

⊙ 사전, 칠전: 경덕왕 때 식기방으로 고쳤다가 후에 이전 명칭으로 고쳤다.

⊙ 모전: 경덕왕 때 취취방으로 고쳤다가 후에 이전 명칭으로 고쳤다.

⊙ 피전: 경덕왕 때 포인방으로 고쳤다가 후에 이전 명칭으로 고쳤다.

⊙ 추전, 피타전: 경덕왕 때 운공방으로 고쳤다가 후에 이전 명칭으로 고쳤다.

⊙ 마전: 경덕왕 때 재인방으로 고쳤다가 후에 이전 명칭으로 고쳤다.

⊙ 답전, 화전, 타전, 마리전, 어룡성: 애장왕 2년에 사신 1명을 두었다. 2명의 어백랑을 두었는데, 경덕왕 9년에 명칭을 봉어로 고쳤다가 선덕왕 원년에 경으로, 얼마 후 감으로 고쳤다. 치성 14명을 두었다.

⊙ 세택: 경덕왕 때 중사성으로 고쳤다가 후에 이전 명칭으로 고쳤다. 대사 8명, 종사지 2명을 두었다.

⊙ 숭문대: 낭 2명, 사 4명, 종사지 2명을 두었다.

⊙ 악전: 대사 2명, 사 4명, 종사지 2명을 두었다.

⊙ 감전: 대사 2명, 사지 2명, 사 4명, 도관 4명, 종사지 2명을 두었다. 악자는 정해진 수가 없었다.

⊙ 늠전: 경덕왕 때 명칭을 천록사로 고쳤다가 후에 이전 명칭으로 고쳤다. 대사 2명, 사지 2명, 사 8명, 늠옹 4명, 종사지 2명을 두었다.

⊙ 용전: 사지 2명, 사 8명을 두었다.

⊙ 제전: 사지 2명, 사 6명을 두었다.

⊙ 약전: 경덕왕 때 보명사로 고쳤다가 후에 이전 명칭으로 고쳤다. 사지 2명, 사 6명, 종사지 2명을 두었다.

⊙ 공봉의사: 일정한 수가 없었다.

⊙ 공봉복사: 일정한 수가 없었다.

⊙ 마전: 경덕왕 18년에 명칭을 직방국으로 고쳤다가 후에 이전 명칭으로 고쳤다. 간 1명, 사 8명, 종사지 4명을 두었다.

⊙ 폭전: 이에 속한 현이 셋이었다.

⊙ 육전: 경덕왕 때 명칭을 상선국으로 고쳤다가 후에 이전 명칭으로 고쳤다. 간 2명을 두었다.

⊙ 재전: 간 1명, 사 4명이다.

⊙ 아니전: 모 6명을 두었다.

⊙ 기전: 경덕왕 때 명칭을 별금방으로 고쳤다가 후에 이전 명칭으로 고쳤다. 모 8명을 두었다.

⊙ 석전: 경덕왕 때 명칭을 봉좌국으로 고쳤다가 후에 이전 명칭으로 고쳤다. 간 1명, 사 2명을 두었다.

⊙ 궤개전: 경덕왕 때 명칭을 궤반국으로 고쳤다가 후에 이전 명칭으로 고쳤다. 간 1명, 사 6명을 두었다.

⊙ 양전: 경덕왕 때 명칭을 사비국으로 고쳤다가 후에 이전 명칭으로 고쳤다. 간 1명, 사 6명을 두었다.

⊙ 와기전: 경덕왕 때 명칭을 도등국으로 고쳤다가 후에 이전 명칭으로 고쳤다. 간 1명, 사 6명을 두었다.

⊙ 감부대전: 대사 2명, 사 2명, 종사지 2명을 두었다.

⊙ 대부전: 대사 2명, 사 2명, 종사지 2명을 두었다.

⊙ 행군전: 대사 2명, 사 4명, 종사지 2명을 두었다.

⊙ 영창전: 대사 2명, 사 2명을 두었다.

⊙ 고창전: 대사 2명, 사 4명을 두었다.

⊙ 번감: 대사 2명, 사 2명을 두었다.

⊙ 원당전: 대사 2명, 종사지 2명을 두었다.

⊙ 물장전: 대사 4명, 사 2명을 두었다.

⊙ 북상전: 대사 2명, 사 4명을 두었다.

⊙ 남하소궁: 경덕왕 때 명칭을 잡공사로 고쳤다가 후에 이전 명칭으로 고쳤다. 옹 1명, 조 4명을 두었다.

⊙ 남도원궁: 옹 1명을 두었다.

⊙ 북원궁: 옹 1명을 두었다.

⊙ 신청연궁: 옹 1명을 두었다.

⊙ 침방: 여자 16명을 두었다.

⊙ 동궁관, 동궁아: 경덕왕 11년에 설치했으며 상대사 1명, 차대사 1명을 두었다.

⊙ 어룡성: 대사 2명, 치성 6명을 두었다.

⊙ 세택: 대사 4명, 종사지 2명을 두었다.

⊙ 급장전[전이라고도 함]: 전 4명, 치 4명을 두었다.

⊙ 월지전: 자료 없음

⊙ 승방전: 대사 2명, 종사지 2명을 두었다.

⊙ 포전: 대사 2명, 사 2명, 종사지 2명을 두었다.

⊙ 월지악전: 대사 2명, 수주 1명을 두었다.

⊙ 용왕전: 대사 2명, 사 2명을 두었다.

삼국사기
三國史記 新羅本紀 第四十卷

삼국사기 권제40

잡지 제9
무관/직관 (하)

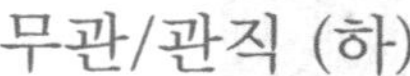

무관/관직 (하)

⊙ 시위부: 삼도가 있었는데 진덕왕 5년에 설치했으며, 장군이 6명으로 신문왕 원년에 감을 폐지하고 장군을 두었다. 관등은 급찬에서 아찬까지다. 대감은 6명으로 관등은 나마에서 아찬까지다. 대두가 15명으로 관등은 사지에서 사찬까지다. 항이 36명인데 관등은 사지에서 대나마까지다. 졸은 117명인데 관등은 선저지에서 대사까지다.

⊙ 제군관: 장군이 모두 36명으로 대당을 맡은 장군이 4명, 귀당을 맡은 장군이 4명, 한산정에신라 사람은 군영을 정이라고 했음 3명, 완산정에 3명, 하서정에 2명, 우수정에 2명이다. 관등은 진골 상당에서 상신까지다. 녹금당에 2명, 자금당에 2명, 백금당에 2명, 비금당에 2명, 황금당에 2명, 흑금당에 2명, 벽금당에 2명, 적금당에 2명, 청금당에 2명이다. 관등은 진골 급찬에서 각간까지다. 경덕왕 때 웅천주정에 3명을 더 두었다.

⊙ 대관대감: 진흥왕 10년에 설치했으며, 이곳에는 대당을 맡은 대관대감이 5명, 귀당을 맡은 대관대감이 5명, 한산정대관대감에 4명, 우수정에 4명, 하서정에 4명, 완산정에 4명으로 무금

이고 녹금당에 4명, 자금당에 4명, 백금당에 4명, 비금당에 4명, 황금당에 4명, 흑금당에 4명, 벽금당에 4명, 적금당에 4명, 청금당에 4명으로서 모두 62명이 착금했다. 진골은, 관등은 사지에서 아찬까지고, 차품은 나마에서 사중아찬까지다.

⊙ 대대감: 마병을 영솔하는 사람이 계금에 1명, 음리화정에 1명, 고량부리정에 1명, 거사물정에 1명, 삼량화정에 1명, 소삼정에 1명, 미다부리정에 1명, 남천정에 1명, 골내근정에 1명, 벌력천정에 1명, 이화혜정에 1명, 녹금당에 3명, 자금당에 3명, 백금당에 3명, 황금당에 3명, 흑금당에 3명, 벽금당에 3명, 적금당에 3명, 청금당에 3명, 청주서에 1명, 한산주서에 1명, 완산주서에 1명을 두었다. 보병을 영솔하는 사람은 대당에 3명, 한산정에 3명, 귀당에 2명, 우수정에 2명, 완산정에 2명, 벽금당에 2명, 녹금당에 2명, 백금당에 2명, 황금당에 2명, 흑금당에 2명, 자금당에 2명, 적금당에 2명, 청금당에 2명, 비금당에 4명으로 모두 70명으로 착금했다. 관등은 나마에서 아찬까지다.

⊙ 제감: 진흥왕 23년에 설치했으며, 영대당에 5명, 귀당에 5명, 한산정에 4명, 우수정에 4명, 하서정에 4명, 완산정에 4명으로 모두 무금이다. 벽금당에 4명, 녹금당에 4명, 백금당에 4명, 비금당에 4명, 황금당에 4명, 흑금당에 4명, 자금당에 4명, 적금당에 4명, 청금당에 4명, 계금에 1명으로 모두 63명인데, 관등은 사지에서 대나마까지다.

⊙ 감사지: 전부 19명으로 법흥왕 10년에 설치했다. 대당에 1명, 상주정에 1명, 한산정에 1명, 우수정에 1명, 하서정에 1명, 완산정에 1명, 벽금당에 1명, 녹금당에 1명, 백금당에 1명, 비금당에 1명, 황금당에 1명, 흑금당에 1명, 자금당에 1명, 적금당에

1명, 청금당에 1명, 계금당에 1명, 백금무당에 1명, 적금무당에 1명, 황금무당에 1명으로 이들은 무금이었고, 관등은 사지에서 대사까지다.

⊙ 소감: 진흥왕 23년에 설치했으며, 대당에 15명, 귀당에 15명, 한산정에 15명, 하서정에 12명, 우수정에 13명, 완산정에 13명, 벽금당에 13명, 녹금당에 13명, 백금당에 13명, 비금당에 13명, 황금당에 13명, 흑금당에 13명, 자금당에 13명, 적금당에 13명, 청금당에 13명을 두었다. 기병을 영솔하는 소감은 음리화정에 2명, 고량부리정에 2명, 거사물정에 2명, 삼량화정에 2명, 소삼정에 2명, 미다부리정에 2명, 남천정에 2명, 골내근정에 2명, 벌력천정에 2명, 이화혜정에 2명, 비금당에 3명, 벽금당에 6명, 녹금당에 6명, 백금당에 6명, 황금당에 6명, 흑금당에 6명, 자금당에 6명, 적금당에 6명, 청금당에 6명, 계금당에 1명, 청주서에 3명, 한산주서에 3명, 완산주서에 3명을 두었다. 보병을 영솔하는 소감은 대당에 6명, 한산정에 6명, 귀당에 4명, 우수정에 4명, 완산정에 4명, 벽금당에 4명, 녹금당에 4명, 백금당에 4명, 황금당에 4명, 흑금당에 4명, 자금당에 4명, 적금당에 4명, 청금당에 4명, 비금당에 8명, 청주서에 9명, 한산주서에 9명, 완산주서에 9명으로 모두 372명인데, 여섯 정은 무금이고, 이 밖에는 모두 착금했다. 관등은 대사에서 그 이하까지다.

⊙ 화척: 기병을 영솔한 사람은 대당에 15명, 귀당에 10명, 한산정에 10명, 우수정에 10명, 하서정에 10명, 완산정에 10명, 녹금당에 10명, 비금당에 10명, 자금당에 10명, 백금당에 13명, 황금당에 13명, 흑금당에 13명, 벽금당에 13명, 적금당에 13명,

청금당에 13명 등으로 모두 대관에 속했으며, 계금에 7명, 음리화정에 2명, 고량부리정에 2명, 거사물정에 2명, 삼량화정에 2명, 소삼정에 2명, 미다부리정에 2명, 남천정에 2명, 골내근정에 2명, 벌력천정에 2명, 이화혜정에 2명, 벽금당에 6명, 녹금당에 6명, 백금당에 6명, 황금당에 6명, 흑금당에 6명, 자금당에 6명, 적금당에 6명, 청금당에 6명, 청주서에 2명, 한산주서에 2명, 완산주서에 2명 등을 두었다. 보병을 영솔한 사람은 대당에 6명, 한산정에 6명, 귀당에 4명, 우수정에 4명, 완산정에 4명, 벽금당에 4명, 녹금당에 4명, 백금당에 4명, 황금당에 4명, 흑금당에 4명, 자금당에 4명, 적금당에 4명, 청금당에 4명, 비금당에 8명, 백금무당에 8명, 적금무당에 8명, 황금무당에 8명이다. 이들은 모두 342명으로 관등은 소감과 동일하다.

⊙ 군사당주: 법흥왕 11년에 설치했고, 서울에 1명을 두었으며, 무금이다. 대당에 1명, 상주정에 1명, 한산정에 1명, 우수정에 1명, 하서정에 1명, 완산정에 1명, 벽금당에 1명, 녹금당에 1명, 비금당에 1명, 백금당에 1명, 황금당에 1명, 흑금당에 1명, 자금당에 1명, 적금당에 1명, 청금당에 1명, 백금무당에 1명, 적금무당에 1명, 황금무당에 1명을 두었다. 이들은 모두 19명으로 착금했다. 관등은 나마에서 일길찬까지다.

⊙ 대장척당주: 대당에 1명, 상주정에 1명, 한산정에 1명, 우수정에 1명, 하서정에 1명, 완산정에 1명, 벽금당에 1명, 녹금당에 1명, 비금당에 1명, 백금당에 1명, 황금당에 1명, 흑금당에 1명, 자금당에 1명, 적금당에 1명, 청금당에 1명을 두었으며 모두 15명으로 무금이다. 관등은 군사당주와 동일하다.

⊙ 보기당주: 서울에 1명을 두었으며 무금이다. 대당에 6명, 한

산에 6명, 귀당에 4명, 우수주에 4명, 완산주에 4명, 벽금당에 4명, 녹금당에 4명, 백금당에 4명, 황금당에 4명, 흑금당에 4명, 자금당에 4명, 적금당에 4명, 청금당에 4명, 백금무당에 2명, 적금무당에 2명, 황금무당에 1명을 두었다. 모두 63명으로 관등은 나마에서 사찬까지다.

⊙ 삼천당주: 음리화정에 6명, 고량부리정에 6명, 거사물정에 6명, 삼량화정에 6명, 소삼정에 6명, 미다부리정에 6명, 남천정에 6명, 골내근정에 6명, 벌력천정에 6명, 이벌혜정에 6명을 두었다. 모두 60명으로서 착금했으며 관등은 사지에서 사찬까지다.

⊙ 착금기병당주: 벽금당에 18명, 녹금당에 18명, 백금당에 18명, 황금당에 18명, 흑금당에 18명, 자금당에 18명, 적금당에 18명, 청금당에 18명, 계금당에 6명, 청주에 6명, 완산주에 6명, 한산주에 6명, 하서주에 4명, 우수당에 3명, 사천당에 3명을 두었다. 모두 178명으로 관등은 삼천당주와 동일하다.

⊙ 비금당주: 모두 40명으로 사벌주에 3명, 삽량주에 3명, 청주에 3명, 한산주에 2명, 우수주에 6명, 하서주에 6명, 웅천주에 5명, 완산주에 4명, 무진주에 8명이다. 40명 모두 착금했다. 관등은 사지에서 사찬까지이다.

⊙ 사자금당주: 서울에 3명, 사벌주에 3명, 삽량주에 3명, 청주에 3명, 한산주에 3명, 우수주에 3명, 하서주에 3명, 웅천주에 3명, 완산주에 3명, 무진주에 3명으로 모두 30명이며 착금했다. 관등은 사지에서 일길찬까지다.

⊙ 법당주: 백관당주가 30명, 경여갑당주가 15명, 소경여갑당주가 16명, 외경여갑당주가 52명, 노당주가 15명, 운제당주가 6

명, 충당주가 12명, 석투당주가 12명인데, 모두 158명으로 무금이다.

⊙ 흑의장창말보당주: 대당에 30명, 귀당에 22명, 한산에 28명, 우수에 20명, 완산에 20명, 자금에 20명, 황금에 20명, 흑금에 20명, 벽금에 20명, 적금에 20명, 청금에 20명, 녹금에 24명이니 모두 264명 관등은 사지에서 급찬까지다.

⊙ 삼무당주: 백금무당에 16명, 적금무당에 16명, 황금무당에 16명 등으로 모두 48명으로 관등은 말보당주와 동일하다.

⊙ 만보당주: 경오종당주가 15명, 절말당주가 4명, 구주만보당주가 18명이니 모두 37명으로서 무금이다. 관등은 사지에서 대나마까지다.

⊙ 군사감: 서울에 2명을 두었는데 무금이다. 대당에 2명, 상주정에 2명, 한산정에 2명, 우수정에 2명, 하서정에 2명, 완산정에 2명, 벽금당에 2명, 녹금당에 2명, 비금당에 2명, 백금당에 2명, 황금당에 2명, 흑금당에 2명, 자금당에 2명, 적금당에 2명, 청금당에 2명으로 32명 모두 착금했다. 관등은 사지에서 나마까지다.

⊙ 대장대감: 대당에 1명, 상주정에 1명, 한산정에 1명, 우수정에 1명, 하서정에 1명, 완산정에 1명, 벽금당에 1명, 녹금당에 1명, 비금당에 1명, 백금당에 1명, 황금당에 1명, 흑금당에 1명, 자금당에 1명, 적금당에 1명, 청금당에 1명으로 모두 15명이며 무금이다. 관등은 사지에서 대나마까지다.

⊙ 보기감: 모두 63명으로 서울에 1명, 대당에 6명, 한산에 6명, 귀당에 4명, 우수에 4명, 완산에 4명, 벽금당에 4명, 녹금당에 4명, 백금당에 4명, 황금당에 4명, 흑금당에 4명, 자금당에

4명, 적금당에 4명, 청금당에 4명, 백금무당에 2명, 적금무당에 2명, 황금무당에 2명으로 착금했다. 모두 63명으로 관등은 군사감과 동일하다.

⊙ 삼천감: 음리화정에 6명, 고량부리정에 6명, 거사물정에 6명, 삼량화정에 6명, 소삼정에 6명, 미다부리정에 6명, 남천정에 6명, 골내근정에 6명, 벌력천정에 6명, 이화혜정에 6명으로 모두 60명이고 착금했다. 관등은 사지에서 대나마까지다.

⊙ 사자금당감: 30명이며 관등은 당에서 나마까지다.

⊙ 법당감: 백관당이 30명, 경여갑당이 15명, 외여갑당이 68명, 석투당이 12명, 충당이 12명, 노당이 45명, 운제당이 12명으로 모두 194명이고 무금이다. 관등은 사지에서 나마까지다.

⊙ 비금감: 모두 48명으로 영당이 40명, 영마병이 8명이다.

⊙ 착금감: 벽금당에 18명, 녹금당에 18명, 백금당에 18명, 황금당에 18명, 흑금당에 18명, 자금당에 18명, 적금당에 18명, 청금당에 18명, 계금에 6명, 청주에 6명, 한산에 6명, 완산에 6명, 하서에 3명, 우수당에 3명, 사천당에 3명 등으로 모두 175명이다. 관등은 당에서 나마까지다.

⊙ 개지극당감: 4명이며 모두 서울에 있었고, 관등은 사지에서 나마까지다.

⊙ 법당두상: 192명으로 여갑당에 45명, 외법당에 102명, 노당에 45명이다.

⊙ 법당화척: 군사당에 30명, 사자금당에 20명, 경여갑당에 15명, 외여갑당에 102명, 노당에 45명, 운제당에 11명, 충당에 18명, 석투당에 18명으로 모두 259명이다.

⊙ 법당벽주: 여갑당에 45명, 외법당에 306명, 노당에 135명

으로 모두 486명이다.

◉ 삼천졸: 모두 150명으로 관등은 대나마에서 그 이하다.

◉ 모든 군사의 칭호는 23종인데, 1은 육정, 2는 구서당, 3은 십당, 4는 오주서, 5는 삼무당, 6은 계금당, 7은 급당, 8은 사천당, 9는 경오종당, 10은 이절말당, 11은 만보당, 12는 대장척당, 13은 군사당, 14는 중당, 15는 백관당, 16은 사설당, 17은 개지극당, 18은 삼십구여갑당, 19는 구칠당, 20은 이계, 21은 이궁, 22는 삼변수, 23은 신삼천당이다.

◉ 육정: 1은 대당이라고 하는데, 진흥왕 5년에 처음으로 설치했고 띠의 색깔은 자백색이다. 2는 상주정으로 진흥왕 13년에 설치했다가 문무왕 13년에 귀당으로 고쳤는데, 띠의 색깔은 청적색이다. 3은 한산정으로 원래의 신주정이다. 진흥왕 29년에 신주정을 폐지하고 남천정을 설치했다가 진평왕 26년에 폐지하고 한산정을 설치했는데 띠의 색깔은 황청색이다. 4는 우수정으로 원래의 비열홀정이다. 문무왕 13년에 폐지하고 우수정을 설치했는데 띠의 색깔은 녹백색이다. 5는 하서정으로 원래의 실직정이다. 태종왕 5년에 폐지하고 하서정을 설치했는데 띠의 색깔은 녹백색이다. 6은 완산정으로 원래의 하주정이다. 신문왕 5년에 폐지하고 완산정을 설치했는데 띠의 색깔은 백자색이다.

◉ 구서당: 1은 녹금서당으로 진평왕 5년에 처음 설치해 서당으로만 부르다가 35년에 녹금서당으로 고쳤는데, 띠의 색깔은 녹자색이다. 2는 자금서당으로 진평왕 47년에 처음으로 낭당을 설치했다가 문무왕 17년에 자금서당으로 고쳤는데, 띠의 색깔은 자녹색이다. 3은 백금서당으로 문무왕 12년에 백제 사람으로 당을 만들었는데, 띠의 색깔은 백청색이다. 4는 비금서당으로

문무왕 12년에 처음 장창당을 설치했다가 효소왕 2년에 비금서당으로 개칭했다. 5는 황금서당으로 신문왕 3년에 고구려 사람으로 당을 만들었는데, 띠의 색깔은 황적색이다. 6은 흑금서당으로 신문왕 3년에 말갈국 사람으로 당을 만들었는데, 띠의 색깔은 흑적색이다. 7은 벽금서당으로 신문왕 6년에 보덕성 사람으로 당을 만들었는데, 띠의 색깔은 벽황색이다. 8은 적금서당으로 신문왕 6년에 역시 보덕성 사람으로 당을 만들었는데, 띠의 색깔은 적흑색이다. 9는 청금서당으로 신문왕 7년에 백제의 남은 백성으로 당을 만들었는데, 띠의 색깔은 청백색이다.

⊙ 십정삼천당: 1은 음리화정, 2는 고량부리정, 3은 거사물정으로 띠의 색깔은 청색이다. 4는 삼량화정, 5는 소삼정, 6은 미다부리정으로 띠의 색깔은 흑색이다. 7은 남천정, 8은 골내근정으로 띠의 색깔은 황색이다. 9는 벌력천정, 10은 이화혜정으로 띠의 색깔은 녹색이다. 모두 진흥왕 5년에 설치했다.

⊙ 오주서: 1은 청주서, 2는 완산서, 3은 한산주서로 띠의 색깔은 자녹색이다. 4는 우수주서, 5는 하서주서로 띠의 색깔은 녹자색이다. 모두 문무왕 12년에 설치했다.

⊙ 삼무당: 1은 백금무당으로 문무왕 15년에 설치했고, 2는 적금무당으로 신문왕 7년에 설치했으며, 3은 황금무당으로 신문왕 9년에 설치했다.

⊙ 계금당: 태종왕 원년에 설치했고 띠는 계색이다.

⊙ 급당: 진평왕 27년에 설치했고 띠는 황녹색이다.

⊙ 사천당: 진평왕 13년에 설치했고 띠는 황흑색이다.

⊙ 경오종당: 띠의 색깔이 1은 청녹색, 2는 적자색, 3은 황백색, 4는 백흑색, 5는 흑청색이다.

⊙ 이절말당: 띠의 색깔이 1은 녹자색, 2는 자녹색이다.

⊙ 만보당: 9주에 각각 2개씩 있었고, 띠의 색깔이 사벌주는 청황색과 청자색, 삽량주는 적청색과 적백색, 청주는 적황색과 적녹색, 한산주는 황흑색과 황녹색, 우수주는 흑녹색과 흑백색, 웅천주는 황자색과 황청색, 하서주는 청흑색과 청적색, 무진주는 백적색과 백황색이다.

⊙ 대장척당: 띠가 없다.

⊙ 군사당: 진평왕 26년에 처음으로 설치했고 띠의 색깔은 백색이다.

⊙ 중당: 문무왕 11년에 처음으로 설치했고 띠의 색깔은 백색이다.

⊙ 백관당: 띠가 없다.

⊙ 사설당: 1은 노당, 2는 운제당, 3은 충당, 4는 석투당으로 띠가 없다.

⊙ 개지극당: 신문왕 10년에 처음으로 설치했고 띠의 색깔은 흑색과 적색과 백색이다.

⊙ 삼십구여갑당: 띠가 없다경여갑, 소경여갑, 외여갑 등을 일컫는 것이나 그 수가 확실하지 않다.

⊙ 구칠당: 문무왕 16년에 처음으로 설치했고 띠의 색깔은 백색이다.

⊙ 이계당외계: 1은 한산주계당으로 태종왕 17년에 설치했고, 2는 우수주계당으로 문무왕 12년에 설치했다. 띠는 모두 계색이다.

⊙ 이궁외궁: 1은 한산주 궁척으로 진덕왕 6년에 설치했으며, 2는 하서주궁척으로 진평왕 20년에 설치했다. 띠가 없다.

⊙ 삼변수당변수: 신문왕 10년에 설치했으며 1은 한산변, 2는 우수변, 3은 하서변이다. 띠가 없다.

⊙ 신삼천당외삼천: 1은 우수주삼천당, 2는 나토군삼천당으로 문무왕 12년에 설치했으며, 3은 나생군삼천당으로 문무왕 16년에 설치했다. 띠의 색깔은 확실하지 않다.

⊙ 금衿은 『좌전』에서 말하는 띠의 표식로 『시경』에 '織文鳥章' 이라고 했는데, 주석에

"織은 수를 놓아 짠 직물이고, 鳥章은 새나 새매의 무늬인데, 장수 이하는 모두 옷에 이런 무늬를 달았다."

고 되어 있다. 『사기』와 『한서』에는 기치旗幟라고 했는데, 치幟와 직織은 글자가 다르지만 음은 동일하다. 『주례』 사상조司常條의 9가지 깃발에 그린 여러 가지 물건은 각각의 상징을 나타낸 것으로 이것은 각각의 소속을 구별하기 위한 것이다. 나라에서는 조정의 지위를 표시하고, 군사에서는 조직을 상징한 것으로 그것을 입고 전투에 대비했다. 신라 사람은 띠를 청홍색으로 구분했고, 모양은 반달 형상을 취했다. 계는 옷에 다는 것으로 길이의 장단에 대한 제도는 확실하지 않다.

⊙ 대장군화는 세 쪽으로 되어 있고 길이가 9치, 너비가 3치 3푼이다. 상장군화는 네 쪽으로 되어 있고 길이가 9치 5푼이다. 하장군화는 다섯 쪽으로 되어 있고 길이가 1자이다. 대감화는 큰 호랑이의 얼굴 가죽인데 길이가 9치, 너비가 2치 5푼이고 방울은 황금으로 둘레가 1자 2치이다. 제감화는 곰의 얼굴 가죽인데 길이가 8치 5푼, 방울은 백은으로 둘레가 9치이다. 소감화는 독수리 꼬리이고, 방울은 백동인데 둘레가 6치이다. 화척화는 소감과 같고 방울은 철인데 둘레가 2치이다. 군사당주화는 큰

호랑이의 꼬리인데, 길이가 1자 8치이다. 군사감화는 곰의 가슴 가죽인데, 길이가 8치 5푼이다. 대장척당주화는 곰의 어깨 가죽인데 길이가 7치중 호랑이의 이마 가죽으로 길이가 8치 5푼이라고도 함이고, 방울은 황금인데 둘레가 9치이다. 삼천당주화는 큰 호랑이의 꼬리인데, 길이가 1자 8치이다. 삼천감화는 독수리 꼬리이다. 모든 착금당주화는 큰 호랑이의 꼬리인데, 길이가 1자 8치 5푼이다. 화는 맹수의 가죽이지만, 독수리의 깃으로 만들어 깃대 위에 다는 것이다. 소위 표범의 꼬리 같은 것인데, 지금 사람들은 면창이라고 한다. 장군화는 어떤 것을 사용하는지를 말하지 않았으며, 그 수가 많거나 적은데 이유를 알 수가 없다. 령鈴은 길을 갈 때 말에 매다는 것으로 탁鐸이라고도 한다.

⊙ 정관: 처음 대사 1명과 사 2명으로 구성했는데, 원성왕 원년에 처음으로 승관을 두고, 중 가운데서 재주와 덕행이 있는 자를 선발해 충당하되, 사고가 있으면 교체했고 근무 기한은 정하지 않았다.

⊙ 국통은 1명사주으로 진흥왕 12년에 고구려의 혜량법사를 사주로 삼았다. 도유나랑 1명, 아니대도유나 1명을 두었다. 진흥왕 때 처음으로 보량법사를 이에 임명했다. 진덕왕 원년에 1명을 증원했다. 대서성은 1명으로 진흥왕 때 안장법사를 이에 임명했고, 진덕왕 원년에 1명을 증원했다. 소년서성은 2명으로 원성왕 3년에 혜영과 범여 두 법사를 이에 임명했다.

⊙ 주통은 9명, 군통은 10명을 두었다.

외관 / 직관 (하)

⊙ 도독: 9명으로 지증왕 6년에 이사부를 실직주 군주로 삼았

고, 문무왕 원년에 총관으로 개칭했다가 원성왕 원년에 도독이라고 했다. 관등은 급찬에서 이찬까지다. 사신사대등 5명을 진흥왕 25년에 처음으로 두었다. 관등은 급찬에서 파진찬까지다. 주조주보라는 9명으로 관등은 나마에서 중아찬까지다. 군태수는 115명으로 관등은 사지에서 중아찬까지다. 장사사마는 9명으로 관등은 사지에서 대나마까지다. 사대사소윤는 5명으로 관등은 사지에서 대나마까지다. 외사정은 133명으로 문무왕 13년에 두었고, 관등은 분명하지 않다. 소수제수는 85명으로 관등은 당에서 대나마까지다. 현령 201명으로 관등은 선저지에서 사찬까지다.

⊙ 패강진전: 두상대감 1명을 두었는데, 선덕왕 3년에 처음으로 대곡성두상을 두었고, 관등은 급찬에서 사중아찬까지다. 대감 7명을 두었으며 관등은 태수와 동일하다. 두상제감 1명을 두었으며 관등은 사지에서 대나마까지다. 제감 1명을 두었으며 관등은 당에서 나마까지다. 보감 1명을 두었으며 관등은 현령과 동일하다. 소감 6명을 두었으며 관등은 선저지에서 대사까지다.

⊙ 외위: 문무왕 14년에 여섯 도徒의 진골로서 5경과 9주로 나간 관직의 별칭이다. 관등은 서울에 있는 것을 기준으로 했는데, 악간은 일길찬에 준하고, 술간은 사찬에 준하고, 고간은 급찬에 준하고, 귀간은 대나마에 준하고, 선간찬간은 나마에 준하고, 상간은 대사에 준하고, 간은 사지에 준하고, 일벌은 길차에 준하고, 피일은 소오에 준하고, 아척은 선저지에 준했다.

⊙ 고구려 사람들에게 주는 관등: 신문왕 6년에 고구려 사람들에게 고구려 관품에 준한 경관京官을 주었다. 일길찬은 고구려

의 주부, 사찬은 고구려의 대상, 급찬은 고구려의 위두대형과 종대상, 나마는 고구려의 소상과 적상, 대사는 고구려의 소형, 사지는 고구려의 제형, 길차는 고구려의 선인, 오지는 고구려의 조위에 준했다.

⊙ 백제 사람들에게 주는 관등: 문무왕 13년에 백제 사람들에게 백제의 관직에 준한 내외의 관직을 주었다. 경관으로서 대나마는 백제의 달솔, 나마는 백제의 은솔, 대사는 백제의 덕솔, 사지는 백제의 한솔, 당은 백제의 나솔, 대오는 백제의 장덕에 준했다. 외관으로서 귀간은 백제의 달솔, 선간은 백제의 은솔, 상간은 백제의 덕솔, 간은 백제의 한솔, 일벌은 백제의 나솔, 일척은 백제의 장덕에 준했다.

⊙ 관직명이 여러 전기에서 보이는데, 관직을 두었던 시기와 관등의 고하가 확실치 않은 것을 마음에 기록한다.

⊙ 갈문왕, 검교상서, 좌복야, 상주국, 지원봉성사, 흥문감경, 태자시서학사, 원봉성대조, 기실랑, 서서랑, 공자묘당대사록사, 참군, 우위장군, 공덕사, 절도사, 안무제군사, 주도령, 좌, 승, 상사인, 하사인, 중사성, 남변제일 등이다.

⊙ 고구려와 백제의 관직은 연대가 오래되었기 때문에 기록이 모호해서 상세하게 알 수가 없다. 다만 고기와 중국 사서에 나타난 것을 기록해 지志를 만든다.

⊙ 『수서』에,

"고구려 관직에 태대형이 있고, 다음은 대형, 다음은 소형, 다음은 대로, 다음은 의후사, 다음은 오졸, 다음은 태다사자, 다음은 대사자, 다음은 소사자, 다음은 욕사, 다음은 예속, 다음은 선인 등의 12등급이고, 또 내평, 외평과 5부욕살이 있다."

고 기록되어 있다.

⊙『신당서』에,

"고구려의 관직은 12등급으로 첫째는 대대로돌졸이고, 다음은 울절로 도서와 문부를 주관했다. 다음은 태대사자라 한다. 다음은 조의두대형으로 이른바 조의는 곧 선인으로 국정을 담당했는데, 3년에 한 번씩 교체하지만 직책을 잘 처리하면 교체하지 않았다. 대체로 교대하는 날 복종하지 않는 경우에는 서로가 공격하는데, 이때 왕은 대궐 문을 닫고 지키다가 승리하는 사람에게 정권을 맡겼다. 다음은 대사자, 다음은 대형, 다음은 상위사자, 다음은 제형, 다음은 소사자, 다음은 과절, 다음은 선인, 다음은 고추대가 있다."

고 기록되어 있다. 이밖에,

"막리지, 대막리지, 중리소형, 중리대형이라는 관직도 있다."

고 기록되어 있다.

⊙『책부원구』에,

"고구려는 후한시대에 관직을 설치했는데, 상가, 대로, 패자, 고추대가고추대가는 고구려의 빈객 접대를 맡는 관리로 대홍려와 같다., 주부, 우태, 사자, 조의, 선인 등이 있으며, 일설에는 대관으로서 대대로가 있고, 다음에 태대형, 대형, 소형, 의사사, 오졸, 태대사자, 소사자, 욕사, 예속, 선인과 욕살을 합해서 12등급이 있다. 또 내평과 외평을 두어 내외의 사무를 나눠 맡게 했다."

라고 기록되어 있다. 이상은 중국의 역대 사서에서 참고한 것이다.

⊙ 좌보, 우보, 대주부, 국상, 구사자, 중외대부 등은 본국 고기에 있다.

⊙ 광평성, 광치나지금의 시중, 서사지금의 시랑, 외서지금의 원외랑, 병부, 대룡부창부를 말함, 수춘부지금의 예부, 봉빈부지금의 예빈성, 의형대지금의 형부, 납화부지금의 대부사, 조위부지금의 삼사, 내봉성지금의 도성, 금서성지금의 비서성, 남상단지금의 장작감, 수단지금의 수부, 원봉성지금의 한림원, 비룡성지금의 태복시, 물장성지금의 소부감, 사대모든 외국어 학습을 맡은 기관, 식화부과수 재배를 맡은 기관, 장선부성황의 수리를 맡은 기관, 주도성기물의 제작을 맡은 기관, 정광, 원보, 대상, 원윤, 좌윤, 정조, 보윤, 군윤, 중윤 등은 궁예가 제정한 관직명이다.

⊙『북사』에,

"백제의 관직에는 16품이 있는데, 좌평 5명은 1품, 달솔 30명은 2품, 은솔은 3품, 덕솔은 4품, 한솔은 5품, 나솔은 6품, 장덕은 7품, 시덕은 8품, 고덕은 9품, 계덕은 10품, 대덕은 11품, 문독은 12품, 무독은 13품, 좌군은 14품, 진무는 15품, 극우는 16품이다. 은솔 이하의 관직은 정원이 없고 각각 부서를 두어 여러 가지 사무를 분담했다. 내직에는 전내부, 곡내부, 내경부, 외경부, 마부, 도부, 공덕부, 약부, 목부, 법부, 후궁부가 있고, 외직에는 사군부, 사도부, 사공부, 사구부, 점구부, 외사부, 주부, 일관부, 시부가 있으며 책임관은 3년에 한 번씩 교체했다. 서울에는 방을 두고 5부로 나누었는데 이것을 상부, 전부, 중부, 하부, 후부라고 했다. 부에는 5개의 항을 두었는데, 이곳에 평민들이 거주했다. 부는 군사 500명을 통솔하고, 5방에 방진을 각각 1명씩 두었는데, 달솔을 이에 임명하고, 방좌를 두어 그를 보좌케 했다. 방에는 10개 군이 있고, 군에는 장수 3명을 두었으며, 덕솔을 이에 임명해 군사 1100명 이하 700명 이상을 통솔하게 했다.”

라고 기록되어 있다.

◉『수서』에,

“백제의 관직은 16품인데, 우두머리를 좌평, 다음은 대솔, 다음은 은솔, 다음은 덕솔, 다음은 한솔, 다음은 나솔, 다음은 장덕, 다음은 시덕, 다음은 고덕, 다음은 계덕, 다음은 대덕, 다음은 문독, 다음은 무독, 다음은 좌군, 다음은 진무, 다음은 극우라고 했다. 5방에 각각 방령 2명을 두고, 그 밑에 방좌를 두어 보좌케 했다. 방에는 10개 군이 있고, 군에는 장수를 두었다.”

라고 기록되어 있다.

◉『당서』에,

“백제의 내직인 내신좌평은 명령의 출납을 맡고, 내두좌평은 창고의 저장 사무를 맡고, 내법좌평은 의례에 관한 사무를 맡고, 위사좌평은 수직 시위에 대한 군사 사무를 맡고, 조정좌평은 형벌과 옥사에 관한 일을 맡고, 병관좌평은 지방 군사에 관한 사무를 맡았다.”

라고 기록되어 있다. 이상은 중국 역대 사서에서 참고했다.

◉ 좌보, 우보, 좌장, 상좌평, 북문두은 본국 고기에 나오는 관명들이다.

삼국사기
三國史記新羅本紀 第四一卷

삼국사기권제41

열전 제1
김유신 (상)

김유신 (상)

김유신은 경주 사람이다. 12대조 수로는 어느 곳 사람인지 알 수 없다. 수로는 후한 건무 18년 임인에 귀봉에 올라가 가락의 구촌을 바라보고 그곳으로 가서 나라를 건설해 국호를 가야라고 정했다가 후에 금관국으로 고쳤다. 자손이 이어져 9대 자손인 구해구자휴에 이르렀다. 구해는 유신에게 증조부가 되는데, 신라 사람들은 스스로 소호 금천씨의 후예라고 생각해 성을 김씨라 한다 하였고, 유신의 비문에도 '헌원의 후예이고, 소호의 종손'이라 적혀 있으니 남가야 시조 수로도 신라와 동성인 것이다.

조부 무력은 신주도 행군총관이 되어 일찍이 군사를 이끌고 백제 왕과 장수 4명을 사로잡고 1만여 명을 참수한 일이 있었고, 부친 서현은 벼슬이 소판 대량주도독 안무대량주제군사까지 이르렀다. 유신의 비문에, '아버지는 소판 김소연이다.'라고 했다. 하지만 서현이 고친 이름인지 혹은 소연이 그의 자인지를 알 수 없다. 여기에 따라 의심의 여지가 있어 두 가지를 모두 기록했다.

처음 서현은 길에서 갈문왕 입종의 아들 숙흘종의 딸 만명을 보고 마음으로 기뻐 그녀에게 눈짓을 하여 중매도 없이 야합했다. 서현이 만노군 태수가 되었을 때, 만명과 함께 가려고 하자, 숙흘종이 비로소 딸이 서현과 야합한 사실을 알고 그녀를 미워해 별채에 가두고 정신이 없을때 사람에게 지키게 했다. 그러던 중에 갑자기 대문에 벼락이 떨어져 지키던 사람이 놀라 정신이 없을때 만명은 창문으로 탈출해 서현과 함께 만노군으로 갔다.

경진일 밤에 서현은 화성과 토성의 두 별이 자신에게 내려오는 꿈을 꾸었고, 만명 역시 신축일 밤에 금으로 만든 갑옷을 입은 동자가 구름을 타고 집으로 들어오는 꿈을 꾸었다. 그로부터 얼마 후 아이를 잉태해 스무 달 만에 유신을 낳았다. 이때가 진평왕 건복 17년, 수문제 개황 15년 을묘였다. 아이의 이름을 지으려 할 때 서현은 부인에게,

"내가 경진일 밤에 좋은 꿈을 꾸어 이 아이를 얻었소. 그러니 이 날짜로 이름을 지어야 할 것 같소. 하지만 예법에는 날짜로 이름을 짓지 않는다 하니 경庚은 유庾와 글자가 서로 비슷하고, 진辰은 신信과 발음이 서로 비슷하며, 또한 옛날의 현인 중 유신이란 이름을 가진 사람이 있었으니 어찌 이를 이름으로 삼지 않으리오."

라며 이름을 유신이라 하였다. 만노군은 지금의 진주로 당시 유신의 태를 높은 산에 묻었으므로 지금도 그 산을 태영산이라 한다

공은 15세 때 화랑이 되었고, 당시 사람들은 그를 흡족히 따르면서 용화향도라고 불렀다. 진평왕 건복 33년 신미, 공의 나이 17세 때 고구려, 백제, 말갈 등이 국경을 침범하자 비분강개하여, 외적을 평정하겠다는 뜻을 품고 홀로 중악 석굴에 들어갔

다. 그는 목욕재계하고 하늘을 향해,

"적국이 무도해 짐승처럼 우리의 영토를 소란케 해니, 편안한 해가 거의 없습니다. 제가 일개 미약한 신하로서 능력을 생각하지 않고 나라의 환란을 없애기로 뜻을 세웠습니다. 하늘은 굽어 살펴 저를 도와주소서!"

라고 맹세했다. 4일이 지날 때 어떤 노인이 갈옷을 입고 와서,

"이곳은 독충과 맹수가 많아 무서운 곳인데, 귀 소년이 여기에서 혼자 거처하니 무슨 일인가?"

라고 묻자 공은,

"어르신께서는 어디서 오셨는지 존함이라도 알 수 있겠습니까?"

했다. 이에 노인은,

"나는 그저 인연이 닿는 대로 가고 머무는데, 이름은 난승이다."

라고 대답했다. 공은 그가 범상한 인물임을 알고 재배하면서

"저는 신라인으로 나라의 원수를 보니 가슴이 아프고 머리에 병이 나 이곳에 와 누군가를 만나기를 기다리고 있습니다. 엎드려 비옵건대 저의 정성을 불쌍히 여겨 방술을 가르쳐 주소서."

라고 했다. 노인은 묵묵히 대답이 없었다. 공은 눈물을 흘리며 예닐곱 번이나 거듭 간청했다. 노인이 그제야,

"어린 나이로 삼국을 병합할 뜻을 품고 있구나. 이 또한 장하지 않은가!"

라는 말과 함께 비법을 가르쳐 주면서,

"함부로 전하지 마라! 만약 이것을 의롭게 사용하지 않으면 도리어 재앙을 받으리라."

라고 했다. 말을 마치고 작별했다. 노인이 2리쯤 갔을 때 뒤쫓아 갔으나 노인은 흔적도 없이 사라지고 오직 산 위에 오색찬란한 빛만 서려 있었다.

건복 34년 인접한 적국의 침략이 점점 긴박해지면서 공은 더욱 더 큰 뜻을 품고 보검을 차고, 홀로 인박산 깊은 골짜기로 들어가 향을 피워 놓고 하늘에 축원하면서 맹세의 기도를 했다. 그때 천관신이 빛을 비추면서 보검에 영기를 내려 주었다. 3일째 되는 날 밤에 허수와 각수 두 별자리의 빛이 환하게 내려오면서 칼이 흔들렸다.

건복 51년 기축년 가을 8월에 왕이 이찬 임영리, 파진찬, 용춘, 백룡, 소판대인과 서현 등에게 군사를 주어 고구려의 낭비성을 공략하게 했다. 그때 고구려는 군사를 출동시켜 역으로 공격해 왔는데, 아군이 불리해 죽은 자가 많았다. 이에 사람들의 사기가 꺾여 더 싸울 생각이 없어졌다. 유신은 당시 중당 당주였는데, 부친 앞으로 나아가 투구를 벗고

"우리 군사가 패했습니다. 제가 평생 충효를 다하기로 맹세했으니 때문에 전쟁에 나가 용감하게 싸우지 않을 수가 없습니다. '옷깃을 들면 갖옷이 바르게 되고, 벼리를 당기면 그물이 펴진다.' 라는 말처럼 제 스스로 옷깃과 벼리가 되겠습니다."

하고 말에 올라 칼을 뽑았다. 그리고 참호를 뛰어넘어 적진을 드나들면서 적장의 머리를 베어 돌아왔다. 이에 아군의 사기가 높아지면서 분명히 공격하여 5천여 명의 목을 베고 1천 명을 사로 잡았다. 성안 사람들은 공포에 질려 모두 항복했다.

선덕대왕 11년 임인에 백제가 대량주를 격파하였는데 그 때 춘추공의 딸 고타소낭이 남편 품석과 함께 죽었다. 춘추는 이것을

한탄하며 고구려에 청병해 백제에 대한 원수를 갚고자 했다. 왕은 이를 허락했고 길을 떠나기 전 춘추가 유신에게,

"나와 공은 일심동체로 나라의 기둥입니다. 만약 내가 고구려에서 불행한 일을 당한다면 공이 무심할 수가 있겠소?"

라고 했다. 그러자 유신은,

"만약 공이 돌아오지 못한다면 저의 말발굽으로 고구려와 백제 두 왕의 궁정을 짓밟을 것이오. 내가 이렇게 하지 못한다면 무슨 면목으로 백성을 보겠소?"

라고 했다. 춘추가 감격해 공과 함께 서로 손가락을 깨물어 피를 마시며 맹세했다. 춘추가 "60일이면 돌아올 것이오. 만약 이 때까지 오지 않는다면 다시 만날 기약이 없다고 생각하시오."

라는 말과 함께 작별했다. 그 뒤 유신은 압량주 군주가 되었고, 춘추는 훈신 사간과 함께 고구려에 사절로 가던 중 대매현에 도착했다. 그때 고을 사람 두사지 사간이 푸른 베 3백 보를 그에게 주었다.

춘추가 고구려 경내에 들어가니 고구려 왕은 태대대로 개금을 보내 객관을 정해 주고 연회를 베풀어 우대했다. 어떤 사람이 고구려왕에게,

"신라 사자는 보통 인물이 아닙니다. 그가 온 것은 아마도 우리의 형세를 정탐하려는 것이니 왕께서 잘 처리해 후환이 없게 하소서."

라고 했다. 왕은 춘추가 대답하기 어려운 질문을 던져 그를 곤혹스럽게 하기 위해 그에게,

"마목현과 죽령은 본래 우리나라 땅이오. 만약 우리에게 돌려주지 않으면 돌려보내지 않겠소."

라고 했다. 이에 춘추가,

"국가의 영토는 신하가 마음대로 할 수 없기 때문에 명령을 따를 수가 없습니다."

라고 했다. 왕이 분노하면서 그를 가두고 죽이려 하였으나 미처 죽이지 못하고 있었다. 이때 춘추는 푸른 베 3백 보를 왕의 총신 선도해에게 몰래 주었다. 도해가 음식을 가지고 와 함께 술을 마시고 취하자 농담으로,

"그대도 일찍이 거북이와 토끼 이야기를 들었을 것이오. 옛날 동해 용왕의 딸이 심장에 병이 났는데, 의사가 '토끼의 간을 얻어 약에 섞어 먹으면 병을 고칠 수 있다' 고 하였소. 그러나 바다에는 토끼가 없으니 어찌할 수가 없었다오. 그때 마침 거북이 한 마리가 용왕에게 '제가 그것을 구할 수 있습니다.' 라고 했소. 얼마 후 거북이는 육지로 나와 토끼를 보고 '바다에 섬이 하나 있는데, 그곳엔 맑은 샘과 흰 돌이 있고 무성한 숲과 맛있는 과실이 많다. 또 추위와 더위도 없고, 맹금도 침범할 수 없다. 네가 갈 수만 있다면 근심 걱정 없이 편안하게 살 수가 있다.' 그리고 거북이는 토끼를 등에 업고 2~3리쯤 헤엄쳐 갔소. 그때 거북이가 토끼를 돌아보면서 '지금 용왕의 딸이 병에 걸렸는데, 토끼 간으로 약을 지어야 하기 때문에 너를 업고 가는 것이다.' 라고 했소. 이 말에 토끼가 '나는 천지신명의 후예로 오장을 꺼내 씻어서 다시 넣을 수가 있다. 어제 속이 불편하여 잠시 간과 심장을 꺼내어 씻은 후에 바위 밑에 두었다. 그런데 너의 달콤한 말을 듣고 곧바로 오는 바람에 간을 두고 왔다. 어서 돌아가 간을 가지고 오자. 그러면 너는 약을 얻게 되고, 나는 간이 없어도 살 수가 있으니 어찌 둘이 서로 좋은 일이 아니겠느냐?' 라고

말했소. 거북이 그 말을 믿고 돌아갔는데, 언덕에 오르는 순간 토끼가 풀숲으로 도망가면서 거북에게 말했소. '어리석구나. 간 없이 사는 놈이 이 세상에 있겠느냐?' 거북은 토끼의 이 말에 아무 말도 못하고 돌아갔다는 내용이오."라고 했다. 춘추는 이 말을 듣고 그 뜻을 알고는 고려 왕에게,

"두 영은 원래 대국의 땅입니다. 신이 귀국하여 왕에게 이를 돌려보내도록 말씀드리겠습니다. 저를 신뢰하지 못하다면 태양을 두고 맹세하겠습니다."

라는 편지를 올렸다. 고려 왕은 그제야 기뻐했다.

한편 춘추가 고구려에 간 지 60일이 지나도록 돌아오지 않자 유신은 용사 3천 명을 선발한 다음,

"위기를 당하면 목숨을 내놓고, 어려움을 당하면 한 몸을 돌보지 않는 것이 열사의 뜻이다. 한 명이 목숨을 바쳐 백 명을 대적하고, 백 명이 목숨을 바쳐 천 명을 대적하고, 천 명이 목숨을 바쳐 만 명을 대적한다면 천하를 마음대로 할 수 있다. 지금 이 나라의 어진 재상이 타국에 구금되어 있는데, 어찌 두렵다고 일을 도모하지 않겠느냐?"

라고 했다. 그러자 모든 사람들은,

"비록 만 번 죽고 한 번 사는 일에 나갈지라도, 어찌 장군의 명령을 따르지 않겠습니까?"

라고 했다. 마침내 유신은 왕에게 떠날 날짜를 정해 주기를 요청했다. 이때 고구려의 간첩인 중 덕창이 고구려에 사람을 보내 이런 사실을 고구려 왕에게 알렸다. 고구려 왕은 전날 춘추의 맹세를 들었고, 또한 첩자의 말을 들었기 만류하지 못하고 후한 예로 대우해서 춘추를 귀국케 했다. 고구려 국경을 벗어나는 순

간 춘추는 전송 나온 사람에게,

"내가 백제에 원수를 갚기 위해 고구려에 와서 군사를 요청했다. 그러나 왕은 이를 허락하지 않고 도리어 땅을 요구했다. 이것은 신하가 마음대로 할 수 있는 것이 아니다. 내가 왕에게 보낸 글은 죽음을 면하기 위한 것이었다."

라고 했다.

유신은 압량주 군주로 있다가 13년에 소판으로 승진되었다. 가을 9월에 왕이 그를 상장군으로 임명하고 군사를 내줘 백제의 가혜성, 성열성, 동화성 등 일곱 성을 공격케 했다. 유신은 크게 승리했고, 이 승리로 가혜에 나루를 개설하고 을사 정월에 돌아왔다. 그러나 미처 왕을 만나지도 못하고 있었다. 그때 백제의 대군이 쳐들어와 신사의 매리포성을 공격한다는 소식을 봉인이 급히 알려왔다. 왕은 다시 유신에게 상주장군을 제수하고 방어하도록 했다. 유신은 왕명을 받자 처자도 만나지 못하고 즉시 말을 몰아 백제군을 역습해 패주시키고 2천 명의 머리를 베었다. 유신이 3월에 돌아와 왕궁에 복명하고 아직 집으로 돌아가기도 전이었다. 백제병이 다시 출동해 국경에 주둔하고, 장차 군사를 크게 동원해 신라를 침략한다는 급보를 받았다. 왕은 다시 유신에게,

"공은 수고를 마다하지 말고, 빨리 가서 적들이 도착하기 전에 대비하시오."

라고 했다. 유신은 또 다시 집에 들르지도 못하고 군사를 훈련시키고 병기를 수선해 서쪽으로 떠났다.

그때 유신의 가족들은 모두 문 밖에서 그를 기다리고 있었다. 유신은 문을 지나면서도 뒤돌아보지 않았다. 그리고 집에서 50

보 가량 떨어진 곳에 도착했을 때, 말을 멈추고 자기 집의 물을 떠 오게 했다. 그는 물을 마시면서,

"우리 집의 물맛이 아직도 옛 맛 그대로구나."

라고 말하자 군사들은 한결같이,

"대장군도 이런한데 어찌 우리가 가족과 헤어지는 것을 못마땅하게 여기겠는가?"

라고 했다. 국경에 도착하자 백제인들은 신라 군사의 진영을 보고 접근하지 못하고 퇴각했다. 왕이 이를 듣고 매우 기뻐하며 상과 벼슬을 주었다.

16년 정미는 선덕왕 말년이며 진덕왕 원년이었다. 대신 비담과 염종은 여왕이 정치를 잘하지 못한다는 구실로 군사를 동원해 폐위시키려고 했다. 왕은 궁 안에서 이들을 방어했다. 비담 등은 명활성에 주둔했고 왕의 군사는 월성에 진을 친 채 10일 동안 공방전이 이어졌지만 싸움이 끝나지 않았다. 한밤중에 큰 별이 월성으로 떨어졌다. 비담은 사졸들에게,

"별이 떨어진 자리에 반드시 피가 흐른다는 말이 있다. 이것은 여왕이 패전할 징조이다."

라고 했다. 이에 병졸들의 함성이 천지를 뒤흔들었다.

대왕이 이 말을 듣고 두려워하자 유신이 왕을 뵙고,

"길흉에는 일정한 법칙이 없기 때문에 오직 사람하기에 달렸습니다. 그런 까닭으로 붉은 새가 모여 주가 멸망했고, 기린을 잡았기 때문에 노나라가 쇠퇴했으며, 꿩의 울음으로 고종이 흥기했고, 용의 싸움으로 정공이 창성해졌습니다. 이로써 덕은 요사한 것을 이긴다는 것을 알 수 있으니 별의 변괴는 두려워할 것이 못됩니다."

라면서 허수아비를 만들었다. 그리고 거기에 불을 붙여 연에 실어 띄워 보냈는데 마치 별이 하늘로 올라가는 것 같았다. 유신은 다음 날,

"어젯밤에 별이 떨어졌다가 다시 하늘로 올라갔다."

라는 소문을 퍼뜨려 적들로 하여금 사실로 믿게 했다. 이와 함께 유신은 백마를 잡아 별이 떨어진 곳에 제사를 지내면서,

"천도에는 양이 강하고 음이 부드러우며, 인도에는 임금이 높고 신하가 낮습니다. 만약 순서를 바꾸면 큰 변란이 일어납니다. 지금 비담의 도당이 신하로서 임금을 모해하고, 아랫사람으로 윗사람을 범하니, 이것은 난신적자로 사람과 신령이 함께 미워할 일이고, 하늘과 땅이 용납하지 못할 일입니다. 지금 하늘이 무심해 별의 변괴를 왕성에 보인 것이라면, 이것은 신이 믿을 수 없는 일이므로 사실을 알 수 없습니다. 하늘의 위엄으로 인간이 소망하는 대로 선을 선으로 여기고 악을 악으로 여기게 하여 신령을 탓하는 일이 없게 하소서."

라며 기원했다. 그러고 나서 장졸들을 독려해 분연히 돌격하니 비담 등을 패하여 도망쳤다. 유신은 그들을 추격하여 목을 베고 구족을 멸했다.

겨울 10월에 백제 군사가 침입해 무산, 감물, 동잠의 세 성을 포위했다. 왕은 유신에게 보병과 기병 1만을 내줘 방어케 했다. 그러나 유신은 고전을 면치 못했고 마침내 기력이 떨어지자 비녕자에게,

"오늘 사태가 위급하다. 그대가 아니면 누가 군사들의 마음을 격려할 수 있겠는가!"

라고 하자 비녕자가 절을 하면서,

"어찌 명령을 따르지 않겠습니까?"

라고 답했다. 비녕자가 곧바로 적진으로 달려가자 그의 아들 거진과 종 합절이 따라가 적의 칼과 창 속으로 돌진하여 전력을 다해 싸우다가 용감하게 전사했다. 이에 군사들의 사기가 높아져 앞다투어 진격해 적병을 대파하고 3천여 명의 머리를 베었다.

진덕왕 대화 원년 무신에 춘추는 고구려에 원조를 청했다가 실패했다. 이에 당나라로 가서 군사를 청했다. 태종 황제가,

"나는 너희 나라의 유신에 대한 명성을 익히 들었다. 그는 어떤 사람인가?"

라고 물었다. 이에 춘추가,

"유신이 비록 재능과 지혜가 있다고 하지만 황제의 위력을 빌리지 않으면 쉽사리 주변국의 우환을 제거할 수가 있겠습니까?"

라고 했다. 그러자 황제는,

"참으로 군자의 나라구나."

라며 조서를 내려 춘추의 청을 허락했다. 그리고 장군 소정방에게 군사 20만을 내줘 백제를 치도록 했다. 이때 유신은 압량주 군주로 있었는데, 그는 군무에는 아무런 뜻도 없는 것처럼 술을 마시고 풍악을 울리며 수개월을 보냈다. 고을 사람들은 유신을 용렬한 장수라고 생각하면서,

"백성이 편하게 생활한 세월이 오래 되었기 때문에 힘의 비축되어 있어 싸울만한데 장군이 저렇게 나태해서 어찌할꼬?"

라며 비방했다.

유신은 이 말을 듣고 백성의 자질이 훌륭하다는 것을 알았다. 그는 대왕에게,

"민심을 보니 이제 일을 할 만합니다. 청컨대 백제를 쳐서 대량주 싸움의 원수를 갚으십시오."

라고 했다. 이에 왕은,

"작은 힘으로 큰 세력을 건드리면 돌아오는 위태로움은 어찌 감당할 것인가?"

라고 하자, 유신은,

"전쟁의 승부는 세력의 크고 작음이 아니라 민심에 좌우되는 것입니다. 이러한 까닭으로 주紂에게는 억조의 백성이 있었지만, 인심과 덕이 떠나면서 주周의 열 명 신하가 한마음 한뜻을 가진 것만 못했습니다. 지금 우리는 한뜻이 되어 생사를 함께할 수 있으니 백제쯤은 두려워할 것이 없습니다."

라고 하자 왕이 허락했다. 유신은 각 주의 병사를 선발하고 훈련하여 적진 대량성 밖에 이르렀는데, 백제가 역습으로 대항했다. 그는 일부러 도망가는 척하면서 옥문곡에 이르렀다. 백제는 이것을 얕잡아 보고 군사를 크게 동원해 공격했다. 그때 복병이 일어나 백제군의 앞뒤를 공격해 대파하고, 백제 장수 8명을 사로잡았으며, 1천 명의 목을 베었다. 유신은 사람을 시켜 백제의 장군에게,

"우리 군주 품석과 그 아내 김씨의 뼈가 너희 나라 옥중에 묻혀 있다. 지금 너희의 비장 8명이 우리에게 잡혀 살려주기를 간청하고 있다. 나는 여우와 표범이 죽을 때 머리를 제 고향을 향해 두는 것을 생각해 그들을 죽이지 않았으니, 지금이라도 죽은 두 사람의 유골을 여덟 명의 산 사람과 교환하자는 것이 어떠한가?"

라고 했다. 백제의 중상 좌평이 왕에게,

"신라인의 해골을 남겨두어 유익할 것이 없습니다. 속히 보내

는 것이 좋겠습니다. 만약 신라인이 신의를 버리고 우리의 여덟 사람을 돌려보내지 않는다면, 저들이 잘못한 것이고, 우리가 옳은 것이니 무엇을 걱정하겠습니까?"

라고 했다. 그들은 곧바로 품석 부처의 유골을 파서 관에 넣어 보냈다. 이에 유신은,

"잎사귀 하나가 떨어진다고 해서 무성한 숲이 상하지 않으며, 티끌 하나가 더 쌓인다고 해서 큰 산이 높아지는 것이 아니다."

라면서 여덟 사람을 풀어주었다. 그리고 마침내 승세를 타고 백제 경내로 들어가 악성 등 12성을 함락시키고, 2만여 명의 머리를 베었으며, 9천 명을 포로로 잡았다.

왕은 유신에게 전공으로 이찬의 작위와 함께 상주행군대총관으로 삼았다. 유신은 또다시 백제 경내로 들어가 진례 등 아홉 성을 공격해 9천여 명의 머리를 베었고 6백 명을 사로잡았다. 춘추가 당나라로 들어가 병력 20만을 얻기로 하고 돌아와 유신을 만나,

"죽고 사는 것이 천명인지 내가 살아와 다시 공과 만나게 되어 얼마나 다행한 일인가?"

라고 하자 유신은,

"제가 나라의 힘에 의지하고 영령의 위세를 빌어, 백제와 크게 싸워 20개의 성을 빼앗고 3만여 명의 머리를 베었으며, 또 품석 공과 부인의 유골을 향리로 돌아오게 하였으니, 이는 모두 천행으로 이루어진 것이지 나에게 무슨 힘이 있었겠습니까?"

라고 했다.

삼국사기
三國史記新羅本紀 第四二卷

삼국사기권제42

열전 제2
김유신 (중)

김유신 (중)

2년 가을 8월, 백제장군 은상이 쳐들어와 석토 등 일곱 성을 공격하자, 왕은 유신과 죽지, 진춘, 천존 등의 장군들에게 명해 방어토록 했다. 그들은 3군을 5도로 나누어 공격 하였다. 그러나 승패를 주고 받아 10일이 지나도록 전투가 끝나지 않았다. 쓰러진 시체는 들에 가득하고 결굿공이가 뜰 정도로 피가 흐르는 지경이 되었다. 상황이 이렇게 되자 그들은 도살성 밑에서 군사들과 말을 쉬게 한 다음 재공격의 기회를 노렸다. 이때 물새 한 마리가 동똑으로 날아가다가 유신의 군막을 지나가자 군졸들은 흉조라고 생각했다. 이에 유신은

"이것을 괴이하게 생각하지 마라."

고 하면서 여러 사람에게,

"오늘 반드시 백제의 첩자가 올 것이다. 너희는 모르는 체하며 누구인지 묻지도 마라."

고 했다. 그런 다음 큰소리로,

"성벽을 굳게 닫고 움직이지 마라. 내일 원군이 오면 결전하겠다."

라고 각 진영에 영을 내렸다.

이 말을 듣고 첩자는 돌아가 은상에게 보고하였고, 첩자의 말을 들은 은상은 신라 병력이 증가됨을 두려워하였다. 이때 유신 등의 총공격하여 대승을 거뒀다. 이 전투에서 장군 달솔 정중과 군사 1백 명을 포로로 잡았고, 좌평 은상과 달솔 자견 등 10명의 장군과 군사 8천9백8십 명의 목을 베었다. 또 말 1만 필과 갑옷 1천8백 벌을 노획했다. 그들이 돌아오던 중 백제좌평 정복이 군사 1천 명과 함께 항복했다. 이에 유신은 이들을 모두 풀어주어 돌아가게 했다.

영휘 5년, 진덕대왕이 죽었는데, 뒤를 이를 후사가 없었다. 유신은 재상 이찬 알천과 논의해 이찬 춘추를 즉위하게 했다. 이 사람이 곧 태종대왕이다.

영휘 6년 을묘 가을 9월, 유신은 백제 도비천성을 공격해 승리했다. 이때 백제의 임금과 신하들이 국사를 돌보지 않았으므로, 백성이 이를 원망하고, 재앙과 괴변이 지속적으로 일어났다. 이에 앞서 급찬 조미압이 부산 현령으로 있다가 백제에 포로로 잡혀가 좌평 임자의 종이 되었었다. 그는 정성을 다해 충성했다. 임자는 그를 의심하지 않았고, 외부출입을 허했다. 그러자 그는 백제를 탈출해 유신에게 백제의 사정을 보고했었다. 유신은 조미압이 쓸 만한 인물이라는 것을 알았고 조미압에게,

"나는 임자가 백제의 국사를 전담한다고 듣고 있다. 내가 그와 의논하려 했으나 기회를 얻지 못하고 있다. 그대가 나를 위해 다시 돌아가 이것을 이야기 하라."

고 했다. 그러자 조미압은,

"공이 저를 불초하게 생각하지 않고 일을 맡겨주시니, 비록 죽

어도 한이 없습니다."

라고 대답했다.

조미압은 백제로 돌아가 임자에게,

"제가 이미 백제이 되었으니 나라의 풍습을 알기 위해 수십 일 동안 여행하다가 돌아오지 못했습니다. 그러나 개나 말이 주인을 그리워하는 것처럼 제 마음을 억제할 수가 없어 돌아왔습니다."

라고 했다. 임자는 그 말을 믿고 책망하지 않았다. 기회를 얻어 조미압이 임자에게,

"지난번에 죄가 두려워 거짓말을 했습니다. 실은 신라에 갔다가 왔는데, 유신 공이 저에게 알려 전하라 하면서 저에게, '나라의 흥망은 예측하지 못한다. 그대는 백제가 망하면 신라에 의탁하고, 신라가 망하면 내가 백제에 의탁하기로 하자' 고 했습니다."

라고 했다. 임자는 이 말을 듣고 묵묵히 말이 없었다. 조미압은 송구하여 물러나와 여러 달 동안 처벌을 기다렸다. 그러던 중 임자가 불러서,

"지난번에 이야기한 유신의 말은 어떤 것이냐?"

물었다. 조미압이 두려워하며, 지난번처럼 똑같은 대답을 했다. 이에 임자는

"네가 전한 말을 잘 알았다고,돌아가 알려라."

고 했다. 조미압이 신라로 돌아와 유신에게 임자의 말을 전함과 동시에 백제의 모든 사정을 상세하게 이야기하니 유신은 백제를 병합할 계획을 세웠다.

태종대왕 7년 경신 여름 6월, 대왕은 태자 법민과 함께 백제를

치기 위해 대군을 이끌고 남천에 진을 쳤다. 이때 당나라에 원군을 청하러 간 파진찬 김인문이 당나라 대장군 소정방, 유백영과 함께 군사 13만을 이끌고 덕물도에 도착하여 먼저 종자 문천을 보내 보고하게 했다. 왕이 태자와 장군 유신, 진주, 천존에게 명해 큰 배 1백 척에 병사들을 태워 만나게 했다. 태자를 만난 소정방은

"나는 해로로, 태자는 육로로 진격해 7월 10일, 백제의 사비성에서 만나자."

고 했다. 태자가 돌아와 왕에게 보고한 후 군사들을 이끌고 사라군영에 도착했다.

장군 소정방과 김인문은 의벌포에 도착했으나, 해안이 갯벌에서 제대로 진군할 수가 없었다. 이에 버들을 자리로 만들어 깔아놓고 군사들을 하선시켰고, 당나라군과 신라군이 연합 공격하여 백제를 멸망시켰다. 이 싸움에서 유신의 공로가 컸으므로 당나라 황제가 사신을 보내 표창했다. 소정방은 유신, 인문, 양도 등에게,

"내가 황제의 명으로 일을 처리했다. 이제 점령한 백제 땅을 공들의 식읍으로 나누어 줌으로써 여러분의 공로에 보답코자 하는데 어떠한가?"

라고 했다. 그러자 유신은,

"대장군이 귀국의 군사를 거느리고 와서 우리나라의 원수를 갚았으니, 임금과 모든 백성들이 기뻐하고 있다. 그래서 우리만 이득을 챙기는 것은 의로운 일이 아니다."

라며 사양했다.

백제를 멸망시키자 당나라는 백제 사비 지역에 진영을 치고 신

라를 침공하려는 음모를 꾸몄다. 신라 왕이 이것을 알고 신하들을 불러 대책을 논의했다. 다미공이 나서서,

"우리나라 백성을 백제 백성으로 꾸며 역적 행위를 하게 한다면 당나라군은 반드시 공격할 것입니다. 이때 우리가 공격한다면 반드시 성공할 것입니다."

라고 했다. 이에 유신은,

"좋은 의견입니다."

라고 하자, 왕이,

"당나라군이 우리를 도왔는데, 그들을 공격하면 하늘이 도와주겠는가?"

라고 했다. 그러자 유신은,

"개가 주인을 무서워하지만, 주인이 자신의 다리를 밟으면 무는 법입니다. 지금 나라가 위험한 시기인데, 어찌 자구책을 마련 하지 않겠나이까?"

라고 하였다. 당나라가 우리의 대책을 정탐하여 알고는 9월 3일, 백제 왕과 신하 93명, 군사 2만 명을 포로로 잡아 사비에서 배를 타고 돌아갔다. 그러나 낭장 유인원을 남겨 수비케 했다. 소정방이 귀국해 천자에게 포로들을 바치자,

"어찌하여 뒤미처 신라를 치지 않았는가?"

라고 묻자, 정방이,

"신라 왕은 어진 마음으로 백성을 사랑하고, 신하들은 충성으로 임금을 섬기며, 아랫사람은 윗사람을 부형처럼 모십니다. 하여 비록 나라는 작지만 일을 도모하지 못했습니다."

라고 대답했다.

용삭 원년 봄, 왕은 백제의 잔적을 소탕하기 위해 이찬 품일,

소판 문왕, 대아찬 양도를 장군으로 임명하여 백제로 가서 그들을 치게 하였으나 승리하지 못하여 다시, 이찬 흠순흠춘으로도 씀, 진흠, 천존과 소판 죽지를 출격시켜 돕게 했다. 이때 고구려와 말갈은 신라 정예병이 모두 출병해 국내가 비었으므로 신라를 공략할 수 있다고 생각했다. 그들은 군사를 출동시켜 수로와 육로로 동시에 진격해 단숨에 북한산성을 포위했다. 고구려는 성의 서쪽에서, 말갈은 성의 동쪽에서 10일 동안 공격하자, 백성은 공포에 떨었다. 그때 갑자기 큰 별 하나가 적의 진지로 떨어지면서 뇌우와 벼락이 쳤다. 이에 놀라 당황한 적들은 포위망을 풀고 도주했다. 유신은 적이 성을 포위했다는 소문을 듣고, "사람의 힘은 이미 다하였으나 하늘의 도움은 얻을 수 있다." 하며 사찰에 가서 제단을 쌓고 기도를 하였다. 마침 천변이 일어나자 사람들이 유신의 지성에 감동한 결과라고 말하였다.

유신이 일찌기 추석날 밤에 자식들을 데리고 나와 대문밖에 서 있었는데, 어떤 사람이 서쪽에서 왔다. 유신은 그가 고구려 첩자인 것을 알고 불러서,

"너희 나라에 무슨 일이 있느냐?"

고 물었다. 그는 고개를 들지 못하고 감히 대답하지 못하자 유신은,

"두려워하지 말고 말해보라."

고 했지만, 역시 대답이 없었다. 이에 유신은,

"우리 임금은 위로는 하늘의 뜻을 받들고 아래로는 인심을 잃지 않았기 때문에 백성들이 각자의 생업을 즐기고 있다. 이제 네가 이것을 보았으니 가서 너희 나라 사람들에게 이를 전하라."

라면서 돌려보냈다. 고구려인들이 이 말을 전해 듣고,

"신라가 비록 작지만 유신이 재상으로 있어 가볍게 볼 수 없구나."

라고 했다.

6월, 당나라 고종 황제가 소정방에게 고구려를 정벌케 했는데, 이때 당나라에서 숙위하던 김인문이 명을 받고 와서 왕에게 출병 기일을 보고하고, 이와 함께 신라도 군사를 출동시켜 고구려를 치라는 황제의 뜻을 전했다. 문무대왕이 유신, 인문, 문훈과 함께 대군을 이끌고 고구려로 가던 중 남천주에 도착했다. 진수하던 당나라장군 유인원도 군사를 이끌고 사비에서 배를 타고 혜포에 내려 역시 남천주에 도착했다. 이때 유사가,

"앞에 백제의 잔적이 있는데, 그들은 옹산성에 주둔하면서 길을 차단하고 있습니다. 절대로 앞으로 나아가서는 안 됩니다."

라고 했다. 이에 유신은 군사를 동원해 성을 포위했다. 사신이 성 가까이 접근해 적장에게 말했다.

"너희 나라가 공손하지 아니하며 대국의 정벌을 받게 된 것이다. 명령에 따르면 상을 받을 것이고, 거부하면 죽음만 있을 뿐이다. 지금 너희가 홀로 고립된 성을 지킨들 무엇을 할 것인가? 끝내 비참하게 항복하는 것만 못하다. 항복하면 목숨도 보존하고 부귀도 기대할 수 있으리라."

이 소리에 적들은 큰 소리로,

"비록 별 볼 일없는 작은 성이지만, 병기와 식량이 충분하고, 병사들 또한 의롭고 용감하다. 목숨을 걸고 싸울지언정 결코 살아서 항복하지 않겠다."

라고 했다. 유신이 웃으면서 말했다.

"궁지에 몰린 새나 짐승은 자신을 위해 싸운다는 것이 이것을 두고 하는 말이구나."

그는 곧 공격 지시를 내렸다. 9월 27일 성을 함락하자 적장을 처형했지만 백성은 풀어 주었다. 전공에 따라 차등으로 상을 내려 공을 치하했다. 이때 소정방은 군량이 부족하다며 수송을 재촉했다. 이에 왕이 걱정하자 유신이 군량 수송을 자청했다.

12월 10일, 유신은 부장군 인문, 진복, 양도 등 아홉 장군고 ㅏ 함께 군사를 이끌고 양곡을 싣고 고구려 경계로 들어가 임술 정월 23일에 칠중하에 도착했다. 군사들은 모두 두려워하며 감히 먼저 승선하려 하지 않았다. 그러자 유신은,

"죽음이 두렵다면 왜 이곳에 왔느냐?"

라고 했다. 이윽고 유신이 먼저 배를 타고 건너가자 장졸이 뒤를 이어 강을 건넜다. 고구려 영토로 들어온 유신과 군사들은 큰길에서 적에게 요격당할 것을 염려해 험하고 좁은 길로 행군하여 산양에 도착했다.

유신은 군사들에게,

"고구려와 백제가 우리의 영토를 침노해 우리 백성을 해쳤다. 장정들을 잡아가 죽이고 어린이들을 잡아 노비로 부리는 일이 오래 계속되었으니 가히 통탄할 일이로다. 내가 죽음을 두려워하지 않고 어려운 일을 하려는 것은, 대국의 힘을 빌려서 두 나라를 멸해 원수를 갚으려는 것이다. 만약 적을 가볍게 생각하면 승리할 것이고, 적을 무서워하면 죽음을 면치 못할 것이다. 마땅히 한마음으로 협력하여 일당백의 용기를 갖기를 기대한다."

라고 외쳤다. 모든 군사들은 북을 치고 행진하여 평양으로 향했다.

가는 도중에 적병을 역습하여 승리하면서 많은 갑옷과 무기를 노획했다. 험준한 장새 이르러서는 때마침 날씨가 몹시 춥고 사람과 말이 지쳐 쓰러지기도 했다. 그러자 유신은 어깨 갑옷을 벗고 말에 채찍을 가해 앞으로 달려갔다. 그러자 여러 사람들도 힘껏 달려 땀을 흘리며 감히 춥다는 말을 하지 못했다. 이윽고 평양성 가까이 도착한 유신은,

"당나라 군사가 식량 부족으로 절박한 처지이니 먼저 소식을 전해야겠다."

라며 보기감 열기에게,

"나는 젊어서부터 그대의 지조와 절개를 익히 알고 있다. 소장군에게 우리의 뜻을 전달하려고 하는데, 그대가 갈 수 있겠는가?"

라고 물었다. 그러자 열기가,

"중군직에 있는 것도 외람된 일인데, 하물며 장군의 명령을 욕되게 하겠습니까?. 내가 죽는 날이 곧 내가 새롭게 태어나는 날이 될 것입니다."

라고 답했다. 그는 장사 구근 등 15명과 함께 평양으로 가서 소정방에게,

"유신 등이 군량을 운반해 가까운 곳에 도달했소."

라고 하자 그는 기뻐하며 편지를 주어 사례했다. 유신 등이 양오에 도착했을 때, 어떤 노인을 만나 여러 가지 상황을 물었는데 노인은 적국의 소식을 상세하게 말해 주었다. 유신은 답례로 노인에게 포백을 주었지만, 사양하고 가버렸다. 유신이 양오에 진을 치고 중국어를 아는 인문, 양도와 아들 군승을 당나라 진영으로 파견해 왕의 뜻으로 군량을 주게 했다. 소정방은 식량도

떠떨어지고 군사들은 피곤해 싸우지도 못하다가 식량을 얻게 되자 곧 당나라로 퇴각했다. 양도 역시 병력 8백 명을 이끌고 해로로 귀국했는데, 이때 고구려인들이 병사를 매복시켜 우리 군사를 습격하려고 했다. 유신은 북과 북채를 여러 마리의 소의 허리와 꼬리에 매달아 후려치면 소리가 나게 하고, 섶과 나무를 쌓아 불을 질러서 연기와 불이 끊이지 않게 했다. 그리고는 한밤중에 몰래 행군하여 포하에 도착해 급히 강을 건너 군사들에게 휴식을 취하게 했다. 고구려인들이 이를 알고 추격하자 유신은 만노를 일제히 쏘도록 했다. 마침내 고구려군사들이 퇴각하자, 여러 당幢의 장병들을 지휘해 여러 길로 출동시켜 승리하면서, 장군 한명을 포로로 잡고 1만여 명의 머리를 베었다.

용삭 3년 계해에 백제의 여러 성에서 비밀리에 나라를 다시 재건하고자 했다. 두목은 두솔성에 웅거하면서 왜에게 병력원조를 청했다. 이에 7월 17일, 대왕이 직접 유신, 인문, 천존, 죽지 등의 장군들과 함께 토벌에 나섰다. 웅진주에 도착해 진수관 유인원의 군사와 합세해 8월 13일, 두솔성에 도착했다. 백제인들은 왜인과 함께 진을 쳤는데, 우리 신라 군사들에게 대패하고 항복했다. 대왕이 왜인에게,

"우리와 너희 나라는 서로 바다를 경계로 하여 일찍이 싸운 적이 없고, 화친을 맺고 예방하여 교유했는데, 무엇 때문에 백제와 함께 우리나라를 치려고 하는가? 지금 너희의 목숨이 내손에 달려있으나 죽이지 않고 돌려보낼 것이니, 돌아가 너의 국왕에게 이 말을 전하기 위해서다!"

라고 하며 돌아가게 한 후. 군사를 나누어 여러 성을 공격해 항복시켰다. 오직 지리가 험준하고 성이 견고하면서 양식까지 풍

부한 임존성은만은 30일을 공격해도 항복하지 않았다. 이에 군사들은 피로해지고 힘이 빠지면서 사기가 꺾였다. 대왕은,

"성하나가 함락되지 않았으나 다른 여러 성과 보루가 모두 항복하였으니 공이 없다 할 수 없다."

하고 군사를 퇴각시켜 겨울 11월 20일, 서울에 도착했다. 왕은 전공으로 유신에게 밭 5백 결을 내렸으며, 다른 장졸들에게는 전공의 차이에 따라 상을 하사했다.

삼국사기
三國史記 新羅本紀 第四三卷

삼국사기 권 제43

열전 제3
김유신 (하)

김유신 (하)

인덕 원년 갑자 3월에 백제의 잔적들이 또 사비성으로 집결해 반란을 일으켰다. 웅주 도독이 자신의 병력으로 공격했지만, 앞을 분간할 수 없는 짙은 안개가 여러 날 끼어 싸울 수가 없었다. 백산으로 하여금 보고하게 하니, 유신이 비밀 계책을 알려주어 이들을 격파하게 하였다.

인덕 2년, 당나라 고종이 사신 양동벽과 임지고를 보내 빙문하면서 유신을 봉상정경 평양군 개국공으로 책봉하고 식읍 2천 호를 하사했다.

건봉 원년, 황제가 조서로 유신의 장자 대아찬 삼광을 불러 좌무위익부중랑장으로 삼아 궁전에서 숙위케 했다.

총장 원년 무진에 당나라 고종 황제가 영국 공 이적에게 군사를 주어 고구려를 공격하게 하면서 신라도 군사를 징발게 했다. 문무대왕이 군사를 출동시켜 이에 호응하고자 다음 흠순과 인문을 장군으로 임명했다. 이때 흠순은 왕에게,

"만약 유신과 함께 가지 않는다면 반드시 후회할 일이 생길 것입니다."

라고 하자, 왕은,

"공들 세 신하는 모두 국가의 보배로 만약, 한꺼번에 적지로 갔다가 돌아오지 못한다면 나라가 어떻게 되겠는가. 이에 유신을 남아있게 하여 나라의 근심을 없을 것이다."

라고 해다. 흠순은 유신의 동생이고, 인문은 유신의 생질이었다.

문무대왕이 영공과 함께 평양을 격파하고 남한주로 돌아와서 신하들에게,

"옛날 백제 명농왕이 고리산에서 신라를 침략하려했을 때, 유신의 조부 무력 각간이 장수가 되어 싸워서 이겼고 승세를 타고 왕과 재상 4명과 사졸들을 사로잡아 세력을 꺾었다. 또 유신의 부친 서현은 양주 총관으로서 여러 차례 백제와 싸워 예봉을 꺾어 그들이 우리 변경을 침범하지 못하게 했다. 지금은 유신이 조부와 부친의 유업을 계승해 사직을 맡는 신하가 되었다. 그는 전장에서는 장수로, 궁에서는 정승으로 일을 하였으니 공이 매우 크다. 만약 공의 한 가문에 의지하지 않았다면 나라의 흥망을 알 수 없었을 것이다. 그의 직위와 상을 어떻게 하면 되겠는가?"

라고 했다. 그러자 신하들은,

"신들의 생각은 대왕의 뜻과 같습니다."

라고 대답했다. 이에 유신에게 태대 서발한의 직위를 제수하고, 식읍 5백 호와 수레, 지팡이를 하사했다.

총장 원년에 당나라 황제가 영공의 전공을 책명하고 이어 사자를 보내 그를 위로함과 동시에 군사를 보내 싸움을 돕도록 했다. 그리고 황금과 비단을 상으로 주었다. 또한 유신에게도 조

서를 내려 그의 전공을 표창하고, 입조하라고 유시했다. 그러나 이는 실행하지 못했다. 이 조서는 그의 집안에 전해지다가 5세손 때에 잃어버렸다.

함녕 4년 계유는 문무대왕 13년으로 그 해 봄에 요성이 나타나고 지진이 발생해 대왕이 걱정했다. 유신이 나아가,

"오늘의 변괴는 그 죄가 노신에게 있는 것이지 국가의 재앙이 아닙니다."

라고 하자, 대왕이

"그렇다면 과인에겐 더 큰 걱정거리라오."

라 했다. 왕이 유사에게 기도로 액을 물리치도록 명했다. 여름 6월, 갑자기 융복을 입고 병기를 든 수십 명의 군사들이 유신의 집에서 나와 울면서 가다가 얼마 후에는 보이지 않았다. 이 말을 들은 유신은,

"이것은 나를 보호하던 음병이 내가 복이 다한 것을 알았기 때문에 가는 것이니, 나는 곧 죽을 것이다."

라고 했다. 그 후 십여 일 지나자 유신이 병으로 누웠는데, 왕이 직접 병문안했다. 유신은 왕에게

"신이 모든 힘을 다해 모시려고 하였으나 몸에 병이 들어 이렇게 되었으니, 오늘 이후로 다시는 용안을 뵙지 못하겠습니다."

라고 했다. 그러자 대왕은 눈물을 흘리면서,

"과인에게 경은 물고기에게 물이 있는 것과 같았소. 만약 공에게 일이 생긴다면 백성과 사직은 어떻게 하오?"

라고 했다. 이에 유신은,

"어리석은 신이 어찌 국가에 도움이 되었겠습니까. 오직 현명하신 임금께서 신에게 의심 없이 등용하고 임무를 맡겼기에 약

간의 공로가 이뤄진 것입니다. 전하께서는 공을 이룸이 쉽지 않다는 것과, 지키는 것이 어렵다는 것을 생각하시고, 소인배를 멀리하고 군자를 가까이 하소서. 또한 위로는 조정이 화목하고 아래로는 백성과 만물이 편안해 화란이 없고 나라의 기틀이 무궁하게 된다면 죽어도 여한이 없습니다."

라고 했다. 가을 7월 1일, 유신은 자신의 침실에서 79세의 나이로 죽었다. 부음을 들은 대왕은 애통하게 생각하면서 채색 비단 1천 필과 벼 2천 석을 부의로 보내 쓰게 했다. 또 군악의 고취수 1백 명을 보내 주었다. 금산원에 장사하고 비를 세워 공명을 기록하게 하였으며, 아울러 민호를 지정해 무덤을 지키게 했다.

아내 지소부인은 태종대왕의 셋째 딸로 유신과의 사이에 아들 다섯을 낳았는데, 맏아들은 삼광 이찬, 다음은 원술 소판, 다음은 원정 해간, 다음은 장이 대아찬, 마지막이 원망 대아찬이다. 딸이 넷이었고 또 서자 아찬 군승이 있었는데 그 어머니의 성씨는 기록되어 있지 않다. 훗날 소지부인은 비구니가 되었는데, 이때 대왕이 부인에게,

"지금 나라 안팎이 편안하고, 임금과 신하가 베개를 높이 베고 근심이 없는 것은 태대각간이 내려준 것이오. 이것은 부인이 집안을 잘 다스리고 태대각간 대한 내조의 결과라오. 과인은 이런 덕에 보답하고자 남성에서 받는 조를 매년 1천 석을 주겠소."

라고 했다. 그 뒤에 흥덕대왕이 유신을 흥무대왕으로 봉했다.

처음 법민왕이 고구려 반군을 받아들이고, 백제의 옛 땅을 차지해 소유하였다. 그러자 당나라 고종이 크게 노해 당나라군과 말갈에게 명을 내려 석문 들판에 진을 쳤다. 왕은 장군 의복과

장춘 등을 보내 대방 들판에 진을 치고 방어하게 하였다. 이때 장창당만은 별도로 진을 치고 있다가 당나라군 3천여 명과 접전해 그들을 포로로 잡아서 대장군 진영으로 보냈다. 이에 여러 당들이 함께 말하기를,

"장창영은 홀로 있다가 공을 세웠다. 반드시 큰 상을 받을 것이다. 우리도 한데 모여 헛되이 수고만 할 수 없다."

라면서 군대를 분산했다. 당나라군과 말갈은 우리 군사들이 아직 진을 치지 못한 틈을 타 공격해 우리 군사가 대패해 장군 효천과 의문 등이 전사했다.

유신의 아들 원술이 비장으로서 나가 전사하려고 하자, 그의 보좌관 담릉이 말리면서,

"대장부는 죽기가 어려운 것이 아니라, 죽을 곳을 선택하는 것이 어렵습니다. 죽어서 성과를 얻지 못할 바엔 차라리 살아서 뒷날을 도모하는 것이 마땅합니다."

라고 했다. 이에 원술은,

"사내대장부는 구차하게 살지 않는 법인데, 무슨 낯으로 아버지를 뵙겠는가?"

라고 하면서 말을 채찍질해 달려가려고 했다. 그러나 담릉은 말고삐를 붙잡고 놓아 주지 않으므로 상장군을 따라 무이령으로 나왔다. 당나라군이 뒤를 추격해 왔다. 거열주 대감 아진함 일길간이 상장군에게

"뒤를 맡을 테니 공들은 앞장서서 퇴각하라! 내 나이가 70인 살면 얼마나 더 살겠는가? 오늘은 내가 죽을 날이다."

라면서 창을 비껴들고 적에게 달려들어 전사하자 그의 아들도 따라서 전사했다. 대장군 등이 사람들 몰래 서울로 들어왔다.

이 소식을 들은 대왕이 유신에게,

"우리가 대패했으니 어떡하리오."

라고 하자, 유신은

"당나라인들의 모략을 예측할 수 없기 때문에 장졸들에게 각각의 요충지를 지키게 해야 합니다. 다만 원술은 왕명을 욕되게 하고 가훈까지 저버렸으니 마땅히 참수해야 합니다."

라고 했다. 대왕이,

"원술 비장에게만 중형을 줄 수 없소."

라면서 죄를 용서했다. 원술은 부끄러워 아버지 유신을 만나지 못하고 은둔했다. 그러다가 아버지 유신이 죽자 비로소 어머니를 만나려고 했다. 어머니는,

"부인에게는 삼종의 의리가 있다. 지금 나는 과부가 되었으니 마땅히 아들을 좇아야 하겠으나 원술은 이미 돌아가신 아버지에게 아들 노릇을 못했으니 내 어찌 그의 어미라 할 수 있겠는가?"

라며 만나지 않았다. 원술이 탄식하여 말하기를,

"담릉 때문에 이 지경에 이르렀다."

하고 곧 태백산으로 들어갔다. 을해년에 당나라가 매소천성을 공격하자 원술은 죽음으로써 전날의 치욕을 씻고자 힘껏 싸워 공을 세웠지만, 부모에게 용납되지 못한 것이 분한하여 벼슬을 하지 않고 일생을 마쳤다.

유신의 적손 윤중은 성덕대왕 때 대아찬에 이르고, 왕의 은총을 입자 왕족들이 몹시 시기했다. 8월 보름날, 왕이 월성 위에서 시종관들과 주연을 열고 즐거워하면서 윤중을 불러오게 하자 어떤 자가,

"지금 종실과 척리들 중 좋은 사람들이 많은데, 어찌 유독 먼 신하를 부르십니까. 이는 가까운 사람을 친하게 여겨야 한다는 도리에 맞지 않는 일입니다."

라고 간했다. 이에 왕은,

"과인이 경들과 함께 평안 무사하게 지내는 것은 모두 윤중의 조부의 덕이다. 만약 그대 말대로 그를 잊어 버린다면, 이것은 선한 사람을 선하게 대우해 그의 자손에게도 덕이 미쳐야 한다는 도리에 어긋나는 것이다."

라고 말했다. 마침내 왕은 윤중을 가까이 불러히고 조부의 평생을 이야기 했다. 날이 저물어 윤중이 물러가기를 고하자 절영산마 한 필을 하사했다.

개원 21년에 당나라에서 사신을 보내 권하기를,

"말갈과 발해가 겉으로는 변방의 신하라고 하지만, 속으로는 교활한 음모를 품고 있으니 군사를 출동시켜 문죄하려고 한다. 경도 군사를 출동시켜 앞뒤에서 서로 견제하도록 하라. 듣기론 옛 장수 김유신의 손자 윤중이 있다고 하니 이번 출병에 반드시 장수로 삼으라!"

고 하면서 윤중에게 약간의 황금과 비단을 내렸다. 이에 대왕이 윤중과 그의 아우 윤문 등 네 장군에게 군사를 주어 당나라군과 연합해 발해를 공격하게 했다.

윤중의 서손인 암은 천성이 총민하고 방술 익히기를 좋아했다. 젊었을 때 이찬이 되어 당나라에 들어가 숙위하면서 종종 스승에게 음양가의술법을 배웠다. 그러면서 둔갑입성법을 지어 바치자, 스승이 놀라면서,

"그대의 명석하고 통달함이 여기에까지 이른 줄은 미처 몰랐

다."

라고 했는데, 이후부터 감히 그를 제자로 대하지 못했다. 대력 연간에 본국으로 돌아와 사천대박사가 되었고 양주, 강주, 한주 세 주의 태수를 역임하고 돌아와 집사시랑, 패강진 두상이 되었다. 그는 봄, 여름, 가을철의 농사 때 여가를 이용해 농민들에게 육진병법을 가르쳤다. 일찍이 메뚜기 떼가 발생해 서쪽에서 패강 지역으로 퍼지면서 평야를 뒤덮자 백성은 근심하고 두려워하였다. 암은 산정으로 올라가 향을 피우고 하늘에 기도하니, 갑자기 풍우가 일어나 메뚜기 떼가 모두 죽었다.

여름 4월, 회오리바람이 유신 무덤에서 시조 대왕 능까지 이르렀는데, 먼지와 안개가 자욱해 사람과 물건을 분간하지 못했다. 능지기가 들으니 그 속에서 울면서 슬피 탄식하는 소리가 나는 듯했다. 혜공대왕이 이를 듣고 두려워서 대신을 보내 제사로 사과하고, 추선사에 밭 30결을 주어 명복을 비는 자산으로 삼게 했다. 추선사는 유신이 고구려, 백제 두 나라를 평정한 뒤에 세운 절이다.

유신의 현손으로 신라의 집사랑인 장청이 행록 10권을 지어 세상에 전했다. 여기에는 날조해 넣은 말이 너무 많아 간추려서 쓸 만한 것만 취해서 옮겼다.

○ 저자의 견해

당나라의 이강이 헌종에게,

"간사하고 아첨하는 자를 멀리하고, 충성스럽고 정직한 자를 등용하며, 대신과 대화할 때는 공경하고 믿음직스럽게 하여 소인으로 하여금 참언하지 못하게 하며, 어진사람과는 친하게 지내되 예절을 갖춰 불초한 자가 끼어들지 못하게 하소서."

라고 했다. 이 말은 임금이 갖춰야 할 도리이다. 『상서』에도,

"어진 사람에게 일을 맡길 때는 의심하지 말고, 간사한 자를 버릴 때도 의심하면 안 된다."

라고 기록되어 했다.

신라가 유신을 대우한 것을 보면 이와 같이 한 것인데, 한마디로 육오동몽의 길함을 얻었다고 할 만하다. 그러므로 유신은 자신의 뜻한 바를 행할 수 있게 되어 중국과 협력해 삼국을 통일시켜 한나라로 만들어, 능히 공을 세우고 이름을 높여 일생을 마칠 수 있었던 것이다. 비록 을지문덕의 지략과 장보고의 의용이 있었어도 중국의 서적이 없었다면, 그들에 대한 사적이 사라져 후세에 알려지지 못했을 것이다. 그러나 유신은 온 나라 사람들의 칭송이 지금까지도 계속되고 있다. 사대부는 물론이고 천민에 이르기까지 그를 알고 있으니, 분명 보통사람과 다른 점이 있지 않았을까 한다.

삼국사기
三國史記新羅本紀 第四四卷

삼국사기권제44

열전 제4

을지문덕, 거칠부, 거도, 이사부, 김인문, 김양, 흑치상지, 장보고, 사다함

을지문덕

을지문덕은 가문의 내력이 자세하게 기록되어 있지 않지만, 성격이 침착하고 용맹스럽고 지략과 술수가 뛰어났으며 더불어 글을 지을 수 있었다. 수나라 개황 연간에 양제가 고구려를 공치게 하였는데, 좌익위대장군 우문술은 부여도로, 우익위대장군 우중문은 낙랑도로 각각 나와 아홉 개의 부대와 함께 압록강에 도착했다.

왕의 명을 받은 문덕은 적들의 약점을 알아내기 위해 일부러 항복하는 척하면서 혼자 적진으로 갔다. 문술과 중문은 앞서 황제의 비밀 교지를 받았는데, 교지의 내용은 고구려 왕이나 문덕을 만나면 무조건 체포하라는 것이었다. 이에 중문은 문덕을 억류하려 했지만, 위무사 상서우승 유사룡이 말리므로 문덕을 돌아가게 허락했다. 그러나 곧 후회하고 사람을 보내 문덕을 속이면서 이르기를,

"의논할 일이 있으니 다시 오라."

고 했다. 그러나 문덕은 뒤도 돌아보지 않은 채 압록강을 건너 돌아왔다. 문술과 중문은 문덕을 놓친 뒤에 속으로 몹시 불안해

했다. 우문술은 군량이 떨어져 돌아가려고 하였으나, 중문은 정예 부대로 문덕을 추격하면 승리할 수 있다고 주장했다. 문술은 이를 말렸는데, 중문은 화를 벌컥 내면서,

"장군은 10만 병력을 이끌면서 작은 적을 격파하지 못한다면 무슨 낯으로 황제를 보려고 하는가?"

라고 했다. 이에 문술 등은 하는 수 없이 그의 말을 따라 압록강을 건너 문덕을 추격했다.

문덕은 수나라 군사들이 굶주린 기색이 있음을 보고, 적들을 더 피로하게 만들기 위해 싸울 때마다 패배한 척하면서 도주했다. 이렇게 되자 문술은 하루에 일곱 번을 싸워 모두 승리했다. 그들은 이런 여세를 몰아 동쪽으로 진격해 살수를 건너 평양성 30리 되는 곳에 이르러 산을 등지고 진을 쳤다.

문덕이 중문에게 다음과 같은 시 한 수를 보냈다.

신통한 계책은 하늘의 이치를 다했고,
오묘한 계략은 땅의 이치를 알았도다.
싸움에서 이긴 공이 이미 높았으니,
만족함을 알고 그만두기를 이르노라.

중문이 답서를 보내 깨달아 알아듣도록 타일렀다. 문덕은 또다시 사자를 보내 항복을 가장하고 문술에게,

"만약 군사를 철수시킨다면 왕을 모시고 행재소로 가서 뵙겠다."

라고 했다. 문술은 군사들이 피곤하고 기운이 소진되어 더 싸울 수 없고, 또 평양성은 험하고 견고하여 빠른 시간에 함락시

키기 어려울 것으로 판단하고 마침내 그 거짓 항복을 핑계삼아 돌아가기로 하고 방어진을 편성하여 행군했다. 이때 문덕은 군사를 출동시켜 사방에서 공격하니 문술 등이 싸우면서 쫓겨 갔다. 적들이 살수에 도착해 강의 절반을 건넜을 때, 문덕이 군사를 몰아 후군을 공격하여 우둔위장군 신세웅을 죽였다. 이에 모든 적들이 동시에 허물어지면서 걷잡을 수 없게 되었다. 아홉 부대의 장졸들이 패주함에 하루 낮밤 사이에 압록강에 이르니, 4백50리를 달려간 셈이다. 처음 요수를 건너올 때에는 아홉 부대의 30만 5천 명이었는데, 요동성으로 돌아갈 때는 오직 2천7백 명뿐이었다.

○ 저자의 견해

양제가 요동 전쟁에 출동시킨 병력은 전례가 없을 정도의 대규모였다. 고구려는 한 귀퉁이의 작은 나라로서 능히 방어하면서 스스로 보전하였고 적군을 거의 섬멸시킨 것은 순전히 문덕한 사람의 힘이었다. 경전에 이르기를,

"군자가 없으면 어찌 능히 나라를 유지할 수 있겠는가."

하였는데 참으로 옳지 아니한가?

거칠부

거칠부황종의 성은 김씨이고 내물왕의 5세손이며 각간 잉숙이 조부이며, 아버지는 이찬 물력이다. 거칠부는 젊었을때 사소한 마음쓰지 않았고 원대한 뜻을 품어 머리를 깎고 중이 되어 사방을 유람하였다. 중 문득 고구려를 정탐하고 싶은 생각에 곧바로 고구려로 들어갔다가 법사 혜량이 불경을 강설한다는 소리를

듣고 그곳으로 가 강경을 들었다.

어느 날 혜량이 물었다.

"사미는 어디서 왔는가?"

거칠부가,

"저는 신라인입니다."

라고 했다. 그날 밤 법사가 거칠부를 불러 만나,

"내가 사람을 많이 보았지만, 너는 보통 사람이 아니구나. 지금 다른 마음을 품고 있지 않은가?"

라고 물었다. 그러자 거칠부가,

"저는 외딴곳에서 자랐기 때문에 진정한 도리를 듣지 못했는데, 때마침 스님의 높으신 덕망과 명성을 듣고 가르침을 받고자 왔으니 스님께서는 거절하지 마시고 저의 어리석음을 깨우쳐 주시길 바랍니다."

라고 했다. 이에 법사가,

"노승이 불민하나, 능히 그대의 인물됨을 알아볼 수 있는데 비록 작은 나라지만 그대를 알아보는 사람도 있을 것이다. 그대가 체포될까 걱정되어 은밀히 일러주는 것이니, 하루빨리 돌아가는 것이 좋겠네."

라고 했다. 거칠부가 돌아가려하자 법사는,

"그대의 상은 제비턱에 매의 눈으로 반드시 장수가 될 것이다. 만약 군사를 이끌고 오거든 나를 해치지 말아주게."

라고 했다. 거칠부가,

"만약 스님의 말씀처럼 된다면, 이것은 스님과 제가 바라지 않는 것입니다. 밝은 해를 두고 그런 일이 없도록 맹세하겠습니다."

라고 했다. 그는 귀국하여 벼슬길로 나아가니 직위가 대아찬에 이르렀다.

진흥대왕 6년 을축에 거칠부는 왕명으로 여러 문사들을 소집하여 국사를 편찬했고, 파진찬 벼슬을 받았다. 진흥왕 12년 신미에 왕은 거칠부와 대각찬구진, 각찬비태, 잡찬탐지, 잡찬비서, 파진찬노부, 파진찬서력부, 대아찬비차부, 아찬미진부 등 8명의 장군에게 백제와 협력해 고구려를 공격하도록 명했다. 백제가 먼저 평양을 격파하고, 거칠부는 승세를 몰아 죽령 이북고 현이내의 10개 군을 점령했다. 이때 혜량법사가 무리와 함께 길에 나와 있는 것은 본 거칠부가 말에서 내려 군례로 읍배하고, 나아가 말하기를,

"옛날 유학할 때 법사님의 은혜로 성명을 보전했습니다. 오늘 이렇게 만나게 되어 무엇으로 은혜를 갚아야할지 모르겠습니다."

라고 했다. 그러자 법사가아찬

"지금 고구려는 정사가 어지러워 멸망할 날이 얼마 남지 않았다. 원컨데 나를 신라로 데려가기를 바란다."

라고 했다. 이에 거칠부가 혜량법사를 수레에 태워 함께 귀국해 왕을 배알했다. 왕이 그를 승통으로 삼고 최초로 백좌강회를 열고 팔관법을 실시했다. 진지왕 원년 병신에 거칠부가 상대등이 되어 군국 사무를 맡아 하다가 늙어집에서 죽으니 향년 78세였다.

거도

거도는 같은 문중의 겨레붙이나 성씨가 전하지 않아 어떤 사람인지 알 수가 없다. 탈해 이사금 때 벼슬로 나아가 간이 되었는데, 이때 우시산국과 거칠산국이 신라 국경에 끼어 있어 근심거리가 되었다. 거도가 변경 관장장이 되어 그 곳을 병탄할 생각을 하였다. 매년 한 번씩 장토의 들에 말 떼를 모아 놓고, 군사들에게 말을 타고 달리면서 놀게 하였는데 사람들은 이 놀이를 마숙이라 하였다. 두 나라 사람들은 이 놀이를 항상 봐왔으므로 신라인들의 예사로운 행사로만 생각해 이상히 여기지 않았다. 이에 거도가 병마를 출동시켜 불시에 공격해 멸망시켰다.

이사부

이사부태종의 성은 김씨이고, 내물왕의 4세손이다. 지도로왕 때 변경 관장이 되면서 거도의 권모를 모방해서 말을 타고 노는 것처럼 속여 가야국을 빼앗았다. 지증왕 13년 임진에 하슬라주의 군주가 되어 우산국을 병합하려고 계획했다. 그는 우산국 사람들이 미련하고 사납기 때문에 힘으로 항복받기가 어렵다고 생각해, 계략으로 항복시키기로 하고 나무로 사자를 많이 만들어 전함에 싣고 우산국 해안으로 가서 거짓말로

"너희가 항복하지 않으면 이 맹수들을 풀어 밟아 죽이겠다."

라고 외쳤다. 이에 우산국사람들 항복했다.

진흥왕 재위 11년인 태보 원년에 백제는 고구려 도살성을 빼앗고, 고구려는 백제의 금현성을 함락시켰다. 이에 왕이 두 나라 군사가 피로한 틈을 이용해 이사부에게 군사를 주어 두 개의 성을 빼앗고 성을 증축했다. 그리고 군사들을 주둔시켜 수비케 했

다. 이때 고구려가 군사를 동원해 금현성을 공격했지만, 승리하지 못하고 퇴각하자 이사부가 추격해 대승을 거두었다.

김인문

김인문의 자는 인수이고, 태종대왕의 둘째 아들로, 어려서부터 학문을 배워 유가의 서적을 많이 읽었다. 이와 함께 『장자』 『노자』 및 불교 서적까지 섭렵했다. 또 예서에 능하고, 활쏘기와 말타기를 비롯해 향악을 잘했다. 기예에 익숙하고 식견과 도량이 넓어 사람들이 그를 추앙하였다. 영휘 2년 23세의 인문은 왕의 명으로 당나라에서 숙위했다. 당나라 고종은 그의 충성을 가상하게 여겨 좌령군위장군에 제수했고, 4년에 본국으로 돌아가 부모를 만나게 했다. 태종대왕은 그에게 압독주총관을 제수했고, 그곳에서 장산성을 쌓아 국방을 튼튼히 하니 태종이 공을 기록하고 식읍 3백 호를 하사했다. 신라가 여러 번 백제의 침공을 받으니 태종은 당나라에 원조를 받아 수치를 씻고자 당나라로 숙위로 가는 인문을 시켜 원군을 청하려고 했다. 그때 고종은 소정방을 신구도대총관으로 임명해 군사를 이끌고 백제를 치게 했다.

황제는 인문을 불러 도로의 사정과 행군의 편의에 대해 물었다. 인문이 소상하게 대답하자, 황제가 기뻐하면서 그에게 신구도부대총관의 관직을 내려 소정방의 병영으로 가라고 명했다. 인문이 정방과 함께 바다를 건너 덕물도에 이르니 신라왕이 태자에게 명해 장군 유신, 진주, 천존등과 함께 큰 전함 1백 척에 군사를 싣고 당나라군을 맞게 했다. 웅진 어귀에 이르니 적들이 강가에 집결해 있으므로 싸워서 깨뜨리고, 그 승세로 백제의 서울에 단숨에 들어가 격파시켰다. 정방은 백제왕 의자와 태자 효, 왕자 태 등을 포로로 잡아 당나라로 돌아갔다.

대왕은 인문의 공적을 높이 생각해 파진찬을 제수하고 또 각간 벼슬을 더하였다. 얼마 후 인문은 당나라로 들어가 숙위를 했다. 용삭 원년에 고종이 불러,

"내가 백제를 멸하여 너희 나라의 근심을 없앴다. 그런데 지금 고구려가 견고한 요새만 믿고 예맥과 함께 악한 짓으로 사대의 예를 어기면서 선린의 의리를 저버리므로 내가 토벌코자 하니 너는 돌아가서 국왕에게 내말을 전하고 군사를 출동시켜 적을 섬멸토록 하라."

인문이 본국으로 돌아와 황제의 명령을 전달하자 왕은 그에게 유신과 함께 군사를 정비하고 기다리게 했다. 황제는 형국공 소정방을 요동도행군대총관으로 임명해 6군을 이끌고 만리길을 달리게 하여 패강에서 고구려 군사와 싸워 격파하고 곧바로 평양을 포위했다. 하지만 고구려 군사가 굳게 수비하여 승리하지 못하면서 많은 병마가 부상당하거나 죽었고 군량미의 운송로도 확보하지 못한 상태였다. 이때 인문은 유진장 유인원과 함께 쌀 4천 석과 벼 2만여 곡을 싣고 평양으로 갔다. 당나라군은 식량을 얻었지만 눈이 많이 내려 포위망을 풀고 철군했다.

신라군도 철군하려는데, 고구려 군사들이 요격하려 하므로 인문은 유신과 함께 꾀를 내어 야밤에 도망했다. 고구려 군사들이 이튿날에야 이것을 알고 추격해왔지만, 인문이 반격해 대파시켰다. 인문은 다시 당나라로 돌아갔다. 건봉 원년, 호가하여 태산에 올라가 봉선의 의식을 치르니 우효위대장군의 관직과 식

읍 4백 호를 받았다.

총장 원년 무진에 고종 황제가 영국 공 이적에게 군사를 주어 고구려를 치게 하고, 인문을 보내 신라에게도 군사 징발을 요구했다. 문무대왕은 군사 20만을 출동시켜 인문과 함께 북한산성으로 갔다. 왕은 그곳에 진을 치고 머물며 인문에게 먼저 군사를 주어 당나라군과 연합해서 평양을 공격토록 했다. 한 달 남짓 만에 고구려 보장왕을 생포하여 인문이 고구려왕을 영공 앞에 꿇어앉히고 죄를 세니 고구려 왕이 재배하고 영공이 예로 답하였다. 영공은 바로 왕과 남산, 남건, 남생 등을 데리고 당나라로 돌아갔다. 문무대왕은 인문의 영특한 재략과 용감한 공로가 남보다 특이하였으므로 죽은 대각간 박유의 식읍 5백 호를 내렸다. 고종 역시 인문이 여러 차례 전공을 세웠다는 말에 제서를 내려,

"조아의 양장이고, 문무의 영재다. 작위를 제정해 새로운 봉읍을 주는 것이 마땅하다."

라며 작위를 더하고 식읍 2천 호를 더 하사했다.

상원 원년에 문무왕은 고구려 반군을 받아들이고, 백제의 옛 땅을 차지했다. 이에 당나라 황제가 대로하여 유인궤를 계림도 대총관으로 삼아 군사를 내줘 신라를 공격케 하고, 조서를 내려 왕의 관작을 삭탈했다. 이때 인문은 우효위원외대장군 임해군공이 되어 당나라 서울에 있었는데, 황제가 그를 임금으로 세워 본국으로 돌아가 형을 대신하게 하고, 계림주대도독개부의동삼사로 책봉했다. 인문이 간곡히 사양했으나, 황제의 허락을 얻지 못하고 길을 떠났다. 때마침 왕이 사신을 보내 공물을 바치면서 사죄하므로 황제가 죄를 용서하고 왕의 관작을 회복시켰다. 이

에 인문은 당나라로 되돌아가 관직을 다시 맡았다. 조로 원년에 진군대장군 행우무위위대장군에 전임되었고, 재초 원년에는 보국대장군 상주국 임해군개국공 좌우림장군으로 제수되었다.

연재 원년 4월 29일 병을 얻어 당나라 서울에서 죽으니 향년 66세였다. 부음을 듣고 황제가 슬퍼하면서 수의를 내리고 관등을 더 높여주었다. 또한 조산대부행사례시대의서령 육원경과 판관 조산랑, 직사례시 모 등에게 명해 영구를 호송케 했다. 효소대왕은 그에게 태대각간을 추증하고, 유사에게 명해 연재 2년 10월 27일 서울 서원에 장사 지내게 했다. 인문이 일곱 번 당나라에 들어가 조정에서 숙위한 날을 계산하면 무릇 22년이나 된다. 해찬도양도 여섯 번 당나라에 들어갔다가 서경에서 죽었는데 그 행적의 시작과 끝이 전해지지 않았다.

김양

김양의 자는 위흔이고, 태종대왕의 9세손이다. 증조부는 이찬 주원이고, 조부는 소판종기이며, 부친은 파진찬정여으로 대대로 장상이 되었다. 태화 2년, 흥덕왕 3년에 고성군 태수가 되었고, 곧바로 중원대윤으로 임명되었으며, 얼마 후 무주도독으로 전직되었다. 그가 가는 곳마다 백성들로부터 정치를 잘한다는 칭찬이 있었다.

개성 원년 병진에 흥덕왕이 죽자, 그의 뒤를 이을 적장자가 없으므로 왕의 사촌 균정과 그의 형의 제륭이 왕위 다툼을 벌였다. 이때 양이 균정의 아들 아찬 우징과 균정의 매부인 예징과 함께 균정을 왕으로 세우고 적판궁으로 들어가 사병으로 지키

게 하였는데 제륭의 도당 김명, 이홍 등이 적판궁을 포위했다. 양이 군사들을 궁문에 배치하고 막으면서,

"새 임금이 여기에 계시는데, 이찌 이렇게 흉악하게 반역할 수 있느냐?"

라며 꾸짖었다. 그리고 마침내 활을 당겨 10여 명을 쏘아 죽이니, 제륭의 부하 배훤백이 활을 쏘아 양의 다리를 맞혔다. 균정이 양에게,

"제륭 쪽은 군사가 많고 우리 쪽은 군사가 부족해 저들을 막을 수가 없다. 공은 잠시 물러나 있다가 후일을 도모하라!"

라고 했다. 양이 포위망을 뚫고 한기韓岐 또는 漢祇시에 이르렀지만 균정은 반란군에게 죽임을 당했다. 양은 하늘을 향해 통곡하면서 해를 두고 결심을 다진 후 산야로 숨어서 때를 기다렸다.

개성 2년 8월 전 시중 우징이 남아 있는 군사를 수습해 청해진으로 가 대사 궁복장보고과 손을 잡고 원수를 갚으려 모의 하는데, 양이 참모와 병졸들을 모집하였다. 3년 2월, 청해진으로 들어가서 우징과 장보고를 만나 함께 거사를 도모했다. 3월, 정예군 5천 명을 이끌고 무주를 습격하여 성 밑에 이르니 고을사람들이 항복했다. 거듭 진군하여 남원에 도착해 신라군과 맞서 승리를 거두었다. 우징의 병마와 군사들이 오랜 싸움으로 피로 하였으므로 다시 청해진으로 돌아가 쉬게 했다.

겨울에 혜성이 서쪽에서 출몰해 꼬리가 동쪽으로 향하니 사람들이 축하하며,

"이것은 낡은 것을 버리고 새로운 것을 펴서 원수를 제거하고 치욕을 씻을 좋은 징조다."

라고 했다. 양이 평동장군이 되어 추대해 12월, 또다시 출전하자 김양순이 무주 군사를 이끌고 왔고, 우징이 역시 염장, 장변, 정년, 낙금, 장건영, 이순행의 여섯 장수를 보내 군사를 통솔하게 하니 군대의 위용이 성하였다. 이들은 북을 치며 행군하여 무주 철야현 북쪽에 이르니 신라 대감 김민주가 군사를 출동시켜 대항했다. 장군 낙금과 이순행이 기병 3천 명을 이끌고 출격해 신라군들을 모두 죽였다.

4년 정월 19일, 양의 군사가 대구에 다다르자 왕이 군사를 보내 대항하므로 반격하여 왕의 군사가 패배했다. 이때 왕은 이궁으로 도망쳤는데, 군사들이 왕을 찾아 살해했다. 양은 좌우장군에게 명해 기사를 인솔하게 하고,

"이 싸움은 원수를 갚기 위한 것이었다. 이제 그 괴수가 죽었으니 의관 사녀와 백성은 모두 안심하고 살 것이며, 경거망동하지 말라!"

라며 널리 알렸다.

마침내 왕성을 수복하니, 백성은 민심이 안정되었다. 양이 훤백을 불러, 말하기를,

"개는 자기 주인이 아니면 짖는다. 네가 네 주인을 위해 나에게 활을 쏘았으니 의사다. 그러므로 내가 탓하지 않을 테니 너는 두려워하지 마라!"

라고 했다. 이 말을 여러 사람들이 듣고는,

"훤백에게 이러하니, 다른 사람이야 무엇을 걱정하겠나?"

라며 기뻐했다. 4월에 왕궁을 청소하고 시중 우징을 맞이하여 신무왕으로 옹립했다. 7월 23일, 신무왕이 죽자 왕위를 이으니 곧 태자가 문성왕이다. 문무왕이 양의 공로를 추가로 인정해 소

판 겸 창부령에 제수하고, 다시 시중 겸 병부령으로 임명했다. 당나라에서도 양에게 검교위위경을 제수했다.

대중 11년 8월 13에 양이 집에서 죽으니 향년 50세 였다. 왕이 부음을 듣고 슬퍼하면서 서발한을 추증하고, 부의와 염장을 김유신 장례 때와 같게 했으며, 같은 해 12월 8일 태종대왕의 능에 장사 지냈다.

양의 종부형인 흔은 자가 태이고 부친 장여는 벼슬이 파진찬까지 올라갔다. 장경 2년, 헌덕왕이 당나라에 사신을 보내려 하는데, 적당한 인물이 없었다. 그러자 어떤 사람이 김흔을 추천하면서,

"그는 태종의 후예로서 두뇌가 총명하고 도량이 깊으며 침착합니다."

라고 했다. 마침내 그를 당나라에 보내 숙위케 했는데, 한 해 남짓 당나라에 있다가 귀국하기를 청하자, 황제가 금자광록대부시태상경으로 제수했다. 그가 귀국하자 국왕은 왕명을 욕되게 하지 않았다 하여 남원태수로 제수했다. 그 후 여러 번 자리를 옮겨 강주대도독이 되었다. 이찬 겸 상국이 되었다.

개성 기미 윤 정월에 대장군이 되어 군사 10만을 이끌고 대구에서 청해 군사와 싸워 패전했다. 이에 대한 책임을 느껴 벼슬을 내놓고, 소백산으로 들어가 칡 옷을 입고 소식하며 중들과 지내다가 대중 3년 8월 27일에 산골에서 죽으니 향년 47세였다. 같은 해 9월 10일에 나령군 남쪽 언덕에 장사 지냈다. 아들이 없어 그의 부인이 상사를 주관했으며, 후에 비구니가 되었다.

흑치상지

흑치상지는 백제 서부 사람으로 신장이 7척이 넘고, 동작이 민첩하고 굳세며 지략이 뛰어났다. 그는 백제의 달솔로서 풍달군의 장수를 겸했다. 소정방이 백제를 평정했을 때, 자신의 부하와 함께 항복했다. 이때 정방은 늙은 왕을 옥에 가두고 군사를 풀어 크게 노략질을 하였는데, 상지는 두려워서 좌우 관장 10여 명과 함께 도주해, 흩어진 군사들을 모아 임존성으로 들어가 굳게 수비하자, 열흘이 못 되어 모인 군사들이 3만 명이나 되었다. 정방은 그를 공격했지만 승리하지 못했다. 이를 계기로 상지는 2백여 성을 회복했다.

용삭 연간에 고종이 상지에게 사신을 파견해 타이르자 유인궤에게 항복했다. 그는 당나라에 들어가 좌령군 원외장군 양주자사가 되었는데 수차례의 정벌에 나서서 많은 공을 세워 작위와 상을 받았다. 얼마 후 연연도 대총관이 되어 이다조와 함께 돌궐을 물리쳤다. 이때 좌감문위중랑장 보벽이 돌궐을 끝까지 추격해 공을 세우려고 하자 황제가 상지 등과 함께 공격하라고 명했다. 그러나 보벽은 명을 받들지 않고 홀로 공격하다가 적에게 패하면서 전군을 잃었다. 이에 보벽은 옥리에게 보내져 처형되고, 상지 역시 연좌되어 공이 없어 졌다. 주흥 등이 상지가 응양장군 조회절과 함께 반란을 꾸민다고 무고해 조옥에 갇혔다가 교형을 당했다. 상지는 부하들을 은덕으로 다스렸는데, 어느 날 병졸들이 그의 말을 채찍질하므로 누군가 처벌하라고 하자 상지가,

"어찌 개인의 말 때문에, 관병을 매로 다스릴 수 있는가?"

라고 했다. 또한 공을 세워 받은 상을 모두 부하들에게 나누어 주었으므로 남겨둔 재산도 없었다. 그가 죽자 억울하게 죽자 사

람들은 그의 억울함을 슬퍼했다.

장보고

장보고『신라 본기』에는 궁복와 정년은 신라 사람이지만 고향과 조상은 기록되어 있지 않다. 두 사람은 전투에 능하였는데, 정년은 바닷물에 들어가 50리를 잠수해도 숨 차는 일이 없었고 그 용맹스럽고 굳셈이 이에 미치지 못하였다. 연은 보고에게 형이라고 하였는데, 두 사람이 당나라로 건너가 무녕군 소장이 되었는데, 마상 검술에서 능히 대적할 사람이 없었다.

후에 보고가 귀국해 대왕에게,

"중국 사람들이 신라 사람들을 노비로 삼고 있습니다. 원하건데 저에게 청해에 진을 치는 일을 맡겨 주시면 약탈하여 서쪽으로 데려가지 못하게 하겠습니다."

라고 했다.

청해는 신라 해로의 요충지로 지금은 완도라고 부른다. 대왕이 보고에게 군사 1만 명을 주어 청해를 지키게 했다. 이로부터 바다에서 신라 사람들을 노비로 파는 일이 없어졌다. 보고는 이미 귀하게 되었지만 정년은 벼슬을 잃고 굶주리면서 사수 연수현에서 살았다. 어느 날 정연이수비 장수 풍원규에게,

"동쪽으로 돌아가 장보고에게 걸식하려고 한다."

라고 하자, 원규가,

"그대와 장보고의 어떠한가? 어찌하여 그곳에 가서 그의 손에 죽으려고 하는가?"

라고 했다. 이에 정연은,

"추위와 굶주림으로 죽는 것은 싸우다가 죽는 것보다 못하다. 하물며 고향에서 죽는 것에 비하겠나."

라고 하고 마침내 그곳을 떠나 장보고를 만났다.

보고가 환대하여 함께 술을 마셨는데, 술자리가 끝나기 전에 왕이 시해되어 나라가 어지러워지면서 임금이 없다는 말을 들었다. 이에 보고가 군사 5천 명을 정연에게 주고 울면서,

"그대가 아니면 나라의 화란을 평정할 수가 없다."

라고 하자 정연은 군사를 이끌고 나라에 들어가 배반한 자를 죽이고 왕을 세웠다. 왕은 장보고를 불러 재상으로 삼고, 정연에게는 보고를 대신해 청해를 지키게 했다. 이것은 신라 전기와는 매우 다르지만, 두목의 말로 전기를 지었으므로 말해 전해오는 것이기 때문에 두 가지를 그대로 기록했다.

○ 저자의 견해

두목이 말하기를,

"천보 연간 안녹산의 난 때, 삭방절도사 안사순은 녹산의 종제라는 이유로 처형시키고, 곽분양에게 그 자리를 맡게 했다. 열흘 뒤 이임회에게 명해 삭방 군사 절반을 나눠 동으로 조와 위 지방으로 진격시켰다. 사순이 절도사로 있을때 분양과 임회가 아문도장으로 재직했는데, 두 사람은 사이가 매우 좋지 않았다. 분양이 사순의 직무를 대신하게 되면서 임회가 도망치려 했으나 결행하지 못했다. 이때 분양이 임회를 불러 병력의 반으로 나눠주고 동쪽을 정벌하라고 명했다. 그러자 임회는 분양에게 '이 한 몸이 죽는 것은 달게 받겠지만, 처자만은 살려주시오' 라고 청했다. 분양은 임회의 손을 잡고 당상으로 올라와 마주앉아 '지금 나라가 어지러워 임금이 파천하는 때에 그대가 아니면 동쪽의 적을 평정할 수가 없다네. 지금 사사로운 원한을 생각할 때가 아니다.' 라고 했다. 그들은 작별할 때 눈물을 흘리면서 충성과 의리로써 격려했다. 마침내 큰 도적을 평정하게 되니 이는 두 사

람의 힘이 모아졌기 때문이다. 이것은 장보고와 분양의 현명한 것이 같다 할 수 있다. 정년이 보고에게 갈 때 멸망하는 나라에 '보고가 귀하게 되었고, 나는 천하기 때문에 내가 몸을 낮춘다면 옛날의 분노로 나를 죽이지는 않을 것이다' 라고 생각했을 것이다. 보고가 그를 죽이지 않았기으니 이것은 인지상정이고, 임회가 분양에게 죽기를 청한 것 인지상정이다. 장보고와 곽분양은 인의의 마음에 총명함이 있었기 때문에 성공했던 것이다. 그러나 인의의 마음이 있어도 바탕이 총명하지 못하면 의심할 수밖에 없다. 그러므로 '나라에 군자 한사람만 있어도 그 나라는 망하지 않는다' 하였으니 무릇 멸망하는 나라에 사람이 없는 것이 아니라 망할 때가 되었을 때 어진 사람을 등용하지 않기 때문이다. 참으로 어진 사람을 등용할 줄을 안다면 한사람으로도 족한 것이다."

라고 했다.

송기가 말하기를,

"아아! 개인적인 원망으로 서로를 해치지 않고, 먼저 나라를 걱정한 사람으로 진나라에 기해가 있고, 당나라에는 곽분양이 있었다. 하였는데 장보고를 두고서 누가 우리나라에 사람이 없다고 함부로 말할 것인가?"

라고 했다.

사다함

사다함은 진골 출신으로 내물왕의 7세손으로 부친은 급찬 구리지이다. 원래부터 높은 가문의 귀한 자손으로 풍모가 청수하면서 지기가 방정했다. 이에 사람들은 그를 화랑으로 추대하여 화랑이 되었다. 그러자 그를 따르는 사람들이 1천 명이나 되었고 모두에게 환심을 얻었다.

진흥왕이 이찬 이사부에게 명해 가라가야국을 공격케 하자, 나이가 십오륙 세의 사다함이 종군하기를 청했다. 왕은 나이가 어리다며 허락하지 않다가 그의 의지가 확고해서 마침내 귀당비장으로 임명하니 그를 따르는 무리 또한 많았다. 가라 국경에 도착하자 사다함은 원수에게 청해 군사를 얻어 선발대로 전단량(성문 이름인데, 가라의 말로 문을 양(돌으로 불렀음으로 들어갔다. 그 나라 사람들은 갑작스런 군사들의 공격에 미처 방어하지 못했고 이때 대군이 진격해 나라를 멸했다. 이에 왕은 그의 전공을 인정해 가라 인구 3백을 주었으나 한 명도 남김없이 모두 석방시켰다. 또한 토지를 하사하자 한사코 사양하므로 왕이 강제로 받게 하였는데, 알천에 있는 불모지를 청해 받았다. 사다함이 첨음에 무관랑과 목숨을 함께하는 벗이 되자고 약속하였는데, 무관이 병으로 죽자 슬프게 울다가 7일 만에 역시 죽었다. 당시 나이 17세였다.

삼국사기
三國史記 新羅本紀 第四五卷

삼국사기권제45

열전 제5

을파소, 김후직, 녹진, 밀우, 유유, 명림답부, 석우로, 박제상, 귀산, 온달

을파소

을파소는 고구려 사람이다. 국천왕 때 패자 어비류와 평자 좌가려는 왕의 외척으로서 멋대로 권세를 휘둘러 백성이 원망하고 분하게 였겼다. 왕이 분노하여 그들을 죽이려 하자, 좌가려 등이 모반했다. 왕이 역당의 일부는 죽이고 일부는 귀양을 보냈다. 마침내 왕이 명을 내려,

"벼슬이 총애로 주어지고, 지위가 덕 없는 사람이 진출하여 그 해독이 백성에게 미치고 왕실은 동요하니 이는 내가 밝지 못한 까닭이다. 그러니 이제 너희 4부는 제각기 재야에 묻혀있는 현량들을 천거하라!"

라고 했다. 이에 4부는 동부의 안류를 한마음으로 천거하자, 왕이 그에게 국정을 맡기려고 했다.

안류가 왕에게,

"미천한 저는 용렬하고 우둔하여 정사를 맡을 수가 없습니다. 서쪽 압록곡 좌물촌에 살고 있는 을파소는 그는 고구려 유리왕의 대신이었던 을소의 후손으로 강직하고 지혜가 깊지만 세상에 쓰이지 못해 농사로 생계를 유지하고 있습니다. 대왕께서 나

라를 잘 다스리려면 이 사람이 아니고는 될 수 없습니다."

라고 했다. 왕이 그를 정중한 예로 초빙해 중외대부로 임명하고, 작위를 더해 우태로 삼으며,

"내가 외람되게 선대의 왕업을 계승해 신민의 위에 처하게 되었다. 덕과 자질이 부족해 정치를 잘하지 못한다. 선생은 초야에 묻힌 지 오래지만, 나를 버리지 않고 이렇게 와준 것은 나라의 사직과 백성의 복이다. 가르침 받기를 청하니 마음을 다해 주시오."

을파소의 뜻은 몸을 나라에 바치려 하였으나, 맡은 직위가 부족한 듯하여,

"신이 노둔함으로 명을 감당하기에 부족합니다. 원컨대 현량한 사람을 선발해 높은 관직을 맡겨 위업을 달성하십시오!"

라고 했다. 이에 왕이 그 뜻을 알고 국상을 제수해 정사를 맡겼다. 그러자 조정의 신하들과 국척들은 파소가 들어와 대신들을 이간한다며 미워했다. 이에 왕이,

"귀천을 막론하고 국상에게 복종하지 않는다면 일족을 멸하겠다."

라는 교서를 내렸다. 이에 파소가 물러나와 사람들에게,

"때를 만나지 못하면 숨어서 살고, 때를 만나면 벼슬하는 것은 선비로서 떳떳한 행동이다. 지금 임금께서 나를 후의로 대우하시니 어찌 예전에 은둔하던 때를 생각하랴."

라고 말했다. 을파소는 지성으로 나라에 봉사하고 상벌을 신중하게 처리해 백성을 편안하게 해주었다. 왕이 안류에게,

"그대의 말이 없었다면 내가 능히 을파소를 얻어 함께 다스리지 못했을 것이다. 지금 모든 치적이 이루어진 것은 그대의 공

이다.”

라면서 대사자로 임명했다. 산상왕 7년 가을 8월에 을파소가 죽으니 백성이 통곡했다.

김후직

김후직은 지증왕의 증손으로 진평대왕을 섬겨 이찬이 되었다가 병부령으로 전임되었다. 대왕이 사냥을 매우 좋아하므로 후직이 간하기를,

“옛날 임금들은 하루에도 만 가지 정사를 돌보되 심사원려하고 좌우에 있는 바른 선비들의 직간을 받아들이고, 부지런히 노력해 감히 편안하게 놀이를 즐기지 않았습니다. 그래야만 덕정이 순미해져 국가를 보전할 수가 있었습니다. 그런데 지금 전하께서는 매일 미친 사냥꾼과 더불어 매와 사냥개를 놓아 꿩과 토끼를 쫓아 산과 들로 뛰어다니기를 스스로 멈추지 않고 있습니다. 『노자』는 ‘말달리며 사냥하는 일은 사람의 마음을 미치게 한다’ 고 했으며, 『서경』에도 ‘여색에 빠지거나 사냥을 일삼는 것 중 한 가지만 저질러도 망하지 않는 자가 없다’ 고 했습니다. 그러므로 사냥은 안으로 마음을 방탕케 만들고, 밖으로 나라를 망치는 것이니 반드시 반성하고 유념해야 합니다.”

라고 했다. 왕이 따르지 않으므로 다시 충언했는데, 결국 받아들여지지 않았다.

후에 후직은 병으로 죽음을 앞두고 있을 때 세 아들에게 말하기를,

“내가 신하로서 능히 임금의 나쁜 행동을 바로잡지 못했다. 아

마 대왕이 놀고 즐기는 일을 그치지 아니하면 망하게 될 것이니 이것이 내가 근심하는 바이다. 비록 내가 죽더라도 반드시 임금을 깨우쳐주려 하니 내 뼈를 대왕이 사냥 다니는 길가에 묻어라."

라고 하였다. 세 아들이 그의 유언대로 실천했다. 후일에 왕이 사냥하러 반쯤 가고 있을 때, 먼 데거 나는 듯한,

"가지 마라!"

라는 말을 들었다. 그때 왕은

"소리가 어디서 나느냐?"

하니 종자가,

"저것은 후직 이찬의 무덤입니다."

라면서 후직이 죽을 때 남긴 말을 전했다. 이에 대왕이 눈물을 흘리며,

"그대의 충간은 죽어서도 잊지 않았으니 나에 대한 사랑이 깊은 것이다. 만약 내가 끝내 고치지 못한다면 살아서나 죽어서나 무슨 낯으로 그대를 보겠는가!"

라며 마침내 종신토록 사냥을 하지 않았다.

녹진

녹진의 성과 자는 미상이나, 아버지는 일길찬수봉이다. 녹진은 23세 때 처음 관직에 올라 내외의 직책을 거치다가 헌덕대왕 10년 무술에 집사시랑이 되었다. 14년에 국왕에게 대를 이을 아들이 없어 왕의 아우 수종을 태자로 삼아 월지궁에 들였다. 이때 각간충공이 상대등으로 진급해 정사당에 앉아 내외의 관원을

전형했다. 어느 날 퇴근해서 집에 있다가 병으로 누우니 국의가 와서 진맥하면서,

"병이 심장에 있으니, 용치탕을 복용하여야 합니다."

라고 했다. 마침내 그는 21일간의 휴가를 얻어 문을 닫고 손님을 만나지 않았다.

이때 녹진이 만나기를 청했지만 문지기가 거절했다. 녹진은,

"상공께서 병으로 빈객을 사절하는 것을 잘 알고 있으나 한마디 말씀을 올려 답답한 근심을 풀어드리기 위해서 찾아왔으니, 내가 공을 만나지 않고는 물러갈 수 없다."

라고 했다. 문지기가 여러 차례 이 뜻을 전하자 충공이 그를 불러 만났다. 녹진이 말하기를,

"귀하신 몸이 편찮아진 것은 일찍 출근하고 늦게 퇴근하여 바람과 이슬을 맞아 혈기의 조화가 손상되어 불편한 것이 아닙니까?"

라고 하자, 충공이,

"그게 아니라, 머리가 멍하고 정신이 상쾌하지 않을 뿐이다."

라고 했다. 녹진은,

"그렇다면 이 병은 약이나 침으로 고칠 수가 없습니다. 오직 지극한 말과 고상한 담론으로 한번에 치료할 수 있는데, 공께서 들어주시 겠습니까?"

라고 했다. 이에 충공이 말하였다.

"그대가 나를 멀리 버리지 않고 이렇게 찾아 왔으니, 원하건데, 좋은 말로 내 가슴속을 씻어 주길오."

녹진이 말하였다.

"목수가 집을 지음에, 큰 재목은 들보와 기둥을 삼고, 작은 재

목은 서까래로 삼아 휜것, 곧은 것이 각각 적당히 자리에 두어야만 집이 완성됩니다. 옛날 어진 재상들의 정치 역시 이것과 무엇이 다르겠습니까? 큰 인재는 높은 지위에 두고 작은 인재는 가벼운 소임을 맡겨, 안으로 6관 백집사와 밖으로 방백, 연솔, 군수, 현령까지 조정에 빈 직위가 없고, 직위마다 부당한 자가 없을 것으로 상하가 질서 정연하여, 현명한 자와 불초한 자가 반드시 구별 될 것입니다. 그렇게 해야만 왕정이 탄탄하게 이뤄집니다. 그러나 지금은 사사로운 감정으로 공적인 일을 그르치고, 사람을 위해 관직을 택하여, 총대하면 재능이 부족해도 높은 벼슬을 주고, 미워하면 유능해도 구렁텅이로 빠뜨리려 합니다. 시비를 따짐에 뜻이 어지럽게 되면, 나라가 혼탁해지고, 일을 담당하는 사람 역시 괴로워서 병이 들 것입니다. 만약 관직을 맡을 때 청렴결백하고, 일을 처리할 때 신중하고, 뇌물의 길을 막고, 청탁을 멀리하고, 승진과 강등은 그 사람의 어둠과 밝음으로써 하고, 관직의 임면을 감정으로 처리하지 않는다면, 저울처럼 경중을 잘못 가릴 수가 없고, 먹톱줄처럼 곡직이 속여지지 않을 것입니다. 이렇게 되면 나라가 화평해서 손홍처럼 문을 활짝 열어놓거나, 조참처럼 잔치를 베풀어 친구들과 담소하고 즐겨도 좋을 것입니다. 그런데 어찌 다른 방도를 취하지 않고 약 먹기에 몰두하고 부질없이 시간을 소비하며 공사를 폐지 할 수 있겠습니까?"

이에 각간은 의관을 내보내고 수레를 타고 왕궁으로 입조하니, 왕이,

"경은 날을 정해서 약을 먹는다더니 어찌 입조했는가?"

라고 하자 충공이 대답하기를,

"신이 녹진의 말을 들었는데, 약석과 같았습니다. 어찌 용치탕과 비교하겠습니까!"

하여 왕에게 녹진의 말을 모두 고했다. 왕이,

"과인은 임금이 되었고 경은 재상이 되었다. 이렇게 직언하는 사람이 있어 얼마나 다행한 일인가? 태자로 하여금 이를 알게 하지 않을 수 없으니 월지궁으로 가라."

고 했다. 이 말을 들은 태자가,

"듣기로 임금이 밝으면 신하가 곧바르다고 했습니다. 이이역시 나라의 아름다운 일입니다."

라고 했다. 후에 웅천주도독 헌창이 반란을 일으켜 왕이 군사를 동원해 토벌했는데, 이때 녹진이 종사하여 공을 세웠다. 왕이 대아찬 벼슬을 내렸으나, 끝내 사양하고 받지 않았다.

밀우, 유유

밀우와 유유는 모두 고구려 사람이다. 동천왕 20년에 위나라 유주자사 관구검이 군사를 이끌고 침입하여 환도성을 함락시켰다. 왕이 성 밖으로 달아나자 위나라 장군 왕기가 추격했다. 왕은 남옥저로 달아나고자 죽령에 이르렀다. 이때 군사들은 모두 흩어지고 오직 동부의 밀우 혼자 곁에 남아 있었다. 그가 왕에게,

"추격해오는 군사가 가까워 형세가 급박합니다. 신이 결사적으로 이들을 막겠으니 왕께서는 빨리 도망하소서."

라는 말과 함께 결사대를 모집해 적진으로 달려가 싸웠다. 왕은 이틈에 겨우 도망쳐 산골짜기에 의지하면서 흩어진 군사를

모아 스스로 지키면서,

"만약 밀우를 찾아온다면 후한 상을 내리겠다."

라고 했다. 하부의 유옥구가 나서면서,

"신이 가겠습니다."

라면서 싸움터로 달려가 땅에 쓰러져 있는 밀우를 발견해 업고 돌아왔다. 왕이 자신의 무릎을 베게 해주자 한참 후에 깨어났다.

왕이 샛길을 헤매다가 남옥저에 도착했는데, 위나라 군사는 추격을 멈추지 않았다. 왕은 더는 계책이 없으므로 기세가 꺾여 어찌할 바를 몰랐다. 이때 동부사람 유유가,

"형세가 몹시 위급하지만 이대로 죽을 수는 없습니다. 신에게 자그마한 계책이 있습니다. 청하옵건대 음식을 가지고 가 위나라 군사를 먹이면서 틈을 노려 저들의 장수를 죽이겠습니다. 만약 저의 계책이 성공한다면, 왕께서는 곧바로 공격하여 승부를 갈소서."

라고 하자 왕이,

"좋다."

고 하였다. 유유가 위나라의 군중으로 들어가 거짓으로 항복하는 체하면서

"우리 임금이 대국에게 죄를 짓고 도망쳐서 바닷가에 도착했지만 의지할 곳이 없다. 장차 항복을 청하고 형리의 처벌을 받으려고 한다. 그런 연유로 나를 먼저 보내어 변변찮은 음식을 군사들에게 주고자 합니다."

라고 했다. 이에 위나라 장수가 항복을 받으려 유유에게 가까이 다가오자 음식 그릇에 숨긴 칼을 꺼내 위나라 장수의 가슴을

찌르고 함께 죽으니 위나라 군중이 마침내 어지러워졌다.

왕이 군사를 세 길로 나눠 급히 공격했는데, 위나라군이 동요하여 진을 정비하지 못하고 드디어 낙랑에서 퇴각했다. 왕이 나라를 되찾고 공을 논하였는데 밀우와 유유를 제일로 삼아 밀우에게는 거곡과 청목곡을 내려주고, 옥구에게는 압록강의 두눌하원을 하사해 식읍으로 삼게 했다. 또 유유에게는 벼슬을 추증해 구사자로 했으며, 그의 아들 다우를 대사자로 삼았다.

명림답부

명림답부는 고구려 사람으로 신대왕 때 국상에 올랐다. 한나라 현토태수 경림이 대군을 이끌고 침공하려고 하자, 왕이 신하들을 불러 공격과 방어를 물었다. 여러사람들의 의견이 이러하였다.

"한나라 군사는 수가 많은 것을 앞세워 우리를 업신여기고 있으니 만약 나가 싸우지 않으면 우리가 겁을 낸다고 여겨 우리나라는 산이 험하고 길이 좁기 때문에 한 명이 관문을 지켜도 만 명이 당하지 못합니다. 한나라 군이 비록 많다 하더라도 우리를 어찌할 수는 없을 것입니다. 군사를 출동시켜 방어해야 합니다."

명림답부가 말했다.

"잘못된 생각입니다. 한나라는 나라가 크고 백성이 않으며, 지금 강군이 멀리까지 와서 싸우기 때문에 그 예봉을 당할 수가 없습니다. 더구나 군사가 많은 경우에는 마땅히 싸워야하고, 군사가 적은 경우에는 마땅히 지켜야하는 것이 병가의 상식입니다. 지금 한나라는 천 리 밖에서 군량을 운반해 왔기 때문에 오래 버틸 수가 없습니다. 만약 우리가 구덩이를 깊이 파고 보루를 높이 쌓으며, 들판을 비워 놓고 기다린다면, 저들은 틀림없이 한 달을 넘기지 못하고 굶주리고 지쳐 퇴각할 것입니다. 그때 우리가 군사를 출동시킨다면 반드시 승리할 것입니다."

라고 했다. 왕이 옳다고 하여 성문을 닫고 굳게 수비했다.

한나라가 여러 번 공격했지만 결국 승리하지 못했고, 장수와 졸병들이 굶주리므로 퇴각했다. 이때 답부가 수천 명의 기병을 이끌고 추격해 좌원에서 전투를 벌이니 한나라가 대패하면서 단 한필의 말도 되돌아가지 못했다. 왕이 크게 기뻐하며 답부에게 좌원과 질산을 하사해 식읍으로 삼게 했다. 15년 가을 9월에 죽으니 나이 113세였다. 왕이 친히 빈소를 찾아 애통해 하며 7일간 조회를 금파했고, 예로써 질산에 장사를 지내고 묘지기 20가를 두었다.

석우로

석우로는 나해 이사금의 아들로혹은 각간 수로의 아들이라고도 함 조분왕 2년231년 7월에 이찬으로서 대장군이 되어 감문국을 토벌해 군현으로 만들었다. 4년 7월 왜인이 침략하자 우로가 사도에서 역습하였느데 바람을 이용해 불을 질러 적의 전함을 불태우니, 적들은 물로 뛰어들어 모두 익사했다. 15년 정월, 서불한으로 승급되면서 병마사를 겸했다. 16년, 고구려가 북쪽변경을 침범하자 우로가 출격했으나 승리하지 못하고 퇴각해 마두책을 지켰다. 밤이 되어 군사들이 몹시 추워에 괴로워하자 우로가 직접 위로하면서 불을 피워 따뜻하게 해 주니 여러 사람들이 감격해하고 기뻐하였다. 첨해왕이 왕위에 있을 때 예전부터 우리나라에 속해있던 사량벌국이 갑자기 배반해 백제로 돌아가므로 우로가 군사를 이끌고 토벌하여 멸했다.

7년 계유253년에 왜국 사신 갈나고가 객관에 와 있었는데 이때 우로가 그를 대접하였다. 이때 희롱하여 말하기를,

"조만간 너의 나라 국왕을 염전노비로 만들고, 너의 왕비는 취사부로 삼겠다."

고 하였다. 이 말을 들은 왜왕은 노하여 장군 우도주군에게 명해 우리를 공격하니 대왕이 유촌에 나가 있게 되었다. 우로가 말하기를,

"지금이 환란은 내가 말을 조심하지 않아서 생긴 것이니 내가 감당하겠다."

하고 왜군에게 가서,

"전일의 말은 희롱이었을 뿐, 이렇게 군사를 일으킬 줄 알겠는가?"

라고 했다. 왜인은 아무런 대답도 하지 않고, 그를 붙잡아 나무를 쌓아 그 위에 얹어 놓고 불태워 죽이고 돌아갔다.

우로의 아들은 어려서 걷지 못했기 때문에 다른 사람이 안고 말을 타고 돌아왔는데 후에 흘해 이사금이 되었다. 미추왕 때 왜국 대신이 방문하였는데 우로의 처가, 국왕에게 청해 사신을 개인적으로 대접할 기회를 얻었다. 왜국사신이 술에 만취되었을 때, 사람을 시켜 그를 뜰에 내려놓고는 불에 태워 지난날의 원수를 갚았다. 왜인이 분하여 금성을 침공했지만 승리하지 못하고 돌아갔다.

○ 저자의 견해

우로가 대신으로서 군국의 사무를 맡아 싸우면 반드시 이기고, 이기지 못해도 패하지는 않았다. 이것을 보면 그의 모책이 반드시 남보다 뛰어났을 것이다. 그런데 말 한마디를 잘못해 스스로 죽음의 길로 들어섰고, 두 나라가 싸움에 이르게 하였다. 그 아내가 원수를 갚았지만, 이 역시 변칙이고 올바른 길이 아니었다. 만약 이런 일이 없었다면 그의 공적은 또한 기록할 만 하였다.

박제상

박제상모말은 시조 혁거세의 후손이고 파사 이사금의 5세손이다. 조부는 아도 갈문왕이었고 아버지는 파진찬물품 이었다. 제상은 벼슬길에 나간 후 삽량주 간이 되었다. 이보다 앞선 실성왕 원년 임인에 왜국과 화친을 맺을 때, 왜왕은 내물왕의 아들 미사흔을 인질로 요구했다. 실성왕은 과거 내물왕이 자신을 고구려에 인질로 가게 한 것을 원망하고 있었으므로 왜왕의 요구에 따라 인질로 보냈다. 11년 임자에 고구려에서도 미사흔의 형 복호를 인질로 요구하자 대왕이 그를 보냈다. 눌지왕이 즉위함에 따라 변사를 구하여 그들을 데려오려고 했다. 대왕은 수주촌 간 벌보말과 일리촌 간 구리내와 이이촌 간 파로 세 사람이 어질고 지혜롭다는 소문을 듣고 그들을 불러,

"나의 아우 두 사람이 왜국과 고구려에 인질로 가서 수년간 돌아오지 못하고 있다. 형제로서 그들을 살려 돌아오게 하고 싶은데 좋은 방법이 없겠느냐?"

라고 물었다. 세 사람은 이구동성으로,

"신들이 듣기로 삽량주 간 제상이 용감하고 지모가 있습니다.

그가 전하의 근심을 해결해 줄 것입니다."

라고 대답했다.

이에 왕이 제상을 불러 세 신하의 말을 전하며 고구려로 가주기를 요청하자 제상은,

"신이 어리석고 불초하지나 명을 받들겠습니다."

라고 했다. 제상은 마침내 빙례를 갖추고 고구려로 들어가 왕에게,

"제가 듣기로는 이웃 나라와 교제하는 도는 성실과 신의뿐이라고 합니다. 만약 인질을 서로 주고받는다면 오패만도 못한 것으로 말세의 행위가 될 것입니다. 지금 우리 임금의 사랑하는 아우가 이곳에 온지 거의 10년이 되었습니다. 우리 임금은 척령이 들판에 있는 뜻이 영영 잊지 못하고 있습니다. 만약 대왕께서 그를 돌려보내 주신다면, 이것은 구우일모 격으로 대왕에게는 손해될 것이 없으나 우리 임금은 대왕의 유덕함을 한없이 칭송하게 될 것입니다."

라고 했다. 이에 왕이,

"좋다."

하면서 함께 돌아가는 것을 허락했다. 그들이 귀국하자 대왕은 기뻐하고 위로하면서,

"두 아우에 대한 생각이 좌우의 두 팔과 같다. 이제 다만 한 팔을 찾았지만 나머지 팔을 어찌해야 하는가?"

라고 했다.

제상은,

"신이 재주가 부족하지만 이미 몸을 나라에 바쳤으니 끝까지 명을 욕되게 하지 않겠습니다. 고구려는 대국이고 왕이 어질기

때문에 신이 한마디로 깨우칠 수 있었습니다만 왜인들은 말로써 타이를 수 없으므로 속임수를 써서 왕자를 돌아오게 해야 합니다. 신이 왜국으로 가는 즉시 반역죄를 씌워 저들의 귀에 들어가게 하소서."

라고 했다. 이에 제상은 죽기를 맹세하고 처자식도 만나지 않은 채 곧바로 율포로 떠나 배를 타고 왜국으로 향했다. 그의 아내가 이 소식을 듣고 포구로 달려가 배를 향해 통곡하면서,

"잘 다녀오시오!"

라고 했다. 제상이 뒤돌아보며 말하기를,

"나는 명을 받아 적국으로 가는 것이니, 임자는 나를 다시 만날 것을 기대하지 마라."

라고 했다. 왜국에 도착한 그는 모반하다가 도망쳐온 것처럼 행동했으나, 왜왕이 그를 의심했다. 그런데 얼마 전에 백제 사람이 왜국으로 가서 '신라와 고구려가 모의해 왕의 나라를 침공하려고 한다' 라고 거짓말을 했다. 그때 왜국에서는 군사를 보내 신라 국경 밖에서 염탐하게 하였는데, 때마침 고구려가 침입해 왜의 염탐꾼을 모두 죽였다. 왜왕은 이 일로 백제 사람의 말을 사실로 여겼으며, 신라 왕이 미사흔과 제상의 가족을 가뒀다는 소식을 듣게 되면서 제상이 정말로 배반자라고 믿게 되었다.

이에 왜는 군사를 출동시켜 신라를 습격하기로 결정하고, 제상과 미사흔을 장수겸 향도로 삼았다. 그들이 바다의 섬에 도착하자 왜국 장수들은 신라를 멸한 후에 제상과 미사흔의 처자식을 잡아오자고 모의했다. 제상이 이것을 알고 미사흔과 배를 타고 놀면서 마치 물고기와 오리를 잡는 것처럼 행동했다. 그러자 왜인들은 그들에게 다른 마음이 없다며 좋아했다. 이때 제상은 미

사흔에게 몰래 본국으로 돌아가라고 권했다. 미사흔은,

"내가 장군을 아버지처럼 받들고 있는데, 어찌 나 혼자 돌아가겠는가?"

라고 답했다. 이에 제상이,

"만약 우리가 함께 떠나면 일이 실패로 돌아갈 수 있습니다."

라고 했다. 미사흔은 목을 안고 울면서 하직하고 돌아왔다. 제상은 방안에서 자다가 늦게 일어났는데, 이것은 미사흔으로 하여금 멀리 가도록 하기 위한 계략이었다. 여러 사람들이,

"왜 늦게 일어나는가?"

라고 묻자, 제상은,

"전날 배를 탄 탓에 몸이 피곤해 일찍 일어나지 못했다."

고 했다. 그가 밖으로 나오자 왜인들은 그제야 미사흔이 도망간 것을 알고 제상을 포박해놓고 배로 추격했다. 하지만 때마침 안개가 짙게 끼어 아무 것도 볼 수가 없었다.

왜인은 제상을 왕의 처소로 돌려보냈고, 곧 목도로 유배시켰다가 얼마 후 장작불로 몸을 태운 후 참수했다. 대왕이 이를 듣고 애통해 하며 대아찬으로 추증하고 그의 가족들에게 후하게 물건을 하사했다. 미사흔에게 제상의 둘째 딸을 아내로 맞이하게 하여 은혜에 보답하게 하였다. 처음 미사흔이 돌아올 때 대왕은 6부에 명해 멀리 나가서 맞게 했으며, 그를 만나자 손을 잡고 서로 울었다. 형제들이 모여 술자리를 마련해 마음껏 즐겼는데, 왕이 가무를 스스로 지어 자신의 뜻을 나타냈다. 지금 향악 가운데 우식곡이 바로 이것이다.

귀산

귀산은 사량부 사람으로 아버지는 아간무은이다. 귀산은 젊을 때 같은 부에 있는 추항을 친구로 삼았다. 두 사람은 서로 말하기를,

"우리가 선비나 군자와 교유하기를 기대하면서 마음을 바르게 하고 몸을 닦지 않으면 아마 욕을 당할 것이므로 까닭에 어진 사람 옆에서 도를 배우지 않겠는가?"

라고 했다. 당시 수나라에 유학을 떠났던 원광법사가 돌아와 가실사에 있었는데, 사람들에게 높은 예우를 받았다.

귀산 등이 그의 거처로 가서,

"속세의 선비가 어리석고 부족해 아는 것이 없습니다. 한 말씀 해주시면 평생 계명으로 삼겠습니다."

라고 했다. 법사가,

"불가의 계율에 보살계가 있다. 그것은 열 가지로 구별되어 있는데, 그대들이 남의 신하로서는 아마 감당할 수 없을 것이다. 지금세속오계가 있으니, 첫째는 임금을 충성으로 섬기는 것이고, 둘째는 부모를 효성으로 섬기는 것이고, 셋째는 벗을 신의로 사귀는 것이요, 넷째는 전쟁에 임하여 물러서지 않는 것이고, 다섯째는 살아있는 것을 죽일 때는 가려서 죽여야 한다는 것이니, 그대들은 이를 실행함에 소홀히 하지마라."

고 했다. 귀산 등이,

"다른 것은 그대로 따르겠지만, '살아있는 것을 죽일 때는 가려서 죽여야 한다' 는 말의 의미를 모르겠습니다."

라고 묻자, 법사는,

"육재일과 봄여름에는 살생하지 않는다는 뜻으로 이는 죽이는

시기를 선택하는 것이다. 가축은 죽이지 말라는 것인데, 이것은 말, 소, 닭, 죽여서는 안 된다는 말이다. 이는 하찮은 것도 죽여서는 안 되니 이는 고기 한 점도 되지 않는 것을 죽여서는 안 된다는 뜻이다. 즉 죽이는 대상을 선택하는 것이다. 이와 같이 오직 소용되는 경우에만 죽이고 그 이상은 죽이지 말 것이니 이는 세속의 좋은 계율이라 할 만 하다."

라고 답했다. 귀산 등이,

"지금부터 이 가르침을 받들어 실행하고, 감히 어기지 않겠습니다."

라고 했다.

진평왕 건복 24년 임술 가을 8월에 백제가 군사를 이끌고 아막성을 포위했다. 왕은 장군 파진간 건품, 무리굴, 이리벌, 급간 무은, 비리야 등에게 군사를 내줘 방어케 했다. 이때 귀산과 추항은 소감의 관직으로 전선으로 나갔다. 때마침 백제가 패해 천산 연못으로 물러가 군사를 매복시키고 있었고, 우리 군사들을 진격하다가 힘이 다하여 돌아오고 있었다. 이때 무은은 후군에 소속되어 군대의 뒤쪽에 있었는데, 별안간 백제의 복병이 갈고리로 걸어 땅으로 떨어뜨렸다. 귀산이 크게 말하기를,

"군사는 적을 만나 물러서지 않는다고 했다. 어찌 감히 패해 달아나겠는가?"

라면서 적 수십 명을 죽이고, 자기 말에 아버지를 태워 보냈다. 그리고 추항과 함께 창을 휘두르며 싸웠다. 이들을 본 군사들은 분발하여 진격하니 시체가 들판을 메우고 말 한 필, 수레 한 채도 돌아가지 못했다. 귀산 등은 온 몸이 창칼에 찔려 돌아오는 중에 죽었다. 왕은 신하들과 함께 아나의 들판에서 그들을

시체 앞으로 나아가 통곡했다. 예를 갖추어 장사 지냈고, 귀산에게는 나마를, 추항에게는 대사를 추증했다.

온달

온달은 고구려 평강왕 때 사람으로 얼굴이 못생겨 남의 웃음거리가 되었지만 마음씨만은 맑고 밝았다. 집안이 가난해 밥을 빌어서 어머니를 봉양했는데, 떨어진 옷과 신발을 신고 저자를 왕래하니 사람들이 그를 일러 '바보 온달'로 불렀다. 평강왕의 어린 딸이 울기를 잘하므로 왕이 농담으로,

"네가 울어서 귀를 시끄럽게 하니 커서 사대부 대신 바보 온달에게 시집을 보내겠다."

라고 매양 말하였다.

딸이 16세가 되어 왕이 상부 고씨에게 시집보내려 하니 공주가,

"대왕께서 항상 말씀하시기를 너는 반드시 온달의 아내가 되리라 하셨는데 지금 무슨 까닭으로 그 말씀을 바꾸시는 것입니까? 필부도 식언을 하지 않는데, 하물며 지존은 말할 것이 있겠습니까? 그렇기에 이르기를 '임금은 희언이 없다고 하는 것입니다. 대왕의 명령은 잘못된 것이오니 소녀는 받들 수 없습니다."

라고 했다. 왕이 노하여,

"네가 정녕 내 말을 거역한다면 내 딸이 될 수 없다. 어찌 함께 있을 수 있으랴. 너는 네 갈 길로 가는 것이 좋을 것이다."

라고 했다.

공주는 보물 팔찌 수십 개를 팔꿈치에 차고 궁궐을 나와 가다

가 사람을 만나 온달의 집을 묻고는 찾아갔다. 눈먼 노모를 발견하고 다가가 절을 하면서 아들이 있는 곳을 물으니, 늙은 어머니는,

"내 아들은 가난하고 보잘 것 없어 귀인이 가까이할 바가 못됩니다. 지금 그대의 냄새를 맡으니 향기가 이상하고 손은 솜처럼 부드러우니 천하의 귀인입니다. 누구의 속임수로 여기까지 온 것이오? 내 자식은 굶주림을 참지 못해 산으로 느릅나무 껍질을 벗기러 간지 오래되었는데, 아직 돌아오지 않았소."

라고 했다. 공주가 집을 나와 산 밑에 이르니, 온달이 느릅나무 껍질을 등에 지고 오는 것을 발견하고 공주가 그에게 마음속에 품은 뜻을 이야기하자 온달이 화를 내면서 이르기를,

"이는 어린 여자가 취할 행동이 못된다. 필시 사람이 아니라 여우나 귀신일 것이다. 나에게 가까이 오지 마라!"

후에 뒤도 돌아보지도 않고 가버렸다. 공주는 온달의 집으로 돌아와 사립문 밖에서 하룻밤을 묵고, 이튿날에 다시 들어가 모자에게 자세한 사정을 이야기했다. 온달이 우물쭈물 하며 결정을 내리지 못하자 그의 노모가,

"내 자식은 비천해서 귀인의 짝이 될 수 없고, 내 집은 몹시 가난해 귀인이 거처할 곳이 못됩니다."

라고 말했다. 공주가,

"옛 사람의 말에 '한 말의 곡식도 방아를 찧을 수 있고, 한 자의 베도 꿰맬 수 있다.' 고 했습니다. 마음이 맞는다면 부귀하지 않아도 함께 살 수 있습니다."

라고 대답했다. 공주가 금팔찌를 팔아서 전지, 주택, 노비, 우마, 기물 등을 사들이면서 살림살이가 갖추어졌다.

공주가 말을 처음 살 때 온달에게,

"시장 사람들의 말은 사지 말고 나라에서 파는 병들고 수척한 말을 책하여 사오도록 하세요."

라고 했다. 온달이 공주의 말대로 하였는데, 공주자 말을 열심히 기르니 말은 날이 갈수록 살이 찌면서 건장해졌다. 고구려는 항상 봄 3월 3일이면 낙랑 언덕에 모여 사냥하고 잡은 돼지와 사슴으로 하늘과 산천의 신령에게 제사 지냈다. 그날이 되어 왕이 사냥하는데, 여러 신하와 5부 군사들이 수행했다. 이때 온달도 자신이 기르던 말을 타고 수행했는데, 그 말 달리는 모습이 항상 앞에 서고, 포획한 짐승도 다른 사람보다 많아서 그를 따를 자가 없었다. 왕이 그를 불러 이름을 물어보고는 놀라고 기특하게 여겼다.

이때 후주 무제가 군사를 출동시켜 요동을 공격하자 왕이 군사를 이끌고 배산들에서 싸웠다. 온달이 선봉장이 되어 적군 수십여 명의 목을 베자, 군사들의 사기가 높아져 공격해서 대승을 거두었다. 전공을 논의할 때 말하기를, 온달이 제일이라고 하지 않는 자가 없으니 왕이 그에게 감탄하면서 말하기를,

"이 사람이 바로 내 사위다."

라면서 작위를 내려 대형으로 삼았다. 이로부터 그는 왕의 은총이 두터워졌고 위풍과 권세가 날로 커졌다. 양강왕이 즉위하자 온달은,

"지금 신라가 우리의 한북 지역을 차지해 자기들의 군현으로 만들어 그곳 백성이 통탄하면서 부모의 나라를 잊지 못하고 있습니다. 청컨대 대왕께서 저에게 군사를 내주시면 단번에 우리 땅을 되찾겠습니다."

라고 하자, 왕이 허락했다. 그가 군사를 이끌고 길을 떠날 때

"계립과 죽령 서쪽의 땅을 귀속시키지 않으면 돌아오지 않겠습니다."

라고 맹세했다. 온달은 아단성 밑에서 신라군과 싸우다가 화살에 맞아 전사했다. 그를 장사 지내려고 하는데 시체가 꼼짝하지도 않으므로 공주가 와서 관을 어루만지며,

"죽음과 생사가 결정되었으니, 어서 돌아가소서!"

라고 하자, 마침내 시체를 옮기고 장사 지냈다. 대왕이 이를 듣고 비통해 했다.

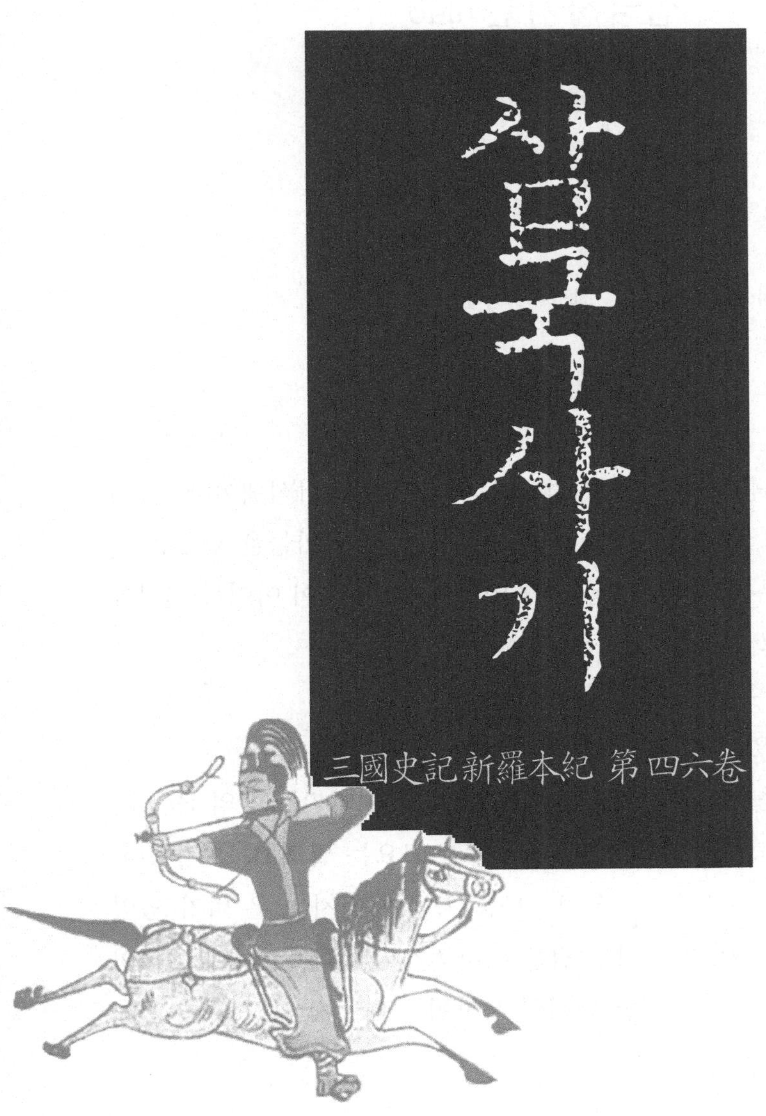
삼국사기
三國史記 新羅本紀 第四六卷

삼국사기권제46

열전 제6
강수, 최치원, 설총

참고 : 674page 최승우, 최언위, 김대문 외 5명

강수

강수는 중원경 사량 사람으로 아버지는 나마석체이다. 그의 어머니가 꿈에 뿔 달린 사람을 보고 임신해 아들을 낳았는데, 머리 뒷부분에 튀어나온 뼈가 있었다. 석체가 이 아이를 현자에게 데리고 가서,

"아이의 두골이 이런데 어떤가?"

라고 물었다. 그러자 그는,

"내가 듣기로 복희씨는 범의 형상이고, 여와씨는 뱀의 몸이고, 신농씨는 소의 머리 모양을 하였고, 고요는 말의 입을 가졌다. 성현은 동류로서 그 골상도 보통 사람과 같지 않은 바가 있었다. 또한 아이의 머리에 검은 사마귀가 있는데, 상법에 얼굴의 사마귀는 좋지 않지만 머리의 사마귀는 나쁘지 않다고 했기 때문에 기이한 인물이다."

라고 했다.

아버지가 돌아와 아내에게,

"이 아들은 보통아이가 아니오. 그래서 잘 길러 국사가 되게

하겠소.”
라고 했다. 성장한 아이는 스스로 글을 읽어 의리를 통달했다. 아버지가 뜻을 알아보기 위해,
“불도를 배우겠느냐 유도를 배우겠느냐?”
라고 묻자, 그가 대답하기를,
“제가 듣기로는 불교는 세상 밖의 종교라고 합니다. 저는 세속에 살고 있는데 불도는 배워서 무엇하겠습니까? 저는 유가의 도를 배우겠습니다.”
라고 했다. 마침내 스승에게 나아가 『효경』, 『곡례』, 『이아』, 『문선』을 읽었다. 비록 들은 바는 적었지만 깨달은 바가 깊어 당대의 훌륭한 인물이 되었다.
강수가 일찍이 부곡의 대장장이 딸과 야합하였는데, 정이 돈독했다. 20세가 되면서 부모는 중재로 용모와 행실이 좋은 여자를 아내로 삼아주려고 하였는데, 강수는 두 번 장가들 수 없다며 사양했다. 이에 아버지가 노해서,
“너는 세상에 이름을 떨쳐 모르는 사람이 없는데, 미천한 여자를 배필로 삼으면 수치스럽지 않느냐?”
라고 했다. 강수가 재배하면서 말하였다.
“가난하고 천한 것은 부끄러운 것이 아닙니다. 도를 배우고도 실행하지 않는 것이야말로 부끄러운 것입니다. 옛 사람의 말에 ‘조강지처는 버리지 않고, 빈천할 때의 친구를 잊어서는 안 된다’ 고 했습니다. 천한 아내이나 차마 버릴 수가 없습니다.”
라고 했다.
태종대왕이 즉위하자 당나라 사자가 와서 조서를 전했는데, 조서 가운데 이해하기 어려운 내용이 있어서 그를 불러 물었다.

그가 왕 앞에서 크게 기뻐하고 한번 보고는 막힘없이 해석했다. 왕이 크게 기뻐하며 만남이 늦은 것을 한탄하고 이름을 물으니 답하기를,

"신은 본래 임나 가량사람으로 이름은 우두입니다."

라고 했다. 왕이,

"경의 두골을 보니 과연 강수 선생으로 부를 만하다."

라고 하면서 당나라 황제의 조서에 감사하는 회답을 쓰게 했다. 그의 문장이 세련되고 뜻이 깊으므로 왕이 더욱 기이하게 여겨 그의 이름 대신 임생이라고 하였다. 강수가 일찍이 생계를 돌보지 않아 가난해도 태연했기 때문에 왕이 유사에게 명해 해마다 신성의 조 일백 섬을 주게 했다. 문무왕은,

"강수가 문장 짓는 것을 스스로 맡아 편지로써 중국, 고구려, 백제 등에 의사를 잘 전달했기 때문에 우호를 맺는 데 성공할 수 있었다. 선왕이 당나라에 청병해 고구려와 백제를 평정한 것은 무공이지만, 문장의 도움에서 강수의 공을 컸다."

라고 하면서 사찬의 작위를 주고 봉록으로 매년 곡식 이백 석을 내렸다.

신문대왕 때에 이르러 죽으니 장사 지내는 비용을 관청에서 지급했다. 옷과 피륙을 많이 주었지만 집안 사람들이 사사로이 쓰지 않고 모두 불사에 보냈다. 그의 아내가 먹을 것이 없어서 고향으로 돌아가려고 하자 대신들이 왕에게 청해서 조 1백 석을 내리게 했다. 그의 아내는 사양하면서,

"첩은 비천한 몸인데, 의식을 남편에게 의지해 나라의 은혜를 많이 입었습니다. 지금 홀몸이 되었는데 어찌 감히 더듭 나라의 후한 하사를 받겠습니까?"

라며 거절하고 고향으로 돌아갔다. 신라 고기에,

"문장은 강수, 제문, 수진, 양도, 풍훈, 골번이다."

라고 했는데, 제문 이하의 사람들은 사적이 유실되어 기록할 수 없다.

최치원

최치원은 자가 고운이고 경주 사량부 사람인데, 사서가 인멸되어 집안 계통을 전혀 알 수가 없다. 치원의 나이 12가 되어 배를 타고 당나라로 유학가려고 할 때 그의 아버지가

"10년이 되어도 과거에 급제 못하면 넌 내 아들이 아니다. 힘써 노력하라!"

라고 했다.

건부 원년 갑오에 예부시랑 배찬의 고시에서 급제해 선주율수현위로 임명되었다. 그 후 치적의 고과를 통해 승무랑시어사 내공봉이 되었고, 자금어대를 받았다. 이때 황소가 반란을 일으키자 고병이 제도행영병마도통이 되어 토벌하게 되었다. 그때 치원을 종사로 삼아 서기 임무를 맡겼는데, 당시의 표장과 서계가 지금까지 전해지고 있다. 28세 때 귀국할 생각을 했는데, 희종이 이를 알고 광계 원년에 그에게 조서를 가지고 내빙케 했다. 그는 본국에서 머물며 시독 겸 한림학사 병부시랑 지서서감이 되었다. 치원은 스스로 얻은 것이 많다고 생각해 돌아온 뒤에 자신의 뜻을 실행하려고 했다. 그러나 말세에 이르러 의심과 시기가 많아 이것이 좌절되면서 외직으로 나가 대산군태수가 되었다.

당소종 경복 2년에 납정절사 병부시랑 김처회가 바다에 빠져 죽었기에 추성군태수 김준을 고주사로 임명했다. 이때 치원은 부성군 태수로 있었는데 부름을 받아 하정사가 되었다. 그러나 해마다 흉년이 들었고, 이에 도적들이 들끓어 길이 막혀 목적지에 가지 못했다. 그 후 당나라에 사신으로 갔지만 시기를 알 수가 없다. 그가 당에 여러 번 갔기 때문에 그의 문집에 태사 시중에게 보내는 편지가 있다. 그 편지 내용은,

'듣건대 동해 밖에 삼국이 있었는데, 명칭이 마한, 진한, 변한입니다. 마한은 고구려, 변한은 백제, 진한은 신라입니다. 고구려와 백제의 전성기 때는 강한 군사가 1백만 명이나 되어 남으로 오와 월을 침범하고, 북으로 유와 연과 제와 노를 뒤흔들어 중국의 큰 고민거리가 되었습니다, 수나라 황제가 세력을 잃은 것도 요동 정벌 때문입니다. 정관 연간에 우리 당태종 황제가 직접 6군을 거느리고 바다를 건너 천벌을 집행했습니다. 그러자 고구려는 화친을 청해와 문황이 항복을 받고 수레를 돌려 돌아갔습니다. 이무렵 우리 무열대왕이 견마의 정성으로 한쪽의 혼란을 당나라의 협조를 얻어 평정하고자 했습니다. 그래서 당나라 조정에 들어가 배알하는 일이 이때부터 시작되었습니다. 그 뒤에 고구려와 백제가 이전처럼 흉악한 행위를 계속했기 때문에 무열왕은 당의 조정으로 들어가 향도가 될 것을 청했습니다. 고종 황제 현경 5년에 소정방에게 칙령을 내려 10도의 강병과 누선 일만 척을 이끌고 백제를 대파하고, 그 땅에 부여도독부를 설치해 유민을 모으고 한인 관리를 배치했습니다. 그렇지만 생활양식이 서로 달라 반란을 자주 일으킨다는 소식이 들리므로 마침내 사람들을 하남으로 이주시켰습니다. 총장 원년에

영공 서적에게 고구려를 격파케 하고 안동도독부를 설치했으며, 의봉 3년에 그 사람들을 하남과 농우로 이주시켰습니다. 고구려 잔민들이 서로 모여 북으로 태백산 아래 의지해서 국호를 발해라고 했습니다. 그들은 개원 20년에 당나라 조정에 원한을 품어 군사를 이끌고 등주를 습격해 자사 위준을 죽였습니다. 이에 명황제가 대로해 내사 고품과 하행성과 태복경 김사란에게 명해 군사를 이끌고 바다를 건너 공격케 하고, 우리 임금 김 아무개에게 벼슬을 더해 정대위지절충녕해 군사 계림주대도독으로 삼아 참전시켰으나, 겨울,눈이 많이 쌓이고 번과 한 양군이 추위에 시달리므로 회군케 했습니다. 그때부터 지금까지 3백여 년 동안 이곳은 무사하고 창해가 편안한데, 이것은 우리 무열대왕의 공로입니다. 지금 저는 유림의 말단 학자요, 해외의 평범한 사람으로 외람되게 표장을 받들고 낙토에 내조했으니, 모든 정성을 토로하는 것이 예에 맞습니다. 제가 보건대 원화 12년에 본국의 왕자 김장렴이 풍랑을 만나 표류하다가 명주에 상륙했을 때, 절동의 한 관리가 서울까지 보내 줬고, 중화 2년에 입조사 김직량이 반란군 때문에 길이 막혀 초주에 상륙해 헤매다가 양주에 도착해 황제의 행차가 촉으로 간 것을 알고 고태위가 도두 장검을 보내 그를 감시 압송해 서천에 이르렀으니 이전 사례가 분명합니다. 바라옵건대 태사 시중께서 큰 은혜를 베풀어 특별히 수륙의 권첩을 주시고, 저희의 소재지에 선박, 식사, 장거리 여행을 할 수 있는 나귀와 말의 사료를 공급해 주시고, 또한 군장을 보내 어가 앞까지 호송해 주소서.' 라고 했다. 여기서 말한 태사 시중도 이름을 알 수가 없다.

치원은 서쪽에서 대당을 섬길 때부터 동으로 고국에 돌아올 때까지, 난세를 만나 처신하기가 어려웠다. 그래서 비난을 받기도 했고 스스로 불우함을 한탄했으며, 이로부터 두 번 다시 벼슬길에 오르지 않기로 마음먹었다. 그는 경주 남산과 강주 빙산과 협주의 청양사와 지리산의 쌍계사와 합포현의 별장 등은 모두 그가 놀던 곳이다. 그는 말년에 가족과 함께 가야산 해인사로 들어가 은거하면서, 형인 승려 현준, 정현스님과 도우를 맺고 한가롭게 살다가 죽었다. 처음 그가 서쪽에서 유학할 때 강동 시인 나은과 알게 되었다. 은은 자신의 재주만 믿고 스스로 잘난 체하면서 다른 사람을 인정하지 않았다. 그러나 치원에게는 자신이 지은 시 다섯 축을 보여줬다.

동년에 당나라 사람 고운과도 사귀었는데, 치원이 돌아오려 하자 고운은 다음과 같은 시를 지어 송별했다. 시의 내용은 다음과 같다.

나는 들었네, 바다 위에 세 마리 금자라 있어
머리 위에 높은 산을 이고 있다네.
산 위에 주궁패궐, 황금궁전이 있고
산 아래 천리만리 넓은 파도 있다네.
그 곁에 점 하나 푸르른 계림 땅
자라산의 정기 어려 기특한 인재 났네.
열두 살에 배를 타고 바다를 건너
그 문장이 중화국을 감동시켰네.
열여덟 되던 해 전사원(과거장)에 횡행하여
화살 한 대 날려보내 금문 책을 깨뜨렸네.

『신당서 예문지』에 '최치원의 『사륙집』 1권과 『계원필경』 20

권이 있다' 고 기록되어 있고 주에는,

"최치원은 고려 사람으로 빈공과에 급제해 고병의 종사관이 되었다."

고 했는데, 이처럼 그의 이름이 중국에 널리 알려져 있다. 또한 문집 30권이 세상에 전해지고 있다. 처음 우리 태조가 흥기했을 때, 치원은 그가 비상한 인물이므로 반드시 천명으로 개국할 것임을 알았다. 이에 그는 태조에게 편지로 문안하였는데, 그중에,

"계림은 누른 잎이고, 곡령은 푸른 솔이다."

라는 구절이 있다. 현종이 왕위에 있을 때, 치원이 태조의 왕업을 은연히 도왔으니, 그의 공을 잊을 수 없다며 내사령을 추증했고, 14년 태평 2년 임술 5월에 문창후라는 시호를 추증했다.

설총

설총은 자가 총지이고 조부는 나마담날이며 부친은 원효다. 원효는 처음에 중이 되어 불서에 통달했지만, 얼마 후에 속인으로 되돌아와 자칭 소성거사라고 불렀다. 총은 태어나면서부터 도술을 알았다. 그는 우리말로 9경을 해독해 후생을 훈도했기 때문에 학자들은 지금까지 종주로 삼고 있다. 글을 잘 지었지만 전해온 것이 없고, 지금은 남쪽 지방에 총이 지은 비명이 간혹 있다. 하지만 글자가 망가져 읽을 수 없으므로 어떤 내용인지 알 수가 없다. 신문대왕이 음력 5월에 높고 밝은 방에 거처하면서 총을 돌아보며,

"오늘은 오래 내리던 비가 그치고, 향기로운 바람이 시원하니

맛있는 음식과 애절한 음악이 있어도, 고상한 담론과 재미있는 이야기로 울적한 마음을 푸는 것만 못하다. 그대는 색다른 이야기를 알고 있을 터인데, 어찌 나에게 이야기해 주지 않는가?"

라고 했다.

총이 '그리하겠습니다'. 하고는 이야기를 시작했다.

"신이 들으니 과거에 화왕花王이 처음 들어왔을 때, 이를 향기로운 정원에 심고 푸른 장막으로 보호했습니다. 그러자 봄이 되어 곱게 피어나 온갖 꽃들보다 뛰어났습니다. 이에 가까운 곳에서 먼 곳까지 곱고 어여쁜 꽃들이 모두 달려와 시간이 늦지 않을까 걱정하면서 배알하려고 했습니다. 홀연히 한 가인이 붉은 얼굴에 옥 같은 이, 곱게 화장하고, 멋진 옷을 차려입고서 간들간들 걸어와 얌전하게 나오면서 '첩은 눈처럼 흰 모래밭을 밟고, 거울처럼 맑은 바다를 마주보면서 봄비로 때를 씻고, 맑은 바람을 상쾌하게 맞으면서 유유자적하는, 이름이 장미라고 합니다. 왕의 훌륭하신 덕망을 듣고 향기로운 휘장 속에서 잠자리를 모시고자 하는데 왕께서 저를 받아주시겠습니까?' 라고 했습니다. 또한 어떤 장부가 있어 베옷에 가죽 띠를 매고 흰 머리에 지팡이를 짚고, 힘없는 걸음으로 구부정하게 걸어와. '저는 경성 밖 한길 가에 살고 있습니다. 아래로는 푸르고 넓은 들판의 경치를 내려다보고, 위로는 우뚝 솟은 산에 의지하고 있는데, 이름은 백두옹입니다. 가만히 생각해 보면 좌우의 공급이 풍족해 기름진 음식으로 배를 채우고, 차와 술로 정신을 맑게 할지라도 의복이 장롱 속에 쟁여 있다 하더라도 모름지기 양약이 있어 기운을 돋우고, 침으로써 병독을 제거해야 합니다. 따라서 옛 말에 생사와 삼베처럼 좋은 물건이 있어도, 왕골과 띠 풀처럼 천한 물건을 버리지 않아 모든 군자들은 부족함에 대비하한다고 하였는데, 왕께서도 혹 이런 생각을 가지고 있는지 모르겠습니다.' 라고 했습니다. 어떤 이가 '두 명이 왔는데 어느 쪽을 취하고 어느 쪽을 버리시겠습니까?' 라고 하자, 화왕은 '장부의 말도 일리가 있으나 어여쁜 여자는 얻기 어려우니, 이 일을 어떻게 하면 좋을까?' 라고 했습니다. 장부가 다가서서 '저는 대왕이 총명해 사리를 잘 알줄 알고 왔는데, 지금 보니 그렇지 않습니다. 무릇 임금은 간사한 자를 가까이하지 않고, 정직한 자를 멀리하지 않습니다. 이에 맹가는 불우하게 일생을 마쳤고, 풍당은 낭서 벼슬에 잠기어 흰머리가 되었습니다. 옛날부터 도리가 이러할진데, 저인들 어찌 하겠습니까?' 라고 말하자, 화왕은 '내가 잘못했구나, 내가 잘못했구나' 라고 했습니다."

이에 왕이 초연한 얼굴빛으로 말하기를,

"그대의 우화는 진실로 깊은 뜻이 들어있구나. 기록해서 왕자의 경계로 삼게 하기 바란다."

라며 총을 높은 관직으로 발탁했다.

세상에 전하는 말에 따르면 일본국 진인이 신라 사신 설판관에게 준 시의 서문에,

"일찍이 원효거사가 지은 『금강삼매론』은 봤지만, 지은이를 보지 못해 매우 한스럽게 여겼다. 듣기로 신라사신 설이 거사의 손자라고 하니, 비록 그를 보지 못했지만 손자를 만난 것을 기념해 시를 지어 그에게 준다."

라고 했다. 시는 지금까지 남아 있지만, 그 자손의 이름은 알 수가 없다. 현종이 왕위에 있은 지 13년, 건흥 원년 임술에 설총은 홍유후로 추증되었고, 어떤 사람은 설총이 당나라에 유학했

다고 하지만 사실인지 알 수 없다.

최승우

최승우는 당 소종 용기 2년에 당나라로 들어가 경복 2년에 시랑 양섭의 문하로 있다가 과거에 급제했다. 사륙집 5권이 있는데 자신이 쓴 서문에서 이것을 『호본집』이라고 했다. 그는 견훤을 대신해 격문을 지어 우리 태조에게 보냈다.

최언위

최언위는 나이 18세에 당나라에 유학했는데, 예부시랑 설정규의 문하에 있다가 과거에 급제했다. 42세 때 귀국해 집사시랑 서서원학사가 되었고, 태조가 개국하자 조정에 들어와 벼슬이 대상 원봉대학사 한림원령 평장사에 이르렀다. 죽은 뒤에 시호를 문영이라 하였다.

김대문

김대문은 원래 신라 귀족의 자제로서 역사가이며, 성덕왕 3년에 한산주 도독이 되었고, 전기 몇 권을 지었다. 그중 『고승전』, 『화랑세기』, 『악본』, 『한산기』 등은 지금까지 남아있다.

박인범朴仁範, 원 걸元傑, 거인巨仁, 김운경金雲卿, 김수훈金垂訓 등의 글은 전하는 것이 조금 있지만, 역사 기록에 그들의 행적이 없기 때문에 열전에 기록하지 못했다.

삼국사기
三國史記新羅本紀 第四七卷

삼국사기 권 제47

열전 제7

해론, 소나, 취도, 눌최, 설계두, 김영윤, 관창, 김흠운, 열기, 비령자, 죽죽, 필부, 계백

해론

해론은 모량 사람으로 그의 아버지 찬덕은 용감하고 절개가 있어 한때 명망이 높았다. 건복 27년 을축에 진평대왕이 그를 등용해 가잠성 현령으로 삼았다. 이듬해 병인년 겨울 10월에 백제가 크게 군사를 일으켜 백여 일 동안 가잠성을 공격했다. 진평왕이 장수들에게 명해 상주, 하주, 신주 등의 군사에게 그를 구원케 했다. 마침내 그들은 백제와 싸웠지만, 승리하지 못한 채 되돌아왔다. 찬덕이 분하고 한스러워 병졸들에게,

"세 주의 장수들이 적의 강함에 억눌려 성이 위급한 처지에 있는데도 구원하지 않았다. 이것은 의리가 없는 행동이다. 의리 없이 사는 것보다는 의리 있게 죽는 것이 낫다."

라고 했다. 이에 격앙되어 한편으로 싸우고 한편으로 방어 하였는데, 양식과 물이 떨어졌지자 시체를 뜯어먹고 오줌을 마시면서 힘껏 싸웠다. 봄 정월이 되자 군사들은 지쳤고, 성이 함락되려고 하여 대세를 회복할 수가 없게 되었다. 이에 그는 하늘을 향해,

"우리 왕은 나에게 이 성을 맡겼다. 그러나 나는 지키지 못하고 적에게 패했다. 원하건대 죽어서도 큰 악귀가 되어 백제 사람들을 모두 잡아먹고 이 성을 회복하겠다."

라고 외쳤다. 그리고는 팔을 걷어붙이고 눈을 부릅뜨고 달려가 홰나무에 머리를 박아 죽었다. 이에 성이 함락되면서 군사들이 모두 항복했다.

해론은 20여 세 때 부친의 공으로 대나마가 되었다. 건복 40년 무인에 왕이 해론을 금산 당주로 임명해 한산주도독 변품과 함께 군사를 이끌고 가잠성을 습격해 빼앗도록 했다. 백제가 이를 듣고 군사를 동원해 공격해 오자 해론 등이 이들과 맞서 싸웠다. 교전이 시작되자 해론은 여러 장수들에게,

"옛날 내 부친이 이곳에서 전사했는데, 나도 지금 이곳에서 백제인과 싸우게 되었으니 오늘이 내가 죽는 날이다."

라고 했다. 마침내 칼을 빼들고 적진으로 달려가 여러 사람을 죽이고 전사했다. 이 소식에 왕이 눈물을 흘리며 그의 가족들을 보살펴 주었다. 당시 사람들은 그의 죽음을 애도해 장가(長歌)를 지어 조문했다.

소나

소나혹은 금천는 백성군 사산 사람으로 그의 부친 심나혹은 황천는 힘이 장사고 몸이 가볍고 날랬다. 사산은 경계가 백제와 이어져 서로 노략질과 싸움이 빈번했다. 심나는 그럴 때마다 싸웠는데, 그가 가는 곳마다 적의 진지가 함락되었다. 인평 연간 백성군에서 군사를 내어 백제 변경을 공격하자, 백제가 정예병을

보내 갑자기 공격해와 우리 사졸들이 당황하면서 퇴각했다. 그러나 심나는 홀로 칼을 뽑아들고 성난 눈으로 크게 꾸짖으면서 순식간에 수십 명을 베어 죽였다. 이에 적은 두려워서 함부로 덤비지 못하고 마침내 군사를 퇴각시켰다.

백제 사람들은 심나沈那를 일컬어 '신라의 비장' 이라면서 서로 말하기를,

"심나가 아직까지 살았으니 백성에 가까이 가지 마라!"

고 경고했다. 소나는 아버지의 풍모를 지녔는데, 백제가 망한 뒤 한주도독 유공이 대왕에게 청해 그를 아달성으로 보내 북쪽 변방을 지키게 했다. 상원 2년 을해년 봄, 아달성 태수 급찬 한선은 아무 날에 백성으로 하여금 모두 성을 나가 삼을 심게 했는데, 이 명령을 누구도 어기지 못하게 했다. 말갈의 첩자가 이런 상황을 추장에게 보고했다. 그날이 되어 백성이 모두 성에서 나와 밭에 이슥고 말갈이 몰래 군사를 동원해 갑자기 성으로 쳐들어갔다. 이들은 성 전체를 노략질하니 노인과 어린 아이들이 모두 당황하여 어쩔 줄을 몰랐다. 이때 소나가 칼을 휘두르며 적진을 향해,

"너희는 신라에 심나의 아들 소나가 있다는 것을 알고 있느냐? 나는 죽기가 두려워 살기를 도모하지 않는다. 싸우려는 자가 있다면 왜 나오지 않느냐?"

라고 외쳤다. 그가 격노하여 적진으로 돌진하자, 적들은 감히 접근하지 못하고 오직 그를 향해 활만 쏘았다. 소나도 활을 쏘았는데, 적진에서 날아오는 화살이 마치 벌 떼처럼 많았다. 진시에서 유시에 이르러 소나의 몸에는 화살이 고슴도치의 털처럼 박혀 결국 죽고 말았다.

소나의 아내는 가림군 양가 여자로 처음에 소나가 아달성이 적국과 인접해 있으므로 혼자 떠났고 아내는 집에 머물게 했다. 고을 사람들이 소나가 죽었다는 말을 듣고 조문하자 그의 아내가 울면서,

"남편이 항상 말하기를, '장부는 당연히 싸우다가 죽어야 한다. 어제 누워 집안사람의 손에 죽을 수가 있겠는가!' 라고 했습니다. 지금의 죽음은 자기 뜻대로 된 것입니다."

라고 했다. 대왕이 이를 듣고 눈물로 옷깃을 적시면서 말하기를,

"부자가 모두 국사에 용감하였으니 가히 대대로 충의를 이루었도다."하며 그에게 잡찬을 추증했다.

취도

취도는 사량沙梁 사람으로 나마 취복의 아들인데, 그의 성씨는 역사 기록에 없다. 형제가 셋으로 맏이가 부과, 가운데가 취도, 막내가 핍실이다. 취도는 일찍 출가해 이름을 도옥이라 하고 실제사에 거주했다. 태종대왕 때 백제가 조천성을 공격하자 왕이 군사를 일으켜 싸웠지만, 결판나지 않았다. 이에 도옥은 자신의 무리에게,

'상등의 중은 술업에 정진해 본성을 회복하는 것이고, 다음은 도의 효용을 일으켜 다른 사람에게 이익을 주는 것이다' 라고 했는데, 나는 외형만 중일 뿐이고 한 가지도 취할만한 선행이 없으니 군대에 들어가 몸을 바쳐 나라의 은혜에 보답하는 것보다 못하다."

라면서 법의를 벗고, 군복을 입고 이름을 취도로 고쳤다. 그는 곧바로 병부로 달려가 삼천당에 속하기를 청하고, 군대를 따라 적지로 행했다. 그는 적진으로 돌진해 힘껏 싸우다가 전사했다.

함형 2년 신미671년에 문무대왕이 군사를 이끌고 백제 변경의 벼를 짓밟게 하자 마침내 백제와 웅진 남쪽에서 전투가 벌어졌다. 이때 당주 부과가 전사하면서 논공이 제일이었다. 문명 원년 갑신684년에 고구려의 잔적이 보덕성을 근거지로 반란을 일으켰다. 이에 신문대왕은 장수에게 토벌을 명했는데, 이때 핍실을 귀당 제감으로 삼았다. 그는 떠날 때 아내에게,

"나의 두 형은 이미 나라를 위해 죽어 이름을 영원히 남겼는데 나는 비록 불초나 어찌 죽기를 두려워해 구차하게 살겠소? 오늘 그대와의 이별은 결국 사별이 될 것이기니 상심하지 말고 잘 사시오!"

라고 했다. 그는 적과 싸우다가 단신으로 돌격해 수십 명을 죽이고 전사했다. 대왕은 삼형제 모두에게 사찬 벼슬을 추증했다.

눌최

눌최는 사량 사람으로 대나마 도비의 아들이다. 진평왕 건복 41년 기묘 겨울 10월에 백제가 군사를 나눠 속함, 앵잠, 기잠, 봉잠, 기현, 용책의 여섯 성을 포위 공격했다. 그러자 왕은 상주, 하주, 귀당, 법당, 서당 등 5군에 명해 구원케 했다. 이들은 전장에 도착했지만, 백제 군진의 강함에 당할 수가 없음을 알고 머뭇거리다가 결국 진격하지 못했다. 이때 어떤 사람이,

"대왕이 5군을 여러 장수에게 맡겼기 때문에 국가의 존망이

이 한번의 싸움에 달려 있다. 병가에 이르기를, '가능성이 있으면 나아가고, 어려움을 알면 물러선다.' 고 했다. 지금 강한 적이 눈앞에 있는데, 좋은 계책을 이용하지 않고 진격했다가 만약 뜻대로 되지 않을 경우 후회해도 때는 늦을 것이다."

라고 했다. 장수와 보좌관들이 이를 옳게 여겼으나 이미 명을 받고 군사를 출동시킨 이상 그대로 돌아갈 수가 없었다. 이에 앞서 나라에서는 노진 등의 여섯 성을 쌓고 있었는데 그들이 그곳의 성을 쌓고 돌아왔다.

백제가 계속 진격해 속함, 기잠, 용책의 성이 함락되거나 항복했다. 눌최는 나머지 세 성을 지키고 있었는데 5군이 구원하지 않고 되돌아갔다는 보고를 받고 눈물을 흘리면서 군사들에게,

"봄철 따뜻한 기운에는 초목이 번성하지만, 겨울엔 유난히 송백만 남는다. 지금 우리의 성을 구원해 주는 군사가 없어 위급해지고 있다. 이제 지조 있는 사나이와 의리 있는 사나이가 절개를 다해서 이름을 날릴 때다. 너희는 어떻게 하겠는가?"

라고 했다. 사졸들이 모두 눈물을 흘리면서,

"죽음을 두려워하지 않고, 오직 명령을 따를 뿐입니다."

라고 했다. 성이 함락될 무렵엔 군사들이 거의 죽어 몇 명 남지 않았다. 그러나 그들은 결사적으로 싸워 구구하게 죽음을 모면하려 하지 않았다. 눌최에게는 종이 하나 있었는데, 그는 힘이 장사고 활을 잘 쏘았다. 지난날에 어떤 사람이,

"소인배에게 재주가 있으면 반드시 해를 끼치는 법이니 이 사람을 멀리해야 합니다."

라고 했지만, 눌최는 이를 듣지 않았다. 성이 함락되고 적이 들어오자 그 종은 눌최의 앞에 버티고 서서 활을 쏘았는데, 한 발

도 빗나가지 않았다. 적들이 두려워서 접근하지 못했다. 그때 한 적병이 뒤로 돌아가 눌최를 도끼로 쳐 쓰러뜨리자 종은 돌아서서 싸우다가 함께 죽었다. 왕은 눌최에게 급찬 벼슬을 추증했다.

설계두

설계두 역시 신라 사대부집 자손이었다. 그는 지난날 친구 네 명과 함께 술을 마시며 각자 자신의 뜻을 말하였는데 계두가,

"신라는 사람을 등용함에 있어 골품을 따지므로 진실로 그 족손이 아니면 비록 훌륭한 재주와 공이 있어도 일정한 계급 이상 진급할 수 없다. 나는 서쪽 중화국으로 유학해 지략을 발휘하고 큰 공을 세워 스스로 영화의 길을 열어 고관의 복장에 검패를 달아 천자의 곁을 드나들어야 만족하겠다."

라고 했다. 그는 무덕 4년 신사에 남몰래 배를 타고 당나라로 들어갔다. 때마침 태종 문황제가 직접 고구려를 정벌하였으므로 자천하여 좌무위과의가 되었다. 그가 요동에 이르러 주필산 밑에서 고구려와 싸웠는데, 적진 깊이 들어가 용감하게 싸우다가 전사하니 공이 1등이었다. 황제가 '어떤 사람이냐?' 하고 물으니 측근들이 신라 사람 설계두라 대답하였다. 황제가 그의 죽음을 애도하던 중 종자에게서 그의 평생소원을 듣고는 어의를 벗어 덮어주었다. 그리고 대장군의 관직을 제수하고 예를 갖춰 장사 지냈다.

김영윤

김영윤은 사량 사람으로 급찬 반굴의 아들이다. 조부는 각간 흠춘으로 진평왕 때 화랑이 되었는데 그가 장성하자 문무대왕이 재상으로 올려주었다. 그는 임금을 충심으로 섬기고 인자함으로 백성을 대하니 나라 사람들이 어진 재상이라 하였다. 태종대왕 7년 경신에 당고종이 대장군 소정방에게 명해 백제를 공격했을 때, 흠춘은 왕명으로 장군 유신과 함께 정예병 5만을 이끌고 이에 호응하였다. 가을 7월, 황산벌에 이르러 백제장군 계백과 마주 싸웠지만, 전세가 불리해지자 흠춘이 아들 반굴을 불러,

"신하는 충성이 첫째고, 아들은 효성이 첫째다. 위급함을 보고 목숨을 바친다면 충과 효가 모두 온전해진다."

라고 했다. 그러자 반굴은,

"그렇습니다."

라고 대답하고 적진으로 돌격해 싸우다가 전사했다.

신문대왕 때 고구려의 잔적 실복이 보덕성에서 모반을 하자 왕은 토벌을 명령하고, 영윤을 황금서당 보기감으로 삼았다. 그가 떠날 때 사람들에게 말하기를,

"내가 이번에 가면 가족이나 친구들에게 악명을 듣지 않게 하겠다."

라고 했다. 그가 출정해 실복을 살펴니 가잠성 남쪽 7리 지점에 진을 치고 기다리고 있었다. 어떤 사람이,

"지금 이 흉악한 무리는 제비가 장막 위에 집을 짓고, 물고기가 솥 안에서 노는 것 같은 형세니 만 번 죽을힘을 다해 싸워도 하루살이 목숨 밖에 안 된다. 옛 말에 '궁지에 몰린 도둑은 쫓지

말라' 고 하였으니 약간 후퇴하여 적이 피로해진 틈을 이용해 공격하면 칼날에 피를 묻히지 않고도 사로잡을 수가 있다."

라고 했다. 모든 장수들은 그 말을 옳게 여겨 잠시 후퇴하려고 했다. 그러나 영윤만이 이를 수긍하지 않고 싸우려고 하니 그를 따르는 자가,

"지금 모든 장수들이 살길을 찾는 것이 아니며, 죽기를 싫어하는 것이 아닙니다. 이 의견이 옳다고 생각한 것은 기회를 보아 이익을 취하고자 함인데 그대 혼자 앞으로 나가는 것은 결코 옳지 않습니다."

라고 하자, 영윤은,

"적진에 임해 용기가 없는 것은 예경에서 경계한 바요. 전진이 있을 뿐 후퇴가 없는 것은 사졸로서 지켜야할 당당한 임무이다. 대장부가 일에 임하면 스스로 결정할 것이지, 어찌 반드시 무리를 좇을 필요가 있겠는가?"

라고 했다. 그는 말을 마치자 적진으로 돌진해 싸우다가 전사했다. 이 소식을 들은 왕은 슬퍼하며, 말하기를,

"그 아버지가 없었다면 이런 자식이 있을 수 없다. 그의 의롭고 장렬함이 가상하다."

하고 벼슬과 상을 후하게 추증하였다.

관창

관창(혹은 관장)은 신라장군 품일의 아들로 어린 나이에 화랑이 되었다. 16세에 기마와 활쏘기에 능숙해 어느 대감이 태종대왕에게 천거했다. 당나라 현경 5년 경신에 왕이 군사를 출동시켜

당나라 장군과 함께 백제를 공격했는데, 이때 관창을 부장으로 삼았다. 황산벌에서 양쪽 군사가 대치하게 되었다. 그러자 그의 부친 품일이 관창에게,

"네가 비록 어리지만 의기가 있다. 오늘이 바로 네가 공을 세워 부귀를 얻을 때이니 어찌 용기를 내지 않겠느냐?"

라고 하자, 관창은,

"그렇습니다."

하고는 말에 올라 창을 비껴들고 적진으로 말을 달려 여러 사람을 죽였으나 적에게 사로잡혀 백제장군 계백에게 보내졌다. 계백이 그의 투구를 벗게 하니 그가 어리지만 용감함을 아끼어 차마 죽이지 못하고 탄식하면서,

"신라에는 뛰어난 병사가 많구나. 소년도 이러한 장사들이야 오죽하겠는가?"

라고 했다. 계백은 그를 살려 보낼 것을 허락했고, 적진에서 돌아온 관창은,

"내가 적진으로 들어가 장수를 베고 깃발을 빼앗지 못한 것이 한스럽다. 다시 들어가면 반드시 성공하겠다."

라며, 손으로 우물물을 떠서 마시고 다시 적진으로 돌격해 용감하게 싸웠다. 계백이 그를 사로잡아 머리를 베어 말안장에 매달아 신라 진영으로 돌려보냈다. 품일은 아들의 머리를 잡고 소매로 피를 씻으며 말하기를,

"내 아들의 면목이 살아있는 것 같구나. 능히 나라를 위해 죽었으니 후회할 것도 없다."

하였다. 이때 3군이 이를 보고의지를 다지고 북소리 높여 진격하니 백제가 대패하였다. 대왕이 관창에게 급찬의 직위를 추증

하고 예로써 장사 지냈다. 가족에게 당견 30필과 20승포 30필과 곡식 1백 섬을 부의로 주었다.

김흠운

김흠운은 내물왕의 8세손이며 아버지가 잡찬달복이다. 흠운은 소년 시절 낭도들이 아무개가 전사해 지금까지 이름을 남기고 있다는 말에 감격하여 자신도 그와 같이 되기를 꿈꾸었다. 영휘 6년 태종대왕이 백제와 고구려가 변경을 막고 있음을 괘씸하게 여겨 정벌할 것을 계획하고, 군사를 출동시킬 때 흠운을 낭당대감으로 삼았다. 이후부터 흠운은 집에서 지내지 않고 비바람을 맞으며 사졸들과 동고동락했다. 그가 백제 지역의 양산 밑에 진을 치고 조천성으로 진격하려 하였는데 백제가 야음을 이용해 급히 달려와 이른 새벽에 성루로 올라왔다. 이에 우리군사들이 크게 놀라면서 진정되지 않았다. 적들이 이런 혼란을 틈타 공격하니 화살이 빗발처럼 날아왔다. 이때 흠운은 말을 비껴 탄 채 창을 잡고 대적하니 대사 전지가,

"지금 적들은 어둠 속에서 움직여 지척에서도 분간할 수가 없습니다. 공이 비록 죽더라도 아무도 알아줄 사람이 없습니다. 하물며 공은 신라의 진골로 대왕의 사위이기 때문에 적의 손에 죽으면 백제에게는 자랑이고, 우리에게는 수치가 될 것입니다."

라며 말렸다. 그러자 흠운이,

"대장부가 이미 나라에 몸을 바친 이상 남이 알든 모르든 마찬가지다. 어찌 감히 이름을 구하랴?"

하고 꼿꼿이 서서 움직이지 않았다. 종자가 말고삐를 돌려 돌

아가기를 권했으나, 흠운은 칼을 뽑아 적과 싸워 여러 명을 죽이고 전사했고, 이때 대감 예파와 소감 적득도 함께 전사했다. 보기당주 보용나는 흠운이 죽었다는 말에 적진으로 달려가 적병 몇 명을 죽이고 전사했다. 이에 대왕이 흠운과 예파에게 일길찬의 직위를, 보용나와 적득에게 대나마의 직위를 내렸다. 당시 사람들은 이를 듣고 양산가를 지어 애도했다.

○ 저자의 견해

신라 사람들은 인재를 알아볼 방법이 없음을 걱정해, 같은 부류의 사람들로 하여금 무리지어 놀게 하고 그 행실과 의리를 살펴서 등용했다. 그리고 용모가 뛰어난 남자를 선발해 단장시켜 화랑이라 부르며 받들었다. 이에 낭도의 무리가 모여 도의로써 갈고 닦고 음악으로 서로 즐거워하며 산수를 유람하며 가지 않은 곳이 없었다. 이로써 그들의 그릇됨과 정직함을 살펴 택하여 조정에 천거했다. 김대문은,

"어진 보좌와 충신이 여기에서 나오고, 훌륭한 장수와 용감한 군사가 여기에서 생긴다."

고 한 말이 바로 이것이다. 3대의 화랑이 무려 2백여 명이나 되었으며, 그들의 이름과 사적은 전기에 기재된 것과 같다. 흠운 역시 낭도였는데, 나라에 목숨을 바쳤으니 가히 그 이름을 욕되게 하지 않았다고 할 수 있다.

열기

열기는 역사 기록에 집안 내력과 성씨가 전해지지 않는다. 문무왕 원년에 당나라 황제가 소정방을 보내 고구려의 평양을 포위하였을 때 함자도 총관 유덕민이 국왕에게 소식을 전하면서 군수물자를 평양으로 보내도록 했다. 왕이 대각간 김유신에게 명해 쌀 4천 석과 벼 2만 2천2백5십 석을 수송하게 했다. 유신

이 장새에 도착했을 때 바람과 눈이 매우 사나워 추위에 얼어서 죽는 사람과 말이 많았다. 이때 고구려는 우리 군사가 지쳐있음을 알고 요격하려고 했다. 당나라 진영까지 거리가 3만여 보였는데, 앞으로 전진할 수도 없고 편지를 보내고자 하여도 전달할 사람마저 찾지 못하였다. 이때 열기가 보기감으로서 행군에 속해 있었는데, 앞에 나아가 말하기를,

"제가 비록 둔하고 느리지만 가는 사람의 수를 채우고 싶습니다."

라고 했다. 마침내 군사 구근 등 15명과 함께 활과 칼을 가지고 말을 달리니 고구려인들이 막지를 못했다. 이틀 만에 소정방에게 명을 전하자 당인들이 듣고 기뻐하면서 위로하였다. 회신을 보냈으므로 열기가 다시 이틀 만에 돌아오자 유신이 그의 용맹을 높이 평가해 급찬 벼슬을 내렸다.

후에 유신의 아들 삼광이 정권을 잡았을 때 열기가 찾아가 군수 자리를 청했지만 허락하지 않았다. 열기가 지원사 중 순경에게 말하기를,

"나의 큰 공로로 군수 자리를 청하였으나 허락하지 않았다. 삼광은 아버지가 죽었다 하여 나를 잊어버린 게 아닌가."

라고 하자 순경이 삼광에게 말해 삼년산군 태수직을 내렸다.

이때 구근이 원정공을 따라가 서원술성을 쌓았는데, 원정공이 구근이 일에 태만하다는 다른 사람의 말을 듣고 그에게 곤장을 쳤다. 이에 구근은,

"내가 일찍이 열기와 함께 생사를 알 수 없는 위험한 지역으로 들어가 대각간의 명을 욕되게 하지 않았으므로 대각간도 나를 무능하게 생각하지 않고 국사로 대우했다. 그런데 지금 허황된

남의 말만 믿고 죄를 주니 평생의 치욕 중 이보다 더 큰 것이 없다."

라고 했다. 원정공이 이 말을 듣고 죽는 날까지 수치로 여기며 뉘우쳤다.

비령자

비령자는 출생지와 성씨를 알 수 없다. 진덕왕 원년 정미에 백제가 무산, 감물, 동잠 등의 성을 공격하자, 유신이 보병과 기병 1만 명을 이끌고 대항했다. 그러나 백제군은 정예군으로 매우 날쌔어 고전을 면치 못하다가 사기가 꺾이고 힘이 지쳤다. 유신은 비령자가 힘써 싸워 적진 깊숙이 들어갈 뜻이 있음을 알고 그를 불러 말하기를,

"추운 겨울이 되어서야 소나무와 잣나무가 시들지 않는다는 것을 알 수 있다. 지금 사태가 위급한데, 그대가 아니면 누가 용감히 싸우며, 기묘한 계책으로 사람들을 격려하겠는가?"

라고 했다. 그리고는 더불어 술잔을 나누면서 은근히 뜻을 보이니 비령자가 재배하고 말하기를,

"지금 많은 사람들 중 유독 저에게 일을 부탁하니 가히 지기라고 할 만합니다. 진실로 바땅히 죽음으로써 보답하겠습니다."

하였다. 적진에 나가면서 종 합절에게,

"오늘 위로는 나라를 위하고 아래로는 지기를 위해 죽을 것이다. 나의 아들 거진이 비록 나이가 어리나 장한 뜻이 있어 반드시 나를 따라 함께 죽으려고 할 것이다. 만약 우리 부자가 함께 죽는다면 집안사람은 장차 누구에게 의지하겠는가? 그래서 너

는 거진과 함께 내 해골을 수습해 돌아가 그 어미의 마음을 위로하라."

라고 했다.

말을 끝내고 말을 채찍질하여 창을 비껴들고 적진으로 돌격해 여러 사람을 죽이고 자신도 전사했다. 이때 거진이 나가려고 하자 합절이,

"대인께서 도련님과 함께 집으로 돌아가 부인마님을 위로하라고 했습니다. 아들이 아버지의 명을 어기고 어머니를 버린다면 효도라고 할 수 있겠습니까?"

하면서 말고삐를 잡고 놓치 않았다. 거진이 말하기를,

"아버지가 죽는 것을 보고 구차하게 산다면 이것을 어찌 효자라고 할 수 있겠는냐?"

하고는 칼로 합절의 팔을 끊고 말을 달려 적진으로 돌격해 싸우다가 전사했다. 합절이 역시 상전이 모두 죽었다며 그 역시 싸우다가 전사했다. 군사들이 이 세 사람의 죽음에 용기를 얻어 다투어 나가니 적의 예봉을 꺾고 진지를 함락시켰다. 이때 적군 3천여 명의 머리를 베었다. 이 소식을 들은 대왕이 이들 세 사람을 예로써 반지산에 합장하고, 유신이 세 사람의 시신을 거두어 자신의 옷의로 덮어 주고 슬피 곡하였다. 처자와 9족에게 후한 상을 내렸다.

죽죽

죽죽은 대야주 사람으로 부친 학열은 찬간이었다. 선덕왕 때 죽죽이 사지가 되어 대야성도독 김품석 당하에서 보좌했다. 선

덕왕 11년 임인 가을 8월 백제장군 윤충이 군사를 이끌고 성을 공격했다. 예전에 도독 품석이 자신의 막객인 사지 검일의 아내가 아름다워 그녀를 빼앗은 사건이 있었다. 검일이 이것을 원망하고 있다가, 이때에 이르러 이유로 적과 내통해 창고에 불을 질렀다. 그러자 성의 민심이 흉흉해지면서 성을 지켜내지 못할 것 같았다. 품석의 보좌관 아찬 서천(혹은 사찬 지지나)이 성으로 올라가 윤충에게 말하기를,

"만약 장군이 우리를 죽이지 않는다면 성과 함께 항복하겠습니다."

라고 하자 윤충은,

"만약 그렇게 해도 공과 내가 함께 만족하지 못하는 일이 있다면, 그때는 태양을 두고 맹세합시다."

라고 했다. 이에 서천은 품석과 여러 장병들을 설득해 성 밖으로 나가려고 했다. 이때 죽죽이 제지하면서,

"백제는 말을 번복하는 나라이기 때문에 믿을 수 없습니다. 윤충의 달콤한 말은 우리를 유인하려는 계략으로 만약 성 밖으로 나간다면 즉시 적의 포로가 될 것이 분명하다. 쥐새끼처럼 엎드려 목숨을 구하기보다는 호랑이처럼 용감하게 싸우다가 죽는 것이 낫습니다."

라고 했다. 그러나 품석은 이 말을 듣지 않고 성문을 열었다. 사졸들을 먼저 내보내니 백제가 복병을 출동시켜 죽였다. 품석이 나가려다가 장병들이 죽었다는 말을 듣고 처자를 먼저 죽인 후 목을 찔러 자살했다. 죽죽이 남은 군사를 수습해 성문을 닫고 수비하니, 사지 용석이 죽죽에게,

"지금 전세가 불리해 성을 보전할 수가 없다. 차라리 항복하여

살아서 후일을 도모하는 것이 낫다."

라고 하자, 죽죽은,

"그대의 말도 맞지만, 아버지가 나를 죽죽이라 이름을 지은 것은 나에게 추운 겨울에도 시들지 않는 절조를 지키고, 꺾일지언정 굽히지 말라는 뜻이다. 어찌 죽음을 두려워하며 살아서 행복하겠는가?"

하고는 힘껏 싸우다가 성이 함락되면서 용석과 함께 전사했다. 왕이 이를 듣고 죽죽에게는 급찬을, 용석에게는 대나마를 추증했다.

필부

필부는 사량 사람이며 아버지가 아찬존대이다. 백제, 고구려, 말갈 등이 신라 침탈을 도모하자, 태종대왕은 충성스럽고 용감한 필부를 칠중성 아래의 현령으로 삼았다. 이듬해 경신 가을 7월에 왕이 당나라 군사와 함께 백제를 멸했다. 그러자 고구려가 우리를 미워해 겨울 10월에 군사를 이끌고 칠중성을 포위했다. 필부가 이를 수비하면서 20여 일 동안 싸웠는데, 적장이 우리 사졸의 용감함을 알고 성을 쉽게 함락시킬 수 없다고 판단해 군사를 퇴각시키려고 했다. 이때 역신 대나마 비삽이 몰래 사람을 적에게 보내,

"지금 양식이 떨어지고 힘이 다하였으니 만약 이를 친다면 반드시 항복할 것이다."

라고 알리자 적들이 다시 공격해 왔다. 필부가 이 사실을 알고 비삽의 머리를 베어 성 밖으로 던지면서 군사들에게,

"충신과 의사는 죽어서도 굴하지 않는 것이니 끝까지 싸우자! 이 성의 존망은 이번 싸움에 달려있다."

라고 외쳤다. 이에 사기가 오르자 병든 자들까지 일어나 앞 다투어 성으로 올랐지만, 병사의 기운이 피로하고 지쳐 떨어져 사상자가 반을 넘었다. 그때 적이 바람을 이용해 불을 지르고 성 안으로 공격해 왔다. 필부는 상간 본숙, 모지, 미제 등과 함께 적을 향하여 활을 쏘았지만 빗발처럼 날아오는 화살에 맞아 온몸에 상처를 입어 피가 발꿈치까지 흘러내리자 땅에 쓰러져 전사했다. 대왕이 이를 듣고 통곡하며 그에게 급찬을 추증했다.

계백

계백은 백제 사람으로 관직이 달솔이었다. 당 현경 5년 경신에 고종이 소정방을 신구도대총관으로 삼아 군사를 이끌고 바다를 건너 신라와 함께 백제를 공격했다. 계백은 장군이 되어 결사대 5천 명을 선발해 방어하면서,

"한 나라의 인력으로 당과 신라 대군을 당해내야 하는데, 나라의 존망을 알 수가 없구나. 내 처자가 붙잡혀 노비가 되어 치욕적으로 사는 것보다 통쾌히 죽는 것이 낫겠다."라며 자기의 처자를 모두 베었다. 그리고 황산벌에 이르러 세 개의 진영을 치고 있다가 신라 군사를 맞아 전투를 시작하려 할 때 여러 사람에게,

"옛날 월왕 구천은 5천 명의 군사로 오나라의 70만 대군을 격파했다. 오늘 마땅히 각자 기운을 다해 싸워 반드시 승리해 나라의 은혜에 보답하자."라고 맹세했다. 드디어 죽음을 각오하고

싸우니 한 사람이 천 명을 당해냈다. 신라 군사가 사기를 잃고 퇴각했다. 이렇게 진퇴를 네 번을 거듭한 끝에 힘이 다하여 죽었다.

삼국사기
三國史記新羅本紀 第四八卷

삼국사기권제48

열전 제8
향덕, 성각, 실혜, 물계자, 백결선생, 검군, 김생, 솔거, 효녀 지은, 설씨, 도미

향덕

향덕은 웅천주 판적향 사람이다. 아버지의 이름은 선이고 자는 반길인데 품성이 온순하고 선량해 향리에서 존경을 받았다. 어머니의 이름은 전해지지 않는다. 아들 향덕 역시 효성스럽고 공손해 사람들이 좋아했다. 천보 14년 을미에 흉년으로 백성이 굶주렸고 전염병까지 만연했다. 어머니가 종기가 나서 거의 죽게 되어 향덕은 밤낮으로 정성을 다해 간호했다. 그러나 봉양할 방법이 없어 그러자 자신의 넓적다리 살을 베어 먹게 하고 어머니의 종기를 입으로 빨아내어 병을 치료했다. 이 소식을 왕이 듣고 벼 3백 섬과 집 한 채와 구분전 약간을 내렸다. 그리고 유사에게 명해 비석을 세우고 사적을 기록해 사람들이 알게 하니, 지금까지 사람들은 그곳을 효가라고 부른다.

성각

성각은 청주菁州 사람으로 그의 가계가 기록으로 전해지지 않는다. 벼슬을 좋아하지 않아 거사라고 자칭하며 일리현 법정사에 기거했다. 후에 집에 돌아와 어머니를 봉양했는데, 어머니가

늙고 병들어 채식만으로는 부족해서 자신의 다리 살을 베어 봉양했다. 어머니가 돌아가심에 지성으로 불공을 드려 복을 빌었다. 이 소식을 들은 왕이 조 3백 석을 상으로 내렸다.

○ 저자의 견해

송기의 『당서』에 보면,

"한유의 논지는 훌륭하다! 그가 말하기를 '부모의 병환에 약을 달여 드리는 것을 효도라고 하는데, 아직까지 자신의 몸을 훼손해 봉양했다는 말을 들은 적이 없다. 진실로 이것이 의에 어긋나지 않는다면 성현히 다른 사람보다 먼저 했을 것이다. 북행이 이로 말미암아 죽게 되면 부모가 주신 몸을 상하게 하고 대를 잇지 못하는 죄가 돌아갈 것이니 어찌 그 집에 정문을 세워 표창할 수 있겠는가?' 라고 했다. 비록 그러하나 누추한 마을에서 살면서 학술과 예의를 갖추지 못한자가 자신의 몸을 잊고 부모를 생각한 것은 성심에서 나온 것이기 때문에 칭찬할 만해 기록한다."

고 했다. 그런 즉 향덕과 같은 사람도 기록해둘 만한 인물이다.

실혜

실혜는 대사大舍 순덕의 아들로 성품이 강직해 불의로 그를 굴복시킬 수가 없었다. 진평왕 때 상사인이 되었는데, 당시 하사인이었던 진제는 아첨을 잘하여 왕의 총애를 한 몸에 받았다. 비록 실혜와 동료였으나 일을 처리함에 있어 시비를 따질 때면 실혜는 정도를 지키면서 구차하게 행동하지 않았다. 진제가 이를 시기하고 원망해 누차 왕에게 참소하기를,

"실혜는 지혜가 없고 담기가 많아 곧잘 기뻐하거나 화를 냅니다. 비록 대왕의 말이라도 자신의 뜻과 맞지 않으면 분을 이기지 못합니다. 만약 징계하지 않는다면 장차 난을 일으킬 것이

니, 어찌 내쫓지 않을 수 있겠습니까? 그가 굴복하기를 기다렸다가 후에 등용해도 늦지 않습니다."

라고 하자, 왕이 그렇게 여겨 그를 영림의 관리로 좌천시켰다. 이때 어떤 사람이 실혜에게,

"그대는 조부 때부터 충성으로 세상에 이름이 났는데, 아첨 잘하는 신하의 참소와 훼방으로 죽령 밖 궁벽한 곳에서 벼슬살이를 하게 되었으니 원통한 일이 아닌가? 왜 바른대로 말하여 사실을 밝히지 않았는가?"

라고 하자, 실혜가,

"옛날 굴원은 고고하고 충직해 초왕에게 쫓겨났고, 이사는 진나라에 충성을 다했으나 극형을 받았다. 아첨하는 신하가 임금을 미혹케 하여 충신이 배척당하는 것은 옛날에도 있었던 일인데, 무엇을 슬퍼하겠는가?"

하면서 장가長歌를 지어 자신의 뜻을 표현했다.

물계자

물계자는 나해 이사금 때 사람으로 집안은 미천했지만, 성격이 활발해 젊을 때 장대한 뜻을 품었다. 이때 포상의 여덟 나라가 공모해 아라국을 치기로 모의하자 아라국의 사신이 구원을 청했다. 그러자 이사금이 왕손 나음에게 근군와 6부군사를 주어 그들을 돕게 해 여덟 나라를 격파시켰다. 이 싸움에서 물계자가 큰 공을 세웠지만 왕손에게 미움을 받아 공이 기록되지 않았다. 어떤 사람이 물계자에게,

"그대의 공이 컸는데 기록이 되지 않아 원망스럽지 않은가?"

라고 하자, 물계자가 "무슨 원망을 하겠는가?"

라고 했다. 그러자 또 어떤 사람이,

"왜 임금에게 아뢰지 않았는가?"

라고 하자, 물계자가,

"공을 자랑하고 이름을 구하는 것은 지사가 할 일이 아니다. 오로지 마음을 갈고 닦아 후일을 기다릴 뿐이다."

라고 했다. 3년 후에 골포, 칠포, 고사포의 세 나라 사람들이 갈화성을 침공했다. 이때 왕이 군사를 이끌고 구원해 세 나라의 군사를 대파했다. 물계자 역시 수십여 명을 잡아 목을 베었지만 공을 논할 때 또 얻은 것이 없었다. 그러자 그는 부인에게,

"신하는 위급한 때에 목숨을 내놓고, 어려운 일을 당하면 자신 몸을 잊는다고 했소. 전날 포상, 갈화에서의 싸움은 위급하고도 어려운 일이었지만, 목숨을 내놓거나 몸을 버리며 싸울 수 없었소. 이것이 세상에 알려졌으니 무슨 면목으로 거리와 조정에 나가겠소?"

라고 했다. 마침내 그는 머리를 풀고 거문고를 지닌 채 사체산으로 들어가 나오지 않았다.

백결선생

백결선생은 어떤 사람인지 알 수가 없다. 낭산 아래에서 살았는데 가난하여 옷이 헤어져 백 군데나 기워 입었는데 이것이 마치 메추라기를 달아맨 것처럼 보였으므로 사람들은 동리의 백결선생이라 불렀다. 그는 영계기의 사람됨을 흠모해 거문고로 가지고 다니면서 희로애락의 일과 불평불만은 거문고로 해결했

다. 어느 한 해가 저물어 갈 때 아내가 이웃에서 곡식을 찧는 절굿공이 소리를 듣고,

"이웃은 모두 찧을 곡식이 있지만, 우리만 곡식이 없으니 무엇으로 설을 쇠려고 하오?"

라고 하자, 백결선생은 한탄하기를,

"죽고 사는 것에는 운명이 있고, 부귀는 하늘에 달려 있어 그것이 와도 막을 수가 없고, 그것이 가도 좇을 수가 없는 법이거늘, 그대는 어찌하여 마음 아파하는가? 내가 그대를 위해 절굿공이 소리를 내어 위로하겠소."

라며 거문고로 방아 찧는 소리를 냈다. 이것이 세상에 전해져 그 이름을 대악이라 하였다.

검군

검군은 대사구문의 아들로 사량궁 사인이 되었다. 건복 49년 정해 가을 8월, 서리가 내려 모든 곡식이 죽자 이듬해 봄과 여름에 큰 기근이 들면서 백성이 자식을 팔아 생계를 유지하였다.

이때 궁중에서는 여러 사인들이 공모해 창예창의 곡식을 훔쳐 나누어 가졌는데 검군만이 받지 않자, 모든 사인들이,

"모두 받았는데 그대만 거절하니 무슨 연유인가? 적어서 그렇다면 더 주겠다."

고 하자, 검군이 웃으며,

"나는 근랑의 문도에 이름을 두었고, 풍월도의 마당에서 수행했다. 의로운 것이 아니면 천금의 이익이라도 나를 움직이지 못할 것이다."

라고 했다. 이때 이찬대일의 아들이 화랑이 되어 근랑이라 불렸으므로 이렇게 말한 것이다. 검군은 그곳을 나와 근랑의 집에 이르렀다. 이때 사인들은 은밀히 논의하기를 그를 죽이지 않으면 반드시 누설될 것이라 하여 드디어 그를 불렀다. 검군은 그들이 자신을 죽이려고 음모를 꾸민다는 것을 알고 근랑에게 하직하면서,

"오늘 이후로는 다시 뵙지 못할 것 같습니다."

하였다. 근랑이 이유를 물었으나 검군은 말하지 않았다. 근랑이 재차 묻자 그 까닭을 대략 이야기했다. 이에 근랑은,

"왜 유사에게 사실을 말하지 않는가?"

라고 하자, 검군은,

"죽는 것이 두려워 여러 사람을 죄에 걸리게 하는 것은 인정상 할 수 없는 일입니다."

라고 했다. 이 말을 들은 근랑은,

"그렇다면 왜 도망하지 않느냐?"

라고 하자, 검군은,

"저들이 잘못되고 내가 옳은데, 도리어 내가 도망간다면 이것은 장부의 행동이 아닙니다."

라고 했다. 검군은 마침내 사인들에게 갔다. 여러 사인들이 술을 대접하면서 사죄했는데, 이때 검군 몰래 음식에 독약을 넣었다. 검군은 이를 말고도 억지로 먹고 죽었다. 이에 군자가 말하기를 '검군은 죽을 자리가 아닌게 죽었으니 이는 태산같이 소중한 목숨을 홍모기러기털보다 가벼이 여긴 것' 이라고 했다.

김생

김생은 부모가 미천해 가문의 계보를 알 수 없다. 경운 2년에 태어났는데 어려서부터 글씨에 남다른 재주가 있었다. 그는 평생토록 다른 기예는 배우지 않았으며, 80세가 넘어서도 붓을 놓지 않았다. 예서, 행서, 초서가 모두 경지에 있었는데, 지금까지 그의 진필이 남아있어 학자들이 보배로 여겨 전하고 있다. 숭녕 연간에 학사 홍관이 진봉사를 따라 송나라에 들어가 변경에 묵고 있었는데 이때 한림 대조 양구와 이혁이 황제의 칙서를 받들고 사관에 와서 그림 족자에 글씨를 썼다. 홍관이 그들에게 김생이 쓴 행초 한 권을 보이자 그들은 놀라면서,

"뜻밖에도 오늘 왕우군의 친필을 보게 되었구나."

라고 했다. 이에 홍관이

"잘못 보았소. 이것은 신라 사람 김생이 쓴 것이라오."

라고 했다. 그러자 두 사람은 웃으며,

"천하에 왕우군 말고는 이런 묘필이 없소."

라고 했다. 홍관이 여러 번 말했지만 그들이 믿지 않았다. 또 요극일이란 사람이 있어 벼슬이 시중 겸 시서학사에 이르렀는데, 필력이 좋아 구양솔경법을 터득했다. 비록 김생에게는 미치지 못했으나 역시 특이한 기품이었다.

솔거

솔거는 신라 사람으로 출신이 미천해 가문의 내력이 기록되어 있지 않다. 그는 선천적으로 그림에 소질이 있었다. 그가 황룡사 벽에 노송을 그렸는데, 줄기가 비늘처럼 주름지었고 가지와

이잎이 서리고 엉클어져 까마귀, 솔개, 제비, 참새 들이 가끔 멀리서 날아들다가 벽화에 이르러 발 디딜 곳이 없어 허둥대다 떨어지고는 하였다. 세월이 오래되면서 색깔이 변하자 승려들이 단청으로 덧칠을 했는데, 그 뒤로는 까마귀와 참새가 다시 오지 않았다. 또 경주 분황사의 관음보살과 진주 단속사의 유마상은 그가 그렸는데, 세상에서 전하기를 신화라고 하였다.

효녀 지은

효녀 지은은 한기부 백성 연권의 딸로 천성이 효성스러웠다. 그녀는 어려서 아버지를 여의고 홀로 어머니를 봉양했다. 나이 32세가 되도록 시집가지 않고 정성으로 보살피며 곁을 떠나지 않았다. 봉양할 거리가 없을 때는 품팔이로, 혹은 구걸로 밥을 구해 봉양하였다. 이런 생활이 오래되어 피곤함이 쌓이자 부잣집으로 가서 몸을 팔아 종이 되어 쌀 10여 석을 얻었다. 그녀는 온종일 부잣집에서 일을 하고 날이 저물면 어머니에게 드릴 밥을 지어 돌아왔다. 이렇게 3, 4일 지나자 어머니가 딸에게,

"전에는 밥이 거칠어도 맛이 좋았는데 지금은 밥이 좋은데도 맛이 옛날 같지 않고, 마치 간장을 칼로 찌르는 것 같으니 이 어쩐 일이냐?"

라고 했다. 이에 사실대로 고하니 어머니가,

"나로 말미암아 네가 종이 되었구나. 차라니 빨리 죽는 것이 낫겠다."

라면서 울자 딸도 함께 울어 그 슬픔이 길가던 사람을 감동시켰다. 이때 효종랑이 놀러 나왔다가 이를 보고 돌아와서 부모에

게 청해 자기 집 곡식 1백 석과 옷가지를 실어 보냈다. 그리고 몸을 산 사람에게 몸값을 보상해 주고 양민으로 만들어 주니 낭도 몇천 명이 각각 곡식 1섬씩을 주었다. 왕이 이를 듣고 벼 5백석과 집 한 채를 내리고, 부역을 면제해 주었다. 집에 곡식이 많으므로 담당 관청에 명하여 군사로 하여금 교대로 지키게 하였고 그 마을을 효양방이라 하고 표문을 올려 당나라 왕실에도 그녀의 아름다운 행실을 알렸다.

설씨

설녀는 율리栗里에 살고 있는 평민의 딸이었다. 비록 빈한하고 외로운 집안이었으나 용모 단정하고 품행이 얌전하며 모든 이들이 모두 그녀의 아름다움에 반하지 않는 자가 없었지만 감히 범접하지 못했다. 진평왕 때 나이 많은 그녀의 아버지가 정곡으로 국경을 지키는 당번으로 가게 되었는데 딸은 아버지가 노쇠하고 병들어 차마 멀리 보낼 수 없었고 또 자신은 여자이므로 대신 갈 수도 없어 근심하고 있었다. 사량부 소년 가실은 가난하지만 의지를 곧은 남자로 일찍이 설씨의 아름다움에 반했지만 말도 붙이지 못하다가 설씨가 아버지가 늙어 종군하게 되어 걱정한다는 말을 들었다. 마침내 그는 설씨에게,

"저는 비록 나약한 사내지만, 의지와 기개만은 자부하고 있다오. 원컨대 불초의 몸으로 아버지의 일을 대신하게 해주오."

라고 청하였다. 설씨가 기뻐하며 아버지에게 고했다. 아버지가 그를 불러

"공이 이 늙은이의 일을 대신 하고자 한다는 말에 기쁘고도 송

구스럽다네. 보답으로 생각한 바 만일 공이 어리석고 누추하다며 버리지 않는다면 어린 딸을 주어 받들게 하겠네."

라고 했다. 가실이 두 번 절하면서,

"감히 바랄 수는 없지만, 이는 제가 원했던 것입니다."

라고 했다. 이에 가실이 물러나와 혼인할 기일을 청하니 설씨가,

"혼인은 인간의 큰 대사이기 때문에 창졸간에 할 수는 없습니다. 저는 이미 마음으로 허락했으니 죽어도 변함이 없을 것입니다. 원하건대 수자리에 나갔다가 교대해 돌아온 후에 날을 받아 혼례를 치러도 늦지 않을것입니다."

라고 했다. 그녀는 거울을 절반으로 쪼개어 각자 한쪽씩 지니면서,

"이것을 신표로 삼아 뒷날 맞춰보겠습니다."

라고 했다. 이때 가실에게 말이 한 필 있었는데, 설씨에게,

"이것은 천하의 좋은 말이니 훗날 반드시 쓰일 곳이 있을 것입니다. 지금 내가 가면 기를 사람이 없으니 이곳에 두었다가 쓰시오."

라며 설씨와 작별했다.

그런데 나라에 일이 생겨 기한 내에 교대시켜 주지 않아 가실은 6년이 지나도록 돌아올 수가 없었다. 그러자 아버지가 딸에게,

"처음 3년을 기한으로 했는데, 이미 기한이 지났으니 다른 집으로 시집을 가야겠구나."

라고 하자, 설씨가,

"전일에 아버지를 편안하게 하기 위해 가실과 굳게 약속을 했

습니다. 가실이 이를 믿고 여러 해 동안 군무에 종사하면서 춥고 배고픔을 이겨내고 있습니다. 더구나 적의 국경에 근접해 있어 손에서 병기를 놓지 못하고 있으니, 이는 마치 호랑이 입에 가까이 있는 것과 같아서 항상 염려되는데, 어찌 신의를 버리고 약속을 어기라 하십니까? 이는 사람으로서 도리가 아닙니다. 끝내 아버지의 명을 따를 수 없으니 두 번 다시 말씀하지 마세요!"

라고 했다. 그러나 아버지는 딸을 억지로 시집보내기 위해 몰래 마을 사람과 혼인을 약속하였고 혼인날이 되어 그를 맞아들였다. 설씨는 거절하면서 몰래 도망가려다가 뜻을 이루지 못했다. 설씨는 마구간으로 가서 가실이 두고 간 말을 보면서 한숨과 함께 눈물을 흘렸다. 그러던 중 가실이 교대되어 돌아왔는데, 그의 형상이 초췌하고 의복이 남루해 집안 사람들도 알아보지 못했다. 가실이 앞으로 나아가 깨어진 거울을 던지자 설씨가 이것을 받아들고 울었다. 아버지와 집안 사람들이 가실임을 알고 기뻐했다. 마침내 훗날 결혼을 약속하고 해로 하였다.

도미

도미는 백제 사람이다. 소민에 편입되어 있었지만, 자못 의리를 알았다. 그의 아내는 미인이면서 행실에 절조가 있어 사람들에게 칭찬받았다. 이 소문을 들은 개루왕은 도미를 불러,

"대체로 부인의 덕은 정결을 으뜸으로 삼는다. 만약 어둡고 사람이 없는 곳에서 달콤한 말로 유혹한다면 마음이 흔들릴 것이다."

라고 하자, 도미가,

"사람의 정은 헤아릴 수가 없지만, 저의 아내는 비록 죽더라도 변함이 없을 것입니다."

라고 했다. 왕이 도마의 아내를 시험하기 위해 일을 핑계로 도미를 붙잡아 두고, 가까운 신하로 하여금 왕의 의복과 말과 종자로 가장해 밤에 도미의 집으로 가게 하고 미리 사람을 보내 왕이 온다고 알리게 했다. 얼마 후 가짜 왕이 도착해 부인에게,

"오래전부터 예쁘다는 말을 듣고 도미와 내기를 해서 이겼다. 내일 너를 데려가 궁인으로 삼을 것이니 지금부터 너의 몸은 내 것이다."

라고 했다.

드디어 난행을 하려하자 부인이 말하기를,

"국왕은 망언을 하지 않을 것이니 제가 감히 명을 어길 수가 있겠습니까? 대왕께서 먼저 방으로 들어가소서! 제가 옷을 갈아입고 가겠습니다."

하고 물러나와 여종을 단장시켜 모시게 했다. 왕이 후에 속은 것을 알고 크게 노해 도미에게 죄를 물어 두 눈을 뽑고 작은 배에 실어 강 위로 띄워 보냈다. 그러고 나서 마침내 도미의 아내를 끌어들여 억지로 간음하려고 하자 부인은,

"이제 남편을 잃어 혼자 몸으로 살 수가 없고, 이럴 때 왕을 모시게 되었는데, 어찌 명을 어기겠습니까? 그러나 지금 월경으로 온몸이 더러우니 청컨데 다른 날에 목욕을 깨끗이 하고 오겠습니다."

라고 하자, 왕이 그 말을 믿고 허락했다. 부인은 곧바로 도망쳐 강어귀에 이르렀지만, 건널 수가 없어 하늘을 바라보며 통곡했

다. 이때 홀연히 한척의 배가 물결을 따라 다가오자, 그녀는 배를 타고 천성도에 도착해 남편을 만났다. 남편은 아직 죽지 않고 풀뿌리로 연명하며 살고 있었다. 부부는 배를 타고 고구려의 산산 아래에 이르니, 고구려 사람들이 불쌍히 여기어 옷과 밥을 주었다. 그들은 구차하게 살다가 타지에서 일생을 마쳤다.

삼국사기
三國史記 新羅本紀 第四九卷

삼국사기권제49

열전 제9
창조리, 개소문

창조리

창조리는 고구려 사람으로 봉상왕 때 국상이 되었다. 당시 모용외는 변경의 걱정거리였다. 왕이 여러 신하들에게,

"모용의 병력이 강해서 여러 번 우리 영역을 침범하는데, 어떻게 하면 좋겠는가?"

라고 하자, 창조리가,

"북부 대형 고노자가 현명하고 용감합니다. 대왕께서 침략을 맞아 백성을 편안하게 하고자 하신다면 고노자가 아니고는 쓸 만한 사람이 없습니다."

라고 했다. 왕이 고노자를 불러 신성태수로 삼자, 모용외가 다시는 침범하지 못했다. 9년 가을 8월, 왕이 15세 이상 되는 전국장정을 징발해 궁실을 수리하자, 백성이 식량 부족과 노역에 시달려 이로 말미암아 고향을 떠나 유랑생활을 하니 창조리가 왕에게,

"천재가 이어지면서 곡식이 잘 익지 않아 백성이 살 곳을 잃고, 장정들은 사방으로 유랑하며, 노인과 아이들은 구렁텅이에서 뒹굴고 있습니다. 지금은 하늘을 두려워하고 백성을 걱정하면서 두려운 마음으로 반성할 때입니다. 대왕께서는 이것을 생

각하지 않고 기아에 몸부림치는 백성을 징발해 토목 공사를 시키는 것은, 백성의 부모 된 도리로서 할 일과는 크게 어긋납니다. 하물며 이웃에는 강한 적이 있어, 우리가 피폐해진 그 틈을 노려 쳐들어온다면 사직과 생민을 어떻게 하려 하십니까? 원하옵건데 대왕께서는 깊이 생각하시기 바랍니다."

라고 간했다.

그러자 왕이 노해서,

"임금은 본디 백성들이 우러러보는 존경의 대상이다. 궁실이 부실하면 위엄을 보일 수가 없다. 지금 상국은 과인을 비방해 백성들로부터 칭송을 얻으려고 하는구나."

라고 하자, 조리가,

"임금이 백성을 불쌍하게 생각하지 않으면 어진 것이 아니고, 신하가 임금에게 간언하지 않으면 충성이 아닙니다. 신은 국상의 자리를 이어받았으니 간언하지 않을 수 없습니다. 백성의 칭송을 바란다는 것은 당치 않은 말씀입니다."

라고 했다. 이에 왕이 웃으며,

"국상은 백성을 위해 목숨을 바치려 하는가? 두 번 다시 말하지 말라."

라고 했다. 조리는 왕이 잘못을 고칠 마음이 없다는 것을 알고 물러나와 여러 신하들과 함께 폐위시킬 것을 모의했다. 왕은 사태를 모면할 수 없음을 깨닫고 스스로 목매어 죽었다.

개소문

개소문개금은 연씨인데, 스스로 물속에서 났다며 사람들을 미혹시켰다. 그의 모습은 외양이 웅장하고 의기가 충천했다. 그의 부친인 동부서부대인 대대로가 죽자, 마땅히 개소문이 뒤를 이어야 했지만, 백성이 성품이 잔인하고 포악해 소문이 머리를 조아리며 사람들에게 사죄하고 섭직할 것을 간청했다. 그러면서 만약 옳지 않은 행위를 한다면 폐해도 후회하지 않겠다고 맹세했다. 이에 사람들은 그를 불쌍히 여겨 마침내 허락했다.

그러나 그가 직위를 계승하는 순간부터 흉포하고 잔인하여 무도하므로 여러 대신들이 왕과 비밀리에 모의해 그를 죽이려고 했는데, 이것이 누설되고 말았다. 소문은 자기가 속한 부의 군사를 모두 집합시켜 사열하는 것처럼 하고, 이와 동시에 성 남쪽에다가 술과 음식을 성대히 차려놓고 대신들을 초청해 함께 관람하기를 권했다. 손님들이 들어서는 순간 모조리 죽이니 사망자가 백여 명이나 되었다. 그러고 나서 궁중으로 달려가 왕을 시해해 몇 토막으로 잘라서 구덩이에 버리고 왕제의 아들 장을 왕으로 세우고 스스로 막리지가 되었다. 막리지는 당나라의 병부상서 겸 중서령의 직위와 같은 것이다.

그는 원근을 호령하고 국사를 전횡하면서 위엄을 떨쳤다. 항상 몸에 다섯 자루의 칼을 차고 있어서 좌우의 사람들이 감히 쳐다볼 수가 없었고, 말을 타거나 내릴 때 귀인과 무장을 땅에 엎드리게 하여 발판으로 삼았다. 당태종은 개소문이 임금을 시해하고 국사를 멋대로 휘두른다는 말에 공격하려고 했다. 그러자 장손무기가,

"소문은 자신의 죄를 알고, 대국의 정벌을 두려워해 수비대책을 강구해 놓고 있습니다. 폐하께서는 참고 견디어 그가 스스로 안심하고 더욱 나쁜 일을 마음대로 하고 난 뒤에 공격을 해도

늦지 않을 것입니다."

라고 하자, 황제가 그의 말을 따랐다. 소문이 왕에게,

"듣기로 중국에는 삼교가 병행한다고 하는데 우리나라에는 도교가 아직 없으니, 당나라에 사신을 보내 구해 오기를 청합니다."

라고 했다. 왕이 마침내 표문을 보내 이것을 청했다. 당나라에서 도사 숙달 등 8명을 파견함과 동시에 『도덕경』을 보내주었다. 때마침 신라가 당나라에 가서 말하기를,

"백제가 우리의 40여 성을 빼앗고, 고구려 군사와 연합해 신라가 당나라로 들어오는 길목을 차단하려 하므로 소국이 부득이하게 군사를 출동시키니, 이에 당나라군의 원병을 청합니다."

라고 했다.

이에 태종이 사농승 상리현장에게 명하여 고구려 왕에게 새서를 내려 이르기를,

"신라는 우리의 맹방으로 조공을 착실하게 이행하고 있으니, 그대와 백제는 군사를 거두어라. 만약 다시 공격한다면 명년에 군사를 출동시켜 그대의 나라를 토벌하겠다."

라고 했다. 처음 현장이 고구려 국경으로 들어왔을 때, 소문은 이미 군사를 이끌고 신라를 공격했으므로 왕이 그를 소환했다. 현장이 와서 칙서를 선포하자 소문은,

"옛날 수나라가 우리를 침략했을 때, 신라가 이 틈을 노려서 우리 성읍 5백 리를 점령했다. 이때부터 원한의 간극이 있은 지 오래되었는데, 만약 잃어버린 우리 땅을 되돌려주지 않으면 전쟁을 그만둘 수 없다."

고 하였다. 이에 현장은,

“지나간 일을 어찌 추론할 것인가? 지금의 요동은 원래 중국의 군현이었으나, 중국에는 오히려 이것을 따지지 않았는데 어찌 고구려가 반드시옛 땅을 찾으려 하는가?”

라고 했다. 그러나 소문은 현장의 말을 듣지 않았다. 현장이 돌아가서 모든 것을 사실대로 고하자 태종은,

“개소문이 자신의 임금을 시해하고 대신들까지 살해했다. 그리고 백성에게 잔인하고 포악하며 또 지금 나의 명을 어기니 토벌하지 않을 수 없다.”

라고 했다.

태종은 또다시 사신 장엄을 파견해 타일렀지만. 소문은 결국 조서를 받들지 않고 도리어 무력으로 위협했다. 사자가 굴하지 않고 버티자, 소문은 그를 굴속에 가두고 말았다. 그러자 태종이 노하여 대군을 일으켜 친정하였는데, 이 사실은 모두 『고구려본기』에 기록되어 있다.

소문은 건봉 원년에 죽었다. 아들 남생의 자는 원덕으로 9세 때 아버지의 임명으로 선인이 되었다가 중리 소형으로 영전되었으니 이것은 당나라의 알자에 해당하는 벼슬이다. 남생은 중리 대형이 되면서 국정을 맡았는데, 모든 사령을 그가 주관했고, 얼마 후 중리위두대형으로 승진했다. 오랜 뒤에 막리지 겸 3군대장군이 되었고, 결국 막리지가 되엇다. 그가 여러 부를 시찰하게 되면서 그의 아우 남건과 남산이 국사를 대신 맡았다. 이때 어떤 사람이 남건과 남산에게,

“남생은 그대들이 자신을 핍박해 오는 것을 싫어해 제거하려고 한다.”고 했지만, 남건과 남산이 이를 믿지 않았다. 또 어떤 사람이 남생에게 접근해 남건과 남산이 그대를 받아들이지 않

을 것이라고 말했다. 이에 남생이 첩자를 보내 두 동생을 감시하게 했는데, 남건이 그 첩자를 잡아 두었다. 그리고 즉시 왕명을 가장해 남생을 소환하자, 남생은 두려워서 감히 들어가지 못했다. 남건이 남생의 아들 헌충을 죽였다. 남생은 국내성으로 도주해 성을 지키다가 무리와 함께 거란과 말갈군을 데리고 당나라에 투항했다. 그는 아들 헌성을 보내 하소연하자, 고종이 헌성에게 우무위장군을 제수하고, 수레, 말, 비단, 보검 등을 주면서 보고하게 했다.

고종이 설필하력에게 조서를 내려 군사를 이끌고 남생을 구원하게 하니 남생이 화를 면했다. 고종은 남생에게 평양도행군대총관 겸 지절안무대사를 제수하자, 그는 가물, 남소, 창암 등의 성과 함께 항복했다. 또 황제는 서대사인 이건역에게 명을 내려 남생의 군중으로 가서 위로하게 하고 포대 금구 일곱 가지를 하사했다. 이듬해에 남생을 입조케 하여, 요동대도독현토군공의 직함으로 바꾸고, 서울에 거처를 하사했다. 그리고 군중으로 들어가 이적과 함께 평양을 공격해 왕을 사로잡게 했다. 황제는 자신의 아들에게 조서를 주어 요수로 가서 그들을 위로하고 상을 주게 했다. 남생은 군중에서 돌아와 우위대장군변국공으로 승진했다가, 46세로 죽었다. 남생이 처음 당나라에 갔을 때 도끼에 엎드려 대죄했는데, 사람들은 이것으로 그를 칭찬했다.

헌성은 천수 연간에 우위대장군으로 우림위를 겸했다. 무후가 일찍이 금폐를 내려 문무관 중에서 활을 잘 쏘는 사람 다섯 명에게 이것을 상으로 주기로 했다. 내사 장광보가 먼저 헌성에게 양보하여 그가 제일이 되었고, 헌성은 우왕검위대장군 설토마지에게 양보하니, 마지는 헌성에게 양보했다. 얼마 후에 헌성이

무후에게 아뢰길,

“폐하께서 활을 잘 쏘는 사람을 뽑았지만, 대부분 중국 사람이 아닙니다. 신은 당나라의 관리들이 활 쏘는 일을 수치스럽게 여길 것이 두려워 그만두겠습니다.”

라고 하자, 무후가 옳다며 받아들였다.

내준신이 일찍이 헌성에게 재물을 요구했는데, 헌성이 응하지 않자, 내준신이 헌성이 모반한다고 무고하여 목매어 죽었다. 무후가 후에 헌성이 억울하게 죽은 것을 알고 우우림위대장군을 추증하고 예를 갖춰 다시 장사 지내 주었다.

○ 저자의 견해

송신종이 왕개보와 사적을 논하면서,

“태종이 고구려를 공격했을 때, 승리하지 못한 이유가 무엇인가?”

라고 묻자 개보가,

“개소문은 비상한 인물이었습니다.”

라고 했다. 그런즉 소문 역시 재사였지만, 정도로 나라를 받들지 못하고, 잔인 포악해 제멋대로 행동하다가 대역에 이른 것이다. 『춘추』에

“임금이 시해되었는데도 역적을 토벌하지 못하면 나라에 사람이 없다고 한다.”

라고 했다. 소문이 몸을 보전해 집에서 죽은 것은 요행인데, 이것은 토벌을 면한 것이라 할 수 있다. 남생과 헌성은 비록 당나라 황실에 이름이 알려졌지만, 본국의 입장에서 말하자면 반역자라는 비난을 면할 수 없을 것이다.

삼국사기
三國史記新羅本紀 第五十卷

삼국사기권제50

열전 제10

궁예, 견훤

궁예

궁예는 신라인으로 성이 김씨이고 아버지가 제47대 헌안왕이며, 어머니는 헌안왕의 후궁인데 이름이 기록되어 있지 않다. 혹자는 궁예가 48대 경문왕 응렴의 아들이라고도 말한다. 그는 5월 5일 외가에서 태어났는데, 지붕에 긴 무지개 같은 흰빛이 서려 하늘에 닿았다. 일관이 아뢰기를,

"이 아이는 오午 자가 거듭 들어 있는 날重午에 태어났고, 그리고 태어나면서 이가 나 있고 광염이 이상하였으니 장차 나라에는 해가 될 것입니다. 길러서는 안 됩니다."

라고 했다. 이에 왕은 중사에게 명해 그 집에 가서 죽이도록 했다. 사자는 아이를 포대기에서 꺼내 다락 밑으로 던졌는데, 젖 먹이던 종이 아이를 몰래 받아 들다가 잘못하여 손으로 눈을 찔렀다. 그래서 한 쪽 눈이 멀었다. 종은 아이를 안고 도망쳐 힘들게 양육했는데, 10여 세가 되어도 장난이 그치지 않아 그에게,

"네가 태어났을 때 나라의 버림을 받았다. 나는 차마 볼 수가 없어서 지금까지 몰래 너를 길렀다. 그런데 너의 미친 행동이

이와 같으니 반드시 남들에게 알려질 것이다. 이렇게 되면 나와 너는 함께 화를 면치 못할 것이다. 이를 어찌하면 좋겠느냐?"

라고 하자, 궁예가 울면서,

"만약 그렇다면 내가 이곳을 떠나 어머니의 근심거리가 되지 않도록 하겠습니다."

하고 곧 세달사로 들어가 중이 되어 자칭 선종이라고 불렀다.

그가 장성하자 중의 계율에 구애받지 않고 방종했으며 뱃심도 강했다. 어느 날 궁예가 재를 올리기 위해 길을 걷고 있을 때 까마귀가 무엇을 물고 와 궁예의 바릿대에 떨어뜨렸다. 궁예가 그것을 보니 점을 치는 산가지로 거기에는 '왕'이라는 글자가 쓰여 있었다. 궁예는 그것을 비밀로 여겨 소문내지 않고 스스로 자만심을 가졌다.

당시는 신라 말기로 정치가 거칠어 백성이 분산되면서 외곽의 주현중에서 신라 조정을 반대하고 이를 지지하는 세력 역시 반반이었다. 이와 함께 도처에는 도적들이 벌떼처럼 일어나면서 개미처럼 이들과 합세했다. 선종은 이런 혼란한 틈을 이용하여 무리를 끌어 모으면 자신의 뜻을 관철시킬 수 있다고 생각했다. 진성왕 재위 5년, 대순 2년 신해에 그는 죽주에 있는 반란군의 괴수인 기훤의 휘하로 들어갔다. 그러나 기훤이 오만무례했기 때문에 선종은 마음이 침울하여 스스로 정하지 못하다가 기훤의 휘하인 원회, 신헌 등과 몰래 결탁해 벗을 삼았다. 그는 경복 원년 임자에 북원의 반란군 양길의 휘하로 들어갔다. 양길은 그를 우대해 일을 맡겼으며, 군사를 내줘 동쪽 신라 영토를 공격하게 했다. 이때 선종은 치악산 석남사에 묵으면서 주천, 나성, 울오, 어진 등의 고을을 습격해 항복받았다.

선종은 건녕 원년에 명주로 들어가 3천5백 명을 모집하여 이를 14개 대오로 편성하였다. 그는 김대검, 모흔, 장귀평, 장일 등을 사상으로 삼고 사졸들과 고락을 함께하면서 모든 것을 공평하게 처리했다. 이에 따라 사람들은 그를 마음속으로 두려워하고 사랑하여 장군으로 추대했다. 이에 저족, 생천, 부약, 금성, 철원 등의 성을 쳐부수면서 군사의 기세가 대단하여 패서에 있던 적들까지 선종에게 와서 항복하는 경자가 많았다. 선종은 거느린 무리들이 많으니 나라를 창건하고, 자칭 임금으로 칭할 만하다고 생각해 내외의 관직을 설치하기 시작했다.

우리 태조가 송악군으로부터 선종에게 가서 의탁하자, 그는 단번에 철원군 태수로 제수했다. 태조는 3년 병진에 승령, 임강 고을을 공격해 빼앗았고, 4년 정사에는 인물현이 항복했다. 선종은 송악군이 한강북쪽의 이름난 고을이고 산수가 아름답다하여 그곳을 도읍으로 정하고, 공암, 검포, 혈구 등의 성을 점령했다. 당시 양길은 북원에서 국원 등 30여 성을 빼앗아 소유하고 있었는데 선종의 지역이 넓고 백성이 많다는 소리에 노해 30여 성의 강병을 이끌고 선종을 습격하려고 했다. 선종이 이를 알아차리고 먼저 양길을 쳐서 대파시켰다. 선종은 광화 원년 무오 봄 2월에 송악성을 수축하고, 우리 태조를 정기 대감으로 삼아 양주와 견주를 공격했다. 겨울 11월에 팔관회를 시작했으며, 3년 경신에 태조에게 광주, 충주, 당성, 청주, 괴양 등의 고을을 공격해 평정토록 했다. 이러한 전공으로 선종은 태조에게 아찬의 위품을 내렸다.

천복 원년 신유에 선종이 왕을 자칭하면서 사람들에게,

"과거에 신라가 당나라에 청병해 고구려를 멸하여, 평양의 옛 서울이 황폐하여 풀만 무성하게 되었으니 내가 반드시 그 원수를 갚고 말리라."

라고 했다. 이는 아마도 자신이 태어난 직후 신라에서 버림받은 일이 원망스러워 이렇게 말한 것으로 보인다. 그는 언젠가 남쪽지방을 여행하다가 흥주 부석사에 도착해 벽에 그려진 신라 왕의 화상을 보고 칼을 뽑아 내리쳤는데, 그 칼자국이 아직까지 남아있다. 선종은 천우 원년 갑자에 나라를 창건하면서 국호를 마진이라 정하고 연호를 무태라 했다. 이때 처음으로 광평성을 설치하여 광치나, 서사, 외서 등의 관원을 두었으며, 또한 병부, 대룡부, 수춘부, 봉빈부, 의형대, 납화부, 조위부, 내봉성, 금서성, 남상단, 수단, 원봉성, 비룡성, 물장성 등을 설치했다. 또 사대, 식화부, 장선부, 주도성 등을 설치했고, 또한 정광, 원보, 대상, 원윤, 좌윤, 정조, 보윤, 군윤, 중윤 등의 직품을 설치했다. 가을 7월에 청주의 민가 1천 호를 철원성으로 이주시켜 살게 하고 이를 서울로 삼았다. 상주 등 30여 주를 쳐서 빼앗자, 공주 장군 홍기가 항복해 왔다.

천우 2년 을축에 선종은 새로운 서울로 가서 궁궐과 누대를 극히 사치스럽게 수축했다. 연호였던 무태를 고쳐 성책 원년이라 하였고 패서 13진을 나누어 정했다. 평양 성주인 장군 검용, 증성의 적의적과 황의적 명귀 등이 항복해 왔다. 선종은 자신의 강대함에 자긍심을 갖고 신라를 병탄하려 했다. 그는 사람들에게 신라를 멸도라고 부르게 했고, 신라에서 오는 사람은 무조건 죽였다. 주량 건화 원년 신미에 연호였던 성책을 고쳐 수덕만세 원년이라 하고, 국호를 태봉이라 정했다. 태조에게 군사를 이끌고 금성 등지를 치게 하여 금성을 나주로 고치고 전공을 세운 태조를 대아찬 장군으로 삼았다.

선종은 자칭 미륵불이라면서 머리에 금 고깔을 쓰고 몸에 방포를 입었다. 이와 함께 맏아들을 청광 보살, 막내아들을 신광 보살이라고 불렀다. 외출할 때는 항상 백마를 탔는데, 채색 비단으로 말갈기와 꼬리를 장식하고, 동남동녀로 하여금 일산과 향과 꽃을 들고 앞을 인도하게 했다. 또 비구 2백여 명에게 범패를 부르면서 뒤따르게 했다. 그는 스스로 불경 20여 권을 저술했는데, 그 내용이 요망하고 바르지 않았다. 그는 때때로 단정하게 앉아서 강설을 했다. 이때 중 석총이,

"전부 요사스러운 말이고, 괴이한 이야기로써 남을 가르칠 수가 없다."

라고 말하였는데 이에 선종은 노하여 철퇴로 그를 쳐 죽였다. 3년 계유에 태조를 파진찬 시중으로 삼았다. 4년 갑술에 연호였던 수덕만세를 고쳐 정개 원년이라 했으며, 태조를 백선 장군으로 삼았다.

정명 원년에 부인 강씨가 왕의 옳지 못한 일에 대해 정색으로 간했다. 왕은 그녀를 미워해,

"네가 다른 사람과 간통하니 웬일이냐?"

라고 했다. 강씨가,

"어찌 그런 일이 있겠습니까?"

라고 하자, 왕이,

"나는 신통력으로 보고 있다."

라고 하면서 뜨거운 불에 달군 쇠공이로 음부를 쑤셔 죽이고, 그의 두 아들까지 죽였다. 이후부터 그는 의심이 많아지고 곧잘 성을 내므로 여러 보좌관과 장수, 관리로부터 평민들에 이르기

까지 죄 없이 죽는 사람이 많았다. 이에 부양과 철원 사람들은 그의 포악함에 인내할 수가 없었다. 이보다 앞서 상인 왕창근이 당나라에서 와 철원 저자에 살았다. 정명 4년 무인에 그가 저잣거리에서 어떤 사람을 만났다. 그 사람은 생김새가 매우 크고 모발이 희었으며, 옛날 의관을 입고 왼손에는 자기 사발을 들었으며, 오른손에는 오래된 거울을 들고 있었다. 그가 창근에게,

"내 거울을 사겠는가?"

라고 하므로 창근이 곧 쌀을 주고 바꿨다. 그는 쌀을 거리에 있는 거지 아이들에게 나눠주고는 온데간데없이 사라졌다. 창근이 그 거울을 벽에 걸어 두었는데, 해가 거울에 비치는 순간 글씨가 보였다. 그것은 옛 시와 같은 것으로 내용이 다음과 같다.

상제가 아들을 진마에 내려 보내니
먼저 닭을 잡고, 뒤에는 오리를 잡을 것이며,
사(巳)년 중에는 두 마리 용이 나타나는데,
한 마리는 푸른 나무에 몸을 감추고,
한 마리는 검은 쇠 동쪽에 몸을 나타낸다.

창근이 처음에는 글이 있는 줄 몰랐다가 이를 발견한 뒤에는 범상치 않다고 생각해 마침내 왕에게 고했다. 왕이 관리에게 명해 창근과 함께 그 거울의 주인을 찾게 했지만, 찾을 수가 없었다. 다만 발삽사 불당에 진성소상이 있었는데, 모습이 그와 비슷했다. 왕이 이상하게 여겨 문인 송함홍, 백탁, 허원등으로 하여금 그 뜻을 해석하게 했다. 함홍 등이 서로 말했다.

"상제가 아들을 진마에 내려 보냈다는 것은 진한과 마한을 말

한 것이다. 두 마리 용 중 한 마리는 푸른 나무에 몸을 감추고, 한 마리는 검은 쇠에 몸을 나타낸다는 것은, 즉 푸른 나무는 소나무를 말함이니, 송악군 사람으로 용자로 이름을 지은 사람의 자손을 뜻한다. 이는 지금의 파진찬 시중을 이른 것이다. 검은 쇠는 철이니 지금의 도읍지 철원을 뜻하는 바 이제 왕이 이곳에서 일어났다가 이곳에서 멸망할 징조이다. 또 먼저 닭을 잡고 뒤에 오리를 잡는다는 것은 파진찬 시중이 먼저 계림을 빼앗고, 뒤에 압록강을 차지한다는 뜻이다."

송함홍 등이 서로 말했다.

"지금 주상이 이토록 포학하고 난잡하니 우리들이 사실대로 고한다면 우리는 젓갈이 되고 파진찬 역시 해를 당할 것이다."

그들은 이 때문에 거짓말을 지어 보고했다. 같은 해 여름 6월, 장군 홍술, 백옥, 삼능산, 복사귀는 홍유, 배현경, 신숭겸, 복지겸의 젊은 때 이름으로 네 사람이 은밀히 모의하여 밤중에 태조의 집을 찾아가 말하기를,

"지금 임금은 멋대로 형벌을 남용해 아내와 아들을 죽이고 신하들을 살육하며 백성들이 도탄에 빠져 살아갈 수가 없습니다. 예로부터 혼매한 임금을 폐하고 명철한 임금을 세우는 것이 천하의 의리이니 공이 탕왕과 무왕의 길을 실행할 것을 바랍니다."

라고 했다. 태조가 얼굴빛을 달리하며,

"나는 스스로 충성스럽고 순직한 것으로 자처해 왔기 때문에 임금이 포악해도 감히 두 마음을 품을 수 없다. 신하가 임금의 자리에 앉는 것을 혁명이라고 한다. 나는 실로 부덕한데 어찌 은탕과 주 무왕의 일을 본받겠는가?"

라고 했다.

그러자 장수들은,

"때는 두 번 오지 않는 것으로 만나기는 어렵지만 놓치기는 쉽습니다. 하늘이 주어도 받지 않으면 도리어 재앙을 받을 것입니다. 지금 정치가 어지럽고 나라가 위태로워 백성이 모두 임금을 원수처럼 싫어합니다. 오늘날 덕망이 공보다 훌륭한 사람이 없습니다. 하물며 왕창근이 얻은 거울의 글이 저와 같은데, 어찌 가만히 있다가 한 필부의 손에 죽음을 당하겠습니까?"

라고 했다. 이때 부인 유씨가 여러 장수들의 말을 듣고 태조에게,

"어진사람이 어질지 못한 사람을 치는 것은 예로부터 그러하였습니다. 지금 여러 장수들의 의논을 들은 첩 역시 분노가 치미는데, 대장부는 이보다 더하지 않겠습니까? 지금 여러 사람들의 마음이 갑자기 변하였으니 이것은 천 명이 돌아온 것과 같습니다."

라면서 갑옷을 챙겨 태조에게 바쳤다. 여러 장수들이 태조를 호위하고 대문으로 나가면서,

"왕공이 정의의 깃발을 들었다."

고 앞에서 외치게 했다. 이에 앞뒤로 달려와 따르는 사람의 수가 얼마인지 알 수가 없었다. 또한 미리 궁성 문에 도착해 북을 치면서 기다린 사람도 무려 1만여 명이나 되었다. 왕이 이 말을 듣고 당황하면서 어쩔 줄을 모르다가 미천한 옷으로 갈아입고 숲속으로 도망쳤다. 그는 얼마 뒤에 부양 주민들에게 살해되었다. 선종 궁예는 당나라 대순 2년에 일어나 주량 정명 4년까지 활동하였으니 전후 28년 만에 망한것이다.

견훤

견훤은 상주 가은현 사람으로 본래의 성이 이씨였지만, 나중에 견으로 성씨를 삼았다. 아버지 아자개는 농사꾼으로 생활하다가 출세하여 장군이 되었다. 어린 견훤이 강보에 있을 때, 아버지가 밭을 갈고 어머니가 점심을 대접하면서 아이를 견훤을 숲속에 혼자 두었는데, 호랑이가 와서 젖을 먹였다. 이 말을 들은 고장 사람들이 기이하게 여겼다고 한다. 그가 성장하면서 체격과 용모가 웅장하고 생각과 기풍이 활달하고 비범했다. 그가 종군해서 서울로 갔다가 서남쪽 해변에서 수자리를 하게 되었다. 그는 잠을 잘 때도 항상 창을 베고 적을 기다렸다. 그는 용기가 남달라 다른 군사들보다 앞장선 공로로 비장이 되었다. 당나라 소종 경복 원년은 신라 진성왕 6년인데, 총신들이 정권을 농락하면서 나라의 기강이 문란해졌다. 더구나 심한 기근으로 백성은 먹을 것을 찾아 이리저리 흩어져 도적들이 벌떼처럼 일어났다.

이에 견훤은 은근히 반심을 품고 무리를 모아 서울 서쪽과 남쪽 주현을 다니며 공격하니, 그가 가는 곳마다 호응하여 달포 동안에 무리가 무려 5천 명이나 되었다. 그는 마침내 무진주를 습격하여 스스로 왕이 되었지만, 감히 드러내놓고 왕이라고 일컫지 못하고 스스로 서명하기를, '신라서면도통지휘병마제치지절도독전무공등주군사행전주자사겸어사중승상주국한남군개국공식읍2천호' 라고 했다. 이때 궁예는 세력이 강성한 북원의 도적 양길의 휘하로 들어갔다. 이 소식을 들은 견훤이 양길에게 비장의 벼슬을 주었다.

견훤이 서쪽으로 순행하여 완산주에 이르니, 백성이 견훤을

맞아 위로했다. 견훤은 인심을 얻은 것에 기뻐하며 좌우 사람들에게,

"내가 삼국의 기원을 상고해 보면, 마한이 먼저 일어났고, 뒤에 혁거세가 일어났으며, 진한과 변한이 뒤따라 일어났다. 이때 백제는 금마산에서 개국해 6백여 년이 지났는데, 총장 연간에 당나라 고종이 신라의 요청으로 장군 소정방과 함께 수군 13만을 이끌고 바다를 건너오고, 신라의 김유신도 땅을 휩쓸고 황산을 지나 사비에 이르러 협력하여 백제를 멸하였으니 내가 어찌 서울을 완산으로 정해 의자왕의 오랜 분노를 갚지 않겠는가?."

라고 했다. 그는 곧 후백제왕이라 자칭하고, 관제를 설정해 직책을 분담시켰다. 이때가 당나라 광화 3년, 신라 효공왕 4년이었다. 오월국에 사신을 보내 예방하니 오월 왕이 답례로 사신을 보내고, 이와 함께 견훤에게 검교태보의 벼슬을 주고 나머지 직위는 전과 같게 했다.

천복 원년에 견훤이 대야성을 쳤지만 함락시키지 못했다. 개평 4년, 금성이 궁예에게 귀순한 것에 분노한 견훤이 보병과 기병 3천 명으로 금성을 포위 공격하여 열흘이 넘도록 풀이 않았다. 건화 2년에 견훤이 덕진포에서 궁예와 싸웠다. 정명 4년 무인에 철원경의 인심이 변하면서 우리 태조를 왕으로 추대했다. 이에 견훤은 가을 8월에 일길찬 민각을 파견해 축하를 표하면서 공작선과 지리산의 대화살을 바쳤다. 또 오월국에 말을 진상하자, 오월 왕이 답례로 사신을 파견해, 견훤에게 중대부 벼슬을 첨가해 주고 나머지 직위는 전과 같게 했다.

6년에 견훤이 보병과 기병 1만을 이끌고 대야성을 함락시키고 군사를 진례성으로 옮겼다. 신라 왕이 아찬 김률을 보내 태조에

게 원병을 청하였으나 태조가 군사를 출동시켰다. 견훤은 이를 듣고 물러갔다. 견훤이 우리 태조와 겉으론 화친하는 것 같았지만 속으로는 그렇지 않았다. 동광 2년 가을 7월에 견훤이 아들 수미강을 보내 대야, 문소 등 성의 군사를 동원해 조물성을 공격했다. 그러나 성안 사람들이 태조를 위해 굳게 수비했기 때문에 수미강은 승리하지 못하고 돌아갔다. 2월에 견훤이 시신을 보내 태조에게 얼음말을 바쳤다. 3년 겨울 10월에 견훤이 기병 3천을 이끌고 조물성에 이르렀으므로 태조도 정예병을 거느리고 와서 서로 대적하게 되었다. 그러나 당시 견훤의 군사가 매우 강성했기 때문에 승부를 보지 못했다. 태조가 임시로 평화를 유지하는 술책으로써 견훤의 군사를 피곤케 만들기 위해 글을 보내 화친을 청하고, 당제 왕신을 인질로 보냈다. 견훤 역시 사위 진호를 보내 인질을 교환했다. 12월에 견훤이 거창 등 20여 성을 공격해 빼앗고 후당에 사신을 보내 속국이라 자칭하니, 당나라에서 검교태위겸시중판백제군사로 책봉하고, 종전의 지절도독전무공등주군사행전주자사해동서면도통지휘병마제치등사백제왕과 식읍 2천5백 호를 그대로 유지하게 하였다. 4년에 진호가 갑자기 죽으니, 견훤이 소식을 듣고 일부러 죽인 것이라며 의심했다. 그는 곧 왕신을 옥에 가두고 사람을 태조에게 보내 전에 주었던 얼룩말을 돌려달라고 요청했다. 태조가 웃으면서 돌려주었다.

천성 2년 가을 9월에 견훤이 근품성을 공격해 불태웠고, 이어 신라의 고울부를 습격하였으며, 신라의 서울 가까이 접근하였으므로 신라 왕이 태조에게 구원을 청했다. 겨울 10월에 태조가 군사를 보내 구원했지만, 견훤이 갑자기 신라 서울로 들어갔다.

이때 왕은 부인과 궁녀들을 데리고 포석정에서 술상을 차려놓고 놀고 있었다. 견훤이 쳐들어오자 왕은 부인과 함께 성의 남쪽 이궁으로 들어갔으며, 관원들과 궁녀 및 악공들은 견훤의 군사에게 잡혔다. 견훤이 왕을 잡아오게 하여 자기 앞에서 죽이고 내궁으로 들어가 왕비를 강간하고, 왕의 친족 동생인 김부에게 왕위를 계승케 했다. 그리고 왕의 아우 효렴과 재상 영경을 포로로 잡고, 국고의 재물과 귀중한 보배와 군기 등을 비롯해 자녀와 백공 중 솜씨가 있는 자를 빼앗아 데리고 돌아갔다. 태조가 정예기병 5천을 데리고 공산 밑에서 견훤을 기다리다가 크게 싸웠는데 장수 김락과 숭겸이 전사하고 모든 군사가 패하면서 태조는 겨우 몸만 빠져나왔다. 견훤은 여세를 몰아 대목군을 빼앗았다.

이때 신라에서는 왕과 신하들은 망하기 시작한 나라를 회복시키기 어렵다고 판단하고 우리 태조와 우호관계를 맺어 도울 것을 상의하고 있었다. 견훤은 속마음으로 신라를 빼앗을 생각을 하고 있으면서 태조가 먼저 이에 성공하지 않을까를 두려워 군사를 이끌고 신라 서울로 쳐들어가 횡포를 부렸던 것이다. 그는 12월 모일에 태조에게 다음과 같은 글을 보냈다.

"국상 김웅렴 등이 그대를 서울로 불러들이려 한 것은 자라가 큰 자라의 소리에 응하고, 참새가 새매의 날개를 헤치려고 하는 행위이다. 이는 반드시 생령을 도탄에 빠뜨리고 종사를 폐허로 만들게 할 것이다. 그대는 아직 나의 말머리마저 보지 못했고 내 소의 터럭 하나도 뽑지 못했다. 강약으로 보아 누가 이길 것인지는 잘 알 것이다. 내가 기약하는 것은 평양성의 다락에 활을 걸고 패강 물을 말에게 먹이는 것이다. 그러나 지난달 7일에 오월국 사신 반상서가 와서 왕의 조서를 전하였는데, 거기에는 '경이 고려와 더불어 오랫동안 좋게 지내면서 이웃관계를 맺고 있으나 최근에 두 명의 인질이 모두 죽어 마침내 화친이 깨어지면서 옛날의 우호관계를 끊고 서로 영토를 침략하면서 전쟁이 그치지 않고 있음을 알고 있다. 지금 특별히 사신을 파견해 그대의 본도로 보내고, 고려에도 보내니 각자 친하게 지내어, 함께 복을 누리도록 하라' 고 했다. 나는 왕실의 의리를 두텁게 하고, 대국을 극진하게 섬기고 있다. 따라서 나는 대국의 이 조칙을 공손하게 따르려고 한다. 그러나 그대는 항상 싸움을 그치려 하다가도 그치지 못하고 어려운 지경에도 자꾸만 싸움을 자청한다. 내가 이것을 염려해 조서를 복사해서 부치니 그대는 주의 깊게 읽어보기를 바란다. 토끼와 날쌘 개가 싸우다가 서로 피곤해지녀 결국 남에게 잡히는 조롱을 받을 것이고, 황새와 조개가 서로 물고 있다가 남에게 잡히는 웃음거리가 될 것이니 마땅히 지난날의 잘못을 교훈삼아 후회할 일을 남기지 말아야 할 것이다."

3년 정월에 태조가 다음과 같은 회답을 보냈다.

"오월국 통화사 반상서가 전해준 조서를 받들고, 그대 장문의 사연을 받아 보았다. 화려한 수레를 타고 온 대사가 제서를 보내주니 그대의 좋은 편지를 받고 소식과 함께 가르침을 받았다. 비록 감격하기는 하였으나 편지 내용을 볼 때 의심하지 않을 수 없었다. 나는 위로 하늘의 도움을 받들고 아래로는 사람들의 추대에 못 이겨 장수의 권한으로 경륜을 펴는 자리에 오르게 되었다. 얼마 전에는 삼한에 액운이 닥쳐 흉년이 들면서 백성 가운데 반란에 가담하는 자가 부지기수였고, 전답이 황폐되지 않은 곳이 없었다. 나는 전쟁을 종식시키고, 나라의 재난을 구원할 수 있다는 생각에 선린정책으로 우호 관계를 맺었다. 그런데 유년 10월 갑자기 사단이 발생해 서로 싸우게 된 것이다. 그대는 처음부터 나를 가볍게 여겨 당랑이 수레바퀴를 막듯이 덤벼들다가, 마침내 어려움을 알고 용퇴하기는 모기 새끼가 산을 진 것처럼 하였다. 그리고 공손하게 사죄했으며, 하늘을 두고 맹세하기를 '오늘부터 영원히 평화롭게 지낼 것이다. 만약 맹약을 위반하면 신명의 벌을 받겠다' 고 했다. 나도 역시 사람들을 죽이지 않는 인을 약속해 겹겹으로 에워싼 포위를 풀었고, 지친 군사를 쉬게 하면서 인질 교환도 마다하지 않았다. 이것은 단지 백성을 편안케 하기 위함이었다. 이렇게 남방 사람들에게도 나의 덕이 크게 베풀어졌다. 그런데 맹세한 피가 마르기도 전에 그대가 흉악한 위세를 다시 부려서, 벌과 독충같은 해독이 백성에게 미치고 호랑이와 승냥이 같은 행태가 전국을 몰아쳐서 금성이 위험에 빠지고 왕궁에 혼란이 일어날 줄을 어찌 알았으랴? 정의에 입각해 주나라 왕실을 높이는 일에 제환, 진문의 패업과 같은 자가 누구이겠는가? 기회를 엿보아 한 나라를 전복하려는 하 것은 오직 왕망, 동탁의 간악함에서만 볼 수 있는 일이다. 사람들은 내가 야심이 없고 존왕의 정신이 간절하여 나에게 국가의 위급한 처지를 구하도록 했다. 그대는 임금을 죽이고 궁궐을 불살랐으며, 재상과 관리들을 모조리 살육했다. 또한 양반과 상민을 학살했고, 귀부인을 잡아 수레에 같이 태웠으며, 진귀한 보물을 빼앗아 짐으로 실어 갔다. 그대는 걸이나 주보다 더 포악하고 맹수보다 더 잔인하구나. 나는 임금의 죽음에 원한이 사무치고, 백성의 원수를 물리칠 마음이 충만하다. 역적의 처단에 진력하여 미미한 충성을 표하기로 하고 다시 무기를 든 지 벌써 두 해가 지났다. 육전에서는 우뢰처럼 내닫고 번개처럼 빨랐으며, 수전에서는 호랑이와 용처럼 뛰어올라, 움직이면 반드시 성공하고 손을 들면 반드시 헛된 적이 없었다. 공격하는 솜씨가 이러하니 국토를 회복할 날이 어찌 멀겠는가? 저수의 병영에서 장이의 깊은 원한을 씻고, 오강가에서 한왕이 최후의 일전에 성공한 것과 같은 일이 반드시 일어날 것이다. 이에 전란을 평정해 전국을 안정시키려 하니 하늘 또한 나를 돕고 있다. 더구나 오월왕 전하의 덕화가 넘쳐 외방에 이르고, 인자함이 지극해 어린 백성을 사랑하니 특별히 궁궐에서 지시를 내려 동방에서 전란을 끝내라고 타일렀으니 이미 가르침을 받은 이상 어찌 존중하지 않으랴. 그대가 공손히 이 지시를 받들어 싸움을 멈춘다면, 이는 대국의 어진 은덕에 보답하는 것일 뿐 아니라 이 땅에 끊어진 왕통을 다시 이을 수 있을 것이다. 만약 허물이 있어도 고치지 않으면, 후회해도 수습할 길이 없을 것이다."

여름 5월, 견훤이 비밀리에 강주를 습격해 3백여 명을 살해하자, 장군 유문이 견훤에게 항복했다. 가을 8월, 견훤이 장군 관흔에게 양산성을 쌓게 했는데, 태조가 명지성 장군 왕충에게 공격케 하니 관흔은 퇴각해 대야성을 수비했다. 겨울 11월, 견훤이강병을 선발해 부곡성을 함락시키면서 수비군 1천여 명을 죽이자, 장군 양지, 명식 등이 항복했다. 4년 가을 7월, 견훤이 갑병 5천 명을 이끌고 의성부를 공격했는데, 성주였던 장군 홍술이 전사했다. 견훤이 대군을 동원해 고창군 증산 아래에 주둔하여 태조와 싸웠지만, 승리하지 못하면서 전사자가 8천여 명이니 되었다. 다음 날, 견훤이 패잔병을 수습해 순주성을 습격해 격파했는데, 이때 장군 원봉이 방어하지 못하고 야밤에 도주했다. 견훤은 사로잡은 백성을 전주로 이주시켰다. 태조가 예전의 공로를 참작해 원봉을 용서하고, 순주를 하지현으로 고쳤다.

장흥 3년, 지략가인 견훤의 부하 공직이 태조에게 항복했다. 그러자 견훤이 그의 아들 2명과 딸 1명을 잡아와 다리 힘줄을 불로 지져서 끊었다. 가을 9월, 견훤이 일길찬 상귀를 보내 수군을 이끌고 고려의 예성강에 들어와 3일 동안 머물면서 염주, 백주, 정주 세주의 배 1백 척을 빼앗아 불사르고 저산도에 있는 목마 3백 필을 빼앗아 돌아갔다. 청태 원년 정월, 견훤이 태조가 운주에 있다는 말을 듣고 곧바로 갑병 5천 명을 선발해서 쳐들어왔다. 그가 미처 포진하지 못한 틈을 노려 장군 검필이 정예 기병 수천 명을 이끌고 돌격해 3천여 명의 머리를 베었다. 웅진 이북의 30여 성이 이 소문을 듣고 자진하여 항복했다. 견훤의 부하인 술사 종훈과 의원 훈겸, 장수 상달, 최필 등도 태조에게 항복했다.

견훤은 아내를 많이 취하여 아들이 10여 명이었다. 그중에 넷째 아들 금강이 키가 크고 지혜가 많았기 때문에 견훤이 왕위를 물려주려고 했다. 그의 형 신검, 양검, 용검 등이 이것을 알고 고민했다. 이때 양검은 강주도독, 용검은 무주도독이 되었지만, 신검만이 견훤의 측근에 있었다. 이찬 능환이 사람을 시켜 강주와 무주로 가서 양검 등과 함께 음모를 꾸몄다. 청태 2년 3월에 파진찬 신덕, 영순 등과 함께 신검에게 권해 견훤을 금산 불당에 가두고 금강을 죽였다. 신검은 자칭 대왕이 되어 국내의 죄수를 대사면했다.

그 교서는 다음과 같다.

"한나라 여의가 특별히 총애를 받았지만, 혜제가 임금이 되었고, 당나라 건성이 태자의 자리에 있었지만 태종이 일어나 제위에 올랐으니 천명은 바뀌는 법이 없고, 왕위는 정해진 자리로 돌아가게 되어 있다. 생각해 보면 대왕의 신통한 무위는 출중했고, 영명한 지혜는 만고에 으뜸이었다. 말세에 태어나 세상을 구하려는 스스로 책임을 스스로 떠맡아 삼한을 다니며 백제를 회복하였으며, 도탄의 괴로움을 말끔하게 씻어내 백성을 편안하게 살게 했다. 그가 바람과 우뢰처럼 떠다닐 때, 가는 곳마다 원근에서 사람들이 달려왔고 이로 말미암아 왕업의 중흥을 눈앞에 두게 되었다. 그러나 한순간 지혜가 잘못되면서 어린 아들이 사랑을 독차지하고, 간신이 권세를 농락했다. 그들은 임금을 진나라 혜공처럼 우매하게 만들었으며, 어진 아버지를 헌공처럼 미혹한 길로 빠져들게 하여 철없는 아이에게 왕위를 잇게 했지만, 다행히 하늘의 보살핌으로 군자견훤)께서 허물을 바로잡고, 장자인 나에게 나라를 맡기셨다. 그러나 돌이켜 보면 나는 태자의 자질을 갖추지 못했으니, 어찌 임금이 될 지혜가 있겠는가? 이에 조심하고 두려워하며 연못 위의 얼음을 밟는 것처럼 행동하고 있다. 맏아들로서 왕위에 오른 특별한 은혜를 마땅하게 백성에게도 베풀어 혁신된 정치를 해야할 것이므로 국내 죄수들에게 대사면령을 내린다. 청태 2년 10월 17일 동트기 전을 기준으로 이미 발각되었거나, 발각되지 않았거나, 이미 결정되었거나, 결정되지 않은 사안을 막론하고 사형 이하의 죄는 모두 사면한다. 주관자는 이를 시행하라."

견훤은 금산에서 석달 동안 갇혀 있다가, 6월에 막내아들 능예, 딸 쇠복, 첩 고비 등과 함께 금성으로 도망쳐 태조에게 사람을 보내 만나 주기를 청했다. 태조가 기뻐하면서 장군 검필, 만세를 파견해 뱃길로 가서 그를 데려오게 했다. 견훤이 도착하자 태조는 후한 예로 대접하고, 견훤이 태조보다 10년 위라 하여 그를 높여 상보라고 불렀다. 남궁을 숙소로 주었으니 직위가 백관보다 위에 있었다. 또 양주를 식읍으로 줌과 동시에 금, 비단, 병풍, 금침, 남녀 종 각 40여 명을 비롯해 궁중의 말 10필을 주었다.

견훤의 사위인 장군 영규가 몰래 부인에게,

"대왕이 40여 년 동안 노력하여 사업이 거의 완성되려는 순간 집안사람의 재화를 입어 땅을 잃고 고려에 투신했소. 무릇 열녀는 두 지아비를 섬기지 않고 충신은 두 임금을 섬기지 않는 법이니 만약 섬기던 임금을 버리고 역적인 자식을 섬긴다면 무슨 낯으로 천하의 의사들을 볼 것인가? 하물며 고려의 왕공은 인자하고 근검하여 민심을 얻었다고 하니, 이는 하늘이 인도해 주는 것이라오. 그는 반드시 삼한의 패권을 잡을 것이 분명하나 어찌 편지를 보내 우리 임금을 위로하고 이와 동시에 왕공에게 성의를 보여 장차 행복을 도모하지 않을 수 있겠소?"

라고 하자, 그의 부인이,

"당신의 말씀이 바로 저의 뜻과 같습니다."

라고 했다.

천복 원년 2월, 영규가 태조에게 사람을 보내 자신의 뜻을 전하면서,

"만약 정의의 깃발로 드신다면, 안에서 호응해 왕의 군사를 맞겠습니다."

라고 했다. 태조가 기뻐하면서 사자에게 후한 상을 내려서 보

내고, 이와 함께 영규에게 감사를 표하면서

"만약 은혜를 입어 하나로 힘을 합치게 된다면, 내가 먼저 장군을 본 다음 마루에 올라가 부인에게 절하고 장군을 형으로 부인을 누님으로 높여 종신토록 보답하리니 이 말은 천지신명께서 들을 것이오."

라고 했다. 여름 6월, 견훤이 태조에게,

"노신이 투항한 것은 전하의 위엄을 빌려 역적인 자식을 벌하려고 했던 것입니다. 원컨대 대왕은 신병을 빌려 주어 역적 무리를 섬멸하게 한다면 신은 죽어도 한이 없겠습니다."

라고 했다. 태조가 이 말에 따라 태자 무와 장군 술희에게 보병과 기병 1만을 내줘 먼저 천안부로 가게 했다. 가을 9월, 태조가 직접 3군을 이끌고 천안에 도착해 군사를 합치고 일선에 진주했다. 신검은 군사를 이끌고 마주 대치하여 갑오일에 일리천을 사이에 두고 진을 쳤다.

태조가 상보 견훤과 열병하고, 대상 견권, 술희, 금산과 장군 용길, 기언 등에게 보병과 기병 3만을 주어 좌익으로 삼고, 대상 김철, 홍유, 수향과 장군 왕순, 준량 등에게 보병과 기병 3만을 주어 우익으로 삼고, 대광 순식과 대상 긍준, 왕겸, 왕예, 검필과 장군 정순, 종희 등에게 정예 기병 2만과 보병 3천을 비롯해 흑수, 철리 등 여러 도의 정예 기병 9천5백 명을 주어 중군을 삼고, 대장군 공훤과 장군 왕함윤에게 군사 1만5천 명을 주어선봉을 삼아 북을 치며 진군했다. 백제 장군 효봉, 덕술, 명길 등이 고려군사의 기세가 웅장하고 잘 정비된 것을 보고, 무기를 버리고 항복했다. 태조가 그들을 위로하면서 백제장수가 있는 곳을 묻자, 효봉은,

"원수 신검이 중군에 있습니다."

라고 했다. 태조가 장군 공훤에게 명해 곧바로 중군을 공격케 하고 전군이 진격해 함께 협공하자 백제군사가 무너지면서 패배하였다. 신검은 그의 두 아우와 장군 부달, 소달, 능환 등 모두 40여 명이 항복했다.

태조는 그들의 항복을 받아들이고 능환을 제외한 나머지 사람들을 위로했다. 처자를 데리고 서울로 올라오는 것을 허락했다. 태조가 능환에게 ,

"처음 양검 등과 음모를 꾸며 대왕을 가두고 그 아들을 왕으로 세운 것이 너의 소행이니 신하된 자로서 어찌 이럴 수가 있느냐?"

라고 하자, 능환은 머리를 숙인 채 말을 못했다. 이에 태조는 그를 주살하라고 명했다. 신검은 왕위 찬탈이 타인의 협박에 의한 것으로 본심이 아니었다고 해명하자, 또한 나라를 바치면서 자신의 죄를 사죄했다 하며 사형은 면했다. 견훤은 근심과 고뇌로 등창이 나서 수일 만에 황산의 불사에서 죽었다.

태조의 군령이 엄격하고 공정했기 때문에 군졸들이 백성을 전혀 범하지 않아 주와 현의 모든 백성이 안심했으며, 남녀노소할 것 없이 모두 만세를 불렀다. 이럴 때 태조는 장수와 병졸을 위로하고, 그들의 재능을 살펴 임용하니 모든 백성은 각각 자신의 직분에 충실하였다. 신검의 죄는 앞서 말한 것과 같다하여 벼슬을 내렸고, 그의 두 아우는 능환의 죄와 같다하여 진주로 유배시켰다가 처형시켰다. 태조가 영규를 불러,

"전 임금이 나라를 잃은 뒤, 그의 신하로서 한 사람도 위로 하는 자가 없었다. 오직 장군 부부만이 천리 밖에서 소식을 전해

성의를 다했고, 더불어 나에게 귀순까지 하였으니 그대의 의리를 잊을 수 없다."

라고 했다. 태조는 곧 그에게 좌승의 직위를 주고 밭 일천 경을 하사했으며, 아울러 역마 35필을 빌려주어 집안사람들을 데려오게 했다. 또한 그의 두 아들에게도 벼슬을 내렸다. 견훤은 당나라 경복 원년에 일어나 진나라 천복 원년까지 활동하였으니, 총 45년 만에 명망하였다.

○ 저자의 견해

신라는 이미 운세가 기울고 도가 사라져 하늘의 버림을 받아 백성이 의지할 곳이 없었다. 이런 혼란스런 틈에 도적들이 벌떼처럼 일어나 고슴도치 털처럼 되었으나 그 중에 가장 강했던 사람이 바로 궁예와 견훤이었다. 궁예는 원래 신라의 왕자로서 도리어 조국을 원수로 여기고 신라의 전복을 기도했고 심지어 선조의 초상화까지 참수했으니, 그의 어질지 못함의 극치라고 할 수 있다. 견훤은 신라 백성으로 신라의 녹을 먹으면서 화심을 품고, 나라의 위기를 요행으로 생각해 도성과 고을을 침략했다. 그는 새를 죽이고 풀을 베듯 임금과 신하들을 무참하게 살육했기 때문에 천하의 원흉이었다. 그러므로 궁예는 자신의 부하들에게 버림을 당했고, 견훤은 친자식에게 화를 당했다. 이는 모두 자업자득이었으니 누구를 원망하겠는가? 뛰어난 재주를 가진 항우도 한나라의 흥기를 막지 못했고, 이밀 역시 당나라의 흥기를 막지 못했는데, 하물며 궁예나 견훤 같은 흉한이 어찌 감히 우리 태조에게 대항할 수 있었겠는가? 그들의 오직 태조에게 백성을 모아주는 역할을 했을 뿐이었다.

삼국사기
三國史記 해제

삼국사기해제

삼국사기의 편찬자는 김부식(金富軾 1075-1151)으로 이 당시 고려사회는 지배 계급이 내부의 분쟁과 묘청의 난이 일어난 시기로 농민들의 반란이 일어난 시기였다.

김부식은 이 시기에 지배층을 대변하는 정치, 군사 전문가로써 20여권의 저서가 있고 예종실록을 편찬도 하였다.

삼국사기 편찬되어 많이 유포되었으나 송나라의 왕응린에 의하면 순회 원년에 비각에 수상한 사실도 있다고 한다.

또한 고려시대 간행본이 없어지고 사본도 보잘것없어서 1394년 이태조 3년에 경주 부사 김거두에 의해 목판본으로 다시 간행되었고 김거두의 발문이 붙은 삼국사기가 현재 존재하는 가장 오래된 것이다.

그 후 삼국사기는 1512년 중종 7년 경주 부사 이제복에 의해서 다시 간행 되었는데 이 판본을 정덕본이라고 한다.

정덕본은 김거두의 목판본이 오래되어서 없어진 글자가 많아 다시 개판한 것이다.

임진왜란(1592-1598)에 의해서 조선의 많은 도서가 약탈과 분실이 되었다.

또 하나는 연대 미상의 주자본이 있는데 오자가 많은 결함이 있다.

영인본은 경주 간행 정덕본이 경주 옥산의 이언적 후손에 보관되어 온 크기로 영인되어 발행한 경인본이다.

삼국사기는 1145년 고려 인종(仁宗)23년에 서술된 신라, 고구려, 백제의 삼국 역사를 서술한 우리나라의 가장 오래된 여사 문헌의 하나이다.

편찬된 서술 체제는 전통적인 기전체를 사용하여 기(紀), 표(表), 지(志), 전(傳)으로 분류되어 있다.

삼국사기는 총 50권으로 되어 있으며 1권에서 12권 까지는 신라 본기, 13권에서 22권까지는 고구려 본기, 23권에서 28권 까지는 백제 본기로 되어있고 29권에서 31권까지는 년표와 32권에서 40권까지는 잡지, 41권에서 50권 까지는 인물 열전으로 구성되어 있다.

삼국사기에 인용된 문헌들은 구 삼국사기가(舊 三國史記)가 있고 삼한고기(三韓古記), 해동고기(海東古記), 신라고기(新羅古記), 신라고사(新羅古事), 제왕 연대여(최치원), 화랑세기(김대문), 제림잡전(김대문), 난랑비문(최치원), 김유신 비문, 삼랑사 비문, 장의사 제비문, 최치원 문집, 등 이 있고 중국의 전한서, 후한서, 진서, 위서, 송서, 재서 등이 있다.

『삼국사기』의 영인본은 경주에 보관되어 있었는데 세월이 흘러 없어지고, 사본이 전해지고 있었다. 안렴사 심공 효생이 영인본 한권을 구해 이전의 부사 진공 의귀와 간행문제를 의논하고, 계유년 7월 경주부에 통첩을 내렸다. 8월 각판을 시작했지만, 얼마 지나지 않아 두 분이 관직을 옮기게 되었다. 나는 그해 겨울 10월 경주부에 부임했는데, 관찰사 민상공의 지시를 받았고, 또한 두 분의 뜻을 계승하기 위해 이 일의 실행을 명령했으며 중단 없이 작업을 진행했다. 이 책은 갑술년 여름 4월에 완성되었다. 이 사업을 지휘해서 진행하도록 독려하고 완성에 이르게 한 것은 오직 위의 세 분에게 힘을 입은 것이지, 나에게 무슨 능력이 있겠는가? 오로지 일의 전말을 모아서 이 책의 말미에 기록한 것이다. 부사가선대부 김거두가 발문을 쓰다.

동방의 『삼국본사』와 『유사』 두 책은 다른 곳에서는 간행되지 않았으며, 오로지 경주부에만 보존되어 있었다. 하지만 세월이 오래 되어 마멸되면서 낙장까지 생겨 알아볼 수 있는 것은 한 줄에 겨우 너 댓 자였다. 내가 선비로 세상에 태어나 여러 역사 서적에서 천하의 흥망성쇠와 기이한 역사적 흔적을 알고자 하는데, 하물며 이 나라에 살면서 이 나라의 사적을 몰라서야 되겠는가. 이러한 뜻으로 이 책을 재간행하기 위해 완전한 판본을 널리 구했는데, 수년이 지나도록 얻지 못했다. 더구나 이 책은 예전부터 많이 간행된 것이 아니었기 때문에 사람들이 쉽게 얻어 볼 수도 없었다. 이에 지금이라도 복각하지 않으면 앞으로 완전하게 없어질 것을 뻔하다. 그렇게 되면 우리나라의 지나간 사적을 후학들이 알 수 없기 때문에, 이것은 대단히 개탄스러운 일이 아니겠는가. 다행스럽게 나의 선배인 성주목사 권공주가 내가 이 책을 구한다는 말을 듣고 힘써서 완전한 책을 얻어 보내줬다. 내가 이 책을 반갑게 받아들여 감사 안상국 당과 도사 박전에게 고하자 모두 복각에 찬성했다. 이렇게 되면서 여러 고을에 판각사업을 분담시키고, 판각이 완성되면 경주부에 보내 보관하도록 했다. 사물은 오래되면 반드시 없어지고, 없어지면 반드시 생기는 것인데, 생겼다가 없어지고 없어졌다가 생기는 것은 당연한 이치라고 생각한다. 이에 어느 시기엔가 이런 사업이 다시 진행되어 이 책이 영원히 전해지기를 훗날의 지혜로운 학자들에게 기대해본다.

삼국사기를 올리는 글

신 부식은 아뢰나이다. 옛날의 열국에서도 각각 사관을 두어 사적을 기록하였습니다. 그러므로 맹자는

"진 나라의 [승], 초나라의 [도올], 노나라의 [춘추]는 똑같은 역사서이다."

라고 말했습니다. 우리 해동 삼국은 유구한 역사를 가졌으니, 그 사적들이 책으로 저술되어야 함은 당연한 일입니다. 이리하여 이 늙은 신하에게 편집의 명을 내리셨으나 저의 부족한 역량을 생각하고 어찌할 바를 몰랐습니다. 엎드려 생각하건대 성상 폐하의 품성은 요 임금의 경륜과 사상을 타고 나셨으며, 몸은 우 임금의 근검을 얻었으니, 아침저녁의 여가에 옛날의 사적들을 널리 섭렵하셨습니다. 그리하여, 지금의 학자와 관리들 가운데 오경 제자의 서적과 진 · 한의 역사에 대해서는 정통하여, 이를 자세하게 설명하는 사람도 있지만, 정작 우리나라의 사적에 대해서는 그 전말을 알지 못하니 이는 심히 개탄할 일이라고 생각하시게 되었습니다. 황차 신라 · 고구려 · 백제는 개국 때부터 삼국으로 우뚝 솟았고, 중국과는 예의로 관계를 맺어올 수 있었습니다. 범 엽의 [한서]와 송기의 [당서]에는 모두 열전이 있습니다. 그러나 이에는 중국에 대해서는 상세한 기록이 있지만, 외국에 대해서는 소략하게 다루어 상세한 기록이 보이지 않습니다. 또한 삼국의 고기는 문장이 거칠고 바르지 않을 뿐 아니라 사적들이 누락된 경우가 있습니다. 이리하여 임금과 왕후의 선악, 신하의 충성과 간사함, 국가사업의 평안과 위기, 백성의 안녕과 혼란에 관한 사실들이 후세에 교훈으로 전하여질 길이 없

었습니다. 그러므로 마땅히 재능과 학문과 견식을 겸비한 인재를 찾아 권위 있는 역사서를 완성하여 자손만대에 전함으로써 우리의 역사가 해와 별 같이 빛나게 해야 할 것입니다. 그러나 소신은 원래 훌륭한 인재도 아니며, 심오한 지식도 갖추지 못한 데다가, 나이 들어서는 나날이 정신이 혼미하여 책을 열심히 읽어도 덮고나면 바로 잊어버리며, 붓을 잡기에도 힘이 들어 종이를 대하면 글을 쓰기가 어렵습니다. 소신의 학문이 이와 같이 천박하고, 옛 말과 지난 일에 대해서 몽매하기가 또한 이와 같았기에, 소신은 정기와 힘을 모두 기울여서야 간신히 이 책을 완성하였습니다. 그러나 결국에는 볼 만한 것이 없게 되었으니 스스로 부끄러울 뿐입니다. 바라옵건대 성상 폐하께서는, 좋은 성과를 이루지 못한 채 뜻만 높았던 점을 양해하여 주시고, 잘못 기록한 한 죄가 있다면 그것을 용서하여 주소서. 이 책이 비록 명산의 史庫에 보관될 가치는 없을지라도 버리는 종이로 사용되지 않게 하여 주사옵고, 숨어 버리고 싶은 망령된 이 심정에 햇빛으로 밝게 임하여 주시옵소서!

참고문헌

三國史記研究(申瀅植, 一潮閣, 1981)

三國史記調査報告書(千惠鳳.黃天午, 文化財管理局, 1981)

三國史記의 原典檢討(鄭求福 외, 韓國精神文化研究院, 1995)

三國史記典據論(李康來, 民族社, 1996)

譯註三國史記 1.2.3.4.5(鄭求福 외, 韓國精神文化研究院, 1997.1998)

朝鮮歷史上一千年來第一大事件(申采浩, 朝鮮史研究草, 1930)

三國史記에 있어서의 歷史敍述(高柄翊, 金載元博士回甲記念論叢, 1969)

高麗中期의 文化意識과 史學의 性格(金哲埈, 韓國史研究 9, 1973)

三國史記論(李基白, 文學과 知性 7 · 4, 1976)

三國史記 列傳의 分析(申瀅植, 韓國史論叢 3, 1978)

三國史記 志의 分析(申瀅植, 檀大學術論叢 3, 1979)

새로 발견된 古板本 三國史記에 대하여(千惠鳳, 大東文化研究 15,

成均館大學校大東文化研究院, 1982)

韓國古代史에 있어서 地震의 政治的意味(申瀅植, 東洋學 14, 1984)

高麗朝의 避諱法에 관한 研究(鄭求福, 李基白先生古稀紀念論叢, 1994)

고전역사서를 쉽게 풀어쓴
총서 삼국사기

2판 1쇄 인쇄 2020년 6월 5일
2판 1쇄 발행 2020년 6월 10일

원 저 김부식
엮 음 대한고전문화연구회
발행인 김현호
발행처 법문북스(일문판)
공급처 법률미디어

주소 서울 구로구 경인로 54길4(구로동 636-62)
전화 02)2636-2911~2, 팩스 02)2636-3012
홈페이지 www.lawb.co.kr

등록일자 1979년 8월 27일
등록번호 제5-22호

ISBN 978-89-7535-843-2 (03910)

정가 28,000원